JN397084

> 『조선왕조실록』은 태조부터 철종까지 25대에 걸쳐 472년간 편년체로 기술한 역사서이다.

> **사관**은 왕도 두려워한 조선의 **역사관**이자, **감시자**였다.
> **사관**이 쓴 『조선왕조실록』 말없이 **천년**을 간다.

왕도 보고 싶은 조선왕조실록(상)

초판 인쇄 2024년 07월 15일
초판 발행 2024년 07월 25일

편집인 김흥중 손귀분 이남철 배용구
표제 선나리
제작총괄 배용구
펴낸곳 NEXEN MEDIA
임프린트명 실록청

우편번호 04559
주소 서울시 중구 마른내로 102
전화 070_7868_8799
팩스 02 _ 886_5442

등록 제2020-000159호 / 2009년 한터미디어로 등록
ISBN 979-11-90583-95-4-03910
ⓒ 2024, 넥센미디어

※ 값은 뒤표지에 표시되어 있습니다.
※ 잘못된 책은 구입처에서 교환해 드립니다.

조선으로 시간여행
왕도 보고 싶은
조선왕조실록

상권

제1대 **태조** 이성계
제2대 **정종** 이방과
제3대 **태종** 이방원
제4대 **세종** 이　도
제5대 **문종** 이　향
제6대 **단종** 이홍위
제7대 **세조** 이　유
제8대 **예종** 이　황
제9대 **성종** 이　혈

"
붓 한 자루에 목숨 건 사관들,
500년 단일왕조의
조선의 정신을 기록하다.
"

에디터
김흥중　손귀분
이남철　배용구

실록청

머리말

왕도 보고 싶었던 『조선왕조실록』
조선으로 시간여행 …

 붕어빵에 붕어가 없듯이 지금까지 출간된 『조선왕조실록』 도서 중에 실록 기사를 제대로 실은 책은 없었습니다. 책 쓰기 참 쉬워졌습니다. 실록이 공개된 후로 조선왕조를 다룬 책들은 거의 다 이런 상황입니다. 덕분에, 실록만 대충 훑어보고 사료를 자기주장에 들어맞는 것만 쥐어뜯어서 쓴 불쏘시개 수준의 역사 교양서가 넘쳐나는 게 사실입니다.

 『조선왕조실록』은 태조(1392년)부터 철종(1863년)까지 25대에 걸친 472년간 조선왕조의 역사적 사실을 연월일 순에 따라 편년체로 기술한 역사서입니다. 한 책의 두께가 1.7㎝인데 전체를 한 권씩 쌓아 올리면 무려 아파트 12층 높이 정도입니다.

> **한글 번역 26년 걸렸다.**
> 1968년에 시작되어 1993년까지 26년에 걸쳐 신국판(148×225㎜)으로 총 413책으로 완성되었다.

 총 1,894권 888책으로 이루어져 있으며, 총 49,646,667자의 방대한 내용을 포함하고 있습니다. 현재 남아 있는 정족산본 1,181책, 태백산본 848책, 오대산본 27책, 기타 산엽본 21책 총 2,077책이 1997년 10월 1일 유네스코 세계기록유산으로 등록 지정되었습니다.

 공정성과 객관성을 지켜내기 위하여 매우 엄격한 규율에 따라 작성되었지요. 왕의 실록은 반드시 해당 왕의 사후에 작성되었으며, 왕도 어떠한 경우라도 실록을 열람할 수 없었습니다. 사관들은 독립성과 비밀성을 부여받아 사소한 사항까지도 왜곡 없이 있는 그대로 작성할 수 있었습니다.

또 『조선왕조실록』에는 "사신은 논한다. …"라는 형식으로 사관의 의견을 적을 수 있었지요. 『조선왕조실록』은 편찬될 때마다 여러 부를 활자로 더 인쇄하여 여러 곳에 나누어 보관하였기 때문에 임진왜란, 병자호란 등의 전쟁 시기에도 그 기록을 유지할 수 있었습니다. 왕실과 민초들의 다양한 삶까지 기록하고 있습니다.

재미없는 실록을 소설처럼 읽는 것도 재미 …
몰랐던 조선 역사를 알아가는 『조선왕조실록』
읽어야 아는 것이다, 잘 참아주면서 처음만 읽을 것이
아니라, 끝까지 아주 끝까지 조선으로의 시간여행을 …

『왕도 보고 싶은 조선왕조실록』 상권은 태조 이성계부터 9대 성종 이혈까지의 실록입니다. 태조 이성계 편 기사 내용을 많이 수록하였습니다. 자세히 보고 또 보아야 재미있습니다. 『조선왕조실록』이 그렇습니다. 그냥 읽는다고 읽히는 책은 아니지만 …

지금까지 출간된 어떤 책 보다 조선의 역사를 생생하게 전달하기 위해 실록의 주요 기사를 많이 실었습니다. 각주의 용어해설도 도움이 될 것입니다. 지루함을 꼬집으면서 읽어도 좋습니다.

- 본서의 특징 -
1. 실록의 기사 및 관련 내용과 부합하는 **인물사진**을 실었습니다.
2. 이해하기 쉽게 각주에 **용어해설**을 정리하였습니다.
3. **상세 목차**를 만들어 한 권의 내용을 한눈에 볼 수 있도록 편집하였습니다.

2024년 6월
에디터 김흥중

상세 목차

『조선왕조실록』 목록 ············ 20
『조선왕조실록』의 편찬 과정 ············ 21
『조선왕조실록』 보존 과정 ············ 22
『조선왕조실록』 편찬 경위와 내용 ············ 27

제1대 태조 이성계
불패의 명장, 조선을 건국한 왕

- **이성계 선대의 가계** ············ 33
    - 실록 목조 이안사가 전주에서 삼척·의주를 거쳐 알동에 정착하다 / 33
    - 실록 목조 이안사가 알동 천호소의 수首천호로서 다루가치를 겸하다 / 34
    - 실록 목조가 이춘 등의 8개 백호를 관할하고 흘찰 백호의 직무를 겸하다 / 35
    - 실록 목조가 죽자 공주에서 장사지내고 후에 함흥부로 옮겨 덕릉이라 하다 / 35
    - 실록 익조가 원군과 함께 일본 정벌에 참여하고, 충렬왕을 알현하다 / 35
    - 실록 익조가 여진 천호의 협공을 피해 알동의 백성을 거느리고 적도를 거쳐 의주에 정착하다 / 36
    - 실록 익조의 손 부인이 죽자, 등주 호장 최기열의 딸과 재혼하여 등주에 거주하다 / 37
    - 실록 의주에서 도조인 이선래를 낳다 / 38
    - 실록 익조가 죽자 안변부의 봉룡역에서 장사지내고 지릉이라 하다 / 38
    - 실록 도조 이춘이 익조의 관직을 이어받다 / 38
    - 실록 박광의 딸과 혼인하여 자흥과 환조를 낳고 박씨가 죽자 조씨와 재혼하여 두 아들과 세 딸을 낳다 / 39
    - 실록 익조와 도조가 남쪽으로 이주한 알동 사람들을 토지가 비옥한 함주에 정착시키다 / 39
    - 실록 조선 왕조 개창을 암시하는 도조의 꿈 / 39
    - 실록 상서로운 일이 일어나자 도조를 칭송하다 / 40
    - 실록 도조가 죽자 어린 교주 대신 임시로 환조 이자춘이 관직을 계승하다 / 40
    - 실록 환조가 교주에게 관직을 돌려주고자 했으나 받지 않다. 교주가 우달치에 속하다 / 41
    - 실록 공민왕이 환조에게 쌍성의 백성을 진무하게 하다 / 41
    - 실록 환조가 기철 등의 당여를 물리치고 쌍성을 수복하다 / 42
    - 실록 환조가 동북면에 돌아가다 죽자 함흥부에서 장사지내고 정릉이라 하다 / 42

- **이성계의 탄생** ············ 44
    - 실록 환조가 영흥 부원군 최한기의 딸과 혼인하여 화령부에서 이성계를 낳다 / 44
    - 실록 이성계가 화살 하나로 다섯 마리의 까마귀를 떨어뜨린 것을 발설치 못하게 하다 / 44

상세목차 **9**

- 실록 이성계가 20마리의 담비를 쇠살로 명중시키다 / 44
- 실록 동북면 도순문사 이달충이 이성계가 비범한 인물임을 말하다 / 45
- 실록 무거운 활을 들고 이성계가 노루 7마리를 모두 명중시키다 / 46
- 실록 이성계의 사냥 솜씨를 야인들이 칭송하다 / 46
- 실록 이성계가 22살에 관직에 나가다 / 47
- 실록 동북면 상만호인 이성계가 친병을 거느리고 반란을 일으킨 독로강 만호 등을 죽이다 / 48
- 실록 이성계가 압록강을 건너 쳐들어 온 홍건적의 무리를 격퇴시키다 / 48
- 실록 참지정사 안우 등이 군사 20만을 거느리고 서울을 탈환하다 / 48
- 실록 동북면 병마사가 되어 나하추와 대적하다 / 49
- 실록 이성계와 나하추의 전투 / 49
- 실록 공민왕을 폐위키 위해 최유가 요양성 군대를 이끌고 쳐들어오니 이성계 등이 쳐부수다 / 52
- 실록 삼선 삼개가 여진족을 이끌고 함주를 함락시키니, 관군들이 이성계가 오기를 고대하다 / 53
- 실록 삼선 삼개를 격퇴하여 함주를 탈환하고, 그 공으로 밀직부사로 승진하다 / 53
- 실록 원나라 맹장인 조무를 감복시켜 귀순케 하다 / 54
- 실록 동북면 원수가 되어 기철의 잔당과 북원과의 관계를 차단하고, 동녕부를 회복코자 하다 / 54
- 실록 군대를 거느리고 동북면의 영토를 확장하다 / 54
- 실록 동북면을 공격하고 나하추 등이 있는 곳에 방을 붙여 기새인첩목아의 행방을 탐문하다 / 56
- 실록 이성계를 지문하부사, 이색을 정당문학에 임명하다 / 58
- 실록 서모의 자식인 이화 등과 우애가 돈독하다. 서모의 노비문서를 불사르다 / 58
- 실록 화령 부윤이 되어 동북면에 출몰한 왜구를 방어하다 / 58
- 실록 화살 한 개로 노루 두 마리를 사냥하다 / 59
- 실록 화살로 쏴 떨어뜨린 배를 가지고 손님을 대접하다 / 59
- 실록 잡기 어려운 상황에서 사슴을 잡다 / 59
- 실록 활을 쏜 것이 백발백중하니 모두가 감탄하다 / 60
- 실록 이성계와 최영이 여러 도의 군사를 징발하여 덕적도 등의 왜적을 방비하다 / 60
- 실록 사냥한 범을 우왕에게 바치니, 우왕이 조심하라고 유시하다 / 61
- 실록 환조의 적장손인 이천계를 극진히 대우하다 / 61
- 실록 왜적이 강화부에 침입하니, 이성계와 황상 등이 서강에서 군사력을 시위하다 / 61
- 실록 지리산의 험한 지세에서 왜적을 섬멸하다 / 61
- 실록 서해도에 침구한 왜적을 해주에서 격퇴하다 / 62
- 실록 문도리 위의 쥐 3마리를 활을 쏘아 떨어뜨리다 / 63
- 실록 최영이 해풍군에서 왜적과 싸워 패퇴하였으나, 이성계가 합세하여 물리치다 / 64
- 실록 대규모의 병력으로 침입한 왜적을 격퇴하니 한산군 이색 등이 시를 지어 치하하다 / 65
- 실록 많은 군사가 이성계의 군영에 모여 들다 / 72
- 실록 동북면 도지휘사가 되어 임지로 떠나자, 이색이 시를 지어 전송하다 / 72
- 실록 단주에 침입한 호발도를 격퇴하고 변방을 평안히 할 계책을 올리다 / 73
- 실록 안변에서 후에 개국 공신이 된 한충과 김인찬을 처음으로 만나다 / 76
- 실록 자유자재로 활을 쏘다 / 77

- 실록 모함하는 사람이 있었지만 최영과의 정분을 돈독히 유지하다 / 78
- 실록 명 사신이 이성계와 이색의 안부를 묻다. 왜구의 침략을 이성계가 격퇴하다 / 78
- 실록 권세를 천단한 이인임 일당을 제거하고, 수 문하 시중이 되다 / 80
- 실록 염흥방·임견미 등이 임용했던 사람들을 파직시키다 / 81
- 실록 형살을 중지하도록 요청했으나, 최영이 듣지 않다 / 81
- 실록 무인이면서도 문인과 경사를 토론하고 『대학연의』를 즐겨 보다 / 81
- 실록 명에서 철령 이북의 땅을 요구하자 요동 정벌을 논의하다 / 81
- 실록 우왕과 최영이 요동을 공격하기로 결정하다 / 82
- 실록 요동 정벌이 결정되었으나, 4가지 불가한 이유를 들어 이성계가 반대하다 / 82
- 실록 이성계가 조민수와 함께 위화도에서 회군하다 / 84
- 실록 최영의 군사를 진압하고, 최영을 고봉현으로 귀양보내다 / 87
- 실록 조민수를 좌시중에, 이성계를 우시중에 임명하다. 조인옥이 왕씨를 임금으로 추대코자 하다 / 89
- 실록 우왕이 환관 80명을 거느리고 이성계·조민수 등을 죽이려 했으나 실패하다 / 89
- 실록 우왕 대신 창왕을 세우다 / 89
- 실록 요동 공략에 나선 장수의 가족을 볼모로 삼으려하자, 태종(방원)이 포천의 가족을 피신시키다 / 90
- 실록 이성계의 공적을 치하하는 창왕의 교지 / 91
- 실록 이색이 정조를 하례하고 명과 수교하기 위해 경사에 가면서 이성계의 변란을 방지하려고 아들인 태종(방원)을 서장관으로 데리고 가다 / 92
- 실록 사전을 혁파하다 / 93
- 실록 영흥군 왕환에 대한 무망죄로 도망한 이숭인을 용서하여 직무를 보게 하다 / 93
- 실록 창왕이 이성계에게 칼을 차고 신을 신은 채 궁전에 올라오도록 대우하다 / 94
- 실록 이성계를 제거할 모의를 꾀하다가 곽충보의 밀고로 발각된 김저를 처형하다 / 94
- 실록 우왕과 창왕을 폐위하고 공양왕을 세우다 / 95
- 실록 황소들의 싸움을 아무도 말리지 못했으나 이성계가 소를 두 손으로 잡고 말리다 / 95
- 실록 이성계가 안변의 학포교에서 죽을 말을 구하다 / 95
- 실록 우왕을 죽이다 / 96
- 실록 이성계의 공적을 기리는 공양왕의 교지 / 97
- 실록 공신의 녹권을 내리고, 이성계를 개국 공신 배현경의 예로 중흥 공신에 책록하다 / 97
- 실록 이성계의 공적을 치하하는 교서 / 98
- 실록 윤이·이초가 공양왕의 즉위에 대해 명나라에 무고하여 옥사가 일어나다 / 102
- 실록 청주에 수재가 나자, 윤이 사건과 연루된 죄인의 방면을 논의하다 / 103
- 실록 이성계를 죽이려는 사건과 연루된 심덕부 등을 논죄하다 / 103
- 실록 사직을 청하는 이성계의 전문과 윤허치 않는 비답이 오가다 / 106
- 실록 사직을 청하는 이성계의 전문과 윤허치 않는 비답이 오가다 / 109
- 실록 공양왕이 대간에게 우현보의 죄를 논하지 말도록 하다 / 111
- 실록 이성계를 참소하는 말이 돌자 정도전 등과 거취를 논의하다 / 112
- 실록 공양왕이 이성계의 집에 가서 연회를 즐기다 / 113
- 실록 이성계가 공양왕과 술을 마신 후 마음대로 궁궐의 문을 열고 나가다 / 113

실록 올량합과 알타리가 조회와서 다투다가 화해하다. 이성계가 집에서 이들을 대접하다 / 114
　　실록 술에 취해 공양왕에게 예절을 갖추지 않은 밀직사 이염을 귀양보내다 / 114
　　실록 공양왕과 권문세족이 이성계를 꺼려하다 / 114
　　실록 세자가 명에서 돌아오다. 정몽주가 이성계를 견제하기 위해 이성계의 측근을 탄핵하다 / 115
　　실록 밀직 제학 이성중이 가보인 보검을 방원에게 바치다 / 116
　　실록 정몽주가 조준 등을 처형코자 하니, 방원이 정몽주를 죽이고 일당을 탄핵하다 / 116
　　실록 공양왕이 이성계의 집에 가서 위문하다. 조인옥 등 52명이 이성계를 추대하기로 결정하다 / 121
　　실록 공양왕이 방원과 사예 조용을 시켜 이성계와의 맹약을 위한 초안을 잡게 하다 / 121
　　실록 1392년 명 홍무 25년 이성계가 잠저에 있을 때 여러 가지 개국의 조짐이 나타나다 / 122
・ 위화도 회군 4년 만에 이성계가 조선을 건국하다　　・・・・・・・・・・・ 124
　　실록 1392년 7월 17일, 이성계가 백관의 추대를 받아 수창궁에서 왕위에 오르다 / 125
　　실록 1392년 7월 18일, 이성계의 등극을 알리기 위해 명의 예부에 사신을 보내자고 청하다 / 128
・ 1392년 7월 28일, 이성계의 즉위 교서　　・・・・・・・・・・・ 129
　　실록 1392년 7월 30일, 이색 등을 도서 지방으로 귀양보내도록 청했으나 내륙으로 유배토록하다 / 133
・ 새 왕조의 국호를 '조선'으로 하다　　・・・・・・・・・・・ 134
・ 개경에 있던 수도를 한양으로 옮기다　　・・・・・・・・・・・ 135
・ 제도 정비와 법전 편찬 등 국가 기틀을 수립하다　　・・・・・・・・・・・ 137
・ 사병 혁파와 1차왕자의 난이 일어나다　　・・・・・・・・・・・ 137
　　실록 1398년 8월 26일, 제1차 왕자의 난. 정도전·남은·심효생 등이 숙청되다 / 140
・ 권문세족의 손발을 묶은 전제 개혁을 단행하다　　・・・・・・・・・・・ 155
・ 정적을 숙청하다　　・・・・・・・・・・・ 156
・ 고려 신하들의 반발에 회유책을 쓰다　　・・・・・・・・・・・ 157
・ 정도전이 조선의 미래를 그리다　　・・・・・・・・・・・ 158
　　실록 1392년 10월 25일, 정도전이 명나라에 가지고 간 황제의 덕을 칭송하는 표문 / 159
　　실록 1392년 11월 27일, 국호를 정하는 문제에 대한 예부의 자문을 계품사 조임이 가져오다 / 160
　　실록 1392년 11월 29일, 국호를 화령과 조선으로 정하여 황제의 재가를 청하는 주문 / 161
　　실록 1393년 2월 15일, 국호를 조선으로 정하는 예부의 자문 / 162
　　실록 1393년 2월 15일, 좌시중 조준 등이 국호 받은 것을 진하한 전문 / 163
　　실록 1393년 3월 9일, 공민왕대에 내린 금인 1개를 돌려보내다 / 164
・ '방과'에게 왕위를 물려주고 상왕이 되다　　・・・・・・・・・・・ 164
・ 파란만장한 삶을 살다　　・・・・・・・・・・・ 165
・ 74세의 나이로 승하하다　　・・・・・・・・・・・ 166
　　실록 1408년 5월 24일, 태상왕이 별전에서 승하하시다 / 166
▶ **신의 정원, 태조 이성계의 건원릉으로 사진 여행**　　・・・・・・・・・・・ 168

제2대 정종 이방과
동생(태종)을 왕으로 추대한 왕

실록 1399년 1월 1일, 종친을 거느리고 태상전에 조회하고 하례를 행하다 / 172

- 군인으로 21년을 전쟁터에서 누빈 왕이었다 ············ 172
- 이성계의 역성혁명에 공을 세우다 ············ 172
- 1차 왕자의 난으로 조선 2대 왕으로 즉위하다 ············ 173
- 2차 왕자의 난과 방원을 세자로 책봉하다 ············ 176

  실록 1400년 1월 28일, 제2차 왕자의 난. 이방간을 토산에 추방하다 / 177
  실록 1400년 2월 1일, 하윤 등이 정안공을 세자로 세우기를 청하니, 세자로 삼는다는 전지를 내리다 / 184
  실록 1400년 2월 1일, 방간을 복주하기를 청하다. 박포를 국문하고, 연루자를 모두 처벌하다 / 185
  실록 1400년 2월 4일, 정안공을 왕세자로 책립하여 군국의 일을 맡기다. 전국의 죄수들을 사유하다 / 187
  실록 1400년 2월 4일, 세자가 태상전에 나아가 사은하니 태상왕이 임금 노릇하는 도리를 논하다 / 189
  실록 1400년 2월 4일, 대간이 박포를 주살하기를 청하니 그대로 따르다 / 190
  실록 1400년 2월 4일, 진무소 갑사 3백 인을 혁파하고, 군기와 갑옷을 모두 삼군부로 보내다 / 191
  실록 1400년 2월 4일, 세자가 좌보덕 서유와 더불어 사병 혁파와 관련한 문제를 논하다 / 192
  실록 1400년 3월 4일, 민씨를 봉하여 세자 정빈으로 삼다 / 193
  실록 1400년 10월 26일, 방간의 난과 관련 신상필벌의 법을 정하여 공포하다 / 194

- 양보 없는 권력의 암투가 시작되다 ············ 195
- 왕세자 '방원'에게 선위를 교서하다 ············ 195

  실록 1400년 11월 11일, 임금이 왕세자에게 선위하다. 선위하는 교서 / 196

- 상왕전에 나아가 옥책과 금보를 올리고 헌수하다 ············ 198

  실록 1400년 12월 1일, 임금이 백관을 거느리고 상왕전에 나아가 옥책과 금보를 올리고 헌수하다 / 198

- 15년을 상왕으로 지내다 ············ 200
- 스스로 자신을 낮춘 왕이었다 ············ 200
- 사병을 혁파하다 ············ 200

  실록 1400년 4월 18일, 사병 혁파에 불만을 표시한 참판삼군부사 조영무를 황주에 귀양보내다 / 203
  실록 1400년 4월 18일, 사병 혁파에 불만을 표시한 지삼군부사 이천우와 조온을 파면하다 / 205
  실록 1400년 6월 6일, 임금이 하루 근신하니 비가 억수같이 내려 사흘 만에 그치다 / 205

- 1400년 7월 2일 대 사면령 반포하고 편민 사의 13조를 발표하다 ············ 207
- 63세 나이로 승하하다 ············ 209
  ▶ 신의 정원, 정종 이방과의 후릉으로 사진 여행 ············ 210

제3대 태종 이방원
가정을 넘어 나라로, 나라를 다시 생각한 왕

- **실록** 총명함과 재능으로 집안의 자랑이었던 이방원 / 215
- 1400년 11월 13일, 태종이 수창궁에서 즉위하고 사면령을 반포하다 ············ 217
- 태종이 없었으면, 세종대왕도 없었다 ············ 219
- 남다른 총명함과 재능을 가졌다 ············ 220
- 공신과 외척을 척결하다 ············ 222
  - **실록** 1400년 2월 4일, 정안공을 왕세자로 책립하여 군국의 일을 맡기다. 전국의 죄수들을 사유하다 / 222
- 가정을 넘어 나라로, 나라를 다시 생각하다 ············ 226
- 왕권 강화를 통해 정국의 안정을 꾀하다 ············ 228
- 양녕을 폐하고 충녕을 세자로 삼다 ············ 231
  - **실록** 1418년 6월 3일, 세자 이제(양녕대군)를 폐하고 충녕대군으로서 왕세자를 삼다 / 234
- 세종 시대를 위한 기본 설계를 하다 ············ 239
- 관제 개혁과 신문고를 설치하다 ············ 240
- 조선의 창업 군주였다 ············ 242
  - **실록** 1418년 8월 8일, 임금이 세자에게 국보를 주다 / 243
- 출신을 따지지 않고 인재를 발탁하다 ············ 247
- 주자소를 설치하여 서적 간행에 힘쓰다 ············ 248
  - **실록** 1418년 8월 10일, 왕세자가 내선을 받고 근정전에서 즉위하다 / 249
  - **실록** 1418년 11월 8일, 상왕과 대비의 존호를 올리고 임금이 옥책과 금보를 바치다 / 251
  - **실록** 1418년 11월 8일, 문무 백관이 존호를 더하기를 청하는 전문을 바치다 / 252
  - **실록** 1418년 11월 8일, 태상왕의 존호를 올리다 / 255
- 상왕이 되어서도 세종의 왕권 안정을 위해 노력하다 ············ 256
- 세종의 장인 심온을 제거하다 ············ 256
  - **실록** 1418년 12월 4일, 의금부에서 심온의 아내와 딸들을 천인으로 삼고 가산을 적몰하기를 청하다 / 257
  - **실록** 1418년 12월 4일, 심온이 천거한 사람인 의주 목사 임귀년을 파직시키다 / 258
  - **실록** 1418년 12월 5일, 심온을 맞이하도록 종을 보낸 아내와 혐의를 받은 처제를 모두 석방케 하다 / 258
  - **실록** 1418년 12월 5일, 역관 전의와 군사 10명을 보내어 연산참에서 심온을 잡아오게 하다 / 258
  - **실록** 1418년 12월 6일, 심온과 친밀했던 임군례·김을현·신이·장합 등을 파면시키다 / 259
  - **실록** 1418년 12월 18일, 심온의 일이 사신들에게 누설되지 않게 하고자 평안도로 강권선을 보내다 / 259
  - **실록** 1418년 12월 22일, 이욱이 심온을 잡아 오다. 신문 중에 말이 안수산에 미치다 / 259
  - **실록** 1418년 12월 23일, 안수산을 예천에 정배하고 심온에게 사약을 내리다 / 260
- 56세 나이로 승하하다 ············ 261
  - **실록** 1422년 5월 10일, 태상왕이 연화방 신궁에서 훙하다 / 261

14 조선왕실록(상)

목차

- 실록 1418년 11월 8일, 태상왕이 훙하니 묘호를 '태종'이라 하다. 시책문 / 262
- 실록 1422년 9월 6일, 태종을 헌릉에 장사지내다 / 263
- ▶ 신의 정원, 태종 이방원의 헌릉으로 사진 여행 ············ 265

제4대 세종 이도
조선 최고의 성군, 훈민정음을 만든 왕

- 실록 총서 / 269
- 1418년 8월 12일, 근정전에서 교서를 반포하다 ············ 275
  - 실록 1418년 8월 11일, 세종이 예조에서 상왕전에 전을 올리는 절차를 아뢰다 / 276
- 양녕대군과 갈등하다 ············ 279
- 양녕을 대신해 세자로 책봉되다 ············ 280
- 가족과 종친 관리를 소홀히 하지 않았다 ············ 281
- 훈민정음을 창제하다 ············ 281
  - 실록 1444년 2월 20일, 집현전 부제학 최만리 등이 언문 제작의 부당함을 아뢰다 / 283
  - 실록 1446년 9월 29일, 『훈민정음』이 만들어지다. 어제와 예조 판서 정인지의 서문 / 289
- 집현전의 확장과 엘리트 인재를 양성하다 ············ 291
- 4군 6진 개척과 대마도를 정벌하다 ············ 293
  - 실록 1419년 5월 7일, 충청도 비인현에 왜적 50여 척이 침입하다 / 294
  - 실록 1419년 5월 7일, 충청 관찰사 정진이 왜구와의 접전 상황을 보고하다 / 294
  - 실록 1419년 5월 14일, 상왕과 임금이 대신들을 불러 대마도 치는 문제를 의논하다 / 295
  - 실록 1419년 5월 29일, 대마도 수호에게 보내어 화친할 것을 말한 글기 / 296
  - 실록 1433년 5월 7일, 평안도 절제사 최윤덕이 파저강의 토벌에 관해 치계하다 / 299
  - 실록 1433년 1월 19일, 평안도 도절제사 최윤덕·도진무 김효성·경력 최치운 등이 사조하다 / 303
  - 실록 1433년 11월 19일, 경원부를 소다로에 옮겨 영토를 확장시킬 것을 논의하다 / 305
- 명재상을 등용하여 국정을 분담하다 ············ 308
- 과학의 발전을 이루다 ············ 309
- 문물을 발전시키다 ············ 311
- 유교를 기본으로 한 통치 체제를 구현하다 ············ 313
- 취제제도를 실시하다 ············ 315
- 농업 중심의 경제정책을 펼치다 ············ 316
- 세종은 사람됨이 바탕이었다 ············ 317
- 불교에 귀의하다 ············ 317
- 건강이 악화되다 ············ 318

- 54세 나이로 승하하다 ············ 319
    실록 1450년 2월 17일, 임금이 영응대군 집 동별궁에서 훙하다 / 319
- ▶ 신의 정원, 세종 이도의 영릉으로 사진 여행 ············ 320

제5대 문종 이향
조선 병법의 기본을 세운 왕

- 총서 ············ 324
- 1450년 2월 22일, 문종이 최복 차림으로 의식대로 교서를 반포하다 ············ 324
- 적장자로 왕위에 오른 조선 최초의 왕이었다 ············ 326
- 여덟 살 때 세자로 책봉되다 ············ 328
    실록 세종 3년, 1421년 10월 26일, 원자 이향이 조복을 차리고 책봉받는 의식을 연습을 하다 / 328
    실록 세종 3년, 1421년 10월 26일, 세자 책봉을 종묘와 광효전에 고하다 / 329
    실록 세종 3년, 1421년 10월 27일, 인정전에서 원자 이향을 왕세자로 책봉하고 책문을 내리다 / 329
    실록 세종 3년, 1421년 10월 27일, 세자 책봉 후 중외에 유시하는 교서 / 330
    실록 세종 3년, 1421년 10월 27일, 세자가 올린 사은전 / 330
    실록 세종 23년, 1441년 7월 23일, 왕세자빈 권씨가 원손을 낳아 대사면령을 내리다 / 331
    실록 세종 23년, 1441년 7월 24일, 왕세자빈 권씨가 졸하여 조례를 행하다 / 333
    실록 문종 즉위년 7월 20일, 왕세손을 왕세자로 삼는 책문을 내리다 / 333
- 학문과 효성이 깊은 왕이었다 ············ 334
- 왕세자로 5년 섭정과 2년을 재위하다 ············ 335
    실록 1452년 7월 20일, 김종서 등이 새로 찬술한 『고려사절요』를 바치다 / 336
    실록 1452년 2월 12일, 황희에게 사제하는 교서 / 340
- 국방과 군사 제도에 해박하였다 ············ 346
- 건강의 악화로 과소 평가된 왕이었다 ············ 347
    실록 1452년 5월 12일, 허후가 임금에게 문안하고 찬 음식을 피할 것을 아뢰다 / 348
- 짧은 생애에 큰 업적을 남기다 ············ 348
- 1452년 5월 14일 39세 나이로 강녕전에서 승하하다 ············ 349
    실록 1452년 5월 14일, 유시에 임금이 강녕전에서 훙하다 / 350
- ▶ 신의 정원, 문종 이향의 현릉으로 사진 여행 ············ 355

제6대 단종 이홍위
권력 투쟁의 희생양이 된 어린 왕

- 총서 ······ 358
- 1452년 5월 18일, 근정문에서 즉위하고 교서를 반포하다 ······ 358
- 8세 때 왕세손으로 책봉되다 ······ 363
  - 실록 1448년 4월 3일, 원손 이홍위를 왕세손으로 삼고 사유를 반포하다 / 363
- 12세에 왕위에 오르다 ······ 364
- 어머니는 현덕왕후 권씨이고, 비는 정순왕후 송씨이다 ······ 365
  - 실록 1454년 1월 22일, 효령대군 이보 등을 보내어 송씨를 책봉하여 왕비로 삼다 / 365
- 의정부 대신들이 수렴청정하다 ······ 367
- 계유정난 평정으로 수양대군이 왕위를 찬탈하다 ······ 368
  - 실록 1453년 10월 10일, 수양대군이 이용과 결탁하여 김종서·황보인·이양·조극관 등을 효수하다 / 370
- 영월 청령포로 유배가다 ······ 378
- 17비참한 삶을 살다 ······ 380
- 17세로 승하하다. 엄흥도가 시신을 거두어 매장하다 ······ 381
- 『세조실록』에 수록된 단종에 관한 기사(세조 3년) ······ 383
  - 실록 1455년 윤6월 11일, 혜빈 양씨·상궁 박씨 등을 귀양보내다. 단종이 수양대군에게 선위하다 / 383
  - 실록 1457년 6월 21일, 판돈녕부사 송현수 등의 반역으로 상왕을 강봉하고 영월에 거주시키다 / 387
  - 실록 1457년 6월 22일, 영월로 떠나는 노산군을 화양정에서 전송하게 하다 / 387
  - 실록 1457년 6월 22일, 경차관 조계팽에게 노산군에게 보내는 물품을 전하고, 얼음을 바치게 하다 / 388
  - 실록 1457년 6월 26일, 명모반으로 권전과 노산군의 어미를 서인으로 개장할 것을 청하다 / 388
  - 실록 1457년 7월 5일, 노산군이 일용하는 비용을 곡진하게 마련해 줄 것 등을 명하다 / 388
  - 실록 1457년 7월 15일, 강원도 관찰사에게 노산군에게 술을 공진하도록 하다 / 388
  - 실록 1457년 9월 10일, 신숙주·정인지 등이 금성대군과 노산군을 사사토록 청했으나 허락치 않다 / 389
  - 실록 1457년 10월 16일, 종친 등이 노산군과 금성대군의 처벌을 건의하다 / 390
  - 실록 1457년 10월 19일, 양녕대군 등이 노산군과 금성대군의 처벌을 청하였으나 허락하지 않다 / 391
  - 실록 1457년 10월 20일, 양녕대군이 노산군 등의 처벌을 청하자 대신들과 의논하겠다고 하다 / 392
  - 실록 1457년 10월 21일, 대간 등이 노산군과 금성대군의 처벌을 청하였으나 허락하지 않다 / 393
  - 실록 1457년 10월 21일, 노산군이 자살하자 예로써 장사지내다 / 394
  - 실록 1457년 10월 22일, 노산군을 알현하려 한 종 돌동·윤생 등에게 장 1백 대를 때리다 / 395
  - 실록 1457년 11월 18일, 노산군·금성대군 등의 자손들을 종친록과 유부록에서 삭제토록 하다 / 395
  - 실록 숙종 24년 남구만·윤지완·최석정·이세백 등이 노산의 위호를 추복하는 의논을 아뢰다 / 395
- ▶ 신의 정원, 단종 이홍위의 장릉으로 사진 여행 ······ 399

제7대 세조 이유
조카의 왕위를 찬탈한 왕

- **실록** 세조의 성품과 재능에 대해 평하다 / 403
- **실록** 세조 잠저의 가마솥이 스스로 울다 / 403
- **실록** 1455년 윤6월 11일, 혜빈 양씨와 상궁 박씨의 가산을 적몰하고, 금성대군 이유는 논하지 않다 / 408
- 계유정난 평정으로 조카 단종의 왕 자리를 빼앗다 ············ 410
- 윤번의 딸과 혼인하다 ············ 412
- 성삼문은 세조를 '왕'이라 부르지 않고 '나으리'라고 불렀다 ············ 412
- 성삼문 등 반대 세력을 제거하다 ············ 413
  - **실록** 1456년 6월 7일, 이미 죽은 박팽년·유성원·허조와 연좌된 자들의 처벌 규정을 정하다 / 415
  - **실록** 1468년 9월 3일, 세자가 난신과 연좌된 자들을 석방하고자 하다 / 416
- 강력한 중앙집권화 정책을 펴다 ············ 417
- 이시애가 난을 일으키다 ············ 419
  - **실록** 1467년 5월 16일, 전 회령 절제사 이시애가 반역을 모의하고 수령들을 살해하다 / 419
  - **실록** 1467년 5월 17일, 함길도 지방관에게 사변에 관해 유시하고 귀성군 이준을 발행하게 하다 / 421
  - **실록** 1467년 5월 17일, 이시애를 토벌할 방략을 의논하고 귀성군 이준을 4도 병마 도총사로 삼다 / 421
  - **실록** 1467년 5월 19일, 이시애의 모반에 연루되었다는 신숙주·한명회를 가두게 하다 / 422
  - **실록** 1467년 6월 14일, 이시애의 난 평정에 관한 갑사 유자광의 상서 / 423
- 공신전을 남발하다 ············ 424
- 불교 귀의와 회한의 말년을 보내다 ············ 425
  - **실록** 1468년 9월 7일, 세자(예종)가 수강궁 중문에서 즉위하다 / 426
- 52세 나이로 승하다 ············ 428
- 태상왕의 존시를 올리고 묘호를 세조로 정하다 ············ 428
- ▶ 신의 정원, 세조 이유의 광릉으로 사진 여행 ············ 429

제8대 예종 이황
정치적 뜻을 못 이룬 짧은 생의 왕

- 총서 - 예종이 왕위를 잇고 한씨를 왕비로 삼다 ············ 432
  - **실록** 세조가 세자에게 한의 멸망 원인을 후손들의 안일 때문이라고 설명하다 / 432
- 1468년 9월 7일, 세자가 수강궁 중문에서 즉위하고 교서를 내리다 ············ 433
- 재위 기간 14개월, 19세의 나이로 요절하다 ············ 434

- 세자 시절 한명회의 큰딸과 혼인하다 ·············· 435
- 공신과 종친 세력에 눌렸다 ·············· 436
- 유자광의 고의적인 상소로 남이가 죽다 ·············· 437
  - 실록 1468년 10월 24일, 유자광이 남이의 역모 사실을 고하니 남이를 붙잡아 실상을 묻다 / 439
  - 실록 1468년 10월 25일, 조영달·박자하·장계지 등에게 남이의 역모 사실을 묻다 / 444
  - 실록 1468년 10월 27일, 강순·남이·조경치·변영수 등을 환열시키고 7일 동안 효수하다 / 447
  - 실록 1468년 10월 28일, 남이의 역모에 관련된 자들을 죄의 경중에 따라 형벌을 정하다 / 451
  - 실록 1468년 10월 30일, 남이를 편든 조숙을 참형에 처하다 / 451
  - 실록 1468년 10월 30일, 남이와 모의한 맹불생을 참형에 처하고 관련자들을 선정문 뜰에 가두다 / 452
- 직전수조법을 제정하다 ·············· 452
- 장인 한명회와 사사건건 대립하다 ·············· 453
- 20세 나이에 갑자기 승하하다 ·············· 453
  - 실록 1460년 11월 28일, 진시에 임금이 자미당에서 훙하다 / 454
- ▶ 신의 정원, 예종 이황의 창릉으로 사진 여행 ·············· 456

제9대 성종 이혈
조선왕조의 통치 체제를 완성한 왕

- 총서 ·············· 461
- 1469년 11월 28일, 대비의 명에 의해 경복궁에서 즉위하다 ·············· 461
- 13세에 왕이 되다 ·············· 463
- 정희대비의 수렴청정을 받다 ·············· 463
- 한명회의 막내딸과 결혼하다 ·············· 464
- 『경국대전』을 반포하다 ·············· 466
- 성종의 친정으로 공신파가 몰락하다 ·············· 468
  - 실록 1476년 1월 13일, 정무를 전담케 된 일에 대해 전지하다 / 468
- 사림파가 등장하다 ·············· 470
- 간경도감을 폐지하다 ·············· 473
- 관수관급제 실시와 국방을 강화하다 ·············· 474
- 왕비 윤씨의 폐비를 결정하다 ·············· 475
  - 실록 1479년 6월 2일, 중궁 폐출의 교서를 내리다 / 476
  - 실록 1479년 6월 3일, 대사헌 박숙진 등이 폐출된 중궁을 별궁에 두도록 건의하다 / 477
  - 실록 1479년 6월 4일, 사헌부와 사간원이 합세하여 폐출된 중궁을 별궁에 두도록 건의하다 / 478

상세목차 19

- 실록 1479년 6월 5일, 중궁을 폐출한 연유를 대신들에게 알리다 / 479
- 실록 1479년 6월 7일, 폐출된 중궁의 거취에 대한 절목을 마련하여 시행케 하다 / 484
- 실록 1482년 8월 16일, 윤씨의 사사를 서울과 지방에 포고하라고 의정부에 전지하다 / 485
- 실록 1482년 8월 16일, 성준이 윤씨의 사사에 대한 삼전의 서간을 가지고 오다 / 485
- 실록 1479년 8월 16일, 이세좌에게 명하여 윤씨를 그 집에서 사사하게 하다 / 487

• 법치국가를 완성하다 ············ 489
• 1494년 38세의 나이로 승하하다 ············ 490
- 실록 1494년 12월 23일, 의관 송흠이 임금의 병세를 말하다 / 490
- 실록 1494년 12월 24일, 종기를 많이 다스려본 의원 전명춘이 임금을 진찰하다 / 491
- 실록 1494년 12월 24일, 대조전에서 세상을 떠나다 / 492

▶ **신의 정원, 성종 이혈의 선릉으로 사진 여행** ············ 493

▶ Index / 496

『조선왕조실록』 목록

순서	실록명	권	책	편찬 연도	원래 이름
1	태조실록	15	3	1413년 (태종 13년)	태조강헌대왕실록
2	정종실록	6	1	1426년 (세종 8년)	공정왕실록
3	태종실록	36	16	1431년 (세종 13년)	태종공정대왕실록
4	세종실록	163	67	1454년 (단종 2년)	세종장헌대왕실록
5	문종실록	13	6	1455년 (세조 1년)	문종공순대왕실록
6	단종실록	14	6	1469년 (예종 1년)	노산군일기
7	세조실록	49	18	1471년 (성종 2년)	세조혜장대왕실록
8	예종실록	8	3	1472년 (성종 3년)	예종양도대왕실록
9	성종실록	297	47	1499년 (연산군 5년)	성종강정대왕실록
10	연산군일기	63	17	1509년 (중종 4년)	연산군일기
11	중종실록	105	53	1550년 (명종 5년)	중종공희휘문소무흠인성효대왕실록
12	인종실록	2	2	1550년 (명종 5년)	인종영정헌문의무장숙흠효대왕실록
13	명종실록	34	21	1571년 (선조 4년)	명종대왕실록
14	선조실록	221	116	1616년 (광해군 8년)	선조소경대왕실록
14	선조수정실록	42	8	1657년 (효종 8년)	선조소경대왕수정실록
15	광해군일기	187	64	1633년 (인조 11년)	광해군일기
15	광해군일기	187	40	1653년 (효종 4년)	광해군일기
16	인조실록	50	50	1653년 (효종 4년)	인조대왕실록
17	효종실록	21	22	1661년 (현종 2년)	효종대왕실록
18	현종실록	22	23	1677년 (숙종 3년)	현종순문숙무경인창효대왕실록
18	현종개수실록	28	29	1683년 (숙종 9년)	현종순문숙무경인창효대왕개수실록
19	숙종실록	65	73	1728년 (영조 4년)	숙종현의광륜예성영렬장문헌무경명원효대왕실록
20	경종실록	15	7	1732년 (영조 8년)	경종덕문익무순인선효대왕실록
20	경종수정실록	5	3	1781년 (정조 5년)	경종덕문익무순인선효대왕수정실록
21	영조실록	127	83	1781년 (정조 5년)	영종지행순덕영모의열장의홍륜광인돈희체천극공신화대성광운개태기영요명순철건건곤녕익문선무희경현효대왕실록
22	정조실록	54	56	1805년 (순조 5년)	정종문성무열성인장효대왕실록
23	순조실록	34	36	1838년 (헌종 4년)	순조연덕현도경인순희문안무정헌경성효대왕실록
24	헌종실록	16	9	1851년 (철종 2년)	헌종경문위무명인철대왕실록
25	철종실록	15	9	1865년 (고종 2년)	철종희륜정극수덕순성문현무성헌인영효대왕실록
26	고종실록	52	52	1934년	고종통천융운조극돈륜정성광의명공대덕요준순휘우모탕경응명립기지화신열외훈홍업계기선력건행곤정영의홍휴수강문헌무장인익정효태황제실록
27	순종실록	22	8	1934년	순종문온무녕돈인성경효황제실록

『조선왕조실록』의 편찬 과정

태조가 승하한 1409년(태종 9년) 태종은 하륜에게 명을 내려 전조의 예에 의하여 태조실록을 편찬하게 하였는데, 사관이었던 송포 등은 당대의 사람이 실록을 편찬하면 올바른 역사를 편찬할 수 없다는 이유로 반대하였습니다. 하지만 태종은 그 의견을 묵살하고 하륜으로 하여금 태조실록을 편찬하게 하였습니다. 다음 정종과 태종이 승하한 뒤 세종 5년 정종실록과 태종실록을 편찬하려고 하였습니다. 이때에도 두어 대 지난 뒤에 편찬할 것을 주장하는 사람이 있었으나, 세종은 이것을 묵살하고 이듬해 3월부터 변계량으로 하여금 이를 편찬하게 하여 1426년(세종 8년)과 1431년(세종 13년) 각각 정종실록과 태종실록을 완성하였습니다. 이후 역대 임금의 실록은 그 임금이 사망한 뒤 곧 편찬하게 되었습니다. 조선왕조에서는 실록의 편찬을 위해 임시로 실록청 또는 찬수청을 설치하고 영의정 또는 좌우의정 가운데 한 사람을 총재관에 임명하여 총지휘하게 하고, 대제학과 기타 글 잘하는 사람을 뽑아서 당상과 낭청에 임명하고, 도청과 일방·이방·삼방 등 각방으로 나누어서 편찬하였습니다.

일방·이방·삼방 등 각방은 편찬 자료를 수집하여 1차 원고를 작성하는 것이 그 임무입니다. 세종이나 성종과 같이 재위 기간이 길고 자료가 많은 임금의 실록은 6방으로 나누고, 세조나 명종과 같이 20년 내외로 재위한 임금의 실록은 3방으로 나누어서 편찬하였는데, 각 방은 연수를 평균 분담하였습니다. 예를 들면 명종의 경우 1방은 즉위년과 3·6·9·12·15·18·21의 8년을, 2방은 1·4·7·10·13·16·19·22의 8년을, 3방은 2·5·8·11·14·17·20의 7년을 담당하였습니다. 각 방이 연속한 8년 또는 7년을 담당하지 않고 두 해 건너 한 해씩 담당한 것은 연속한 3개년을 동시에 편찬하여 이것을 수정하는 도청(실록청의 한 부서)에 넘기고, 다음 3년도 이와 같이 하여 빠른 시일 내에 편찬을 완료하려고 하였습니다.

실록을 편찬하는 자료에 관해서는, 무오사화가 일어났을 때의 한 기술 가운데는 사초, 시정기, 승정원일기, 경연일기, 각사등록 등 상고할 수 있는 문서라면 모두 주워 모아 연대순으로 나누고 순서의 구별을 하여 편집하였습니다. 그러니까 실록의 편찬에는 정부의 모든 기관에서 기록한 문서류는 물론, 그밖에 개인의 문서까지도 참고가 되어 작성되었습니다.

실제로는 시정기가 이미 임금의 동정과 경연 강론을 위시하여 승정원일기, 각 사례사 중의 중요한 것, 상소하는 글이나 제수의 표태한 자, 등과 인원, 각사의 계하문서 등에 관한 자료를 참고하여 수찬된 것이기 때문에 기본 자료가 되었습니다. 중종 29년 6월 실록에 대하여 "대저 시정기를 근본으로 실록을 마련하여 만세에 전한다."라고 한 기록을 통해 알 수 있습니다.

이와 같이 시정기와 사초 등 모든 자료를 수집한 다음 각 방의 당상과 낭청이 날마다 실록청에 나와서 연월일 순의 편년체로 실록의 1차 원고를 작성하여 도청에 넘기면 각 방의 임무는 끝납니다. 도청에서 낭청이 먼저 초초(1차 원고)를 교열하여 잘못된 것은 정정하고 빠진 것은 추가하고 불필요한 것은 삭제하여 2차 원고인 중초를 작성합니다. 그러면 실록 편찬의 최고 책임자인 총재관과 도청 당상이 중초를 교열하여 문장과 체제를 통일함과 동시에 또한 많은 필삭을 가하여 정초(정서로 글을 작성)를 만들었는데, 이것으로 실록이 완성되는 것입니다.

이처럼 초초와 중초, 정초의 세 단계를 거쳐서 인쇄하여 사고(정부의 책 보관 창고)에 봉안하고, 실록의 기본 자료였던 춘추관 시정기와 사관의 사초 및 실록의 초초와 중초, 정초 등은 모두 실록의 편찬이 완료된 뒤에, 훗날의 시시비비를 막기 위하여 그 초고를 없애 버렸습니다. 이유는 기밀의 누설을 방지함과 동시에 종이를 재생하기 위해서였습니다.

『조선왕조실록』의 보존 과정

■ 조선 전기

조선에서 실록을 편찬한 것은 1413년(태종 13년) 『태조실록』 15권을 편찬하여 동년 4월 22일에 완성한 것이 처음이며, 1426년(세종 8년) 『정종실록』 6권을 편찬하고 1431년(세종 13년) 『태종실록』 36권을 편찬한 후, 태조·정종·태종의 3대 실록을 각 2부씩 등사하여 1부는 서울의 춘추관, 2부는 고려시대로부터 실록을 보관하던 충주사고에 보관하였습니다.

그러나 2부의 실록만으로는 그 보존이 매우 걱정되므로, 1445년(세종 27년) 다시 2부씩 더 베껴(등초) 전주·성주에 사고를 만들고 각 1부씩 나누어 보관하였으며, 이후 역대의 실록을 편찬할 때마다 출판하여 춘추관·충주·전주·성주의 4사고에 각 1부씩 보관하였다. 다만 태조·정종·태종의 3대 실록은 활자화하지 못하고 처음에 베낀 그대로 보관하였습니다.

성주사고지(1915년 촬영)

■ 임진왜란 때

1592년(선조 25년) 임진왜란에 왜구에 의해 춘추관·충주·성주 3사고의 실록은 모두 소실되고, 오직 전주사고의 실록만 전쟁으로 인한 화재를 면할 수 있게 되었습니다. 당시 전쟁 중인데도 전주사고의 실록을 내장산 혹은 해주·강화도·묘향산 등지로 나누어 보관했다가, 전쟁이 끝난 후 국가 재정이 곤

전주사고 측면

란하고 물자가 모자람에도 불구하고 실록 재출판 사업을 일으켜, 1603년(선조 36년) 7월부터 1606년(선조 39년) 3월까지 2년 9개월 『태조실록』부터 『명종실록』까지 13대의 실록 804권을 출판하였습니다. 이때 출판한 부수는 3부였으나 전주사고에 있던 실록 원본과 교정본을 합하여 5부의 실록이 되었으므로 1부는 국가의 참고를 위하여 서울 춘추관에 두고, 다른 4부는 병화를 면할 수 있는 깊은 산속과 섬을 택하여 강화도 마니산·경상도 봉화 태백산·평안도 영변 묘향산·강원도 평창 오대산에 사고를 설치하고 각 1부씩 나누어 보관하였습니다. 춘추관·태백산·묘향산에는 신간본, 마니산에는 전주실록, 오대산에는 교정본을 보관하였으며, 1617년(광해군 9년) 『선조실록』을 편찬 출판한 후 또한 다섯 사고에 각 1부씩 보관하였습니다.

■ 조선 후기

그 뒤 춘추관에 보관했던 실록은 1624년(인조 2년) 이괄의 난 때 또 다시 소실되어 완전히 없어지고, 묘향산 실록은 1633년(인조 11년) 만주에서 일어난 후금(여진족, 훗날 청나라)과의 관계가 악화되어 전라북도 무주군 적상산으로 이전하고, 마니산 실록은 1636년(인조 14년) 병자호란 때 크게 파손되어 낙질(한 질을 이루는 여러 권의 책 가운데 빠진 책) 낙장(책의 빠진 책장) 된 것이 많았습니다. 그 후 현종 때에 마니산 실록은 보수되었으나 춘추관 실록은 영원히 복구하지 못하였습니다. 그리고 마니산 실록은 1660년 같은 강화도 내의 정족산성 안에 사고를 신설하고 1678년 정족산사고로 이전하였습니다. 인조 이후 실록은 정족산·적상산·오대산 사고의 실록만 남게 되었으며, 이후로 역대의 실록을 편찬할 때마다 출판하여 4사고에 추가 보존케 하였는데 전례에 따라서 정족산·태백산·적상산 사고에는 정인본, 오대산사고에는 교정본을 보관하였습니다. 이렇게 하여 이 4사고의 실록은 일제 침략 당시까지 완전히 보전되었습니다.

■ 대일항쟁기

1910년 한일 병합 조약에 의해 대한제국이 멸망한 후 정족산 및 태백산사고의 실록은 규장각 도서와 함께 전의 종친부 자리에 설치한 소위 조선총독부 학무과 분실로 옮기고, 적상산 사고의 실록은 이왕직 장서각에 옮겼으며, 평창 오대산사고의 실록은 도쿄 제국대학에 가져다 두었는데 오대산본은 1923년 간토 대지진 당시에 788책 중 714책이 불타버렸고 일부 외부로 대출되었던 책들만 보존되어 오대산사고본 중 27책을 1932년 경성제국대학에 반환되었습니다. 정족산사고본과 태백산사고본은 1930년 규장각 도서와 함께 경성제국대학으로 옮겨졌습니다.

강화 정족산사고(일제강점기 촬영)

평창 오대산사고(일제강점기 촬영)

■ 해방 이후 현재까지

광복 당시까지 정족산사고본과 태백산사고본이 서울대학교 도서관에 남아 있고, 이왕직에 있는 적상산사고본은 광복 후 한국전쟁 당시 북한군이 탈취해 현재 북한 평양시 인민대학습당에 소장되어 있습니다. 그러므로 현재 온전히 남아 있는 실록은 서울대학교 중앙도서관에 보관되

봉화 태백산사고 전경(일제강점기 촬영)

어있는 강화 정족산사고본과 경북 봉화 태백산사고본 정도입니다. 2006년에는 일제 강점기 당시 일본으로 유출된 오대산사고본이 도쿄대학으로부터 대한민국에 기증 형식으로 47책 이 전달되었습니다. 문화재청에서는 소장처를 서울대 규장각으로 결정하여 서울대 규장각에서 보관하고 있습니다.

『조선왕실록』의 편찬 과정 25

사관이 기록하는 모습

맨 앞줄 2명이 실록을 작성하는 '**사관**'이다.

[간단 용어]
- **사관과 사초** : 정확한 직필로써 기록을 남긴 사관과 사관이 작성한 실록 편찬의 핵심 자료가 사초.
- **편찬** : 실록청에서 초초, 중초, 정초를 거쳐 활자로 인쇄를 하는 것.
- **세초** : 실록 편찬에 사용한 사초 등을 기밀 유지와 종이 재생을 위해 물에 씻어 필적을 지우는 의식.
- **봉안** : 실록을 실록함에 넣어 사고에 봉안하고 봉인하는 것.
- **포쇄** : 실록을 오랫동안 보관하기 위해 햇볕에 말리고 바람을 쐬어서 습기를 제거하는 작업.

포쇄 작업을 하는 모습

실록을 오랫동안 보관하기 위해 햇볕에 말리고 바람을 쐬어서 습기를 제거하는 작업(포쇄) 모습이다.

[간단 용어]

- **시호** : 제왕·경상(卿相)·유현(儒賢)이 죽은 뒤에, 그 공덕을 칭송하여 임금이 추증(追贈)하던 이름.
- **묘호** : 임금의 시호.
- **능호** : 능의 이름.
- **승하** : 임금이 세상을 떠남을 높여 부르는 말.
- **추존** : 살아있을 때 임금으로 등극하지 못했거나 폐위되었지만, 죽은 후에 다시 왕으로 모시는 것.
- **간언** : 임금이나 윗사람에게 옳지 않은 일이나 잘못된 일을 고치도록 말하는 것.

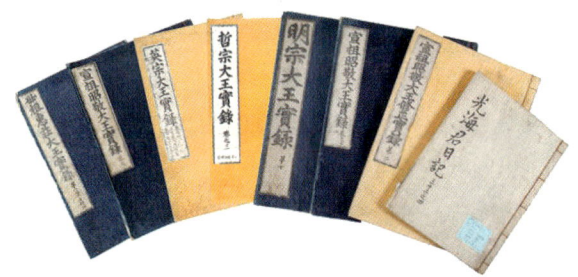

-『조선왕조실록』 편찬 경위와 내용-

『태조실록』

1392년 7월서 1398년 9월까지 태조 재위 기간의 사실을 기록하고 있습니다. 권두서명은 『태조강헌대왕실록』으로 되어 있으며, 15권 3책으로 구성되어 있습니다. 1409년(태종 9년) 8월 28일 하륜·유관·정이오·변계량 등에 의해 편찬이 시작되어 1413년 3월 완성되었습니다. 내용이 복잡하고 중복된 기사가 많아 여러 번 고쳐 수정되었습니다.

『정종실록』

1399년 1월서 1400년 12월까지 정종 재위 기간의 사실을 기록하고 있습니다. 권두서명은 『공정왕실록』으로 되어 있으나 표지서명은 『정종대왕실록』으로 되어 있습니다. 6권 1책으로 구성되어 있습니다. 1423년(세종 5년) 12월 변계량 등이 건의, 다음 해 윤회·신색 등에 의해 편찬이 시작되어 1426년 8월 완성되었습니다.

『태종실록』

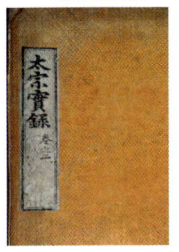

1401년 11월부터 1418년 8월의 태종 재위 기간의 사실을 기록하고 있습니다. 권두서명은 『태종공정대왕실록』으로 되어 있습니다. 36권 16책으로 구성되어 있습니다. 『정종실록』과 함께 1424년(세종 6년) 편찬을 시작하여 황희·맹사성·윤회·신색 등에 의해 1431년 완성되었습니다. 정도전과 박포의 난에 관한 기사의 착오로 1442년 고쳐 수정되었습니다.

『세종실록』

1418년 8월서 1450년 2월까지의 세종 재위 기간의 사실을 기록하고 있습니다. 권두서명은 『세종장헌대왕실록』입니다. 163권 67책으로 구성되어 있습니다. 이 책은 1452년(문종 2년) 3월 황보인·김종서·정인지 등에 의해 편찬이 시작되었으나, 1453년(단종 1년) 계유정난으로 황보인·김종서가 피살된 후 정인지 혼자 감수하여 1454년 3월 완성했습니다. 『세종실록』부터 처음으로 실록편찬에 활자를 사용했습니다. 권1~127은 재위 기간 동안의 사실을 편년체로 기록하고, 권128~163은 지志로 편찬한 것이 특징입니다. 세종 때에는 많은 문화 사업과 문물제도가 창제되었기 문에 이것을 따로 정리한 것입니다. 즉 권128~135는 오례의, 권136~147은 악보, 권148~155는 지리지, 권156~163은 칠정산으로 구성되어 있습니다. 지는 1466년(세조 12년) 11월 양성지의 건의로 편찬을 시작하여 1472년(성종 3년) 7월 완성했습니다.

『문종실록』

1450년 2월부터 1452년 5월까지 문종 재위 기간의 사실을 기록하고 있습니다. 권두서명은 『문종공순대왕실록』입니다. 12권 6책으로 구성되어 있습니다. 1454년 편찬을 시작하여 1455년 완성했으며, 정인지·정창수·이계전·하위지 등이 편찬하였습니다.

『단종실록』

1452년 5월부터 1455년 6월까지 단종 재위 기간의 사실을 기록하고 있습니다. 권두서명은 『노산군일기』로 되어 있으나 표지서명은 『단종대왕실록』으로 되어 있습니다. 14권 6책. 1464년(세조 10년) 10월 신숙주·한명회·최항 등이 편찬을 시작하여 1469년(예종 1년) 완성했으며, 부록 1권은 1704년(숙종 30년) 편찬한 것으로 단종의 복위 사실을 기록한 것입니다.

『세조실록』

1456년 6월부터 1468년 9월까지 세조 재위 기간의 사실을 기록하고 있습니다. 권두서명은 『세조혜장대왕실록』입니다. 49권 18책. 1469년(예종 1년) 4월 편찬을 시작하여 1471년(성종 2년) 12월 완성되었습니다. 신숙주·한명회·강희맹 등이 편찬했습니다. 실록의 편찬은 유년칭원법을 사용하는 것이 원칙이나, 이 책은 단종이 폐위되었기 때문에 즉위한 해를 원년으로 하는 즉위년칭원법을 사용했습니다. 마지막 2권에는 세조 때 제정된 악보가 수록되어 있는데, 이는 『세종실록』의 악보와 함께 아악 연구에 중요한 자료가 되고 있습니다.

『예종실록』

1468년 9월부터 1469년 11월까지 예종 재위 기간의 사실을 기록했습니다. 권두서명은 『예종양도대왕실록』입니다. 8권 3책. 1471년(성종 2년) 12월 편찬을 시작하여 1472년 5월 완성했습니다. 편찬자는 세조실록을 담당했던 사람들로 구성되었습니다.

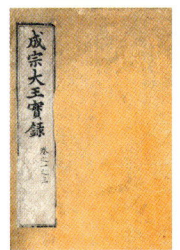
『성종실록』

1469년 11월부터 1494년 12월까지 성종 재위 기간의 사실을 기록하였습니다. 권두서명은 『성종강정대왕실록』입니다. 297권 47책. 1495년(연산군 1년) 4월 편찬을 시작하여 1499년 2월 완성했습니다. 편찬자는 신승선·어세겸·성준·이극돈 등입니다. 일반 실록의 경우 기사의 분량에 따라 1권을 수개월로 조정하여 편찬하고 있으나 이 책은 권14 이후부터 기사의 다소에 관계 없이 1개월을 1권의 분량으로 편찬했습니다. 오대산사고본 국보 '성종실록'(1606년)은 1913년 일본에 무단 반출된 지 110년 만에 귀향한 조선왕조실록이다. 2006년 3월 오대산 월정사 등은 '조선왕조실록 환수위원회'를 꾸려 환수 운동을 시작했고, 도쿄대는 석 달 만에 전부를 국내에 기증했다.

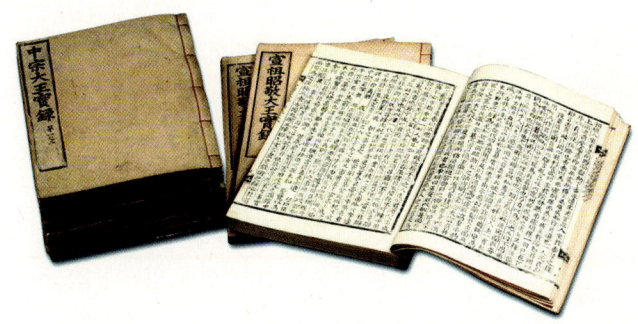

<출처 : 국가유산청>

제1대 태조 이성계

불패의 명장, 조선을 건국한 왕

생애	1335년~1408년	재위 기간	1392년~1398년
본관	전주	휘(이름)	성계, 단(왕이 된 후)
묘호	태조	능호	건원릉

태조의 가계도

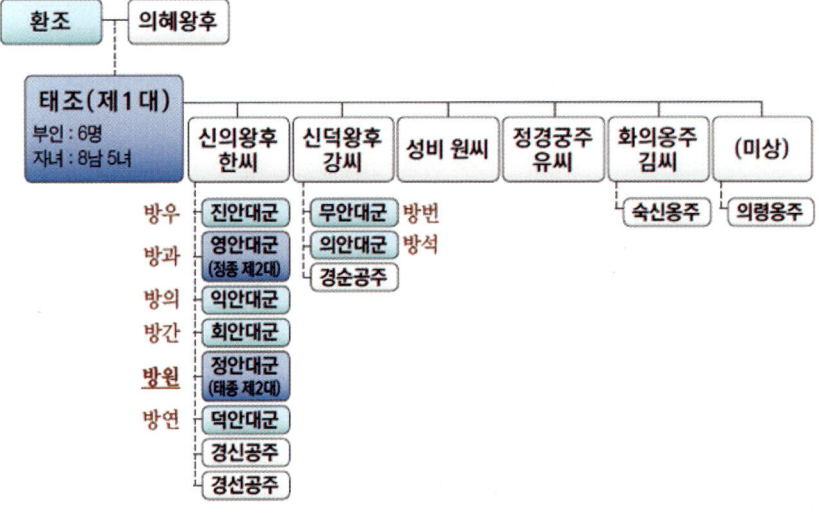

태조

<태조 이성계 어진, 국보. 출처 : 문화재청>

이성계 선대의 가계

※ 『태조실록』 1권 총서에 수록된 기사임.

태조

實錄記事 목조 이안사가 전주에서 삼척·의주를 거쳐 알동에 정착하다

태조 강헌 지인 계운 성문 신무 대왕의 성은 이씨요, 휘는 단이요, 자는 군진이다. 그 전의 휘는 성계요, 호는 송헌이다. 전주의 대성이다. 사공이 신라에 벼슬하여 태종왕[1]의 10대 손자인 군윤 김은의의 딸에게 장가들어 시중 자연을 낳았다. 시중이 복야 천상을 낳고, 복야가 아간 광희를 낳고, 아간이 사도 삼중 대광입전을 낳고, 사도가 긍휴를 낳고, 이긍휴가 염순을 낳고, 이염순이 승삭을 낳고, 이승삭이 충경을 낳고, 이충경이 경영을 낳고, 이경영이 충민을 낳고, 이충민이 화를 낳고, 이화가 진유를 낳고, 이진유가 궁진을 낳고, 이궁진이 대장군용부를 낳고, 대장군이 내시집주[2] 인을 낳고, 집주가 시중 문극겸의 딸에게 장가들어 장군 양무를 낳고, 장군이 상장군 이강제의 딸에게 장가들어 안사를 낳으니, 목조이다.

성품이 호방하여 사방을 경략할 뜻이 있었다. 처음에 전주에 있었는데, 그 때 나이 20여 세로서, 용맹과 지략이 남보다 뛰어났다. 산성 별감이 객관에 들어왔을 때 관기의 사건으로 인하여 주관과 틈이 생겼다. 주관이 안렴사[3]와 함께 의논하여 위에 알리고 군사를 내어 도모하려 하므로, 목조가 이 소식을 듣고 드디어 강릉도의 삼척현으로 옮겨 가서 거주하니, 백성들이 자원하여 따라서 이사한 사람이 1백 70여 가(家)나 되었다. 일찍이 배 15척을 만들어 왜구를 방비했는데, 조금 후에 원나라 야굴대왕[4]이 군사를 거느리고 여러 고을을 침략하니, 목조는 두타 산성을 지켜서 난리를 피하였다. 때마침 전일의 산성 별감이 새로 안렴사에 임명되어 또 장차 이르려고 하니, 목조는 화가 미칠까 두려워하여 가족을 거느리고 바다로 배를 타고 동북면의 의주(덕원)에 이르러 살았는데, 백성 1백 70여 호가 또한 따라갔고, 동북의 백성들이 진심으로 사모하여 좇는 사람이 많았다. 이에 고려에서는 목조를 의주 병마사로 삼아 고원을 지켜

---

1) **태종왕**太宗王 : 김춘추金春秋.
2) **내시집주**内侍執奏 : 고려 때 내시부의 관직.
3) **안렴사**按廉使 : 고려 때의 지방 장관.
4) **야굴대왕**也窟大王 : 몽골의 장군. 일명 야고也古.

원나라 군사를 방어하게 하였다. 이때 쌍성(영흥) 이북 지방이 개원로[5]에 소속되었고, 원나라 산길대왕[6] 이 와서 쌍성에 둔치고 있으면서 철령 이북 지방을 취하려고 하여, 사람을 두 번이나 보내어 목조에게 원나라에 항복하기를 청하니, 목조는 마지못하여 김보노 등 1천여 호를 거느리고 항복하였다. 이보다 먼저 평양의 백성들이 목조의 위세와 명망을 듣고 붙좇는 사람들이 많았는데, 이때 이르러 함께 따라오니, 산길이 크게 기뻐하여 예절을 갖추어 대우함이 매우 후하였고, 성대한 연회를 베풀어 즐거이 술을 마시었다. 연회가 끝나려 할 적에 산길이 친히 옥배를 목조의 품속에 넣어 주면서 말하기를,

"공의 가인이 어찌 우리 두 사람의 서로 친하는 지극한 정리를 알겠습니까? 부족하나마 옥배로써 나의 정을 표시할 뿐입니다."

이내 서로 함께 맹세하기를,

"이 뒤로부터 서로 잊지 말도록 합시다."

목조는 이에 동종의 딸을 산길에게 주어 아내로 삼게 하였다. 목조는 수로와 육로를 지나서 시리時利(이성利城)에 이르렀는데, 그 천호千戶가 군사로써 막으므로, 목조가 귀순한다는 뜻을 말하니, 천호가 연회를 베풀어 위로하기를 매우 후하게 하였다. 목조도 또한 소와 말로써 그에게 보답하고, 마침내 개원로 남경의 알동에 이르러 거주하였다. 이때가 송나라 이종 보우 2년(1254년)이요, 원나라 헌종 4년이요, 고려 고종 41년 갑인이다.

> **實錄記事** 목조 이안사가 알동 천호소의 수音천호로서 다루가치를 겸하다

명년 을묘(1255년)에 산길이 이 사실을 원元나라 황제에게 알리니, 원나라에서 '목조를 위해' 알동천호소를 세우고 금패를 내려 주어 남경 등처 오천호소의 수천호로 삼고, 다루가치를 겸하게 하였다. 알동은 남경 동남쪽 90여 리에 있으니, 지금의 경흥부 동쪽 30리에 떨어져 있다. 알동의 서북쪽 1백 20여 리에 두문성이 있고, 또 그 서쪽 1백 20여 리에 알동 사오리가 있으니, 사오리는 여진 말로서 참이다. 참이 관동 알동의 관내에 있는 까닭으로 그렇게 말한 것이다. 그 평야에 큰 토성이 있고, 남경의 평야에도 또한 큰 토성이 있으며, 그 북쪽 7, 8리에도 또한 큰 석성이 있으니, 모두 목조가

---

[5] **개원로**開元路 : 원나라 때 설치한 행정구획의 이름. 지금의 길림성과 요녕 남부의 땅임.

[6] **산길대왕**散吉大王 : 몽골의 장군.

관령한 군민軍民이 거처하던 곳이다. 목조는 비록 알동에 거처하였으나, 여러 성에 왕래하여 그 거처가 일정하지 않았다.

> **實錄記事** 목조가 이춘 등의 8개 백호를 관할하고 흘찰 백호의 직무를 겸하다

원나라 헌종 8년(1258년)에 산길의 영지를 받아, 이춘·문대순·조오·노가아·탁청·상재·광혁·장가 등 8개 백호를 관할하는 직책에 승진되고, 겸하여 흘찰 백호 직무를 맡게 되었다.

> **實錄記事** 목조가 죽자 공주에서 장사 지내고 후에 함흥부로 옮겨 덕릉이라 하다

지원 원년(1264년) 갑자 5월에 황제의 선명을 받아, 그대로 알동 천호에 충원되었다. 지원 11년(1274년) 갑술 12월에 훙하니, 공주(경흥부)성 남쪽 5리에 장사하였다. 후일에 함흥부의 의흥부 달단동에 옮겨 장사하였으니, 곧 덕릉이다.

신흥 조선 목조 덕릉과 공효왕후 안릉 (대일항쟁기에 촬영)

> **實錄記事** 익조가 원군과 함께 일본 정벌에 참여하고, 충렬왕을 알현하다

18년(1281년) 신사에 세조가 일본을 정벌하니, 천하의 병선이 합포에 모였다. 익조가 상사의 문자를 받아, 본소의 인호에 군인을 기명하여 뽑아서 쌍성총관부의 삼살 천

호와 몽골의 대탑실 등과 함께 정벌에 나아갔다. 마침내 고려의 충렬왕을 뵈옵고 두세 번에 이르러 더욱 공손하고 더욱 삼가하면서 매양 사과하기를,
"선신[7]께서 북방으로 달아난 것은 실로 호랑의 아가리를 벗어나고자 한 것이고, 감히 군부君父를 배반한 것은 아니오니, 원하옵건대, 성상께서는 그 죄를 용서하옵소서."
왕이 말하기를,
"경은 본디 사족이니 어찌 근본을 잊겠는가. 지금 경의 거지擧止를 보니 마음이 있는 바를 알겠다."

實錄記事 익조가 여진 천호의 협공을 피해 알동의 백성을 거느리고 적도를 거쳐 의주에 정착하다

처음에 목조가 때때로 현성에 가니, 여러 여진의 천호와 다루가치들이 모두 교제하기를 원하므로, 마침내 그들과 함께 놀았다. 여러 천호千戶들이 예절을 갖추어 대접하기를 매우 후하게 하고, 반드시 소와 말을 잡아서 연회를 베풀고는 문득 수일을 유련하였으며, 여러 천호들로서 알동에 이른 사람이 있으면 목조도 또한 이같이 접대하였다. 익조 때에 이르러서도 이대로 따라 행하고 고치지 않았다. 익조의 위엄과 덕망이 점차 강성하니, 여러 천호의 수하 사람들이 진심으로 사모하여 좇는 사람이 많았다. 여러 천호들이 꺼려서 모해하기를,
"이행리(익조년)는 본디 우리의 동류가 아니며, 지금 그 형세를 보건대 마침내 반드시 우리에게 이롭지 못할 것이니, 어찌 깊은 곳의 사람에게 군사를 청하여 이를 제거하고, 또 그 재산을 분배하지 않겠는가?"
이에 거짓으로 고하기를,
"우리들이 장차 북쪽 땅에서 사냥하고 오겠으니 20일 동안 정회하기를 청합니다."
익조가 이를 허락하였다. 기일이 지나서도 오지 않으므로, 익조가 친히 현성에 가니, 다만 노약과 부녀들만이 있고 장정은 한 사람도 없었다. 한 여자에게 물으니, 대답하기를,
"그 짐승이 많은 것을 탐내서 지금까지 돌아오지 않습니다."
하였다. 익조가 이에 돌아오다가 길에서 한 할멈이 머리에 물동이를 이고 손에는 한 개의 주발을 가지고 있는 것을 보고서, 익조가 갑자기 목이 말라 물을 마시고자 하니, 할멈이 그 주발을 깨끗이 씻어 물을 떠서 바치고, 이내 말하기를,
"공은 알지 못합니까? 이곳 사람들이 공을 꺼려하여 장차 도모하려고 군사를 청하

---

7) **선신**先臣 : 목조穆祖.

러 간 것이고, 사냥하려고 간 것은 아닙니다. 3일 후에는 반드시 올 것인데, 귀관의 위엄과 덕망이 애석하므로, 감히 이 사실을 알리지 않을 수가 없습니다."

익조는 황급히 돌아와서 가인들로 하여금 가산을 배에 싣고 두만강의 흐름을 따라 내려가서 적도에서 만나기로 약속하고, 자기는 손 부인과 함께 가양탄을 건너 높은 곳에 올라가서 바라보니, 알동의 들에 적병이 가득히 차서 오고, 선봉 3백여 명은 거의 뒤를 따라왔다. 익조는 부인과 함께 말을 달려서 적도의 북쪽 언덕에 이르렀는데, 물의 넓이는 6백 보나 될 만하고, 깊이는 헤아릴 수도 없으며, 약속한 배도 또한 이르지 않았으므로 어찌할 수가 없었다. 북해는 본디 조수가 없었는데, 물이 갑자기 약 백여 보 가량이나 줄어들어 얕아져서 건널 만하므로, 익조는 드디어 부인과 함께 한 마리의 백마를 같이 타고 건너가고, 종자들이 다 건너자 물이 다시 크게 이르니, 적병이 이르러도 건너지 못하였다. 북방 사람이 지금까지 이를 일컬어 말하기를,

"하늘이 도운 것이고 사람의 힘은 아니다."

익조는 이에 움을 만들어 거주하였는데, 그 터가 지금까지 남아 있다. 알동의 백성들이 익조의 있는 곳을 알고, 그를 따라오는 사람이 장꾼과 같이 많았다. 모두 섬 가운데 오랫동안 거주하다가, 직도·추도·초도의 재목을 베어 배 10척을 만들어 지원 27년(1290년) 경인에 다시 수로로 해서 의주에 돌아와 거주하니, 공주孔州의 백성들이 모두 그를 따라왔다. 그들이 거주하던 땅을 지금도 적전이라 일컬으니, 그들이 적도에서 온 때문이다.

> **實錄記事** 익조의 손 부인이 죽자, 등주 호장 최기열의 딸과 재혼하여 등주에 거주하다

손 부인이 두 아들을 낳았으니, 맏아들은 규수이고, 다음 아들은 복이다. 부인이 돌아가자 두 번째로 장가든 배위 정비 최씨는 등주(안변) 호장 최기열의 딸이다. 드디어 등주의 협촌에 영업전[8]을 두고 거주했으며, 또 백성 30호를 등주 서쪽 15리에 거처하게 하였는데, 뒤에 그 땅을 일컬어 삼십호평이라 하였다.

---

8) **영업전**永業田 : 고려 때 부병府兵이 세습적으로 경작하던 토지.

實錄記事 의주에서 도조인 이선래를 낳다

이곳에 거주한 지 수년만에 아들이 없으므로 최씨와 함께 낙산의 관음굴에 기도했더니, 밤의 꿈에 한 승복을 입은 중이 와서 고하기를,

"반드시 귀한 아들을 낳을 것이니 마땅히 이름은 선래라고 하십시오."

얼마 안 가서 아이를 배어 과연 의주에서 아들을 낳았으므로, 마침내 이름을 선래라고 했으니, 이 분이 도조이다. 관음굴은 지금 강원도 양양부에 있다. 이때 익조가 안변에 왕래하였는데, 또한 간혹 화주와 함주에도 왕래하였다.

實錄記事 익조가 죽자 안변부의 봉룡역에서 장사지내고 지릉이라 하다

모년 9월 10일에 익조가 훙하였다. 안변부의 서곡현 봉룡역 북동에 장사지냈으니, 곧 지릉智陵이다.

안변 지릉

實錄記事 도조 이춘이 익조의 관직을 이어받다

도조의 휘는 이춘인데, 어렸을 적의 이름은 선래요, 몽골 이름은 발안첩목아이다. 선명을 받아 아버지의 관직을 이어받았다.

제1대 태조 이성계

> **實錄記事** 도조가 박광의 딸과 혼인하여 자흥과 환조를 낳고 박씨가 죽자 조씨와 재혼하여 두 아들과 세 딸을 낳다

배위는 경비 박씨니, 알동 백호 증 문하시중 박광의 딸이다. 두 아들을 낳았는데, 맏아들은 자흥이니, 몽골 이름은 탑사불화이고, 다음 아들은 곧 우리 환조이다. 박씨가 돌아간 후에 화주에 옮겨 거주하여 조씨에게 장가들었으니, 쌍성총관의 딸이다. 두 아들과 세 딸을 낳았는데, 맏아들은 완자불화이고, 다음 아들은 나해이다.

> **實錄記事** 익조와 도조가 남쪽으로 이주한 알동 사람들을 토지가 비옥한 함주에 정착시키다

처음에 익조는, 함주의 토지가 평탄하고 넓고 비옥하기 때문에 알동의 백성들로서 남으로 오는 사람을 함주의 귀주·초고대·왕거산·운천·송두·도련포·아적랑이 등에 살게 하였다. 그러므로, 함주를 일컬어 알동일언(여진에서는 백성을 일언이라 함)이라 하였다. 이때에 이르러 도조가 안변 이북의 땅을 다 차지하였으나 함주로 옮겨 거처한 것은, 남방으로 온 백성과 가까이 하고, 또 목축하는 데 편리하기 때문이었다.

> **實錄記事** 조선 왕조 개창을 암시하는 도조의 꿈

도조의 꿈에 어느 사람이 말하기를,
 "나는 백룡입니다. 지금 모처에 있는데, 흑룡이 나의 거처를 빼앗으려고 하니, 공은
  구원해 주십시오."
 도조가 꿈을 깨고 난 후에 보통으로 여기고 이상히 생각하지 않았더니, 또 꿈에 백룡이 다시 나타나서 간절히 청하기를,
 "공은 어찌 내 말을 생각하지 않습니까?"
또한 날짜까지 말하였다. 도조는 그제야 이를 이상히 여기고 기일이 되어 활과 화살을 가지고 가서 보니, 구름과 안개가 어두컴컴한데, 백룡과 흑룡이 한창 못 가운데서 싸우고 있었다. 도조가 흑룡을 쏘니, 화살 한 개에 맞아 죽어 못에 잠기었다. 뒤에 꿈을 꾸니, 백룡이 와서 사례하기를,
 "공의 큰 경사는 장차 자손에 있을 것입니다."

實錄記事 상서로운 일이 일어나자 도조를 칭송하다

도조가 일찍이 행영에 있을 적에 두 마리의 까치가 영중의 큰 나무에 앉았다. 도조가 이를 쏘려고 하니, 나무와의 거리가 거의 백보나 되므로, 휘하의 군사들이 모두 말하기를,
"반드시 맞지 못할 것입니다."
드디어 이를 쏘았더니 두 마리의 까치가 함께 떨어졌는데, 큰 뱀이 나와서 이를 입에 물고 다른 나무 위에 두고는 먹지 아니하였다. 그때 사람이 이를 이상히 여겨 칭송하였다.

實錄記事 도조가 죽자 어린 교주 대신 임시로 환조 이자춘이 관직을 계승하다

지정 2년(1342년) 임오 7월 24일에 도조가 훙하였다. 함흥부의 예안부 운천동에 장사지내니, 곧 의릉이다. 탑사불화가 사유를 갖추어 개원로에 사람을 보내어 알리니, 개원로에서 조감해 보매, 탑사불화는 정실의 아들이므로, 탑사불화로 하여금 관직을 이어받게 하였다. 9월에 탑사불화가 졸하니, 아들 교주가 어리[幼]었다. 나해가, 그 어머니 조씨가 고려의 왕족임으로써 그의 형 완자불화와 함께 모두 원윤9)과 정윤10)이 되고, 또 조 총관의 세력을 믿고 드디어 분수에 넘치는 마음을 내어, 그 애고 중을 틈타 선명과 인신을 훔쳐 가니, 관내의 군민들이 모두 노하기를,
"조씨는 적실이 아닌데, 나해가 어찌 아버지의 관직을 이어받을 수가 있느냐?"
환조가 탑사불화의 아내 박씨에게 이르기를,
"형수께서 스스로 개원로에 가서 변명하십시오."
박씨는 안변 사람 득현의 딸이다. 환조는 교주咬住와 함께 박씨를 따라 개원로에 나아가서 진소하니, 본로에서 사유를 갖추어 황제에게 아뢰었다. 지정 3년(1343년) 정월에 원元나라에서, 조씨는 적실이 아니고, 교주는 유약하다고 하여, 환조로 하여금 임시로 관직을 이어 받았다가, 교주가 정년丁年이 됨을 기다려 그에게 관직을 주도록 하고, 이내 사자使者를 보내어 나해를 목 베게 하였다. 나해가 이 소식을 듣고 선명과 인印을 가지고 차인사에 숨으니, 잡아서 이를 죽였다. 완자불화는 영돈녕으로 치사한 이지의 아버지다.

---

9) **원윤**元尹 : 고려 때 종친과 훈신의 작호.
10) **정윤**正尹 : 고려 때 종친과 훈신의 작호.

도조 의릉

實錄記事 환조가 교주에게 관직을 돌려주고자 했으나 받지 않다. 교주가 우달치에 속하다

환조의 휘는 이자춘이니, 몽골 이름은 오로사불화이다. 7, 8세부터 보통 아이들과 다른 점이 있었으며, 점점 장성해지자 말타고 활쏘기를 잘 했는데, 관직을 이어받으매 사졸들이 즐거이 붙좇았다. 교주가 점점 장성하매, 환조가 직사를 그에게 돌려주고자 하니, 교주가 사양하고 받지 않았다. 교주가 뒤에 환조를 따라 공민왕을 뵈오니, 왕이 우다치[11]에 소속시켰다. 벼슬이 중순 군기 윤에 이르렀다.

實錄記事 공민왕이 환조에게 쌍성의 백성을 진무하게 하다

처음에 쌍성의 토지가 비옥하고 관리의 행정이 소홀하니, 동남방의 백성으로서 일정한 재산이 없는 사람이 많이 와서 있었다. 공민왕이 원나라에 이 사실을 알리니, 중서성과 요양성에서 모두 관원을 보내 오고, 왕도 또한 정동성[12] 낭중 이수산을 보내어, 가서 회합하여 새로 온 사람과 그전에 있던 사람을 분간하여 백성을 등록시키고, 이를 삼성[13]의 조감호계라 하였다. 그 후에 무수함이 적당하지 못하니, 백성들이 점점 이사해 떠나갔다. 왕이 환조에게 명하여 이를 진무하게 하니, 백성이 이로 말미암아 그 직업에 안정하게 되었다. 명년(1356년) 병신에 환조가 들어와서 왕을 뵈오니, 왕이 맞이하여 말하였다.

"경이 완민을 무수하는 데 또한 수고하지 않는가?"

---

11) **우다치**亐多赤 : 우달치迂達赤를 말하는 것으로서, 고려 말기의 관직. 원나라의 영향을 받아 설치된 것으로, 임금의 신변을 호위하던 일종의 숙위병이라 추측됨.

12) **정동성**征東省 : 정동행중서성의 준말. 원나라가 일본 정벌을 위하여 고려에 설치하였던 관청.

13) **삼성**三省 : 원나라의 중서성·요양성·정동행중서성을 말함.

> **實錄記事** 환조가 기철 등의 당여를 물리치고 쌍성을 수복하다

이때 기 황후의 종족이 황후의 세력을 믿고 몹시 난폭했으며, 황후의 형 대사도 기철은 쌍성의 관리 조소생·탁도경과 몰래 통하여 서로 당을 지어 반역을 꾀하였다. 왕이 환조에게 이르기를,

"경은 우선 돌아가서 우리 백성들을 진무하라. 혹시 변고가 있으면 마땅히 내 명령대로 하라."

이해 5월에 기씨를 평정하고 밀직부사 유인우를 명하여 가서 쌍성을 토벌하게 하였다. 인우 등이 등주에 머무르니 쌍성과의 거리가 2백여 리였다. 그곳에 머무르면서 나아가지 않으니, 왕은 이 소식을 듣고 환조에게 시소 부윤을 제수하고, 자금어대[14]를 내리고 중현 대부로 계급을 승진시키고는, 병마 판관 정신계를 보내어 교지를 전하여 내응하게 하였다. 환조는 명령을 듣고 즉시 '군졸과 말'을 함매하고 행군하여 인우와 더불어 군사를 합쳐 쌍성을 쳐부수니, 소생과 도경 등은 처자를 버리고 밤에 도망하였다. 이에 화주·등주·정주·장주·예주·고주·문주·의주와 선덕진·원흥진·영인진·요덕진·정변진 등 여러 성과 함주 이북의 합란·홍헌·삼살의 땅을 수복했으니, 고종高宗 때 원元나라에 점령당한 때로부터 99년 만에 지금에 와서 이를 모두 수복하였다. 왕이 환조를 승진시켜 대중대부 사복경으로 삼고, 서울에 제택 1구를 내리고 이내 머물러 거주하게 하였다.

> **實錄記事** 환조가 동북면으로 돌아가다 죽자 함흥부에서 장사지내고 정릉이라 하다

지정 21년(1361년) 신축 봄에 환조가 영록 대부 판장작감사로서 나가서 삭방도 만호[15] 겸 병마사가 되었는데, 어사대에서 상소하여 말하기를,

"이자춘은 본디 동북면 사람이며 또 그 지경의 천호이니, 병마사를 삼아서 진수시킬 수는 없습니다."

왕은 윤허하지 아니하고는 홀적청에서 연회를 베풀어 그를 위로하기를 심히 후하게 하고, 재신[16]과 추신[17]들도 또한 회빈문 밖에서 전별하여 그를 위로하였다. 이미 떠

---

14) **자금어대**紫金魚袋 : 물고기 모양의 장식이 붙어 있는 주머니. 공복公服의 띠에 매달아 관직의 귀천을 구분하였음.

15) **삭방도만호** : 고려 시대(995년) 제정한 행정 구역 10도의 하나다.

나자 승진시켜 호부 상서로 삼았다. 환조가 북도에 이르러 얼마 안 되어 치보하기를,
"본국 사람으로서 저 땅에 들어갔던 사람이 모두 명령에 따라 나왔습니다."
4월 경술에 병이 나서 훙하니, 아니가 46세였다. 함흥부의 신평부 귀주동에 장사지냈으니, 곧 정릉이다. 왕이 부고를 듣고 매우 슬퍼하며 사자使者를 보내어 조문하고 부의를 내리기를 예절대로 하였다. 사대부들이 모두 놀라면서 말하기를,
"동북면에는 사람이 없다."

정릉은 함경남도 함주군 동천면 경흥리에 있으며, 아내의혜왕후의화릉과 같은 언덕에 있다

---

16) **재신**宰臣 : 문하성의 요직에 있는 이를 재신이라 함.

17) **추신**樞臣 : 중추원의 요직에 있는 이를 추신이라 함.

이성계의 탄생

※ 『태조실록』 1권 총서에 수록된 기사임.

實錄記事 환조가 영흥 부원군 최한기의 딸과 혼인하여 화령부에서 이성계를 낳다

환조의 배위는 의비 최씨이니, 증 문하시중 영흥부원군 시호 정효공 최한기의 딸이다. 지원 원년, 고려 충숙왕 4년(1335년) 을해 10월 11일 기미에 이성계를 화령부(영흥부) 사제에서 낳았다. 이성계는 나면서부터 총명하고 우뚝한 콧마루와 임금다운 얼굴로서, 신채는 영특하고 준수하며, 지략과 용맹은 남보다 월등하게 뛰어났다. 어릴 때 화령과 함주 사이에서 노니, 북방 사람들로서 매를 구하는 사람들이 흔히 말하기를,
"이성계와 같이 뛰어나게 걸출한 매를 얻고 싶다."

實錄記事 이성계가 화살 하나로 다섯 마리의 까마귀를 떨어뜨린 것을 발설치 못하게 하다

이성계가 젊을 때, 정안 옹주 김씨가 담 모퉁이에 다섯 마리의 까마귀가 있음을 보고 이성계에게 쏘기를 청하므로, 이성계가 단 한 번 쏘니 다섯 마리 까마귀의 머리가 모두 떨어졌다. 김씨는 이를 이상히 여겨 이성계에게 이르기를,
"절대로 이 일을 누설하지 마시오."
김씨는 환왕의 천첩이니, 곧 의안대군 이화의 어머니다.

實錄記事 이성계가 20마리의 담비를 쇠살로 명중시키다

이성계가 일찍이 한더위에 냇물에 목욕을 하고 난 후에 냇가 근방의 큰 숲에 앉아 있는데, 한 마리의 담비가 달려 나오므로, 이성계는 급히 박두를 뽑아 쏘니, 맞아서 쓰러졌다. 또 한마리의 담비가 달려 나오므로 쇠살을 뽑아 쏘니, 이에 잇달아 나왔다. 무릇 20번 쏘아 모두 이를 죽였으므로 도망하는 놈이 없었으니, 그 활쏘는 것의 신묘함이 대개 이와 같았다.
이성계가 소시에 산기슭에서 사냥을 하다가 멧돼지 한 마리를 쫓아 화살을 시위에 대어 쏘려고 했으나, 갑자기 백 길의 낭떠러지에 다다르니, 그 사이가 능히 한 자도

되지 않았다. 이성계는 말 뒤로 몸을 빼어 섰고, 멧돼지와 말은 모두 낭떠러지 밑으로 떨어졌다. 어느 사람이 고하기를,

"큰 범이 아무 숲속에 있습니다."

이성계는 활과 화살을 쥐고, 또 화살 한 개는 허리 사이에 꽂고 가서 숲 뒤의 고개에 오르고, 사람을 시켜 아래에서 몰이하게 하였다. 이성계가 갑자기 보니, 범이 자기 곁에 있는데 매우 가까운지라, 즉시 말을 달려서 피하였다. 범이 이성계를 쫓아와서 말 궁둥이에 올라 움켜채려고 하므로, 이성계가 오른손으로 휘둘러 이를 치니, 범은 고개를 쳐들고 거꾸러져 일어나지 못하는지라, 이성계가 말을 돌이켜서 이를 쏘아 죽였다.

實錄記事 동북면 도순문사 이달충이 이성계가 비범한 인물임을 말하다

동북면 도순문사 이달충이 고을을 순시하다가 안변부에 이르렀는데, 달충의 진무 한 사람이 어떤 사건으로 이성계를 불쾌하게 여겨 달충에게 말하였다. 달충이 이성계를 불러 보고는 자기도 모르게 뜰에 내려와 영접해 앉으면서 술자리를 베풀고는 진무에게 이르기를,

"절대로 그와 겨루지 말라."

환조가 달충을 보고 그가 이성계를 후하게 대접한 것을 사례하였다. 달충이 서울로 돌아갈 적에 환조가 들에서 전송하니, 이성계는 환조의 뒤에 서 있었다. 환조가 잔에 술을 부어 돌리니 달충이 서서 마시었으나 이성계가 잔에 술을 부어 돌리는데 이르러서는 달충이 무릎을 꿇고 마시었다. 환조가 괴이히 여겨 물으니, 달충이 말하기를,

"귀랑은 참으로 비범한 사람입니다. 공께서도 아마 미치지 못할 것이며, 공의 가업을 번창하게 할 사람은 반드시 이 아드님일 것입니다."

이내 그 자손을 부탁하였다. 이때 건너편의 언덕에 일곱 마리의 노루가 모여 서 있으므로, 달충이 말하기를,

"어떻게 해서 노루 한 마리를 잡아 오늘의 반찬을 하지 않겠는가?"

환조가 이성계에게 명하여 휘하의 군사를 거느리고 가게 하였다. 이성계가 휘하의 군사들로 하여금 산 뒤에서 노루를 놀라게 했더니, 일곱 마리의 노루가 즉시 달려 내려오는지라 이성계가 다섯 번 쏘아 다섯 마리의 노루를 죽이고, 또 한마리의 노루를 쫓아서 화살을 시위에 대어 쏘려고 했으나, 마침 큰 못이 앞에 가로막아 있고, 얼음이

얼었으므로, 이성계는 말고삐를 잡고 질러 건너가서 이를 쏘고, 또 나머지 한 마리의 노루를 쏘아 죽이고는, 화살이 떨어져서 그치었다. 또 일찍이 강음 산수의 땅에서 사냥했는데, 한 떼의 다섯 마리 노루를 쫓아서 다섯 번 쏘아 다 죽였다. 평상시에도 3, 4마리의 노루를 연달아 쏘아 죽인 것은 다 기록할 수가 없었으며, 숨어 엎드린 꿩을 쏠 적에는 반드시 놀래켜서 두서너 길 높이 날게 한 다음에 쳐다보고 쏘아 번번이 맞히었다.

實錄記事 무거운 활을 들고 이성계가 노루 7마리를 모두 명중시키다

이성계는 대초명적을 쏘기를 좋아하였다. 싸리나무로써 살대를 만들고, 학의 깃으로써 깃을 달아서, 폭이 넓고 길이가 길었으며, 순록의 뿔로써 소리통을 만드니, 크기가 배[梨]만 하였다. 살촉은 무겁고 살대는 길어서, 보통의 화살과 같지 않았으며, 활의 힘도 또한 보통 것보다 배나 세었다. 젊었을 때 환조를 따라 사냥을 하는데, 환조가 화살을 뽑아서 보고 말하기를,

"사람의 쓸 것이 못 된다."

이를 땅에 던지니, 이성계는 이를 주워 화살통에 꽂고 앞에 섰는데, 노루 한 마리가 나오므로, 이성계가 달려가서 쏘니 화살 한 개에 죽었다. 또 노루 한 마리가 나오므로 또한 그와 같이 하였다. 이같이 한 것이 일곱 번이나 되니, 환조가 크게 기뻐하면서 웃었다.

實錄記事 이성계의 사냥 솜씨를 야인들이 칭송하다

이성계가 환조를 따라 나가서 사냥을 하다가 짐승을 보고 빙판의 비탈길에 말을 달려서 쏘면, 번번이 맞히어 한 마리도 빠져 도망가지 못하였다. 야인이 놀라 탄식하기를,

"사인[18]께서는 세상에서 당적할 사람이 없겠습니다."

또 들에서 사냥하는데 큰 표범이 갈대 속에 엎드렸다가 갑자기 뛰어나와서 이성계에게 달려들려고 하니, 형세가 급박하여 미처 말고삐를 돌리지 못하고 말을 채찍질하여 피해 가는데, 깊은 못의 얼음이 처음 얼어서 굳지 않았으므로, 사람도 오히려 건너갈 수 없었으나, 말이 얼음을 밟고 달아나매 발자취가 뚫어져서 물이 솟구쳐도 마침내 빠지지 않았다.

---

18) **사인**舍人 : 귀인貴人.

實錄記事 이성계가 22살에 관직에 나가다

고려 공민왕 5년(1356년) 병신(지정 16년)에 이성계의 연세가 22세인데 비로소 벼슬하였다. 고려의 풍속에 매양 단오절에는 무관의 나이 젊은 사람과 의관의 자제들을 뽑아서 격구의 기예를 익혔는데, 그날이 이르면 구규[19]에 용봉 장전을 설치하고 길 복판에 구문을 세우고, 왕이 장전에 나아가서 이를 구경한다. 연회를 베풀고 여악을 벌려 놓으매, 경대부들이 모두 따르고, 부녀들도 또한 길 왼쪽과 오른쪽에 장막을 매고 금단으로 장식하여, 이를 화채담이라 이름하니, 구경하는 사람이 많이 모이게 된다. 격구하는 사람이 의복 장식을 화려하게 하여 다투어 사치를 숭상하니, 말안장 한 개의 비용이 중인 10가의 재산에 해당되었다. 두 대열로 나누어 왼쪽과 오른쪽에 서고, 기생 한 사람이 공을 잡고 전전에서 창하기를,

"온 장내의 통소와 북은 공을 따라 모아 들고, 사간과 흥망에 구경꾼의 머리 쏠리누나"

앞으로 나아가고 뒤로 물러나는 것이 모두 음악의 음절에 맞았다.

공을 길 복판에 던지면, 왼쪽과 오른쪽의 대열에서 모두 말을 달려 나와 앞을 다투어, 맞힌 사람은 이를 얻게 되고, 나머지 사람은 모두 물러가서 서게 된다. 공을 치는 법은 먼저 구장에 말을 달려 나와서 장의 비 안으로써 공을 일으키면, 이를 배라 하고, 장의 비 등으로써 공을 움직이면, 이를 지피라 하고, 세 번의 형세를 마치면, 그제야 말을 달려 쳐서 공을 운행하게 된다. 공을 운행하는 처음에는 세로 치지 않는데, 이를 비이라 하니, 장을 잡고 가로 바로 서서 말귀와 가지런함을 말함이다. 비이한 후에 손을 들어 세로 치는데, 이를 수양이라 하니, 손은 높이 들고 장末은 아래로 드리워져 휘청휘청함을 말함이다. 공이 문밖으로 나가는 사람은 적고, 문에 지나가는 사람은 10명에 2, 3명 정도이고, 하던 중간에서 그만두는 사람이 많으며, 만약 문밖으로 나가는 사람이 있으면, 같은 대열의 사람들이 즉시 모두 말에서 내려 전전에 나아가서 두 번 절하고 사례하게 된다. 이성계도 또한 그 선발에 참여하여 공을 운행할 때에, 말을 달림이 너무 빨라서 벌써 수양이 되었는지라, 공이 문득 돌에 부딪쳐 놀라 거꾸로 달아나 말의 네 발 뒤로 나왔다. 이성계는 즉시 위를 쳐다보고 누워 몸을 돌려서 말 꼬리에 부딪쳐 공을 치니, 공이 도로 말 앞 두 발 사이로 나오므로, 다시 쳐서 문밖으로 나가게 하니, 그때 사람이 이를 방미라 하였다. 또 공을 운행해 칠 때는 또한 벌써 수양이 되어 공이 다리 기둥에 부딪쳐 말의 왼쪽에 나가므로, 이성계는 오른쪽 등자를 벗고 몸을 뒤집어 쳐서 이를 맞히고, 다시 쳐서 문밖으로 나가게 하니, 그 때 사람이 이를 횡방이라 하였다. 온 나라 사람들이 몹시 놀라면서 전고에 듣지 못한 일이라 하였다.

---

[19] **구규**九逵 : 도시의 큰 길.

> **實錄記事** 동북면 상만호인 이성계가 친병을 거느리고 반란을 일으킨 독로강 만호 등을 죽이다

공민왕 10년(1361년) 신축 9월에 독로강 만호 박의가 배반하여 천호 임자부와 김천룡을 죽이므로, 왕이 형부상서 김진에게 명하여 가서 토벌하게 했으나, 김진이 능히 제어하지 못하였다. 이때 이성계는 통의대부 금오위 상장군 동북면 상만호가 되었는데, 왕이 명하여 가서 김진을 원조하게 하였다. 이성계는 친병 1천 5백 명을 거느리고 그곳에 가니, 박의는 벌써 그 무리를 거느리고 도망하여 강계로 들어갔으나, 다 잡아서 이를 목베었다.

> **實錄記事** 이성계가 압록강을 건너 쳐들어 온 홍건적의 무리를 격퇴시키다

겨울에 홍건적 위평장[20] 반성·사유·관선생·주원수·파두번 등 20만 군사가 압록강을 건너 서북 변방에 함부로 들어와서 우리에게 글을 보내기를,
 "군사 1백 10만 명을 거느리고 동쪽으로 가니 속히 맞아 항복하라."
이성계는 적의 왕 원수 이하 백여 명의 목을 베고 한 명을 사로잡아서 왕에게 바쳤다.

> **實錄記事** 참지정사 안우 등이 군사 20만을 거느리고 서울을 탈환하다

공민왕 11년(1362년) 임인 정월에 참지정사 안우 등 9원수가 군사 20만 명을 거느리고 나아와서 서울을 수복하고 적의 괴수 사유·관선생 등을 목베었으니, 적의 목을 벤 것이 대개 10여만이나 되었다. 이때 이성계는 휘하의 친병 2천 명을 거느리고 동대문으로 들어가서 먼저 성에 올라 적을 크게 부수니, 위명이 더욱 나타났다. 성을 공격하는 날에 적이 비록 궁지에 몰렸으나 진루를 쌓아 굳게 지키었다. 때마침 날이 저물었는데 여러 군대들이 전진하여 이를 포위하고 핍박하였다. 이성계는 길가의 한 집에 머물고 있었는데, 밤중에 적이 포위를 뚫고 달아나므로, 이성계는 달려가서 동문에 이르렀다. 적과 우리 군사가 문을 먼저 나가려고 다투었으나, 매우 분잡하여 나갈 수가 없었다. 뒤에서 온 적이 창으로 이성계의 오른쪽 귀 뒤를 찌르려 함이 매우 급한데, 이성계는 칼을 빼어 앞에 있는 적 7, 8명을 베고 말을 채찍질해 뛰게 하여 성을 넘었으나, 말이 넘어지지 않으니, 사람들이 모두 신기하게 여겼다.

---

20) **위평장**爲平章 : 참칭僭稱한 평장사.

實錄記事 동북면 병마사가 되어 나하추와 대적하다

2월, 조소생이 원元나라 심양 행성 승상 나하추[21]를 유인하여, 삼살·홀면의 땅에 쳐들어오니, 도지휘사 정휘가 여러 번 싸웠으나 크게 패전하여 이성계를 보내기를 청하므로, 이에 이성계로써 동북면 병마사로 삼아 보냈다.

實錄記事 이성계와 나하추의 전투

7월, 나하추가 군사 수만 명을 거느리고 조소생·탁도경 등과 함께 홍원의 달단동에 둔치고, 합라만호 나연첩목아를 보내어 여러 백안보하 지휘와 함께 1천여 명의 군사를 거느리게 하여 선봉으로 삼았는데, 덕산동원의 들에서 만나 쳐서 이들을 달아나게 하고, 함관령·차유령 두 재를 넘어 거의 다 죽였으나, 군기를 버린 것은 이루 다 셀 수 없었다. 이 날에 답상곡에 물러와서 둔치니, 나하추가 노하여 덕산동으로 옮겨서 둔쳤다. 밤을 이용하여 습격하여 이를 패퇴시키니, 나하추가 달단동으로 돌아가므로, 사음동에 둔쳤다. 척후를 보내어 차유령에 이르니, 적이 산에 올라가서 나무하는 사람이 매우 많은지라, 척후병이 돌아와서 아뢰니, 이성계는 말하기를,

"병법에는 마땅히 먼저 약한 적을 공격해야 된다."

드디어 적을 사로잡고 목 베어 거의 다 없애고, 스스로 날랜 기병 6백 명을 거느리고 뒤따라 가서 차유령을 넘어 영아래에 이르니, 적이 그제야 깨닫고 맞아 싸우려고 하였다. 이성계는 10여 명의 기병을 거느리고 적과 맞붙어 그 비장한 사람을 쏘아 죽였다. 처음에 이성계가 이곳에 이르러 여러 장수들에게 여러 번 싸워서 패배한 형상을 물으니, 여러 장수들은 말하기를,

"매양 싸움이 한창일 때에 적의 장수 한 사람이 쇠갑옷에 붉은 기꼬리로써 장식하고 창을 휘두르면서 갑자기 뛰어나오니, 여러 사람이 무서워 쓰러져서 감히 당적하는 사람이 없었습니다."

이성계는 그 사람을 물색하여 혼자 이를 당적하기로 하고, 거짓으로 패하여 달아나니, 그 사람이 과연 앞으로 뛰어와서 창을 겨누어 대기를 심히 급하게 하는지라, 이성계는 몸을 뒤쳐 말다래에 붙으니, 적의 장수가 헛찌르고 창을 따라 거꾸러지는지라,

---

21) **나하추**納哈出 : 나하추는 본래 징기스칸의 사준 중 한 명인 무칼리의 후예로, 그의 집안은 대대로 요동 지방의 군 지휘관을 했다.

즉시 안장에 걸터앉아 쏘아서 또 이를 죽이니, 이에 적이 낭패하여 도망하였다. 이를 추격하여 적의 둔친 곳에 이르렀으나, 해가 저물어서 그만 돌아왔다. 나하추의 아내가 나하추에게 이르기를,

"공公이 세상에 두루 다닌 지가 오래 되었지만, 다시 이와 같은 장군이 있습디까? 마땅히 피하여 속히 돌아오시오."

나하추는 따르지 않았다. 그 후 며칠 만에 함관령을 넘어서 바로 달단동에 이르니, 나하추도 또 진을 치고 서로 대하여 10여 명의 기병을 거느리고 진 앞에 나오므로, 10여 명의 기병을 거느리고 진 앞에 나서서 서로 대하였다. 나하추가 속여 말하기를,

"내가 처음 올 적에는 본디 사유·관선생·반성 등을 뒤쫓아 온 것이고, 귀국의 경계를 침범하기 위한 것은 아닙니다. 지금 내가 여러 번 패전하여 군사 만여 명을 죽이고 비장 몇 사람을 죽였으므로, 형세가 매우 궁지에 몰렸으니, 싸움을 그만두기를 원합니다. 다만 명령대로 따르겠습니다."

이때 적의 병세가 매우 강성하므로, 그 말이 거짓임을 알고 그들로 하여금 항복하도록 하였다. 한 장수가 나하추의 곁에 서 있으므로, 이성계가 이를 쏘니, 시위소리가 나자마자 넘어졌다. 또 나하추의 말을 쏘아서 죽이니 바꾸어 타므로, 또 쏘아서 죽였다. 이에 한참 동안 크게 싸우니, 서로 승부가 있었다. 이성계가 나하추를 몰아 쫓으니, 나하추가 급히 말하기를,

"이만호여, 두 장수끼리 어찌 서로 핍박할 필요가 있습니까?"

하면서 이에 말을 돌리니, 그 말을 쏘아 죽였다. 나하추의 휘하 군사가 말에서 내려, 그 말을 나하추에게 주어 드디어 죽음을 면하게 되었다. 해가 또한 저물었으므로, 군사를 지휘하여 물러가는데, 자신이 맨 뒤에 서서 적의 추격을 막았다. 영의 길이 몇 층으로 꼬불꼬불한데, 환자 이파라실이 맨 아랫층에 있다가 급히 부르기를,

"영공, 사람을 구원해 주시오. 영공, 사람을 구원해 주시오."

이성계가 윗층에서 이를 보니, 은갑옷을 입은 두 적장이 파라실을 쫓아 창을 겨누어 거의 미치게 되었는지라 말을 돌려 두 장수를 쏘아 모두 죽이고, 즉시 20여 인을 연달아 죽이고는, 이에 다시 군사를 돌려 쳐서 이들을 달아나게 하였다. 한 적병이 이성계를 쫓아 창을 들어 찌르려고 하므로, 갑자기 몸을 한쪽으로 돌려 떨어지는 것처럼 하면서 그 겨드랑을 쳐다보고 쏘고는 즉시 다시 말을 탔다. 또 한 적병이 앞으로 나와서 이성계를 보고 쏘므로, 즉시 말 위에서 일어나 서니, 화살이 사타구니 밑으로 빠져나가는지라, 이에 말을 채찍질해 뛰게 하여 적병을 쏘아 그 무릎을 맞혔다. 또 내川 가운

데서 한 적장을 만났는데, 그 사람의 갑옷과 투구는 목과 얼굴을 둘러싼 갑옷이며, 또 별도로 턱의 갑을 만들어 입을 열기에 편리하게 하였으므로, 두루 감싼 것이 매우 튼튼하여 쏠 만한 틈이 없었다. 이성계는 짐짓 그 말을 쏘니, 말이 기운을 내어 뛰게 되므로, 적장이 힘을 내어 고삐를 당기매, 입이 이에 열리는지라, 이성계가 그 입을 쏘아 맞혔다. 이미 세 사람을 죽이니 이에 적이 크게 패하여 달아나므로, 이성계는 용감한 기병으로써 이를 짓밟으니, 적병이 저희들끼리 서로 밟았으며, 죽이고 사로잡은 것이 매우 많았다. 돌아와서 정주에 둔치고 수일 동안 머물면서 사졸을 휴식시켰다. 먼저 요충지에 복병을 설치하고서 이에 삼군으로 나누어, 좌군은 성곶으로 나아가게 하고, 우군은 도련포로 나아가게 하고, 자신은 중군을 거느리고 송두 등에 나아가서 나하추와 함흥 들판에서 만났다. 이성계가 단기로 용기를 내어 돌진하면서 적을 시험해 보니, 적의 날랜 장수 세 사람이 한꺼번에 달려 곧바로 전진하는지라, 이성계는 거짓으로 패하여 달아나면서 그

> 이성계가 들판에서 나하추와 만났다 적의 날랜 장수 세 사람이 달려드니 패한 척 달아나다가 적의 세 장수가 다투어 가까이 오자 이성계가 뒤에서 공격하니 나하추는 당적할 수 없음을 알고 흩어진 군사를 거두어 도망치다

고삐를 당겨 그 말을 채찍질하여 말을 재촉하는 형상을 하니, 세 장수가 다투어 뒤쫓아 가까이 왔다. 이성계가 갑자기 또 나가니, 세 장수의 말이 노하여, 미처 고삐를 당기기 전에 바로 앞으로 나오는지라, 이성계는 뒤에서 그들을 쏘니, 모두 시위소리가 나자마자 넘어졌다. 여러 곳으로 옮겨 다니며 싸우면서 유인하여 요충지에 이르러, 좌우의 복병이 함께 일어나서 합력해 쳐서 이를 크게 부수니, 나하추는 당적할 수 없음을 알고 흩어진 군사를 거두어 도망해 갔다.

은패와 동인 등의 물건을 얻어서 왕에게 바치고, 그 나머지 얻은 물건들은 이루 다 셀 수도 없었다. 이에 동북 변방이 모두 평정되었다. 후에 나하추가 사람을 보내어 화호를 통하여 왕에게 말[馬]을 바치고, 또 비고[22] 하나와 좋은 말 한 필을 이성계에게 주어 예의를 차렸으니, 대개 마음속으로 복종한 때문이었다. 나하추의 누이가 군중에 있다가 이성계의 뛰어난 무용을 보고는 마음속으로 기뻐하면서 또한 말하기를,

"이 사람은 세상에 둘도 없겠다."

환조가 일찍이 원나라 조정에 들어가 조회할 때에 도중에 나하추에게 지나가면서 이

---

[22] **비고**鞞鼓 : 적을 공격할 때 두드리는 말 위에 메운 북.

성계의 재주를 칭찬하여 말하였었는데, 이때에 이르러 나하추가 패전하여 돌아가서 말하기를,

"이자춘이 지난날에 '내가 재주 있는 아들이 있노라.'고 하더니, 과연 거짓말이 아니었다."

하였다. 명나라 홍무 9년(1376년) 병진 겨울에 이르러 신우[23]가 개성 윤 황숙경을 보내어 가서 교빙하니, 나하추가 말하였다.

"내가 본디 고려와 싸우려고 한 것이 아닌데, 백안첩목아왕[24]이 나이 젊은 이 장군[25]을 보내어 나를 쳐서 거의 죽음을 면하지 못할 뻔하였소. 이 장군께서 평안하신가? 나이 젊으면서도 용병함이 신과 같으니 참으로 천재이오! 장차 그대 나라에서 큰일을 맡을 것이오."

實錄記事 공민왕을 폐위키 위해 최유가 요양성 군대를 이끌고 쳐들어오니 이성계 등이 쳐부수다

공민왕 13년(1364년) 갑진, 처음에 여러 기씨들이 참형을 당하니, 기 황후가 공민왕에게 감정이 있었다. 본국의 최유가 원나라에 있으면서 장작 동지가 되었는데, 여러 불량배들과 더불어 기황후를 달래어 왕을 구하여 폐위시키고 덕흥군인 탑사첩목아를 세워 왕을 삼으려고 하여, 요양성의 군사를 내어 정월에 압록강을 건너왔다. 왕은 찬성사 안우경 등을 보내어 이를 방어하였으나, 패전하여 물러와서 안주를 지켰다. 왕은 찬성사 최영에게 명하여 날랜 군사를 거느리고 안주로 빨리 가서 여러 군대를 지휘하게 하고, 이성계에게 명하여 동북면으로부터 날랜 기병 1천 명을 거느리고 가게 하였다. 밀직부사 이귀수·지밀직사사 지용수·판도판서 나세와 안우경은 좌익이 되고, 판개성 이순·삼사좌사 우제·밀직사 박춘과 이성계는 우익이 되고, 최영은 중군이 되어 행군하여 정주에 이르렀다. 이성계는 여러 장수들이 패전하여 물러나온 것을 보고 그들이 겁내고 나약하여 힘써 싸우지 않은 것을 말하니, 여러 장수들이 그를 꺼리었다. 이때 적병이 이미 수주의 달천에 둔쳤는데, 여러 장수들이 이성계에게 이르기를,

"내일의 싸움에는 그대가 혼자 이를 맡으시오."

---

23) **신우**辛禑 : 우왕禑王.

24) **백안첩목아왕**伯顏帖木兒王 : 공민왕.

25) **이 장군**李將軍 : 이성계.

이성계는 여러 장수들이 자기를 꺼림을 알고 조금 근심하는 기색이 있었다. 이튿날 적병은 3대로 나누어 오매, 이성계는 가운데 있고, 수하(手下)의 늙은 장수 두 사람을 좌군과 우군으로 삼아, 각기 그 1대를 대적하게 하여 용기를 내어 적을 쳤다. 이성계의 탄 말이 진창에 빠져서 심히 위태로왔는데, 말이 힘을 떨쳐 뛰어서 나오니, 여러 사람들이 모두 놀라며 이상히 여겼다. 이성계가 적장 두서너 사람을 쏘고 드디어 적병을 크게 부수었다. 이성계가 늙은 장수 두 사람을 바라보니, 두 사람이 칼을 빼어 함부로 적병을 치고 있었다. 적병은 이미 패하여 달아났는데, 다만 먼지가 공중을 가리고 있을 뿐이었다.

實錄記事 삼선 삼개가 여진족을 이끌고 함주를 함락시키니, 관군들이 이성계가 오기를 고대하다

처음에 삼해양(길주) 다루가치 김방괘가 도조의 딸에게 장가들어 삼선과 삼개를 낳으니, 이성계에게 고종형제가 되었다. 여진 땅에서 나서 자랐는데 팔의 힘이 남보다 뛰어나고 말타기와 활쏘기를 잘하였다. 불량한 젊은이를 모아서 북쪽 변방에 거리낌 없이 돌아다녔으나, 이성계를 두려워하여 감히 멋대로 하지 못하였다. 이성계는 대대로 함주에서 생장하여 은혜와 위력이 본디부터 쌓여 있었으므로, 백성들이 그를 부모처럼 우러러보았으며, 여진족들도 또한 위력을 두려워하고 은정을 사모하여 스스로 조심하였다. 이때에 이르러 삼선과 삼개는 이성계가 서북면에 가서 돕는다는 말을 듣고 여진을 유치하여 크게 침략을 하고 드디어 함주를 함락시키니, 수비하던 장수 전이도·이희 등이 군사를 버리고 도망해 돌아오고, 도지휘사 한방신과 병마사 김귀가 화주에 진군했으나, 또한 패전하여 물러와서 철관을 지키게 되니, 화주 이북 지방이 모두 함몰되었다. 관군이 여러 번 패전하니, 장수와 군사들이 의기가 저상되어 밤낮으로 이성계가 이르기를 바라고 있었다.

實錄記事 삼선 삼개를 격퇴하여 함주를 탈환하고, 그 공으로 밀직부사로 승진하다

2월, 이성계가 서북면으로부터 군사를 이끌고 철관에 이르니, 인심이 모두 기뻐하고 장수와 군사들의 담기가 저절로 배나 솟았다. 한방신·김귀와 함께 삼면에서 전진해 공격하여 크게 부수어 그들을 달아나게 하고 화주와 함주 등 고을을 수복하니, 삼선과 삼개는 여진 땅으로 달아나서 마침내 돌아오지 않았다. 왕은 이성계를 승진시켜 임명하여 밀직부사로 삼고, 봉익대부로 관계를 더하고 단성 양절 익대 공신의 칭호

를 내렸으며, 또 금대를 내리고 의뢰함이 더욱 무거웠다.

實錄記事 원나라 맹장인 조무를 감복시켜 귀순케 하다

조무는 원나라 장수인데, 원나라가 쇠약하매 무리를 거느리고 공주孔州를 점거하였다. 이성계는 휘하의 군사에게 이르기를,
"이 사람은 종말에 반드시 난리를 일으킬 것이니 이를 그냥둘 수는 없다."
이에 군사를 거느리고 이를 쳤으나, 그 사람의 용감하고 날랜 것을 아깝게 여겨 고도리전으로 쏘아 수십 번을 맞히니, 조무가 말에서 내려와 절하므로 마침내 그를 사로잡았다. 조무가 마음속으로 복종하여 마침내 시양[26]이 되어 종신토록 복역했으며, 뒤에 벼슬이 공조전서에 이르렀다.

實錄記事 동북면 원수가 되어 기철의 잔당과 북원과의 관계를 차단하고, 동녕부를 회복코자 하다

공민왕 18년(1369년) 기유(홍무 2년), 처음에 기새인첩목아는 기철의 아들인데, 원나라를 섬겨 평장사가 되었다. 원나라가 망하자 분사요심 관리인 평장김백안 등과 더불어 망한 원나라의 남은 무리들을 불러 모아 동녕부를 점거하고, 그 아버지가 참형을 당한 것에 원한을 품고 북쪽 변방에 쳐들어와서 반드시 원수를 갚고자 하였다. 왕은 명나라를 섬긴 이유로써 동녕부[27]를 공격하여 북원과의 관계를 끊고자 하여 12월에 이성계를 동북면 원수로 삼고, 지용수와 양백연을 서북면 원수로 삼았다.

實錄記事 군대를 거느리고 동북면의 영토를 확장하다

공민왕 19년(1370년) 경술 정월, 이성계는 기병 5천 명과 보병 1만 명을 거느리고 동북면으로부터 황초령을 넘어 6백여 리를 행진하여 설한령에 이르고, 또 7백여 리를 행

---

26) **시양**廝養 : 군중軍中에서 나무를 해 오거나, 밥을 짓거나 하는 천한 일을 하는 병졸.

27) **동녕부**東寧府 : 원나라가 고려 서경에 두었던 관청. 고려 원종 10년(1269년)에 반신叛臣 최탄이 난을 일으켜 서경을 비롯한 북계의 54성과 자비령 이북 서해도의 6성을 들어 원나라에 항복했는데, 원종 11년에 원나라 세조가 서경에 동녕부를 설치하고, 최탄으로 동녕부 총관을 삼아 자비령 이북을 원나라의 영토로 편입했다. 후에 충렬왕 16년(1290년)에 고려의 요청으로 이를 폐지, 그 지역을 고려에 돌려주고 동녕부를 요동으로 옮겼음. 여기의 동녕부는 요동의 것을 지칭한 것임.

진하여 압록강을 건넜다. 이날 저녁에 서울의 서북방에 자기가 공중에 가득차고 그림자가 모두 남쪽으로 뻗쳤는데, 서운관에서 말하기를,

"용감한 장수의 기상입니다."

왕이 기뻐하며 말하기를,

"내가 이성계를 북방에 보냈으니 반드시 그 감응일 것이다."

이때 동녕부 동지 이오로첩목아는 이성계가 온다는 말을 듣고 우라 산성으로 옮겨가서 지켜 대로에 웅거하여 막고자 하였다. 이성계가 야둔촌에 이르니, 이원경(오로첩목아)이 와서 도전하다가 조금 후에 갑옷을 버리고 재배하면서 말하기를,

"우리 선조는 본디 고려 사람이니, 원컨대, 신복이 되겠습니다."

3백여 호를 거느리고 와서 항복하였다. 그 추장 고안위는 오히려 성에 웅거하여 항복하지 않으므로, 우리 군사들이 그를 포위하였다. 이때 이성계는 활과 살을 가지지 않았으므로 수종하는 사람의 활을 가져와서 편전을 사용하여 이들에게 쏘았다. 무릇 70여 번이나 쏘았는데 모두 그 얼굴에 바로 맞으니, 성중 사람들이 겁이 나서 기운이 쏙 빠졌다. 안위는 능히 지탱하지 못하여 처자를 버리고 줄에 매달려 성을 내려와서 밤에 도망하였다. 이튿날 두목 20여 명이 백성을 거느리고 나와서 항복하여, 여러 산성들은 소문만 듣고 모두 항복하니, 호ㅌ를 얻은 것이 무릇 만여호나 되었다. 전쟁에서 얻은 소 천여 마리와 말 수백여 필을 모두 그 주인에게 돌려주니, 북방 사람이 크게 기뻐하여 귀순한 사람이 저자(市)와 같았다. 이에 동쪽으로는 황성에 이르고, 북쪽으로는 동녕부에 이르고, 서쪽으로는 바다에 이르고, 남쪽으로는 압록강에 이르기까지 텅 비게 되었다. 황성은 옛날 여진 황제의 성이다. 이성계는 원나라 추밀 부사 배주와 동녕부의 이원경·이백안·이장수·이천우·현다사·김아·노정 등 3백여 호ㅌ가 와서 '왕에게' 바쳤다. 이성계가 우라에 들어갈 적에 무너진 담안에서 곡성이 있음을 듣고 사람을 시켜 가 보게 했더니, 한 사람이 벌거벗고 서서 울며 말하기를,

"나는 원나라 조정에서 장원 급제한 배주인데, 귀국의 이인복도 나와 동년입니다."

이성계는 장원의 이름을 한번 듣고는 곧 옷을 벗어서 그를 입히고, 말을 주어서 그를 타게 하여 마침내 그와 함께 오니, 왕이 배주에게 한복이란 성명을 내려 주었다. 한복이 이성계를 섬기되 매우 조심성 있게 하였다.

월, 이성계와 서북면 원수 지용수·부원수 양백연에게 명하여 가서 동녕부를 공격하게 하였다.

> **實錄記事** 동북면을 공격하고 나하추 등이 있는 곳에 방을 붙여 기새인첩목아의 행방을 탐문하다

12월, 이성계는 친병 1천 6백 명을 거느리고 의주에 이르러 부교를 만들어 압록강을 건너는데, 사졸이 3일 만에야 다 건넜다. 나장탑에 이르니 요성과의 거리가 2일 길이었다. 군대의 짐은 그냥 남겨 두고 7일 양식만 가지고 행진하였다. 비장 홍인계·최공철 등을 시켜 빠른 기병 3천 명을 거느리고 요성을 습격하게 했는데, 저들은 우리 군사가 적은 것을 보고는 이를 얕보아 싸웠으나, 많은 군사들이 잇달아 이르니 성중 사람이 바라보고는 간담이 떨어질 지경이었다. 그 장수 처명이 날래고 용감함을 믿고 그래도 항거해 싸우므로, 이성계는 이원경을 시켜 타이르기를,

"너를 죽이기는 매우 쉽지만, 다만 너를 살려서 쓰고자 하니 빨리 항복하라."

했으나, 따르지 않았다. 원경이 또 말하기를,

"네가 우리 장군님의 재주를 알지 못하는구나. 네가 만약 항복하지 않으면 한 번에 쏘아서 네 몸을 꿰뚫을 것이다."

그래도 항복하지 않았다. 이성계는 짐짓 그 투구를 쏘아 벗기고는 또 원경을 시켜 그에게 타일렀으나, 또 따르지 않으므로, 이성계는 또 그 다리를 쏘니, 처명이 화살에 맞아 물러가 달아나더니, 조금 후에 다시 와서 싸우려고 하므로, 이성계는 또 원경을 시켜 그에게 타이르기를,

"네가 만약 항복하지 않으면 즉시 네 얼굴을 쏘겠다."

고 하니, 처명은 마침내 말에서 내려 머리를 조아리며 항복하였다. 한 사람이 성에 올라 외치기를,

"우리 무리들은 대군이 온다는 말을 듣고 모두 투항하고자 하였으나 관원이 강제로 항거해 싸우게 했으니, 만약 힘을 써서 성을 공격한다면 빼앗을 수 있을 것입니다."

성은 매우 높고 가파르며, 화살이 빗발처럼 내려오며 또 나무와 돌까지 섞여서 내려오는데, 우리의 보병들이 화살과 돌이 쏟아지는 것을 무릅쓰고 성에 가까이 가서 급히 공격하여 마침내 성을 함락시켰다.

새인첩목아는 도망하므로 백안을 사로잡아 군사를 성 동쪽에 물리치고, 나하추와 야산불화 등지에 방문을 포고하기를,

"기새인첩목아는 본국의 미천한 신하로서 황제의 조정에 친근하여 별다른 은혜를 지나치게 입어 관위가 1품에 이르렀으니, 의리상 나라와 함께 기쁨과 근심을 같이 해야 될 것이며, 천자天子가 밖에 피난했으니, 의리상 마땅히 전후 좌우에서 보좌하

여 죽기까지 충성을 다하고 가버리지 않아야 될 것인데, 그는 은혜를 저버리고 의리를 잊고서 동녕부에 몸을 도망쳐 와서, 본국에 원수를 가지고 몰래 모반을 도모하고 있다. 두서너 해 전에 국가에서 군사를 보내어 뒤쫓아 습격했으나, 도망하여 칼날에 피를 묻히지 않았는데, 또 행재소에 나아가지 아니하고 물러와 동녕성을 지키면서, 김백안 평장 등과 결탁하여 심복이 되어 송보리·법독하·아상개 등지에서 군사와 말을 단결시켜 또 본국을 침해하고자 하니, 죄가 용서할 수 없는 것이다. 그런 까닭으로 지금 의병을 일으켜 문죄하니, 그 새인첩목아와 김백안 등은 소민들을 유혹 협박하고 성벽을 굳게 지켜 명령을 거역하므로, 초마 전봉이 김백안 외에 합라파두·덕좌불화와 고다루가치와 대도총관 등 대소 두목을 모두 잡아 죽였으나, 새인첩목아는 또 다시 도망 중에 있으니, 새인첩목아가 가서 접하는 각채에서는 즉시 잡아서 빨리 보고할 것이며, 만약 이를 숨기고 자수하지 않는 사람이 있으면, 감계가 동녕부에 있을 것이다."

또 금주와 복주 등지에 방문을 포고하기를,

"본국은 요제와 같이 건국했으며, 주 무왕이 기자를 조선에 봉후하여 영토를 주어 서쪽으로 요하에 이르렀으며 대대로 강토를 지켰는데, 원나라가 중국을 통일하자 공주에게 요동·심양의 땅을 내려 주어 탕목읍[28]으로 삼게 하고, 그로 인하여 분성을 설치하였다. 말세에 와서 덕망을 잃고 천자가 밖에서 피란했는데도, 요동·심양의 두목관 등이 들은 체하지 않고 나아가지 않았으며, 또 본국에도 예의를 닦지 않고서, 곧 본국의 죄인 기새인첩목아와 결탁하여 복심이 되어 무리를 모아 백성들을 침해했으니, 불충의 죄는 모면할 수가 없다. 지금 의병을 일으켜 문죄하는데 새인첩목아 등이 동녕성에 웅거하여 강성함을 믿고 명령을 거역하므로, 초마 전봉이 이를 모두 잡아 죽일 것이므로, 좋은 사람이나 나쁜 사람이나 같이 재액을 당할 것이니 후회하여도 무슨 소용이 있겠는가! 대개 요하 이동의 본국 강토내의 백성과 대소 두목관 등은 속히 와서 조회하여 작록을 함께 누릴 것이며, 만약 조회하지 않는 사람이 있으면, 감계가 동경에 있을 것이다."

이튿날 군대가 성 서쪽 10리에 유숙했는데, 이날 밤에 붉은 기운이 군영軍營을 내리쏘는데 성하기가 불길과 같았다. 일관日官이 말하기를,

---

28) **탕목읍**湯沐邑 : 그 읍邑에서 거두는 구실로 목욕의 비용에 충당하는 읍이라는 뜻으로, 천자天子·제후諸侯의 사유私有의 영지領地.

"이상한 기운이 군영에 내리쏘니 옮겨서 둔치면 크게 좋을 것입니다."
하였다. 드디어 군사를 돌려 들에서 유숙하고, 사졸士卒들로 하여금 각기 변소便所와 마구馬廐를 만들도록 하였다. 나하추가 뒤를 쫓아 온 지 2일 만에 말하기를,
"변소와 마굿간을 만들었으니 군대의 행진이 정제整齊할 것이므로 습격할 수 없다."
고 하면서 그만 돌아갔다. 이때 중국 사람이 말하기를,
"성城을 공격하면 반드시 빼앗게 됨은 고려와 같은 나라가 없을 것이다."

實錄記事 이성계를 지문하부사, 이색을 정당문학에 임명하다

공민왕 20년(1371년) 신해 7월, 이성계를 지문하부사로 삼고, 이색을 정당문학으로 삼았다. 왕이 근신에게 묻기를,
"문신인 이색과 무신인 이성계가 같은 날에 문하성에 들어왔는데 조정의 의논이 어떻다 하는가."
하였으니, 대개 인재 얻은 것을 스스로 장하게 여겼기 때문이었다.

實錄記事 서모의 자식인 이화 등과 우애가 돈독하다. 서모의 노비문서를 불사르다

처음에 환조가 세상을 떠나시니, 이성계가 정안 옹주 김씨를 맞이하여 서울의 제택으로 와서 그를 섬기기를 매우 공손히 하고, 매양 나아가 뵈올 적엔 항상 섬돌 아래에 꿇어앉았다. 공민왕이 이성계를 존경하는 까닭에, 김씨의 아들 이화를 사랑하여 우대해서 항상 금중에 모시게 하고, 자주 연회 자리를 만들어 이화에게 음식물을 내려 어머니에게 드리게 하고, 또 교방29)의 음악을 내려 주어 우대하고 총애함을 보였다. 이성계도 임금의 내려 주심을 영광스럽게 여겨 전두30)를 많이 주고, 또 화和와 서형 이원계와 더불어 항상 같이 거처하며, 우애가 더욱 지극하여 그 어머니의 천안을 모두 불살라 없애 버렸다.

實錄記事 화령 부윤이 되어 동북면에 출몰한 왜구를 방어하다

공민왕 21년(1372년) 임자 6월, 왜적이 동북계에 침구하니 이성계를 화령 부윤으로 삼고, 그대로 원수로 삼아 왜적을 방어하게 하였다. 요성의 장수 처명이 이때 나이 이미

---

29) **교방**敎坊: 고려 때의 기생 학교.
30) **전두**纏頭: 가무하는 사람에게 주는 상금.

늙었는데 이성계를 따라 화령[31]에 가서 어느 날 나가 사냥하다가 땅이 험하므로 얼음 판에 미끄러졌다. 이성계는 가파른 비탈을 말을 달려 내려와서 큰 곰 서너너덧 마리를 쏘아서 모두 화살 한 개로 죽이니, 처명이 탄복하면서 말하였다.
"제가 많은 사람을 겪어 보았지만, 공公의 재주는 천하의 제일입니다."

實錄記事 화살 한 개로 노루 두 마리를 사냥하다

이성계가 일찍이 홍원의 조포산에서 사냥을 하는데, 노루 세 마리가 떼를 지어 나오는지라, 이성계가 말을 달려 쏘아 먼저 한 마리의 노루를 쏘아 죽이니, 두 마리의 노루가 모두 달아나므로 또 이를 쏘니, 화살 한 개 쏜 것이 두 마리를 꿰뚫고 화살이 풀명자 나무에 꽂혔다. 이원경이 그 화살을 뽑아 가지고 이르니, 이성계가 말하기를,
"그대는 어찌 더디게 오는가."
원경이 말하기를,
"화살이 나무에 깊이 꽂혀서 쉽사리 뽑을 수 없었습니다."
이성계가 웃으며 말하기를,
"가령 세 마리의 노루라 할지라도 그대의 화살 힘으로도 충분히 관통할 수 있었을 것이다."

實錄記事 화살로 쏴 떨어뜨린 배를 가지고 손님을 대접하다

이성계가 일찍이 친한 친구를 많이 모아 술을 준비하고 과녁에 활을 쏘는데, 배나무가 백 보밖에 서 있고, 나무 위에는 열매 수십 개가 서로 포개어 축 늘어져 있었다. 여러 손님들이 이성계에게 이를 쏘기를 청하므로, 한 번 쏘니 다 떨어졌다. 가져와서 손님을 접대하니, 여러 손님들이 탄복하면서 술잔을 들어 서로 하례하였다.

實錄記事 잡기 어려운 상황에서 사슴을 잡다

이성계가 이두란과 더불어 사슴 한 마리를 함께 쫓는데 갑자기 쓰러진 나무가 앞에 가로막아 있고 사슴은 나무 밑으로 빠져 달아나니, 두란은 말고삐를 잡아 돌아갔다. 이성계는 나무 위로 뛰어넘고, 말은 나무 밑으로 빠져 나갔는데, 즉시 잡아타고 뒤쫓

---
31) **화령**和寧 : 영흥.

아 사슴을 쏘아 잡으니, 두란이 놀라 탄복하면서 말하였다.
"공은 천재이므로 인력으로 따라갈 수는 없습니다."

實錄記事 활을 쏜 것이 백발백중하니 모두가 감탄하다

공민왕이 경대부들로 하여금 과녁에 활을 쏘게 하고 친히 이를 구경하는데, 이성계가 백 번 쏘아 백 번 다 맞히니, 왕이 탄복하면서 말하기를,
"오늘날의 활쏘기는 다만 이성계 한 사람뿐이다."
하였다. 찬성사 황상이 원나라에 벼슬하여 활 잘 쏘기로 세상에 이름이 났는데, 순제가 친히 그 팔을 당겨서 이를 관찰하였다. 이성계가 동렬들을 모아 덕암에서 과녁에 활을 쏘는데, 과녁을 1백 50보 밖에 설치했는데도 이성계는 쏠 때마다 다 맞히었다. 해가 이미 정오가 되어 황상이 이르니, 여러 재상들이 이성계에게 홀로 황상과 더불어 쏘기를 청하였다. 무릇 수백 번 쏘았는데 황상은 연달아 50번을 맞힌 후에도 혹은 맞히기도 하고 혹은 맞히지 못하기도 했으나, 이성계는 한번도 맞히지 못한 적이 없었다. 왕이 이를 듣고 말하기를,
"이성계는 진실로 비상한 사람이다."
하였다. 또 일찍이 내부의 은으로 만든 거울 10개를 내어 80보 밖에 두고, 공경에게 명하여 이를 쏘게 하되, 맞힌 사람에게는 이 거울을 주기로 약속하였다. 이성계가 열 번 쏘아 열 번 다 맞히니, 왕이 칭찬하며 감탄하였다. 이성계는 항상 겸손으로 자처하면서 다른 사람보다 윗자리에 있고자 아니하여, 매양 과녁에 활을 쏠 때마다 다만 그 상대자의 잘하고 못함과 맞힌 살의 많고 적은 것을 보아서, 겨우 상대자와 서로 비등하게 할 뿐이고, 이기고 지고 한 것이 없었으니, 사람들이 비록 구경하기를 원하여 권하는 사람이 있더라도 또한 살 한 개만 더 맞히는 데 불과할 뿐이었다.

實錄記事 이성계와 최영이 여러 도의 군사를 징발하여 덕적도 등의 왜적을 방비하다

신우 원년(1375년) 을묘(홍무 8년) 9월, 왜적의 배가 덕적도·자연도 두 섬에 많이 모이니, 우왕은 여러 도의 군사를 징발하여 이성계와 판삼사사 최영으로 이를 거느리게 하고, 동강과 서강에 군대의 위엄을 보여서 적을 방비하게 하였다.

제1대 태조 이성계 61

實錄記事 사냥한 범을 우왕에게 바치니, 우왕이 조심하라고 유시하다

10월, 사냥하다가 범을 쏘아 잡아서 우왕에게 바치니, 우왕은 의복을 내려 주면서 이내 유시하였다.
 "흉악한 짐승은 마땅히 잡아야 되겠지마는, 그러나 또 위태한 일이니 후에는 그 일을 조심하오."

實錄記事 환조의 적장손인 이천계를 극진히 대우하다

처음에 환조가 세상을 떠나니, 이천계는 자기가 적사가 된 이유로써 마음속으로 이성계를 꺼리었다. 이성계의 종이 양민임을 하소하는 사람이 있으니, 천계는 그 누이인 강우의 아내와 모여 모의하고 양민임을 하소한 사람과 서로 결탁하여 난을 일으키려고 했으나, 여의치 못하였다. 이성계는 이 일을 마음에 두지 않고 그들을 처음과 같이 대접하였다. 병진년 여름에 이르러 어느 사람이 천계의 관하 사람의 이미 혼인한 아내를 빼앗으므로, 천계가 노하여 구타해 죽이니, 천계를 마침내 옥에 내려 가두었다. 천계가 일찍이 권세를 부리는 재상을 꾸짖어 욕하였으므로, 재상이 드디어 그전 감정으로써 장차 그를 죽이려고 하였다. 이성계가 변명하여 구원하고 힘써 청하였으나, 마침내 구원하여 내지 못하였으므로, 매우 이를 슬피 여겨 여러 고아들을 어루만져 양육하고 무릇 장가들고 시집가는 일들을 모두 자기가 주관하였다. 강우의 아내는 집이 가난하니, 이성계는 이를 불쌍히 여겨 노비를 많이 주어 그 생업을 넉넉하게 하였다. 개국 후에 천계의 아들을 모두 높은 관작에 임명하였다. 천계는 곧 교주이다.

實錄記事 왜적이 강화부에 침입하니, 이성계와 황상 등이 서강에서 군사력을 시위하다

신우 3년(1377년) 정사 3월 왜적이 강화부에 침구하니 서울이 크게 진동하였다. 이성계와 의창군 황상 등 11원수를 시켜 서강에 군대의 위엄을 보이게 하였다.

實錄記事 지리산의 험한 지세에서 왜적을 섬멸하다

5월, 경상도 원수 우인열이 비보하기를,
 "나졸들이 말하기를, '왜적이 대마도로부터 바다를 뒤덮고 오는데 돛대가 서로 바라다보인다.'하니, 도와서 싸울 원수元帥를 보내 주기를 청합니다."
하였다. 이때 왜적이 있는 곳은 가득히 찼으므로, 이성계에게 명하여 가서 이를 치게 하였다. 이성계가 행군하여 아직 이르지 않으니 인심이 흉흉하여 두려워하였다. 인열의 비보가 계속해 이르므로, 이성계는 밤낮으로 쉬지 않고 가서 적군과 지리산 밑에서 싸우는데, 서로의 거리가 2백여 보나 되었다. 적 한 명이 등을 세워 몸을 숙이고 손으로 그 궁둥이를 두드리며 두려움이 없음을 보이면서 욕설을 하므로, 이성계가 편전을 사용하여 이를 쏘아서 화살 한 개에 넘어뜨렸다. 이에 적군이 놀라고 두려워하여 기운이 쑥 빠졌으므로, 곧 크게 이를 부수었다. 적의 무리가 낭패를 당하여 산에 올라 깎아지른 듯한 낭떠러지에 임하여 칼과 창을 고슴도치털처럼 드리우고 있으니, 관군이 올라갈 수가 없었다. 이성계가 비장을 보내어 군사를 거느리고 이를 치게 했더니, 비장이 돌아와서 아뢰기를,

"바위가 높고 가팔라서 말이 올라갈 수가 없습니다."

이성계가 이를 꾸짖고, 또 상왕32)으로 하여금 휘하의 용감한 군사를 나누어 그와 함께 가게 했더니, 상왕도 돌아와서 아뢰기를 또한 비장의 말과 같았다. 이성계가 말하기를,

"그렇다면 내가 마땅히 친히 가서 보겠다."

이에 휘하의 군사들에게 이르기를,

"내 말이 먼저 올라가면 너희들은 마땅히 뒤따라 올라올 것이다."

드디어 말을 채찍질하여 함께 달려가서 그 지세를 보고는 즉시 칼을 빼어 칼등으로 말을 때리니, 이때 해가 한낮이므로 칼빛이 번개처럼 번득였다. 말이 한 번에 뛰어서 오르니, 군사들이 혹은 밀고 혹은 더위잡아서 따랐다. 이에 분발하여 적군을 냅다 치니, 적군이 낭떠러지에서 떨어져 죽은 사람이 반수 이상이나 되었다. 마침내 남은 적군까지 쳐서 이들을 다 죽였다. 이성계는 평소에 인심을 얻었고, 또 사졸들이 뛰어나게 날래었으므로, 싸우면 이기지 않은 적이 없었으며, 주군에서 그를 구름과 무지개처럼 우러러보았다.

實錄記事 서해도에 침구한 왜적을 해주에서 격퇴하다

8월, 왜적이 서해도의 신주·문화·안악·봉주를 침구하니 원수 찬성 양백익·판개성부사 나세·지문하 박보로·도순문사 심덕부 등이 패전하여 장수를 보내어 조전하기를

---

32) **상왕**上王 : 정종定宗.

청하매, 우왕이 이성계와 문하평리 임견미·변안열, 밀직부사 유만수·홍징으로 조전하게 하였다. 원수 안열·견미 등이 해주에서 싸우다가 모두 패하여 달아났다. 이성계가 장차 싸우려고 투구를 백 수십 보 밖에 놓고 시험해 이를 쏘아, 싸움에 이길까 못 이길까를 점쳐 보았는데, 마침내 세 번 쏘아 모두 꿰뚫었으므로 말하기를,

"오늘의 일은 알겠다."

해주의 동쪽 정자에서 싸우는데, 싸움이 한창일 때에 넓이가 한발[丈]이나 넘는 진창의 땅을 만났다. 이성계의 말은 한번 뛰어서 지나갔으나, 따라간 사람은 모두 건너지 못하였다. 이성계는 대우전으로 적을 쏘았는데, 17번 쏘아서 모두 이들을 죽였다. 이에 군사를 놓아 이 형세를 이용하여 마침내 적군을 크게 부수었다. 이 싸움에서 이성계가 처음에는 대우전 20개를 가졌었는데, 싸움이 끝나매 화살 3개가 남았다. 측근의 사람들에게 이르기를,

"내가 모두 왼쪽 눈초리를 쏘았다."

측근의 사람들이 나아가서 보니 다 맞았다. 남은 적군들이 험지에 의거하여 섶을 쌓아 스스로 튼튼하게 하였다. 이성계는 말에서 내려 호상에 걸터앉아 음악을 베풀게 하니, 중 신조가 고기를 베어 술을 올렸다. 이성계는 사졸들에게 명하여 섶을 불지르게 하니, 연기와 불꽃이 하늘에 가득찼다. 적군이 곤경에 빠져서 죽을 힘을 내어 충돌하였다. 화살이 자리 앞에 있는 술병에 맞았으나, 이성계는 편안히 앉아서 일어나지 아니하고, 김사훈·노현수·이만중 등에게 명하여 이들을 쳐서 거의 다 죽였다. 이때 왜적이 우리나라 사람을 사로잡으면 반드시 이성계 만호가 지금 어느 곳에 있는가를 묻고, 감히 이성계의 군사에게는 가까이 오지 못하고 반드시 틈을 엿보고서야 들어와 침구하였다.

實錄記事 문도리 위의 쥐 3마리를 활을 쏘아 떨어뜨리다

우인열이 일찍이 이성계를 저사에서 알현할 적에, 이성계가 서청에서 마주 앉았었는데, 차양을 쳐다보니 쥐 세 마리가 문미에 붙어 달아나는지라, 이성계가 아이를 불러 활과 고도리 3개를 가져오게 하여 이를 기다리니, 쥐 한 마리가 돌아와서 문미를 지나갔다. 이성계는 말하기를,

"이것을 맞히기만 할 뿐이요 상하게 하지는 않을 것이다."

하면서 마침내 이를 쏘니, 쥐와 화살이 함께 떨어졌는데 과연 쥐는 죽지 않고 달아났으며, 남은 두 마리의 쥐도 또한 이와 같았다.

實錄記事 최영이 해풍군에서 왜적과 싸워 패퇴하였으나, 이성계가 합세하여 물리치다

신우 4년(1378년) 무오 4월, 왜적의 배가 착량에 많이 모여 승천부³³⁾로 들어와서 장차 서울을 침구하겠다고 성언하니, 중앙과 지방이 크게 진동하였다. 병위를 대궐 문에 배치하여 적군이 이르기를 기다리니, 성중이 흉흉하였다. 방리의 군사로 하여금 성에 올라 망보게 하고, 여러 군대에게 나누어 명령하여 동강과 서강에 나가서 둔치게 하였다. 판삼사사 최영³⁴⁾에게 여러 군대를 통솔하여 해풍군(海豊郡)에 진치게 하고,

최영

문하 찬성사 양백연을 부장으로 삼았다. 적군이 이를 정탐해 알고서 최영의 군대만 부수게 되면 서울을 엿볼 수 있다고 생각하여, 이에 여러 진을 지나오면서 이를 버리고 다투어 보지도 않고 해풍으로 달려와서 바로 중군을 향하였다. 최영은 말하기를, "국가의 존속과 멸망은 이 한 싸움에 결정된다."

마침내 백연과 함께 전진하여 적을 쳤으나, 적군이 최영을 쫓으니, 최영이 패하여 달아났다. 이성계가 날랜 기병을 거느리고 바로 나아가서 백연과 합세하여 쳐서 적군을 크게 부수었다. 최영은 적군이 쓰러져 흔들림을 보고는 휘하의 군사를 거느리고 나아가서 곁에서 적군을 치니, 적군이 거의 다 죽었으며 남은 무리는 밤에 도망하였다.

---

33) **승천부**(昇天府) : 강화부(江華府).

34) **최영**(崔瑩) : 고려 공민왕 때 원나라와 맞서 영토를 회복하고 왜구와 홍건적의 침입을 막은 고려의 명장. 양광도도순문사의 휘하에서 여러 차례 왜구를 토벌해 그 공으로 우달치가 되었으며, 공민왕 때 반원개혁을 단행해 영토수복을 위하여 인당, 신순 등과 함께 압록강 서쪽의 8참을 공략해 원을 내몰고 고려의 옛 영토를 회복했다. 1359년 홍건적 4만 명이 서경을 함락시키자 이방실 등과 함께 이를 물리치고 이듬해 서북면순문사가 됐다. 이후 신돈이 집권해 새로운 개혁 장치가 시도되면서 좌천됐으며 훈작을 삭탈당하고 유배됐다. 이성계군이 개경에 난입했을 때 소수의 군사로 맞서 싸우다 체포돼 유배되고 공료죄로 개경에 압송돼 참형을 당했다. 최영은 평소 우직하고 청렴결백하기로 유명했다. 오늘날까지도 최영이라는 이름과 함께 떠오르는 "황금 보기를 돌같이 하라."라는 말은 그의 나이 16세 때 아버지가 죽으면서 남긴 유언이었다. 최영은 아버지의 유언을 평생 실천하며 살았다. 이러한 사실은 역사에도 기록이 남아 있다.

제1대 태조 이성계 65

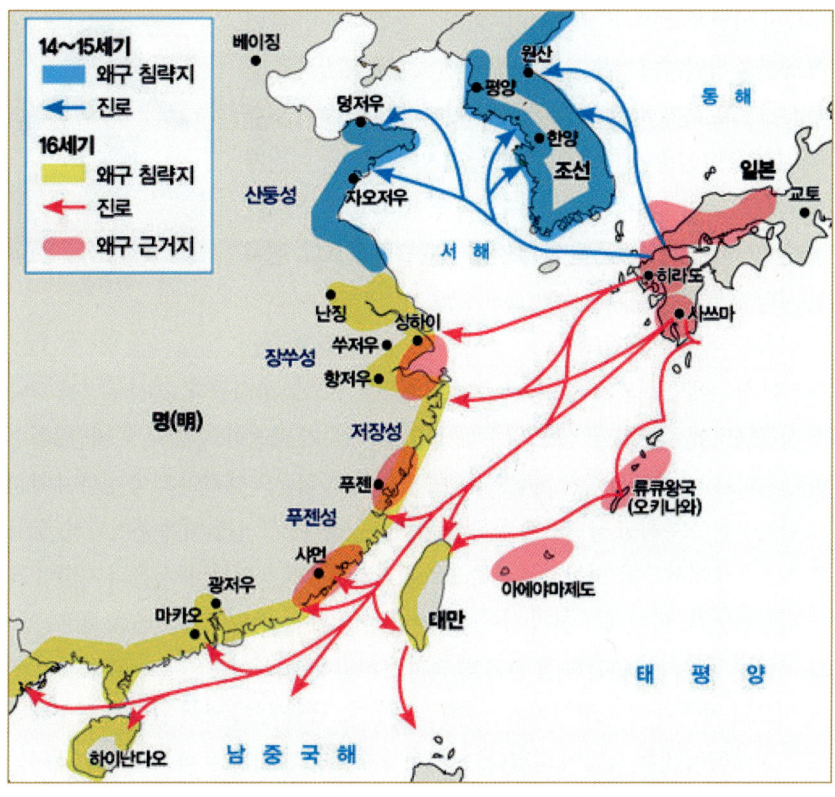

<14세기~16세기 동북아 왜구 침략지 : 전기 왜구와 후기 왜구의 침략 경로. 출처 : 주간동아>

實錄記事 대규모의 병력으로 침입한 왜적을 격퇴하니 한산군 이색 등이 시를 지어 치하하다

신우 6년(1380년) 경신 8월, 왜적의 배 5백 척이 진포에 배를 매어 두고 하삼도[35)]에 들어와 침구하여 연해의 주군을 도륙하고 불살라서 거의 다 없어지고, 인민을 죽이고 사로잡은 것도 이루 다 헤아릴 수 없었다. 시체가 산과 들판을 덮게 되고, 곡식을 그 배에 운반하느라고 쌀이 땅에 버려진 것이 두껍기가 한 자 정도이며, 포로한 자녀를 베어 죽인 것이 산더미처럼 많이 쌓여서 지나간 곳에 피바다를 이루었다. 2, 3세 되는 계집아이를 사로잡아 머리를 깎고 배[腹]를 쪼개어 깨끗이 씻어서 쌀·술과 함께 하늘에 제사 지내니, 삼도 연해 지방이 쓸쓸하게 텅 비게 되었다. 왜적의 침구 이후로 이와 같은 일은 일찍이 없었다.

35) **하삼도**下三道 : 충청·전라·경상도.

우왕이 이성계를 양광·전라·경상 3도의 도순찰사로 삼아 가서 왜적을 정벌하게 하고, 찬성사 변안열[36]을 도체찰사로 삼아 부장으로 하게 하고, 평리 왕복명·평리 우인열·우사 도길부·지문하 박임종·상의 홍인계·밀직 임성미·척산군 이원계를 원수로 삼아 모두 이성계의 지휘를 받게 하였다. 군대가 나가서 장단에 이르렀는데 흰 무지개가 해를 꿰뚫으니, 점치는 사람이 말하기를,

변안열

"싸움을 이길 징조입니다."

왜적이 상주에 들어와서 6일 동안 주연을 베풀고 부고를 불살랐다. 경산부[37]를 지나서 사근내역에 주둔하니, 삼도 원수 배극렴 등 9원수가 패전하고, 박수경·배언 2원수가 전사하니, 사졸로서 죽은 사람이 5백여 명이었다. 적군의 세력이 더욱 성하여 마침내 함양성을 도륙하고 남원으로 향하여 운봉현을 불사르고 인월역에 둔치고서, 장차 광주의 금성에서 말을 먹이고는 북쪽으로 올라가겠다고 성언하니, 서울과 지방이 크게 진동하였다. 이성계가 천리 사이에 넘어진 시체가 서로 잇대어 있음을 보고는 이를 가엾게 생각하여 편안히 잠 자고 밥 먹지 못하였다. 이성계는 안열 등과 함께 남원에 이르니 적군과 서로 떨어지기가 1백 20리였다. 극렴 등이 와서 길에서 이성계를 뵙고 기뻐하지 않는 사람이 없었다. 이성계가 하루 동안 말을 휴식시키고는 그 이튿날 싸우려고 하니, 여러 장수들이 말하기를,

"적군이 험지를 짊어지고 있으니 그들이 나오기를 기다려 싸우는 것이 나을 것입니다."

이성계는 분개하면서 말하기를,

"군사를 일으켜 의기를 내 대적함에 오히려 적군을 보지 못할까 염려되는데, 지금

---

36) **변안열**邊安烈: 변안열은 원주변씨의 시조이다. 원래 원나라 출신이나 병란 때 공민왕을 따라 고려로 왔다. 1361년(공민왕 10년) 안우를 따라 홍건적을 격퇴해 2등공신에 책봉되었다. 이듬해 안우 등과 서울을 수복해, 추성보조공신으로 예의판서가 되었다. 그 뒤 최영과 함께 제주를 정벌하고 돌아와서 지문하부사가 되었다. 우왕이 즉위한 지 얼마 안 되어 추충량절선위익찬공신 칭호를 받았다. 몇 차례의 왜적의 침입을 격파하여 원주부원군에 이어 판삼사사로 임명되었다. 1389년(공양왕 1년) 최영의 생질인 김저가·우왕의 부탁을 받고 이성계를 죽이려다 발각되어 옥에 갇혔는데, 이에 연루되어 관직을 삭탈당하고 한양으로 귀양갔다가 1390년 유배지에서 사형당했다.

37) **경산부**京山府: 성주星州.

적군을 만나 치지 않는 일이 옳겠는가?"

하면서, 마침내 여러 군대를 부서를 정하여 이튿날 아침에 서약하고 동으로 갔다. 운봉을 넘으니 적군과 떨어지기가 수십 리였다. 황산 서북쪽에 이르러 정산봉에 올라서 이성계가 큰길 오른쪽의 소로를 보고서 말하기를,

"적군은 반드시 이 길로 나와서 우리의 후면을 습격할 것이니, 내가 마땅히 빨리 가야 되겠다."

마침내 자기가 빨리 갔다. 여러 장수들은 모두 평탄한 길을 따라 진군했으나, 적군의 기세가 매우 강성함을 바라보고서는 싸우지 않고 물러갔으니, 이때 해가 벌써 기울었다. 이성계는 이미 험지에 들어갔는데 적군의 기병과 예병이 과연 돌출하는지라, 이성계는 대우전 20개로써 적군을 쏘고 잇달아 유엽전으로 적군을 쏘았는데, 50여 개를 쏘아 모두 그 얼굴을 맞히었으되, 시윗소리에 따라 죽지 않은 자가 없었다. 무릇 세 번이나 만났는데 힘을 다하여 최후까지 싸워 이를 죽였다. 땅이 또 진창이 되어 적군과 우리 군사가 함께 빠져 서로 넘어졌으나, 뒤미처 나오자 죽은 자는 모두 적군이고 우리 군사는 한 사람도 상하지 않았다. 이에 적군이 산을 의거하여 스스로 방어하므로, 이성계는 사졸들을 지휘하여 요해지를 분거하고, 휘하의 이대중·우신충·이득환·이천기·원영수·오일·서언·진중기·서금광·주원의·윤상준·안승준 등으로 하여금 싸움을 걸게 하였다. 이성계는 쳐다보고 적군을 공격하고, 적군은 죽을 힘을 내어 높은 곳에서 충돌하니, 우리 군사가 패하여 내려왔다. 이성계는 장수와 군사들을 돌아보고 말하기를,

"말고삐를 단단히 잡고 말을 넘어지지 못하게 하라."

조금 후에 이성계가 다시 군사로 하여금 소라를 불어 군대를 정돈하게 하고는 개미처럼 붙어서 올라가 적진에 부딪쳤다. 적의 장수가 창을 가지고 바로 이성계의 후으로 달려와서 심히 위급하니, 편장 이두란이 말을 뛰게 하여 큰소리로 부르짖기를,

"영공, 뒤를 보십시오. 영공, 뒤를 보십시오."

이성계가 미처 보지 못하여, 두란이 드디어 적장을 쏘아 죽였다. 이성계의 말이 화살에 맞아 넘어지므로 바꾸어 탔는데, 또 화살에 맞아 넘어지므로 또 바꾸어 탔으나, 날아오는 화살이 이성계의 왼쪽 다리를 맞혔다. 이성계는 화살을 뽑아 버리고 기세가 더욱 용감하여, 싸우기를 더욱 급하게 하니 군사들은 이성계의 상처 입은 것을 알 수 없었다. 적군이 이성계를 두서너 겹으로 포위하니, 이성계는 기병 두어 명과 함께 포위를 뚫고 나갔다. 적군이 또 이성계의 앞에 부딪치므로 이성계가 즉시 8명을 죽이

니, 적군은 감히 앞으로 나오지 못하였다. 이성계는 하늘의 해를 가리키면서 맹세하고 좌우에게 지휘하기를,

"겁이 나는 사람은 물러가라. 나는 그래도 적과 싸워 죽겠다."

장수와 군사가 감동 격려되어 용기백배로 사람마다 죽음을 각오하고 싸우니, 적군이 나무처럼 서서 움직이지 못하였다. 적의 장수 한 사람이 나이 겨우 15, 6세 되었는데, 골격과 용모가 단정하고 고우며 사납고 용맹스러움이 비할 데가 없었다. 흰 말을 타고 창을 마음대로 휘두르면서 달려 부딪치니, 그가 가는 곳마다 쓰러져 흔들려서 감히 대적하는 사람이 없었다. 우리 군사가 그를 아기발도라 일컬으면서 다투어 그를 피하였다. 이성계는 그의 용감하고 날랜 것을 아껴서 두란豆蘭에게 명하여 산 채로 사로잡게 하니, 두란이 말하기를,

"만약 산 채로 사로잡으려고 하면 반드시 사람을 상하게 할 것입니다."

아기발도는 갑옷과 투구를 목과 얼굴을 감싼 것을 입었으므로, 쏠 만한 틈이 없었다. 이성계가 말하기를,

"내가 투구의 정자頂子를 쏘아 투구를 벗길 것이니 그대가 즉시 쏘아라."

드디어 말을 채찍질해 뛰게 하여 투구를 쏘아 정자頂子를 바로 맞히니, 투구의 끈이 끊어져서 기울어지는지라, 그 사람이 급히 투구를 바루어 쓰므로, 이성계가 즉시 투구를 쏘아 또 정자頂子를 맞히니, 투구가 마침내 떨어졌다. 두란이 곧 쏘아서 죽이니, 이에 적군이 기세가 꺾여졌다. 이성계가 앞장서서 힘을 내어 치니, 적의 무리가 쓰러져 흔들리며 날랜 군사는 거의 다 죽었다. 적군이 통곡하니 그 소리가 만 마리의 소 울음과 같았다. 적군이 말을 버리고 산으로 올라가므로, 관군이 이긴 기세를 타서 달려 산으로 올라가서, 기뻐서 고함을 지르고 북을 치며 함성을 질러, 소리가 천지를 진동시켜 사면에서 이를 무너뜨리고 마침내 크게 쳐부수었다. 냇물이 모두 붉어 6, 7일 동안이나 빛깔이 변하지 않으므로, 사람들이 물을 마실 수가 없어서 모두 그릇에 담아 맑기를 기다려 한참 만에야 물을 마시게 되었다. 말을 1천 6백여 필을 얻고 무기를 얻은 것은 헤아릴 수도 없었다. 처음에 적군이 우리 군사보다 10배나 많았는데 다만 70여 명만이 지리산으로 도망하였다. 이성계는 말하기를,

"적군의 용감한 사람은 거의 다 없어졌다. 세상에 적을 섬멸하는 나라는 있지 않다."

마침내 끝까지 추격하지 않고 이내 웃으며 여러 장수들에게 이르기를,

"적군을 공격한다면 진실로 마땅히 이와 같이 해야 될 것이다."

여러 장수들이 모두 탄복하였다. 물러와서 군악을 크게 울리며 나희를 베풀고 군사

들이 모두 만세를 부르며 적군의 머리을 바친 것이 산더미처럼 쌓였다. 여러 장수들이 싸우지 않은 죄를 다스릴까 두려워하여 머리를 조아려 피를 흘리면서 살려주기를 원하니, 이성계는 말하기를,

"조정의 처분에 달려 있다."

이때 적군에게 사로잡혔던 사람이 적군의 진중에서 돌아와 말하기를,

"아기발도[38]가 이성계의 진을 설치함이 정제한 것을 바라보고는 그 무리들에게 이르기를, '이 군대의 세력을 보건대 결코 지난날의 여러 장수들에게 비할 바가 아니다. 오늘의 전쟁은 너희들이 마땅히 각기 조심해야 될 것이다.'했습니다."

처음에 아기발도가 그 섬에 있으면서 오지 않으려고 했으나, 여러 적군이 그의 용감하고 날랜 것에 복종하여 굳이 청하여 왔으므로, 여러 적의 괴수들이 매양 진현할 적마다 반드시 빨리 앞으로 나아가서 꿇어앉았으며, 군중의

최영이 말하기를, 공이여! 공이여! 공이 아니면 나라가 장차 누구를 믿겠습니까?

호령을 모두 그가 주관하게 되었다. 이번 행군行軍에 군사들이 장막의 기둥을 모두 대나무로써 바꾸고자 하니, 이성계가 이르기를,

"대나무가 일반 나무보다 가벼우므로 먼 데서 운반하기가 편리하겠지만, 그러나 대나무는 또한 민가에서 심은 것이고, 더구나 우리가 꾸려 가져온 그전 물건이 아니니, 그전 물건을 잃어버리지 않고 돌아간다면 족할 것이다."

이성계는 이르는 곳마다 민간의 물건은 털끝만한 것도 범하지 않음이 모두 이와 같았다. 올라의 전쟁에 이성계가 처명을 사로잡아 죽이지 않았으므로 처명이 은혜에 감동하여 매양 몸에 맞은 화살 흔적을 보면 반드시 목이 메어 울면서 눈물을 흘렸으며, 종신토록 이성계의 곁을 따라다니며 모시었다. 이 싸움에서 처명이 이성계의 말 앞에 있으면서 힘을 다하여 싸워 공을 세우니, 이때 사람들이 그를 칭찬하였다. 이성계가 승전하고 군대를 정돈하여 돌아오니, 판삼사 최영이 백관을 거느리고 채붕과 잡희를 베풀고 동교 천수사 앞에서 줄을 지어 영접하였다. 이성계가 바라보고 말에서 내려

---

38) **아기발도**阿其拔都 : 아지발도, 또는 아기바투는 14세기 당시 고려에 침입한 왜구를 지휘했던 장수이다. 적은 박혀 있는 듯이 서서 움직이지 않았다. 나이 겨우 15, 16세 가량 되어 보이는 한 적장은 얼굴이 단정하고 고우며 빠르고 날래기가 비할 데 없었다. 백마를 타고 창을 휘두르며 달려와 부딪치고 가는 곳마다 쫓기고 쓰러져서 감히 당해낼 자가 없었다. 우리 군사들은 아기발도 라고 부르며 피하기 바빴다. -『고려사절요』중에서

빨리 나아가서 재배하니, 최영도 또한 재배하고 앞으로 나아와서 이성계의 손을 잡고 눈물을 흘리면서 말하기를,

"공公이 아니면 누가 능히 이 일을 하겠습니까?"

이성계가 머리를 숙이고 사례하기를,

"삼가 명공의 지휘를 받들어 다행히 싸움을 이긴 것이지, 내가 무슨 공이 있겠습니까? 이 적들의 세력은 이미 꺾였사오니 혹시 만약에 다시 덤빈다면 내가 마땅히 책임을 지겠습니다."

최영은 말하기를,

"공이여! 공이여! 삼한이 다시 일어난 것은 이 한 번 싸움에 있는데, 공이 아니면 나라가 장차 누구를 믿겠습니까?"

이성계는 사양하면서 감히 감당하지 못하겠다고 하였다. 우왕이 금 50냥을 내려 주니 이성계는 사양하면서 말하기를,

"장수가 적군을 죽인 것은 직책일 뿐인데, 신이 어찌 감히 받을 수 있겠습니까?"

한산군 이색39)이 시를 지어 치하하기를,

적의 용장 죽이기를 썩은 나무 꺾듯이 하니,
삼한의 좋은 기상이 공에게 맡겨졌네.
충성은 백일처럼 빛나매 하늘에 안개가 걷히고,
위엄은 청구40)에 떨치매 바다에 바람이 없도다.
출목연41)의 잔치에서는 무영을 노래하고,
능연각의 집에서는 영웅을 그리도다.

이색

---

39) **이색**李穡 : 고려 말의 문신이자 학자. 자는 영숙, 호는 목은, 시호는 문정이다. 공민왕 때 문하시중을 지냈으며, 성리학 발전에 크게 기여하였다. 고려 말 삼은의 한 사람으로서 고려의 멸망과 함께 은둔하였다. 이색은 포은 정몽주, 야은 길재와 함께 고려의 삼은으로 일컬어진다. 과거에 급제한 후 원나라에 가서 성리학을 연구하다가, 귀국해서 고려의 대신이 되었다. 이성계의 위화도 회군(1388년) 때 우왕이 강화로 유배되자 아들 창昌을 즉위시켜 이성계의 세력을 억제하려 하였으나 이성계가 득세하자 유배되었다. 조선 개국 후 인재를 아낀 태조가 1395년 그를 한산백에 책봉했으나 이를 사양하고 이듬해 여강으로 가던 중 죽었다. 문하에 권근, 김종직, 변계량 등 뛰어난 제자들을 배출하여 학문과 정치에 커다란 발자취를 남겼다. 저서로『목은문고』,『목은시고』등이 있다.

40) **청구**青丘 : 조선.

41) **출목연**出牧筵 : 당 태종이 그의 공신의 초상을 그려서 걸어 놓은 전각.

병든 몸 교외 영접 참가하지 못하고,
신시를 지어 읊어 큰 공을 기리네.

전 삼사 좌사 김구용[42]은 이를 화답하기를,

적의 기세 꺾기를 우레처럼 하니,
군사의 지휘가 모두 공에게서 나왔네.
상서로운 안개 퍼져 나가 독한 안개를 없애고,
서리 바람 대서워서 위엄 바람 도왔도다.
섬 오랑캐 간담이 떨어지매 군용이 성대하고,
이웃 나라가 마음이 선뜻하매 사기가 웅장하네.
온 나라 의관이 다투어 배하하니,
삼한 만세에 태평의 공이네.

성균 좨주 권근[43]이 이를 화답하기를,

---

[42] **김구용**金九容 : 공민왕이 시해되고 우왕이 즉위한 뒤에 삼사좌윤에 제배되었다. 당시 북원이 사자를 보내 바얀테무르 왕(공민왕)이 원을 배반하고 명에 귀부하였으므로 고려에 국왕 시해의 죄를 묻지 않겠다고 전해왔는데, 이인임과 지윤이 원의 사신을 맞이하려 하자 김구용은 이승인·정도전·권근 등과 함께 도당에 글을 올려서 북원의 사신을 받아서는 안 된다고 주장하였다. 경복흥과 이인임이 그 글을 물리치고 받지 않았고, 간관 이첨과 전백영 등이 소를 올려 이인임의 죄를 논하며 그를 주살할 것을 청하였다가 장형에 처해져서 유배되고, 김구용도 이승인 등과 함께 재상을 음해하려 했다는 이유로 죽주로 유배되었다. 뒤에 여흥으로 옮겨졌는데, 산천을 유람하며 시를 짓거나 술을 마시며 유유자적하였고, 자신이 거주하는 곳의 편액을 육우당이라고 하였다.

[43] **권근**權近 : 일찍이 이색의 문하에서 수학하였고 그의 수제자인 정몽주의 문하에서도 수학하였다. 1368년(공민왕 17년) 17세에 성균시에 합격하고, 1369년(공민왕 18년) 18세에 문과에 급제하여 춘추관 검열이 되었다. 1374년(공민왕 23년) 성균관 직강, 예문관 응교에 임명되었으며, 공민왕이 죽자 정몽주·정도전 등과 함께 위험을 무릅쓰고 배원친명을 주장하였다. 좌사의대부와 성균관대사성, 지신사 등을 거쳐, 1388년(창왕 1년) 동지공거가 되어 이은 등을 뽑았다. 1389년(창왕 2년) 첨서밀직사사에 이르러, 문하평리 윤승순과 함께 사신으로 명나라를 다녀왔는데, 그때 공양왕이 즉위하자 명나라

권근

에서 가져온 문서의 글이 원인이 되어 유배되었다. 그때 이림(창왕의 외조부)의 일파로 몰려 극형을 받게 되었으나 이성계의 구원으로 모면하고, 이색의 일파와 같이 청주옥에 갇혔다가 마침 수해로 용서를 받고 익주에 있으면서 『입학도설』을 저술하였다. 고려가 망하고 조선이 개국되

> 3천 신하[44] 마음과 덕이 모두 다 같은데,
> 군웅은 지금에 와서 모두 공에게 있도다.
> 나라 위한 충성은 밝기가 태양과 같고,
> 적을 껵은 용맹은 늠름히 바람이 나도다.
> 동궁은 빛나서 운영이 무겁고,
> 백우전은 높다랗게 기세가 웅장하다.
> 한번 개선하매 종사가 안정되니,
> 마상에서 기공 있을 것을 이미 알겠네.

實錄記事 많은 군사가 이성계의 군영에 모여 들다

고려의 말기에 관에서 군사를 등록시키지 아니하고 여러 장수들이 각기 점모하여 군사를 삼으니, 이를 패기라 명칭하였다. 대장 중에 최영·변안열·지용수·우인열 등은 막료와 사졸이 뜻대로 되지 않는 사람이 있으면 욕설로 꾸짖어 못하는 말이 없었고, 혹은 매질을 가하여 죽는 사람까지 있게 되니, 휘하의 군사가 원망하는 사람이 많았다. 이성계는 성품이 엄중하고 말이 적었으며, 평상시에는 항상 눈을 감고 앉았었는데, 바라보기에는 위엄이 있으나 사람을 접견할 적에는 혼연히 한 덩어리의 화기뿐인 까닭으로, 사람들이 모두 두려워하면서도 그를 사랑하였다. 그가 여러 장수들 중에서도 홀로 휘하의 사람들을 예절로써 대접했으며 평생에 꾸짖는 말이 없었으므로, 여러 장수들과 휘하 사람들이 모두 그에게 소속되기를 원하였다.

實錄記事 동북면 도지휘사가 되어 임지로 떠나자, 이색이 시를 지어 전송하다

신우8년(1382년) 임술 가을 7월, 이성계를 동북면 도지휘사로 삼았다. 이때 여진 사람 호발도가 동북면의 인민을 사로잡아 가니, 이성계가 그 도의 군무를 대대로 관장하여 위신이 본디부터 나타난 이유로써, 보내어 그들을 위로하고 어루만져 주게 하였다. 한산군 이색이 시를 지어 전송했는데, 그 시에,

> 자, 태조 이성계의 명으로 1393년(태조 2년) 정총과 함께 정릉의 비문을 짓고 중추원사가 되었다. 1396년 태조는 이천시 율면 산성리 정문말에 권근을 찾아와 임금님 바위에서 권근과 정치적인 담론을 하였고, 조선왕조에 협조를 거부하던 권근은 절의를 굽혔다는 이야기를 들으면서도 새 왕조에 협력하게 되었다.

44) **신하**: 주나라 무왕의 신하 3천 명을 이름.

> 송헌[45]의 담기가 무신을 뒤덮으니,
> 만리장성이 한몸에 맡겨졌네.
> 분주하면서 몇 번이나 다사한 시기를 지냈던고.
> 돌아오면 함께 태평한 날을 즐길 것이니.
> 지금은 대세가 종사에 관계되는데,
> 하물며 이 선봉은 귀신 같음에랴.
> 양조에 같이 벼슬하매 정이 앝지 않으니,
> 다만 시율을 지어 가는 것을 전송한다.

實錄記事 단주에 침입한 호발도를 격퇴하고 변방을 평안히 할 계책을 올리다

신우 9년(1383년) 계해 8월, 호발도가 또 와서 단주를 침구하니, 부만 김동불화가 외적과 내응하여 재화를 다 가지고 고의로 뒤에 있다가 짐짓 적에게 잡히었다. 상만호 육여와 청주 상만호 황희석 등이 여러 번 싸웠으나 모두 패전하였다. 이때 이두란이 모상으로 인하여 청주에 있었는데, 이성계가 사람을 시켜 불러 이르기를,

"국가의 일이 급하니 그대가 상복을 입고 집에 있을 수가 없다. 상복을 벗고 나를 따라오라."

두란이 이에 상복을 벗고 절하고 울면서 하늘에 고하고 활과 화살을 차고 이성계를 따라갔다. 호발도와 길주평에서 만났는데, 두란이 선봉이 되어 먼저 그와 싸우다가 크게 패하여 돌아왔다. 이성계가 조금 후에 이르렀는데, 호발도는 두꺼운 갑옷을 세 겹이나 입고 붉은 털옷을 껴입었으며, 흑색 암말을 타고 진을 가로막아 기다리면서 속으로 이성계를 깔보아, 그 군사는 남겨 두고 칼을 빼어 앞장서서 달려나오니, 이성계도 또한 단기로 칼을 빼어 달려나가서 칼을 휘둘러 서로 쳤으나, 두 칼이 모두 번득이면서 지나쳐 능히 맞히지 못하였다. 호발도가 미처 말을 타기 전에, 이성계가 급히 말을 돌려 활을 당겨 그의 등을 쏘았으나, 갑옷이 두꺼워 화살이 깊이 들어가지 않는지라, 곧 또 그의 말을 쏘아 꿰뚫으니, 말이 넘어지는 바람에 호발도가 땅에 떨어졌다. 이성계가 또 그를 쏘려고 하니, 그 휘하의 군사들이 많이 몰려와서 그를 구원하고, 우리 군사들도 또한 이르렀다. 이성계가 군사를 놓아 크게 적군을 쳐부수니, 호발도는 겨우 몸을 피해 도망해 갔다. 이성계가 이로 인하여 변방을 편안하게 할 계책을 올렸는데, 그 계책은 이러하였다.

---

45) **송헌**松軒 : 이성계의 호.

"북계⁴⁶⁾는 여진과 달단과 요동·심양의 경계와 서로 연해 있으므로 실로 국가의 요해지가 되니, 비록 아무 일이 없을 시기일지라도 반드시 마땅히 군량을 저축하고 군사를 길러 뜻밖의 변고에 대비해야 될 것입니다. 지금 그 거주하는 백성들이 매양 저들과 무역하여 날로 서로 가까워져서 혼인까지 맺게 되었으나, 그 족속이 저쪽에 있으므로 유인해 가기도 하고, 또는 향도가 되어 들어와 침구하기를 그치지 아니하니, 입술이 없으면 이가 시리게 되므로, 동북면 한 방면의 근심에만 그치지 않습니다. 또 전쟁의 이기고 이기지 못한 것은 지리地利의 득실에 달려 있는데, 저들 군사의 점거한 바가 우리의 서북쪽에 가까운데도 이를 버리고 도모하지 아니하니, 이에 중한 이익을 가지고 멀리 우리의 오읍초·갑주·해양의 백성들에게 주어서 그들을 유인해 가기도 하고, 지금 단주·독로올의 땅에 뛰어들어와서 사람과 짐승을 노략질해 가니, 이로써 본다면 우리 요해지의 지리·형세는 저들도 진실로 이를 알고 있습니다. 신이 방면에 임무를 받고 앉아서 보고만 있을 수 없으므로, 삼가 변방의 계책을 계획하여 아뢰옵니다.

1. 외적을 방어하는 방법은 군사를 훈련하여 일제히 적군을 공격하는 데 있는데, 지금은 교련하지 않은 군사로써 먼 땅에 흩어져 있다가 도적이 이르러서야 창황히 불러 모으게 되므로, 군사가 이르렀을 때는 도적은 이미 노략질하고 물러가 버렸으니, 비록 뒤따라 가서 싸워도, 그들이 기와 북을 익히지 않았으며 치고 찌르는 것도 연습하지 않았으니, 어떻게 하겠습니까. 원컨대, 지금부터는 군사를 훈련하는 데에 있어 약속을 엄하게 세우고 호령을 거듭 밝혀서, 변고를 기다려 군사를 일으켜 일의 기회를 잃지 마옵소서.
1. 군사의 생명은 군량에 매여 있으니, 비록 백만의 군사라도 하루의 양식이 있어야만 그제야 하루의 군사가 되고, 한 달의 양식이 있어야만 그제야 한 달의 군사가 되니, 이는 하루라도 식량이 없어서는 안 되는 것입니다. 이 도⁴⁷⁾의 군사는 예전에는 경상도·강릉도·교주도의 곡식을 운반하여 공급하였으나, 지금은 도내의 지세로써 이를 대체시켰는데, 근년에는 수재와 한재로 인하여 공사公私가 모두 고갈되었고, 게다가 놀고 먹는 중[僧]과 무뢰인無賴人이 불사佛事를 핑계하고 서 함부로 권세 있는 사람의 서장을 받아서 주군에 청탁하여, 백성들의 한 말[斗]

---

46) **북계**北界 : 함길도.

47) **도**道 : 함길도.

의 쌀과 한 재[л]의 베를 빌린다고 하고는, 섬이나 심장[48]으로써 거둬들이면서 이를 반동이라 명칭하며 바치지 아니한 빚처럼 징수하여, 백성이 배고프고 추위에 떨게 되었으며, 또 여러 아문과 여러 원수들의 보낸 사람이 떼를 지어 다니며 기식하여 백성의 피부를 벗기고 골수를 쳐부수니, 백성이 고통을 참지 못하여 처소를 잃고 떠돌아다니는 사람이 십상팔구이니, 군량이 나올 곳이 없습니다. 원컨대, 모두 이를 금단하여 백성들을 편안하게 하소서. 또 도내의 주군은 산과 바다 사이에 끼여서 땅이 좁고도 척박한데, 지금 그 지세를 징수하는 것이 경지의 많고 적은 것은 묻지도 않고 다만 호의 크고 작은 것만 보게 됩니다. 화령은 도내에서도 땅이 넓고 비옥하여 모두 이민의 지록[49]인데도, 그 지세는 관청에서 거둘 수가 없게 되어, 백성들에게 취하는 것이 균등하지 못하고, 군사를 먹이는 것이 넉넉하지 못하니, 금후로는 도내의 여러 주와 화령에 한결같이 경지의 많고 적은 것으로써 세를 부과하여 관청과 민간에 편리하게 하소서.

1. 군사와 백성이 통속되는 곳이 없으면 위급한 경우에 서로 보전하기가 어려울 것입니다. 이로써 선왕의 병신년의 교지에, 3가로써 1호로 삼아 백호로써 통솔하고, 통주를 수영에 예속시켜, 사변이 없으면 3가가 상번하고, 사변이 있으면 다 함께 나오고, 사변이 급하면 가정을 모두 출동시키게 하였으니, 진실로 좋은 법이었습니다. 근래에는 법이 폐지되어 통속된 곳이 없으므로, 매양 군사를 징발할 적엔 흩어져 사는 백성들이 산골짜기로 도망해 숨으므로 불러모으기가 어려우며, 지금 또 가물어 흉년이 들어서 민심이 더욱 이산되었는데, 저들은 금전과 곡식으로써 미끼를 삼아 불러 들이고, 군사를 몰래 거느리고 와서 노략질하여 돌아가니, 한 지방의 곤궁한 백성이 이미 항심도 없는데다가, 또 모두가 잡류이므로, 저쪽과 이쪽을 관망하다가 다만 이익만을 따르게 되니, 실로 보전하기가 어렵겠습니다. 원컨대, 병신년의 교지에 의거하여 다시 군호를 정하여, 그들로 하여금 통속이 있게 하여 그들의 마음을 단단히 매게 하소서.

1. 백성의 기쁨과 근심은 수령에게 매여 있고, 군사의 용감함과 겁내는 것은 장수에게 달려 있는데, 지금의 군현을 다스리는 사람은 권세있는 가문에서 나오기 때문에, 그 세력만 믿고 그 직무는 근신하지 아니하여, 군대는 그 물자가 모자라

---

48) **심장**尋丈 : 심尋은 8척 장丈은 10척.

49) **지록**地祿 : 땅에서 생산되는 녹미祿米.

게 되고, 백성은 그 직업을 잃게 되어, 호구가 소모되고 부고가 텅 비게 되었습니다. 원컨대, 지금부터는 청렴하고 근실하고 정직한 사람을 공정하게 선출하여, 그 사람으로 하여금 백성을 다스리게 하여 홀아비와 홀어미를 사랑하고 어루만져 주게 하며, 또 능히 장수가 될 만한 사람을 뽑아, 그 사람으로 하여금 군사를 거느려서 국가를 방어하게 하소서."

實錄記事 안변에서 후에 개국 공신이 된 한충과 김인찬을 처음으로 만나다

9월, 이성계가 동북면으로부터 이르렀다. 이번 행차에 이성계가 돌아오다가 안변에 이르니, 비둘기 두 마리가 밭 한가운데의 뽕나무에 모여 있는지라, 이성계가 이를 쏘니 한 번에 비둘기 두 마리가 함께 떨어졌다. 길가에서 두 사람이 김을 매고 있었으니 한 사람은 한충이요, 한 사람은 김인찬인데, 이를 보고 탄복하면서 말하기를,
"잘도 쏩니다. 도령의 활 솜씨여!"
이성계는 웃으면서 말하기를,
"나는 벌써 도령은 지났다."
이내 두 사람에게 명하여 비둘기를 가져다가 먹게 하였다. 이에 두 사람이 조밥을 준비하여 바치니, 이성계가 그 성의를 보아 조밥을 먹었다. 두 사람은 마침내 이성계를 따라가 떠나지 않고서 모두 개국 공신의 반열에 참여하였다. 이성계의 활달하여 세상을 구제하는 도량과 인후하여 생명을 아끼는 덕은 천성天性에서 나왔으므로, 공훈이 크게 빛났으나 더욱더 겸손하고 공손하였다. 또 본디부터 유술을 존중했으므로 일찍이 가문에서 유학을 업으로 삼는 사람이 없음을 불만히 여겨, 전하[50]로 하여금 스승에게 나아가서 학문을 배우게 하니, 전하께서도 날마다 부지런하여 글읽기를 게을리하지 아니하였다. 이성계가 일찍이 이르기를,
"내 뜻을 성취할 사람은 반드시 너일 것이다."
비 강씨가 매양 전하의 글읽는 소리를 듣고 탄식하며 말하기를,
"어찌 내가 낳은 아들이 되지 않는가?"
이 해에 전하가 과거에 급제하니, 이성계가 대궐 뜰에 절하고는 매우 감격하여 눈물을 흘렸다. 후에 제학에 임명되니 이성계가 매우 기뻐하여, 사람을 시켜 관교[51]를 읽

---

50) **전하**殿下 : 태종太宗.

51) **관교**官敎 : 4품 이상 벼슬의 사령辭令.

기를 두세 번에 이르렀다. 이성계가 매양 빈객과 연회할 적에 전하로 하여금 연귀를 하게 하고 문득 이르기를,

"내가 손님과 함께 즐김에는 네 힘이 많이 있었다."

하였다. 전하께서 성덕을 성취한 것은 비록 천성天性에서 출발하였지만, 실은 이성계께서 학문을 권장함이 부지런하였기 때문이었다.

實錄記事 자유자재로 활을 쏘다

신우 11년(1385년) 을축, 이성계가 우왕을 따라 해주에서 사냥하였다. 화살 만든 장인이 새 화살을 바치니, 이성계가 지환을 쌓아 놓은 벼 위에 질서 없이 꽂아 놓게 하고 이를 쏘아 모두 맞히고는, 좌우의 사람들에게 이르기를,

"오늘 짐승을 쏘면 마땅히 모두 등골을 맞힐 것이다."

이성계가 평상시에는 짐승을 쏘면 반드시 오른쪽 안시골을 맞혔었는데, 이날은 사슴 40마리를 쏘았는데 모두 그 등골을 바로 맞히니, 사람들이 그 신묘한 기술을 탄복하였다. 세상 사람들은 짐승을 쏠 적에, 짐승의 왼쪽에 있으면 짐승의 오른쪽을 쏘아서, 짐승이 오른쪽으로부터 가로질러 달아나서 왼쪽으로 나오면, 짐승의 왼쪽을 쏘는데, 이성계는 짐승을 쫓아서 짐승이 비록 오른쪽으로부터 왼쪽으로 나오더라도 즉시 쏘지 아니하고, 반드시 그의 말을 돌려 꺾어서 채찍질하여 짐승으로 하여금 왼쪽에서 바로 달아나게 하고서, 그제야 이를 쏘는데 또한 반드시 오른쪽 안시골을 맞히니, 이때 사람들이 모두 말하기를,

"이공은 온갖 짐승을 쏘되, 반드시 쏠 때마다 그 오른쪽을 맞힌다."

우왕이 일찍이 행궁에서 여러 무신에게 명하여 활을 쏘게 하는데, 과녁은 황색 종이로써 정곡을 만들어 크기가 주발만 하게 하고, 은으로써 작은 과녁을 만들어 그 복판에 붙였는데, 직경이 겨우 2치 정도이었다. 50보 밖에 설치했는데, 이성계는 이를 쏘았으나 마침내 은 과녁 밖으로 나가지 아니하였다. 우왕은 즐거이 구경하기를 촛불을 밝힐 때까지 계속하였으며, 이성계에게 좋은 말 3필을 내려 주었다. 이두란이 이성계에게 말하였다.

"세상에 드문 재주는 사람들에게 많이 보여서는 안 됩니다."

> **實錄記事** 모함하는 사람이 있었지만 최영과의 정분을 돈독히 유지하다

이성계는 최영과 친밀한 정이 매우 돈독하였는데, 이성계의 위엄과 덕망이 점차로 성하니, 사람들 중에서 우왕에게 무함하고자 하는 사람들이 있었다. 최영이 노하여 말하기를,

"이공은 나라의 주석이 되었으니, 만약 하루아침에 위급하면 마땅히 누구를 시키겠는가?"

매양 빈객을 연회하려 할 적엔 최영이 반드시 이성계에게 이르기를,

"나는 면찬을 준비할 것이니 공은 육찬을 준비하시오."

이성계는 말하기를,

"좋습니다."

어느 날 이성계는 이 일 때문에 휘하의 군사를 거느리고 사냥을 하는데, 노루 한 마리가 높은 고개에서 뛰어 내려왔으나, 지세가 가파르고 낭떠러지인지라, 여러 군사들이 모두 내려갈 수가 없으므로, 산밑으로 비스듬히 따라 돌아서 달려가 모였는데, 갑자기 대초명적의 소리가 위에서 내려옴을 듣고 위로 쳐다보니, 곧 이성계가 고개 위에서 바로 달려 내려오는데, 그 기세가 빠른 번개와 같았다. 노루와의 거리가 매우 먼데도 이를 쏘아 바로 맞혀서 죽였다. 이성계는 곧 말고삐를 당기면서 웃으며 말하기를,

"이 사람의 주먹을 보라."

최영의 휘하 군사인 현귀명이 또한 군사들 가운데서 있다가 친히 이를 보고, 그 사실을 최영에게 말하니, 최영이 감탄하여 칭찬하기를 한참 동안이나 하였다.

> **實錄記事** 명 사신이 이성계와 이색의 안부를 묻다. 왜구의 침략을 이성계가 격퇴하다

9월, 명나라 사신 장부·주탁 등이 국경에 이르러서 이성계와 이색의 안부를 물었다. 이때 이성계와 최영은 위명이 천하에 널리 알려졌으므로, 장부 등에게 이들을 보지 못하게 하려고 모두 밖에 나가 있었는데, 최영은 교외에 나가 둔치고 있었다. 이때 왜적의 배 1백 50척이 함주·홍원·북청·합란북 등처에 침구하여 인민을 죽이고 사로잡아 거의 다 없어졌다. 원수 찬성사 심덕부·지밀직 홍징·밀직 부사 안주·청주 상만호 황희석·대호군 정승가 등이 왜적과 홍원의 대문령 북쪽에서 싸웠는데, 여러 장수들은 모두 패하여 먼저 도망했으나, 다만 덕부만이 적진을 꿰뚫어 혼자 들어가서 창에 맞아 떨어졌다.

적군이 다시 찌르려고 하니, 휘하의 유가랑합이 달려 들어가서 적군을 쏘아 연달아 세 사람을 죽이고, 적군의 말을 빼앗아 덕부에게 주고는 이리저리 옮겨 다니며 싸우면서 적진에서 빠져 나왔다. 이에 덕부의 군대도 또한 크게 패하였으므로 적의 세력은 더욱 성하였다. 이성계가 가서 치기를 자청하여 함주 관아에 이르렀다. 제장들의 영중에는 소나무가 있었는데 70보 거리에 있었다. 이성계가 군사를 불러 이르기를,

"내가 소나무의 몇째 가지에 몇 개째 솔방울를 쏠 것이니, 너희들은 이를 보라."

하고는, 즉시 유엽전으로 이를 쏘아, 일곱 번 쏘아 일곱 번 다 맞혀 모두 말한 바와 같으니, 군중이 모두 발을 구르고 춤을 추며 환호하였다. 이튿날 바로 적이 주둔한 토아동에 이르러서, 동의 좌우에 군사를 매복시켜 두었다. 적의 무리가 먼저 동내의 동산과 서산을 점거했는데, 멀리서 소라 소리를 듣고는 크게 놀라면서 말하기를,

"이것은 이성계의 차거[52]로 만든 소라 소리다."

이성계가 상호군 이두란·산원 고여, 판위시사 조영규·안종검·한나해·김천·최경·이현경·하석주·이유·전세·한사우·이도경 등 백여 명의 기병을 거느리고 고삐를 당기면서 천천히 행군하여 그 사이를 지나가니, 적군은 우리 군사가 적고 행진이 느린 것을 보고는 하는 바를 헤아릴 수 없어 감히 공격하지 못하고, 동쪽에 있던 적군이 서쪽에 있는 적군에게 나아가서 한 진을 만들었다. 이성계가 동쪽의 적군이 둔친 곳에 올라가서 호상에 걸터앉아, 군사들로 하여금 말안장을 벗겨서 말을 쉬게 하였다. 한참 있다가 말을 타려고 할 적에 백 보가량 되는 곳에 마른 풀명자나무가 있는지라, 이성계가 연달아 화살 세 개를 쏘아 모두 바로 맞히니, 적군이 서로 돌아보면서 놀라고 탄복하였다. 이성계가 왜말[倭語] 아는 사람을 시켜 큰소리로 이르기를,

"지금의 주장은 곧 이성계 만호이니 너희들은 속히 항복하라. 항복하지 않으면 후회하여도 소용없을 것이다."

적의 추장이 대답하기를,

"다만 명령대로 따르겠습니다."

하고는, 그 부하와 더불어 항복하기를 의논하였으나 결정하지 못하였다. 이성계는 말하기를,

"마땅히 그들의 게으른 틈을 타서 공격해야 할 것이다."

드디어 말에 올라 두란·고여·영규 등을 시켜 그들을 유인해 오게 하니, 선봉 수백 명이

---

52) **차거**硨磲 : 조개의 일종. 껍질을 간 것은 칠보七寶의 하나로 장식에 쓰임.

쫓아오는지라, 이성계는 거짓으로 쫓기는 체하면서 스스로 맨 뒤에 서서 물러가 복병 속으로 들어갔다가, 드디어 군사를 돌이켜서 친히 적군 20여 명을 쏘니 시윗소리에 따라 모두 죽었다. 두란·종검 등과 함께 달려서 이를 공격하고, 복병이 또한 일어났다. 이에 이성계는 몸소 사졸들의 선두에 서서 단기로 적군의 후면을 충돌하니, 가는 곳마다 쓰러져 흔들리었다. 나왔다가 다시 들어간 것이 서너너덧 번 되는데, 손수 죽인 적군이 계산할 수 없으며, 쏜 화살이 중갑을 꿰뚫어 혹은 화살 한 개에 사람과 말이 함께 꿰뚫린 것도 있었다. 적의 무리가 무너지므로 관군(官軍)이 이 기세를 이용하여 고함소리가 천지를 진동하니, 넘어진 시체가 들판을 덮고 내를 막아, 한 사람도 빠져 도망한 자가 없었다. 이 싸움에 여진군이 이긴 기세를 이용하여 함부로 죽이니, 이성계가 영을 내리기를,

"적군이 궁지에 몰려 불쌍하니 죽이지 말고 생포하도록 하라."

남은 적군은 천불산으로 들어가므로 또한 다 사로잡았다. 우왕이 이성계에게 백금 50냥, 옷의 겉감과 안찝 5벌, 안장 갖춘 말(鞍馬)을 내리고, 또 정원 십자 공신의 칭호를 더 내렸다.

實錄記事 권세를 천단한 이인임 일당을 제거하고, 수 문하 시중이 되다

신우 14년(1388년) 무진 정월, 이때 시중 이인임[53]이 권세를 마음대로 부리니, 그의 무리 영삼사 임견미·좌사 염흥방·찬성사 도길부 등이 요로에 나누어 점거하여 돈을 받고 관작을 팔며, 남의 전정을 빼앗아 그 탐욕과 포학을 자행하여, 관청과 민간이 빈곤하여졌다. 이성계가 최영과 더불어 그들의 하는 짓을 분히 여겨, 마음을 같이하고 힘을 합하여 우왕을 인도해서 이들을 제거하니, 온 나라가 크게 기뻐하여 길가는 사람이

이인임

노래하고 춤추었다. 견미 등이 참형을 당하매 이성계로써 수 문하 시중으로 삼았다.

---

53) **이인임**(李仁任) : 고려 시대 말기의 권신이다. 본관은 성주. 호는 승암이다. 그는 이성계의 최대 정적 중 하나였다. 그는 한때 신돈의 문하에 있었으며, 홍건적과 원나라의 최유 등을 물리쳤고, 우왕을 섭정하고 문하시중까지 올랐으나 최영과 이성계에 의해 실각되었다. 시호는 황무이다. 그는 이성계의 사위였던 이제의 백부이다.

實錄記事 염흥방·임견미 등이 임용했던 사람들을 파직시키다

2월, 이성계가 최영과 더불어 정방政房에 앉아, 최영이 임견미·염흥방이 썼던 사람을 모두 내쫓으니, 이성계가 말하기를,
 "임견미와 염흥방이 정권을 잡은 지 시일이 오래 되었으므로, 무릇 사대부士大夫들은 모두 그들의 천거한 사람이니, 지금은 다만 재주의 현부만을 물을 것이지, 그들의 이미 지나간 일까지 어찌 허물하겠습니까?"
최영은 듣지 아니하였다.

實錄記事 형살을 중지하도록 요청했으나, 최영이 듣지 않다

최영이 전 원주 목사 서신이 곧 이성림의 동서인 관계로써 함께 참형을 행하고자 하니, 이성계가 사람을 시켜 말하기를,
 "죄인과 괴수가 이미 멸족되고 흉악한 무리도 이미 참형을 당했으니, 지금부터 마땅히 형살을 중지하고 덕음을 펴야 될 것입니다."
최영이 또한 듣지 아니하였다.

實錄記事 무인이면서도 문인과 경사를 토론하고 『대학연의』를 즐겨 보다

이성계는 본디부터 유술을 존중하여, 비록 군중에 있더라도 매양 창을 던지고 휴식할 동안에는 유사 유경 등을 인접하여 경사를 토론하였으며, 더욱이 진덕수[54]의 『대학연의』보기를 좋아하여 혹은 밤중에 이르도록 자지 않았으며, 개연히 세상의 도의를 만회할 뜻을 가졌었다.

實錄記事 명에서 철령 이북의 땅을 요구하자 요동 정벌을 논의하다

처음에 명나라 황제가 말하기를,
 "철령을 따라 이어진 북쪽과 동쪽과 서쪽은 원래 개원로에서 관할하던 군민이 소속해 있던 곳이니, 중국인·여진인·달달인·고려인을 그대로 요동에 소속시켜야 된다."

---

54) **진덕수**眞德秀 : 송나라의 유학자. 주자 학파의 학자로서 서산 선생西山先生이라 일컬었으며, 저서는 『대학연의大學衍義』·『서산문집西山文集』 등이 있다.

고 하였다. 최영이 백관을 모아 이 일을 의논하니, 모두 말하기를,
"명나라에 줄 수 없습니다."
우왕은 최영과 비밀히 의논하여 요동을 치려고 하매, 공산 부원군 이자송이 최영의 사제에 나아가서 옳지 못함을 힘써 말하니, 최영은 자송이 임견미에게 편당해 붙었다고 핑계하고는 곤장을 쳐서 전라도 내상으로 유배시켰다가, 조금 후에 그를 죽였다. 우왕이 서북면 도안무사가 "요동 군사가 강계에 이르러 장차 철령위를 세우려 한다."는 보고를 받고 울면서 말하기를,
"여러 신하들이 나의 요동을 공격하려는 계책을 듣지 않다가 이 지경에 이르렀다."
명나라에서 다시 요동 백호 왕득명을 보내어 철령위를 세움을 알렸다.

實錄記事 우왕과 최영이 요동을 공격하기로 결정하다

3월, 우왕은 홀로 최영과 요동을 공격하기로 계책을 결정하였으나, 그래도 감히 공공연히 말하지는 못하였다. 사냥한다고 핑계하고는 서쪽으로 해주에 행차하였다.

實錄記事 요동 정벌이 결정되었으나, 4가지 불가한 이유를 들어 이성계가 반대하다

4월, 봉주에 머물렀다. 이성계에게 이르기를,
"과인이 요동을 공격하고자 하니 경 등은 마땅히 힘을 다하라."
이성계가 아뢰기를,
"지금에 출사하는 일은 네 가지의 옳지 못한 점이 있습니다. 작은 나라로서 큰 나라에 거역하는 것이 한 가지 옳지 못함이요, 여름철에 군사를 동원하는 것이 두 가지 옳지 못함이요, 온 나라 군사를 동원하여 멀리 정벌하면, 왜적이 그 허술한 틈을 탈 것이니 세 가지 옳지 못함이요, 지금 한창 장마철이므로 활은 아교가 풀어지고, 많은 군사들은 역병을 앓을 것이니 네 가지 옳지 못함입니다."
우왕이 자못 옳게 여겼다. 이성계가 이미 물러나와서 최영에게 이르기를,
"내일 마땅히 이 말로써 다시 임금에게 아뢰시오."
최영이 말하기를,
"좋습니다."
밤에 최영이 들어가서 우왕에게 아뢰기를,
"원컨대, 다른 말은 듣지 마소서."

이튿날 우왕이 이성계에게 말하기를,

"이미 군사를 일으켰으니 중지할 수가 없소."

이성계가 아뢰기를,

"전하께서 반드시 큰 계책을 성공시키고자 하신다면 서경에 어가를 머무르셨다가 가을에 출사하면, 볏곡이 들판을 덮어 많은 군사가 식량이 넉넉하게 되어 북을 치면서 행진할 수 있을 것입니다. 지금은 출사할 시기가 아니므로, 비록 요동의 한 성城을 함락시키더라도, 비가 한창 내리므로 군대가 전진할 수도 없고 퇴각할 수도 없으며, 군대가 피곤하고 군량이 없게 되면 다만 화를 초래할 뿐입니다."

우왕이 말하기를,

"경은 이자송의 일을 보지 못했는가."

이성계는 아뢰기를,

"자송은 비록 죽었으나 아름다운 명성이 뒷 세상에 전하지마는, 신臣 등은 비록 살아 있더라도 이미 계책을 잘못 썼으니, 무슨 소용이 있겠습니까?"

우왕은 듣지 아니하였다. 이성계가 물러나와 울고 있는데, 휘하의 군사가 말하기를,

"공公은 어찌 이다지도 슬퍼하십니까?"

이성계는 말하기를,

"백성의 재화는 이로부터 시작되었다."

우왕이 평양에 머물면서 여러 도의 군사를 독려 징발하여 압록강에 부교를 만들고, 또 중들을 징발하여 군사를 만들고, 최영을 팔도 도통사로 삼고, 창성 부원군 조민수를 좌군 도통사로 삼고, 이성계를 우군 도통사로 삼아 보냈다. 좌군左軍과 우군이 합하여 5만여 명인데, 여러 사람이 10만 명이라 선전하였다. 군사가 출동하려 하는데 우왕은 술에 취하여 해가 늦도록 일어나지 아니하니, 여러 장수들이 하직하지 못하였다. 조금 뒤에 술이 깨매, 석포에서 배를 띄우고 놀다가 저녁때가 되어서야 돌아와 여러 장수들에게 술을

요동 정벌 4가지 불가한 이유
작은 나라로서 큰 나라에 거역하는 것
여름철 군사 동원하는 것
온 나라 군사를 동원하여 멀리 정벌하면, 왜적이 그 허술한 틈을 탈 것
장마철이므로 활은 아교가 풀어지고, 군사들은 역병을 앓을 것이니…

마시게 하였다. 여러 군대가 평양을 출발하는데, 최영이 우왕에게 아뢰기를,

"지금 대군이 출전하는 도중에 있는데 만약 열흘이나 한 달 가량 지체한다면 대사가 성공하지 못할 것이니, 신이 가서 이를 감독하기를 청합니다."

우왕이 말하기를,

"경이 간다면 누구와 더불어 정사를 하겠는가?"

최영이 굳이 청하니, 우왕이 말하기를,

"그렇다면 과인도 또한 가겠다."

어느 사람이 이성泥城으로부터 와서 말하기를,

"요사이 요동 군사가 모두 오랑캐 정벌에 갔기 때문에 성중에는 다만 한 사람의 지휘관이 있을 뿐이니, 대군이 만약 이른다면 싸우지 않고도 항복시킬 수 있습니다."

최영이 크게 기뻐하여 그 사람에게 물품을 후히 주었다. 우왕은 홍무의 연호를 정지시키고, 나라 사람들로 하여금 오랑캐 의복을 다시 입게 하고, 상시 대동강에 나가서 오랑캐의 음악을 부벽루에 베풀어 놓고 자기 스스로 호적을 불면서 즐거워하여 돌아올 줄을 잊고 있었다. 매양 나가서 놀 적에는 문득 오랑캐의 음악을 연주하게 하고 창우들로 하여금 갖가지 유희를 보이게 하여, 최영은 날마다 군사를 거느리고 드나들면서 피리를 불고, 임금과 신하가 주색에 빠져 사람을 죽임이 날로 심하니, 백성들이 원망하였다. 우왕이 사자를 보내어 여러 장수들에게 금과 은으로 만든 술그릇을 내려 주었다.

> 實錄記事 이성계가 조민수[55]와 함께 위화도에서 회군하다

5월, 대군이 압록강을 건너서 위화도에 머무르니 도망하는 군사가 길에 끊이지 아니하므로, 우왕이 소재에서 목 베도록 명하였으나 능히 금지시키지 못하였다. 좌우군 도통사가 상언하기를,

"신 등이 뗏목을 타고 압록강을 건넜으나, 앞에는 큰 냇물이 있는데 비로 인해 물이 넘쳐, 제1여울에 빠진 사람이 수백 명이나 되고, 제2여울은 더욱 깊어서 주중洲中에 머물어 둔치고 있으니 한갓 군량만 허비할 뿐입니다. 이곳으로부터 요동성에 이르기까지의 중간에는 큰 내가 많이 있으니 잘 건너기가 어려울 것 같습니다. 근일에 불편한 일의 실상을 조목별로 기록하여 아뢰었으나 윤허를 받지 못하였으니, 진실로 황공하고 두렵습니다. 그러나, 큰일을 당하여 말할 만한 것이 있는데도 말하지

---

55) **조민수**曺敏修 : 이성계의 위화도회군에 참여해 우왕을 폐위시켰고, 그 공으로 좌시중에 올라 우시중인 이성계와 함께 조정을 주도했다. 창왕이 폐위되고 공양왕이 왕위에 오르자 우왕의 혈통을 둘러싼 논쟁으로 이성계 일파에 대항하다가 다시 유배되어 그곳에서 죽었다.

않는 것은 불충이니, 어찌 감히 죽음을 피하여 입을 다물고 말하지 않겠습니까? 작은 나라로서 큰 나라를 섬기는 것은 나라를 보전하는 도리입니다. 우리 국가가 삼국을 통일한 이후로 큰 나라 섬기기를 근실히 하여, 현릉[56]께서 홍무 2년에 명나라에 복종하여 섬겨 그 올린 표문에, '자손만세에 이르기까지 영구히 신하가 되겠습니다.' 하였으니, 그 정성이 지극하였습니다. 전하께서 이 뜻을 계승하여 세공의 물품을 한결같이 조지에 의거했으므로, 이에 황제가 특별히 고명[57]을 내려 현릉의 시호를 내려 주고 전하의 작을 책봉하였으니, 이것은 종사의 복이요 전하의 성덕입니다. 지금 유 지휘가 군사를 거느리고 철령위를 세운다는 말을 듣고, 밀직 제학 박의중을 시켜서 표문을 받들어 품처를 계획했으니, 대책이 매우 좋았습니다. 지금 명령을 기다리지 않고서 갑자기 큰 나라를 범하게 되니, 종사와 생민의 복이 아닙니다. 하물며 지금은 장마철이므로 활은 아교가 풀어지고 갑옷은 무거우며, 군사와 말이 모두 피곤한데, 이를 몰아 견고한 성 아래로 간다면 싸워도 승리함을 기필할 수 없으며 공격하여도 빼앗음을 기필할 수 없습니다. 이 때를 당하여 군량이 공급되지 않으므로 나아갈 수도 없고 물러갈 수도 없으니, 장차 어떻게 이를 처리하겠습니까? 삼가 생각하옵건대, 전하께서 특별히 군사를 돌이키도록 명하시어 나라 사람의 기대에 보답하소서."

우왕과 최영은 듣지 아니하고, 환자 김완을 보내어 군사를 전진하도록 독촉하였다. 좌우군 도통사는 김완을 붙잡아 두고 보내지 아니하며, 또 사람을 보내어 최영에게 가서 빨리 군사를 돌이킬 것을 허가하도록 청하였으나, 최영은 마음에 두지 아니하였다. 군중에서 거짓말이 나기를,

"이성계가 휘하의 친병을 거느리고 동북면을 향하는데 벌써 말에 올랐다."
군중이 떠들썩하였다. 민수는 어찌할 바를 모르고 단기로 달려 이성계에게 와서 울면서 말하기를,

"공은 가시는데 우리들은 어디로 가겠습니까?"
이성계는 말하기를,

"내가 어디로 가겠습니까? 공은 이러지 마십시오."
이성계는 이에 여러 장수들에게 타이르기를,

---

56) **현릉**玄陵 : 공민왕恭愍王.

57) **고명**誥命 : 임금이 신하에게 고시告示하는 말이나 글.

"만약 상국의 국경을 범하여 천자天子에게 죄를 얻는다면 종사·생민의 재화가 즉시 이르게 될 것이다. 내가 순리와 역리로써 글을 올려 군사를 돌이킬 것을 청했으나, 왕도 또한 살피지 아니하고, 최영도 또한 늙어 정신이 혼몽하여 듣지 아니하니, 어찌 경 등과 함께 왕을 보고서 친히 화되고 복되는 일을 진술하여 임금 측근의 악인을 제거하여 생령을 편안하게 하지 않겠는가?"

여러 장수들이 모두 말하기를,

"우리 동방 사직의 안위가 공의 한 몸에 매여 있으니, 감히 명령대로 따르지 않겠습니까?"

이에 군사를 돌이켜 압록강에 이르러 흰 말을 타고 동궁과 백우전을 가지고 언덕 위에 서서 군사가 다 건너기를 기다리니, 군중에서 바라보고 서로 이르기를,

"옛부터 지금까지 이 같은 사람은 있지 않았는데 지금부터 이후로도 어찌 다시 이 같은 사람이 있겠는가?"

이때 장마가 수일 동안 계속했는데도 물이 넘치지 않다가, 군사가 다 건너가고 난 후에 큰물이 갑자기 이르러 온 섬이 물에 잠기니, 사람들이 모두 이를 신기하게 여겼다. 이때 동요에,

"목자58)가 나라를 얻는다."

는 말이 있었는데, 군인과 민간인, 늙은이와 젊은이를 논할 것 없이 모두 이를 노래하였다. 조전사 최유경이 대군이 돌아온다는 소식을 듣고 달려가 우왕에게 알렸다. 이 날 밤에 상왕59)이 그 형 방우와 이두란의 아들 화상 등과 함께 성주의 우왕의 처소로부터 이성계의 군대 앞으로 도망해 갔으나, 우왕은 해가 정오가 되어도 오히려 알지 못하였다. 길에서 대접하는 수령들을 만나 그들의 말을 다 빼앗아 타고 갔다. 우왕은 대군이 돌아와 안주에 이르렀음을 알고 말을 달려 서울로 돌아왔다. 군사를 돌이킨 여러 장수들이 급히 추격하기를 청하니, 이성계는 말하기를,

"속히 행진하면 반드시 싸우게 되므로 사람을 많이 죽이게 될 것이다."

매양 군사들을 경계하기를,

"너희들이 만약 승여60)를 범한다면 나는 너희들을 용서하지 않을 것이며, 백성의

---

58) **목자**木子 : 이李.

59) **상왕**上王 : 정종定宗.

60) **승여**乘輿 : 임금.

오이 한 개만 빼앗아도 또한 마땅히 죄의 경중에 따라 처벌하겠다."
연로에서 사냥하면서 짐짓 느리게 행군하니, 서경에서 서울에 이르는 수백 리 사이에 우왕을 좇던 신료와 서울 사람과 이웃 고을 백성들이 술과 음료로써 영접하여 뵙는 사람이 끊이지 아니하였다. 동북면의 인민과 여진으로서 본디 종군하지 않던 사람까지도, 이성계가 군사를 돌이켰다는 소식을 듣고는 다투어 서로 모여 밤낮으로 달려서 이르게 된 사람이 천여 명이나 되었다. 우왕은 도망해 돌아와 화원으로 돌아갔다. 최영이 막아 싸우고자 하여 백관에게 명하여 무기를 가지고 시위하게 하고 수레를 모아 골목 입구를 막았다.

> **實錄記事** 최영의 군사를 진압하고, 최영을 고봉현으로 귀양보내다

6월 초1일, 이성계는 숭인문 밖 산대암에 둔치고 유만수를 보내어 숭인문으로 들어가고, 좌군은 선의문으로 들어가니, 최영이 맞아 싸워서 모두 이를 물리쳤다. 이성계가 만수를 보낼 적에 좌우에게 이르기를,

"만수는 눈이 크고 광채가 없으니 담이 작은 사람이다. 가면 반드시 패하여 달아날 것이다."

과연 그러하였다. 이때 이성계가 들에 말을 놓아 먹이고 있었는데, 만수가 도망해 돌아오므로, 좌우의 사람이 이 일을 아뢰니, 이성계는 대답하지 아니하고 장막 속에서 굳게 누워 있었다. 좌우의 사람이 두세 번이나 이 일을 아뢰니, 그 후에 천천히 일어나서 음식을 들고, 명하여 말에 안장을 얹게 하고 군사를 정돈하여 장차 출동하려 하는데, 키가 작은 소나무 한 주가 백 보 밖에 있는지라, 이성계가 소나무에 활을 쏘아 승리할 것인가 승리하지 못할 것인가를 점쳐서 여러 사람의 마음을 합치고자 하여 마침내 이를 쏘니, 화살 한 개에 소나무 줄기가 곧 끊어졌다. 이에 말하기를,

"다시 무엇을 바라겠는가?"

군사들이 모두 하례하였다. 진무 이언이 나가서 꿇어앉으며 말하기를,

"우리 영공을 모시고 간다면 어느 곳이든지 가지 못하겠습니까?"

이성계는 숭인문으로 입성하여 좌군과 앞뒤에서 협격하면서 전진하니, 도성의 남녀들이 다투어 술과 음료를 가지고 와서 영접 위로하고 군사들이 수레를 끌어내어 길을 통하게 하였다. 늙은이와 약한 이는 산에 올라 이를 바라보고 기뻐서 고함을 지르며 뛰고 있었다. 민수는 흑색 대기를 세우고 이성계는 황색 대기를 세웠다. 흑색 기가

영의서교에 이르렀으나 최영의 군사에게 패하였다. 조금 후에 황색 기가 선죽교로부터 남산에 오르니, 최영의 휘하 안소가 날랜 군사를 거느리고 먼저 점거했다가 황색 기를 바라보고는 도망해 갔다. 이성계는 마침내 암방사 북쪽 고개에 올라 큰 소라를 한 번 불었다. 이때 행군하던 여러 군대들은 모두 각을 불었는데도 유독 이성계의 군대만이 소라를 불었다. 도성 사람이 소라소리를 듣고는 모두 이성계의 군사인 것을 알았다. 이에 군사가 화원을 수백 겹이나 포위하였다. 우왕은 영비와 최영과 함께 팔각전에 있었는데, 곽충보 등 3, 4인이 바로 팔각전 안으로 들어가서 최영을 찾아내었다. 우왕은 최영의 손을 잡고 울면서 작별하니, 최영은 두 번 절하고 충보를 따라 나왔다. 이성계가 최영에게 말하기를,

"이 같은 사변은 나의 본심에서 한 것은 아닙니다. 그러나, 다만 대의에만 거역했을 뿐만 아니라, 국가가 편치 못하고 인민이 피곤하여 원통한 원망이 하늘까지 이르게 된 까닭으로 부득이한 일이니, 잘 가시오. 잘 가시오."

서로 마주보고 울었다. 마침내 최영을 고봉현에 유배시켰다. 시중 이인임이 일찍이 말하기를,

"이 판삼사[61]가 모름지기 나라의 임금이 될 것이다."

최영이 이 말을 듣고 매우 노했으나 감히 말하지는 못하였는데, 이때에 이르러 탄식하면서 말하기를,

"인임의 말이 진실로 옳았다."

두 도통사와 36명의 원수들이 대궐에 나아가서 배사하고, 한산군 이색은 서울에 있는 기로와 재신·추신과 함께 이성계를 뵈오니, 이성계는 이색과 이야기를 한참 동안 하고 전문 밖으로 군사를 돌이켰다. 이보다 먼저 잠저[62]에 있을 때 마을에 동요가 있었는데, 그 동요에,

"서경성 밖엔 화색이요, 안주성 밖엔 연광이라. 그 사이에 왕래하는 이원수여, 원컨대 창생을 구제하소서."

얼마 안 가서 위화도에서 군사를 돌이킨 일이 있었다.

---

61) **이 판삼사**李判三司 : 이성계.

62) **잠저**潛邸 : 창업創業의 임금이나 종실에서 들어온 임금으로서, 아직 위位에 오르기 전에 살던 집. 또는 그 동안.

實錄記事 조민수를 좌시중에, 이성계를 우시중에 임명하다. 조인옥이 왕씨를 임금으로 추대코자 하다

우왕이 조민수를 좌시중으로 삼고, 이성계를 우시중으로 삼았다. 전교 부령 윤소종이 정지[63]를 통하여 이성계 보기를 청하여 곽광전[64]을 가져와서 바치므로, 조인옥으로 하여금 그것을 읽게 하고 들었다. 인옥이 다시 왕씨를 왕으로 세우자는 의논을 남김없이 진술하였다.

정지

實錄記事 우왕이 환관 80명을 거느리고 이성계·조민수 등을 죽이려고 했으나 실패하다

우왕이 밤에 환자 80여 명과 함께 갑옷을 입고 이성계 및 조민수·변안열의 집으로 달려왔으나, 이들이 모두 전문 밖에서 군사를 둔치고 집에 있지 아니한 까닭으로 살해하지 못하고 돌아갔다.

實錄記事 우왕 대신 창왕을 세우다

우왕이 왕위를 사양하고 강화에 있었다. 이성계가 왕씨의 후손을 골라 왕으로 세우고자 하니, 조민수가 우왕의 장인 이임의 인척인 관계로써 우왕의 아들 창을 세우고자 하여, 이색에게 묻고 마침내 의논을 정하여 창을 세웠다.

---

63) **정지**鄭地 : 고려의 무신. 외침에 시달렸던 고려 말기 동시대에 명장으로 이름을 날렸던 최영, 이성계 같은 쟁쟁한 무장들보다 인지도가 낮지만 고려 말 왜구의 침입 때 왜구 토벌에서 맹활약한 명장이다. 『고려사』에 수록된 그의 열전에 따르면 나주 출신이고 외모는 장대했으며 성품이 관후하다고 기록되어 있다.

64) **곽광전**霍光傳 : 전한前漢 무제武帝 때의 사람. 무제의 유조遺詔를 받들어 대사마 대장군의 직책으로써 소제를 도왔으며, 다음 창읍왕이 음란하므로 폐위시키고 다시 선제를 세웠는데, 이 사실을 적은 전기.

> **實錄記事** 요동 공략에 나선 장수의 가족을 볼모로 삼으려하자, 태종(방원)이 포천의 가족을 피신시키다

처음에 신의 왕후는 포천 재벽동의 전장에 있고, 강비는 포천의 철현의 전장에 있었는데, 전하[65]가 전리 정랑이 되어 서울에 있으면서 변고가 발생했다는 말을 듣고 사제에 들어가지 않고서 곧 말을 달려 포천에 이르니, 간사하는 노복들이 이미 다 흩어져 도망하였다. 전하가 왕후와 강비를 모시고 동북면을 향하여 가면서, 말을 탈 때든지 말에서 내릴 때든지 전하께서 모두 친히 부축해 주고, 스스로 허리춤에 불에 익힌 음식을 싸 가지고 봉양하였다. 경신공주[66]·경선공주·무안군·소도군이 모두 나이 어렸으나 또한 따라왔으므로, 전하께서 자기가 안아서 말에 태우고 길이 험하고 물이 깊은 곳에는 전하가 또한 말을 이끌기도 하였다. 가는 길이 매우 험하고 양식이 모자라서 길가의 민가에서 밥을 얻어먹었다. 철원관을 지나다가 관리들이 잡고자 한다는 말을 전해 듣고는, 밤을 이용하여 몰래 가면서 감히 남의 집에 들어가지 못하고 들판에 유숙하

경신공주

였다. 이천의 한충의 집에 이르러서 가까운 마을의 장정 백여 명을 모아 항오를 나누어 변고를 대비하면서 말하기를,
"최영은 일을 환하게 알지 못하는 사람이니 반드시 능히 나를 뒤쫓지는 못할 것이다. 비록 오더라도 나는 두려워하지 않을 것이다."
7일 동안을 머물다가 일이 안정된 것을 듣고 돌아왔다. 처음에 최영이 영을 내려 정벌에 나간 여러 장수들의 처자를 가두고자 하였으나, 조금 후에 일이 급박하여 과연 시행하지 못하였다.

---

65) **전하**殿下 : 태종太宗. 이방원
66) **경신공주**慶愼公主 : 태조 이성계의 둘째 딸이자 신의왕후 소생이다. 역사서에서는 태조의 적장녀로 기록되어 있고 왕실 족보인 『선원록』에도 장녀로 기록되어 있다. 신덕왕후의 딸인 경순공주는 셋째 딸로 기록되어 있지만, 「이자춘 신도비(1387년)」 및 「정릉 신도비명(1393년)」을 통해 경신공주가 경순공주보다 늦게 태어났음을 알 수 있다. 태어난 해는 알 수 없으나, 1388년 위화도 회군 당시, 고려 조정에서 요동 정벌에 출정한 장수들의 가족들을 인질로 삼으려 하자 오빠인 이방원(태종)이 가족들을 대피시켰는데, 동생 경선공주와 함께 나이가 어렸다고 기록되어 있다.

> **實錄記事** 이성계의 공적을 치하하는 창왕의 교지

창왕이 교지를 내리니, 그 대략은 이러하였다.

"수 문하 시중 이성계는 문무의 계략과 장상의 재간으로서 들어와서는 삼공[67]에 참예하고 나가서는 많은 군사를 거느려서, 기해년에 용병한 이후로 30년 동안 크고 작은 몇 번의 싸움에 이르는 곳마다 반드시 이기었다. 그 전쟁이 큰 것은, 신축년에 관적[68]이 서울을 침범하여 국가가 파천하니, 경이 대상[69]을 도와 능히 흉악한 무리를 죽이고 서울을 수복시켰으며, 호인 나하추가 우리의 동북 변방을 침범하니 여러 장수들이 패하여 달아났다. 적군은 이긴 기세를 이용하여 문득 고주의 경계에 이르니, 경이 갑옷을 거두어서 밤낮으로 행군하여 국경 밖으로 쫓아내었으며, 계묘년에는 서얼 덕흥군[70]이 군사를 일으켜 서쪽 변방에 들어오니, 경이 날랜 기병을 거느리고 가서 그 날랜 기세를 꺾었으며, 정사년에는 왜놈이 해주에 침구하니 여러 재상이 패하여 도망했는데도, 경이 홀로 몸소 사졸들에 앞장서서 이를 쳐서 거의 없앴으며, 경신년에는 왜놈이 진포에서 육지에 내려 양광·경상·전라의 경계를 마음대로 다니면서 군읍을 분탕하고 남자와 여자를 죽이고 노략질하여 3도가 소연하였는데, 원수 배언·박수경 등이 패하여 죽었다. 경은 죽기를 각오하고 삶을 돌보지 않는 계책을 내어 그 휘하를 거느리고 인월역에서 최후까지 싸워 적군을 남김없이 포획하였으니, 백성들이 힘입어 편안하게 되었다. 그 행군할 적엔 행동은 기율을 준수하여 작은 물건도 범하지 아니하매, 백성이 그 위엄을 두려워하고 그 덕을 사모하였으니, 비록 옛날의 명장일지라도 어찌 나을 수 있었겠는가? 경의 위대한 공로가 사람들의 이목耳目에 이같이 빛나는데도 스스로 자랑하지 아니하고 겸연히 물러나니, 나라 사람들이 더욱 깊이 의지하였다."

---

67) **삼공**三公 : 고려 때의 태위太尉·사도司徒·사공司空.

68) **관적**關賊 : 홍건적.

69) **대상**大相 : 최영.

70) **덕흥군**德興君 : 충숙왕의 아우로서 원나라에 있던 사람.

> **實錄記事** 이색이 정조를 하례하고 명과 수교하기 위해 경사에 가면서 이성계의 변란을 방지하려고 아들인 태종(방원)을 서장관으로 데리고 가다

공민왕이 세상을 떠난 후로부터 천자가 매양 집정대신을 부를 때마다 모두 두려워하여 감히 가지 못하였다. 문하시중 이색이 창왕에게 친히 조회하도록 하고, 또 왕관[71]으로 국사를 감독하려고 하여 들어가 조회하기를 자청하니, 창왕이 이색과 첨서밀직 이숭인[72]을 보내어 경사京師에 가서 정조正朝를 하례하고, 또 왕관王官으로 국사國事 감독하기를 청하였다. 이성계가 이색을 칭찬하면서 말하기를,

"이 노인은 의기가 있다."

이색은 이성계의 위엄과 덕망이 날로 성하여, 조정과 민간에서 마음이 그에게 돌아감으로써, 자기가 돌아오기 전에 변고가 있을까 두려워하여 이성계의 아들 하나를 같이 가기를 청

이숭인

하니, 이성계가 전하[73]로써 서장관으로 삼았다. 들어가 조회할 적에 관인 한 사람을 여관에서 만났는데, 그 관인이 이색에게 말하기를,

"너희 나라 최영은 정병 10만 명을 거느렸지만 이성계가 그를 잡은 것이 파리를 잡는 것처럼 쉬웠다. 너희 나라의 백성들은 이성계의 한없는 덕을 무엇으로 갚겠는가?"

경사에 이르니 천자가 평소부터 이색의 명망을 듣고 있었으므로 조용히 말하기를,

"그대가 원나라에 벼슬하여 한림이 되었었으니 응당 중국말을 알 것이다."

이색이 갑자기 중국말로써 대답하기를,

"왕이 친히 조회하기를 청합니다."

---

71) **왕관**王官 : 중국에서 임명한 관원을 말함.

72) **이숭인**李崇仁 : 이숭인은 고려 후기의 문학을 대변하는 문인으로 도학적인 문학관을 가졌으며 대표적 작품에『제승사』,『오호조』등이 있다. 1360년(공민왕 9년) 14세의 나이로 국자감시에 합격하여 이색의 제자로 학문을 배웠다. 21세 때 성균관의 생원이 되면서 이색 문하에서 정몽주, 정도전, 권근 등과 깊이있는 교우관계를 가졌다. 문사로서 국내외에 이름을 떨쳤고, 문재로서 고려의 국익을 위해 기여했으며, 시는 후대에 많은 극찬을 받았다. 또한 이색으로부터 성리학을 전수받아 유교의 학풍을 새롭게 하는 데도 크게 기여했다. 도학적인 문학관을 가진 그는 시의 효용을 교화 위주에 두었으며, 시는 억지로 생각하는 데서 나오는 것이 아니라 무심한 가운데 저절로 이루어진다고 했다. 그의 문학관은 조선의 변계량, 권근에게로 이어졌다.

73) **전하**殿下 : 태종. 이방원

천자가 이해하지 못하여 말하기를,

"무슨 말을 하였느냐?"

예부의 관원이 전하여 이 말을 아뢰었다. 이색이 오랫동안 중국에 들어와 조회하지 않았으므로 말이 자못 어려워 통하지 아니하니, 천자는 웃으면서 말하기를,

"그대의 중국말 하는 것은 꼭 나하추와 같다."

돌아오다가 발해에 이르러 두 객선과 동행했는데, 반양산에 이르러 회오리바람이 크게 일어나서 두 객선은 모두 침몰하였다. 전하가 탄 배도 또한 거의 구원되지 못할 것 같았으므로, 사람들이 모두 놀라고 두려워하여 넘어졌으나, 전하는 신색이 태연자약하여 마침내 보전되어 돌아왔다. 이색이 돌아와서 사람들에게 말하기를,

"지금 이 황제는 마음에 주장이 없는 임금이다. 내 생각에 황제가 반드시 이 일을 물을 것이라 여겼으나, 황제는 묻지 아니하고, 황제의 묻는 것은 모두 내가 생각한 것은 아니었다."

당시의 논의로 기롱하기를,

"대성인의 도량을 속유가 평론할 수 있겠는가?"

實錄記事 사전을 혁파하다

공양왕 원년(1389년) 기사(홍무 22년), 이때 토지제도가 크게 허물어져서 겸병하는 집안에서는 남의 전지를 빼앗아 산과 들을 둘러싸고 있으니, 고통이 날로 심하여 백성들이 서로 원망하였다. 이성계가 대사헌 조준과 더불어 의논하여 사전을 혁파하여 겸병을 막고 백성의 생업을 후하게 하니, 조정과 민간에서 크게 기뻐하고 민심이 더욱 따르게 되었다.

實錄記事 영흥군 왕환에 대한 무망죄로 도망한 이숭인을 용서하여 직무를 보게 하다

처음에 종실 영흥군 환이 왜적에게 사로잡혀 갔다가 수십 년이 지난 후에 돌아오니, 나라 사람들이 자못 그를 의심하는 사람이 있었다. 이숭인이 환의 진위를 변명하다가 무망에 좌죄되어 도망하니, 옥졸이 그 아들 이차약을 두 손을 뒤로 합쳐 묶고는 그 아버지를 찾아내라고 등을 매질하여 피를 흘리게 하였다. 이현을 지나다가 마침 이성계를 만나게 되매, 옥졸이 차약을 길가 집에 숨기니, 차약이 큰소리로 부르짖기를,

"영공! 나를 살려주십시오."

이성계가 놀라서 불러 이를 묻고는 옥졸에게 이르기를,
"어찌 아들에게 책임지워 아버지를 찾게 할 수 있는가?"
곧 명령하여 그를 석방하게 하고, 또 종자 한 사람을 시켜 차약을 집에 돌려보내게 하였다. 이에 시중 이임과 함께 임금에게 아뢰기를,
"왕위에 오른 초기에 마땅히 너그럽고 어진 정사를 베풀어야 될 것이오니, 원컨대, 숭인 등을 용서하십시오. 또 숭인이 서연에 시강하여 오랫동안 임금을 가르쳤으니, 원컨대, 직무를 보게 하소서."
이에 숭인이 나오게 되었다.

實錄記事 창왕이 이성계에게 칼을 차고 신을 신은 채 궁전에 올라오도록 대우하다

창왕이 이성계에게 명하여 칼을 차고 신을 신고 궁전에 올라오도록 하고 찬배[74]하면서 이름을 말하지 않게 하고, 은 50냥, 채단 10필, 말 1필을 내리고, 교지를 내려 권장하여 유시하였다.

實錄記事 이성계를 제거할 모의를 꾀하다가 곽충보의 밀고로 발각된 김저를 처형하다

11월, 김저가 몰래 우왕을 황려부에서 알현하니, 우왕이 울면서 말하기를,
"내가 평소부터 곽충보와 사이가 좋으니, 그대가 가서 계획을 세워 이성계를 제거한다면, 나의 뜻은 성취될 수 있다."
김저가 와서 충보에게 알리니, 충보는 거짓으로 응락하고는 달려와서 이성계에게 알렸다. 김저와 정득후를 체포하려 하니, 득후가 김저와 같이 모의하고 밤에 이성계의 저택으로 잠입하다가 문객에게 잡히게 되자, 스스로 목을 찔러 죽었다. 김저를 순군옥[75]에 가두니 공사[76]가 변안열 등에게 관련되었다. 대간이 안열을 목 베기를 청하므로, 이성계가 극력 구원하였으나 창왕은 듣지 아니하였다.

---

74) **찬배**贊拜 : 신하가 조현朝見할 적에, 예식을 돕는 사람이 행례의 절차를 말하는 것.

75) **순군옥**巡軍獄 : 고려 때 포도捕盜와 금란禁亂을 맡아 보던 순군만호부의 감옥.

76) **공사**供辭 : 죄인의 범죄 사실을 진술하는 말.

實錄記事 우왕과 창왕을 폐위하고 공양왕을 세우다

처음에 청친조사 윤승순 등이 경사로부터 돌아왔는데, 예부에서 황제의 조칙을 받들어 도평의사사[77]에 자문을 보내니, 이성異姓으로써 왕씨의 후사로 삼았음을 책망하고 친조를 허락하지 않았다. 이때에 이르러 이성계는 판삼사사 심덕부·찬성사 지용기·정몽주·정당 문학 설장수·평리 성석린·지문하부사 조준·판자덕부사 박위·밀직부사 정도전 등과 흥국사에 모여 병위를 크게 벌여 두고 의논하기를,

"우와 창은 본디 왕씨가 아니므로 봉사하게 할 수가 없는데, 또 천자의 명령까지 있으니, 마땅히 거짓 임금을 폐하고 참임금을 새로 세워야 될 것이다. 정창군 요는 신왕[78]의 7대 손자로서 족속이 가장 가까우니, 마땅히 세워야 될 것이다."

공민왕의 정비궁에 나아가서 정비의 말씀을 받들어 우왕은 강릉에 옮겨 두고, 창왕은 강화에 내쫓아 폐하여 서인으로 삼고, 요를 맞아서 왕으로 세우니, 이분이 공양왕이다.

實錄記事 황소들의 싸움을 아무도 말리지 못했으나 이성계가 소를 두 손으로 잡고 말리다

이성계가 함주에 있을 때 큰 소가 서로 싸우는데, 여러 사람들이 이를 말렸으나 되지 않으므로, 혹은 옷을 벗고 혹은 불을 태워서 소에게 던졌으나, 그래도 저지되지 않는지라, 이성계가 두 손으로 나누어 잡으니, 소가 능히 싸우지 못하였다.

實錄記事 이성계가 안변의 학포교에서 죽을 말을 구하다

이성계가 통천의 총석정에 가서 구경하고 안변의 학포교에 이르러 마침 잠을 자다가 말이 넘어져서 땅에 떨어졌는데, 이성계가 즉시 말에서 내려서서 두 손으로 말의 귀와 갈기를 잡으니, 말이 공중에 매달렸으나 마침내 놓지 아니하고, 사람을 시켜 자기의 찼던 칼을 빼어 말안장을 끊어 버린 후에 이를 놓아주니, 말이 물속에 침몰했다가 다시 떠서 헤엄쳐 나왔다.

---

77) **도평의사사**都評議使司 : 고려 때의 관청. 1279년(충렬왕 5년)에 초기의 도병마사를 개칭한 것으로서, 국가의 중대한 일이 있으면 이곳에 소속된 관원 중 3품관 이상이 한자리에 모여 의논해서 처리하였음.

78) **신왕**神王 : 신종神宗.

實錄記事 우왕을 죽이다

12월, 사재 부령 윤회종이 소를 올려 우왕과 창왕을 목 베기를 청하므로, 공양왕이 여러 재상들에게 일일이 물으니, 모두 잠잠히 있었다. 이성계가 홀로 말하기를,
"이 일은 쉽사리 처리할 수 없습니다. 이미 강릉에 안치한 일로써 조정[79]에 아뢰었으니 중간에 변경할 수는 없습니다. 또 신 등이 있는데 우禑가 비록 난을 일으키고자 하나 무엇이 걱정되겠습니까?"
공양왕이 말하기를,
"우가 죄 없는 사람을 많이 죽였으니, 제 자신에 죽음이 미친 것이 마땅하다."
하면서 마침내 이를 목 베었다.

實錄記事 이성계의 공적을 기리는 공양왕의 교지

공양왕이 교지를 내렸는데, 그 대략은 이러하였다.
"공민왕이 불행히도 아들이 없이 세상을 떠나자, 이인임이 정권을 마음대로 하고자 하여 거짓으로 신우로서 왕씨라 일컬어 임금으로 삼았는데, 우가 완흉하고 광패하여 장차 요양[80]을 침범하고자 하므로, 시중 이성계 등이 사직의 큰 계책으로써 군사들을 타일러 회군하고, 의논하여 왕씨를 왕으로 세우려고 하니, 조민수가 인임의 당임으로써 여러 사람들의 의논을 저지시키고 우의 아들 창을 세웠으니, 왕씨의 제사가 끊어진 지가 16년이나 되었다. 이성계가 충의를 분발하여 이에 심덕부·정몽주 등과 함께 계책을 결정하여 위로는 천자의 밝은 명령을 받들고, 종친·기로·문무의 신료와 함께 모의하여 공민왕의 정비의 명령을 받들어 우·창 부자를 폐하고, 내가 왕씨에게 가장 가까운 친족임으로써 조종의 왕통을 계승하게 하니, 내가 덕이 적은 사람이므로 책임을 감내하지 못한다. 이성계는 명분을 바로잡고 다시 나라를 일으켜 왕실을 재건했으니, 그 공은 실로 이성계의 개국 공신의 아래에 있지 아니하다. 황하가 띠와 같이 좁아지고 태산이 숫돌과 같이 작게 되도록 공을 잊기 어려우니, 벽상에 얼굴을 그리고, 부모와 처에게 작을 봉하고, 자손은 음직을 주고, 유사는 10대까지 미치게 하라."

---

[79] **조정**朝廷 : 중국.
[80] **요양**遼陽 : 요동遼東.

제1대 태조 이성계

> **實錄記事** 공신의 녹권을 내리고, 이성계를 개국 공신 배현경의 예로 중흥 공신에 책록하다

공양왕이 효사관[81]에 고하고 9공신에게 녹권[82]을 내렸는데, 이성계로써 분충 정난 광복 섭리 좌명 공신으로 삼고, 작은 화령군 개국 충의백, 식읍[83]은 1천 호, 식실봉[84]은 3백 호, 전 2백 결, 노비 20구를 내렸다. 그 녹권은 개국 공신 배현경[85]의 예에 의거하여 중흥 공신이라 일컫고, 부모와 처는 작을 봉하고, 자손은 음직을 주고, 직계 아들은 3등^等을 뛰어올려 임관하고, 직계 아들이 없으면 생질과 여서^{女壻}에게 2등을 뛰어올려 임관하고, 자손의 『정안』[86]에는 모두 중흥 공신 아무의 몇대 손자라 일컫고, 유사는 영구한 세대에 까지 미치게 하고, 구사[87]는 7명, 진배파령은 10명을 주고, 처음 입사함을 허가하였다.

배현경

> **實錄記事** 이성계의 공적을 치하하는 교서

4월, 공양왕이 중사[88]를 보내어 문병하고 억지로 일어나게 하였다. 교서를 공신에게 내려 그 공로를 칭찬하고 내구마 1필, 백금 50냥, 비단과 명주 각 5단, 금대 한 개를 내리고 이내 내전에서 위로하는 연회를 개최하였다. 이성계에게 내린 교서에 이르기를,

---

81) **효사관**孝思觀 : 고려 역대 왕의 제사를 모시는 제각.

82) **녹권**錄券 : 공신의 이름을 기록한 문서.

83) **식읍**食邑 : 국가에서 특히 공신에게 내려서 거두어 들이는 조세를 받아 쓰게 한 고을.

84) **식실봉**食實封 : 그 조세의 전부를 수봉受封한 집의 수입으로 하는 것.

85) **배현경**裵玄慶 : 경주 배씨의 중시조이다. 배씨는 삼국사기 신라 건국기사에 의하면 본래 고조선 유민으로 고조선이 한나라에 멸망한 이후 경주 지역으로 남하해서 신라를 건국한 6촌 중 금산 가리촌金山加利村의 촌장 배지타의 후손이다. 그러나 신라시대 배씨의 계보는 기록 실전으로 상고할 수 없어 고려 개국공신인 배현경을 중시조로 삼아서 계보를 잇고 있다. 모든 관향이 배현경의 후손을 자처하고 족보도 통합해서 간행하고 있어 실질적인 모든 배씨의 시조이다.

86) 『**정안**政案』: 이조와 병조에서 각기 문관·무관의 그 출신한 연월의 차례와 벼슬자리의 일이 힘들고 편한 것을 가른 것과, 재직하였을 때에 잘하고 못한 것을 표한 것과, 그 자리에 대하여 재주가 있고 없는 것을 갖추어 기록하여 전주銓注의 참고로 하던 책.

87) **구사**丘史 : 노비.

88) **중사**中使 : 궁중에서 왕명을 전하는 내시.

"아아! 비상한 변고를 제거하는 것은 반드시 세상에서 뛰어난 인재를 기다리게 되며, 만세의 공을 세우는 사람은 반드시 한이 없는 보수를 받게 마련이다. 옛날에 우리 태사[89]는 이성계를 보좌하여 비로소 삼한을 통일하여 대실[90]에 함께 배향되어 지금에 이르렀는데, 거의 5백 년이 되었다. 지난번에 이인임이 몰래 현릉[91]에게 영전의 역사를 인도하여 상상자리를 차지하고는, 임금에게 원망을 돌아가게 하여 마침내 갑인년의 변고[92]를 초래하여 사자가 없게 하였다. 인임은 이에 '여불위가' 진나라를 도적질한 계책[93]을 써서, 현릉조의 요망스런 중 신돈의 소생인 우로써 거짓으로 현릉의 궁인이 낳은 아이라고 일컫고 이를 왕으로 세우니, 현릉의 모후가 불가하다고 했으며, 재상 이수산의 종친을 세우기를 청했으나 인임이 따르지 않으니, 나라 사람들이 실망했으며, 누른 안개가 사방에 차 있어 햇볕이 나타나지 않았다. 우가 상사를 주관하여 현릉을 장사할 적엔 무지개가 태양을 둘러쌌으며, 증제[94]를 주관할 적엔 올빼미가 대실에서 울고 번개가 치고 땅이 진동했으며, 그가 현릉의 아버지인 의릉[95]의 기일에 재계할 적엔 큰 바람이 불고 비가 오며, 천둥과 번개하며 우박이 내렸으며, 그가 작을 물려받을 적엔 바람이 조묘[96]와 침원[97]의 소나무와 잣나무를 뽑고, 대실의 망새가 부러지고, 묘문이 넘어지고, 어름御廩에 화재가 났으니, 이것은 조종의 혼령이 위엄을 보여 우를 끊으려고 한 것이다. 우의 어미 반야를 죽여 증언할 사람을 없애었는데 사평의 새 문이 저절로 무너졌으며, 죽은 후에 살이 썩어 없어진 뼈를 장사하여 우의 어미라 하였는데, 널을 안치한 장막이 하루 동안에 두 번이나 화재가 났으니, 이것은 하늘이 만세에 우가

---

89) **태사**太師 : 배현경.
90) **대실**大室 : 태묘의 제실.
91) **현릉**玄陵 : 공민왕.
92) **갑인년의 변고** : 환자宦者 최만생 등이 공민왕을 시해한 것을 말함.
93) **'여불위**呂不韋**가' 진**秦**나라를 도적질 계책** : 여불위呂不韋가 잉태한 자기의 첩을 진왕에게 드려, 시황제를 낳게 하였는데, 진왕은 그것을 모르고 시황제에게 왕위를 계승시켰으므로, 여씨가 영씨嬴氏:진왕의 성의 나라를 빼앗았다는 고사.
94) **증제**烝祭 : 겨울 제사.
95) **의릉**毅陵 : 충숙왕.
96) **조묘**祧廟 : 원조遠祖를 합사하는 사당.
97) **침원**寢園 : 임금의 묘.

반야의 아들임을 보이는 것이다.

우가 왕위에 오른 지 2년이 되었는데도 그 어미의 명씨가 정해지지 않으니, 재상 김속명이 말하기를, '세상에 그 아비를 분변하지 못한 사람은 혹 있을 수 있지마는, 그 어미를 분변하지 못한 사람은 나는 듣지 못하였다.'하여 거의 죽음을 당할 뻔하였으나, 현릉의 모후가 힘써 구원하여 죽지 않게 되었다. 김유가 우는 왕씨가 아님을 황제에게 말하다가 도리어 죽음을 당했으므로, 나라 사람들이 마음이 선뜩하여 입을 다물고 있었다. 우의 아내는 인임의 질녀인데 창을 낳았으니, 이에 왕씨의 흥복될 희망은 끊어졌다. 인임이 국정을 마음대로 처리하여 백성들에게 해독을 끼친 것이 15년이나 되었는데, 우가 또한 광패하여 요동을 공격하기를 꾀하여 삼한의 백만 백성들을 징발하여 다 죽이려고 하였는데, 경과 부관 조민수가 행군이 압록강을 지날 때, 경이 여러 장수들에게 사직의 존망이 매여 있다는 계책으로써 깨우쳐 군사를 돌이켰으니, 이것은 경이 우리 백성들의 이미 죽은 것을 다시 살게 한 것이오. 사직이 망하지 않은 것은 다만 경에게 힘입었소. 경의 용맹은 삼군에 으뜸가고 직위는 양부[98]에 높았으며, 공명은 세상에서 뛰어났으나 자랑하지 않았소. 『강목』[99]과 『연의』[100]를 읽기를 좋아하여 유후[101]·강후[102]·무후[103]·양공[104]의 충성에 감동한 까닭으로, 군사를 돌이켰던 그 즈음에 흥복을 의논하니, 민수도 또한 그렇게 여기었소. 그러나, 이미 돌아와서는 그 친척 인임과 이임에게 가담하여 경의 의논은 저지시키고 창을 왕으로 세우고, 자신이 총재[105]가 되었으니, 왕씨를 흥복시키는 일이 한 번의 큰 기회를 잃게 되었소. 경은 속으로 견디고 참아 관직에 종사하면서 공의로써 민수를 개유하고, 이에 대간의 인선을 철저히 하여 기강을 진작시켰소. 이에 헌사에서 민수를 탐욕이 많아 법을 남용했다고 탄핵하여 쳐서 제거하였소.

경은 밤에 생각한 일이 있으면 앉아서 아침이 되기를 기다리고, 현인을 구하기를

---

98) **양부**兩府 : 문하부와 추밀부의 합칭.

99) 『**강목**綱目』: 『통감강목通鑑綱目』.

100) 『**연의**衍義』: 『대학연의大學衍義』.

101) **유후**留侯 : 장양張良.

102) **강후**絳侯 : 주발周勃.

103) **무후**武侯 : 제갈양諸葛亮.

104) **양공**梁公 : 적인걸狄仁傑.

105) **총재**冢宰 : 재상.

목마름과 같이 하며, 악을 미워하기를 원수처럼 하여, 모든 백성들의 조그만 이익도 반드시 일으키고자 하고, 조그만 해로움도 반드시 제거하고자 하며, 언로를 열어 민을 통하게 하고, 일민[106]을 천거하여 공도를 널리 폈소. 지난번의 뇌물로 분경[107]하는 기풍과 금전으로 관직과 옥사를 거래하는 습관이 하루아침에 변하여, 초야에는 천거되지 않은 현인이 없고, 조정에는 요행으로 차지한 직위가 없으며, 사자를 보내어 지휘권을 주고, 주군을 순시하여 출척을 행하매, 번진[108]이 감히 구적을 내버려두지 못하고, 목수가 감히 백성을 해하지 못하며, 여러 소인의 사설을 배척하여 사전을 여러 도에서 개혁함으로써 백성들을 도탄 속에서 구제하여, 넉넉하고 오래 살 수 있는 지경으로 올려 놓았소. 규전[109]·채전[110]의 법을 채용하여 서울에 벼슬하는 사람에게 전지를 공급함으로써 군자를 우대하고 수위를 엄하게 하니, 관작을 주되 사정이 아니고, 형벌을 쓰되 노한 것이 아니오, 경의 성심은 광명정대하고 청천백일처럼 명백하여 우부 우부愚夫愚婦도 다 함께 보는 바이니, 그 경영해 하는 일이 왕씨를 흥복시키는 터전이 아닌 것이 없었소.

기사년 겨울에 창이 보낸 청조사 윤승순이, 예부에서 황제의 조칙을 받들어 우리나라에 자문으로 보낸 것을 가지고 왔는데, 그 자문에, '고려의 왕위는 자손이 끊어져서 이성으로써 왕씨로 꾸몄으니 삼한을 대대로 지킬 좋은 계책은 아니다. 과연 현명하고 지혜로운 배신이 관위에 있어 군신의 본분을 지킨다면, 비록 수십 대나 조회하지 않더라도 또한 무엇이 걱정되겠으며, 해마다 와서 조회하더라도 또한 무엇이 싫겠는가? 동자[111]는 경사에 올 필요가 없다.'고 하였으니, 이것은 성천자께서 현릉이 천하가 아직 평정되지 못한 시기에 남보다 앞서 신하라 일컬어, 천하 사람들에게 천명天命이 돌아가는 곳이 있음을 알게 하여, 천운을 도와주는데 큰 공이 있음을 염두에 둔 것이다. 그러므로 그 제사가 끊어진 것을 민망히 여겨 왕씨의 신자에게 다시 일어나기를 바라는 것이 간절하기 때문이었소. 창의 외조부인 이임

---

106) **일민**逸民 : 학문과 덕행이 있으면서도 세상에 나서지 않고 파묻혀 지내는 사람.
107) **분경**奔競 : 서로 시끄럽게 다툼. 엽관 운동獵官運動.
108) **번진**藩鎭 : 중국 당나라 때의 절도사를 이름인데, 우리나라에서는 지방의 도절제사를 이른 것임.
109) **규전**圭田 : 경대부에게 녹 이외에 별도로 주어 그 수확으로 제사를 지내게 하는 전지.
110) **채전**采田 : 식읍食邑.
111) **동자**童子 : 어린 임금.

이 총재로서 황제의 조칙을 숨기고 발표하지 아니하여, 흉악한 꾀가 헤아릴 수가 없었으니, 신씨의 변고는 아침이 아니면 곧 저녁에 발생하게 되었소. 왕씨는 이미 솥 안의 물고기처럼 되어 존망이 호흡에 달려 있었는데, 경이 만번 죽을 고비를 돌아보지 아니하고 몸소 대의를 잡아 지켜, 우리 왕씨를 위하여 만세의 계책을 정하니, 덕부·몽주·용기·장수·석린·조준·박위·도전 8명의 장수가 서로 따라 도와서 11월 15일에 천자의 조칙을 현릉의 정비의 뜰에 선포하고, 나를 종저에서 맞이하여 현릉의 후사로 삼아, 한 사람도 처형하지 않고 새벽에서 조반 때가 되기 전에 16년 동안 왕노릇을 한 신씨를 제거하였소. 그 인친과 지당들이 온 나라에 뿌리가 서려 얽혔으나, 많은 사람들이 빙 둘러보는 간담이 떨어져 면모를 고치고 향순하면서 감히 움직이지 못하므로, 사람들이 얼굴빛이 변하지 않았으며, 햇빛은 봄과 같았소. 위로는 31대를 서로 계승하던 차례를 잇게 되고, 아래로는 천만억 대의 한이 없는 경사를 열어 놓았으니, 경의 홍복한 공은 강후[112]와 오왕[113]에게 비길 바가 아니오.

경은 대대로 충의를 쌓아 왕실에 마음을 다했는데, 덕이 후하매 유광이 경의 몸에 나타났으며, 문식과 무략을 다 갖추었으니 왕좌의 재주요, 나라만 위하고 집은 잊었으니 사직의 신하요, 천지와 조종께서 도타이 낳았으니 삼한의 안위에 주의한 것이고 현릉에게 지우되어 홍건적을 섬멸하여 양경[114]을 수복하고, 요망스런 중[115]을 몰아내어 왕씨를 편안하게 하고, 납씨[116]를 달아나게 하여 사막에 위엄을 떨쳤고, 왜구를 패퇴시켜 서해를 보전하고, 인월에서 공격하여 부상[117]을 겁내게 했는데, 경은 현릉의 지우에 감격하고 종묘의 절사를 슬퍼하여 해가 지는 곳에서 해를 붙잡기를 맹세하였으니, 지극한 정성은 천지에 통하고, 지극한 충성은 조종에 통하였소. 지극히 공평하고 지극히 정대함은 삼한의 마음을 감복시켰고, 지극히 인애하고 지극히 은혜로움은 만백성의 환심을 맺게 하였소. 하늘은 대순[118]

---

112) **강후**絳後 : 주발周勃.

113) **오왕**五王 : 당나라 때 무씨武氏 세력을 제거하고 중종을 반정시킨 장간지·경휘·환언범·원서기·최현휘 등 5인을 왕으로 책봉하였는데, 이들을 말함.

114) **양경**兩京 : 평양·개경.

115) **중**僧 : 신돈.

116) **납씨**納氏 : 나하추.

117) **부상**扶桑 : 일본.

을 돕고 사람은 대신[119]을 돕는 까닭에, 홍복이 이같이 쉬웠던 것이오. 경은 이에 현릉의 지우를 진실로 깊게 되었소. 옛날에 주공이 국가에 훈공이 있었으므로, 그로 하여금 동방에 제후로 삼았으니, 내가 경의 충성을 가상히 여겨 모토를 나누어 대대로 봉후하게 하고, 모습을 그리고 공을 새기며, 자손에게 무궁한 세대까지 유사하게 하오. 내가 원자를 거느리고 이 일을 종묘에 고하오. 아아! 경이 우리의 억조 백성을 살리고 우리의 종사를 계승하여 우리 삼한을 다시 건국하게 한 공로는, 변변치 못한 포상으로써 어찌 그 만분의 일이라도 보답하겠는가? 경이 중흥의 원신이 되어 명망은 배 태사(褒太師)[120]와 같으나, 임무는 상나라 아형(阿衡)[121]보다 무겁도다! 경륜을 세우고 강기를 베풀어 만세의 법칙으로 삼고, 준수한 인재를 좌우로 구하여 우리 조정을 거듭 나게 함으로써, 덕이 적은 나를 보필하고, 우리의 사직을 보전하게 하니, 하늘과 더불어 다함이 없이 만년 동안에 조상의 제사와 함께 제향하게 된다면, 나의 덕이 적은 사람도 함께 빛이 있겠소! 경의 자손도 경의 충량(忠良)을 본받아 영세토록 잊지 않고서, 나의 후사왕을 보필하여 나라와 더불어 함께 경사를 누린다면 좋지 않겠는가?"

또 군사를 돌이킨 공을 기록하여 교지(敎旨)를 내려 포장하고 전지 1백 결을 내려 주었다.

> **實錄記事** 윤이·이초가 공양왕의 즉위에 대해 명나라에 무고하여 옥사가 일어나다

5월, 순안군 왕방과 동지밀직사사 조반이 경사에서 돌아와 말하기를,
"예부에서 신 등에게 이르되, '그대 나라 사람으로서 파평군 윤이와 중랑장 이초란 사람이 와서 황제에게 호소해 말하되,「고려의 이 시중(李侍中)[122]이 왕요를 세워 임금으로 삼았는데, 요는 종실이 아니고 곧 이 시중의 인친입니다. 요는 이성계와 더불어 모의하여 병마를 움직여 장차 상국을 범하려고 하므로, 재상 이색 등이 옳지 못하다고 하니, 곧 이색·조민수·이임·변안열·권중화·장하·이숭인·권근·이종학·이귀생을 잡아서 살해하려 하고, 우현보·우인열·정지·김종연·윤유린·홍인계·진을서·

---

118) **대순**大順 : 지극한 순리란 말.
119) **대신**大信 : 지극한 신의란 말.
120) **배 태사**裵太師 : 배현경.
121) **아형**阿衡 : 이윤(伊尹).
122) **이 시중**李侍中 : 이성계.

경보·이인민 등은 잡아서 먼 곳으로 귀양보냈는데, 그 내쫓긴 재상 등이 몰래 우리들을 보내어 천자에게 고하고, 이내 친왕에게 청하여 천하의 군사를 움직여 와서 정토하게 하시오.」한다.'하면서, 이에 윤이와 이초가 기록한 이색·조민수 등의 성명을 내어 보이므로, 조반이 윤이와 대변하기를, '본국[123]이 대국을 지성으로 섬기는데 어찌 이런 일이 있겠습니까?' 하고, 이내 윤이에게 묻기를, '그대는 벼슬이 봉군에 이르렀으니 자못 나를 알 것인데?' 하니, 윤이는 깜짝 놀라면서 얼굴빛이 변하였습니다."

이에 우현보·권중화·경보·장하·홍인계·윤유린과 최공철 등을 순군옥에 내려 가두고, 이색·이임·우인열·이인민·정지·이숭인·권근·이종학·이귀생 등은 청주의 감옥에 가두고 이를 국문하게 하였다.

實錄記事 청주에 수재가 나자, 윤이 사건과 연루된 죄인의 방면을 논의하다

6월, 공양왕이 청주의 수재로써 이성계와 심덕부를 불러 죄수를 놓아주기를 의논하여, 이조 판서 조온을 청주에 보내고 교지를 내렸는데, 그 대략은 이러하였다.

"윤이 등의 말한 바와 같이 그 교령의 사람이 죄가 반역에 관계되어 추문하여 죄상을 밝혀야 될 사람은 이에 유사에 명하여 구문하니, 윤이의 친족 윤유린은 제가 그 죄를 알고 먹지 않고 죽었으며, 공모한 최공철은 죄에 자복하였으며, 김종연은 도피 중에 있으며, 그 나머지 사람들은 정상이 명백하진 않으니 다만 매질하여 묻기를 더한다면 아마 괘오에 빠질 염려가 있으니, 위의 사람들을 이미 공초에 자백한 사람을 제외하고는 마땅히 각처에 안치하게 하라."

實錄記事 이성계가 윤이 이초 사건으로 사직하다. 이성계를 죽이려는 사건과 연루된 심덕부 등을 논죄하다

11월, 이성계가 윤이·이초의 옥사로써 글을 올려 사직하니, 이성계로서 영삼사사로 삼았다. 김종연이 서경에 이르러 천호 윤귀택과 심덕부[124]의 휘하인 선공 판관 조유

---

123) **본국**本國 : 고려.

124) **심덕부**沈德符 : 고려말 위화도회군과 조선 개국에 참여한 개국공신이다. 조선의 한양 천도에 관련하여 한양 건설에 주도적 역할을 했다. 1388년 요동정벌출 출정했다가 위화도회군에 참여했다. 이성계, 정몽주, 정도전 등과 함께 창왕을 폐하고 공양왕을 옹립하는 데 주도적 역할을

와 공모하여 이성계를 살해하고자 하니, 귀택이 모계가 누설될까 두려워하여 몰래 이성계에게 나아가 변고를 고발하기를,

"종연이 심시중[125]·지용기 등과 함께 모반할 계획이 있습니다."

조유도 또 말하기를,

"심시중이 진무 조언과 조유 등으로 하여금 장차 군사를 일으키려고 하니, 이것은 반드시 공에게 이롭지 못할 것입니다."

이성계가 그 말을 비밀히 덕부에게 알리니, 덕부가 조유를 옥에 내려 가두었다. 이성계가 아뢰기를,

"신은 덕부와 더불어 마음을 같이하여 나라를 받들므로 본디부터 시기하고 의심하는 마음이 없사오니, 청하옵건대, 조유를 신문하지 마시고 우리 두 신하로 하여금 종시 보전하게 하소서."

공양왕이 장차 이를 석방하려고 하니 헌부에서 소를 올려 국문하기를 청하므로, 조유는 이에 복죄하여 교형에 처하고, 덕부·용기·조언 등은 모두 외방으로 귀양보냈다. 공양왕이 헌부의 청으로 인하여 여러 원수들의 인장을 모두 회수하였다.

12월, 다시 이성계로써 문하 시중 도총 중외 제군사로 삼으니, 이성계가 전문을 올려 사양하였다.

"다만 덕을 헤아려 직위를 주는 것은 이것이 임금의 밝음이 되고, 총행으로써 공을 차지하지 않는 것은 신하의 의리에 합합니다. 만약 영화를 탐내어 함부로 나아가면 혹은 재화를 맞이하고 원망을 초래합니다. 이로써 소공[126]은 권세가 극성하면 있기 어려움을 근심했으며, 채택[127]은 공이 이루어진 사람은 떠나야 한다고 하였

했다. 1390년 무고를 받아 파직당하고 귀양갔다. 1391년(공양왕 3년) 다시 시중으로 임명되었고, 세자를 따라 베이징에 다녀와 안사공신의 칭호를 받았다. 1392년 조선개국에 참여해 회군공신 1등에 추록되고 청성백에 봉해졌다. 1394년 새 도읍 궁궐조성도감의 판사가 되어 한양 건설에 주도적인 역할을 했다. 그 뒤 판문하부사, 영삼사사를 거쳐 1399년(정종 1년) 좌의정이 되고, 다음해 벼슬에서 물러났다. 심덕부에게는 일곱 명의 아들이 있었다. 다섯째 아들인 심온은 세종의 국구가 되었으며, 여섯째 아들인 심종은 태조의 부마가 되었다. 왕실과의 혼인을 통하여 거족巨族으로 성장하는 기틀이 이로써 이루어졌다. 처음의 시호는 공정이며, 나중에 정안으로 고쳤다.

125) **심시중**沈侍中 : 심덕부.

126) **소공**召公 : 주나라의 정치가.

127) **채택**蔡澤 : 중국 전국 시대 연나라 사람.

습니다. 하물며 우리 조종에서 시중의 임무는 실로 주나라의 총재의 벼슬이니 나라를 균등하게 함도 이미 어려운 일인데, 음양을 조화시킴도 쉬운 일이 아닙니다. 삼가 생각하옵건대, 신은 국량이 좁고 얕으며 학술은 소략하고 거칠은데, 가성[128] 이 해독을 퍼뜨리던 시기를 당하여, 군사를 일으켜 중국을 침범하는 일이 있어 신神과 사람이 함께 통분히 여기고 종묘와 사직이 거의 기울어지게 되었습니다. 이에 여러 장수들과 함께 군사를 돌이켜 삼가 천자의 명령을 받들었으니, 참위[129]의 종자들은 저절로 멸망에 이르고, 정통의 전승은 능히 홍복을 이루었습니다. 이것은 곧 조종께서 몰래 도와주심이요, 진실로 신臣의 힘으로 된 것은 아닙니다. 특별히 작읍을 주신 은혜를 입어 이내 중외의 국사를 통솔하니, 덕에 의하여 잘 다스려진 정치에 도움이 없으므로, 소임을 감당하지 못하여 일을 실패시킨 근심을 항상 품고 있습니다. 금년 봄에 윤이와 이초가 도망해 중국으로 들어가서, 가만히 천자天子를 업신여기고 친왕에게 청하여 천하의 군사를 움직여 사직을 옮기고자 하니, 김종연이 그 주모자가 되어 스스로 미혹하여 도망하였습니다. 이것은 왕실의 안위에 매여 있으며, 신臣 자신의 이해에는 관계되지 않습니다. 이에 사람들이 숨은 것을 고의로 놓아주매, 다만 반역할 것을 몰래 서로 모의하니, 다만 신의 총리가 시켜 그렇게 한 것이지만, 생각이 이에 이르매 조심하고 황공하여 그침이 없습니다. 요사이 우의정에 사면하게 되매 사사로이 마음속에 다행하게 여겼는데, 지금 또 신을 시중에 임명하여 명령이 위에서 내려오니 몸둘 곳이 없습니다. 하물며 지금 국가가 재건되어 문물이 다시 일어나니, 스스로 큰 인재가 아니면 어찌 국정을 보좌하겠으며, 무거운 덕망이 없으면 어찌 능히 인심을 진압 복종시키겠습니까? 삼가 원하옵건대, 신의 지극한 정성을 살피시와 신의 중한 책임을 벗겨 주신다면, 신은 마땅히 어진 사람에게 길을 피하여, 관직을 비워두었다는 비난을 끼침이 없을 것이며, 집에서 노년을 보내면서 제사지내 복을 비는 정성을 바치겠습니다."
왕은 윤허하지 아니하고 비답하였다.
"난리를 평정하여 질서 있는 세상으로 회복함은 실로 세상에서 뛰어난 인재가 되고, 도를 논하여 나라를 다스림은 반드시 하늘을 대신하는 정승을 기다리게 된다. 그런 까닭에, 그 몸의 거취는 나라의 안위에 관계된다. 경은, 뜻은 풍상에 격려되

---

128) **가성**假姓 : 신씨辛氏.

129) **참위**僭僞 : 신우辛禑·신창辛昌을 말함.

고 기운은 삼광[130] 오악[131]에 타고났소. 예로부터 공이 왕실에 있었으며, 지금에 이르러 덕이 백성들에게 입혀졌소. 납씨[132]를 북방 모퉁이에서 쫓아내고 왜구를 사방의 국경에서 섬멸하였소. 선왕이 세상을 떠나신 이후로부터 위성이 그 사이에 거짓으로 왕위를 도둑질하여 사냥에 빠지고 주색을 즐기며, 살육을 마음대로 행하여 완악하고 흉악한 짓을 크게 행하여, 군사를 일으켜 장차 중국을 범하려고 하는데, 경이 역리와 순리를 밝게 알고 대의를 주창하여 돌아와서, 종친과 여러 신민들과 모의하여 마침내 위성을 폐출시키고 과인을 추대하여, 나라의 터전이 거의 위태했는데도 다시 편안하게 하고, 종사가 이미 끊어졌는데도 다시 이어지게 하니, 공을 비교하고 덕을 헤아려보매, 옛날에 빛나고 지금도 빛나서, 마땅히 우리 집에 길이 보좌하고 영광을 후사에게 전해야 될 것인데, 어찌 여러 소인들이 몰래 간사한 계획을 꾸밀줄을 기약했으랴. 이것은 실로 나에게 있고 경의 이유는 아니니, 자기를 책망하는 데 깊이 뜻을 두고서 장차 그 형벌을 바로잡으려고 하는데, 경이 갑자기 전장[133]을 바쳐 직임을 면하려고 하니, 경은 비록 생각하기를 상심했지마는, 나의 소망은 그렇지 아니하오. 원수[134]와 고굉[135]이 이미 일체처럼 되었으니, 황하가 띠와 같이 좁아지고 태산이 숫돌과 같이 작게 되더라도 감히 내 마음에서 잊겠는가? 번거롭게 굳이 사양하지 말고 속히 그대의 직책에 나아가기를 바라오."

공양왕 3년(1391년) 신미 정월, 오군을 줄여 삼군으로 삼고, 도총제부로써 중외의 군사를 통솔하게 하고, 이성계로써 도총제사로 삼았다.

> 實錄記事 **사직을 청하는 이성계의 전문과 윤허치 않는 비답이 오가다**

3월, 이성계가 전문을 올려 사직하고자 하였다.
"신臣은 용렬한 사람으로서 특별히 별다르게 대우하는 은혜를 입어 직위는 항상 장

---

130) **삼광**三光 : 일日·월月·성星.
131) **오악**五嶽 : 동악東嶽 태산泰山·서악西嶽 화산華山·남악南嶽 형산衡山·북악北嶽 항산恒山·중악中嶽 숭산崇山을 말함.
132) **납씨**納氏 : 나하추納哈出.
133) **전장**箋章 : 전문箋文.
134) **원수**元首 : 임금.
135) **고굉**股肱 : 신하.

상에 이르렀으나 오히려 털끝만한 도움도 없으니, 마땅히 현인을 등용하는 길을 피하여 임금의 밝은 정치를 열어야 될 것입니다. 그렇기 때문에 얕은 정성을 다하여 다시 천총을 모독하였으나 매양 윤허를 받지 못하니, 조심하고 두려워함이 더욱 심합니다. 가만히 생각하옵건대, 나라는 크고 작은 것이 있고 일은 옛날과 지금이 다르지만, 그 임금과 신하의 서로 만나기가 어려운 점은 다르지 않습니다. 한漢나라의 고조는 창업한 군주로서 사람을 알아서 잘 임용하였지마는, 공신을 대우하는 데 이르러서는 식견이 있는 사람은 그 결점에 불만이 있었으며, 광무제는 중흥한 군주로서 호걸을 망라하여 한왕조를 광복하고, 또 공신을 잘 대우하여 그 종말을 보전하였으니, 뒷세상 사람들이 모두 그 잘함을 칭찬하였습니다. 그 공신은 한신과 주발도 마침내 장양의 '그 종말을' 보전한 것만 같지 못하고, 구순136)과 등우137)도 오히려 엄자릉138)의 고절에는 미치지 못하였으니, 신이 비록 배우지 못했지마는 장양과 엄자릉을 본받기를 원합니다. 삼가 생각하옵건대, 전하께서는 광무제와 같이 하기를 원합니다.

신이 병신년 6월에 선부인 신 이자춘을 모시고 현릉에게서 명령을 받아 쌍성을 평정하고 옛 강토를 수복하고는, 남은 힘을 빙자하여 땅을 넓혀 청주까지 이르러 번진으로 삼고 동쪽을 돌아다볼 근심이 없게 하였으니, 현릉께서 그 공을 가상히 여겨 신의 아버지를 영록 대부 판장작감사로 삼고 그대로 삭방도 만호로 삼았으며, 또 신을 차례를 밟지 않고 발탁 승진시켜 나이 30이 되기 전에 직위가 재보에 이르렀지마는, 아무런 보좌한 것이 없으므로 이른 아침부터 밤 늦게까지 근심하고 두려워했습니다. 무진년에 이르러 가성139)이 군사를 일으켜 중국을 침범하니, 사람들이 감히 간하는 사람이 없으므로 장차 사직이 전복될 지경이었습니다. 신이 맨 먼저 대의를 주창하여 군사를 돌이킨 일이 있어서 다시 종사를 편안하게 했는데, 이것을 사람들이 군사를 마음대로 부렸다고 하며, 다시 기사년에 황제의 조칙을 받들어 위성140)을 멸망시키고 진성141)을 회복시켜 능히 종사를 바로잡았는데, 이

---

136) **구순**寇恂 : 후한 광무제 때의 명신名臣.

137) **등우**鄧禹 : 후한 광무제 때의 명신名臣.

138) **엄자릉**嚴子陵 : 후한의 엄광의 자字. 어릴 때 광무제의 친구였는데, 광무제가 즉위하자 변성명變姓名하고 숨어 사는 것을, 광무제가 찾아 간의 대부를 제수하였으나 사양하고 부춘산에 은거하였음.

139) **가성**假姓 : 신우辛禑.

것을 사람들이 국가의 실권을 잡았다고 하며, 지금은 통제군사가 되어 군사를 기르고 가만히 지키고 있으면서 간웅을 진압 굴복시키고 외구를 몰래 소멸시켰는데, 이것을 사람들이 군자를 소모시켰다 하여 물의가 분분하니, 변명하기 어렵게 되었습니다. 신은 세 가지의 불행한 일이 있으니, 공은 작은데 상은 커서 남에게 꺼린 바가 된 것이 그 한 가지 불행한 일이요, 사직을 보전하고 정통을 회복하고 도적을 금지시킨 등의 일에 조그마한 도움이 없지 않았으므로, 이로 인하여 은총의 자리에 있게 된 것이 그 두 가지 불행한 일이요, 예로부터 공과는 서로 가리워질 수가 없는데, 고집이 세고 명민하지 못하여 용기 있게 물러가지 못한 것이 그 세 가지 불행한 일입니다. 생각이 이에 이르게 되매 진실로 황공합니다. 이윤은 말하기를, '신하는 은총과 이익을 성공이라고 여기지 말라.'고 하였으며, 채택은 말하기를, '사시의 질서는 공을 이룬 자는 떠나는 것이다.' 하였으니, 이것은 곧 자연의 이치입니다. 신은 마땅히 오랫동안 현인의 등용하는 길을 막아서는 안 될 것이므로, 바라옵건대, 전리에 돌아가서 여생을 보전하는 것이 신의 소원입니다. 삼가 바라옵건대, 성상께서는 공신을 보전시켜 준 덕으로 유독 광무제에게만 혼자 칭찬 듣게 하지 마옵소서."

왕이 윤허하지 아니하고 비답하였다.

"대신의 한 몸은 국가의 흥함과 쇠함에 관계되고, 백성의 기쁨과 근심이 매여 있는 바, 직임이 이처럼 무거우니 거취를 가벼이 할 수가 없소. 이로써 소공이 돌아갈 것을 고(告)하려는 마음이 있고, 주공은 임금을 후하게 보좌하는 의리가 있었소. 경은 산천의 기운을 타고난 불세출의 인물이요, 사직의 원훈이 되는 신하이오. 국사를 위하여 사사를 잊으니 충성이 해를 꿰뚫고, 대의에 의지하여 신의에 편안하니 공업은 하늘을 떠받들었소. 이에 선왕의 때부터 과인의 때에 이르기까지 그대의 힘을 내어 우리나라를 안녕하게 하였소. 무진년의 중국을 침범하는 군사를 저지시키고 기사년의 난리를 평정하는 계책을 정했으니, 국운이 이로써 다시 이어졌으며, 백성이 이로 말미암아 다시 소생되었소. 또 그 군병을 훈련 양성하여 국가를 방위했으니, 일이 모두 천리에 합하는데, 마음이 어찌 남의 말을 돌보겠는가? 은총의 지위에 있기를 놀란 것과 같이 하니, 경의 자기 처신은 잘하지마는, 모의를 합하

---

140) **위성**僞姓 : 신씨辛氏.

141) **진성**眞姓 : 왕씨王氏.

고 정사를 같이 하는데 나의 맡길 사람은 누구이겠는가? 아아! 엄자릉의 고절은 광무제가 일로써 맡기지 않았으며, 유후[142]의 가버림에 한漢나라가 그 편안함을 이루었으나, 옛일로써 지금의 일을 비교하건대 형세가 다르고 일이 다르니, 마땅히 그 직위에 안정하여 나의 마음에 부합하게 하오."

> **實錄記事** 사직을 청하는 이성계의 전문과 윤허치 않는 비답이 오가다

6월, 대간이 상언하기를,

"우현보는 죄가 이색과 같은데, 지금 이색이 이미 폄직되었으니 마땅히 모두 먼 곳으로 귀양보내야 될 것입니다."

소가 무릇 세 번 올라갔으나 모두 전중에 머물러 두었다. 우리 전하[143]가 이때 우대언이 되었는데, 공양왕이 명하여 이성계의 저택에 보내어 대간을 금지시키도록 청하니, 이성계가 탄식하면서 말하기를,

"일찍이 내가 대간을 사주했다고 생각하는가?"

드디어 전문을 올려 사직하기를,

"모든 정치가 잘되는 것은 명철한 군주가 재상을 선임하는 데 있고, 온갖 책임의 모이는 바는 마땅히 수효만 채우는 신하가 현인을 추천해야 되니, 진실로 의를 잊고 영화만 좋아한다면, 이것은 사정을 위하여 덕에 누가 되는 것입니다. 삼가 생각하옵건대, 신은 기국은 작은데 책임은 크니, 일은 정리되는데도 비방은 일어납니다. 비록 관중[144]처럼 신임을 얻어 정치를 마음대로 할 수 있는 처지가 아니더라도, 증서[145] 취하지 않는 바가 될까 두렵습니다. 그렇기 때문에, 얕은 정성을 다하여 다시 천총을 번거롭게 합니다. 3월에 신에게 문하시중을 두 번째 제수하시니, 은총이 후하시어 청의에 부끄러운 점이 있습니다. 잘못 윤허된 하교를 받들 때마다 부끄러움과 두려움이 실로 깊었사오며, 더욱이 관직을 비워둔 비난을 끼치게 되매 두려움과 근심이 더욱 무거웠습니다. 하물며, 본디부터 병이 있으며, 또 마땅히 영만을 경계해야 하니, 만물의 생성을 관찰해보면, 사시가 차례를 번갈아 하는

---

142) **유후**留侯 : 장양張良.
143) **전하**殿下 : 태종太宗.
144) **관중**管仲 : 춘추 시대 제환공의 현상賢相.
145) **증서**曾西 : 춘추 시대 노나라 사람으로 증자의 손자.

데서 유래된 것을 알았습니다. 삼가 바라옵건대, 많은 사람을 포용하는 도량을 넓히시고 사람을 불쌍히 여기시는 마음을 베푸시어, 신의 지극한 정을 불쌍히 여기시와, 신의 사직을 허락하신다면, 신은 삼가 한적한 곳에서 병을 휴양하여 중흥의 공을 길이 보전하고, 분수를 지키고 마음을 편안히 하여 상수의 축원을 항상 바칠 것입니다."

왕이 좌대언 이첨을 명하여 가서 유지하게 하고, 이내 비답을 내리기를,

"한 나라의 편안함과 위태함은 매인 바가 중대하니, 대신의 거취는 경솔히 할 수가 없소. 어찌 영만을 경계하는 데만 절개를 힘써서, 몸을 보전하여 물러가기를 원하고자 하는가? 경은 산천의 정기를 타고난 불세출의 인물이요, 일월같은 고충으로서, 대의에 의거하여 군사를 돌이켜서 국가가 다시 편안해지고, 명분을 바로잡아 계책을 정했으니 신과 사람이 곧 기뻐하였소. 이 새로 건국한 시기에 이르러 경에게 임금을 보좌하는 재간에 폐를 끼쳐, 바야흐로 정사를 함께 하여 태평을 이루려고 하는데, 어찌 사직을 핑계하면서 면하기를 도모하는가? 비방이 일어나면 도리로써 풀게 할 것이며, 병이 심하면 마땅히 의술로써 다스리게 할 것이니, 직위를 내놓아 편안하게 거처할 필요가 없이 능히 정신을 즐겁게 하여 잘 보전할 것이오. 이미 세 번이나 사양했으니 다만 조금 안정하기를 바라오."

이성계는 아뢰기를,

"나라에 큰일이 있으면 신으로 하여금 함께 모의하게 하고, 변경에 급한 일이 있으면 신으로 하여금 외모를 막게 하여, 신의 할 수 있는 일로써 책임지운다면, 신이 어찌 감히 사양하겠습니까? 지금 신이, 임무는 크고 직책은 무거워서 이미 능히 감내하지 못하였는데도, 게다가 병이 번갈아 침노하오니, 원컨대, 의약을 써서 스스로 보양하겠습니다."

하였으나, 공양왕이 윤허하지 아니하고 강제로 일어나게 하니, 이성계는 사양하고 나가지 아니하고는, 또 전문을 올리기를,

"신이 무진년에 대의에 의거하여 군사를 돌이켜 위성을 폐위하고 진성을 세웠으나, 이로 인하여 나라 사람들의 시기함을 입었습니다. 또 창을 세우고 우를 맞이할 적에 윤이와 이초가 함께 모의 한 것이 증험이 이미 명백한 까닭으로, 대간이 자기들끼리 소를 올려 죄주기를 청하였을 뿐인데, 신이 어찌 감히 사주하였겠습니까? 지금 신에게 명하여 대간을 금지시키게 하니, 이것은 신이 대간을 사주시켰는가 의심하는 일입니다. 신은 재주가 없는 사람이므로 큰 임무를 감당하는 데 적합하지

못하오니, 마땅히 현량을 뽑아 신을 대신하게 하소서."
공양왕이 전문을 보고 우리 전하[146]에게 이르기를,
"시중의 전문 가운데서 진술한 것은 모두가 나의 생각 밖에 나왔다. 내가 무능한 사람으로 외람되이 왕위에 있는 것은 오직 시중의 추대하는 힘만을 믿을 뿐이므로, 시중을 존경하기를 아버지와 같이 하는데, 시중께서 어찌 나를 저버리겠는가? 창을 세우고 우를 맞이할 적에 윤이와 이초가 함께 모의한 사람들은, 이미 전년에 의논하여 정적情迹이 명백하지 않다고 하여 특별히 이들을 사죄했으며, 시중도 또한 그렇게 여겼던 것인데, 지금 대간이 다시 사죄赦罪 전의 일을 들어서 죄주기를 청하는 까닭으로, 경으로 하여금 시중에게 고하여, 시중이 만약 대간을 보게 되면 이 뜻으로 개유하기를 청할 뿐이니, 경이 시중에게 어떻다고 말하였기에, 시중이 굳게 사퇴하고자 하겠는가. 만약 시중이 사직한다면, 내가 또한 어찌 감히 이 자리에 편안히 있겠는가."
이내 눈물을 흘리며 하늘을 가리키면서 맹세하였는데, 말의 취지가 매우 간절하였다. 곧 우리 전하로 하여금 가서 관직에 나아오도록 개유하게 하였으나, 이성계는 끝내 정사를 보지 아니하였다.

> **實錄記事** 공양왕이 대간에게 우현보의 죄를 논하지 말도록 하다

공양왕이 또 대간에게 개유하기를,
"우현보의 죄상은 애매하고, 게다가 사죄 전에 있으니, 다시 청죄하지 말라."
사순 황운기로 하여금 이성계를 부르게 하니, 이성계는 병으로써 능히 조회하지 못 운기가 이성계에게 강제로 조회하게 하니, 이성계가 사람을 시켜 아뢰기를,
"신이 병으로써 능히 조회하지 못하온데, 지금 운기가 신을 강제로 조회하게 하니, 어찌할 바를 알지 못하며, 황공하여 몸둘 곳을 모르겠습니다."
공양왕이 노하여 운기를 순군옥에 내려 가두었다.

---

146) **전하**殿下 : 태종太宗.

> **實錄記事** 이성계를 참소하는 말이 돌자 정도전 등과 거취를 논의하다

이성계가 정도전[147]·남은[148]·조인옥[149] 등에게 이르기를,
"내가 경 등과 함께 왕실에 있는 힘껏 협력하였는데도 참소하는 말이 자주 일어나니, 우리들이 용납되지 않을까 염려된다. 내가 마땅히 동쪽으로 돌아가서 이를 피하겠다."
먼저 집안 사람들로 하여금 행장을 재촉하여 장차 떠나려 하니, 도전道傳 등이 말하기를,
"공의 한 몸은 종사와 백성이 매여 있으니, 어찌 그 거취를 경솔히 할 수가 있겠습니까? 왕실에 남아 도와서 현인을 등용시키고, 불초한 사람을 물리쳐서 기강을 진작시키는 것만 같지 못하니, 그렇게 하면 참소하는 말이 저절로 그칠 것입니다. 지금 만약 한 모퉁이에 물러가 있게 된다면, 참소하는 말이 더욱 불처럼 일어나서 재화가 반드시 헤아릴 수 없는 지경에 이르게 될 것입니다."

정도전

조인옥

이성계는 말하기를,
"옛날에 장자방[150]이 적송자를 따르겠다고 하니, 고조가 이를 죄주지 않았는데, 나의

---

147) **정도전**鄭道傳 : 이성계를 도와 제도의 개혁을 통해 조선 개국의 핵심 주역이 된 정치가. 자는 종지, 호는 삼봉으로 1370년 성균관에 중영되고 성균박사가 되었으며, 1383년 이성계를 찾아가 세상사를 논하며 인연을 맺었다. 이성계가 위화도 회군을 일으킬 때 우왕을 폐하고 창왕을 세워 밀직부사가 됐다. 1392년 정몽주가 이방원에게 살해되고 반대 세력이 제거되자 조준과 함께 이성계를 새로운 왕으로 추대해 조선왕조를 개창했다. 이후 진법 훈련을 강화하면서 요동정벌을 추진하고, 이방원을 전자로도, 이방번을 동북면으로 보내려 했으나 이방원 세력의 기습을 받아 방번, 방석 등과 함께 살해됐다.

148) **남은**南誾 : 여말선초에 활동했던 무신으로 왜구 토벌에 앞장섰으며, 정도전과 함께 이성계를 도와 고려를 멸망시키고 조선을 개국하는 데 큰 공을 세워 재상이 되었지만 이방원이 일으킨 제1차 왕자의 난으로 인해 목숨을 잃었다.

149) **조인옥**趙仁沃 : 고려 말 조선 초의 무신으로, 공민왕 때 산원을 제수받고 벼슬을 여러 번 옮겨 상호군을 지냈다. 태조와 친분이 있었으며, 위화도 회군 때 참여하여 전법판서에 임명되었다. 1392년 7월 17일에 조선 개국에 참여하여 1등공신 및 보조공신에 녹훈되었고, 중추원부사에 임명되었으며 용성군으로 봉해졌다. 1395년에는 한산군으로 봉해졌고, 1396년 졸하여 충정이란 시호를 받았다.

마음은 다른 뜻이 없으니, 왕이 어찌 나에게 죄주겠는가?"
서로 더불어 의논했으나 결정이 나지 않으니, 가신 김지경이 강비康妃에게 사뢰기를,
"정도전과 남은 등이 공公을 권고하여 동쪽으로 돌아가게 하니, 일이 장차 그릇될 것입니다. 이 두서너 사람을 제거하는 것만 같지 못합니다."
강비가 그 말을 믿고 우리 전하에게 알리기를,
"정도전과 남은 등은 모두 믿을 수가 없소."
대답하기를,
"공이 참소하는 말에 시달려 물러가실 뜻이 있는데, 정도전과 남은 등은 이해 문제를 힘써 진술하여 그 가시는 것을 중지시킨 사람입니다."
이에 지경을 책망하였다.
"그 두서너 사람은 공公과 더불어 기쁨과 근심을 같이한 사람이니 너는 다시 말하지 마라."

實錄記事 공양왕이 이성계의 집에 가서 연회를 즐기다

7월, 공양왕이 이성계의 사제에 거둥하여 주연을 베풀고 음악을 베풀어 놀다가 밤중이 되어 그치었다.

實錄記事 이성계가 공양왕과 술을 마신 후 마음대로 궁궐의 문을 열고 나가다

이성계가 강비와 더불어 공양왕에게 나아가 술잔을 드리니, 공양왕이 이성계에게 의대·입자·보영과 안장 갖춘 말을 내리니, 이성계는 즉석에서 이를 입고 배사하였다. 밤에 이르러 유만수가 문을 잠그니, 전하[151]가 몰래 이성계에게 사뢰고 나가기를 청하고는, 이에 이성계의 명령으로써 금직(열쇠를 맡은 사람. 곧 지금의 사약司鑰)으로 하여금 문을 열게 하고, 이성계를 모시고 저택으로 돌아왔다. 마상에서 이성계가 전하를 돌아보면서 말하기를,
"갓끈은 실로 진귀한 물품인데, 내가 장차 너에게 이것을 전해 주려고 한다."
이튿날 왕이 노하여 금직을 가두니, 이성계가 대궐에 나아가서, '술을 견디지 못하여 금직으로 하여금 문을 열게 하였습니다.' 하고 사과하매, 왕이 금직을 놓아주었다.

---

150) **장자방**張子房 : 장양張良.

151) **전하**殿下 : 태종太宗.

> **實錄記事** 올량합과 알타리가 조회와서 다투다가 화해하다. 이성계가 집에서 이들을 대접하다

올량합과 알타리가 와서 조회하면서 윗자리를 서로 다투니, 알타리는 말하기를,
 "우리들의 온 것은 윗자리를 다투는 것은 아닙니다. 옛날에 시중 윤관이 우리 땅을 평정하고 비석을 세워 '고려지경'이라 했는데, 그 지경 안의 인민들이 모두 제군사[152]의 위엄과 신의를 사모하여 왔을 뿐입니다."
마침내 윗자리를 다투지 아니하였다. 이성계가 올량합과 알타리를 저택에서 대접하였으니, 그들이 성심으로 복종한 때문이었다.

> **實錄記事** 술에 취해 공양왕에게 예절을 갖추지 않은 밀직사 이염을 귀양보내다

공양왕 4년(1392년) 임신 정월, 밀직사 이염이 술에 취하여 왕에게 예절을 차리지 않으니, 간관이 극형에 처하기를 청하매, 이성계가 아뢰기를,
 "이염이 비록 죄가 있지마는 그 말이 미친듯이 망령되나 강직한 것에서 나왔으니, 이를 용서하기를 청합니다."
마침내 곤장을 쳐서 귀양보내었다.

> **實錄記事** 공양왕과 권문세족이 이성계를 꺼려하다

이성계가 공功이 높고 또한 여러 사람의 마음을 얻으니, 공양왕이 이를 꺼렸으며, 또 구가세족들은 사전을 혁파한 것을 원망하고 있었으므로, 공양왕이 이성계를 꺼려하는 것을 알고서는 온갖 방법으로 무함하고 훼방하였다. 우·창의 당이 왕실에 인척 관계를 맺어 조석으로 참소하니, 공양왕이 도리어 참소하는 말을 믿고 밤낮으로 좌우의 신하와 더불어 몰래 이성계를 제거하려고 도모하였다. 이성계의 휘하 인사가 그 소위에 분개하여, 글을 올려 그 무망함을 변명하고자 하여 글이 이루어졌으나 올리지 못했는데, 이성계의 서형 사위인 변중량이 중간에 서서 변고를 관망하다가, 공양왕이 시기하여 싫어함이 이미 극도에 달한 것을 알고는, 화가 자기에게 미칠까 두려워하여, 평소부터 공양왕의 사위인 익천군 왕즙과 동경계[153]를 맺었는데, 이때에 이르러 휘하 인사士가 만든 글로써 왕즙에게 알려 훗날의 터전을 삼으려고 하였으니,

---

152) **제군사**諸軍事 : 이성계.

153) **동경계**同庚契 : 동갑계同甲契.

이 까닭으로 공양왕이 이 사실을 알게 되었다. 이성계에게 이르기를,
  "듣건대, 경의 휘하 인사가 글을 만들어 우현보 등을 논죄하고자 한다 하니, 경도 또한 알고 있는가?"
이성계는 몹시 놀라면서 알지 못한다고 대답하였다. 물러나와서 휘하의 인사를 불러 보고는 그 사정을 알고 이를 중지시켰다.

> **實錄記事** 세자가 명에서 돌아오다. 정몽주가 이성계를 견제하기 위해 이성계의 측근을 탄핵하다

3월, 세자 석이 중국에 조현하고 돌아오니, 이성계가 황주에 나가서 맞이하고, 드디어 해주에서 사냥하였다. 장차 길을 떠나려 하매 무당 방올이 강비에게 말하기를,
  "공의 이번 행차는, 비유하건대, 사람이 백척의 높은 다락에 오르다가 실족失足하여 떨어져서 거의 땅에 이르매, 만인이 모여서 받드는 것과 같습니다."

정몽주

하니, 강비가 매우 근심하였다. 이성계가 활을 쏘아 사냥하면서 새를 쫓다가, 말이 진창에 빠져 넘어졌으므로 드디어 떨어져 몸을 다쳐, 교자를 타고 돌아왔다. 공양왕이 중사를 연달아 보내어 문병하였다. 처음에 정몽주[154]가 이성계의 위엄과 덕망이 날로 성하여 조정과 민간이 진심으로 붙좇음을 꺼려하였는데, 이성계가 말에서 떨어졌다는 말을 듣고는 기뻐하는 기색이 있으면서 기회를 타서 이성계를 제거하고자 하여, 대간을 사주하여 말하기를,
  "먼저 그의 보좌역인 조준 등을 제거한 후에 그를 도모할 것이다."
이에 이성계의 친근하고 신임이 있는 삼사 좌사 조준·전 정당 문학 정도전·전 밀직 부사 남은·전 판서 윤소종·전 판사 남재·청주 목사 조박을 탄핵하니, 공양왕이 그 글을 도당[155]에 내렸다. 몽주가 중간에서 이를 선동하여 조준 등 6인을 모두 먼 곳으로

---

154) **정몽주**鄭夢周 : 고려 후기 문하찬성사, 예문관제학, 인물추변도감제조관 등을 역임한 문신이자 학자이다. 고려말 친원파가 득세하던 상황에서 신진사류로서 친명정책을 주장했고, 명와 왜에 직접 사절로 가는 등 담대한 외교가로서 활약했다. 성균관의 사성으로서 신진 사류를 양성하는 데도 크게 기여했다. 기울어가는 고려 국운을 바로잡고자 국가기강 정비와 민생 안정에 노력했다. 이성계의 위세와 명망이 날로 높아지고 그를 추대하려는 움직임이 있자 이들을 제거하려다가 역으로 살해당했다.

155) **도당**都堂 : 도평의사사.

귀양보내고, 그 무리 김귀련·이반 등을 조준·정도전·남은의 귀양간 곳으로 나누어 보내어 그들을 국문하여 죽이고자 하였다. 김귀련 등이 길을 떠나려 할 적에 우리 전하께서 모친상을 당하여 속촌의 무덤 옆에서 여막살이를 하고 있었는데, 이제가 차와 과일을 준비하여 가니, 전하가 이제에게 말하기를,

"몽주는 반드시 우리 집에 이롭지 못하니, 마땅히 이를 먼저 제거해야 되겠다."

이제는 말하기를,

"예! 예! 지당한 말씀입니다."

이성계가 벽란도에 이르러 유숙하니, 전하가 달려와서 아뢰기를,

"몽주가 반드시 우리 집을 모함할 것입니다."

이성계는 대답하지 아니하였다. 또 아뢰기를,

"마땅히 곧 서울로 들어가셔야 될 것입니다. 유숙할 수가 없습니다."

이성계가 허락하지 않으므로, 굳이 청한 후에야 이성계가 병을 참고 밤에 행차하니, 전하가 이성계를 부축하여 저택에 이르렀다.

> **實錄記事** 밀직 제학 이성중이 가보인 보검을 방원에게 바치다

전하가 대언이 되었을 때에 이달충의 아우 밀직 제학 이성중이 그 아들 휴로 하여금 집안에서 대대로 전해 오는 금으로 장식한 보검을 바치게 하니, 전하가 왕비와 더불어 앉아서 이를 받았다. 왕비가 웃으면서 말하기를,

"보검을 보낸 것이 무슨 뜻인지 알 수 없는데?"

이튿날 전하가 성중의 집에 가서 사례하기를,

"나는 유학을 닦은 선비인데 무엇 때문에 보검을 보냈는가?"

성중이 대답하였다.

"보검은 저의 소용이 아닙니다. 명공께서 당연히 쓸 것이기에 감히 바치는 것입니다."

> **實錄記事** 정몽주가 조준 등을 처형코자 하니, 방원이 정몽주를 죽이고 일당을 탄핵하다

정몽주가 성헌¹⁵⁶⁾을 사주하여 번갈아 글을 올려 조준·정도전 등을 목 베기를 청하니, 이성계가 아들 이방과와 아우 화, 사위인 이제와 휘하의 황희석·조규 등을 보내어 대

---

156) **성헌**省憲: 대간.

궐에 나아가서 아뢰기를,

"지금 대간은 조준이 전하를 왕으로 세울 때에 다른 사람을 세울 의논이 있었는데, 신들이 이 일을 저지시켰다고 논핵하니, 조준이 의논한 사람이 어느 사람이며, 신이 이를 저지시킨 말을 들은 사람이 누구입니까? 청하옵건대, 조준 등을 불러 와서 대간과 더불어 조정에서 변론하게 하소서."

이 말을 주고받기를 두세 번 하였으나, 공양왕이 듣지 않으니, 여러 소인들의 참소와 모함이 더욱 급하므로, 화가 알 수 없는 지경에 이르렀다. 우리 전하께서 몽주를 죽이기를 청하니, 이성계가 허락하지 아니하였다. 전하가 나가서 상왕[157]과 이화·이제와 더불어 의논하고는, 또 들어와서 이성계에게 아뢰기를,

"지금 몽주 등이 사람을 보내어 도전 등을 국문하면서 그 공사를 우리 집안에 관련시키고자 하니, 사세가 이미 급하온데 장차 어찌하겠습니까?"

이성계는 말하기를,

"죽고 사는 것은 명이 있으니, 다만 마땅히 순리대로 받아들일 뿐이다."

우리 전하에게

"속히 여막으로 돌아가서 너의 대사[158]를 마치게 하라."

고 명하였다. 전하가 남아서 병환을 시중들기를 두세 번 청하였으나, 마침내 허락하지 아니하였다. 전하가 하는 수 없이 나와서 숭교리의 옛 저택에 이르러 사랑에 앉아 있으면서 근심하고 조심하여 결정하지 못하였다. 조금 후에 문을 두드리는 소리가 나므로 급히 나가서 보니, 광흥창사 정탁이었다. 정탁이 극언하기를,

"백성의 이해가 이 시기에 결정되는데도, 여러 소인들의 반란을 일으킴이 저와 같은데 공[公]은 어디로 가십니까? 왕후와 장상이 어찌 혈통이 있겠습니까?"

하면서 간절히 말하였다. 전하가 즉시 이성계의 사제로 돌아와서 상왕과 이화·이제와 의논하여 이두란으로 하여금 몽주를 치려고 하니, 두란은 말하기를,

"우리 공[159]께서 모르는 일을 내가 어찌 감히 하겠습니까?"

전하는 말하기를,

"아버님께서 내 말을 듣지 아니하지만, 그러나, 몽주는 죽이지 않을 수 없으니, 내

---

157) **상왕**上王 : 정종定宗.

158) **대사**大事 : 상사喪事.

159) **공**公 : 이성계.

가 마땅히 그 허물을 책임지겠다."

휘하 인사 조영규를 불러 말하기를,

"이씨가 왕실에 공로가 있는 것은 나라 사람들이 모두 알고 있으나, 지금 소인의 모함을 당했으니, 만약 스스로 변명하지 못하고 손을 묶인 채 살육을 당한다면, 저 소인들은 반드시 이씨에게 나쁜 평판으로써 뒤집어 씌울 것이니, 뒷세상에서 누가 능히 이 사실을 알겠는가? 휘하의 인사들이 많은데, 그 중에서 한 사람도 이씨를 위하여 힘을 쓸 사람은 없는가?"

영규가 개연히 말하기를,

"감히 명령대로 하지 않겠습니까?"

영규·조영무·고여·이부 등으로 하여금 도평의사사에 들어가서 몽주를 치게 하였는데, 변중량이 그 계획을 몽주에게 누설하니, 몽주가 이를 알고 이성계의 사제에 나아와서 병을 위문했으나, 실상은 변고를 엿보고자 함이었다. 이성계는 몽주를 대접하기를 전과 같이 하였다. 이화가 우리 전하에게 아뢰기를,

"몽주를 죽이려면 이때가 그 시기입니다."

이미 계획을 정하고 나서 이화가 다시 말하기를,

"공公이 노하시면 두려운 일인데 어찌하겠습니까?"

하면서 의논이 결정되지 못하니, 전하가 말하기를,

"기회는 잃어서는 안 된다. 공이 노하시면 내가 마땅히 대의大義로써 아뢰어 위로하여 풀도록 하겠다."

이에 노상에서 치기를 모의하였다. 전하가 다시 영규에게 명하여 상왕의 저택으로 가서 칼을 가지고 와서 바로 몽주의 집 동리 입구에 이르러 몽주를 기다리게 하고, 고여·이부 등 두서너 사람으로 그 뒤를 따라가게 하였다. 몽주가 집에 들어왔다가 머물지 않고 곧 나오니, 전하는 일이 성공되지 못할까 두려워 하여 친히 가서 지휘하고자 하였다. 문 밖에 나오니 휘하 인사의 말이 안장을 얹은 채 밖에 있는지라, 드디어 이를 타고 달려 상왕의 저택에 이르러 몽주가 지나갔는가, 아니 갔는가를 물으니,

"지나가지 아니하였습니다."

전하가 다시 방법과 계책을 지시하고 돌아왔다. 이때 전 판개성부사 유원이 죽었는데, 몽주가 지나면서 그 집에 조상하느라고 지체하니, 이 때문에 영규 등이 무기를 준비하고 기다리게 되었다. 몽주가 이르매 영규가 달려가서 쳤으나, 맞지 아니하였다. 몽주가 그를 꾸짖고 말을 채찍질하여 달아나니, 영규가 쫓아가 말머리를 쳐서 말

이 넘어졌다. 몽주가 땅에 떨어졌다가 일어나서 급히 달아나니, 고여 등이 쫓아가서 그를 죽였다. 영무가 돌아와서 전하에게 이 사실을 아뢰니, 전하가 들어가서 이성계에게 알렸다. 이성계는 크게 노하여 병을 참고 일어나서 전하에게 이르기를, "우리 집안은 본디 충효忠孝로써 세상에 알려졌는데, 너희들이 마음대로 대신을 죽였으니, 나라 사람들이 내가 이 일을 몰랐다고 여기겠는가? 부모가 자식에게 경서를 가르친 것은 그 자식이 충성하고 효도하기를 원한 것인데, 네가 감히 불효한 짓을 이렇게 하니, 내가 사약을 마시고 죽고 싶은 심정이다."

> 영규 등이 무기를 준비하고 기다리다. 몽주가 이르매 영규가 달려가서 쳤으나, 맞지 아니하였다. 몽주가 그를 꾸짖고 말을 채찍질하여 달아나니, 영규가 쫓아가 말머리를 쳐서 말이 넘어졌다. 몽주가 땅에 떨어졌다가 일어나서 급히 달아나니, 고여 등이 쫓아가서 몽주를 죽였다.

전하가 대답하기를,
"몽주 등이 장차 우리 집을 모함하려고 하는데, 어찌 앉아서 망하기를 기다리는 것이 합하겠습니까? '몽주를 살해한' 이것이 곧 효도가 되는 까닭입니다."
이성계가 성난 기색이 한창 성한데, 강비가 곁에 있으면서 감히 말하지 못하는지라, 전하가 말하기를,
"어머니께서는 어찌 변명해 주지 않습니까?"
강비가 노기를 띠고 고하기를,
"공은 항상 대장군으로서 자처하였는데, 어찌 놀라고 두려워함이 이 같은 지경에 이릅니까?"
전하는,
"마땅히 휘하의 인사를 모아서 뜻밖의 변고에 대비해야 되겠다."
즉시 장사길 등을 불러 휘하 군사들을 거느리고 빙 둘러싸고 지키게 하였다. 이튿날 이성계는 마지못하여 황희석을 불러 말하기를,
"몽주 등이 죄인과 한편이 되어 대간을 몰래 꾀어서 충량을 모함하다가, 지금 이미 복죄하여 처형되었으니, 마땅히 조준·남은 등을 불러와서 대간과 더불어 변명하게 할 것이다. 경이 가서 왕에게 이 사실을 아뢰라."
희석이 의심을 품고 두려워하여 말이 없이 쳐다보고만 있었다. 이제가 곁에 있다가 성난 목소리로 꾸짖으므로, 희석이 대궐에 나아가서 상세히 고하니, 공양왕이 말하기를,

"대간은 탄핵을 당한 사람들과 맞서서 변명하게 할 수는 없다. 내가 장차 대간을 밖으로 내어보낼 것이니, 경 등은 다시 말하지 말라."

이때 이성계는 노기로 인하여 병이 대단하여, 말을 할 수 없는 지경에 이르렀다. 전하가 말하기를,

"일이 급하다."

비밀히 이자분을 보내어 조준·남은 등을 불러 돌아오게 할 의사로써 개유하고, 또 이성계와 이화·이제 등과 더불어 의논하여 이성계를 보내어 공양왕에게 아뢰기를,

"만약 몽주의 무리를 문죄하지 않는다면 신 등을 죄주기를 청합니다."

공양왕이 마지못하여 대간을 순군옥에 내려 가두고, 또 말하기를,

"마땅히 외방에 귀양보내야 될 것이나, 국문할 필요가 없다."

조금 후에 판삼사사 배극렴·문하평리 김주·동순군제조 김사형 등에게 명하여 대간을 국문하게 하니, 좌상시 김진양이 말하기를,

"몽주·이색·우현보가 이숭인·이종학·조호를 보내어 신 등에게 이르기를, '판문하 이성계가 공을 믿고 제멋대로 권세를 부리다가, 지금 말에서 떨어져 병이 위독하니, 마땅히 먼저 그 보좌역인 조준 등을 제거한 후에 이성계를 도모할 것이다.'라고 했습니다."

이에 이숭인·이종학·조호를 순군옥에 가두고, 조금 후에 김진양과 우상시 이확·우간의 이내·좌헌납 이감·우헌납 권홍·사헌집의 정희와 장령 김묘·서견, 지평 이작·이신과 이숭인·이종학을 먼저 먼 지방에 귀양보냈다. 형률을 다스리는 사람이 말하기를,

"김진양 등의 죄는 참형에 해당합니다."

이성계가 말하기를,

"내가 사람 죽이기를 좋아하지 않은 지가 오래 되었다. 진양 등은 몽주의 사주를 받았을 뿐이니, 어찌 함부로 형벌을 쓰겠는가?"

"그렇다면 마땅히 호되게 곤장을 쳐야 될 것입니다."

이성계가 말하기를,

"이미 이들을 용서했는데 어찌 곤장을 칠 필요가 있겠습니까?"

진양 등이 이로 말미암아 형벌을 면하게 되었다.

> **實錄記事** 공양왕이 이성계의 집에 가서 위문하다. 조인옥 등 52명이 이성계를 추대하기로 결정하다

6월, 공양왕이 이성계의 사제에 거동하여 병을 위문하였다. 남은이 위화도에서 군사를 돌이킨 때부터 조인옥 등과 더불어 비밀히 이성계를 추대하기로 의논하였는데, 돌아온 후에 전하에게 알리니, 전하가 말하기를,

"이것은 대사이니 경솔히 말할 수 없다."

이때 여러 사람들의 마음이 다투어 서로 추대하려고 하여, 혹은 빽빽하게 모인 많은 사람이 있는 중에서 공공연하게 말하기를,

"천명과 인심이 이미 소속된 데가 있는데, 어찌 빨리 왕위에 오르기를 권고하지 않습니까?"

이때에 이르러 전하가 이에 남은과 더불어 계책을 정했는데, 남은이 비밀히 평소부터 서로 진심으로 붙좇은 조준·정도전·조인옥·조박 등 52인과 더불어 이성계를 추대하기를 모의했지만, 그러나, 이성계의 진노를 두려워하여 감히 고하지 못하였다. 전하가 들어가서 강비에게 고하여 이성계에게 전달되도록 하였으나, 강비도 또한 감히 고하지 못하였다. 전하가 나가서 남은 등에게 일렀다.

"마땅히 즉시 의식을 갖추어 왕위에 오르심을 권고해야 될 것이다."

> **實錄記事** 공양왕이 방원과 사예 조용을 시켜 이성계와의 맹약을 위한 초안을 잡게 하다

처음에 공양왕이 전하와 사예 조용을 불러 말하기를,

"내가 장차 이 시중[160]과 더불어 동맹하려고 하니, 경 등이 내 말로써 나아가 시중에게 전하고, 시중의 말을 듣고서 맹서를 초하여 오라."

또 말하기를,

"반드시 고사가 있을 것이다."

조용이 대답하기를,

"맹세는 족히 귀한 것이 아니며, 성인聖人이 싫어하는 바입니다. 열국의 동맹 같은 것은 옛날에 있었으나, 임금이 신하와 더불어 동맹하는 것은 경적의 고사에 근거할 만한 것이 없습니다."

---

160) **이 시중**李侍中 : 이성계.

공양왕이 말하기를,

"다만 이를 초잡으라."

조용이 전하와 함께 이성계에게 나아가서 왕의 명령대로 전하니, 이성계가 말하기를,

"내가 무슨 말을 하겠는가? 네가 마땅히 임금의 명령으로써 글의 초를 잡으라."

조용이 물러가서 초를 잡기를,

"경이 있지 않았으면 내가 어찌 이에 이르겠는가? 경의 공과 덕을 내가 감히 잊겠는가. 황천[161]과 후토[162]가 위에 있고 곁에 있으니, 대대로 자손들은 서로 해치지 말 것이다. 내가 경에게 믿음이 있는 것은, 이같은 맹약이 있기 때문이다."

하였다. 조용이 전하와 함께 초잡은 것을 공양왕에게 바치니, 공양왕이 말하기를,

"좋다."

조용이 이때 사관을 겸직하였는데, 글을 쓰기를,

"임금이 시중[163]에게 자기를 도와 왕으로 세운 공도 보답하지 못했는데, 도리어 해칠 마음이 이미 싹텄으니, 천명이 이미 가버리고 인심이 이미 떠났으므로, 구구한 맹약은 믿을 수 없게 되었다."

> **實錄記事** 1392년 명 홍무 25년 이성계가 잠저에 있을 때 여러 가지 개국의 조짐이 나타나다
> — 『태조실록』 1권, 태조 1년 7월 17일

임금이 잠저[164]에 있을 때, 꿈에 신인(신과 사람)이 금자[165]를 가지고 하늘에서 내려와 주면서 말하기를,

"시중(문하부의 으뜸 벼슬) 경복흥[166]은 청렴하기는 하나 이미 늙었으며, 도통 최영은

---

161) **황천**皇天 : 천신天神.

162) **후토**后土 : 지기地祇.

163) **시중**侍中 : 이성계.

164) **잠저** : 나라를 처음 이룩한 임금이나 종실에서 들어온 임금으로서 아직 왕위에 오르기 전에 살던 집. 또는 그 시기.

165) **금자**金尺 : 조선 이성계가 건국하기 전에 꿈에 신령이 나타나 주었다는 금자를 상징하여 만든 금빛이 나는 자.

166) **경복흥**慶復興 : 부원파를 제거하고 홍건적의 침입을 막아냈다. 1357년 지정사상의를 지낼 때 왜구가 빈번히 침입해오고 북방의 정세도 불안정하여 도성 수축 논의가 일어나자, 정세운, 유숙 등과 함께 백성의 피폐를 이유로 반대하여 이를 중지시켰다. 1359년에는 기철 등 부원파

강직하기는 하나 조금 고지식하니, 이것을 가지고 나라를 바룰 사람은 공이 아니고 누구이겠는가?"

그 뒤에 어떤 사람이 문밖에 이르러 이상한 글을 바치면서 말하기를,

"이것을 지리산 바위 속에서 얻었습니다."

하는데, 그 글에,

"목자가 돼지를 타고 내려와서 다시 삼한의 강토를 바로잡을 것이다."

또,

"비의(非衣 : 배자裵字의 파자破字) · 주초(走肖 : 조자趙字의 파자破字) · 삼전 삼읍(三奠三邑 : 정자鄭字를 의미한 것)"

등의 말이 있었다. 사람을 시켜 맞이해 들어오게 하니 이미 가버렸으므로, 이를 찾아도 찾아내지 못하였다. 고려의 서운관에 간직한 비기秘記에 '건목득자'[167]의 설이 있고, 또 '왕씨가 멸망하고 이씨가 일어난다.'는 말이 있는데, 고려의 말년에 이르기까지 숨겨지고 발포되지 않았더니, 이때에 이르러 세상에 나타나게 되었다. 또 조명이란 말이 있는데 사람들이 그 뜻을 깨닫지 못했더니, 뒤에 국호를 조선이라 한 뒤에야 조명이 곧 조선을 이른 것인 줄을 알게 되었다. 의주에 큰 나무가 있는데 말라 썩은 지 여러 해가 되었으나, 개국하기 전 1년에 다시 가지가 나고 무성하니, 그때 사람들이 개국의 징조라고 말하였다. 또 이성계가 잠저에 있을 때 일찍이 시중 경복흥의 사제에 갔더니, 복흥이 영접해 들이고 그 아내로 하여금 나와 보게 하면서 존경하는 뜻이 매우 지극했으며, 또 그 자손을 부탁하면서 말하기를,

"나의 어리석은 자손을 공公께서 장차 비호해야 될 것이오니, 공은 행여 잊지 마시기를 바랍니다."

매양 이성계를 대접하면서 반드시 특별히 높이었다. 이성계가 혹시 정토征討로 인하여 밖에 나가면, 복흥復興은 매양 고하기를,

---

일당을 숙청한 공로로 일등공신에 봉해졌으며, 서북면원수로 홍건적의 침입을 막아냈다. 1364년 1월 원이 고려왕으로 임명한 덕흥군을 앞세우고 최유가 쳐들어오자, 서북면도원수가 되어 이순, 최영 등과 함께 이들을 물리쳤다. 1365년 수시중이 되었으나, 신돈의 배척을 받아 파직되었다. 1367년 오인택, 안우경 등과 신돈을 제거하려다가 발각되어 유배되었다. 신돈이 살해된 후 좌시중, 문하시중을 거쳐, 1377년(우왕 3년) 수성도통사로서 개성까지 쳐들어온 왜구에 대비했다. 1380년 이인임 등에게 쫓겨나 청주로 귀양갔다가 그곳에서 죽었다.

[167] **건목득자**健木得子 : 목자득국木子得國, 이씨 성을 가진 사람, 곧 이성계가 장차 왕이 될 것을 예언하였다는 고려 말의 가요.

"동한東韓의 사직이 장차 손안에 돌아갈 것이니 전쟁의 괴로움을 꺼리지 말고 능히 나라를 지키는 공을 이루게 하시오."

일찍이 상명사(相命師: 운명을 점치는 사람) 혜징이 사사로이 그 친한 사람에게 이르기를,

"내가 사람들의 운명을 관찰한 것이 많았으나 이성계와 같은 사람은 없었다."

친한 사람이 묻기를,

"타고난 운명이 비록 좋더라도 벼슬이 총재에 그칠 뿐이다."

혜징이 말하기를,

"총재라면 어찌 말할 것이 있겠는가? 내가 관찰한 것은 군장의 운명이니, 그가 왕씨를 대신하여 반드시 일어나겠지!"

또 삼군이 신경(새 서울인 한양) 땅에서 사냥하는데, 전하(태종太宗)가 잠저에 있을 때 또한 갔었다. 노루 한 마리가 나오므로, 전하가 달려가서 쏘아 화살 한 개에 죽이니, 여러 왕씨 10여 인이 높은 언덕에 모여 서서 이를 보고는 몹시 놀라서 서로 돌아보면서 말하기를,

"사람들이 이씨가 장차 일어날 것이라고 많이 말하고 있는데, 이 사람이 아닌가?"

또 상왕(정종定宗)이 잠저에 있을 때에 시중 이인임을 그 사제(개인 소유의 집)에 가서 보았는데, 이미 나가고 난 뒤에 인임이 다른 사람에게 일렀다.

"국가가 장차는 반드시 이씨에게 돌아갈 것이다."

위화도 회군 4년 만에 이성계가 조선을 건국하다

조준과 정도전, 남은, 이방원 등은 적극적으로 이성계를 왕으로 세우고자 했다. 정몽주 등 반대파를 제거한 뒤, 1392년(공양왕 4년) 7월에 공양왕을 폐하고 이성계를 왕으로 세웠다. 30여 년간 전장을 누비며 패할 줄 모르는 무장 이성계가 474년의 고려 역사를 끝내고 마침내 조선을 건국한 것이다.

고려 왕조는 왕건이 개국한 지 475년 만에 제34대 1392년 7월 공양왕[168]을

---

168) **공양왕**恭讓王: 고려 34대 왕이자 마지막 왕으로 1389년 이성계, 심덕부 등에 의해 창왕이 폐위되자 왕위에 올랐다. 즉위 후 이성계 일파의 압력으로 우왕과 창왕을 죽였으며 사회 전반에 걸친 제도 개편을 단행했으나 이는 신진사대부들이 자기들의 세력 기반 확립을 위한 개혁이었다. 남은 등이 이성계를 왕으로 추대하여 1392년 폐위되었고 1394년 삼척부에서 살해되었다.

제1대 태조 이성계   125

끝으로 하여 멸망하였다. 이성계가 신하들의 계속된 추대와 간청으로 이성계는 마침내 1392년 7월 17일, 수창궁에 나아가 왕위를 계승하여 새로운 왕조를 개창하였다. 1388년(우왕 14년) 음력 5월 위화도 회군 4년 만이다.

> **實錄記事** 1392년 7월 17일, 이성계가 백관의 추대를 받아 수창궁에서 왕위에 오르다

태조가 수창궁에서 왕위에 올랐다. 이보다 먼저 이달 12일에 공양왕이 장차 이성계의 사제로 거둥하여 술자리를 베풀고 이성계와 더불어 동맹하려고 하여 의장169)이 이미 늘어섰는데, 시중 배극렴 등이 왕대비에게 아뢰었다.

 "지금 왕이 혼암(어둡고 몹시 캄캄함)하여 임금의 도리를 이미 잃고 인심도 이미 떠나갔으므로, 사직(나라 또는 조정)과 백성의 주재자170)가 될 수 없으니 이를 폐하기를 청합니다."

마침내 왕대비의 교지를 받들어 공양왕을 폐하기로 일이 이미 결정되었는데, 남은이 드디어 문하평리 정희계와 함께 교지를 가지고 북천동의 시좌궁에 이르러 교지를 선포하니, 공양왕이 부복하고 명령을 듣고 말하기를,

 "내가 본디 임금이 되고 싶지 않았는데 여러 신하들이 나를 강제로 왕으로 세웠습니다. 내가 성품이 불민(어리석고 둔해 민첩하지 못함)하여 사기(일이 되어 가는 가장 중요한 기틀)를 알지 못하니 어찌 신하의 심정을 거스른 일이 없겠습니까?"

이내 울어 눈물이 두서너 줄기 흘러내리었다. 마침내 왕위를 물려주고 원주로 가니, 백관(벼슬아치)이 국새(나라를 대표하는 도장)를 받들어 왕대비전에 두고 모든 정무를 나아가 품명하여 재결하였다. 13일에 대비가 교지를 선포하여 이성계로 하여금 국사를 감록하게 하였다. 16일에 배극렴과 조준이 정도전·김사형·이제·이화·정희계·이지란남은 등 대소신료와 한량기로 등이 국새를 받들고 이성계의 저택에 나아가니 사람들이 마을의 골목에 꽉 메어 있었다. 대사헌 민개가 홀로 기뻐하지 않으면서 얼굴빛에 나타내고, 머리를 기울이고 말하지 않으므로 남은이 이를 쳐서 죽이고자 하니, 이성계가 말하기를,

 "의리상 죽일 수 없다."

하면서 힘써 이를 말리었다. 이날 마침 족친의 여러 부인들이 이성계와 강비를 알현하고, 물에 만 밥을 먹는데, 여러 부인들이 모두 놀라 두려워하여 북문으로 흩어져 가버렸다.

---

169) **의장**儀仗 : 천자·왕공 등 지위가 높은 사람이 행차할 때 위엄을 보이기 위해 격식을 갖추어 세우는 무기나 물건.

170) **주재**主宰者 : 어떤 일을 중심이 되어 맡아 처리하는 사람.

이성계는 문을 닫고 들어오지 못하게 했는데, 해 질 무렵에 이르러 극렴 등이 문을 밀치고 바로 내정으로 들어와서 국새를 청사(마루) 위에 놓으니, 이성계가 두려워하여 거조(말이나 행동의 태도)를 잃었다. 이천우를 붙잡고 겨우 침문(침실로 드나드는 문) 밖으로 나오니 백관이 늘어서서 절하고 북을 치면서 만세를 불렀다. 이성계가 매우 두려워하면서 스스로 용납할 곳이 없는 듯하니, 극렴 등이 합사하여 왕위에 오르기를 권고하였다.

"나라에 임금이 있는 것은 위로는 사직을 받들고 아래로는 백성을 편안하게 할 뿐입니다. 고려는 시조가 건국함으로부터 지금까지 거의 5백 년이 되었는데, 공민왕에 이르러 아들이 없이 갑자기 세상을 떠나셨습니다. 그때에 권신이 권세를 마음대로 부려 자기의 총행(특별한 총애)을 견고히 하고자 하여, 거짓으로 요망스런 중 신돈의 아들 우를 공민왕의 후사라 일컬어 왕위를 도둑질해 있은 지가 15년이 되었으니, 왕씨의 제사는 이미 폐해졌던 것입니다. 우가 곧 포학한 짓을 마음대로 행하고 죄 없는 사람을 살육하며, 군대를 일으켜 요동을 공격하는 지경에 이르렀는데, 공이 맨 먼저 대의를 주창하여 천자의 국경을 범할 수 없다고 하고는 군사를 돌이키니, 우는 스스로 그 죄를 알고 두려워하여 왕위를 사양하고 물러났습니다. 이에 이색·조민수 등이 신우의 처부인 이임에게 가담하여 그 아들 창을 도와 왕으로 세웠으니, 왕씨의 후사가 두 번이나 폐해졌습니다. 이것은 하늘이 왕위로써 공에게 명한 시기이었는데도, 공은 겸손하고 사양하여 왕위에 오르지 아니하고 정창 부원군을 추대하여 임시로 국사를 서리(결원이 생겼을 때 그 직무를 대리함)하게 했으니, 위태로운 사직을 받들어 백성을 편안하게 할 수가 있었습니다. 전일에, 신우의 악은 여러 사람이 다 같이 아는 바인데, 그 무리 이색·우현보 등은 고집하고 미혹하여 깨닫지 못하고 신우를 맞아 그 왕위를 회복할 것을 모의하다가 간사한 죄상이 드러나매, 그 죄를 모면하려고 하여 그 무리 윤이·이초 등을 몰래 보내어 중국에 도망해 들어가서, '본국이 이미 배반했다.'고 거짓으로 호소하고는, 친왕에게 청하여 천하의 군사를 움직여 장차 본국을 소탕하고자 하였으니, 그 계책이 과연 행해졌다면 사직은 장차 폐허에 이르고 백성도 또한 멸망에 가까울 것입니다. 이것을 차마 하는데 무슨 일을 차마 하지 못하겠습니까? 간관(사간원·사헌부의 관원의 통칭)과 헌사가 소를 번갈아 올려 계청하기를, '이색·우현보 등이 사직에 죄를 얻고 백성에게 화를 끼쳤으므로써 마땅히 그 죄를 다스려야 되겠습니다.' 하여 글이 수십 번 올라갔는데, 정창군은 인아의 관계라는 이유로써 법을 굽혀 두호하여 언관을 곤장을 쳐서 쫓으니, 이로 말미암아 간사한 무리들이 중앙과 지방에 흩어져 있으면서 더욱 법을 두려워하지 않았습니다. 김종연은 도피 중에 있으면서 당을 결성하여 난리를 꾀하고, 김조부 등은 안에 있으면서 그 변에 응하기를 도모하여, 화란의 일어남이 날마다 발생하여 그치지 않았는데, 정창군은 사직과 백성을 위하는 큰 계책을 돌보지 아니하고 사사의 은혜를 베풀어 인망을 수습하고자 하여, 다만 법을 범한 사람이 있으면 반드시 모두 용서해 주고 빠짐없이 탁용하였으니, 『서경』의 이른바, '달아난 죄수를 수용하는 괴수가 되어 물고기가 연못에 모이듯, 짐승이 숲에 모이듯 한다.'는 것입니다. 도와서 왕을 세울 계책을 결정한 것으로써 말한다면 공로가 사직에 있으며, 대의를 주창하여 군사를 돌이킨 것으로써 말한다면 덕택이 백성에게 가해졌는데도, 이에 좌우에 있는 부인과 환자의 참소를 지나치게 듣고서 반드시 죽을 곳에 두려고 하고, 사람들이 강직하여 아첨하지 않는 사람이 있으면 또한 모두 죄를 주니, 참소하고 아첨한 무리들이 뜻대로 되고, 충성하고 선량한 사람들은 기가 꺾여져서, 정치와 형벌이 문란하여 백성들이 그 수족을 둘 데가 없었습니다. 하늘이 견책하는 뜻을 알려서, 성상(별 모양)이 여러 번 변하고 요얼(요악한 귀신의 재앙)이 번갈아 일어나니, 정창군도 스스로 임금의 도리를 이미 잃고 백성의 마음이 이미 떠나가서 사직과 백성의 주재자가 될 수 없음을 물어 알고 물러나와 사제(개인 소유의 집)로 갔습니다. 다만 군정과 국정의 사무는 지극히 번거롭고 지극히 중대하므로, 하루라도 통솔이 없어서는 안 될 것이니, 마땅히 왕위에 올라서 신과 사람의 기대에 부응하소서."

이성계는 굳이 거절하면서 말하기를,

"예로부터 제왕의 일어남은 천명이 있지 않으면 되지 않는다. 나는 실로 덕이 없는 사람인데 어찌 감히 이를 감당하겠는가?"

하면서, 마침내 응답하지 아니하였다. 대소 신료와 한량(아직 무과에 급제하지 못한 호반)·기로(예순 살 이상의 노인) 등이 부축하여 호위하고 물러가지 않으면서 왕위에 오르기를 권고함이 더욱 간절하니, 이날에 이르러 이성계가 마지못하여 수창궁으로 거둥하게 되었다. 백관들이 궁문 서쪽에서 줄을 지어 영접하니, 이성계는 말에서 내려 걸어서 전(궁궐)으로 들어가 왕위에 오르는데, 어좌(임금이 앉는 자리)를 피하고, 영내(현관 안)에 서서 여러 신하들의 조하(경축일에 신하들이 조정에 나아가 임금에게 하례하던 일)를 받았다. 육조의 판서 이상의 관원에게 명하여 전상에 오르게 하고는 이르기를,

"내가 수상이 되어서도 오히려 두려워하는 생각을 가지고 항상 직책을 다하지 못할까 두려워하였는데, 어찌 오늘날 이 일을 볼 것이라 생각했겠는가? 내가 만약 몸만 건강하다면 필마를 타고도 적봉을 피할 수 있지마는, 마침 지금은 병에 걸려 손발을 제대로 쓸 수 없는데 이 지경에 이르렀으니, 경들은 마땅히 각자가 마음과 힘을 합하여 덕이 적은 사람을 보좌하라."

이에 명하여 고려왕조의 중앙과 지방의 대소 신료들에게 예전대로 정무를 보게 하고, 드디어 저택으로 돌아왔다.

– 『태조실록』 1권, 태조 1년(1392년)

實錄記事 1392년 7월 18일, 대소 신료가 이성계의 등극을 알리기 위해 명의 예부에 사신을 보내자고 청하다

도평의사사 및 대소신료와 한량·기로 등이 지밀직사사 조반으로 하여금 중국 서울에 가서 예부에 아뢰게 하기를 청하였다.

"그윽이 생각하옵건대, 우리나라가 공민왕이 후사없이 세상을 떠나자 후사가 없으매, 역신 신돈 아들 우가 권신 이인임 등에 의하여 왕으로 세워졌으나, 우는 곧 혼폭昏暴하고 광자狂恣하여 죄 없는 사람을 많이 죽이고, 군사를 일으켜 요동으로 향하려는 지경에 이르렀습니다. 이때 우군도통사 이성계가 상국의 국경을 범할 수 없다고 하면서 대의에 의거하여 군사를 돌이키니, 우禑는 이에 돕는 사람이 적은 것을 스스로 알고서, 두려워하여 왕위를 사양하여 아들 창昌에게 물려주니, 나라 사람들이 공민왕의 비 안씨의 명령을 받들어 왕씨의 종친인 정창부원군 요瑤로써 임시로 국사를 서리署理하게 한 지가 지금 4년이나 되었습니다. 요瑤가 또한 혼미하여 법에 어그러져서 충성하고 정직한 사람을 소원疏遠하게 하고, 참소하고 간사한 무리를 친근하게 하여, 시비를 변란시키고 훈구를 모함하며, 불신佛神에게 아첨하여 혹하고, 토목 공사를 함부로 일으켜 비용을 낭비함이 한도가 없으니, 백성들이 고통을 견딜 수가 없었습니다. 아들 석이 어리석고 무지하여 주색이 방종하며 여러 소인을 모아 충성하고 정직한 사람을 모해하였으며, 또 그 신하 정몽주 등이 간사한 계책을 몰래 이루어 난의 발단을 일으키고자 하여, 이에 훈신 이성계·조준·정도전·남은 등을 임시로 국사를 서리하는 요瑤에게 참소하고, 유사有司로 하여금 논핵하여 해칠 것을 꾀했으나, 나라 사람들이 분개하고 원망하여 몽주를 함께 목 베었습니다. 임시로 국사를 서리하는 요가 그래도 허물을 고치지 아니하고 또 살육할 것을 꾀하므로, 온 나라 신민들이 실로 사직과 백성이 모두 그 해를 입을까 염려하고 두려워하여 거조를 잃고서는 어찌할 수가 없었습니다. 모두 생각하기를 이 같은 짓으로는 이 백성들을 다스리고 사직을 받들기가 어렵다고 하여, 홍무 25년(1392년) 7월 12일에 공민왕의 비 안씨의 명령으로써 요를 사제에 물러가 있게 하였습니다. 간절히 생각하옵건대, 군정과 국정의 사무는 하루라도 통솔이 없어서는 안 될 것이므로, 종친 중에서 가려 뽑아 보니 세상의 인망에 당할 만한 사람이 없었습니다. 오직 문하시중 이성계는 은택이 백성들에게 입혔으며, 공로는 사직에 있어서,

조정과 민간의 마음이 일찍부터 모두 진심으로 붙좇았으므로, 이에 온 나라의 대소신료와 한량·기로·군민들이 모두 왕으로 추대하기를 원하여, 지밀직부사 조반으로 하여금 앞서 조정에 가서 주달(임금께 아룀)하게 하오니 삼가 바라옵건대, 번거롭게 아뢰옴을 밝게 살펴서 여러 사람의 뜻을 굽어 따라서, 한 나라의 백성을 편안하게 하소서."

― 『태조실록』 1권, 태조 1년 7월 18일

1392년 7월 28일, 이성계의 즉위 교서

중외의 대소신료와 한량·기로·군민(軍民)들에게 교지를 내리었다.

"왕은 이르노라. 하늘이 많은 백성을 낳아서 군장을 세워, 이를 길러 서로 살게 하고, 이를 다스려 서로 편안하게 한다. 그러므로, 군도가 득실이 있게 되어, 인심이 복종과 배반함이 있게 되고, 천명의 떠나가고 머물러 있음이 매였으니, 이것은 이치의 떳떳함이다. 홍무 25년(1392년) 7월 16일 을미에 도평의사사와 대소신료들이 말을 합하여 왕위에 오르기를 권고하기를, '왕씨는, 공민왕이 후사가 없이 세상을 떠남으로부터 신우가 사이를 틈타서 왕위를 도적질했다가, 죄가 있어 사양하고 물러갔으나, 아들 창(昌)이 왕위를 물려받았으므로 국운이 다시 끊어졌습니다. 다행히 장수의 힘에 힘입어 정창부원군으로써 임시로 국사를 서리하게 하였으나, 곧 혼미하고 법에 어긋난 행동을 하므로, 여러 사람이 배반하고 친척들이 이반하여 능히 종사를 보전할 수 없었으니, 이른바 하늘이 폐하는 바이므로 누가 능히 이를 흥하게 할 수 있겠습니까? 사직은 반드시 덕이 있는 사람에게 돌아가게 되고, 왕위는 오랫동안 비워 둘 수가 없는데, 공로와 덕망으로써 중외가 진심으로 붙좇으니, 마땅히 위호를 바르게 하여 백성의 뜻을 안정하게 하소서.' 하였다. 나는 덕이 적은 사람이므로 이 책임을 능히 짊어질 수 없을까 두려워하여 사양하기를 두세 번에 이르렀으나, 여러 사람이 말하기를, '백성의 마음이 이와 같으니 하늘의 뜻도 알 수 있습니다. 여러 사람의 요청도 거절할 수가 없으며, 하늘의 뜻도 거스릴 수가 없습니다.' 하면서, 이를 고집하기를 더욱 굳게 하므로, 나는 여러 사람의 심정에 굽혀 따라, 마지못하여 왕위에 오르고, 나라 이름은 그전대로 고려라 하고, 의장과 법제는 한결같이 고려의 고사에 의거하게 한다. 이에 건국의 초기를 당하여 마땅히 관대한 은혜를 베풀어야 될 것이니, 모든 백성에게 편리한 사건을 조목별로 후면에 열거한다. 아아, 내가 덕이 적고 우매하여 사정에 따라 조치하는 방법을 알지 못하는데, 그래도 보좌하는 힘을 힘입어 새로운 정치를 이루려고 하니, 그대들 여러 사람은 나의 지극한 마음을 몸받게 하라.

1. 천자는 칠묘[171]를 세우고 제후는 오묘[172]를 세우며, 왼쪽에는 종묘를 세우고 오른쪽에는 사직을 세우는 것은 옛날의 제도이다. 그것이 고려 왕조에서는 소목[173]의 순서와 당침의 제도가 법도에 합하지 아니하고, 또 성 밖에 있으며, 사직은 비록 오른쪽에 있으나 그 제도는 옛날의 것에 어긋남이 있으니, 예조에 부탁하여 상세히 구명하고 의논하여 일정한 제도로 삼게 할 것이다.
1. 왕씨의 후손인 왕우에게 기내의 마전군을 주고, 귀의군으로 봉하여 왕씨의 제사를 받들게 하고, 그 나머지 자손들은 외방에서 편리한 데에 따라 거주하게 하고, 그 처자와 동복(사내아이 종)들은 그전과 같이 한곳에 모여 살게 하고, 소재 관사에서 힘써 구휼하여 안정된 처소를 잃지 말게 할 것이다.
1. 문무 두 과거는 한 가지만 취하고 한 가지는 버릴 수 없으니 중앙에는 국학과 지방에는 향교에 생도를 더 두고 강학을 힘쓰게 하여 인재를 양육하게 할 것이다. 그 과거의 법은 본디 나라를 위하여 인재를 뽑았던 것인데, 그들이 좌주[174]니 문생이니 일컬으면서 공적인 천거로써 사적인 은혜로 삼으니, 매우 법을 제정한 뜻이 아니다. 지금부터는 중앙에는 성균정록소[175]와 지방에는 각도의 안렴사가 그 학교에서 경의에 밝고 덕행을 닦은 사람을 뽑아, 연령·본관·삼대와 경서에 통하는 바를 잘 갖추어 기록하여 성균관장이소에 올려, 경에서 통하는 바를 시강하되 사서로부터 오경과 『통감』 이상을 통달한 사람을, 그 통달한 경서의 많고 적은 것과 알아낸 사리의 정밀하고 소략한 것으로써 그 높고 낮은 등급을 정하여 제일장으로 하고, 입격한 사람은 예조로 보내면, 예조에서 표문·장주·고부를 시험하여 중장으로 하고, 책문[176]을 시험하여 종장으로 할 것이며, 삼장을 통하여 입격한 사람 33명을 상고하여 이조로 보내면, 이조에서 재주를 헤아려 탁용하게 하고, 감시는 폐지할 것이다. 그 강무하는 법은 주장한 훈련관에서 때때로 『무경칠서』[177]와 사어의 기술을 강습

---

171) **칠묘**七廟: 주대周代의 천자天子의 종묘. 곧 태조의 종묘와 삼소三昭·삼목三穆의 총칭.
172) **오묘**五廟: 제후의 종묘. 곧 태조의 종묘와 이소二昭·이목二穆의 총칭.
173) **소목**昭穆: 종묘에 신주神主를 모시는 차례. 천자는 태조계를 중앙에 모시고, 2세·4세·6세는 소昭라 하여 왼편에, 3세·5세·7세는 목穆이라 하여 오른편에 모시어, 3소·3목의 칠묘七廟가 되고, 제후는 2소·2목의 오묘가 되며, 대부는 1소·1목의 삼묘三廟가 됨.
174) **좌주**座主: 고려 때 감시監試의 급제자가 시관試官을 일컫는 경칭.
175) **성균정록소**成均正錄所: 성균관의 직원直員이 시정時政을 뽑아 적어서 보관하던 곳.
176) **책문**策問: 시무時務의 문제問題.
177) **『무경칠서』**武經七書: 일곱 가지의 병서兵書. 곧 『손자』·『오자』·『사마법』·『위료자』·『황석공삼략』·

시켜, 그 통달한 경서의 많고 적은 것과 기술의 정하고 거친 것으로써 그 높고 낮은 등급을 정하여, 입격한 사람 33명을 출신패를 주고, 명단을 병조로 보내어 탁용(많은 사람 가운데에서 뽑아 씀)에 대비하게 할 것이다.

1. 관혼상제는 나라의 큰 법이니, 예조에 부탁하여 경전을 세밀히 구명하고 고금을 참작하여 일정한 법령으로 정하여 인륜을 후하게 하고 풍속을 바로잡을 것이다.
1. 수령은 백성에게 가까운 직책이니 중시하지 않을 수 없다. 그것을 도평의사사와 대간·육조로 하여금 각기 아는 사람을 천거하게 하여, 공평하고 청렴하고 재간이 있는 사람을 얻어 이 임무를 맡겨서 만 30개월이 되어, 치적이 현저하게 나타난 사람은 발탁 등용시키고, 천거된 사람이 적임자가 아니면 천거한 사람에게 죄가 미치게 할 것이다.
1. 충신·효자 의부·절부는 풍속에 관계되니 권장해야 될 것이다. 소재관사로 하여금 순방하여 위에 아뢰게 하여 우대해서 발탁 등용하고, 문려를 세워 정표하게 할 것이다.
1. 환과고독[178]은 왕정으로서 먼저 할 바이니 마땅히 불쌍히 여겨 구휼해야 될 것이다. 소재관사에서는 그 굶주리고 곤궁한 사람을 진휼하고 그 부역을 면제해 줄 것이다.
1. 외방의 이속이 서울에 올라와서 부역에 종사함이 기인[179]과 막사와 같이 하여, 선군[180]을 설치함으로부터는 스스로 그 임무가 있었으나, 법이 오래 되매 폐단이 생겨서 노역을 노예와 같이 하니, 원망이 실로 많다. 지금부터는 일체 모두 폐지할 것이다.
1. 전곡의 경비는 나라의 떳떳한 법이니, 의성창·덕천창 등의 여러 창고와 궁사는 삼사[181]의 회계 출납하는 수효에 의뢰하고, 헌사의 감찰은 풍저창과 광흥창의 예에 의거하여 할 것이다.
1. 역과 관을 설치한 것은 명령을 전달하기 위한 것인데, 근래에 사명이 번거롭게 많아서 피폐하게 되었으니 진실로 민망스럽다. 지금부터는 차견하는 공적인 사행에게 '관에서' 급료를 주는 일을 제외하고는, 사적인 용무로 왕래하는 사람은 지위의 높고 낮은 것을 논할 것 없이 모두 공급을 정지하게 하고, 이를 어긴 사람은 주객主客을

『육도』·『이위공문대』임.

178) **환과고독**鰥寡孤獨: 의지할 곳 없이 외로운 처지에 있는 사람.
179) **기인**其人: 고려 초기에 향리의 자제를 뽑아 서울에 데려와서 볼모로 삼는 한편, 그 출신 지방의 사정에 관한 고문을 삼았음.
180) **선군**選軍: 고려 때 군사를 뽑는 일을 맡아 보던 관아.
181) **삼사**三司: 고려 때 전곡錢穀의 출납과 회계의 사무를 맡아 보던 관아.

모두 논죄하게 할 것이다.
1. 배를 탄 군사는 위험한 곳에 몸을 맡기고 힘을 다하여 적을 방어하니, 불쌍히 여겨 구휼해야 될 처지이다. 그 소재관사로 하여금 부역을 감면해 주게 하고 조호[182]를 더 정하여 윤번으로 배를 갈아타게 하고, 그 생선과 소금에서 나는 이익은 그들이 스스로 취하도록 허용하고 관부에서 전매하지 못하게 할 것이다.
1. 호포를 설치한 것은 다만 잡공을 감면하기 위함인데, 고려의 말기에는 이미 호포를 바치게 하고 또한 잡공도 징수하여 백성의 고통이 적지 않았으니, 지금부터는 호포를 일체 모두 감면하고, 그 각도에서 구운 소금은 안렴사에게 부탁하여 염장관에게 명령을 내려 백성들과 무역하여 국가의 비용에 충당하게 할 것이다.
1. 국둔전은 백성에게 폐해가 있으니 음죽의 둔전을 제외하고는 일체 모두 폐지할 것이다.
1. 고려의 말기에는 형률이 일정한 제도가 없어서, 형조·순군부·가구소[183]가 각기 소견을 고집하여 형벌이 적당하지 못했으니, 지금부터는 형조는 형법·청송·국힐을 관장하고, 순군은 순작·포도·금란을 관장할 것이며, 그 형조에서 판결한 것은 비록 태죄를 범했더라도 반드시 사첩[184]을 취하고 관직을 파면시켜 누가 자손에게 미치게 하니, 선왕의 법을 만든 뜻이 아니다. 지금부터는 서울과 지방의 형을 판결하는 관원은 무릇 공사의 범죄를, 반드시『대명률』[185]의 선칙을 추탈하는 것에 해당되어야만 사첩을 회수하게 하고, 자산을 관청에 몰수하는 것에 해당되어야만 가산을 몰수하게 할 것이며, 그 부과[186]해서 환직하는 것과 수속해서 해임하는 것 등의 일은 일체 율문에 의거하여 죄를 판정하고, 그전의 폐단을 따르지 말 것이며, 가구소는 폐지할 것이다.
1. 전법은 한결같이 고려의 제도에 의거할 것이며, 만약 증감할 것이 있으면 주장관이 재량하여 위에 아뢰어 시행할 것이다.
1. 경상도의 배에 싣는 공물은 백성에게 폐해가 있으니 또한 마땅히 감면할 것이다.
1. 유사가 상언하기를, '우현보·이색·설장수 등 56인이 고려의 말기에 도당을 결성하

---

182) **조호**助戶 : 봉족奉足.
183) **가구소**街衢所 : 순검군에게 체포된 범금자를 구치 치죄하는 일종의 구류소와 같은 것임.
184) **사첩**謝貼 : 직첩職貼.
185) 『**대명률**大明律』: 중국 명대의 기본적인 형법전.
186) **부과**附過 : 공무상 과실이 있을 때 곧 처벌하지 않고 관원 명부에 적어 두는 것.

여 반란을 모의해서 맨처음 화단을 일으켰으니, 마땅히 법에 처하여 장래의 사람들을 경계해야 될 것입니다.' 하나, 나는 오히려 이들을 가엾이 여겨 목숨을 보전하게 하니, 그 우현보·이색·설장수 등은 그 직첩을 회수하고 폐하여 서인으로 삼아 해상으로 옮겨서 종신토록 같은 계급에 끼이지 못하게 할 것이며, 우홍수·강회백·이숭인·조호·김진양·이확·이종학·우홍득 등은 그 직첩을 회수하고 장 1백 대를 집행하여 먼 지방으로 귀양보내게 할 것이며, 최을의·박홍택·김이·이내·김묘 등은 그 직첩을 회수하고 장杖70대를 집행하여 먼 지방으로 귀양보내게 할 것이며, 김남득 등은 그 직첩을 회수하고 먼 지방에 방치할 것이며, 성석린 등은 각기 본향에 안치할 것이며, 그 나머지 무릇 범죄한 사람은 일죄로서 보통의 사유에 용서되지 않는 죄를 제외하고는, 이죄二罪 이하의 죄는 홍무 25년(1392년) 7월 28일 이른 새벽 이전으로부터 이미 발각된 것이든지 발각되지 않은 것이든지 모두 이를 사면할 것이다."

교서는 정도전이 지은 것이다. 정도전은 우현보와 오래 된 원한이 있었으므로, 무릇 우씨의 한집안을 모함하는 것은 도모하지 않은 것이 없었으나, 그 실정에는 맞지 않았다. 이때에 이르러 10여 인으로써 원례로 삼아 극형에 처하려고 하여, 조목마다 자질구레하게 획책하여 임금에게 바쳤다. 임금이 도승지 안경공으로 하여금 이를 읽게 하고는 놀라면서 말하기를,

"이 무리들이 어찌 극형에 이르겠는가? 마땅히 모두 논죄하지 말라."

도전 등이 감등하여 과죄할 것을 청하니, 임금이 말하였다.

"한산군[187])과 우현보와 설장수는 비록 감등하더라도 또한 형벌을 가할 수는 없으니, 결코 다시 말하지 말라."

도전 등이 다시 나머지 사람들에게 장형을 집행할 것을 청하니, 임금이 곤장을 받은 사람은 죽지 않을 것이라 여겨, 이를 강제로 말리지 아니하였다. ㅡ『태조실록』1권, 태조 1년 7월 28일

> **實錄記事** 1392년 7월 30일, 도당에서 이색 등을 도서 지방으로 귀양보내도록 청했으나 내륙으로 유배토록하다

도평의사사에서 전일의 교서에 기재된 먼 지방으로 귀양보낼 사람은 무릉·추자도와 제주 등지로 나누어 귀양보내기를 청하니, 임금이 말하였다.

"교서에 이미 '내가 오히려 이들을 불쌍히 여긴다.'고 했는데, 지금 또 여러 섬으로 나누

---

187) **한산군**韓山君 : 이색.

어 귀양보낸다면 이는 신(信)을 잃는 것이다. 더구나, 사람이 없는 땅에 귀양보낸다면 의복과 음식을 어찌 얻겠는가? 반드시 모두 기한으로 죽게 될 것이다. 이 무리들이 비록 기내에 있더라도, 다시 어찌 모의하겠는가?"

마침내 여러 주에 나누어 귀양보내니, 이에 우현보는 해양으로, 이색은 장흥부로, 설장수는 장기로, 그 나머지 사람은 모두 연변의 주군으로 귀양가게 되었다. 사자를 각도에 보내어 우홍수 이하의 사람에게 곤장을 집행하되 차등이 있게 하니, 양광도에는 상장군 김로가, 경상도에는 상장군 손흥종이, 전라도에는 판군기감사 황거정이, 서해도의 서북면에는 판군자감사 장담이, 교주·강릉도에는 예빈경 전이(田易)가 가게 되었다. 교서가 처음 내리매, 정도전이 이색을 자연도로 귀양보내고자 하여 경기계정사 허주로 하여금 잡아 보내게 하였다. 허주가 자연도에는 사람이 없기 때문에 이를 어렵게 여겨, 그 구처할 것을 물으니, 도전이 대답하였다.

"섬에 귀양보내자는 것은 바로 바다에 밀어넣자는 것이다."

조금 뒤에 이색을 장흥으로 귀양보내라는 명령이 나오게 되니, 도전의 계획이 마침내 시행되지 못하였다.

― 『태조실록』 1권, 태조 1년 7월 30일

새 왕조의 국호를 '조선'으로 하다

이성계는 즉위 초에는 민심의 동요를 염려하여 국호를 '고려'라 했고, 차츰 새 왕조의 기틀을 다지고 고려의 체제에서 벗어났어요. 명나라에 책봉을 청하는 사신을 보냈지만 명나라 홍무제는 이성계를 정식 국왕으로 봉하지 않고 권지고려국사라는 직책을 내렸으나 그 후 명나라의 양해 아래 새 왕조의 국호를 '조선'[188]으로 확정하여 1393년(태조 2년) 3월 15일부터 새 국호를 사용하였다.

---

188) **조선**朝鮮 : 말의 어원에 '동방'과 '광명'이라는 뜻을 가지고 있어 땅이 동쪽에 있어 해 뜨는 곳, 또는 아침의 나라라고도 했다. 『삼국유사』에 의하면 단군왕검이 세운 나라의 국호도 조선이라고 해서 이를 구분하기 위해 이를 고조선이라 하고, 1392년 이성계가 신진사대부와 협력하여 고려에 이어 세운 왕조를 조선이라고 했다. 조선왕조는 제1대 태조 이성계부터 제27대 순종까지 519년 동안 계속되었고, 조선이라는 이름은 1897년 고종이 황제로 즉위한 뒤 국호를 대한이라고 고칠 때까지 505년 동안 사용되었다. 조선왕조는 근세조선·이씨조선이라고도 부른다.

개경에 있던 수도를 한양으로 옮기다

이성계는 유교를 숭상하고 불교를 배척하는 숭유억불[189] 정책과 주변국에 대한 사대교린[190] 정책을 썼습니다.

백성의 생활이 안정되기도 전에 큰 역사를 벌임은 옳지 않다는 천도 반대론을 물리치고 재위 3년(1394년) 8월 이성계는 신도궁궐조성도감을 설치하여 새 도읍지의 도시 계획을 구상, 천도를 명령했어요. 처음 도읍지 후보로 지목된 곳은 충청남도에 있는 계룡산이었으나, 하륜[191]이 계룡산은 땅이 좁고 토지가 비옥하지 않으며 금강과도 멀리 떨어져 있다는 이유를 들어 천도에 반대하는 상소를 올렸어요. 계룡산 대신 하륜이 무악(지금의 서울특별시 서대문구 신촌 일대)을 추천했으나 정도전의 반대로 중지되었지요. 이성계는 왕사 무학, 정도전, 하륜 등과 함께 새 도읍지 한양(지금 서울)을 둘러보았다.

『연려실기술』[192]에 한양을 새로운 왕조의 도읍지로 추천한 것은 무학대사[193]로, 삼각산(서울 북한산)에 이어 목멱산(서울 남산)을 거쳐 백악산(서울 북악산) 아래

---

189) **숭유억불**崇儒抑佛 : 조선 초기에 불교를 국가 교학에서 제외하고 유교만을 유일한 지배 이념으로 확립하기 위해 시행한 정책이다.

190) **사대교린**事大交隣 : 조선이 주변 나라들에 취한 외교 정책을 말한다. 중국에는 사대 정책으로, 일본 및 유구·여진 등의 나라에는 교린정책으로 구분할 수 있다. 전근대 동아시아 국제사회에서는 중국과 이웃 나라들 간에 정치적·군사적인 긴장 관계를 완화하고 상호 공존하기 위한 사대교린의 외교 정책을 추구하였다.

191) **하륜**河崙 : 정도전과 대립하며 이방원이 왕위에 오르는 데 기여한 조선 초의 문신이다. 1388년 최영의 요동정벌계획을 극력 반대하다가 양주에 유배당했다. 그해 여름 이성계의 위화도회군으로 최영이 제거되자 관직을 회복했다. 이색, 정몽주 등과 정치적 입장을 같이함으로써 초기에는 조선왕조 건국에 반대했으나 정치적 변신을 해 경기좌도도관찰출척사가 됐다. 1396년 예문춘추관학사로 임명됐을 때 명나라와의 표전시비로 정도전과 정면으로 대립했다. 이에 정도전의 미움을 사게 돼 계림부윤으로 좌천됐다. 이후 이방원과 급속히 가까워져 제1차 왕자의 난 때 이방원을 적극 지지했다. 태종 즉위 후 왕명으로 함길도 선왕의 능침을 순심하고 돌아오는 도중에 사망했다.

192) 『**연려실기술**燃藜室記述』: 조선 후기 실학자 이긍익이 조선시대의 정치·사회·문화를 기사본말체로 서술한 역사서이다.

의 땅(지금의 서울특별시 종로구 필운동)에 도착한 무학대사는 인왕산(서울 인왕산)을 주산으로 삼고 북악산과 남산으로 좌우 용호(용과 호랑이)를 삼는 이곳을 궁궐터로 정하고 이성계에게 아뢰었어요. 무학은 이곳이 적당하다고 생각했지만, 한 노인이 소를 타고 지나가다가 "이놈의 소! 미련하기가 무학과 꼭 같구나. 바른길을 버리고 굽은 길을 찾

무학대사

아가다니, '이랴!'"라고 소리 질렀다고 해요. 무학대사는 노인을 쫓아가 명당을 알려달라고 간청했고, 노인은 "여기서 서쪽으로 십 리를 더 가면 알 일이다."라고 말하고 사라졌다고해요. 무학대사는 태조에게 명당을 보고하였고 정도전 등이 찬성하자, 이성계는 그곳으로 도읍지를 정했어요. 그곳이 지금의 북악산 밑, 경복궁 자리였다고 해요. 하지만 실록에는 이성계 본인이 한양으로 천도를 결정한 주체였다고 되어 있어요. 새 도읍지 한양은 '조운이 잘 통하고 사방의 배가 들어올 수 있고 사방으로 흐르는 물이 잔잔하니 사람들에게 편리하다.'는 이유였습니다.

1393년 9월 착공해 1396년 9월까지 태묘·사직·궁전 등과 숙정문·흥인지문·숭례문·돈의문의 4대문과 광희문·소덕문·창의문·홍화문의 4소문 등 왕성의 규모를 갖추었어요.

1394년(태조 3년) 10월 이성계는 문무백관을 거느리고 개경에서 한양으로 왔어요. 새 도읍지의 이름을 한성부로 고쳤지요. 12월부터 궁궐 건축을 시작했어요. 왕씨의 본거지 개경을 버리고 한양으로 천도하여 도성을 신축하는 등 국가의 새로운 면모를 갖추기 시작했습니다.

1395년(태조 4년) 9월 중앙에 경복궁과 동쪽에 종묘, 서쪽에 사직이 완성되었어요. 이듬해에 북으로 백악산(서울 북악산), 동으로 낙산(서울 동대문 부근 산), 남으로 목멱산(서울 남산), 서로 안산(서울 신촌 부근 산) 잇는 도성과 사대문이 완성되었어요.

---

193) **무학대사**無學大師 : 고려 말기~조선 초기의 승려이다. 속성은 박이고 이름은 자초이며, 법명은 무학·계월헌이다. 이성계에 의해 왕사가 되었으며, 한양 천도를 도왔다.

정도전이 모든 공사를 지휘, 감독했으며, 경복궁의 이름은 물론, 정전인 근정전, 경복궁의 남문인 광화문과 숭례문·흥인문 등 서울의 모든 궁궐과 문의 이름을 짓고 수도의 행정 분할도 손수 결정했다. 물론 이 모든 것은 모두 이씨왕조를 반석 위에 놓고 왕실을 오래 유지하고자 하려는 의지에서 나왔다.

1395년(태조 4년)에는 도성축조도감이라는 관청을 설치, 성을 쌓기 위한 기초 측량을 했어요. 총책임자로 정도전을 임명했어요. 1396년(태조 5년)부터 쌓기 시작한 한양 성곽은 1년여 만에 완성되었습니다.

제도 정비와 법전 편찬 등 국가 기틀을 수립하다

태조는 관제를 비롯한 국가 전반 시설을 정비하고 1394년에는 정도전과 좌시중 조준 등으로 하여금 『조선경국전』, 『경제육전』 등을 찬집하게 하여 반포하였다. 태조 대 정치는 도평의사사를 중심으로 국왕의 권력이 우위에 있으면서 재상들과 논의하여 정책을 시행하는 체제로, 이는 고려 말 7~80여 명에 이르는 인원으로 운영하던 도평의사사를 공신들 및 관료들의 합좌 기구로 정리하여, 의정부와 육조 체제로 이행하는 과도기의 정치 방식이었으며 태조의 왕권은 도평의사사에 직접 국왕의 명령을 하달하는 등 강력한 것이었다. 또한 기존 도평의사사에서 막대한 권한을 가진 채로 국왕과의 정치적 의사소통 및 권력을 독점한 내재추를 혁파했다. 그리고 동서대비원·혜민국 등 고려 시대에 있던 사회제도를 계승하였다.

숭유척불정책을 시행해 한양에 성균관, 지방에는 향교를 세워 유학의 진흥을 꾀하고 불교를 배척하는 정책을 새 왕조의 기반과 기본정책으로 삼았습니다.

사병 혁파와 1차 왕자의 난이 일어나다

세자 자리를 두고 신덕왕후 강씨 소생의 의안대군 방석[194]이 세자로 책봉되자 정비인 신의왕후 한씨 소생의 왕자들은 이에 크게 불만을 나타냈으며 그것은 누구보다 조선 개국에 공이 컸던 이방원[195]도 마찬가지였다. 태조는 개국 이후 군권 분장정책을 통해 영안군 이방과(훗날 정종), 정안군 이방원, 무안군 이방번[196], 세자의 매제 흥안군 등에게 절제사 직임을 수여해 군권을 분할했으며, 이것은 종친의 정치

이천우

참여를 금지하는 원칙에 위배되고 군권을 국왕의 통제 아래에 놓는 일원적 지배 체제에 위배되었으므로, 개국 초부터 태조의 지시 아래 정도전은 사병 혁파를 추진하고 있었다. 이에 반발한 이방원은 1398년에 부왕 태조가 와병 중임을 틈타 아내 민씨의 후원과 이숙번[197]·하륜[198]·조영무[199] 등 사병 혁파 반대 세

---

194) **방석**芳碩(**의안대군**宜安大君): 태조 이성계의 여덟째 아들이자 막내아들이며 조선의 첫 왕세자이다. 태조의 왕비(제2비)인 신덕왕후 강씨의 소생이다. 조선 최초로 세자에 책봉되었으나, 제1차 왕자의 난으로 인하여 폐위되고 향년 17세로 암살되었다.

195) **이방원**李芳遠: 왕권 강화로 조선의 기틀을 다진 조선 3대 왕 태종이자 이성계의 다섯째 아들로 혼란스러운 시대에 과감한 결단으로 조선왕조를 세우는 데 큰 역할을 했으며, 개국 후 정적인 개국공신 정도전을 제거하고 왕자의 난에서 승리하여 정권을 잡고 왕위에 올랐다. 개국 초 고려의 제도를 혁신해 새로운 제도를 세우고, 군사 제도를 완전히 바꾸어 사병을 없애 중앙의 권력을 강화했다. 불교를 억제하고 유교를 사회 질서 유지의 근간으로 삼았다.

196) **이방번**李芳蕃: 어머니는 신덕왕후 강씨이고, 부인은 귀의군 왕우의 딸이다. 1392년(태조 1년) 8월 무안군에 책봉되었다. 이성계의 사랑을 받아 세자로 내정되었으나, 조준·정도전·배극렴 등 대신들의 반대로 세자위가 동모제인 방석에게 돌아갔다. 그 뒤 1398년 8월 정안군 방원(태종)이 방석의 세자책봉과 정도전 일파의 병권 장악에 반대해 일으킨 제1차 왕자의 난 때 방석과 함께 살해되었다. 태종 즉위 후 휼전이 추거되었고, 1437년(세종 19년) 세종의 다섯째 아들 광평대군이 후사가 되었다. 숙종 때 대군에 추증되었다.

197) **이숙번**李叔蕃: 1393년(태조 2년) 식년문과에 병과로 급제하였다. 조선 태종 이방원의 측근이었다. 충청도 관찰사로서 정도전 등을 참살하고 태종으로부터 정사공신의 호를 받았다. 1400년 박포의 난을 평정한 공으로 좌명공신의 호를 받고 안성군에 봉해졌으며 1402년 안변부사 조사의가 반란을 일으켰을 때 출정하여 진압하였다. 그러나 태종의 양위 파동 당시 50세나 되어 양위하면 된다고 언급하여 태종의 비위를 거슬렸다. 그 뒤 공을 믿고 거만하고 사치스레 굴어 1417년 벼슬을 잃고 경상도 함양으로 유배되었다. 세종 때 『용비어천가』를 만들기 위해 풀려나왔다가 책이 완성되자, 다시 함양으로 유배되어 그곳에서 죽었다.

198) **하륜**河崙: 경상도 진주 출생. 고려 말 조선 초의 문신이다. 아버지는 부사 하윤린이며, 권문세

력, 이화²⁰⁰⁾·사촌 이천우²⁰¹⁾·처남 민무구²⁰²⁾·민무질²⁰³⁾ 등 종친, 외척과 결탁해 제1차 왕자의 난을 일으켜 정도전·남은·심효생 등의 개국공신들과 이복

족인 이인임의 조카 사위이다. 이인복, 이색의 문인이다. 고려 말 정몽주, 남은, 권근 등과 함께 신진사대부를 형성했고, 처음에는 역성혁명에 반대하다가 1392년 이성계의 조선 건국에 참여했다. 정도전과 함께 한양 천도를 적극 주장했고, 1393년 정도전이 쓴 표전문이 불손하다는 이유로 홍무제가 문책하자 명나라에 가서 사태를 해결하였다. 1398년 제1차 왕자의 난과 1400년(정종 2년) 제2차 왕자의 난 때 이방원을 도와 태종 즉위 후 좌명공신 1등에 책록되었다. 좌의정을 역임하고 1416년에 70세로 치사하여 진산부원군이 되었다.

199) **조영무**趙英茂 : 이성계를 도와 조선개국에 가담하였고, 이방원과 함께 정몽주를 제거하였다. 제1차, 제2차 왕자의 난 당시 이방원을 도운 공로로 정사공신 1등, 좌명공신 1등에 녹훈되었다. 이방원의 심복 장수로, 1392년에는 이방원의 명을 받아 정몽주를 선죽교에서 제거하고 조선이 건국되었을 때 개국공신 3등에 봉해졌으며 한산백에 봉작되었다. 뒤에 한산군으로 개봉되었다가 부원군으로 진봉한다. 그 뒤 태조 치세 때는 중추원상의사, 충청도 도절제사가 되었으며 제1차 왕자의 난에 가담하였다. 1402년(태종 2년)에 일어난 조사의 난은 조영무·이무 등을 죽이기 위한 것이라고 한다. 이후 두 차례의 왕자의 난에서 이방원의 편에서 큰 공을 세워 정사공신 1등에 봉해졌다.

200) **이화**李和 : 조선 초의 왕족, 무신, 문신이다. 고려에서 교주삭방강릉도 조전원수, 조선 건국 후 개국좌명공신 1등, 제1차 왕자의 난에는 이방원을 도와 정사공신 1등, 제2차 왕자의 난에도 이방원을 도와 좌명공신 2등에 책록되었다.

201) **이천우**李天祐 : 조선 초기의 문신, 무신, 군인이자 조선의 왕족 종실이다. 1392년 조선 건국에 참여하였으며, 이후 왕위 계승권을 놓고 갈등을 보이자 그는 이방원의 편에 가담하였다. 제1차 왕자의 난 때 이방원을 도와 정도전 일파 숙청에 가담하였고, 제2차 왕자의 난 때도 이방원을 도왔다. 1398년(태조 7년) 완산후에 봉작되었다가 1401년 완산군으로 개봉되고, 이듬해 1402년에는 부원군으로 진봉하여 완산부원군이 되었다.

202) **민무구**閔無咎 : 조선시대 초기의 무신이자 왕가의 외척이다. 민변의 손자이고 민제의 아들이며 원경왕후의 동생이자 민무질·민무휼·민무회의 형이다. 본관은 여흥이다. 제1차 왕자의 난에 공을 세워 정사공신 1등으로 여강군에 피봉되고, 1402년 승추부참지사로 승진하였다. 일찍이 정도전의 음모 사실을 태종에게 밀고한 바 있었으나 후에 1410년 이화 등의 탄핵을 받아 연안에 유배된 뒤 동생 민무질과 함께 사약을 받아 죽었다.

203) **민무질**閔無疾 : 조선시대 초기의 무신이자 외척으로 민변의 손자이고 민제의 아들이며 원경왕후와 민무구의 동생이자 민무휼·민무회의 형이며 본관은 여흥이다. 제1차 왕자의 난에 공을 세워 좌명공신 1등으로 여성군에 피봉되고, 1403년 예문관 총제로서 왕명에 따라 〈시전〉을 자본으로 하여 구리로 활자 수십만 자를 주조하였다. 일찍이 정도전의 음모 사실을 태종에게 밀고한 바 있었으나 후에 1410년 이화 등의 탄핵을 받아 장단에 유배된 뒤 형 민무구와 함께 사약을 받아 죽었다.

동생인 무안대군 방번·세자 방석 등을 살해하고 정권을 장악하였다. 이 일이 있은 후 얼마 안 가 태조는 권력에 대한 회의를 느끼고 영안군 방과에게 보위를 물려주고 함흥으로 떠났다. 왕위를 물려받은 태조의 둘째 아들 방과가 바로 조선의 제2대 국왕 정종이다. 이때 아버지 이성계의 서형인 이원계의 아들들이 그를 지지하고 정안군 이방원이 국정을 장악한다.

> **實錄記事** 1398년 8월 26일, 제1차 왕자의 난, 정도전·남은·심효생 등이 숙청되다

봉화백 정도전·의성군 남은과 부성군 심효생 등이 여러 왕자를 해치려 꾀하다가 성공하지 못하고 참형을 당하지요. 처음에 임금이 정안군(방원, 훗날 태종)의 건국한 공로는 여러 왕자들이 견줄 만한 이가 없음으로써 특별히 대대로 전해 온 동북면 가별치 5백여 호를 내려 주고, 그 후에 여러 왕자들과 공신으로써 각도의 절제사로 삼아 시위(임금을 모셔 호위함)하는 병마를 나누어 맡게 하니, 정안군은 전라도를 맡게 되고, 무안군 이방번은 동북면을 맡게 됩니다. 이에 정안군이 가별치를 방번에게 사양하니, 방번은 이를 받고 사양하지 않았는데, 임금도 이를 알고 또한 돌려주기를 요구하지 않습니다. 정도전과 남은 등은 권세를 마음대로 부리고자 하여 어린 서자를 꼭 세자로 세우려고 할 때, 심효생은 외롭고 한미(寒微 : 가난하고 지체가 변변하지 못함)하면 제어하기가 쉽다고 생각하여, 그 딸을 부덕(부녀자가 지켜야 할 덕행)이 있다고 칭찬하여 세자 이방석의 빈嬪으로 만들게 하고, 세자의 동모형(한 어머니에게서 태어난 형)인 방번과 자부(자형)인 흥안군 이제 등과 같이 모의하여 자기편 당을 많이 만들고는, 장차 여러 왕자들을 제거하고자 몰래 환자(내시) 김사행을 사주하여 비밀히 중국의 여러 황자들을 왕으로 봉한 예에 의거하여 여러 왕자를 각도에 나누어 보내기를 계청하였으나, 임금이 대답하지 아니한다. 그 후에 임금이 정안군에게 넌지시 타이르기를,

 "외간(친척이 아닌 남)의 의논을 너희들이 알지 않아서는 안 되니, 마땅히 여러 형들에게 타일러 이를 경계하고 조심해야 될 것이다."

도전 등이 또 산기상시 변중량을 사주하여 소疏를 올려 여러 왕자의 병권을 빼앗기를 청함이 두세 번에 이르렀으나, 임금은 윤허하지 않으니 점占치는 사람 안식이 말합니다.

 "세자의 이모형(배다른 형) 중에서 천명을 받을 사람이 하나뿐이 아니다."

도전이 이 말을 듣고 말하였다.

 "곧 마땅히 제거할 것인데 무슨 근심이 있겠는가?"

의안군 이화가 그 계획을 알고 비밀히 정안군에게 알렸다. 이때에 이르러 환자 조순이

교지를 전하였다.

"내가 병이 심하니 사람을 접견하고 싶지 않다. 다만 세자 외에는 들어와서 보지 못하게 하라."

김사행과 조순은 모두 그들의 당여(같은 뜻을 가지고 한편이 되는 무리)였지요. 정도전·남은·심효생과 판중추 이근·전 참찬 이무·흥성군 장지화·성산군 이직 등이 임금의 병을 성문(省問: 안부를 묻다)한다고 핑계하고는, 밤낮으로 송현에 있는 남은의 첩의 집에 모여서 서로 비밀히 모의하여, 이방석·이제와 친군위도진무 박위·좌부승지 노석주·우부승지 변중량으로 하여금 대궐 안에 있으면서 임금의 병이 위독하다고 일컬어 여러 왕자들을 급히 불러 들이고는, 왕자들이 이르면 내노204)와 갑사205)로써 공격하고, 정도전과 남은 등은 밖에서 응하기로 하고서 기사일에 일을 일으키기로 약속하지만 이보다 먼저 정안군은 비밀히 지안산군사 이숙번에게 일렀지요.

"간악한 무리들은 평상시에는 진실로 의심이 없지마는, 임금이 병환이 나심을 기다려 반드시 변고를 낼 것이니, 내가 만약 그대를 부르거든 마땅히 빨리 와야만 될 것이다."

이때에 와서 민무구가 정안군의 명령으로써 이숙번을 불러서 이르게 되었다. 이때 임금의 병이 매우 급하니 정안군과 익안군 이방의·회안군 이방간·청원군 심종·상당군 이백경·의안군 이화와 이제 등이 모두 근정문 밖의 서쪽 행랑에서 모여 숙직하였는데, 이날 신시(오후 3시부터 5시까지)에 이르러 민무질이 정안군의 사저에 나아가서 들어가 정안군의 부인과 마주 앉아 이야기를 한참 동안 하니, 부인이 급히 종 소근을 불러 말하였다.

"네가 빨리 대궐에 나아가서 공△을 오시라고 청하라."

소근이 대답하였다.

"여러 군들이 모두 한 청에 모여 있는데, 제가 장차 무슨 말로써 아뢰겠습니까?"

부인이 말하였다.

"네가 내 가슴과 배가 창졸히 아픔으로써 달려와 아뢴다고 하면 공△께서 마땅히 빨리 오실 것이다."

소근이 말을 이끌고 서쪽 행랑에 나아가서 자세히 사실대로 알리니, 의안군이 청심환과 소합환206) 등의 약을 주면서 말하였다.

"마땅히 빨리 가서 병을 치료하십시오."

---

204) **내노**內奴 : 궁중에 속하여 궁중의 공역이나 내구의 잡역 따위를 맡아보던 노비.

205) **갑사**甲士 : 각 고을에서 뽑혀 서울의 수비를 맡던 의흥위의 군사.

206) **소합환**蘇合丸 : 사향·주사朱沙 따위를 원료로 하여 만든 환약.

정안군이 사저로 즉시 돌아오니, 조금 후에 민무질이 다시 와서 정안군 및 부인과 함께 세 사람이 서서 비밀히 한참 동안을 이야기하다가, 부인이 정안군의 옷을 잡고서 대궐에 나아가지 말기를 청하니, 정안군이 말하였다.

"어찌 죽음을 두려워하여 대궐에 나아가지 않겠소! 더구나 여러 형들이 모두 대궐안에 있으니 사실을 알리지 않을 수가 없소. 만약 변고가 있으면 내가 마땅히 나와서 군사를 일으켜 나라 사람들의 마음을 살펴보아야 될 것이오."

이에 옷소매를 떨치며 나가니, 부인이 지게문 밖에까지 뒤따라 오면서 말하였다.

"조심하고 조심하세요."

날이 이미 어두워졌다. 이때 여러 왕자들이 거느린 시위패를 폐하게 한 것이 이미 10여 일이 되었는데, 다만 방번만은 군사를 거느림이 그전과 같았다. 정안군이 처음에 군사를 폐하고 영중의 군기를 모두 불에 태워버렸는데, 이때에 와서 부인이 몰래 병장기를 준비하여 변고에 대응할 계책을 하였던 것이다. 이무는 본디부터 중립하려는 계획이 있어 비밀히 남은 등의 모의를 일찍이 정안군에게 알리더니, 이때에 와서 민무질을 따라와서 정안군을 뵈옵고 조금 후에 먼저 갔다. 이무는 무질의 가까운 인척이었고, 죽성군 박포도 또 그사이를 왕래하면서 저쪽의 동정을 몰래 정탐하였다. 이에 정안군은 민무구에게 명령하여 이숙번으로 하여금 병갑을 준비하여 본저의 문 앞에 있는 신극례의 집에 유숙하면서 변고를 기다리게 하고는, 그제야 대궐에 나아가서 서쪽 행랑에 들어가서 직숙하였다. 여러 군君들은 모두 말을 남겨두지 않았으나, 홀로 정안군만은 소근을 시켜 서쪽 행랑 뒤에서 말을 먹이게 하였다. 방번이 안으로 들어가려 하는데 정안군이 그를 부르니, 방번이 머리를 긁으며 머뭇거리다가 대답하지 않고 들어갔다. 밤 초경(저녁 7시에서 9시 사이)에 이르러 어느 사람이 안으로부터 나와서 말하였다.

"임금께서 병이 위급하여 병을 피하고자 하니, 여러 왕자들은 빨리 안으로 들어오되 종자(조캐)는 모두 들어오지 못하게 하시오."

화和·종㯙·제濟가 먼저 나가서 뜰에 서고, 정안군은 익안군·회안군·상당군 등 여러 군君들과 더불어 지게문 밖에 잠시 서 있다가, 비밀히 말하기를,

"옛 제도에 궁중의 여러 문에서는 밤에는 반드시 등불을 밝혔는데, 지금 보니 궁문에 등불이 없다."

하면서, 더욱 의심하였다. 화和와 제濟·종㯙은 먼저 안으로 들어갔으나, 정안군은 배가 아프다고 말하면서 서쪽 행랑 문밖으로 나와서 뒷간에 들어가 앉아서 한참 동안 생각하고 있는데, 익안군과 회안군 등이 달려나오면서 정안군을 두 번이나 부르니, 정안군이 말하기를,

"여러 형님들이 어찌 큰소리로 부르는가?"

하고, 이에 또 서서 양쪽 소매로써 치면서 말하였다.

"형세가 하는 수가 없이 되었다."

이에 즉시 말을 달려 궁성의 서문으로 나가니 익안군·회안군·상당군이 모두 달아나는데, 다만 상당군만은 능히 정안군의 말을 따라오고 익안군과 회안군은 혹은 넘어지기도 하였다. 정안군이 마천목을 시켜 방번을 불러 말하였다.

"나와서 나를 따르기를 바란다. 그 종말에는 저들이 너도 보전해 주지 않을 것이다."

방번이 안 행랑 방에 누웠다가, 마천목을 보고 일어나 앉아서 이 말을 다 듣고는 도로 들어가 누웠다. 방번의 겸종[207]은 모두 불량한 무리들로서 다만 활 쏘고 말 타기만 힘쓸 뿐이며, 또한 망령되이 세자의 자리를 옮기려고 꾀한 지가 오래되었다. 어느 날 방번에게 일렀다.

"우리들이 이미 중궁에 연줄이 있어 공_公으로 하여금 이방석의 자리를 대신하게 되어 교명이 장차 이르게 될 것이니, 청하건대 나가지 말고 기다리십시오."

방번이 이 말을 믿고 밖으로 나오지 않으니 사람들은 이를 비웃었다. 정안군은 그들이 서로 용납하지 못한 줄을 알고 있었던 까닭으로 방번을 나오라고 불렀으나 따르지 아니하였다. 정안군이 본저동구의 군영 앞길에 이르러 말을 멈추고 이숙번을 부르니, 이숙번이 장사 두 사람을 거느리고 갑옷 차림으로 나왔으며, 익안군·상당군·회안군 부자도 또한 말을 타고 있었다. 또 이거이·조영무·신극례·서익·문빈·심귀령 등이 있었으니, 이들은 모두 정안군에게 진심으로 붙좇는 사람인데, 이때에 이르러 민무구·민무질과 더불어 모두 모였으나, 기병은 겨우 10명뿐이고 보졸은 겨우 9명뿐이었다. 이에 부인이 준비해 둔 철창을 내어 그 절반을 군사에게 나누어 주었으며, 여러 군君의 종자(조카)들과 각 사람의 노복(사내종)이 10여 명인데 모두 막대기를 쥐었으되, 홀로 소근만이 칼을 쥐었다. 정안군이 달려서 둑소(둑)[208]의 북쪽 길에 이르러 이숙번을 불러 말하였다.

"오늘날의 일은 어찌하면 되겠는가?"

숙번이 대답하였다.

"일이 이미 이 지경에 이르렀으니 두려워할 필요는 없습니다. 군호를 내리기를 청합니다."

정안군이 산성_{山城}이란 두 글자로써 명하고 삼군부의 문앞에 이르러 천명을 기다리었다. 방석 등이 변고가 일어났다는 말을 듣고 군사를 거느리고 나와서 싸우고자 하여, 군사 예빈소경 봉원량을 시켜 궁의 남문에 올라가서 군사의 많고 적은 것을 엿보게 했는데, 광화문으로부터 남산에 이르기까지 정예한 기병이 꽉 찼으므로 방석 등이 두려워서 감

---

207) **겸종**_{傔從} : 양반집의 수청방에 있으면서 여러 가지 잡일을 맡아보고 시중을 드는 사람.

208) **둑소**_{纛所} : 원수_{元帥}의 대기_{大旗}가 있는 곳.

히 나오지 못하였으니, 그때 사람들이 신神의 도움이라고 하였다. 정안군이 또 숙번을 불러 말하였다.

"어찌하면 좋겠는가?"

숙번이 대답하였다.

"간당(간사한 무리)이 모인 장소에 이르러 군사로써 포위하고 불을 질러 밖으로 나오는 사람은 문득 죽이는 것이 좋겠습니다."

밤이 이경(오후 9시부터 11시까지)인데, 송현을 지나다가 숙번이 말을 달려 고하였다.

"이것이 소동이니 곧 남은 첩의 집입니다."

정안군이 말을 멈추고 먼저 보졸(보병)과 소근 등 10인으로 하여금 그 집을 포위하게 하니, 안장 갖춘 말 두서너 필이 그 문 밖에 있고, 노복은 모두 잠들었는데, 정도전과 남은 등은 등불을 밝히고 모여 앉아 웃으면서 이야기하고 있었다. 소근 등이 지게문을 엿보고 들어가지 않았는데, 갑자기 화살 세 개가 잇달아 지붕 기와에 떨어져서 소리가 났다. 소근 등이 도로 동구로 나와서 화살이 어디서 왔는가를 물으니, 숙번이 말하였다.

"내가 쏜 화살이다."

소근 등으로 하여금 도로 들어가 그 집을 포위하고 그 이웃집 세 곳에 불을 지르게 하니, 정도전 등은 모두 도망하여 숨었으나, 심효생·이근·장지화 등은 모두 살해를 당하였다. 도전이 도망하여 그 이웃의 전 판사 민부의 집으로 들어가니, 민부가 아뢰었다.

"배가 불룩한 사람이 내 집에 들어왔습니다."

정안군은 그 사람이 도전인 줄 알고 이에 소근 등 4인을 시켜 잡게 하였더니, 도전이 침실 안에 숨어 있는지라, 소근 등이 그를 꾸짖어 밖으로 나오게 하니, 도전이 자그만한 칼을 가지고 걸음을 걷지 못하고 엉금엉금 기어서 나왔다. 소근 등이 꾸짖어 칼을 버리게 하니, 도전이 칼을 던지고 문 밖에 나와서 말하였다.

"청하건대 죽이지 마시오. 한마디 말하고 죽겠습니다."

소근 등이 끌어내어 정안군의 말 앞으로 가니, 도전이 말하였다.

"예전에 공公이 이미 나를 살렸으니 지금도 또한 살려 주소서."

예전이란 것은 임신년209)을 가리킨 것이다. 정안군이 말하였다.

"네가 조선의 봉화백이 되었는데도 도리어 부족하게 여기느냐? 어떻게 악한 짓을 한 것이 이 지경에 이를 수 있느냐?"

이에 그를 목 베게 하였다. 처음에 정안군의 부인이 자기 스스로 정안군이 서서 있는 곳까

---

209) **임신년** : 이성계 즉위년.

지 이르러 그와 화패(재화災禍로 인한 실)를 같이하고자 하여 걸어서 나오니, 정안군의 휘하사 최광대 등이 극력으로 간諫하여 이를 말리었으나, 종 김부개가 도전의 갓과 칼을 가지고 온 것을 보고 부인이 그제야 돌아왔다. 도전이 아들 4인이 있었는데, 정유와 정영은 변이 났다는 말을 듣고 급함을 구원하러 가다가 유병에게 살해되고, 정담은 집에서 자기의 목을 찔러 죽었다. 처음에 담湛이 아버지에게 고하였다.

"오늘날의 일은 정안군에게 알리지 않을 수 없습니다."

도전이 말하였다.

"내가 이미 고려를 배반했는데 지금 또 이편을 배반하고 저편에 붙는다면, 사람들이 비록 말하지 않더라도 홀로 마음에 부끄러움이 없겠는가?"

이무가 문밖으로 나오다가 빗나가는 화살을 맞고서 말하였다.

"나는 이무이다."

보졸이 이무를 죽이려고 하니, 정안군이 말하였다.

"죽이지 말라."

이에 말을 그에게 주었다. 남은은 반인 하경·최운 등을 거느리고 도망해 숨고, 이직은 지붕에 올라가서 거짓으로 노복이 되어 불을 끄는 시늉을 하여 이내 도망해 빠져 나갈 수 있었다. 대궐 안에 있던 사람이 송현에 불꽃이 하늘에 가득한 것을 바라보고 달려가서 임금에게 고하니, 궁중의 호위하는 군사들이 북을 치고 피리를 불면서 고함을 쳤다. 이천우는 자기 집에서 반인 2명을 거느리고 대궐로 가는데, 마천목이 이를 바라보고 안국방 동구에까지 뒤쫓아 가서 말하였다.

"천우영공이 아닙니까?"

천우가 대답하지 않으므로, 천목이 말하였다.

"영공께서 대답하지 않고 가신다면 화살이 두렵습니다."

천우가 말하였다.

"그대가 마사직이 아닌가? 무슨 일로 나를 부르는가?"

천목이 대답하였다.

"정안군께서 여러 왕자들과 함께 이곳에 모여 있습니다."

천우가 달려서 정안군에게 나아가서는 또 말하였다.

"이번에 이 일을 일으키면서 어찌 일찍이 나에게 알리지 않았습니까?"

정안군이 박포와 민무질을 보내어 좌정승 조준을 불러 오게 하니, 조준이 망설이면서 점占치는 사람으로 하여금 그 거취를 점치게 하고는, 즉시 나오지 않으므로, 또 숙번으로 하여금 그를 재촉하고서, 정안군이 중로에까지 나와서 맞이하였다. 조준이 이미 우정승 김사형과 더불어 오는데 갑옷을 입은 반인들이 많이 따라왔다. 가회방 동구의 다리에 이르니, 보졸이 무기로써 파수해 막으며 말하였다.

"다만 두 정승만 들어가십시오."

조준과 김사형 등이 말에서 내려 빠른 걸음으로 다리를 지나가매, 정안군이 말하였다.

"경 등은 어찌 이씨의 사직을 걱정하지 않는가?"

조준과 김사형 등이 몹시 두려워하면서 말 앞에 꿇어앉았다. 이에 정안군이 말하였다.

"정도전과 남은 등이 어린 서자를 세자로 꼭 세우려고 하여 나의 동모 형제들을 제거하고자 하므로, 내가 이로써 약자가 선수를 쓴 것이다."

조준 등이 머리를 조아리면서 말하였다.

"저들의 하는 짓을 우리들이 일찍이 알지 못했습니다."

정안군이 말하였다.

"이같은 큰일은 마땅히 국가에 알려야만 될 것이나, 오늘날의 일은 형세가 급박하여 미처 알리지 못하였으니, 공 등은 마땅히 빨리 합좌[210] 해야 될 것이오."

노석주와 변중량이 대궐 안에 있으면서 사람을 시켜 도승지 이문화와 우승지 김육을 그들의 집에 가서 불러오게 하니, 문화가 달려와 나아가서 물었다.

"임금의 옥체가 어떠하신가?"

석주石柱가 말하였다.

"임금의 병환이 위독하므로 오늘 밤 자시에 병을 피하여 서쪽 작은 양정으로 거처를 옮기고자 한다."

이에 여러 승지들이 모두 근정문으로 나아갔다. 도진무 박위가 근정문에 서서 높은 목소리로 불렀다.

"군사가 왔는가? 안 왔는가?"

문화가 물었다.

"이때에 임금이 거처를 피하여 옮기는가? 어찌 피리를 부는가?"

박위가 말하였다.

"어찌 임금이 거처를 피하여 옮긴다고 하겠는가? 봉화백과 의성군의 모인 곳에 많은 군마가 포위하고 불을 지른 까닭으로 피리를 분 것뿐이다."

이보다 먼저 정안군이 숙번에게 이르기를,

"세력으로는 대적할 수 없으니, 정도전과 남은 등을 목 벤 후에 우리 형제 4, 5인이 삼군

---

210) **합좌**合坐 : 몇 사람의 당상관이 모여 대사를 의논함.

부의 문 앞에 말을 멈추고 나라 사람의 마음을 살펴보아서 인심이 따르지 않는다면 그만이겠지만, 한결같이 쭉 따른다면 우리들은 살게 될 것이다."

하였는데, 이때에 와서 정안군이 돌아와 삼군부의 문 앞에 이르러 말을 멈추니, 밤이 벌써 사경이나 되었는데, 평소에 주의하던 사람들이 서로 잇달아 와서 모였다. 찬성 유만수가 아들 유원지를 거느리고 말 앞에 와서 배알하니, 정안군이 말하였다.

"무슨 이유로 왔는가?"

만수가 말하였다.

"듣건대, 임금께서 장차 신의 집으로 옮겨 거처하려 하신다더니 지금 옮겨 거처하지 않으셨으며, 또 변고가 있다는 말을 듣고 급히 와서 시위하고자 한 것입니다."

정안군은 말했다.

"갑옷을 입고 왔는가?"

만수가 말하였다.

"입지 않았습니다."

즉시 그에게 갑옷을 주고 말 뒤에 서게 하니, 천우가 아뢰었다.

"만수는 곧 정도전과 남은의 무리이니 죽이지 않을 수가 없습니다."

정안군이 말하였다.

"옳지 않다."

이에 회안군과 천우 등이 강요하여 말하였다.

"이같이 창졸한 즈음에는 여러 사람의 의견을 저지시킬 수 없습니다."

정안군이 숙번을 돌아보면서 이르기를,

"형세가 그만두기가 어렵겠다."

하면서, 그 죄를 헤아리게 하니, 만수가 즉시 말에서 내려 정안군이 탄 말의 고삐를 잡고서 말하였다.

"내가 마땅히 자백하겠습니다."

정안군이 종자從者를 시켜 말고삐를 놓게 하였으나, 만수는 오히려 단단히 잡고 놓지 않으므로, 소근小斤이 작은 칼로써 턱 밑을 찌르니, 만수가 고개를 쳐들고 거꾸러지는지라, 이에 목을 베었다. 정안군이 원지原之에게 이르렀다.

"너는 죄가 없으니 집으로 돌아가라."

회안군이 뒤따라 가서 예빈시 문 앞에서 목을 베었다. 조준과 김사형 등이 도평의사사로 들어가 앉았는데, 정안군은 생각하기를, 방석 등이 만약 시위侍衛하는 군사를 거느리고 궁문 밖에 나와서 교전한다면, 우리 군사가 적으므로 형세가 장차 물러갈 것인데, 만약 조금 물러가게 된다면 합좌한 여러 정승들이 마땅히 저편 군사의 뒤에 있게 될 것이므로, 혹시 저편을 따를까 여겨, 사람을 시켜 도당都堂에 말하였다.

"우리 형제가 노상路上에 있는데, 여러 정승들이 도당에 들어가 앉았는 것은 옳지 못하니 마땅히 즉시 운종가雲從街[211] 위에 옮겨야 될 것이다."

마침내 예조에 명령하여 백관들을 재촉해 모이게 하였다. 친군위 도진무 조온도 또한 대궐 안에 숙직하고 있었는데, 정안군이 사람을 시켜 조온과 박위를 부르니, 조온은 명령을 듣고 즉시 휘하의 갑사 패두 등을 거느리고 나와서 말 앞에서 배알하고, 박위는 한참 동안 응하지 않다가 마지 못하여 칼을 차고 나오니 정안군이 온화한 말로써 대접하였다. 박위는 군대의 세력이 약한 것을 보고 이에 고하였다.

"모든 처분은 날이 밝기를 기다리겠습니다."

그의 뜻은 날이 밝으면 군사의 약한 형세가 나타나서 여러 사람의 마음이 붙좇지 않을 것이라 여겼던 것이다. 정안군이 그를 도당으로 가게 했는데, 회안군이 정안군에게 청하여 사람을 시켜 목 베게 하였다. 정안군이 조온에게 명하여 숙위하는 갑사를 다 나오게 하니, 조온이 즉시 패두 등을 보내어 대궐에 들어가서 숙위하는 갑사를 다 나오게 하였다. 이에 근정전 이남의 갑사는 다 나와서 갑옷을 벗고 무기를 버리니, 명하여 각기 제 집으로 돌아가게 하였다. 처음에 이무가 군대의 세력이 약한 것을 보고는 거짓으로 정신이 흐리멍덩하다고 일컬으면서 사람을 시켜 부축하고서 정안군에게 아뢰었다.

"화살 맞은 곳이 매우 아프니 도당의 아방兒房[212]에 나아가서 휴식하기를 청합니다."

정안군은 말하였다.

"좋다."

조금 후에 이무는 박위가 참형을 당했다는 말을 듣고는 즉시 도로 나왔다. 이튿날 닭이 울 적에 임금이 노석주를 불러 대궐로 들어오게 하고, 이른 새벽에 또 이문화를 부르니, 문화가 서쪽 양정涼亭으로 나아갔는데, 세자와 방번·제濟·화和·양우良祐·종淙과 추상樞相[213]인 장사길·장담·정신의등이 모두 벌써 대궐에 들어와 있었다. 여러 군君과 추상, 대소내관들과 아래로 내노에 이르기까지 모두 갑옷을 입고 칼을 가졌는데, 다만 조순과 김육·노석주·변중량만은 갑옷을 입지 않았다. 석주가 문화에게 교지를 전하여,

---

211) **운종가**雲從街 : 조선 때, 한성의 거리 이름. 지금의 종로 네거리를 중심으로 한 곳인데, 육주비전이 설치되어 번화한 곳.

212) **아방**兒房 : 장신將臣이 머물러 자는 곳.

213) **추상**樞相 : 중추원의 상신.

"교서를 지으라."

하니, 문화가 사양하기를 청하므로, 석주가 말하였다.

"한산군[214]이 지은 주삼원수교서[215]의 뜻을 모방하여 지으면 된다."

문화가 말하였다.

"그대가 이를 아는가?"

석주가 말하였다.

"적을 부순 공로는 한 때에 혹 있을 수 있지마는, 임금을 무시한 마음은 만세萬世에 용서할 수 없다는 것이 그 문사文詞이다."

문화가 말하였다.

"지금의 죄인의 괴수魁首는 누구인가?"

석주가 말하기를,

"죄인의 괴수는 다시 임금에게 품신(웃어른이나 상사에게 아룀)하겠으니 먼저 글의 초안부터 잡으라."

하면서, 독촉하기를 급하게 하였다. 문화가 붓을 잡고 쓰면서 말하였다.

"그대도 글을 지을 줄 아니, 친히 품신하려는 뜻으로써 지으면 내가 마땅히 이를 쓰겠다."

이에 석주가 글을 지었다.

"아무아무 등이 몰래 반역을 도모하여 개국 원훈을 해치고자 했는데, 아무아무 등이 그 계획을 누설시켜서 잡히어 모두 죽음을 당했지만, 그 협박에 따라 반역한 무리들은 모두 용서하고 문죄問罪하지 않는다."

초안이 작성되자 석주가 초안을 가지고 들어가서 아뢰니, 임금이 말하였다.

"잠정적으로 두 정승이 오기를 기다려 의논하여 이를 반포하라."

조금 후에 도당에서 백관들을 거느리고 임금에게 아뢰었다.

"정도전·남은·심효생 등이 도당을 결합하고 비밀히 모의하여 우리의 종친 원훈을 해치고 우리 국가를 어지럽게 하고자 했으므로, 신 등은 일이 급박하여 미처 아뢰지 못하였으나 이미 주륙제거되었으니, 원컨대 성상께서는 놀라지 마옵소서."

이제가 그때 임금의 곁에 있다가 임금에게 아뢰었다.

"여러 왕자들이 군사를 일으켜 함께 남은 등을 목 베었으니, 화禍가 장차 신에게 미칠

---

214) **한산군**韓山君 : 이색李穡.

215) **주삼원수교서**誅三元帥敎書 : 고려 공민왕 때의 명장 안우·이방실·김득배 등 세 사람의 원수元帥를 목 벤 교서.

것입니다. 청하옵건대, 시위하는 군사를 거느리고 나가서 공격하겠습니다."
임금이 말하였다.
"걱정하지 말아라. 화禍가 어찌 너에게 미치겠는가?"
화和도 또한 말리며 말하였다.
"내부에서 일어난 일이니 서로 싸울 필요가 없다."
이에 이제가 칼을 빼어 노려보기를 두세 번 하였으나, 화和는 편안히 앉아서 움직이지 아니하였다. 이때 영안군이 임금을 위하여 병을 빌어 소격전에서 재계齋戒를 드리고 있었는데, 변고가 났다는 말을 듣고는 몰래 종 하나를 거느리고 줄에 매달려 성을 나와 걸어서 풍양에 이르러 김인귀의 집에 숨어 있었다. 정안군이 사람을 시켜 그를 찾아서 맞이하여 궁성 남문 밖에 이르니, 해가 장차 기울어질 때였다. 이때 사람들이 모두 임금에게 청하여 정안군을 세자로 삼고자 하였으나, 정안군이 굳이 사양하면서 영안군을 세자로 삼기를 청하니, 영안군이 말하였다.
"당초부터 의리를 수립樹立하여 나라를 세워서 오늘날의 일까지 이르게 된 것은 모두 이것이 정안군의 공로이니, 내가 세자가 될 수 없다."
이에 정안군이 사양하기를 더욱 굳게 하면서 말하였다.
"나라의 근본을 정하고자 한다면 마땅히 적장자에게 있어야 할 것입니다."
영안군이 말하였다.
"그렇다면 내가 마땅히 처리함이 있겠다."
이에 정안군이 도당으로 하여금 백관들을 거느리고 소疏를 올리었다.
"적자를 세자로 세우면서 장자로 하는 것은 만세의 상도인데, 전하께서 장자를 버리고 유자幼子를 세웠으며, 도전 등이 세자를 감싸고서 여러 왕자들을 해치고자 하여 화禍가 불측한 처지에 있었으나, 다행히 천지와 종사의 신령에 힘입게 되어 난신이 형벌에 복종하고 참형을 당하였으니, 원컨대 전하께서는 적장자인 영안군(훗날 정종)을 세워 세자로 삼게 하소서."
소疏가 올라가매, 문화가 이를 읽기를 마치었는데, 세자도 또한 임금의 곁에 있었다. 임금이 한참 만에 말하였다.
"모두 내 아들이니 어찌 옳지 않음이 있겠는가?"
방석을 돌아보고 이르기를,
"너에게는 편리하게 되었다."
하고는, 즉시 윤허를 내리었다. 대궐 안에 있던 정승들이 무슨 일인가를 물으니, 문화가 대답하였다.

"세자를 바꾸는 일입니다."

석주가 교초教草를 봉하여 문화로 하여금 서명하게 하니, 문화가 받지 않으므로, 다음에 화和에게 청하였으나 또한 받지 않으므로, 다음에 자리에 있던 여러 정승들에게 청하여도 모두 받지 아니하였다. 이에 문화가 말하였다.

"그대가 지은 글을 어찌 자기가 서명하지 않는가?"

석주는,

"좋다."

하면서, 이에 서명하고 이를 소매 속에 넣었다. 조금 후에 석주가 대궐에 들어가 명령을 받아 나오면서 말하였다.

"교서를 고쳐 써서 빨리 내리라."

문화가 말하였다.

"어떻게 이를 고치겠는가?"

석주가 말하였다.

"개국공신 정도전과 남은 등이 몰래 반역을 도모하여 왕자와 종실들을 해치려고 꾀하다가, 지금 이미 그 계획이 누설되어, 공이 죄를 가리울 수가 없으므로, 이미 모두 살육되었으니, 그 협박에 따라 행동한 당여는 죄를 다스리지 말 것입니다."

1차 왕자의 난을 방원의 난 또는 정도전의 난이라 하며, 2차를 방간의 난이라 한다. 방원은 정도전과 남은과 세자 방석을 살해 후 정종을 옹립한다

변중량으로 하여금 이를 써서 올리니, 임금이 시녀로 하여금 부축해 일어나서 압서押署하기를 마치자, 돌아와 누웠는데, 병이 심하여 토하고자 하였으나 토하지 못하며 말하였다.

"어떤 물건이 목구멍 사이에 있는 듯하면서 내려가지 않는다."

정안군이 군기 직장 김겸을 시켜 무기고를 열고 갑옷과 창을 내어 화통군 1백여 명에게 주니, 군대의 형세가 조금 떨치었다. 갑사 신용봉이 대궐에 들어가서 정안군의 말을 전하였다.

"흥안군과 무안군은 각기 사제私第로 돌아갔는데, 의안군 이하의 왕자는 어찌 나오지 않는가?"

여러 왕자들이 서로 눈짓하면서 말하지 아니하므로, 다시 독촉하니, 화和 이하의 왕자들이 모두 나오다가, 종棕은 궁성의 수문水門을 거쳐 도망해 나가고, 정신의만이 오래 머무르므로 이를 재촉하니, 그제야 나왔다. 도당에서 방석을 내보내기를 청하니, 임금이 말하였다.

"이미 주안奏案을 윤가允可했으니, 나가더라도 무엇이 해롭겠는가?"

방석이 울면서 하직하니, 현빈이 옷자락을 당기면서 통곡하므로, 방석이 옷을 떨치고서 나왔다. 처음에 방석을 먼 지방에 안치하기로 의논했는데, 방석이 궁성의 서문을 나가니, 이거이·이백경·조박 등이 도당에 의논하여 사람을 시켜 도중道中에서 죽이게 하였다. 도당에서 또 방번을 내보내기를 청하니, 임금이 방번에게 일렀다.

"세자는 끝났지마는 너는 먼 지방에 안치하는 데 불과할 뿐이다."

방번이 장차 궁성의 남문을 나가려 하는데, 정안군이 말에서 내려 문안에 들어와 손을 이끌면서 말하였다.

"남은 등이 이미 우리 무리를 제거하게 된다면 너도 또한 마침내 면할 수가 없는 까닭으로, 내가 너를 부른 것인데, 너는 어찌 따르지 않았는가? 지금 비록 외방에 나가더라도 얼마 안 되어 반드시 돌아올 것이니, 잘 가거라. 잘 가거라."

장차 통진에 안치하려고 하여 양화도를 건너 도승관에서 유숙하고 있는데, 방간이 이백경 등과 더불어 또 도당에 의논하여 사람을 시켜 방번을 죽이게 하였다. 정안군이 방석과 방번이 죽었단 말을 듣고 비밀히 이숙번에게 일렀다.

"유만수도 내가 오히려 그 생명을 보전하고자 했는데, 하물며 형제겠는가? 이거이 부자가 나에게는 알리지도 않고서 도당에게만 의논하여 나의 동기를 살해했는데, 지금 인심이 안정되지 않은 까닭으로 내가 속으로 견디어 참으면서 감히 성낸 기색을 보이지 못하니, 그대는 이 말을 입 밖에 내지 말라."

군사들이 변중량·노석주와 남지 등을 잡아서 나오니, 변중량이 정안군을 우러러보면서 말하였다.

"내가 공에게 뜻을 기울이고 있은 지가 지금 벌써 두서너 해 되었습니다."

정안군이 말하였다.

"저 입도 또한 고기덩이다."

또 남지는 남은의 아우로서 이때 우상 절도사가 되었는데, 모두 순군옥에 가두었다가 뒤에 길에서 목을 베었다. 이제가 나오니, 정안군이 이제에게 일렀다.

"본가로 돌아가라."

임금께서 마침내 영안군을 책명하여 세자로 삼고 교지를 내리었다.

"적자를 세우되 장자로 하는 것은 만세萬世의 상도이며, 종자는 성城과 같으니 과인의 기대이다. 다만 그대의 아버지인 내가 일찍이 나라를 세우고 난 후에 장자를 버리고 유자를 세워 이에 방석으로써 세자로 삼았으니, 이 일은 다만 내가 사랑에 빠져 의리에 밝지 못한 허물일 뿐만 아니라, 정도전·남은 등도 그 책임을 사피辭避할 수가 없을 것이다. 그때에 만약 초나라에서 작은 아들을 사랑했던 경계로써216) 상도에 의거하여 조정에서 간諫했더라면, 내 감히 따르지 않을 수 있었겠는가? 정도전 같은 무리는 다만 간하지 않을 뿐만 아니라, 오히려 그 세자로 세우지 못할까를 두려워하였다. 요전에 정도전·남은·심효생·장지화 등이 몰래 반역을 도모하여 국가의 근본을 요란시켰는데, 다행히 천지와 종사의 도움에 힘입어 죄인이 형벌에 복종하여 참형을 당하고 왕실이 다시 편안하게 되었다. 방석은 화禍의 근본이니 국도에 남겨 둘 수가 없으므로 동쪽 변방으로 내쫓게 하였다. 내가 이미 전일의 과실을 뉘우치고, 또 백관들의 청으로 인하여 이에 너를 세워 왕세자로 삼으니, 그 덕을 능히 밝혀서 너를 낳은 분에게 욕되게 함이 없도록 하고, 그 마음을 다하여 우리의 사직을 진무鎭撫하라."

이에 문화와 김육에게 명하여 나가서 세자를 알현하게 하니, 세자가 문화를 불러 말하였다.
"대궐 안에 시위할 만한 사람이 없으니, 그대가 빨리 대궐 안으로 도로 들어 가라."
문화가 즉시 도로 들어가니, 조순이 세자의 명령을 전달하였다.
"시녀와 내노를 제외한 나머지 사람은 모두 밖으로 나가게 하라."
문화가 또 나오니, 세자가 말하였다.
"그대는 어찌 나오는가?"
문화가 그 사유를 상세히 아뢰므로, 세자가 말하였다.
"그대를 이르는 것이 아니니 마땅히 빨리 도로 들어가 시위하라."
또 상장군 이부로 하여금 대궐 안에 들어가 시위하게 하니, 임금이 조순에게 명하여 세자에게 갓과 안장 갖춘 말을 내려 주었다. 세자가 대궐 안으로 들어 갔다. 이제가 사제에 돌아가니, 옹주가 이제에게 일렀다.
"내가 공과 함께 정안군의 사저에 간다면 반드시 살게 될 것입니다."
그러나 이제는 듣지 않더니, 저녁때에 군사들이 뒤따라 와서 그를 죽이었다. 정안군이 이 소식을 듣고 그제야 놀라서, 즉시 진무 전흥을 불러서 말하였다.
"흥안군이 죽었으니 노비가 반드시 장차 도망해 흩어질 것이다. 그대가 군사 10여 명을 거느리고 흥안군 집에 이르러 시체를 거두게 하고, 노비들에게 신칙하기를, '만약 도망하는 사람이 있으면 후일에 반드시 중한 죄를 줄 것이다.' 하라."
전흥이 그 집에 이르러 시비侍婢를 시켜 들어가 고하기를,
"놀라지 마시오! 나는 정안군의 진무입니다."
이에 시체를 염습하는 모든 일을 한결같이 정안군의 명령대로 하니, 옹주가 감격하여 울었다. 남은은 도망하여 성의 수문을 나가서 성밖의 포막에 숨으니, 최운·하경 등이 잠시

---

216) **초楚나라에서 작은 아들을 사랑했던 경계로써**: 춘추 시대 초나라 평왕平王이 신하의 참소를 듣고 태자 건建을 폐하고 작은 아들 진珍을 사랑하여 나라가 어지러웠던 고사.

도 그 곁을 떠나지 아니하였다. 남은이 순군옥에 나아가고자 하니, 최운 등이 이를 말리므로, 남은이 말하였다.

"정도전은 남에게 미움을 받았던 까닭으로 참형을 당하였지마는, 나는 미워하는 사람이 없다."

이에 스스로 순군문밖에 이르렀다가 참형을 당하였다. 전하[217])께서 왕위에 오르매, 하경과 최운은 섬기는 주인에 충성했다는 이유로써 모두 발탁 임용하게 되었다. 정안군이 여러 왕자들과 함께 감순청 앞에 장막을 치고 3일 동안을 모여서 숙직하고, 그 후에는 삼군부에 들어가 숙직하다가, 세자가 내선內禪[218])을 받은 후에 각기 사제로 돌아갔다.

— 『태조실록』, 1398년 8월 26일

이성계는 왕자의 난으로 엄청난 충격을 받았고 실권도 모두 잃어 왕위를 둘째 아들 방과에게 물려주고 상왕으로 물러났다. 방과가 정종으로 즉위하고 아우 방원은 왕세제로 책봉되었다. 1400년(정종 2년)에는 왕위 계승을 두고 넷째 아들 방간과 다섯째 아들 방원이 대립하여 제2차 왕자의 난이 발발하였다. 두 차례의 왕자의 난을 통해 방원이 태종으로 즉위하였다. 태종이 즉위한 뒤 이성계는 한때 한양을 떠나 소요산과 함주 등지에 머물렀다.

태종은 즉위하자 성석린을 보내 태조를 서울로 모셔 왔다. 그러나 이성계는 자신의 사랑하는 두 아들을 죽이고, 자신을 사실상 폐위한 이방원을 매우 증오해 1402년(태종 2년)에 다시 함경도(함주)로 들어간 채 돌아오지 않으므로 태종이 차사를 보내어 돌아오기를 권유하니, 차사마저 돌려보내지 않고 활에 화살을 넣고 족족 오는 차사마다 죽였다는 '함흥차사'란 말이 생겨났다. 그곳에서 이성계는 '조사의의 난'을 부추겨 아들 이방원을 쳤지만 실패로 돌아갔고, 뒤에 태종 이방원의 아내인 원경왕후 민씨의 천거로 무학대사가 차사로 가서 겨우 서울로 오게 하였는데 오면서도 두 차례에 걸쳐 이방원을 살해할려고 했지만 실패하고 결국 체념해 이방원을 인정하고 용서했다.

---

217) **전하**: 태종太宗.

218) **내선**內禪: 임금이 왕세자에게 양위는 하였으나 아직 즉위의 예를 올리지 않은 것.

1401년 한성부로 돌아온 태조는 태상왕으로 7년을 더 살며 불도에 의탁했고 덕안전을 지어 정사(불상을 모시고 불도를 닦으며 교법을 펴는 절)로 삼고 염불삼매[219]로 조용한 나날을 보냈다.

권문세족의 손발을 묶은 전제 개혁을 단행하다

우왕과 최영을 몰아내고 정권을 장악한 이성계는 존경하던 이색에게 문하시중을 맡기고, 본인은 좌시중이 되었다. 위화도 회군에 동조했던 조민수는 우시중 자리에 올랐으며, 조준, 정도전 등의 친명파 신흥세력이 조정에 대거 포진하여 개혁의 칼날을 뽑아 들었다.

이성계는 전제(논밭에 관한 제도) 개혁부터 시작했다. 고려의 권문세족들은 권력을 남용하고 각종 비리를 저지르며 많은 사전(개인 소유의 논밭)을 소유하고 있었다. 사전이란 수조지를 불법적으로 차지한 소유지를 말한다. 일부 특권층이 사전과 노동력 대부분을 독점하고 있다 보니 국가 재정은 파탄 지경에 이르렀다. 새로 정권을 잡은 신흥세력에게 나누어 줄 녹봉과 수조지[220]가 모자라고, 군사비 조달이 쉽지 않았어요. 문제 해결을 위해서는 권문세족들이 움켜쥐고 있던 사전과 수조지를 빼앗을 필요가 있어 과전법을 시행했다. 과전법은 수조지를 국가가 회수해 공전[221]을 늘리고, 관료들에게 등급과 명목별로 수조지를 나누어 주었다.

과전법[222] 시행에 앞서 도당에서 찬반 투표를 했는데 53명 중 이성계를 비롯하여 18명이 찬성하고, 정몽주는 중립을 지켰으며, 이색을 비롯해 나머지 권

---

219) **염불삼매**念佛三昧 : 염불로 잡념을 없애고, 아미타불을 부르고 부처만을 생각하는 경지.
220) **수조지**收租地 : 나라에서 벼슬아치들에게 나누어 준 조세를 받을 수 있는 땅.
221) **공전**公田 : 농민이 바치는 조세를 국가가 받는 토지.
222) **과전법**科田法 : 조선 초기 양반사회의 경제 기반을 이루고 있던 토지 제도를 말한다. 고려 말, 국가 재정의 고갈 문제를 해결하기 위해 권문세족이 불법으로 점유한 토지를 몰수하여 관리들에게 급료로 토지를 분급한 제도.

문세족[223]들은 반대했다. 반대하는 사람들은 대부분 권문세족들로, 과전법이 시행되면 손해를 볼 사람들이었다. 이성계는 자신의 편이라고 믿었던 정몽주가 중립을 지킨 데 적지 않게 당황했다. 이때부터 이성계와 정몽주 사이에 틈이 벌어지기 시작했고, 두 사람은 역성혁명[224]이라는 역사적 운명 앞에서 다른 길을 걷게 되었다.

권문세족들의 반발에도 이성계와 지지하는 신진사대부들의 뜻대로 과전법을 실행하기 위해 기존의 모든 토지문서를 불태웠는데, 불길이 사흘 동안 꺼지지 않았다고 한다. 과전법은 고려 말과 조선 초기 토지 제도의 기본이 되었다.

권력과 부의 재분배를 위해 실시된 전제 개혁의 혜택은 신흥세력들뿐만 아니라 오랫동안 권문세족들의 착취로 고생하던 농민들에게도 돌아갔다. 백성의 민심이 이성계를 지지했다. 이성계는 새 왕조 창업에 한 걸음 더 나가게 되었다.

정적을 숙청하다

고려왕조를 멸망시킨 태조 이성계는 고려의 왕족 후손들 왕씨를 대단히 싫어하여 동조 세력들을 강화도와 거제도 두 곳에 살도록 제한했고, 왕씨들을 제거하기 위한 음모가 시작되었다. 이성계의 측근 신하들은 "왕씨를 살려두면 큰 화가 미칠 것이오. 조선의 앞날에 큰 걸림돌이 될 것이니 모두 죽이시오."라는 상소를 이성계가 믿었다. 이성계는 명령을 내려 강화도에 있던 왕씨들을 강화나루에 던져 수장시켜버렸고, 거제도에 있던 왕씨들 또한 바다에 던져 죽였다. 원주로 유배 갔다가 삼척으로 유배된 공양왕은 공양군으로 강등되었다가 이성계의 명령으로 1394년 4월 10일(태조 2년), 공양군 부자는 사사[225]되었다. 공양

---

223) **권문세족**權門勢族 : 권세가 있는 귀족 가문을 말한다. 고려 말의 지배계층으로, 기존 문벌의 후예, 무신정권의 후손, 원나라 세력 등을 업고 성장한 귀족 계층 등을 통칭하는 말.

224) **역성혁명**易姓革命 : 왕조에는 세습되는 통치자의 성姓이 있으므로 새 왕조를 세움으로써 통치자의 성이 바뀌게 되는 것.

군은 후에 태종 이방원에 의해 공양왕 실록이 편찬되고, 공양왕으로 다시 추봉226)되었다. 남아 있는 왕씨들은 '왕 씨'성을 어머니 성을 따라 '전 씨', '옥 씨', '용 씨'등으로 성을 바꾸고 비참하게 살았다. 고려 왕족 왕씨 일가와 조선 건국에 반대한 정적들을 숙청하고 왕권을 강화하여 조선왕조 500년이 시작되었다.

고려 신하들의 반발에 회유책을 쓰다

이성계를 지지한 신진사대부의 무력 쿠데타는 수많은 사람을 죽음으로 몰아넣었고, 유능한 관리들도 벼슬길을 버리고 은둔생활을 하게 만들었다. 고려 멸망 직후 고려에 충성을 다하고 절개를 지켰다고 전하는 72인의 신하 두문동 칠십이현(두문동칠십이인)을 비롯하여 고려 유신들에게 개국공신과 그에 상응하는 개국원종공신의 지위를 내렸지만, 이들 중 상당수는 거절하고, 낙향하거나 산으로 숨어버렸다. 두문동(북한 개성시 개풍군)에 모여 있던 고려의 옛 신하들의 마을에 불을 질렀는데 한 사람도 나오지 않고 모두 타죽었다는 이야기는 당시 새 왕조에 대한 반감이 어느 정도로 심했는가를 말해주고 있다. 태조 이성계는 새로운 도읍지를 정할 것을 명했다. 이성계는 지역의 민심과 사상적 기반을 달리할 필요가 있다는 정도전의 건의를 받아들여 도읍지 천도와 국교를 불교에서 유교로 바꿀 것을 결심한다.

이성계는 즉위 초에 민심이 두려워 나라 이름을 그대로 고려라고 했으며, 모든 법제를 고려의 예를 따르게 했다. 개국 직후 길재227), 이색 등 고려 신하들을 방문하여 협력을 요청했다. 권근, 하륜, 심덕부, 설장수 등은 이성계의 요청에 협

---

225) **사사**賜死 : 임금이 죄인에게 독약을 내려 죽게하는 것.

226) **추봉** : 죽은 뒤에 관직 따위를 내리는 것.

227) **길재**吉再 : 고려 후기의 문신이자 고려 말 조선 초의 성리학자이다. 호는 야은 또는 금오산인이다. 목은 이색과 포은 정몽주와 함께 고려 말의 삼은으로 불린다. 고려가 망하자 관직을 버리고 선산에 낙향하여 학문 연구와 후학 양성에 전념하였으며, 김숙자, 최운룡, 김종직 등을 통해 사림파로 학맥이 계승되었다.

력하여 새 조정에 참여하였지만 길재, 신호 등은 이성계가 보낸 사자들의 면담을 거절하였다. 신진사대부의 스승 이색은 이성계의 조선 조정 참여 요청을 거절했다.

이색은 한양의 왕궁에 온 뒤에도 이성계를 임금이라 하지 않고 그대, 송헌이라 불러서 남은, 정도전, 조준 등이 반발하기도 했다. 개국 공신 남은의 동생 남재와 숙부 남을진도 이성계의 협력을 거부하고 은둔생활을 했다. 개국 공신을 기록하면서 고려의 구신들에게 원종공신의 칭호를 내려 회유, 포섭했으나 일부만이 협력하고 대부분 고려의 신하로 요청을 거절하여 조선 초기에 많은 어려움이 있었다.

길재

정도전이 조선의 미래를 그리다

조선이 건국된 지 7년 동안 정도전은 눈부신 활동을 해냈다. 국가 이념을 정립하고 통치 체제를 정비했다. 또한 유교를 국가 이념으로 삼고 성리학을 정통의 교학敎學으로 내세웠고, 도교와 불교를 현실성이 적고 공허한 이론이라고 비판했다. 먼저 『심기리편』[228](心:불교, 氣:도교, 理:유교)을 지어 불교·도교를 비판하고 유교가 실천 덕목을 중심으로 인간 문제를 가장 중시한다는 점을 체계화했다. 고려의 국교였던 불교의 여러 이론에 대해 조목조목 비판을 가한 『불씨잡변』[229]을 저술하였다.

정도전

---

[228] 『심기리편心氣理篇』: 정도전이 유가의 관점에서 불가와 도가를 비판하고 유가의 우수함을 서술한 유학서.

[229] 『불씨잡변佛氏雜辨』: 1398년 정도전이 저술한 책으로 단행본으로 간행되었으나, 1487년 『삼봉집』 권6에 실렸다. 불교의 교리가 갖는 폐단을 19편의 짧은 논변에 담고 있다. 편1~15까지는 불교의 주요 교리를 정주학의 논리로 비판했고, 나머지 4편은 고려시대의 사실을 들어 불교의 화복설이 근거가 없음을 밝히고 있다. 불교의 존재론·도덕론을 성리학의 입장에서 논리적

이 모든 작업은 전환기에 나타나는 혼돈을 극복하기 위한 사상체계의 정립 차원에서 추진되었다. 이러한 이념적 바탕은 결국 중화사상과 밀접한 관련을 맺었고, 국제질서로는 '사대'를 표방하게 되었다. 이 유교적 성리학과 정치적 사대가 그 당시에 있어서는 개혁의 일단으로 나타난 것이었다.

정도전은 『조선경국전』과 『경제문감』 등을 편찬하였다. 이것은 일종의 나라의 근본과 통치체제를 정비한 것이었다. 통치체제로는 중앙집권제를, 통치철학으로는 왕도정치와 민본주의를 그 기초로 삼았다.

농본주의에 바탕을 두어 토지개혁을 단행한 것이 가장 주목된다. 사전의 혁파를 더욱 확대하여 국가의 공전·균전을 늘렸다. 이것은 경제적 기득권을 박탈하여 토지를 국가나 직접 생산자인 농민이 소유할 수 있도록 전환을 꾀한 것이었다. 가장 반발이 심했고 또 그만큼 용단이 필요한 정책이었다.

實錄記事 1392년 10월 25일, 정도전이 명나라에 가지고 간 황제의 덕을 칭송하는 표문

문하시랑찬성사 정도전[230]을 보내어 중국 남경에 가서 사은하고 말 60필을 바치게 하였다. 그 표문은 이러하였다.

"배신 조반이 남경에서 돌아와 예부의 차자(箚子)를 가지고 와서 삼가 황제의 칙지를 받았는데, 고유하심이 간절하고 지극하셨습니다. 신은 온 나라 신민과 더불어 감격함을 이길 수 없는 것은 황제의 훈계가 친절하고 황제의 은혜가 넓고 깊으시기 때문입니다. 몸을 어루만지면서 감격함을 느끼고 온 나라가 영광스럽게 여깁니다. 가만히 생각하옵건대, 천지의 사이에는 본래부터 패망하고 흥하는 이치가 있는데, 소방(小邦)은 공민왕이 후사가 없으면서부터 왕씨가 망한 지 이미 오래 되었고, 백성의 재화는 날로 증가해 갔습니다. 우[231]가 이미 요동을 공격하는 일에 불화의 씨를 만들었으며, 요[232]도

―으로 철저히 배척하고 있는 이 글은 조선 전기 배불론의 이론적 근거로서 역할을 하였다.

230) **정도전**鄭道傳 : 이성계를 도와 고려왕조를 무너뜨리고 성리학적 사상에 입각한 조선 건국 작업을 이끈 공신 중 한 명이었다. 조선에서 그의 지위는 종1품 판삼사사에 머물렀으나 그를 신임한 강력한 뒷배인 이성계의 지지하에 권력을 지닌 총신이었다. 그러나 표전문 사건으로 명나라 주원장의 노여움을 사 조선과 명 양국간의 외교 분쟁의 중심에 서게 되었다. 사병 혁파를 시행하였고, 이후 요동 정벌을 추진했다. 1398년, 1차 왕자의 난으로 이방원에게 살해당했다.

또한 중국을 침범하는 일에 모의를 계속하고 있었는데, 다만 간사한 무리들이 내쫓김을 당한 것은 실로 황제의 덕택이 가해지고, 또한 여러 사람들이 기필하기 어렵다고 생각한 때문이오니, 이것이 어찌 신의 힘이 미친 것이겠습니까? 어찌 성감께서 사정을 환하게 알아서 천한 사신의 말씀을 듣고 즉시 덕음²³³⁾이 갑자기 이르게 될 줄을 생각했겠습니까? 마음속에 새겨서 은혜를 잊지 않겠으며, 쇄골분신이 되어도 보답하기가 어렵겠습니다. 이것은 삼가 황제 폐하께서 구중궁궐에서 천하를 다스리고 있으시면서도 만리 밖을 밝게 보시고, 『주역』의 먼 지방을 포용하는 도리를 본받고, 『예경』의 먼 나라 사람을 회유하는 인덕을 미루어, 마침내 자질구레한 자질로 하여금 봉강을 지키는 데 조심하게 하시니, 신은 삼가 시종을 한결같이 하여, 더욱 성상을 섬기는 성심을 다하여 억만년이 되어도 항상 조공하고 축복하는 정성을 바치겠습니다."

- 『태조실록』, 1392년 10월 25일

實錄記事 1392년 11월 27일, 국호를 정하는 문제에 대한 예부의 자문을 계품사 조임이 가져오다

계품사인 전 밀직사 조임이 중국 남경으로부터 돌아오니, 임금이 백관을 거느리고 서교에 나가서 맞이하였다. 조임이 예부의 자문을 받들어 전달하였다. 그 자문은 이러하였다.

"예부에서 고려권지국사에게 자문을 보내, 홍무 25년 10월 11일에 본부 우시랑 장지 등의 관원이 서각문에서 이른 아침에 온 서사(書辭 : 편지 글)를 가져와서 주문(奏聞 : 임금께 아룀)하고 삼가 황제의 칙지(칙명)를 받았는데, 칙지에 '고려에서는 그전에 사람을 보내어 와서 본국의 실정과 사유를 아뢰었는데, 지금 온 서사를 보니 전일의 일에 지나지 않는다. 그러나 우리 중국은 강상(사람이 지켜야 할 도리)이 있어 역대의 천자가 서로 전하여 지키고 변경하지 않는다. 고려는 산이 경계를 이루고 바다가 가로막아 하늘이 동이²³⁴⁾를 만들었으므로, 우리 중국이 통치할 바는 아니다. 너희 예부에서는 회답하는 문서에 「성교(聲敎 : 임금의 교명)는 자유로이 할 것이며, 과연 하늘의 뜻이 따르고 사람의 마음에 합하여 동이(東夷)의 백성을 편안하게 하고, 변방의 흔단(釁端 : 틈이 생기는 실마리)을

---

231) **우禑** : 우왕禑王.

232) **요瑤** : 공양왕恭讓王.

233) **덕음德音** : 황제의 말씀.

234) **동이東夷** : 동쪽의 오랑캐라는 뜻으로, 중국 사람들이 그들의 동쪽에 있는 민족을 멸시하여 일컫던 말.

발생시키지 않는다면, 사절이 왕래할 것이니 실로 그 나라의 복일 것이다. 문서가 도착하는 날에 나라에서 어떤 칭호로 고칠 것인가를 빨리 달려와서 보고할 것이다.」라고 하라.' 하였소. 이를 공경히 받들어 본부에서는 지금 황제 칙지의 사의(事意: 일의 내용)를 갖추어 먼저 보내오."

전에 갔던 조임이 또 선유[235]를 전달하였다. 그 내용은 이러하였다.

"이번에 내가 예부로 하여금 문서를 주어 그대에게 상세히 회보[236]하게 하오. 그전의 한나라·당나라·송나라 때에 관원을 보내어 그대 나라의 수어(외적의 침입을 막음)하는 데 이르면, 임명해 간 사람이 술을 좋아하고 여색을 사랑하여 백성을 해쳤으므로, 그대 나라 사람들이 문득 살해하였으니, 일에 무슨 이익이 있었겠는가? 이 때문에 짐이 사람을 시켜 가지 못하게 한 것이오. 공민왕이 죽으매 그 아들이 있다고 칭하고 이를 세우기를 청하였으나, 나중에 와서 또 그렇지 않다고 말하였고, 또 왕요를 왕손의 정파正派라 하여 세우기를 청하였다가 지금 또 제거해 버렸소. 두세 번 사람을 시켜 왔으나 대개는 자기 스스로 왕이 되기를 요구한 것이므로 나는 묻지 않았소. 자기 스스로 왕이 되어 스스로 할 것이오. 백성들을 편안하게 하고 서로 통하여 왕래하게 하오."

곧 그 날에 백관이 반열(품계나 신분, 등급의 차례)로 서서 하례하였다. - 『태조실록』, 1392년 11월 27일

實錄記事 1392년 11월 29일, 국호를 화령과 조선으로 정하여 황제의 재가를 청하는 주문

예문관학사 한상질을 보내어 중국 남경에 가서 조선朝鮮과 화령和寧으로써 국호를 고치기를 청하게 하였다. 주문奏文은 이러하였다.

"배신[237] 조임이 중국 서울로부터 돌아와서 삼가 예부의 자문을 가지고 왔는데, 그 자문에, '삼가 황제의 칙지를 받들었는데 그 내용에, 이번 고려에서 과연 능히 천도(천지 자연의 도리)에 순응하고 인심에 합하여, 동이의 백성을 편안하게 하고 변방의 흔단을 발생시키지 않는다면, 사절이 왕래하게 될 것이니, 실로 그 나라의 복이다. 문서가 도착하는 날에 나라는 어떤 칭호를 고칠 것인가를 빨리 달려와서 보고할 것이다.' 하였습니다. 삼가 간절히 생각하옵건대, 소방小邦은 왕씨의 후손인 요瑤가 혼미하여 도리에 어긋나서 스스로 멸망하는 데 이르게 되니, 온 나라의 신민들이 신을 추대하여 임시

---

235) **선유**宣諭: 임금의 훈유를 백성에게 널리 알리던 일.

236) **회보**回報: 어떤 물음이나 요구에 대답으로 보고함.

237) **배신**陪臣: 제후의 신하가 천자天子에 대하여 자기를 일컫던 말.

로 국사를 보게 하였으므로 놀라고 두려워서 몸둘 곳이 없었습니다. 요사이 황제께서 신에게 권지국사[238]를 허가하시고 이내 국호를 묻게 되시니, 신은 나라 사람과 함께 감격하여 기쁨이 더욱 간절합니다. 신이 가만히 생각하옵건대, 나라를 차지하고 국호를 세우는 것은 진실로 소신이 감히 마음대로 할 수가 없는 일입니다. 조선과 화령 등의 칭호로써 천총(임금의 총애)에 주달(임금께 아룀)하오니, 삼가 황제께서 재가해 주심을 바라옵니다."

처음에 임금이 사신을 보내고자 했으나 그 적임자를 어렵게 여겼는데, 상질이 자청하여 아뢰었다.

"신이 비록 외국에 사신 가서 응대할 만한 재간은 부족하지마는, 감히 성상의 명령을 받들어 조그만 충성을 나타내지 않겠습니까?"

임금이 기뻐하였다.

— 『태조실록』, 1392년 11월 29일

實錄記事 1393년 2월 15일, 국호를 조선으로 정하는 예부의 자문

주문사 한상질이 와서 예부의 자문을 전하니, 임금이 황제의 궁궐을 향하여 은혜를 사례하는 예를 행하였다. 그 자문은 이러하였다.

"본부의 우시랑 장지 등이 홍무 25년 윤12월 초9일에 삼가 성지(임금의 뜻)를 받들었는데, 그 조칙에, '동이의 국호에 다만 조선의 칭호가 아름답고, 또 이것이 전래한 지가 오래되었으니, 그 명칭을 근본하여 본받을 것이며, 하늘을 본받아 백성을 다스려서 후사를 영구히 번성하게 하라.' 하였소. 삼가 본부에서 지금 성지의 사의(일의 내용)를 갖추어 앞서 가게 하오."

임금이 감격해 기뻐하여 한상질에게 전지 50결을 내려 주고, 경내에 교지를 내렸다.

"왕은 이르노라. 내가 덕이 적은 사람으로서 하늘의 아름다운 명령을 받아 나라를 처음 차지하게 되었다. 지난번에 중추원사 조임을 보내어 황제에게 주문(임금께 아룀)하였더니, 회보하기를, '나라는 무슨 칭호로 고쳤는지 빨리 와서 보고하라.' 하기에, 즉시 첨서중추원사 한상질로 하여금 국호를 고칠 것을 청하였다. 홍무 26년 2월 15일에 한상질이 예부의 자문을 가지고 왔는데, 그 자문에, '본부의 우시랑 장지 등이 홍무 25년 윤12월 초9일에 삼가 성지를 받들었는데, 그 조칙에, 「동이의 국호에 다만 조선의 칭호가 아름답고, 또 그것이 전래한 지가 오래 되었으니, 그 명칭을 근본하여 본받을 것

---

238) **권지국사**權知國事 : 왕호를 인정받지 못하는 동안 사용하는 왕의 칭호.

이며, 하늘을 본받아 백성을 다스려서 후사를 영구히 번성하게 하라.'고 하였소.' 하였다. 지금 불곡[239]이 어찌 감히 스스로 경하(경사스러운 일을 축하함)하겠는가? 실로 이것은 종사와 백성의 한이 없는 복이다. 진실로 중앙과 지방에 널리 알려서 그들과 함께 혁신하게 할 것이니, 지금부터는 고려란 나라 이름은 없애고 조선의 국호를 좇아 쓰게 할 것이다. 이 처음으로 교화를 시행하는 시기에 있어 마땅히 관대한 은전을 보여야 될 것이니, 홍무 26년(1393년) 2월 15일 이른 새벽 이전의 이죄二罪이하의 죄는 이미 발각된 것이거나, 발각되지 않은 것이거나, 또는 이미 결정된 것이거나, 결정되지 않은 것이거나 모두 이를 사유(죄를 용서해 줌)해 없애버리게 하되, 감히 유지[240] 전前의 일로써 서로 고발하여 말하는 사람은 그 죄로써 죄주게 할 것이다. 아아! 나라를 세워 자손에게 전하고, 이미 국호를 고쳤으니, 정치를 시행해 인정(어진 정치)을 펼치고 마땅히 백성의 일에 힘쓰는 정치를 펴야 될 것이다."

- 『태조실록』, 1393년 2월 15일

實錄記事 1393년 2월 15일, 좌시중 조준 등이 국호 받은 것을 진하한 전문

문하 좌시중 조준 등이 좌간의대부 이황을 보내서 전문을 받들어 진하하게 하였다.

"성인[241]이 왕통을 창시하였으니 문득 기자箕子의 옛 봉토(제후를 봉하여 땅을 내줌)를 다스리었으며, 황제의 명령이 아름다웠으니 조선의 미호美號를 주었습니다. 종사에 영광이 오고 신민에 기쁨이 넘쳤습니다. 삼가 생각하옵건대, 전하께서는 순제舜帝의 문명보다 지나쳤으며, 탕왕의 용지(용기와 지혜)에 필적(능력·세력 등이 엇비슷하여 서로 견줄 만함)하셨습니다. 구가(많은 사람들이 칭송하여 노래함)의 따른 바에 순응하고 역수(차례로 셈)의 돌아온 바를 받아서 하민을 다스리는 인덕을 미루어 넓히고, 대국을 섬기는 예절에 더욱 근실히 하셨으니, 한 장의 종이에 열 줄 되는 조칙이 먼저 그 이름을 바루게 하였으매, 억년 만년의 기업(기초가 되는 사업)이 지금부터 처음 시작되었습니다. 신 등은 성상의 병위(군대의 위력이나 위세)를 모시지 못하여, 비록 빨리 달려가는 반열에 나아가지 못했사오나, 즐거이 도성 사람들과 더불어 연하(남이 집을 지은 것을 축하하는 말)의 정성을 갑절이나 다하겠습니다."

- 『태조실록』, 1393년 2월 15일

239) **불곡**不穀 : 임금이나 제후가 자신을 겸손하게 이르는 말.

240) **유지**有旨 : 임금이 죄인을 특사하던 명령.

241) **성인**聖人 : 지혜와 덕이 뛰어나 길이길이 우러러 받들어 본받을 만한 사람.

> **實錄記事** 1393년 3월 9일, 국호를 승인한 은혜를 사례하는 표문을 올리고, 공민왕대에 내린 금인 1개를 돌려보내다

문하시랑찬성사 최영지를 보내어 중국 서울에 가서 표문을 받들어 은혜를 사례하게 하였다.

"황제의 은혜가 한없이 넓고, 황제의 훈계가 정녕(태도가 친절함)하시오니, 온 나라 사람들이 함께 영광으로 여기오며, 자신을 돌아보고 감격함을 알겠습니다. 삼가 생각하옵건대, 다행히 밝은 세상을 만나 먼 곳의 임시 군장(임금)으로 있으면서, 일찍이 털끝만한 도움도 없었으므로 다만 천일(하늘과 해)만을 우두커니 바라볼 뿐이었습니다. 지난번에 천한 사신[賤介]이 돌아오매 특별히 천자의 명령이 내리심을 받았사온데, 나라 이름을 마땅히 고쳐야 될 것임을 지시하여 빨리 달려와서 보고하기를 명하였으니, 신臣은 나라 사람들과 더불어 감격함을 견디지 못하겠습니다. 간절히 생각하옵건대, 옛날 기자箕子의 시대에 있어서도 이미 조선이란 칭호가 있었으므로, 이에 아뢰어 진술하여 감히 천자께서 들어주시기를 청했는데, 유음(신하가 아뢰는 말에 대하여 임금이 내리는 대답)이 곧 내리시니 특별한 은혜가 더욱 치우쳤습니다. 이윽고 백성을 다스리라는 말로써 경계하시고, 또 후사를 번성하게 하라는 말로써 권장하시니, 깊이 마음속에 느껴서 분골쇄신이 되더라도 보답하기 어렵겠습니다. 이것이 대개 구중궁궐242)에서 천하를 다스리면서 만리 밖의 일을 환하게 보시어, 신臣이 부지런히 힘써 조심함을 살피시고, 신이 성실하여 딴마음이 없음을 어여삐 여기시어, 이에 소방小邦으로 하여금 새 국호를 얻게 했던 것입니다. 신은 삼가 마땅히 번병243)이 되어 더욱 직공職貢의 바침을 조심하고, 자나 깨나 항상 천자에게 강녕하시라는 축원에 간절하겠습니다."

또 정당문학 이염을 보내어 고려 공민왕 때에 내린 금인 1개를 송납하였다.

– 『태조실록』, 1393년 3월 9일

▎'방과'에게 왕위를 물려주고 상왕이 되다

새 국가 조선의 기틀이 안정되었을 때 이성계는 세자 책봉을 하기로 했다. 이성계가 왕이 되었을 때 나이 58세였기 때문에 세자를 세우는 일이 급했다. 이성계는 첫 번째 부인 한 씨 소생의 여섯 아들과 두 번째 부인 강 씨 소생의 두

---

242) **구중궁궐**九重宮闕 : 문이 겹겹이 달린 깊은 대궐.
243) **번병**藩屏 : 왕실이나 나라를 지키는 먼 밖의 감영이나 병영.

아들이 있었다. 이성계가 왕이 되기 1년 전에 죽은 한 씨의 아들들은 장성한 데 반해 강 씨의 아들들은 어렸어요. 이성계는 강 씨 소생의 막내아들 이방석을 세자로 책봉했다. 세자 책봉은 이성계의 총애를 받은 왕비 강 씨와 최고의 권력가 정도전의 지지를 받았다. 이성계의 세자 책봉은 장자 원칙도 아니고, 건국에 기여한 공도 배제되어 한 씨 소생의 아들들은 불만이 컸다. 1398년(태조 7년) 음력 8월, 정도전은 명나라 태조 홍무제가 자신의 아들들을 변방으로 보낸 것을 인용하여 이방원은 전라도로, 이방번은 동북면으로 보내야 된다고 건의하여 태조의 승인을 얻었다. 그러나 이방원은 파견을 거부하고 민무구, 민무휼 등과 함께 정도전 암살을 계획하였다.

  1398년 10월 6일(음력 8월 26일) 정도전은 송현에 있던 남은의 첩의 집에서 남은, 심효생, 이직 등을 만나 술을 마셨다. 정보를 입수한 이방원은 즉시 사병을 이끌고 남은의 첩의 집으로 향한다. 정도전은 신덕왕후 강씨 소생인 이방석을 세자로 세운 일로 인해, 이방원과 대립하였다. 이에 앙심을 품은 이방원은 그가 한씨 소생의 모든 왕자들을 궁으로 불러들인 후, 신의왕후 소생의 왕자들을 죽일 계략을 세웠다고 누명을 뒤집어씌워 정도전을 살해했다. 세자 책봉은 이성계 말년 불행의 씨앗이 되었다.

▍파란만장한 삶을 살다

  고려의 뛰어난 무장 이성계는 조선왕조를 개국한 왕으로 도읍을 한양으로 정하고, 새 왕조의 기틀을 마련했어요. 이성계는 국가 통치 3대 정책, 정치적 외교는 명나라를 섬기는 사대 정책을 취했다. 경제적으로 농업을 장려하는 농본정책, 문화적으로 숭유배불 정책으로 불교를 배척하고 유교를 기본으로 나라를 통치했다.

  이성계는 민심과 천심을 바탕으로 조선왕조 개국의 정당성과 조선의 통치 이념, 민본주의 정치사상을 근본으로 삼으며, 국가는 왕의 것이 아니라 민심이 만드는 것이라는 것을 강조한 왕이었다.

태조 이성계는 자식들의 왕권 다툼에 힘겨워하는 인간적인 면모를 가진 왕으로 나라는 잘 통치하는 좋은 왕이었지만 아버지로서는 부족함도 많은 왕이었어요. 태조 이성계는 파란만장한 삶을 살았다.

74세의 나이로 승하하다

이성계는 이방원(태종)이 왕위에 오르자 태상왕244)이 되었다. 형제들을 죽이고 왕위에 오른 태종이 못마땅했던 태조 이성계는 한양을 떠나 소요산, 함주(지금의 함흥) 등에서 사냥을 하고 불공245)을 드렸다. 함주에서 이성계는 안변부사 조사의246)와 반기를 들었다가 실패했다. 패전을 모르는 맹장에서 한 나라를 세우고 왕이 되는 파란만장한 삶을 산 이성계는 자식들의 다툼으로 불행한 말년을 보내다 1408년(태종 8년) 5월 24일 창덕궁에서 74세의 나이로 승하했다.

實錄記事 1408년 5월 24일, 태상왕이 별전에서 승하하시다

태상왕이 별전에서 승하하였다. 임금이 항상 광연루 아래에서 자면서 친히 진선의 다소와 복약에 있어서 선후의 마땅함을 보살폈는데, 이날 새벽에 이르러 파루247)가 되자, 태

---

244) **태상왕**太上王 : 현왕 이외에 전전왕이 살아 있을 경우 전전왕을 부르던 왕실 호칭.
245) **불공**佛供 : 부처 앞에 향, 등, 꽃, 음식 따위를 바치고 기원하는 것.
246) **조사의**趙思義 : 이성계의 계비 신덕왕후 강씨의 친척으로 1393년(태조 2년) 형조의랑이 되고, 그 뒤 순군을 거쳐 1398년 첨절제사를 거쳐 안변부사가 되었다. 1398년 제1차 왕자의 난에 불만을 품고 있던 그는 1402년(태종 2년)에 신덕왕후와 왕세자 방석의 원수를 갚고, 이성계에게 충성을 바친다는 구실로 태종에게 반기를 들었다. 조정에서는 박순·송류 등을 파견하여 이들을 무마하려 하였으나, 이들을 죽이고, 평안도의 덕천·안주 방면을 거쳐 한양으로 내려오던 도중 이천우의 유기 100여 명을 사로잡고 파죽지세로 내려오다가 고맹주에서 이천우의 군을 격파하였다. 이에 당황한 조정에서는 각 고을의 군사를 동원하여 그들의 진로를 저지하는 동시에 한편으로는 회유책을 써서 반란군을 분산시키는 데 주력하였다. 사기를 잃은 부하들이 이산하자 그는 안변으로 후퇴하다가 아들 조흥과 함께 관군에게 체포되어 주살되었다.

상왕께서 담㾱이 성盛하여 부축해 일어나 앉아서 소합향원248)을 자시었다. 병이 급하매 임금(태종)이 도보로 빨리 달려와 청심원을 드렸으나, 태상이 삼키지 못하고 눈을 들어 두 번 쳐다보고 승하하였다. 상왕(정종)이 단기로 빨리 달려오니, 임금이 가슴을 두드리고 몸부림을 치며 울부짖으니 소리가 밖에까지 들리었다. 치상治喪은 한결같이『주자가례』에 의하고, 봉녕군 복근으로 하여금 전奠을 주장하게 하였다. 예조에서 아뢰기를,

"삼가『문헌통고』에서『동한지』의 국휼고사를 상고하면, '백관이 5일에 한 번 회림하고, 고리·이천석·자사刺史·경도京都에 머무르고 있는 각 지방의 상계 연리는 모두 5일에 한 번 회림하고, 천하 이민吏民은 발상發喪하여 3일을 임臨한다.' 하였고, 또 대명 영락 5년 7월 초4일 황후 붕서 때의 예부 상례 방문을 상고하면, '경사에 있는 문무백관은 본월 초6일 아침에 각각 소복·흑각대·오사모를 갖추고 사선문 밖에 다달아, 곡림례가 끝나면 봉위례를 행하고, 초8일 아침에 각 관원은 소복으로 띠와 효복249)을 가지고 우순문 밖에 이르러 착용하고, 성복을 기다려서 사선문에 들어와, 곡림례가 끝나면 효복으로 바꾸어 입고 봉위례를 행하고, 이것이 끝나면 각각 효복을 가지고 나간다. 초9일·초10일도 예가 같다.'고 하였습니다. 지금 우리 대행 태상왕 전하께서 5월 24일에 승하하시었으니, 즉일로 각사에서 소복·흑각대·오사모를 갖추고 곡림 봉위하고, 26일에 이르러 각각 효복을 착용하고 곡림 봉위하며, 28일 즉 승하하신 후 제5일에 이르러 시왕의 복제에 따라 삼차의 곡림 봉위례를 행하게 하소서."

예조에서 또 아뢰었다.

"경외의 음악을 정지하고, 도살·가취를 금하고, 대소례와 조시250)를 정지하고, 제3일에 이르러 대신을 보내어 종묘에 고하소서."

-『태종실록』, 1408년 5월 24일

능은 경기도 구리시에 있다.

생전에 계비인 신덕왕후 강씨의 곁에 묻히고자 하였으나, 아들 태종에 의해 경기도 양주군 구리면(현재 경기도 구리시)의 동구릉 터에 최초로 안장되었다. 능호는 건원릉健元陵이다. 태종은 부왕이 수시로 찾기 위해 마련한 신덕왕후의 능을

---

247) **파루**罷漏: 야간 통행금지를 해제하기 위해 오경 삼점에 종각의 종을 서른세 번 치던 일.

248) **소합향원**蘇合香元: 기로 인한 모든 질병을 다스리는 데 사용하는 처방.

249) **효복**孝服: 상복喪服.

250) **조시**朝市: 조회朝會와 저자[市].

바로 도성 밖으로 이장하고, 능의 석물과 문인, 무인석은 청계천 광통교 교량의 난간과 받침돌로 훼철해버렸으며, 신덕왕후를 후궁으로 격하시켰다. 태조는 신덕왕후의 무덤이 태종에 의해 훼철된 뒤, 태종에게 자신을 선산이 있는 함흥에 묻어 달라는 유언을 남겼으나, 태종은 왕조의 개창자이기도 한 아버지의 무덤을 한양과 멀리 떨어진 함흥에 묻는 대신 한양 근교의 양주에 모시고, 함흥의 흙과 억새풀을 가져다 무덤을 덮었다.

신의 정원, 태조 이성계의 건원릉으로 사진여행

건원릉 봉분에는 태조의 고향인 함경도 영흥에서 가져온 억새풀이 심어져 있다.

◀ 건원릉 가을 억새풀

건원릉 벌초 모습 ▶

◀ 건원릉 벌초 후 모습

조선 최초의 왕이었던 태조를 영면하기 위한 왕릉을 조성하는 국사인만큼 태종은 지관들과 풍수지리에 대해 잘 아는 대신들로 하여금 한양 주변 100리 이내의 좋은 명당 자리를 찾도록 하였다. 그러다 검교 참찬의정부사 김인귀로부터 양주 검암(현 구리시 검암산 자락)에 좋은 자리가 있다는 이야기를 들은 하륜이 천거하였고, 태종은 박자청으로 하여금 이곳에 산릉을 조성하게 하였다.

하늘에서 본 건원릉 전경

동구릉 건원릉 능침

태종은 초대 왕이었던 태조를 한양과는 멀리 떨어진 함흥에 묻는다면, 제사를 지낼 때 문제가 될 수 있으리라 생각하였고, 그렇다고 유언을 거스를 수는 없다 생각하였기에 함흥에서 가져 온 흙과 억새를 덮은 봉분을 통해 타협점을 찾았다는 것이다.

건원릉 능침 정면

제2대 정종 이방과

동생(태종)을 왕으로 추대한 왕이었다

생애	1357년~1419년	재위 기간	1398년~1400년
본관	전주	휘(이름)	방과
묘호	정종	능호	후릉

정종의 가계도

부부 ──── 남자
자녀 ‥‥‥ 여자

- 태조 — 신의왕후 한씨
  - 정종 (제2대) 부인: 10명, 자녀: 17남 8녀
    - 정안왕후 김씨
    - 성빈 지씨
      - 덕천군
      - 도평군
    - 숙의 지씨
      - 의평군
      - 선성군
      - 임성군
      - 함양옹주
    - 숙의 기씨
      - 순평군
      - 금평군
      - 정석군
      - 무림군
      - 숙신옹주
      - 상원옹주
    - 숙의 문씨
      - 종의군
    - 숙의 윤씨
      - 수도군
      - 임언군
      - 석보군
      - 장천군
      - 인천옹주
    - 숙의 이씨
      - 진남군
    - 가의궁주 유씨
      - 불노
    - 시비 기매
      - 지운
    - (미정)
      - 덕천옹주
      - 고성옹주
      - 전산옹주
      - 함안옹주

> **實錄記事** 1399년 1월 1일, 종친을 거느리고 태상전에 조회하고 하례를 행하다
>
> "임금이 종친을 거느리고 태상전에 조회하고 하례를 행하니, 태상왕이 수륙재[251]로 재계를 행하는 중이라 하여 하례를 받지 아니하였다. 임금이 표리[252] 1벌을 드리고 대궐에 돌아와 면복[253]차림으로 명나라 황제의 등극을 하례하고, 인하여 하정(새해를 축하함)을 마쳤다. 관포를 입고 조회를 받고, 여러 신하에게 잔치하였는데, 밤에 파하였다. 평양 부윤 성석린이 의기도를 바치고, 좌도 감사 이정보가 역년도를 바치고, 우도 감사 최유경이 무일도를 바치니, 모두 가납(권하는 말을 기꺼이 들음)하였다."
>
> — 『정종실록』 1399년 1월 1일

군인으로 21년을 전쟁터에서 누빈 왕이었다

조선 제2대 정종은 고려 말기의 문신으로 성품이 온화하며 용맹하고 지략이 뛰어나 이성계를 도와 여러 전쟁터에 참여하여 왜구를 토벌하는 등 왜구 격퇴 공적을 세웠다. 태조의 역성혁명에 공을 세웠고, 동생 이방원 왕자의 난으로 세자가 되었고 태조에게 왕위를 이어받았다. 2년 재위하는 동안 아우 정안군 방원(제3대 태종)이 왕세자 신분으로 대리청정[254]을 하였다.

이성계의 역성혁명에 공을 세우다

정종은 1357년(고려 공민왕 6년) 7월 18일에 태조 이성계와 안천부원군 한경의 딸, 신의왕후 한씨 사이에 둘째 아들로 태어났다. 초명은 방과, 자는 광원, 즉위한 뒤 이름을 경으로 고쳤다.

---

251) **수륙재**水陸齋: 물과 육지에 떠도는 잡귀를 위해 재를 올리는 법회.
252) **표리**表裏: 임금이 신하에게 내리거나 신하가 임금에게 올리던 옷의 겉감과 안집.
253) **면복**冕服: 면류관과 곤룡포.
254) **대리청정**代理聽政: 임금의 재가를 받아 임금의 정치 등 여러 일을 대신 수행하는 것을 말한다. 섭정이라고도 한다. 보통 대리청정은 왕세자 및 왕세손이 하였으며, 가끔 왕세제가 할 때도 있었다.

정종은 이성계가 위화도 회군으로 정국의 주도권을 잡기 전 1377년(고려 우왕 3년) 아버지를 도와 왜구 토벌에 나섰으며, 1389년(고려 창왕 1년) 절제사 유만수와 함께 해주에 침입한 왜적을 방어했다. 1390년(고려 공양왕 2년) 지밀직사사 윤사덕[255]과 함께 양광도[256]에 침입한 왜적을 영주 도고산 아래에서 격파하는 등 전공을 많이 세웠으며, 아버지 이성계가 창왕을 폐하고 공양왕을 옹립하는 데 가담하여 그 공로로 공신에 올랐으며, 장남 방우가 역성혁명에 반대해 아버지와 사이가 나빠졌고, 병으로 일찍 죽어 실질적인 장남 역할을 했다.

1차 왕자의 난으로 조선 2대 왕으로 즉위하다

조선 건국 초기의 비극은 태조 이성계와 전실 부인 왕자들의 대립에서 시작되었다. 이성계가 신덕왕후의 어린 아들 방석을 세자로 책봉하여 첫째 부인 한씨의 아들들과 갈등이 많았다. 이성계의 신임을 얻어 정권을 장악한 정도전이 군대 지휘권(병권)까지 장악하자 개국공신에서 소외된 왕자들과 종친 세력의 불만과 개인 군사 제도를 폐지로 손발이 묶인 무인 세력들의 불만도 매우 컸다.

다섯째 아들 방원을 중심으로 불만이 터져 나왔다. 1398년(태조 7년) 8월 제1차 왕자의 난[257]이 일어났다. 실록은 '정도전, 남은, 심효생 등이 여러 왕자를 해치려 하다가 성공하지 못하고 형벌에 복종해 목을 베어 죽임을 당했다.'라고 기록

---

255) **윤사덕**尹師德 : 1388년(우왕 14년) 요동 정벌 때 우군도통사 이성계 밑에서 조전원수로 참여했다가 위화도 회군에 동조하여 최영을 제거했고, 이듬해인 1389년(공양왕 1년) 동지밀직사사로 명나라에 가서 최영을 죽인 사실을 보고했다.

256) **양광도**楊廣道 : 5도 중의 하나로 처음에는 양광충청주도라 불렀다가 12세기 후반 이후 양광도로 정착되어갔다. 경기도 남부, 강원도 일부, 충청남북도 일원을 말한다.

257) **제1차 왕자의 난** : 새롭고 깨끗한 세상을 만들겠다는 열망으로 등장한 조선은 건국 이후 채 10년도 되지 않아 피비린내 나는 내홍을 두 차례나 겪는다. 1398년과 1400년 벌어진 왕자의 난은 개국 공신과 왕자들을 하루아침에 적과 동지로 갈라놓았다. 군권과 신권이 국정 주도권을 놓고 충돌하고, 왕자들이 왕위 계승권을 서로 차지하기 위해 골육상쟁의 혈전을 벌였다. 음모와 칼부림, 권력 투쟁으로 조선왕조는 시작부터 삐걱거렸다.

하고 있다. 실록은 태종과 가신들에 의해 기록된 것으로, 어린 이복동생들을 죽일 수밖에 없었던 상황을 정도전 등의 탓으로 돌렸다.

이성계는 조선 건국에 온 힘을 쏟아 기력이 급격히 쇠하여 병중에 있었다. 신덕왕후가 2년 전에 죽고 난 후 건강이 더 나빠졌다. 애통한 마음에 조석으로 절에서 죽은 부인을 위해 부처에게 제사를 올리느라 심신이 고단한 이성계는 병중에도 궁궐 안에 있는 신덕왕후 소생의 두 아들만 챙겼다.

정도전이 궁궐 밖에 거주하던 왕자들에게 이성계가 요양 가기 전에 병문안을 위해 들어오라고 하고 이방원은 이것을 혁명의 계기로 삼았다. 무방비 상태로 궁궐 안에 순순히 들어갔다가는 정도전 일파의 무장 병력에게 당할 것이 분명하므로 거꾸로 그들을 공격하는 것이 살길이라 생각했다. 이방원의 거사에는 이성계의 셋째 아들 방의와 넷째 아들 방간이 참여했고, 여러 종친과 무인들이 합세했다. 이방원의 부인 민씨 일가와 이숙번[258] 등도 참여했다.

이방원은 난을 일으키기에 앞서 세자 방석의 친형 방번을 조용히 불러 "나와서 나를 따르기를 바란다. 그 종말에는 저들이 너도 보전해 주지 않을 것이다."라고 설득했어요. 방번은 방원의 말을 듣지 않았어요. 방번을 따르고 보좌하던 관리들이 자기를 세자로 삼도록 하겠다는 말을 곧이듣고 있었다. 방원의 말을 무시했던 방번은 동생 방석과 함께 목숨을 잃었다.

정도전, 남은, 심효생[259] 등이 남은의 첩 집에 모여 술을 마시고 있다는 정보

---

258) **이숙번**李叔蕃: 고려 공양왕 때인 1390년 생원시에 합격하고 조선 태조 때인 1393년 식년문과에 병과 급제하였다. 그 후 충청도 관찰사로서 정도전 등을 참살하고 태종으로부터 정사공신의 호를 받았다. 1400년 박포의 난을 평정한 공으로 좌명공신의 호를 받고 안성군에 봉해졌으며 1402년 안변부사 조사의 반란을 일으켰을 때 출정하여 진압하였다. 그러나 태종의 양위 파동 당시 50세나 되어 양위하면 된다고 언급하여 태종의 비위를 거슬렸다. 그 뒤 공을 믿고 거만하고 사치스레 굴어 1417년 벼슬을 잃고 경상도 함양으로 유배되었다. 조선 최초의 문과 급제자이기도 하다.

259) **심효생**沈孝生: 1392년(태조 1년) 6월 사헌부 장령으로 재직 중 문하시중 이성계를 옹립하여 조선왕조의 성립에 공을 세웠다. 그해 개국공신 3등에 책록되었다. 1394년 딸이 방석의 빈이 되었다. 정도전, 남은 등과 함께 의흥삼군부 설립과 진법훈련의 강화를 계기로 척신들의 사병통수권을 해체하기 위해 노력한 연유로 방원 일파와 날카롭게 대립했다. 1398년 제1차 왕자의 난 때 살해당했다.

를 들은 방원은 심복들을 보내 처단했다. 여러 왕자를 궁궐로 불러들여 제거하려고 모의한 사람들이 한가하게 모여서 술이나 마시고 있었다는 것이 언뜻 이해가 되지 않아요. 방원은 정도전 세력을 제거하는 데 성공했습니다.

만약 세자 방석이 군사를 출동시켰다면 어떻게 되었을까요? 변변찮은 무기와 병졸 몇십 명이 전부인 방원의 세력은 꼼짝없이 당했을 것이다. 방석은 군사적 사건이 생겼다는 보고를 듣고도 군사를 출동시키지 않았다. 궁궐 밖 광화문에서 남산에 이르기까지 말 탄 사람이 횃불을 들고 분주히 움직이고 있는 것을 보고 두려운 마음에 군사를 움직이지 못했다. 방원의 허허실실(계책) 작전이었다. 방원은 시위 군사를 접수하고 국정최고의결기관260)을 소집해 먼저 처형한 뒤에 정도전 등이 난을 일으키고 군율을 어겨서 처형했다고 이성계에게 보고(선참후계261))하게 하였다. 세자 방석과 친형 방번, 신덕왕후의 딸 경순공주의 남편 이제가 죽임당하고, 경순공주262)는 이듬해 출가해 승려가 되었다.

1차 왕자의 난으로 세자의 자리가 공석이 되자 많은 신하는 정안군 방원을 세자로 책봉하자고 주장했으며, 방원이 권력의 중심에 있었다. 방원은 적장자가 세자에 책봉되어야 한다는 이유로 사양했고, 영안군 방과가 세자가 되었다.

왕자의 난이 일어났을 때 방과는 어디에서, 무엇을 하고 있었을까요? 다른 형제들이 방원의 편에 서서 정도전과 방석, 방번 형제를 제거하는 데 동참하는

---

260) **국정최고의결기관(도평의사사**都評議使司) : 고려시대 각종 국사를 처리한 중심 기구로 도당이라고도 한다. 기원은 성종 초에 설치한 도병마사이다. 초기에는 단지 군사 문제만 논의하던 임시 기구였다. 그러나 중기 이후 중대사를 의논하기 시작하여 중서문하성과 중추원의 재상 전원이 모여 각종 국사를 처리하는 중심 기구가 되었다. 1400년 도평의사사를 의정부로 바꾸었으며, 1401년 도평의사사는 폐지되었다.

261) **선참후계**先斬後啓 : 군율을 어긴 사람을 먼저 처형한 뒤에 임금에게 아뢰는 것.

262) **경순공주**慶順公主 : 이성계의 셋째 딸이며 조선 개국공신 이제의 부인이었던 조선 초기의 공주이다. 어머니는 이성계의 계비인 신덕왕후 강씨이며, 방번과 방석의 누이이고, 남편은 조선왕조 개국공신으로 흥안군에 봉해진 이제다. 이성계가 왕비 한씨의 소생을 제쳐두고 강씨 소생인 제8남 방석을 세자로 삼았는데, 이에 방원이 제1차 왕자의 난을 일으켜 방석과 그를 보좌하던 정도전 일파와 이제를 죽이자 이성계로부터 중이 되라는 명을 받고 여승이 됐다.

동안, 방과는 소격서[263]에서 아버지 이성계의 건강을 빌고 있었다. 방과는 방원이 일으킨 난에 직접 참여하지도, 측면에서 지원하지도 않았어요. 방과는 자신이 세자에 오르게 된 것을 방원의 양보라고 생각하지 않았어요. 방과는 자신에게 아버지 이성계를 이을 자격이 충분하다고 여겼지요. 정종은 왕세자에 올랐다가 1개월 뒤 1398년 음력 9월, 이성계의 양위로 경복궁 근정전에서 조선 제2대 국왕으로 등극했어요. 정종은 1377년(고려 우왕 3년) 때부터 21년 동안 전쟁터를 누빈 군인 출신이다.

이성계는 조선 개국 후 둘째 부인 신덕왕후 소생 방석을 세자로 삼았다. 정종은 정도전 등 견제를 받아 다섯째 아들 방원과 함께 개국공신에서 제외되었다. 이것이 원인이 되어 1차 왕자의 난이 일어났고, 이후 방원의 비호로 세자에 책봉된 후 왕위에 올랐다. 정종은 역대 조선 국왕 중 최초로 한양의 경복궁에서 즉위하였다.

2차 왕자의 난과 방원을 세자로 책봉하다

정종은 왕권 강화를 위해 적극적으로 노력했어요. 정종은 도읍을 한양에서 개경으로 다시 옮겼다. 벼슬 청탁 관습 분경을 법으로 금지하고, 억울하게 노비가 된 양인을 구제하기 위한 노비변정도감[264]을 설치하는 등 개혁적인 제도를

---

263) **소격서**昭格署 : 도교의 영향을 받아 하늘과 별에 제사를 지내던 조선의 관청.
264) **노비변정도감**奴婢辨定都監 : 고려 말에 노비 소유를 둘러싼 싸움이 심각한 데다 노비의 도망·압량·천적불명자의 소량 등이 자주 일어나 양인과 노비의 신분이 혼란스러웠다. 조선이 건국된 뒤 노비쟁송을 바로잡고 신분제를 정비하기 위해 태조부터 성종 때까지 노비변정도감을 5번 설치했다. 1414년 노비변정도감을 크게 설치해 관원을 100여 명 정도 동원하고 노비 변정의 수도 1만여 건에 달해 노비 쟁송에 상당한 효과가 있었다. 노비변정도감은 호강자들의 과대한 노비 소유를 억제하고 양인 및 노비들의 억울함을 들어주는 역할을 수행했으나 결송을 맡은 관리들이 노비 소유자들의 세력을 두려워해 제대로 해결되지 못할 때도 많았다. 그럼에도 불구하고 오랫동안 해결되지 못했던 노비 쟁송이 많이 해결되었고, 조선 초기의 신분제가 정비되었다.

마련했다.

　정종이 안정적으로 정국을 이끄는데 방원의 존재는 커다란 부담이 되었어요. 비록 동생이지만 1차 왕자의 난을 일으킨 장본인으로서 정국의 주도권을 방원이 쥐고 있었다. 2차 왕자의 난이 일어난 이후 방원 스스로 세제가 아닌 세자의 자리에 오른 것은 이방원 자신이 이성계의 후계자임을 만천하에 공표한 것이었다. 방원은 정종을 왕으로 인정하지 않는 것을 분명히 했다. 정종의 정치적 생명은 위태로울 수밖에 없었다.

　1400년(정종 2년) 1월 일어난 2차 왕자의 난은 이성계의 넷째 아들 방간이 박포 등과 함께 동생 방원을 제거하기 위해 일으켰다. 정종은 정비 정안왕후와의 사이에서 자식이 없었고, 방간은 아버지의 허락만 받는다면 자신도 후계자가 될 수 있다고 생각했다. 방원이 있는 한 방간이 왕위에 오를 수 있는 길은 없었기에 뜻을 이루려면 방원을 제거하는 수밖에 없었다. 박포는 선수를 치면 유리할 것이라고 생각했다.

　방간의 동태가 심상치 않다는 소식이 전해지자 이성계의 이복동생 이화를 비롯한 종친들이 방원에게 방간을 제압하라고 했다. 방원은 1차 왕자의 난 때 이복형제들을 죽인 전력이 있었다. 친형에게 다시 한번 칼을 뽑는 것은 마음에 내키지 않았다. 그렇다고 가만히 앉아서 당할 방원이 아니었다. 방원은 군사를 움직여 방간을 제압했다.

　정종의 정치적 입장은 무엇일까? 실록에 의하면, 정종은 친형제에게 칼을 겨누는 것을 안타까워하며 방간에게 그만둘 것을 명했다. 궁궐의 군사 일부가 방간의 궐기에 참여하는 일이 발생했다. 정종은 자신의 속셈과 무관하게 방간의 궐기로 정치적 압박을 받게 되었다.

實錄記事 1400년 1월 28일, 제2차 왕자의 난. 이방간을 토산에 추방하다

회안공 이방간을 토산에 추방하였다. 방의·이방간과 정안공은 모두 임금의 동복 아우였다. 임금이 적사가 없으니, 동복 아우가 마땅히 후사가 될 터인데, 익안공은 성품이 순후

하고 근신하여 다른 생각이 없었고, 방간은 자기가 차례로서 마땅히 후사가 되어야 한다고 생각하였으나, 배우지 못하여 광망하고 어리석었으며, 정안공은 영예하고 숙성하며 경서와 이치에 통달하여, 개국과 정사가 모두 그의 공이었다. 그러므로, 나라 사람들이 모두 마음으로 귀부歸附하였다. 방간이 깊이 꺼리어서 처질妻姪 판교서감사 이내에게 말하기를,

"정안공이 나를 시기하고 있으니, 내가 어찌 필부匹夫처럼 남의 손에 개죽음하겠는가!"

이내가 깜짝 놀라 말하였다.

"공公이 소인의 참소를 듣고 골육을 해치고자 하니, 어찌 차마 들을 수가 있겠습니까? 하물며, 정안공은 왕실에 큰 훈로가 있습니다. 개국과 정사가 누구의 힘입니까? 공의 부귀도 또한 그 때문입니다. 공이 반드시 그렇게 하시면, 반드시 대악大惡의 이름을 얻을 것이고, 일도 또한 이루어지지 않을 것입니다."

방간이 불끈 성을 내어 좋아하지 않으면서,

"나를 도울 사람이면 말이 이와 같지 않을 것이다."

환자宦者 강인부는 방간의 처의 양부養父인데, 꿇어앉아서 손을 비비며 말하기를,

"공은 왜 이런 말을 하십니까? 다시는 하지 마십시오."

이내는 우현보의 문생이었으므로, 우현보의 집에 가서 그 말을 자세히 하고, 방간이 이달 그믐날에 거사하려 한다 하고, 또 말하기를,

"정안공도 또한 공의 문생이니, 빨리 비밀히 일러야 합니다."

하였다. 우현보가 그 아들 우홍부를 시켜 정안공에게 고하였다. 이날 밤에 정안공이 하윤·이무 등과 더불어 응변할 계책을 비밀히 의논하였다. 이 앞서 방간이 다른 음모를 꾸며 가지고 정안공을 그의 집으로 청하였는데, 정안공이 가려고 하다가 갑자기 병이 나서 가지 못하였다. 다른 날 방간이 정안공과 더불어 함께 대궐에 나가 임금을 뵙고 말馬을 나란히 하여 돌아오는데, 방간이 한번도 같이 말하지 아니하였다. 그때에 삼군부에서 여러 공후公侯로 하여금 사냥을 하게 하여 둑제[265]에 쓰게 하였다. 정안공이 다음날 사냥을 나가려고 하여, 먼저 조영무를 시켜 모릿꾼을 거느리고 새벽에 들에 나가게 하였다. 방간의 아들 의령군 이맹종이 정안공의 저택에 와서 사냥하는 곳을 묻고, 인하여 말하기를,

"우리 아버지도 오늘 또한 사냥을 나갑니다."

정안공이 사람을 방간의 집에 보내어 그 사냥하는 곳을 정탐하였는데, 방간의 군사는 모두 갑옷을 입고 분주히 모였었다. 정안공이 이에 변이 있는 것을 알았다. 이때에 의안공

---

265) **둑제纛祭** : 대가大駕나 군중의 앞에 세우는 둑기纛旗에 지내던 제사.

이화·완산군 이천우 등 10인이 모두 정안공의 집에 모이었다. 정안공이 군사로 스스로 호위하고 나가지 않으려 하니, 이화와 이천우가 곧 침실로 들어가 군사를 내어 대응할 것을 극력 청하였다. 정안공이 눈물을 흘리며 굳이 거절하기를,

"골육을 서로 해치는 것은 불의가 심한 것이다. 내가 무슨 얼굴로 응전하겠는가?"

이화와 이천우 등이 울며 청하여 마지않았으나 또한 따르지 아니하고, 곧 사람을 방간에게 보내어 대의大義로 이르고, 감정을 풀고 서로 만나기를 청하였다.

방간이 노하여 말하기를,

"내 뜻이 이미 정하여졌으니, 어찌 다시 돌이킬 수 있겠는가?"

이화가 정안공에게 사뢰기를,

"방간의 흉험한 것이 이미 극진하여 사세가 여기에 이르렀으니, 어찌 작은 절조를 지키고 종사의 대계를 돌보지 않을 수 있겠습니까?"

정안공이 오히려 굳이 거절하고 나오지 않았다. 이화가 정안공을 힘껏 끌어 외청으로 나왔다. 정안공이 부득이 종 소근小斤을 불러 갑옷을 내어 여러 장수에게 나누어 주게 하고, 안으로 들어가니, 부인이 곧 갑옷을 꺼내 입히고 단의單衣를 더하고, 대의大義에 의거하여 권하여 군사를 움직이게 하였다. 정안공이 이에 나오니, 이화·이천우 등이 껴안아서 말에 오르게 하였다. 정안공이 예조 전서 신극례를 시켜 임금에게 아뢰기를,

"대궐문을 단단히 지켜 비상非常에 대비하도록 명하심이 마땅합니다."

임금이 믿지 않았다. 조금 뒤에 방간이 그 휘하 상장군 오용권을 시켜 아뢰기를,

"정안공이 나를 해치고자 하므로, 내가 부득이 군사를 일으켜 공격합니다. 청하건대, 주상은 놀라지 마십시오."

임금이 크게 노하여, 도승지 이문화를 시켜 방간에게 가서 타이르기를,

"네가 난언亂言을 혹惑하여 듣고 동기同氣를 해치고자 꾀하니, 미치고 패악하기가 심하다. 네가 군사를 버리고 단기單騎로 대궐에 나오면, 내가 장차 보전하겠다."

이문화가 이르기 전에 방간이 이미 인친姻親 민원공·기사騎士 이성기 등의 부추김을 받아, 이맹종과 휘하 수백 인을 거느리고 갑옷을 입고 무기를 잡고 태상전을 지나다가, 사람을 시켜 아뢰기를,

"정안靖安이 장차 신을 해치려 하니, 신이 속절없이 죽을 수는 없습니다. 그러므로, 군사를 발하여 응변應變합니다."

태상왕이 크게 노하여 말하기를,

"네가 정안과 아비가 다르냐? 어미가 다르냐? 저 소 같은 위인이 어찌 이에 이르렀는가?"

방간이 군사를 행行하여 내성 동대문으로 향하였다. 이문화가 선죽교가에서 만나서,

"교지敎旨가 있다."

방간이 말에서 내렸다. 이문화가 교지를 전하니, 방간이 듣지 아니하고, 드디어 말에 올라서 군사들을 가조可胙街에 포진하였다. 정안공이 노한을 시켜 익안공에게 고하기를,

"형은 병들었으니, 청하건대, 군사를 엄하게 하여 스스로 호위하고 움직이지 마십시오."

하고, 또 이응을 시켜 내성 동대문을 닫았다. 승지 이숙번이 정안공을 따라 사냥을 나가려고 하여, 가다가 백금반가白金反街에 이르렀는데, 민무구가 사람을 보내 말하기를,

"빨리 병갑兵甲을 갖추고 오라!"

이숙번이 이에 달려서 정안공의 저택에 갔으나, 그가 이르기 전에 정안공이 이미 군사를 정돈하여 나와, 시반교屎反橋를 지나 말을 멈추고, 여러 군사들이 달려와 말 앞에 모여서 거리를 막고 행行하지 않았다. 이숙번이 군사들로 하여금 각각 본패本牌에 돌아가게 하여 부오部伍가 정해지니, 정안공에게 고하기를,

"제가 먼저 적에게 나가겠습니다. 맹세코, 패하여 달아나지는 않을 것입니다. 공은 빨리 오십시오."

무사武士 두어 사람을 거느리고 먼저 달려갔다. 정안공이 말하기를,

"우리 군사가 한 곳에 모여 있다가 저쪽에서 만일 쏘면, 한 화살도 헛되게 나가는 것이 없을 것이다. 일찍이 석전石戰을 보니, 갑자기 한두 사람이 작은 옆 골목에서 소리를 지르며 뛰쳐 나오니까, 적들이 모두 놀라서 무너졌었다. 지금 작은 골목의 복병伏兵이 심히 두려운 것이다."

이지란에게 명하여 군사를 나누어 가지고 활동闊洞으로 들어가 남산을 타고 행行하여 태묘 동구에 이르게 하고, 이화로 하여금 군사를 거느리고 남산에 오르게 하고, 또 파자반·주을정·묘각 등 여러 골목에 모두 군사를 보내어 방비하였다. 이숙번이 선죽 노상에 이르니, 한규·김우 등의 탄 말이 화살에 맞아 퇴각하여 달아났다. 이숙번이 한규에게 이르기를,

"네 말이 죽게 되었으니, 곧 바꿔 타라."

김우에게 이르기를,

"네 말은 상하지 않았으니, 빨리 되돌아가서 싸우라."

이숙번이 달려서 양군兩軍 사이로 들어가니, 서귀룡이 또한 먼저 들어가서 이숙번을 부르면서 말하기를,

"한 곳에 서서 쏩시다."

이숙번이 대답하기를,

"이런 때는 이름을 부르는 게 아니다. 나는 내川 가운데 서서 쏘겠다."

정안공이 한규에게 말을 주어 도로 나가 싸우게 하였다. 임금이 또 대장군 이지실을 보내

어 방간에게 일러 중지하게 하려 하였으나, 화살이 비오듯이 쏟아져서 들어가지 못하고 돌아왔다. 방간이 선죽으로부터 가조가에 이르러 군사를 멈추고, 양군이 교전하였는데, 방간의 보졸 40여 명은 마정동 안에 서고, 기병 20여 인은 전목 동구에서 나왔다. 정안공의 휘하 목인해가 얼굴에 화살을 맞고, 김법생이 화살에 맞아 즉사하였다. 이에 방간의 군사가 다투어 이숙번을 쏘았다. 이숙번이 10여 살을 쏘았으나 모두 맞지 않았다. 양군이 서로 대치하였다. 임금은 방간이 명령을 거역하였다는 말을 듣고 더욱 노하고, 또 해를 당할까 두려워하여 탄식하여 말하기를,

"방간이 비록 광패狂悖하나, 그 본심이 아니다. 반드시 간인奸人에게 매수된 것이다. 골육骨肉이 이렇게 될 줄은 생각지 못하였다."

참찬문하부사 하윤이 아뢰기를,

"교서를 내려 달래면 풀 수 있을 것입니다."

곧 하윤에게 명하여 교서를 짓게 하였다.

"내가 부덕한 몸으로 신민臣民의 위에 자리하여, 종실·훈구·대소 신하의 마음을 같이하고 힘을 다함에 힘입어서 태평에 이를까 하였더니, 뜻밖에 동복 아우 회안공 방간이 무뢰한 무리의 참소하고 이간하는 말에 유혹되어, 골육을 해치기를 꾀하니, 내가 심

> 왕위 계승을 둘러싸고 일어난 왕자 간의 싸움으로 제2왕자의 난, 방간의 난, 박포의 난 등으로 불린다

히 애통하게 여긴다. 다만 양쪽을 온전하게 하여 종사를 편안하게 하려 하니, 방간이 곧 군사를 놓아 해산하고 사제로 돌아가면, 성명性命을 보전할 수 있을 것이다. 내가 식언食言하지 않기를 하늘의 해를 두고 맹세한다. 그 한 줄의 군사라도 교지를 내린 뒤에 곧 해산하지 않는 자들은 내가 용서하지 아니하고 아울러 군법으로 처단하겠다."

좌승지 정구에게 명하여 교서를 가지고 군전軍前에 가게 하였는데, 이르기 전에 상당후 이저가 소속인 경상도 시위군을 거느리고 검동원을 거쳐 묘련점을 통과하였다. 정안공이 검동 앞 길에 군사를 머무르고 자주 사람을 시켜 전구前驅를 경계하기를,

"만일 우리 형을 보거든 화살을 쏘지 말라. 어기는 자는 베겠다."

이화 등은 남산에 오르고, 이저는 묘련점 응달에 이르러 함께 각角을 불었다. 숙번이 기사騎士 한 사람을 쏘아 맞혔는데, 시위 소리에 응하여 꺼꾸러지니, 곧 방간의 조아 이성기였다. 이맹종은 본래 활을 잘 쏘았는데, 이날은 활을 당기어도 잘 벌어지지 않아서 능히 쏘지 못하였다. 대군이 각을 부니, 방간의 군사가 모두 무너져 달아났다. 서익·마천목·이유 등이 선봉이 되어 쫓으니, 방간의 군사 세 사람이 창을 잡고 한 데 서 있었다. 마천목이 두 사람을 쳐 죽이고 또 한 사람을 죽이려 하니, 정안공이 보고 말하기를,

"저들은 죄가 없으니 죽이지 말라."

서익이 창을 잡고 방간을 쫓으니, 방간이 형세가 궁하여 북쪽으로 달아났다. 정안공이 소근小斤266)을 불러 말하기를,

"무지한 사람이 혹 형을 해칠까 두렵다. 네가 달려가서 빨리 소리쳐 해치지 말게 하라."

소근이 고신부·이광득·권희달 등과 더불어 말을 달려 쫓으니, 방간이 혼자서 달려 묘련 북동으로 들어갔다. 소근 등이 미처 보지 못하고 곧장 달려 성균관을 지났다. 탄현문炭峴門으로부터 오는 자를 만나서 물으니, 모두

"보지 못하였다."

소근이 도로 달려 보국輔國 서쪽 고개에 올라가서 바라보니, 방간이 묘련 북동에서 마전麻前 갈림길로 나와서 보국동으로 들어가는데, 안장을 띤 작은 유마騮馬가 뒤따라 갔다. 소근 등이 뒤쫓으니, 방간이 보국 북점北岾을 지나 성균관 서동西洞으로 들어서서 예전 적경원 터에 도착하여, 말에서 내려 갑옷을 벗고 활과 화살을 버리고 누웠다. 권희달 등이 쫓아 이르는 것을 보고 말하기를,

"너희들이 나를 죽이려 오는구나."

권희달 등이 말하기를,

"그게 무슨 말씀입니까? 공은 두려워하지 마시오."

이에 방간이 갑옷을 고신부에게 주고, 궁시弓矢를 권희달에게 주고, 환도環刀를 이광득에게 주고, 소근에게 말하기를,

"내가 더 가진 물건이 없기 때문에, 네게는 줄 것이 없구나. 내가 살아만 나면 뒤에 반드시 후하게 갚겠다."

권희달 등이 방간을 부축하여 작은 유마騮馬에 태우고, 옹위하여 성균관 문 바깥 동봉東峯에 이르러 말에서 내렸다. 방간이 울며 권희달 등에게 이르기를,

"내가 남의 말을 들어서 이 지경이 되었다."

정구가 이르러 교서를 펴서 읽고 방간의 품속에 넣어주니, 방간이 절하고 말하였다.

"주상의 지극한 은혜에 감사합니다. 신은 처음부터 불궤한 마음이 없었습니다. 다만 정안을 원망한 것뿐입니다. 지금 교서가 이와 같으니, 주상께서 어찌 나를 속이겠습니까? 원하건대, 여생을 빕니다."

이때에 목인해가 탔던 정안공 집의 말이 화살을 맞고 도망해 와서 스스로 제 집 마구간으로 들어갔다. 부인은 반드시 싸움에 패한 것이라 생각하고, 스스로 싸움터에 가서 공과

---

266) **소근**小斤 : 몸종. 소사小史.

함께 죽으려 하여 걸어서 가니, 시녀 김씨(경녕군의 어머니) 등 다섯 사람이 만류하였으나 그만두게 할 수 없었다. 종 한기 등이 길을 가로 막아서 그만두게 하였다. 처음에 난이 일어날 즈음에 이화와 이천우가 정안공을 붙들어서 말에 오르게 하니, 부인이 무녀 추비방·유방 등을 불러 승부를 물었다. 모두 말하기를,

"반드시 이길 것이니 근심할 것 없습니다."

이웃에 정사파라는 자가 사는데, 그 이름은 가야지이다. 역시 그가 왔기에 부인이 이르기를,

"어젯밤 새벽녘 꿈에, 내가 신교의 옛집에 있다가 보니, 태양이 공중에 있었는데, 아기 막동이가 금상267)의 아이 때의 휘(諱) 해 바퀴 가운데에 앉아 있었으니, 이것이 무슨 징조인가?"

정사파가 판단하기를,

"공公이 마땅히 왕이 되어서 항상 이 아기를 안아 줄 징조입니다."

부인이 말하기를,

"그게 무슨 말인가? 그러한 일을 어찌 바랄 수 있겠는가?"

정사파는 마침내 제 집으로 돌아갔었다. 이때에 이르러 정사파가 이겼다는 소문을 듣고 와서 고하니, 부인이 그제서야 돌아왔다. 정안공이 군사를 거두어 마전麻前갈림길의 냇가 언덕 위에 말을 멈추고, 소리를 놓아 크게 우니, 대소 군사가 모두 울었다. 정안공이 이숙번을 불러 말하기를,

"형의 성품이 본래 우직하므로, 내가 생각하건대, 반드시 남의 말에 혹하여 이런 일을 저질렀으리라 여겼더니, 과연 그렇다. 네가 가서 형을 보고 난亂의 이유를 물어보라."

이숙번이 달려가서 방간에게 물으니, 방간이 대답하지 아니하였다. 이숙번이 다시 묻기를,

"공이 이미 권희달에게 말을 하고서 왜 말을 하지 않습니까? 공이 만일 말하지 않으면 국가에서 반드시 물을 것인데, 끝내 숨길 수 있겠습니까?"

방간이 부득이 대답하였다.

"지난해 동지冬至에 박포가 내 집에 와서 말하기를, '오늘의 큰비에 대해 공은 그 응험을 아는가? 예전 사람이 이르기를, 「겨울 비가 도道를 손상하면 군대가 저자에서 교전한다.」 하였다.' 하기에, 내가 대답하기를, '이 같은 때에 어찌 군사가 교전하는 일이 있겠는가?' 하니, 박포가 말하기를, '정안공이 공을 보는 눈초리가 이상하니, 반드시 장차 변이 날 것이다. 공은 마땅히 선수를 써야 할 것이다.' 하였다. 내가 그 말을 듣고 생각하기를, '공연히 타인의 손에 죽을 수는 없다.' 하여, 이에 먼저 군사를 발한 것이다."

---

267) **금상**今上: 세종대왕.

이숙번이 돌아와서 고하니, 정안공이 드디어 저사로 돌아갔다. 임금이 우승지 이숙을 보내어 가서 방간에게 이르기를,

"네가 백주에 서울에서 군사를 움직였으니, 죄를 용서할 수 없다. 그러나, 골육지정으로 차마 주살을 가하지 못하니, 너의 소원에 따라서 외방에 안치하겠다."

방간이 토산 촌장으로 돌아가기를 청하니, 임금이 대호군 김중보·순군 천호 한규에게 명하여 방간 부자를 압령해서 토산에 안치하게 하였다. 박포는 본래 정안공의 조전 절제사였는데, 그날 병을 칭탁하여 나오지 않고 중립을 지키며 변을 관망하고 있었으나, 명하여 순군옥에 내리고, 또 방간의 도진무 최용소와 조전 절제사 이옥·장담·박만 등 10여 인을 가두었다. 그때에 익안공은 오랜 병으로 인하여 문을 닫고 나오지 않았었는데, 변을 듣고 통곡하며 눈물을 흘리면서 말하기를,

"위에는 밝은 임금이 있고, 아래에는 훌륭한 아우가 있는데, 방간이 어찌하여 이런 짓을 하였는가?"

곧 절제節制의 인印과 군적을 삼군부에 도로 바쳤다. 이 앞서 서운관에서 아뢰기를,

"어제 어두울 때 붉은 요기가 서북쪽에 보였으니, 종실 가운데서 마땅히 맹장猛將이 나올 것입니다."

사대부들이 모두 정안공을 지목하였는데, 8일 만에 난이 일어났다.

- 『정종실록』 1400년 1월 28일

實錄記事 1400년 2월 1일, 하윤 등이 정안공을 세자로 세우기를 청하니, 세자로 삼는다는 전지를 내리다

참찬문하부사 하윤 등이 청하였다.

"정몽주의 난에 만일 정안공이 없었다면, 큰일이 거의 이루어지지 못하였을 것이고, 정도전의 난에 만일 정안공이 없었다면, 또한 어찌 오늘이 있었겠습니까? 또 어제 일로 보더라도 천의와 인심을 또한 알 수 있는 것입니다. 청하건대, 정안공을 세워 세자를 삼으소서."

임금이 말하기를,

"경 등의 말이 심히 옳다."

드디어 도승지 이문화에게 명하여 도당에 전지하였다.

"대저 나라의 근본이 정해진 연후에 민중의 뜻이 정하여지는 것이다. 이번의 변란은 정히 나라의 근본이 정하여지지 못한 까닭이다. 나에게 얼자孼子라 하는 것이 있으나, 그 난 날짜를 짚어 보면, 시기에 맞지 않아 애매하여 알기 어렵고, 또 혼미하고 유약하

여 외방에 둔 지가 오래다. 지난번에 우연히 궁내에 들어왔지만, 지금 도로 밖으로 내보내었다. 또 예전 성왕이 비록 적사가 있더라도 또한 어진이를 택하여 전위하였다. 동복 아우 정안공은 개국하는 초에 큰 공로가 있었고, 또 정사하던 즈음에 우리 형제 4, 5인이 성명을 보전한 것이 모두 그의 공이었다. 이제 명하여 세자를 삼고, 또 내외의 여러 군사를 도독하게 한다."

우정승 성석린이 명령을 듣고, 서사를 거느리고 하례하였다. 임금이 도승지에게 명하여 세자를 세우는 일을 태상왕께 아뢰니, 태상왕이 말하기를,

"장구한 계책은 집정 대신과 모의하는 것이 가하다."

- 『정종실록』 1400년 2월 1일

實錄記事 1400년 2월 1일, 삼성三省에서 방간을 복주하기를 청하다. 박포를 국문하고, 연루자를 모두 처벌하다

삼성三省이 교장交章하여 방간을 복주伏誅하기를 청하였다. 임금이 하윤에게 명하여 대간과 형조와 더불어 교좌하여 박포를 국문하게 하니, 박포가 말하였다.

"지난해 동짓날 방간의 집에 가서 장기를 두었는데, 그날 마침 비가 왔으므로, 고하기를, '시령이 온화하지 못하니 마땅히 조심하여야 한다.'고 하였습니다. 금년 정월 23일 해질녘에 천기가 서북쪽으로 붉었으므로, 이튿날 또 방간의 집에 가서 고하기를, '하늘에 요기妖氣가 있으니, 삼가서 처신함이 마땅하다.'고 하였더니, 방간이 말하기를, '어떻게 처신할꼬?' 하기에, 포가 대답하기를, '군사를 맡지 말고 출입을 삼가며, 의관을 정제하고 행동거지를 무겁게 하기를 고려 때의 제왕의 예와 같이 하는 것이 상책이다.'고 하였습니다. 방간이 그 다음을 묻기에, 포가 대답하기를, '도망하여 만형268)으로 들어가기를 태백269)·중옹270)과 같이 하는 것이 그 다음이다.'고 하였습니다. 또 그 다음을 묻기에, 포가 대답하기를, '정안공은 군사가 강하고 중인衆人이 붙좇으며, 또 상당후의 아우271)로 사위를 삼았는데, 공의 군사는 약하여 위태하기가 아침이슬과 같으니, 먼저 쳐서 제거하는 것만 같지 못하다.'고 하였습니다."

이에 박포에게 장杖을 때리고, 그 날조하여 선동한 이유를 물으니, 박포가 말하였다.

---

268) **만형蠻荊** : 옛날 한족漢族의 문명을 받지 못한 야만족이 살던 양자강 이남의 땅.

269) **태백太伯** : 주나라 태왕의 장자. 나라를 동생 계력에게 사양하고 만형蠻荊으로 들어갔음.

270) **중옹仲雍** : 주나라 태왕의 차자. 형 태백과 같이 만형으로 들어갔음.

271) **상당후上黨侯의 아우** : 상당후 이저(뒤의 이백경)의 아우 이백강을 말하는데, 그는 태종의 맏딸 정순 공주와 결혼하였음.

"내가 비록 정안공을 따라서 함께 정사의 공을 이루었으나, 얼마 아니되어 나를 외방으로 폄척貶斥하였으니, 지금 비록 써 주더라도 어찌 보증할 수가 있겠습니까? 만일 방간에게 공을 세우면, 더불어 길이 부귀를 누릴 수 있기 때문입니다."

삼성三省에서 상소하였다.

"임금의 지친至親에게는 장래가 없으니, 장래가 있으면 반드시 베는 것입니다. 이것이 『춘추』의 큰 법입니다. 지금 방간이 동복 아우인 지친으로서 종실 번병藩屛이 되어, 전하께서 심복으로 여기고 군사의 권세를 주었습니다. 방간이 진실로 마땅히 충성을 다하고 힘을 다하여 왕실을 보필할 것인데, 이것은 돌아보지 않고 사사로이 군사를 움직여 어모禦侮의 부탁을 상은傷恩하는 데 썼으니, 만일 급히 응변應變하지 않았다면, 불측한 변이 있었을지 어찌 알겠습니까? 마땅히 방간을 법대로 처치해야 할 것인데, 전하께서 다만 사제에 안치하게 하시니, 이것이 비록 전하의 우애의 뜻이나, 그것이 종사 대계에 어찌되겠습니까? 원하건대, 전하는 대의大義로 결단하여 큰 법을 바로잡으소서. 옛부터 난신 적자는 반드시 당여黨與가 있는 것이니, 오늘의 변이 어찌 주모하여 난을 선동한 자가 없겠습니까? 엎드려 바라건대, 유사攸司에 명령을 내려 연루된 자 가운데 주모자를 국문하게 하고, 그 죄를 밝게 바루어서 대중의 마음을 위로하소서."

임금이 소를 보고 통곡하여 울었다. 중추원 부사 이침이 망명하였다가 스스로 옥으로 나왔다. 삼성이 연복사에 모였는데, 삼성의 장무를 불러서 선지하였다.

"어제 삼성에서 올린 소疏가 비록 법에 합하나, 내가 어찌 차마 골육지친을 형륙에 처하겠는가? 지금 들으니, 삼성이 함께 모였다 하니, 이 일을 다시 청하려는 것으로 생각된다. 미연에 금지하니, 모두 그리 알라!"

장무掌務가 아뢰었다.

"방간이 사사로이 군사를 움직여 골육을 해치려고 하므로, 주상께서 처음에 도승지를 보내어 금하였는데 듣지 않고, 또 이지실을 보내어 금하였는데도 또한 좇지 않고, 군사를 발發하기에 이르렀으니, 죄가 더 막중합니다. 마땅히 큰 법에 처해야 합니다."

임금이 또 이르기를,

"내가 차라리 해를 당할지언정, 어찌 차마 동모제로 하여금 죽음에 이르게 하겠는가? 다시는 거론하지 말라."

박포는 관직을 삭탈하여 장 1백 대에 청해로 귀양보내고, 박만·이옥은 변방 고을에 귀양보냈다. 삼성에서 방간의 당여의 죄상의 경중을 갖추어 아뢰니, 명령을 내리었다.

"박포는 이제 벌써 삭직하여 장형에 처하여 귀양보냈고, 또 양차의 공신이니, 다시 극형을 가할 수는 없다. 다만 가사를 적몰하고, 자손을 금고하게 하라. 전 소윤 민원공은 큰 말을 하였으니 율에 의하여 처참하고, 검교 참찬문하부사 최용소는 삭직하여 장 60대에 처하고, 중추원사 이침·전 판사 환유·전 전서 설숭은 각각 태(笞) 50대에 처하고, 호군 원윤은 장 60대에 처하고, 박인길·곽범·김보해는 각각 장 70대에 처하여 아울러 먼 지방에 부처하고, 내관 강인부·원윤 이백온·전 전서 임천년·우군 장군 김간, 장군 이난·이거현·황재, 전 전중 경 강승평·선략 장군 이윤량은 아울러 외방에 부처하고, 또 도망 중에 있는 오용권·곽승우·민공생·민도생·정승길·정윤·김월하·김귀남·민교·이군필·김국진은 나누어 원방에 유배하되, 그 자현(自現)하는 것을 들어주어 각각 배소에 이르게 하고, 동지중추원사 장담은 양차의 공신이므로 다만 파직만 시키고, 승지 조경은 당여에 간여하지 않았으니, 특별히 죄를 방면하게 하라."

강유신·장사미·이군실·정승길은 모두 방간에게 힘을 다한 자들인데, 정안공이 즉위한 뒤에 모두 임용하였다.

- 『정종실록』 1400년 2월 1일

> **實錄記事** 1400년 2월 4일, 정안공을 왕세자로 책립하여 군국의 일을 맡기다. 전국의 죄수들을 사유하다

임금의 아우 정안공을 책립하여 왕세자로 삼아 군국의 중사를 맡게 하였다. 왕은 이렇게 말하였다.

"저이[272]를 세우는 것은 국본을 정하는 것이요, 위호를 높이는 것은 인심을 정하는 것이다. 이에 전장에 따라서 책례를 거행한다. 너 정안공은 자질이 문무를 겸하고, 덕이 영명한 것을 갖추었다. 태상께서 개국하던 처음을 당하여 능히 대의를 주장하였고, 과형(寡兄)이 정사(定社)하던 날에 미치어 특히 큰 공을 세웠다. 하물며, 구가(謳歌)의 돌아가는 것이 있으니, 마땅히 감무(監撫)를 맡겨야 하겠다. 이로써 너에게 명하여 왕세자로 삼는다. 아아! 사람 알아보기가 쉽지 않고, 자식노릇하기도 또한 어렵다. 지친으로 택현으로 이미 대통을 잇는 자리에 처하였으니, 오직 충성하고 오직 효도하여 이로써 정사하는 방도를 도우라. 그러므로, 이에 교시하는 바이니, 마땅히 다 알아야 할 것이라 생각한다."

인하여 경내에 사유하였는데, 왕은 이렇게 말하였다.

"옛날부터 왕노릇하는 자가 저이를 세우는 것은 종사를 높이고 국본을 중하게 하기 위함이었다. 예문을 상고하면, 적자와 동모제를 세운다는 말이 있는데, 혹은 세대로 하든지 혹은 차제로 하든지 오직 지당하게 할 뿐이었다. 내가 덕이 적고 우매한 몸으로

---

272) **저이**(儲貳) : 세자.

큰 통서를 이어받아, 공경하고 근신하여 다스리기를 생각한 지가 이제 2년이 되었다. 돌아보건대, 적사가 없고 다만 서얼이 있는데, 혼매하고 유약하여 지혜스럽지 못하니, 밤낮으로 조심하고 두려워하여 감히 편안할 겨를이 없었다. 오직 동기의 지친을 생각하여 우우[273]의 의를 두터이 하였더니, 생각지도 않게 방간이 간교하고 사곡한 말을 곧이 믿고, 망령되게 의심하고 꺼리는 마음을 품어 군사를 내어 난을 꾸며서, 화가 불측한 데에 있었는데, 다행히 천지 종사의 도움에 힘입어서, 이내 곧 평정되어 하루도 못되어 청명하여졌다. 오히려 상우[274]의 정을 불쌍히 여기고 관벽[275]에 이르도록 차마 하지 못하여, 이미 방간을 사사 전장田莊에 안치하고, 당여 사람들은 각각 죄의 경중에 따라 처결하였다.

대개 국본이 정해지지 못하고 인심이 흔들리기 쉬움으로 인하여, 화란이 발생하여 이처럼 지극함에 이르렀다. 말이 여기에 미치니, 깊이 슬프도다. 마땅히 어진 모제母弟를 세워 굳건한 국본을 정해야만 하겠다. 정안공은 기운이 영명하게 빼어나고, 자질은 용맹과 지혜를 온전히 하였다. 문무의 도략圖略은 생지生知로부터 가졌고, 효제孝悌의 정성은 지성에서 나왔다. 시서詩書의 교훈을 마음에 새기고, 정교政敎의 방법을 통달하였다. 태상왕을 보좌하여 개국의 공을 세웠고, 과인의 몸을 호위하여 정사定社의 공을 이루었다. 종사에서 길이 힘입은 것은 신민이 함께 아는 바이다. 공과 덕이 이미 높으니, 구가하는 것이 모두 돌아간다. 그러므로, 책명하여 왕세자를 삼아서 여망을 위로한다. 생각하건대, 저부의 임무는 반드시 감무의 권한을 겸하므로, 이에 군국의 중사를 맡도록 명한다.

아아! 너희 종친·기로·재보宰輔·신료와 중외 인민은 모두 내 뜻을 몸 받아서 각각 너희 직책에 이바지하고, 원량元良의 덕에 공경하고 순종하여, 내 덕을 도우라. 이에 책명을 행하니, 마땅히 너그러운 법전을 반포하여야 하겠다. 건문建文 2년 2월 초4일 새벽 이전에 모반하고 대역한 것, 조부모·부모를 죽인 것, 처첩이 남편을 죽인 것, 노비가 주인을 죽인 것, 고독[276]하고 염매[277]한 것, 강도를 범한 것, 고의로 살인을 꾀한 것과, 방

---

273) **우우**友于 : 형제의 우의.

274) **상우**象憂 : 상(象 : 순임금의 아우)이 근심하면 순임금이 근심하고, 상이 기뻐하면 순임금이 기뻐하였다는 고사에서 나온 말.

275) **관벽**管辟 : 주공이 관숙을 대벽(大辟 : 死刑)에 처한 고사에서 나온 말.

276) **고독**蠱毒 : 뱀·지네·두꺼비 등의 독기가 든 음식을 남에게 몰래 먹여 복통·가슴앓이·토혈·하혈 등의 증세를 일으켜 죽게 하는 것.

277) **염매**魘魅 : 주문이나 저술로 남을 저주하여 죽게 만드는 것. 염魘은 사람의 형상을 만들어 놓고

간의 당여의 사람들을 제외하고는, 이미 발각되었거나 발각되지 않았거나, 이미 결정되었거나 결정되지 않았거나, 죄의 경중이 없이 모두 용서하여 면제하라. 감히 유지 전의 일을 가지고 서로 고하여 말하는 자는 그 죄로 죄를 주겠다. 아아! 아비와 자식이 되었으니, 더욱 자효慈孝의 마음을 두텁게 하고, 가까운 데로부터 먼 데에 미치기까지 함께 태평의 낙을 누리리라."

이때 대신으로서 헌의하는 자가 말하기를,

"옛날부터 제왕이 동모제를 세우면 모두 황태제를 봉하였고, 세자를 삼은 일은 없었습니다. 청하건대, 왕태제를 삼으소서."

임금이 말하기를,

"지금 나는 직접 이 아우로 아들을 삼겠다."

이저로 판삼군부사 좌군 도절제사를, 이거이로 중군 절제사를, 조영무로 우군 절제사를 조온으로 지중군절제사를, 이천우로 지우군절제사를 삼고, 이숙번으로 중추원 부사 동지좌군절제사, 이원으로 우부승지를 삼았다. 이때부터 1품 이하를 모두 대성에서 다시 서경하였다.

- 『정종실록』 1400년 2월 4일

實錄記事 1400년 2월 4일, 세자가 태상전에 나아가 사은하니 태상왕이 임금 노릇하는 도리를 논하다

세자가 태상전에 나아가 사은하니, 태상왕이 사연賜宴하고, 인하여 임금 노릇하는 도리를 논하여 이르지 않은 데가 없었다. 또 말하기를,

"네 몸이 관계된 바가 지극히 중하니, 마땅히 스스로 삼가도록 하라. 지금 방간이 어리석고 우둔하여 아는 것이 없어서 함부로 군사를 일으켜 이 지경이 되었다. 삼한三韓에 귀가貴家·대족大族이 많으니, 반드시 모두 비웃을 것이다. 나도 부끄럽게 여긴다. 그러나, 네가 이미 세자가 되었으니, 마땅히 지극히 공정한 도리를 펴서 나라를 다스리고 백성을 보전하는 것이 가할 것이다. 늙은 아비가 말하는 것은 여기에서 그친다."

하였다. 세자가 헌수하고 지극히 즐기다가 곧 나왔다. 태상왕이 이저에게 이르기를,

"박포는 죽고도 남는 죄가 있다. 돌아가 네 임금에게 말하여 반드시 법을 들어서 후래後來를 징계하도록 하라."

- 『정종실록』 1400년 2월 4일

쇠꼬챙이로 심장을 찌르고 눈을 후벼파고 손·발을 묶는 것이고, 매魅는 나무나 돌로 귀신을 만들어 놓고 저주를 비는 것임. 압승술壓勝術.

> **實錄記事** 1400년 2월 4일, 대간이 박포를 주살하기를 청하니 그대로 따르다

대간이 교장하여 박포를 주살하기를 청하니, 그대로 따랐다. 삼성의 장무가 일찍이 박포의 죄를 청하니, 임금이 말하기를,

"박포가 비록 죄가 있으나, 공신이니 내가 차마 죽일 수가 없다."

또 상소하였다.

"형제의 지친은 성인이 중하게 여긴 바이요, 난적의 당은 왕법에 반드시 복주하는 것입니다. 이것은 인륜을 두텁게 하고 큰 법을 밝혀 종사 만세의 계책으로 하는 것입니다. 지금 박포가 간사한 뜻을 품고 거짓말에 넘어가 말을 만들고 틈을 얽어서 종친을 이간하고, 사직을 위태롭게 하기를 꾀하였으니, 왕법에는 반드시 주살할 죄입니다. 지난번에 신 등이 두 번이나 천총天聰을 더럽혔으나, 유윤兪允을 받지 못하였으므로, 중외에서 실망하지 않는 이가 없습니다. 또 공신이 된 자가 마땅히 왕실의 안위를 생각하여 충성을 다하고 절개를 닦아서 시종 변하지 않는 것이 가한데, 먼저 스스로 맹세를 배반하고 갑자기 다른 생각을 내어 왕실을 어지럽히기를 꾀하였으니, 이것은 스스로 그 공을 허물어뜨린 것입니다. 전하께서 종사의 대계와 형제의 지친을 생각지 않고, 공功을 의논하여 가볍게 용서하였으니, 형제는 지친이라는 뜻과 왕법에 반드시 주살한다는 의리에 있어 어떠하겠습니까? 엎드려 바라건대, 대의로 결단하여 밝게 극형에 처해서 큰 법을 바로잡으소서."

박포가 함주에 있었는데, 헌부·형조의 아전을 보고 탄식하기를,

"주상께서 어질고 후하시어 내가 생명을 연장한 지가 이미 달포가 넘었다. 죽어도 또한 무슨 한이 있겠는가!"

드디어 복주伏誅 당하였다. 이보다 앞서 태상왕이 세자에게 이르기를,

"왜 박포를 주살하지 않는가?"

세자가 대답하기를,

"공신이기 때문에 말감末減에 따른 것입니다."

태상왕이 말하기를,

"박포가 비록 공신이라도 자신이 중한 죄를 범하였으니, 주살하지 않을 수 있겠느냐?"

세자가 말하기를,

"근일에 대간에서 주살하기를 청하였기 때문에, 신이 왕에게 사뢰어 주살하려고 하였습니다."

태상왕이 말하였다.

"대간의 청이 참으로 옳다. 나라에 대간이 있는 것이 또한 중하지 아니하냐!"
- 『정종실록』 1400년 2월 4일

정종은 1400년(정종 2년) 2월 방원을 세자로 책봉하고, 그해 11월 세자에게 양위교서[278]를 내리고 상왕으로 물러났다. 당시 역사적 상황을 이렇게 기술되어 있다. 정안왕후[279]는 언제나 태종이 들어가 뵐 때마다 정종에게 아뢰기를 "전하께서는 그의 눈을 어찌해 못 보십니까? 속히 왕위를 전하시어 마음을 편하게 하소서."라고 했다고 합니다. 정종이 그 말을 좇아서 상왕으로 별궁에 거처했다.

> **實錄記事** 1400년 2월 4일, 방간의 휘하였던 진무소 갑사 3백 인을 혁파하고, 군기와 갑옷을 모두 삼군부로 보내다

성균 악정 정이오(鄭以吾)가 상서하였는데, 대략은 이러하였다.
"관직을 침노한 죄는 도망할 수 없으나, 나무꾼의 말도 취할 것이 있습니다. 엎드려 바라건대, 전하께서는 오활(迂闊)하고 절실하지 않다고 여기지 마옵소서. 대저 초창(草創)과 수성(守成)이 그 법이 같지 않습니다. 우리 태상왕께서 고려의 쇠란(衰亂)한 말엽을 당하여 백성을 도탄에서 구제하고, 나라를 반석 위에 두었으니, 천명(天命)과 인심(人心)이 그만둘래야 그만둘 수 없게 되었지마는, 그러나, 초창한 지가 오래지 않기 때문에 특별히 의흥삼군부를 두고 궁중에 갑사를 많이 양성하며, 훈척으로 하여금 각도의 군사를 나누어 맡게까지 하였습니다. 이제 정도전·남은 같은 자가 몰래 간사한 소인과 결탁하여, 거의 사직을 전복시킬 뻔하였습니다. 전하께서 의(義)를 토평(討平)하시던 날에, 궁중의 갑사가 창을 거꾸로 하여 응하였습니다. 이것으로 본다면, 사직의 안위가 병력으로 능히 유지되는 바가 아닌 것을 전하가 친히 보신 것입니다.
또 임신년의 개국과 무인년의 정사(定社)에 그 공렬(功烈)의 큰 것으로서 누가 전하와 동궁보다 더한 이가 있겠습니까? 방간이 이것을 생각지 않고 몰래 불궤한 짓을 도모하여, 화(禍)가 불측한 지경에 있었습니다. 전하가 명하여 방간을 외방에 안치하시니, 이것은 대순(大舜)이 상(象)을 조처한 마음씨입니다. 또 명하여 동궁을 세워 저부(儲副)를 삼고 감무(監

---

278) **양위교서**(讓位敎書) : 임금의 자리를 물려주면서 임금이 내리는 명령의 내용이 적힌 문서.
279) **정안왕후 김씨**(定安王后 金氏) : 조선 정종의 왕비이다. 시호는 온명장의정안왕후이다. 월성부원군 김천서의 딸로 본관은 경주이다. 조선 최초의 왕대비로 안정왕후라고도 한다.

撫의 책임을 맡기시니, 이것은 국가를 편안히 하는 원대한 생각이십니다. 그러나, 방간의 당여가 아직도 중외(조정과 민간)에 자리잡고 있어 갑사甲士280)에 속하여 있는 자까지 있으니, 참으로 염려됩니다. 더군다나, 궁갑에 예속된 자가 시정市井의 무뢰배가 아니면 반드시 어리석고 사나운 불령인不逞人입니다. 지금 방간이 서울에 매우 가깝게 있으니, 설혹 전날의 난을 선동한 것과 같은 일이 있으면, 저 갑사로 있는 자들이 대의를 알지 못하니, 족히 믿을 수 있겠습니까? 노자老子가 말하기를, '날카로운 병기兵器는 상서롭지 못한 기구인데, 그 일이 되돌아오기를 좋아한다.' 하였고, 『좌전左傳』에 또한 말하기를, '군사는 불과 같아서 그치지 않으면 장차 스스로 불탈 것이다.' 하였으니, 이것이 모두 본받을 만한 말입니다. 전하께서 이미 동궁東宮에게 무군撫軍의 일을 맡기시고, 이에 궁중에 삼군부 진무鎭撫를 따로 두고 많은 궁갑宮甲을 양성하니, 동궁의 감무하는 뜻이 어디 있습니까? 원하건대, 전하께서는 궁갑의 양성을 혁파하고 주려周廬281)의 폐순陛楯282)을 사순司楯·성중 애마成衆愛馬로 배치하시고, 날마다 어진 사대부를 접하여 조석으로 함께 있어 정치에 힘쓰시어 나라의 운수를 영구하게 하시면, 심히 다행하겠습니다."

이때에 갑사가 방간의 휘하 사람이 많아서, 세자가 출입할 때에 항상 전율戰慄을 느끼었기 때문에, 정이오가 이러한 글을 올린 것이었다. 임금이 보고 조온에게 이르기를,

"정이오의 말이 어떠한가?"

조온이 대답하기를,

"어찌 선비 한 사람의 말로 가볍게 궁갑宮甲을 혁파할 수 있겠습니까?"

임금이 말하기를,

"정이오의 말이 심히 내 뜻에 합한다."

곧 진무소 갑사 3백 인을 혁파하고, 군기 개장鎧仗을 모두 삼군부로 보냈다. 다만 잠저潛邸 때의 휘하 1백 인만 머무르게 하였다.

- 『정종실록』 1400년 2월 4일

實錄記事 1400년 2월 4일, 세자가 대학연의를 읽다가 좌보덕 서유와 더불어 시병 혁파와 관련한 문제를 논하다

세자가 『대학연의』를 읽다가 좌보덕 서유와 더불어 병권을 잡는 폐단을 논하였다. 당나

---

280) **갑사**甲士 : 각 고을에서 뽑혀 서울의 수비를 맡던 의흥위의 군사.

281) **주려**周廬 : 한漢나라 때 대궐 주위周圍에 세웠던 숙위군宿衛軍의 여사廬舍.

282) **폐순**陛楯 : 진秦나라 때 섬돌에 방패를 잡고 서던 관원.

라 현종·숙종의 일에 이르러 탄식하였다.

"숙종이 이보국[283]을 두려워한 것은, 다만 이보국이 병권을 잡았기 때문이었다. 병권이 흩어져 있게 할 수 없는 것이 감계鑑戒가 이와 같다. 또 우리 집 일로 말하더라도 태상왕께서 병권을 잡았기 때문에, 고려의 말년을 당하여 능히 화가위국化家爲國할 수 있었던 것이고, 무인년 남은·정도전의 난에 이르러서도 우리 형제가 만일 군사를 가지지 않았더라면, 어떻게 사기事機에 응하여 변을 제어할 수 있었겠는가? 박포가 회안군을 꾄 것도 또한 병권이 있었기 때문이었다. 근일에 공신 3, 4인이 병권을 내놓게 된 것을 불평 불만하여 마지않았으므로, 대간이 죄주기를 청하여 외방에 귀양보내었다. 지난날에 병권은 흩어져 있을 수 없다는 일 때문에 내가 면대하여 간절하게 일렀건마는, 모두 능히 깨닫는 이가 없었다. 지금에 와서 오직 조영무가 평양에 있으면서 말하기를, '세자의 가르침을 깨닫지 못한 것이 한이다.'고 한다."

서유가 대답하였다.

"옛날에 송나라 태조가 천하를 평정하고 궁내에서 장상將相에게 잔치하였는데, 장상들이 말하기를, '천하가 평정되었으니 즐기심이 마땅합니다.' 하니, 태조가 말하기를, '나는 즐겁지 않다.' 하였습니다. 장상들이 말하기를, '천하가 이미 정하여졌는데, 폐하께서는 왜 즐겁지 않으십니까?' 하니, 태조가 말하기를, '처음에 경들이 병권을 쥐었기 때문에 능히 나를 추대하여 천자를 삼았으니, 내가 두려워하는 것은 경의 휘하 장사들이 경을 추대하여 천자를 삼기를, 또한 경이 짐朕을 추대한 것 같이 할 것이다.' 하였습니다. 공신·장상이 머리를 조아리고 절하여 사례하고, 즉일로 인수印綬를 올리고 병권을 내놓았습니다. 지금 세자의 말씀이 송나라 태조와 같습니다. 다만 공신과 장상이 송나라 태조 때에 미치지 못합니다."

- 『정종실록』 1400년 2월 4일

實錄記事 1400년 3월 4일, 민씨를 봉하여 세자 정빈으로 삼다

민씨를 봉하여 세자 정빈으로 삼았다. 책문은 이러하였다.

"배필을 중하게 하는 것은 인륜을 두텁게 하는 것이요, 위호를 높이는 것은 명분을 바르게 하는 것이다. 이에 성한 예전禮典에 따라서 아름다운 칭호를 세우노라. 아! 그대 민씨는 세가世家에 나서 군자의 배필이 되어, 일찍부터 부드럽고 아름다운 의측儀則을 나타내었고, 항상 고요하고 한결같은 마음을 가졌었다. 그른 것도 없고 마땅치 않은 것도

---

283) **이보국**李輔國 : 당나라 숙종 때의 환관. 본명은 정충. 숙종의 총애를 받아 원수부 행군 사마가 되어 전횡하다가 대종 때 피살되었음.

없이 중궤中饋284)를 주장하여 바르고 길吉하였으며, 반드시 경계하고 반드시 조심하여 내조를 다해서 삼가고 화합하였도다. 이미 풍화의 근원을 두텁게 하였으니, 마땅히 종묘의 제사를 받들어야 하겠으므로, 그대를 책봉하여 왕세자 정빈貞嬪으로 삼노라. 아아! 매양 계명285)의 경계를 바쳐 덕음德音을 어기지 말고, 길이 인지286)의 상서에 응하여 복록을 받을지어다. 나도 이로써 그대의 아름다움을 기뻐하노라."

– 『정종실록』 1400년 3월 4일

實錄記事 1400년 10월 26일, 의정부에서 상소하여, 방간의 난과 관련 신상필벌의 법을 정하여 공포하다

공을 상주고 죄를 벌주는 법을 세웠다. 의정부에서 상소하여 말하였다.

"공功을 상주고 죄罪를 벌주는 것은 실로 국가의 큰 법전이니, 만일 혹시라도 마땅함을 잃으면 권하고 징계할 수가 없습니다. 지난번에 이방간이 가만히 당여를 모아 골육을 해치기를 꾀해서, 거의 종사를 기울어뜨려 화가 불측한 데 있었는데, 동지총제 이내가 의義를 따르고 사정을 잊고서 그 음모를 제일 먼저 고하여, 골육을 보전하고 종사를 평안하게 하였으니, 그 공이 중대합니다. 마땅히 공신으로 호를 주고 군君을 봉하여 세습하게 하고, 전지 1백 결과 노비 20구를 주어 뒷사람을 권할 것입니다. 박포는 음모를 시작하여 참소하고 얽혀서 화근을 만들어 냈으니, 비록 전의 공功이 있으나 죄를 족히 가리울 수 없습니다. 삼족이 멸하는 것을 면한 것도 또한 다행한 일이니, 그 관작을 추탈하고, 그 자손을 금고禁錮하고, 공신의 전민田民을 관가에 몰수하여 뒷사람을 징계할 것입니다. 금후로 혹시 방간과 박포 같은 자가 있으면, 정상을 알아서 제일 먼저 고한 자는 직질職秩의 고하를 논하지 말고 이내李來의 예에 의하여 상주고, 고한 자가 천인이면, 천인을 면하고 허통287)하여 바로 장군을 제수하고, 범인의 가산과 전민을 모두 상으로 주고, 정상을 알고도 고하지 않은 자는 수범首犯과 종범從犯을 나누지 말고 아울러 극형에 처하고, 부모·형제·처자도 모두 따라 좌죄坐罪하게 하는 것으로 정한 법

---

284) **중궤**中饋 : 여자의 일. 곧 부엌일.

285) **계명**鷄鳴 : 『시경』 제풍齊風의 편명. 애공哀公이 황음荒淫하고 게을러서, 현비賢妃가 닭이 울어 조신朝臣들이 모이겠으니, 애공에게 어서 일어나라고 경계하였다는 고사.

286) **인지**麟趾 : 『시경』 주남周南의 편명. 문왕의 후비가 인후仁厚하여, 그 자손이 번성하기를 빈 것임.

287) **허통**許通 : 천인이 공功을 세우면, 천역을 면해 주고 관리가 될 수 있도록 나라에서 허락해 주던 일. 이때 나라에서 허통첩을 발급하였음.

을 삼아서, 권징勸懲하는 문門을 삼고 화란禍亂의 싹을 막으소서."
임금이 윤허하고, 드디어 조정에 방榜을 붙여 고시告示하였다. - 『정종실록』 1400년 10월 26일

양보 없는 권력의 암투가 시작되다

　　정종은 두 차례 왕자의 난으로 정권을 장악한 방원이 왕위에 오르기 전에 잠시 왕의 자리에 있던 허수아비 임금이었을까? 사실은 그렇지 않았다. 정종 역시 정치적 야망이 있었으며, 왕으로도 무능하지 않았다. 정종이 1차, 2차 왕자의 난 때 취했던 태도로 짐작할 수 있다.

　　방원이 1차 왕자의 난 이후 장자에게 왕위를 양보했다거나, 정종이 실권자 동생에게 왕위를 양보했다는 것은 올바른 시각은 아니다. 권력은 지금이나 예나 양보란 것이 없었기 때문이다. 방원은 왕자의 난 이후 바로 왕위에 오를 수도 있었지만, 방원이 즉위하지 않은 것은 이성계와의 관계와 이복동생들을 죽이고 권좌를 탐했다는 세상의 비난을 고려한 정치적 포석이었다. 정종이 방원에게 양위한 것은 권력 투쟁에서 패한 마지막 선택이었다. 정종이 궐 밖에 있던 가의궁주 유씨의 아들 불노를 원자로 삼으려 한 것도 정종의 욕심을 엿볼 수 있다. 불노는 방원의 반대로 정종의 아들이 아니라는 명분으로 쫓겨났다.

　　권력은 아버지와 아들 사이를 원수지간으로 만들고, 형제들끼리 칼을 겨누게 만든다. 조선 건국 초기, 왕권이 안정되지 않은 가운데 벌어진 혈육 간의 투쟁은 권력의 속성을 잘 보여주고 있다.

왕세자 '방원'에게 선위를 교서하다

　　정종이 왕세자에게 선위하였다. 판삼군부사 이무[288]는 교서[289]를 받들고,

---

288) **이무**李茂 : 고려 공민왕 때 문과에 급제해 우왕 때 밀직사사가 되었으나, 1388년(창왕 1년) 간관의 탄핵을 받고 곡주로 유배되었다. 1390년(공양왕 2년) 도절제사로서 전라도에서 왜구를 격퇴하였다. 조선 개국 후 이방원을 도와 정사공신과 좌명공신에 책훈되었다. 1402년 우정승에 오

도승지290) 박석명291)은 국보를 받들고 인수부에 나아가서 올리니, 세자가 울면서 받지 않았다. 임금이 세자에게 전지하였다.

實錄記事 1400년 11월 11일, 임금이 왕세자에게 선위하다. 선위하는 교서

임금이 왕세자에게 선위禪位하였다. 판삼군부사 이무는 교서를 받들고, 도승지 박석명은 국보를 받들고 인수부仁壽府에 나아가서 올리니, 세자가 울면서 받지 않았다. 임금이 세자에게 전지하였다.

"내가 어려서부터 말 달리고 활 잡기를 좋아하여, 일찍이 학문을 하지 않았는데, 즉위한 이래로 혜택이 백성에게 미치지 못하고, 재앙과 변괴가 거듭 이르니, 내가 비록 조심하고 두려워하나 어찌할 수 없다. 세자는 어려서부터 배우기를 좋아하여 이치에 통달하고, 크게 공덕이 있으니, 마땅히 나를 대신하도록 하라."

세자가 부득이하여 수선하였습니다. 그 교서는 이러하였습니다.

"공손히 생각하건대, 조종께서 어질고 후하시므로 덕을 쌓아 큰 명을 성취하고, 우리 '신무 태상왕'이 처음 일어날 때에 미쳐, 왕세자가 기선에 밝아서 천명을 명확히 알고, 먼저 대의를 주창하여 큰 기업을 세웠으니, 우리 조선의 개국이 세자의 공이 많았다. 당초에 세자를 세우는 의논에서 물망이 모두 돌아갔는데, 뜻하지 않게도 권간이 공을 탐하여 어린 얼자(서자)를 세워 종사를 기울어뜨리려 하였다. 하늘이 그 충심을 달래어

르고, 1403년 단산부원군 겸 중군 도총제가 되었다. 1409년 태종의 처남 민무구·민무질의 옥사에 관련되어 유배되었다가 죽산에서 처형되었다.

289) **교서**敎書 : 국왕이 내리는 명령서·훈유서·선포문의 성격을 가진 문서.

290) **도승지**都承旨 : 왕명을 하달하고 하의를 상달하는 일을 맡아 했다. 경연·입시에 참석하고 관리를 임명하는 일도 겸했으며, 예문관 직제학·상서원 정을 겸직했다. 1392년(태조 1년) 중추원의 속아문으로 승지방을 두고 도승지를 그 장관으로 삼았으나 왕자의 난 이후 태종이 정권을 장악하면서 중추원은 의흥삼군부와 승정원으로 나뉘었다.

291) **박석명**朴錫命 : 1399년(정종 1년) 좌산기상시로 기용되고 안주목사를 거쳐 이듬해 도승지가 되었다. 정종이 태종에게 선위하자 그 교서를 가져가서 태종을 옹립하였다. 1401년 좌명공신 3등이 되고 평양군에 봉해진 뒤, 지신사를 거쳐 1405년 지의정부사, 이듬해 함경도선위사 전라도도체찰사 등을 역임하였다. 젊었을 때 정종과 같이 이불을 덮고 자는데 꿈에 누런 용이 옆에 있으므로 돌아다보니 태종이었다. 그때부터 기이하게 여겨 서로 친구로 더욱 두텁게 지냈다. 태종이 임금이 되면서 태종의 총애를 받았다. 지의정부사 판육조사에 올랐다. 평소 사람을 알아보는 안목이 깊었는데, 특히 태종에게 황희 정승을 승지로 천거한 것이 유명하다.

계책을 세워 감정해서 종사를 편안히 하였으니, 우리 조선을 재조한 것도 또한 세자의 공에 힘입은 것이다. 나라는 이때에 이미 세자의 차지가 되었으나, 겸허를 고집하여 태상왕께 아뢰어서 착하지 못한 내가 적장자라 하여 즉위하도록 명하게 하였다. 내가 사양하여도 되지 않아서 면강하여 정사에 나간 지 지금 3년이 되었으나, 하늘 뜻이 허락하지 않고, 인심이 믿지 않아서, 황충과 가뭄이 재앙으로 되고, 요얼이 거듭 이르니, 진실로 과인의 부덕한 소치로 말미암은 것이므로, 무서워하고 두려워하여 하늘과 사람에게 부끄러움이 있다. 하물며 내가 본래 풍질이 있어 만기에 현란하니, 정신을 수고롭게 하여 정무에 응하면, 미류에 이를까 두려웠다. 무거운 짐을 내놓아 덕 있는 사람에게 부탁해 볼까 생각하였으니, 거의 위로는 하늘마음에 보답하고, 아래로는 여망을 위로할 수 있을 것이다. 왕세자는 강명한 덕을 품수하고 용맹과 지략의 자질이 빼어났다. 인의는 타고날 때부터 가졌고, 효제는 지성에서 비롯되었다. 학문은 의리에 느끼어 일어나는 마음의 작용, 영명한 꾀는 변통에 합하였다. 진실로 예철하기가 무리에 뛰어나는데, 겸공하기를 더욱 부지런히 하였다. 일찍이 제세 안민의 도량으로 능히 발란 반정의 공을 이루었다. 구가가 돌아가는 바요, 종사가 의뢰하는 바이니, 어질고 덕 있는 사람이 마땅히 대통을 이어야 하겠다. 이제 세자에게 명하여 왕위를 전하여 즉위하게 한다. 나는 장차 물러나 사사 집에 돌아가서 한가롭게 놀고 편안히 봉양 받으면서 백세를 보전하겠다. 아아! 하늘과 사람의 정은 반드시 덕 있는 사람에게 부탁하고, 종사의 대통은 마땅히 지친에게 전하여야 한다. 그러므로, 부자 형제가 서로 잇는 것이 실로 고금의 통한 의리이다. 아아! 너희 종친·기로·대소 신료는 모두 내 뜻을 받아서 길이 유신의 정치를 보전하도록 하라."

참찬문하 권근이 지은 것입니다. 좌승지[292] 이원[293]을 보내어 태상왕에게 선위할 뜻을

---

292) **좌승지**左承旨 : 1392년(태조 1년) 7월의 태조신반 관제에 의하면 고려의 제도를 이어받아 중추원의 승지방에 도승지·좌승지 등 5승지가 왕명의 출납을 맡았다. 1400년(정종 2년) 4월 도평의사사를 의정부로, 중추원을 의흥삼군부로 개편할 때 승지방이 승정원으로 독립함에 따라 좌승지는 종전대로 승정원에 속하였다. 그러나 1401년(태종 1년) 7월 문하부를 혁파하고 의흥삼군부를 승추부로 개편할 때에는 승정원을 대언사로 고치고 직명도 지신사 대언으로 바꾸어 승추부에 예속시켰다.

293) **이원**李原 : 권근과 정몽주에게서 학문을 배웠으며 1385년 문과에 급제했다. 태종의 즉위에 협력하여 1401년(태종 1년) 좌명공신에 책록되고 철성군에 봉해졌다. 공안부윤을 거쳐 대사헌으로 있을 때 순군 윤종을 구타해 파직되었다. 1408년 이성계가 죽자 빈전도감판사가 되어 국장을 주관했으며, 1415년 외척간의 혼인을 금하는 상소를 올렸다. 세종이 재위기에 좌의정에 이어 영의정에 올라 세종의 정치 이상 실현에 공헌했다. 1422년 태종이 죽자 정탁과 함께 국장

고하니, 태상왕이 말하였습니다.

"하라고도 할 수 없고, 하지 말라고도 할 수 없다. 이제 이미 선위하였으니 다시 무슨 말을 하겠는가!"
― 『정종실록』 1400년 11월 11일

상왕전에 나아가 옥책과 금보를 올리고 헌수하다

정종이 백관을 거느리고 상왕전에 나아가 옥책과 금보를 올리고, 인하여 헌수하였다. 책문은 이러하였다.

> **實錄記事** 1400년 12월 1일, 임금이 백관을 거느리고 상왕전에 나아가 옥책과 금보를 올리고 헌수하다

"덕은 친애를 돈독하게 하여 능히 사양하는 빛을 나타내셨으니, 예는 마땅히 존숭하여 더욱 강명하는 도를 경건히 하여야 하겠습니다. 이에 정한 법전에 따라서 아름다운 칭호를 드립니다. 공손히 생각하건대, 성품은 온화하고 아름다운 것을 품수하고, 마음은 효도와 우애를 온전히 하셨습니다. 태상왕을 이어 정사에 나가서 그 모유를 편안하게 하였고, 소자를 보전하여 인애를 다해서 즉위하도록 명하시었습니다. 그러나 전하여 돌려주는 통서를 욕되게 하였으니, 오로지 갚고 사례하는 정성을 생각하였습니다. 신은 큰 소원을 이기지 못하여 삼가 존호를 올리기를, '인문 공예 상왕'이라 합니다. 엎드려 바라건대, 전하께서는 도를 즐기고 한가로이 노시면서 정신을 가다듬고 편안히 기르실 것입니다. 충심에서 우러나온 소원을 굽어 생각하시고 길이 다복한 상서를 받으소서."

대비의 책문은 이러하였습니다.

"보우하시는 은혜가 높아 모의가 나타났으니, 존숭하는 예를 갖추어 자도를 다합니다. 정해진 전장을 거행하여 성효를 펼까 합니다. 공손히 생각건대, 덕비 전하는 부드럽고 아름다운 성품을 품수하시고, 공손하고 검소한 마음을 가지셨습니다. 덕행은 안을 다스리는 아름다움을 일찍 나타내시었고, 마음에서 나오는 우애는 친족에게 친교를

도감도제조가 되어 장례를 주관했다. 1426년 노비를 강제로 빼앗았다는 모함을 받아 공신녹권을 회수당하고 여산에 안치되었다가 죽었다. 저서로는 『용헌집』, 『철성연방집』이 있다.

두텁게 하는 어짐을 돈독히 하셨습니다. 실로 자애스럽게 덮어주심을 힘입어서 큰 통서를 욕되게 하였습니다. 이름하기 어려운 덕을 표하고자 하면, 마땅히 아름다움을 돌리는 칭호를 더하여야 하겠습니다. 신은 큰 소원을 이기지 못하여 삼가 옥책과 금보를 받들어 존호를 올리기를, '순덕 왕대비'라 합니다. 엎드려 바라건대, 전하께서는 즐거운 정을 힘써 따르시어 크게 빛나는 칭호에 응하시고, 지극한 사람을 짝하여 오래 사셔서 한 나라와 더불어 아름다움을 함께 하소서."

이직

상왕이 정전에 앉아 하례를 받고, 책봉 집사관 정승 이거이[294]·하륜에게 각각 말 1필, 단견 각각 1필을 하사하고, 찬성사 조영무[295]·판삼군부사 이무·삼사 우복야 이직[296]과 조박·조진·윤자·김약채·윤자당에게 모두 단견 각각 1필씩을 하사하였다. 임금이 안에서 헌수하였는데, 공후와 정승 이거이 등이 시연하고, 임금과 신하 모두가 일어나 춤추면서 즐거워하다가 파하였다.

― 『정종실록』 1400년 12월 1일

---

294) **이거이**李居易 : 1393년(태조 2년) 우산기상시가 되었고, 1398년(태조 7년) 평안도병마절제사로 왜구를 격퇴하였다. 제1차 왕자의 난 때 공을 세워 정사공신이 되었고, 참찬문하부사 겸 의흥삼군부중군동지절제사가 되었다. 1400년(정종 2년) 제2차 왕자의 난 때 공을 세워 좌명공신이 되었다. 곧이어 사병혁파가 추진될 때 이를 반대하여 계림부사로 좌천되었다. 그 후 판문하부사로 복귀하였다. 태종 즉위 후 관제 개편으로 문하좌정승이 되었다.

295) **조영무**趙英茂 : 이성계를 도와 조선개국에 가담하였고, 이방원과 함께 정몽주를 제거하였다. 조선의 개국공신 3등에 녹훈되고, 이후 제1차, 제2차 왕자의 난 당시 이방원을 도운 공로로 정사공신 1등, 좌명공신 1등에 녹훈되었다. 이방원의 심복 장수로, 1392년에는 이방원의 명을 받아 정몽주를 선죽교에서 제거하고 조선이 건국되었을 때 개국공신 3등에 봉해졌으며 한산백에 봉작되었다. 뒤에 한산군으로 개봉되었다가 부원군으로 진봉한다. 그 뒤 태조 치세 때는 중추원상의사, 충청도 도절제사가 되었으며 제1차 왕자의 난에 가담하였다. 1402년(태종 2년)에 일어난 조사의의 난은 조영무·이무 등을 죽이기 위한 것이라고 한다. 이후 두 차례의 왕자의 난에서 이방원의 편에서 큰 공을 세워 정사공신 1등에 봉해졌으며, 벼슬이 문하우정승에 이르렀고, 한산부원군에 봉군되었다.

296) **이직**李稷 : 고려말의 권신 이인임의 조카이다. 1377년(우왕 3년) 문과에 급제한 후, 경순부주부·사헌지평·성균사예·예문제학 등을 역임했다. 1392년(태조 1년) 조선 건국에 참여한 공로로 개국공신 3등이 되고, 성산군에 봉해졌다. 1393년 도승지·중추원학사에 임명되었으며, 7월은 권중화 등과 함께 음양산정도감의 일을 맡아보았다.

15년을 상왕으로 지내다

조선 제2대 정종은 고려 말기의 문신으로 2년 재위했어요. 정종은 왕위를 동생 태종에게 물려준 후에 태종이 인문 공예 상왕으로 칭호를 올려 19년 동안 상왕으로 살았다.

정종은 김천서의 딸인 정안왕후와 9명 후궁을 두었다. 정비 정안왕후와의 사이에 자녀가 없었고, 후궁들에게서 17명 아들과 8명 딸이 태어났다. 애첩에게서 2명의 아들을 더 낳았다.

스스로 자신을 낮춘 왕이었다

정종은 자신의 처지를 잘 파악하고 적절하게 대응했다. 자신이 왕이지만 실상은 왕이 아니라는 걸 잘 알았기에 스스로 몸을 낮추었다. 다른 사람 눈엔 힘없는 '허수아비 왕'으로 보였지만 분란 없이 지냈다. 정종은 왕이 아닌 인간 이방과의 삶으로 보면, 가장 행복하게 살았던 인물로 자신을 낮춤으로써 안정적이고 편안한 노후 생활을 했다.

사병을 혁파하다

實錄記事 1400년 4월 6일, 사병을 혁파하니, 병권을 잃은 자들의 불만이 노출되다

사병을 혁파하였다. 사헌부 겸 대사헌 권근[297]과 문하부 좌산기 김약채[298] 등이 교장交章

---

297) **권근權近**: 고려가 망하고 조선이 개국되자, 태조 이성계의 명으로 1393년(태조 2년) 정총과 함께 정릉定陵의 비문을 짓고 중추원사가 되었다. 1396년 태조는 이천시 율면 산성리 정문말에 권근을 찾아와 임금님 바위에서 권근과 정치적인 담론을 하였고, 조선왕조에 협조를 거부하던 권근은 절의를 굽혔다는 이야기를 들으면서도 새왕조에 협력하게 되었다. 1396년(태조 5년) 명나라 태조가 자기에게 바치는 글인 찬표를 잘못 썼다 하여 그 글을 쓴 정도전을 잡아들이라고 할 때, 정도전을 대신해서 자진하여 가서 해명을 잘 하여 극진한 예우를 받고 돌아왔다. 귀국한 뒤 개국원종공신으로 화산군에 봉군되었다. 정종 때는 정당문학 겸 대사헌·참찬문하부사

하여 상소하였다.

"병권은 국가의 큰 권세이니, 마땅히 통속함이 있어야 하고, 흩어서 주장할 수 없는 것입니다. 흩어서 주장하고 통속함이 없으면, 이것은 태아299)를 거꾸로 쥐고 남에게 자루를 주는 것과 같이 제어하기 어려운 것입니다. 그러므로, 군사를 맡은 자가 많으면, 각각 도당을 심어서 그 마음이 반드시 달라지고, 그 형세가 반드시 나뉘어져서, 서로서로 시기하고 의심하여 화란禍亂을 이루게 됩니다. 동기 간에 서로 해치고 공신이 보전하지 못하는 것이 항상 여기에서 비롯되니, 이것이 고금의 공통된 근심입니다. 그러므로, 공자가 말하기를, '예전에는 집에 병기를 감추지 않았다.' 하였으니, 사병이 없었다는 것을 말한 것이요, 『예기』에 말하기를, '병혁兵革을 사가私家에 감추는 것은 예가 아니다. 이것이 인군을 협박하는 것이라 이른다.' 하였으니, 인신人臣이 사병私兵이 있으면, 반드시 강포强暴하고 참람僭濫하여져 임금을 위협하는 데 이르는 것입니다. 성인聖人이 법을 세우고 교훈을 남기어 후환을 막은 것이 지극하다 하겠습니다. 옛날 송나라 태조가 즉위하던 처음에, 조용히 담소하면서 능히 공신의 병권을 해제하여 그들로 하여금 보전할 수 있게 하였으니, 후세의 규범이 될 수 있다 하겠습니다. 노나라의 삼가三家300)와 진나라의 육경301)과 한나라 말년에 군웅群雄이 함께 일어난 것과 당나라 말년에 번진藩鎭이 발호한 것이 모두 사병을 길러서 난을 꾸민 때문이었으니, 또

를 거쳐 다시 대사헌 등을 역임하였고, 1401년(태종 1년) 태종 이방원이 즉위하자 좌명공신의 호를 받고서 길창군에 피봉되었다. 그 후 찬성사를 거쳐 대제학에 이르렀고, 검열檢閱로부터 재상에 이를 때까지 언제나 문한文翰에 서임되었으며, 한 번도 다른 벼슬을 받은 일이 없었다. 1407년에는 최초의 문과 중시重試에 독권관讀券官이 되어 변계량 등 10인을 뽑았다.

298) **김약채**金若采 : 고려 공민왕 때 문과에 급제하였으며, 성품이 강직하여 권세가를 두려워하지 않았다. 우왕 때 좌사의로 조반의 옥사를 다스리는 데 참여하였는데, 염흥방이 기필코 조반을 무복誣服(강제를 당하여 없는 죄를 있다고 자복하고 형벌을 받음)시키려고 참혹하게 다스리자, 홀로 불가하다고 주장하여 마침내 조반을 석방하게 하였다. 염흥방은 그 뒤 죽음을 당하여 조야가 모두 통쾌하게 여겼다. 1388년(우왕 14년) 이성계의 위화도회군 때, 지신사로 이에 항거하였다 하여 외방에 유배되었다. 1400년(정종 2년) 문하부좌산기로 있을 때에는 훈친들에게 사병을 허여하는 제도를 없애고, 병권을 모두 중앙에 집중시키자고 역설하여 단행하게 하였다. 그 뒤 대사헌을 지내고, 1404년 충청도도관찰사가 되었다.

299) **태아**太阿 : 옛날 중국의 보검寶劍의 하나.

300) **삼가**三家 : 춘추 시대 노나라의 권신 맹손씨·숙손씨·계손씨.

301) **육경**六卿 : 춘추 시대 진나라의 권세를 잡았던 6족 출신의 6경卿. 곧 6족은 범씨·중행씨·지씨·조씨·위씨·한씨를 말함.

한 후세의 경계가 될 만합니다.

　우리 태상왕께서 개국하던 처음에 특별히 의흥삼군부[302]를 설치하여 오로지 병권을 맡게 하니, 규모가 굉원宏遠하였습니다. 그때에 의논하는 자들이 말하기를, '혁명하는 초기에 인심이 정하여지지 않았으니, 마땅히 불우의 변을 방비해야 합니다. 훈신·종친으로 하여금 각각 사병을 맡게 하여 창졸倉卒의 일에 대응하여야 합니다.' 하였습니다. 이 때문에 사병을 다 없애지 못하였는데, 군사를 맡은 자가 도리어 난을 선동하기를 꾀하여 화가 불측한 지경에 있었으나, 다행히 하늘이 전하를 인도하고 도와주어 난을 평정하고 사직을 안정시켰습니다. 오늘날에 이르러서도 사병을 두는 것을 오히려 전과 같이 하고 인순因循하여 해제하지 않으므로, 대간이 이미 일찍이 글장을 올려 파하기를 청하였습니다. 전하께서는 종친과 훈신은 다른 마음이 없는 것을 보증할 수 있다 하여, 다시 군사를 맡기게 하였는데, 얼마 되지 않아서 소장蕭牆의 화가 지친至親에서 발생하였습니다. 이것으로 본다면, 사병을 두는 것은 한갓 난만 일으키고 그 이익은 보지 못하는 것이니, 대간의 말이 이제 이미 들어맞았습니다. 그러나, 사문私門의 군사를 지금도 역시 파하지 않으니, 장래의 화를 참으로 생각하지 않을 수 없습니다. 또 더구나 외방 각도의 군마를 여러 절제사에게 나누어 소속시켜, 혹은 시위라 칭하고, 혹은 별패別牌, 사사 반당伴儻이라 칭하여, 번거롭게 번상番上하고 소란하게 징발해서 그 폐단이 심히 많으며, 배종陪從이 많고 전렵田獵이 잦아서 그 수고로움이 또한 지극합니다. 사람은 굶주리고 말은 지쳤으며, 비와 눈을 마구 맞아가며 사문에 숙직하므로, 군중의 마음이 원망하고 탄식하니, 심히 민망한 일입니다. 지금의 큰 폐단이 이것보다 더 심한 것이 없습니다. 원하건대, 이제부터 서울에 머물러 있는 각도의 여러 절제사를 모조리 혁파하고, 서울과 외방의 군마를 모두 삼군부에 붙이어 공가公家의 군사를 삼아서, 체통을 세우고 국권을 무겁게 하고, 인심을 편안케 할 것입니다. 양전兩殿의 숙위를 제외하고는, 사문의 숙직은 일절 모두 금단하고, 조회하는 길에도 사사 반당으로 하여금 병기를 가지고 근수根隨하는 일이 없게 하여, 예전의 집에 병기를 감추지 않는다는 뜻에 응하고, 후일에 서로 의심하여 난을 꾸미는 폐단을 막으면, 국가에 심히 다행하겠습니다."

소疏가 올라가니, 임금이 세자와 더불어 의논하고, 곧 시행하게 하였다. 이날 여러 절제사가 거느리던 군마를 해산하여 모두 그 집으로 돌아가게 하였다. 이저가 평주에서 사냥하

---

302) **의흥삼군부**義興三軍府 : 조선조 태조 원년에 의흥 친군을 통할하기 위해 설치한 관서. 태종 3년에 삼군 도총제부로, 세조 12년에 오위 도총부로 개편하였음.

다가 아직 돌아오지 않으니, 삼군부에서 이저에게 사람을 보내어 빨리 돌아오게 하였다. 이거이 부자와 병권을 잃은 자들은 모두 앙앙(怏怏 : 마음에 차지 않거나 야속하다)하여, 밤낮으로 같이 모여서 격분하고 원망함이 많았다.

- 『정종실록』1400년 4월 6일

> **實錄記事** 1400년 4월 18일, 사병 혁파에 불만을 표시한 참판삼군부사 조영무를 황주에 귀양보내다

참판삼군부사 조영무를 황주에 귀양보냈다. 처음에 대간에서 조영무와 참찬문하부사 조온·지삼군부사 이천우 등을 탄핵하여, 서리를 보내어 그 집을 지키게 하고, 교장하여 상언하였다.

"병권은 흩어서 주장할 수 없고, 마땅히 체통이 있어야 합니다. 그러므로, 지난번에 신 등이 사병을 혁파하기를 청하였는데, 전하가 유윤하시고 시행하여 서울과 외방의 군마를 모두 삼군부에 붙였으니, 신민들이 기뻐하지 않는 이가 없습니다. 이것이 환란을 염려하고 위태한 것을 막는 것이므로, 종사 만세의 큰 계책이 되는 것입니다. 지금 조영무가 삼군부에서 병기를 거둬들일 때를 당하여 즉시 수납하지 않고, 삼군부 사령을 구타하여 상하게 하고, 그 군관의 패기303)를 여러 날 동안 보내지 않고, 많은 사사 반당을 숨기었습니다. 또 세자에게 군사를 혁파하는 까닭으로 하여 경솔하게 불손한 말을 하면서 옥신각신 힐난하고, 서로 모여서 음모하여 화란을 선동하려 하였습니다. 이천우·조온 등도 또한 모두 패기를 곧 수납하지 않고 여러 날을 끌면서 임의로 군목을 감하고, 모이어 부도한 일을 꾀하였습니다. 위의 조영무 등은 모두 공신이니, 마땅히 국가의 대체大體를 생각하여 교지를 내리던 날에 가지고 있던 군목·군기를 즉시 공가公家에 돌려야 할 터인데, 생각이 여기에 미치지 않고 도리어 불평 불만을 품어 왕지를 좇지 않고, 사사로 군병을 감추고 있으니, 도모하는 바가 불측합니다. 만일 일찍 도모하지 않으면, 꼬리가 커져 흔들지 못하는 근심이 있을지 어찌 알겠습니까? 그 임금을 무시하고 음흉 간사한 죄를 다스리지 않을 수 없으니, 엎드려 바라건대, 전하께서 깊이 생각하고 멀리 염려하여 곧 유윤兪允을 내리시고, 조영무·이천우·조온은 그 고신告身을 거두고 그 죄를 국문하여, 율에 따라 시행해서 난의 근원을 막으소서."

임금이 따르지 않았다.
이날에 대간이 다시 상소하였다.

---

303) 패기牌記 : 사병에 소속한 군인들의 군적을 기록한 장부. 여말 선초에 사병을 거느린 자는 각기 따로 패기를 가지고 있었음.

"신 등이, 조영무·이천우·조온 등이 사병을 혁파한 뒤에 사사로 군병을 숨기고, 모여서 음모한 사실을 소疏로 갖추어 아뢰었사온데, 전하께서 즉시 유윤하지 않으시니, 신 등은 간절한 마음을 이기지 못하겠습니다. 가만히 생각하건대, 임금이 명령하면 신하가 행하는 것이 예의 큰 것이니, 만일 예가 없으면 어떻게 군신이 될 수 있으며, 어떻게 국가가 될 수 있겠습니까? 전하가 국가의 대계로 사병을 혁파하여 모두 삼군부에 붙이었는데, 지금 조영무 등이 전하의 원대한 계책을 생각지 않고 병권을 잃는 것을 한스럽게 여겨, 분하고 원망하는 마음을 품어서 왕지에 따르지 않고, 군목과 병기를 곧 수납하지 않고, 마음대로 삼군부의 공문을 가지고 간 사령使令을 때리고, 서로 모여서 음모하였으니, 그 조짐을 측량하기 어렵습니다. 하물며, 불손한 말로 세자에게 반항하였으니, 그 예를 범하고 능멸하고 참람한 죄상이 또한 이미 밝게 나타났습니다. 신하로서 이 지경에 이르는데 너그럽게 용서함을 얻는다면, 신 등은 두렵건대, 견빙堅氷의 근심이 장차 이르고, 발호하는 마음을 징계할 바가 없을 것입니다. 엎드려 바라건대, 전하께서는 한결같이 전의 상소에서 아뢴 바 죄상 조건에 의하여 대의로 결단하소서."

임금이 공신이라 하여 또 들어주지 아니하였다.

이날에 대간이 또 상소하였다.

"신 등은 조영무 등이 범한 일이 대체에 관계되므로 그 죄를 다스리기를 청하였사온데, 전하께서 그들이 공신이라 하여 유윤하지 않으시니, 신 등이 황공하고 간절함을 스스로 그치지 못하여 다시 천총天聰을 더럽힙니다. 상벌이 밝지 않으면, 착한 일을 하는 자를 권면할 바가 없고, 악한 짓을 하는 자를 징계할 바가 없습니다. 그러므로, 나라를 잘 다스리는 이는 반드시 상벌을 중하게 하였습니다. 전하께서 조영무 등이 왕실에 공이 있다 하여 후한 상으로 보답해서 부귀하게 하시니, 상은 큽니다. 지금 공을 믿고 능멸하고 참람하여 신하로서 하지 못할 죄를 범했는데, 벌을 가하지 않으시니, 전하가 비록 공신은 다른 마음이 없는 것을 보증할 수 있다 하여, 지성으로 돕고 허여許與하시나, 불우不虞의 변은 매양 공신의 손에서 나옵니다. 만일 공을 논하여 가볍게 용서하시면, 사람사람이 더욱 전횡專橫 방자한 마음을 내어 두려워하는 것이 없을 것이니, 제 몸을 보전하지 못할 뿐만 아니라, 국가에도 장차 반드시 화란이 있을 것입니다. 엎드려 바라건대, 전하께서는 전의 상소에서 아뢴 바에 의하여 삭직하고 국문해서, 율에 따라 논죄하여 난의 근원을 막으소서."

임금이 말하였다.

"조영무는 범한 것이 중하니 외방에 귀양보낼 만하고, 이천우와 조온은 다시 의논하지 말라."

- 『정종실록』 1400년 4월 18일

> **實錄記事** 1400년 4월 18일, 사병 혁파에 불만을 표시한 지삼군부사 이천우와 참찬문하부사 조온을 파면하다

지삼군부사 이천우와 참찬문하부사 조온을 파면하였다. 대간이 또 상소하여 조영무·이천우·조온 등의 죄를 청하여 두번에 이르렀으나, 임금이 모두 윤허하지 아니하였다. 이에 대간이 함께 대궐 뜰에 나아가 굳이 청하였으나, 임금이 또 좇지 않으니, 대간이 모두 언관의 책임을 다할 수 없다 하여 사직서를 올렸다. 임금이 보고 놀라서 말하기를,

"대성臺省이 어찌 이렇게까지 하는가!"

곧 세자를 불러 묻기를,

"대성이 내가 그 말을 들어주지 않는다고 하여 모두 사직하고 물러갔으니, 어떻게 처리할꼬?"

세자가 말하기를,

"간관의 말을 좇지 않을 수 없습니다."

임금의 뜻이 이에 결정되어, 드디어 대성을 부르고 도승지 정구를 시켜 전지하기를,

"지난번에 경들의 아뢴 바가 옳지 않은 것은 아니나, 다만 두 사람이 훈신 친척인 때문에 차마 갑자기 결단하지 못하였다. 내가 마땅히 따르겠으니, 경들도 마땅히 직사에 나와야 한다."

드디어 그 사직서를 돌려주고, 이어서 이천우와 조온의 관직을 파면하였다. 세자가 간의서유에게 이르기를,

"근일에 조영무·조온·이천우의 일은 처결하기가 어렵지 않은가? 언관들이 상소하여 말하기를, '조영무·이천우 등이 음모하고 모였다.' 하니, 과연 그 말과 같다면 국문하여 후일을 경계하는 것이 사리에 당연하나, 다만 그 음모한 여부를 정확히 알 수 없다. 주상께서 이러한 까닭으로 부득이 가벼운 법전에 따라서 파직만 하여 공신을 보전한 것이다."

서유가 대답하였다.

"신 등은 직책이 간쟁에 있으므로 감히 입을 다물고 있지 못한 것입니다. 근일 전하의 처결은 곧 성인의 권도입니다."

— 『정종실록』 1400년 4월 18일

> **實錄記事** 1400년 6월 6일, 임금이 하루 종일 반성하고 근신하니 비가 억수같이 내려 사흘 만에 그치다

좌정승 성석린·우정승 민제가 편전에 들어가서 진계하였는데, 임금이 듣고서 하루 종일

반성하고 근신하니, 비가 억수같이 내려 사흘 만에 그치었다. 성석린 등이 아뢰기를,
"예전에 보상$^{304)}$의 신하가, 만일 수재나 한재의 불우의 변이 있으면, 벼슬을 사면하여 재앙이 사라지기를 빌었습니다. 지금 한기旱氣가 비록 극심한 지경에는 이르지 않았으나, 그 징조가 두렵습니다. 신 등이 털끝만한 조그만 도움도 없이 외람되게 재보宰輔의 우두머리에 있으니, 천심에 합하지 못하는가 두렵습니다. 원하건대, 재덕이 온전히 갖춰진 사람을 택하여 대신하게 하소서."

또 말하기를,
"방금 사방에 근심이 없고 토목을 일으키지 않아 백성들이 생업에 편안합니다. 그러나, 비 오고 볕이 나는 것이 제 시기를 잃으니, 진실로 신 등이 어질지 못한 까닭으로 깊이 두렵습니다. 또 신 등이 후하게 성은을 입어서 항상 주식酒食에 배부른데, 지금 농삿달을 당하여 볕만 나고 비가 오지 않아서 추성秋成의 이익을 잃을까 두렵습니다. 청하건대, 금주령을 내려 경비를 절약하게 하소서."

또 말하기를,
"방금 사방의 큰 폐단은 오로지 노비 한 가지 일입니다. 태상왕께서 깊이 그 폐단을 아시고, 노비 변정 도감을 설치하여 모두 공평하게 판결해서 쟁송이 없어지게 하였습니다. 지금 전하께서 사헌부로 하여금 변정 도감의 오결誤決한 소지所志를 받아서 형조와 도관에게 나누어 붙여 판결하게 하였습니다. 신 등은 생각하건대, 이렇게 하면, 비록 2, 3년이 되더라도 다 결단하지 못하여 원통하고 억울한 사정이 펴지지 못해서 화기(를 상할까 두렵습니다."

또 말하기를,
"예전의 왕노릇 하던 이는 매양 재이를 당하면 반드시 감선$^{305)}$하고 철악$^{306)}$하고 공구恐懼 수성修省하였습니다. 원하건대, 전하께서는 조용하고 한가할 때나 기거하는 즈음에 반드시 경계하고 조심하기를 더하고, 혹시 태만하거나 소홀함이 없도록 하여 하늘의 뜻에 보답하소서."

임금이 두 손을 마주잡고 용의를 단정히 하여 말하였다.
"경 등이 나를 가르치는 도道와 나를 사랑하는 정성이 지극하다. 계신戒愼하는 일은, 과인이 기질이 본래 나태하므로 능히 면강勉强하여 천심에 응하지 못하지마는, 그러나,

---

304) **보상**輔相: 대신을 거느리고 임금을 도와서 나라를 다스림.

305) **감선**減膳: 나라에 재이가 있을 때, 임금이 근신하는 뜻으로 수라상의 음식 가짓수를 감減하던 일.

306) **철악**撤樂: 나라에 재이가 있거나 국상國喪이 있을 때 음악을 철폐하던 일.

경 등이 충심으로 나를 일깨우니, 내가 어찌 감히 힘쓰지 않겠는가! 오결誤決한 노비를 결단하는 일은 다시 의논하여 아뢰도록 하라."
이날 아침부터 저녁까지 공구恐懼 수성修省하여 조금도 게을리 하지 않으니, 밤이 되어서 비가 내렸다.

- 『정종실록』 1400년 6월 6일

1400년 7월 2일 대 사면령 반포하고 편민 사의 13조를 발표하다

정전正殿에 나아가서 유지宥旨를 반포하여 내렸다.

"부자 사이의 친근은 천성天性으로 지극하니, 진실로 계체繼體의 자리에 있으면 마땅히 존중하는 예를 극진히 하여야 한다. 우리 태상왕께서 성한 덕과 높은 공으로 선세先世의 쌓아 올린 인仁을 이어받아 비로소 국가를 차지하여 만세의 기업基業을 열으시었다. 돌아보건대, 내가 부덕한 몸으로서 밝은 교훈에 공경히 복종하여 큰 명命을 이어받으니, 길이 수성守成하기 어려운 것을 생각하고 오로지 능히 무거운 짐을 감내하지 못할까 두려워하여, 밤낮으로 조심하고 두려워하여 어찌할 바를 알지 못하겠다. 이미 일찍이 삼가 신료와 더불어 존호를 받들어 올려서 성하고 아름다운 덕을 빛내어 내세와 금세에 밝게 보이고자 하여, 유사에 명하여 전례를 상고하여 삼가 옥책·금보를 갖추어 7월 초6일 기사에 존호를 더하여 올리기를, '계운 신무 태상왕'이라 하여 덕업의 성한 것을 표하여 천인의 마음에 부응하게 하였다. 아아! 이미 존영의 예전을 세웠으니, 마땅히 환환307)의 은전을 베풀어야 하겠다. 건문 2년 7월 초6일 새벽 이전에 모반 대역한 것, 조부모·부모를 죽인 것, 처첩이 남편을 죽인 것, 노비가 주인을 죽인 것, 고독·염매한 것, 사람을 모살·고살한 것, 강도질을 한 것을 제외하고, 그 나머지 죄상은 이미 발각되었거나 발각되지 않았거나, 이미 결정되었거나 결정되지 않았거나 다 용서하여 면제한다. 나라에서 가진 편민 사의를 조목별로 나열하기를 다음과 같이 하니, 오로지 너희 신료들은 나의 지극한 생각을 몸받도록 하라.

1. 즉위하던 처음에 반포하여 내린 조획이 국체와 민생에 도움이 있으리라고 생각하였는데, 중외의 관사에서 문구로만 여기고 마음을 다하여 받들어 행하지 않으니, 실로 함께 다스리는 뜻에 어긋난다. 경중에서는 사헌부가, 외방에서는 도관찰사가 엄하게 고찰하여 빠짐 없이 봉행하되, 현저하게 성과를 거둔 자는 갖추 기록하여

---

307) 환한渙汗 : 땀이 나면 다시 되돌아 들어갈 수 없는 것 같이, 임금의 명령이 한번 나오면 다시 회수하지 못한다는 것.

1. 신문申聞해서 탁용擢用하는 데에 대비하고, 용렬하고 태만하여 버려두고 행하지 않은 자는 그 죄를 엄하게 징치하라.
1. 기묘년 이전의 각 부·주·군·현의 세공稅貢이 본수本數에 차지 못하여 충당해야 할 것과, 진대賑貸라 칭하면서 관가에 관계된 전량錢糧을 여러 해가 되어도 갚지 않은 것과, 관가의 물건과 전량을 모손耗損하여 이미 일찍이 추징追徵하기는 하였으나 본수에 차지 못한 것과, 관부의 기명器皿을 파손하거나 유실하여 보상하지 못한 것은 일체 모두 감면하되, 의창義倉만은 이 한계에 두지 아니한다.
1. 무릇 범죄한 사람의 노예가 그의 죄가 아니면서도 옥중에 갇히게 되는데, 서로 병에 전염되어서 원망을 부르고 화기를 상하니, 금후로는 무릇 관부에서 가두어야만 될 노예는 오직 도역에만 충당시켜 관부에 흩어 두고, 중한 죄수와 섞여 있게 하지 말라.
1. 무릇 민간의 부채는, 빌어간 자와 빌려준 자가 모두 사망하였을 때, 자손이 문계에만 의거하여 추징하는 것을 일절 모두 엄금하라.
1. 빈궁한 소민小民이 빚을 지고 갚지 못하면, 그 자녀를 겁박해서 인질로 삼아 여러 해를 사역使役시켜, 혹 영구히 천인賤人을 만들기를 꾀하는 자가 있는데, 소재지 관사에서 자세히 살펴 엄중히 다스리라.
1. 환과고독308)·노유老幼·폐질자 가운데 산업産業이 있어 스스로 살아갈 수 있는 자를 제외하고, 궁하여 스스로 생존할 수 없는 자는 소재지 관사에서 우대하여 진휼 구제하여 살 곳을 잃지 말게 하라.
1. 바닷가에 사는 백성들의 유약한 자녀 가운데 왜구에게 사로잡혀 갔다가 다른 고을에 내버려져 고향에 돌아가지 못하고, 인하여 그 지방 사람의 종이나 첩이 된 자는, 소재지 관사에서 조사하고 살펴서 즉시 문인309)을 발급하고, 경유하는 역驛과 관館에서도 식량을 주어 본고향에 돌아가게 하라.
1. 혼가婚嫁의 예는 요컨대 시기를 잃지 말아야 한다. 양가良家집 딸로 혹 부모가 모두 죽었거나 혹은 가난하여 고할 데도 없어, 나이가 장성하여 시기를 잃는 자는, 소재지 관사에서 그 족친에게 일러서 혼사를 주장하게 하고, 적당히 헤아려 비용을 도와주어 민생을 후하게 하라.
1. 궁핍한 백성으로 부모가 초빈草殯에 있어 여러 해가 되어도 능히 영장永葬하지 못하는 자가 있거든, 소재지 관사에서 적당히 비용을 도와주어 기일을 엄수해서 매장하

---

308) **환과고독**鰥寡孤獨 : 늙고 아내가 없는 사람, 늙고 남편이 없는 사람, 어리며 부모가 없는 사람, 늙어서 자식이 없는 사람.

309) **문인**文引 : 조선 초기 흥노족이 함께 섞여 살고 있는 함경도 지방에서, 다른 지방을 여행하는 사람에게 거주지의 지방 관리가 발행하던 통행 인가 증명서. 문계文契.

게 하여, 유감이 없게 하라.
1. 수륙의 군관이 여러 번 전공이 있어도 벼슬과 상을 받지 못한 자는, 그 실지의 공효를 기록하고 이름을 갖추어 신문申聞하라.
1. 군관으로서 수륙의 전역戰役에 죽은 자나 먼 지방에 사신 갔다가 생명을 잃은 자는, 그 자손을 기록하여 서용敍用하게 하고, 군인으로서 전망戰亡한 자는 그 집을 복호復戶하여 주라.
1. 외방의 교수관敎授官·역승驛丞·염철장鹽鐵場의 관원이 여러 해가 되어도 승천陞遷하지 못한 자는 도관찰사에게 고하여, 그 관직에 부임한 연월과 맡은 일의 부지런하고 게으른 것을 상고하여 상서사에 보고하고, 출척에 빙거하기를 수령의 예와 같이 하라.
1. 외방에 있는 품관 향리310)가 양민을 점탈한 자가 있으면, 금년 10월까지 한하여 자수하게 허락하고 마땅히 죄를 면하게 할 것이요, 기한이 지나도록 자수하지 않고 남이 고하게 되는 자는 중한 죄로 처단하라."

- 『정종실록』 1400년 7월 2일

63세 나이로 승하하다

정종의 자리는 가시방석이었다. 정종은 상왕으로 물러난 후 격구·사냥·온천·연회 등으로 소일하면서 살았다. 1419년(세종 1년, 음력 9월 26일) 인덕궁의 정침에서 63세 나이로 승하했다. 정종은 태종의 우애를 받으면서 천명을 다하였다.

묘호는 정종, 시호는 정종공정의문장무온인순효대왕, 능은 후릉으로 첫째 부인 정안왕후 김씨와 동원쌍릉되어 있다. 후릉은 조선의 제2대 왕인 정종과 정안왕후의 능묘로 북한 개성시에 있으며, 태종 12년인 1412년 조성되었다. 조선의 왕릉 중에는 이성계의 비인 신의왕후의 제릉과 더불어 북한(개성)에 있으며, 또한 왕릉 가운데, 최초로 왕과 왕비의 봉분을 나란히 난간석으로 연결한 쌍릉의 형식을 취하고 있다. 북한에 있기 때문에 모후의 능 제릉齊陵311)과 함께 세계유산 신청에서는 제외되었다.

---

310) **품관 향리**品官鄕吏 : 벼슬을 가진 향리. 조선조 초엽에는 3품 당상관 이하에는 향리 출신을 임명하였으나, 뒤에는 지방의 토관에만 임명하였음.

311) **제릉**齊陵 : 조선 태조의 정비 신의왕후 한씨의 능이다. 신의왕후는 밀직사부사 증 영문하부사 안천부원군 경의 딸로 1391년(공양왕 3년)에 죽었다. 태조 즉위 후 절비의 시호와 1408년(태종 8년) 승인순성承仁順聖의 휘호가 추상되었다. 능을 개풍으로 한 것은 조선건국 이전에 죽었기 때문이다.

신의 정원, 정종 이방과의 후릉으로 사진여행

후릉 정침

후릉 : 왼쪽(서쪽)이 정종, 오른쪽(동쪽)이 정안왕후의 능이다.

1412년(태종 12년)에 정종의 왕비 정안왕후 김씨가 왕대비의 신분으로 세상을 떠나자, 해풍군 백마산 동쪽 언덕에 능을 조성하였다. 1419년(세종 1년)에 정종이 승하하자 이듬해인 1420년(세종 2년)에 정안왕후의 능 옆에 능을 조성하였다. 쌍릉의 형식으로 능침 앞쪽에서 바라보았을 때 **왼쪽**(서쪽)이 정종, **오른쪽**(동쪽)이 정안왕후의 능이다. 능침은 병풍석과 난간석을 둘렀으며, 왕과 왕비의 능 앞에 각각 혼유석 1좌씩 배치되어 있다. 문무석인은 각 2쌍씩, 석마, 석양, 석호는 각각 4쌍씩 배치되었는데 이는 태종의 헌릉과 같은 형식으로, 고려 공민왕과 노국공주의 현·정릉의 제도를 계승한 것이다. 진입 및 제향공간의 정자각은 터만 남아 있으며, 표석은 비각 없이 세워져 있다. 그 밖에 홍살문, 수복방 등은 소실되었다.

제2대 정종 이방과

신의 정원, 정안왕후의 제릉으로 사진여행

제릉 능침

제릉 원경(조선 신의왕후 - 정종 모후의 릉)

제릉은 조선 1대 태조의 첫 번째 왕비 신의고황후 한씨의 단릉이다. 능침에는 문·무석인, 석마, 장명등, 혼유석, 망주석, 석양과 석호를 배치하였다. 봉분에는 병풍석과 난간석을 둘렀으며 병풍석의 인석은 용두龍頭로 조각되어 있다. 능침 아래에는 정자각, 비각이 있으며 그 밖에 홍살문, 수복방 등은 소실되었다. 비각 안에는 1744년(영조 20년)에 다시 세운 신도비와 1900년(광무 4년)에 세운 표석이 있다. 표석 전면에는 '대한 신의고황후 제릉大韓 神懿高皇后 齊陵'이라고 써져 있다.

신의 정원, 후릉으로 사진여행

정종의 후릉 상계와 석물 배치 모습. 출처 : 전주 이씨 신성군파 대종회

문인석과 무인석 각각 석마를 대동하고 있다. 출처 : 전주 이씨 신성군파 대종회

정종의 후릉 앞 강가 풍경. 출처 : 전주 이씨 신성군파 대종회

제3대 **태종 이방원**

가정을 넘어 나라로, 나라를 다시 생각한 왕

생애	1367년~1422년	재위 기간	1400년~1418년
본관	전주	휘(이름)	방원
묘호	태종	능호	헌릉

태종의 가계도

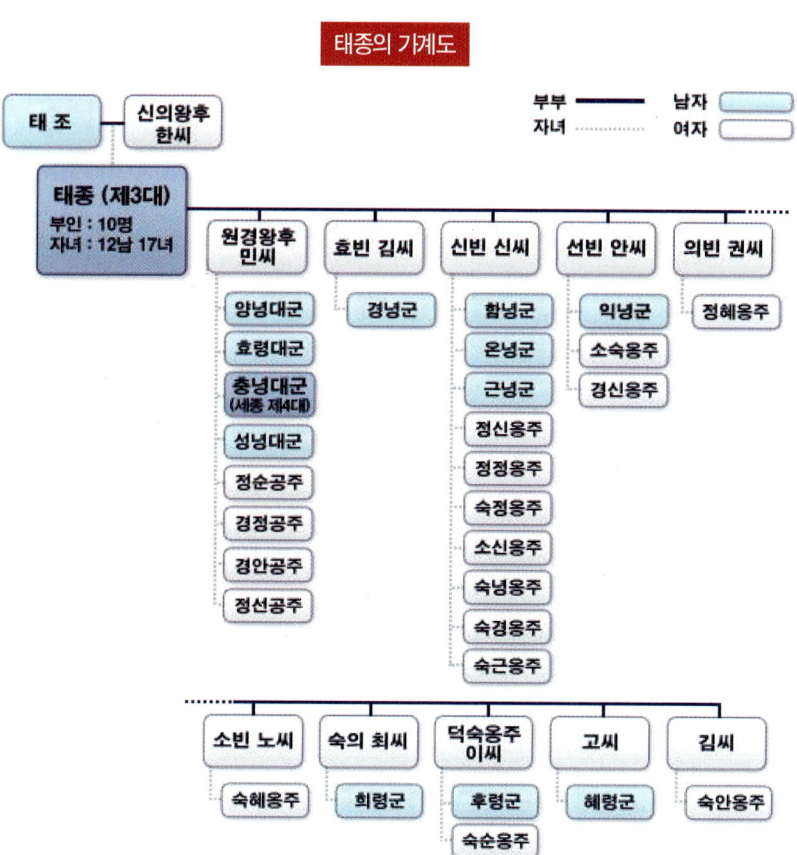

태종

〈태종 이방원 어진〉

> **實錄記事** 총명함과 재능으로 집안의 자랑이었던 이방원

태종 공정 성덕 신공 문무 광효 대왕太宗恭定聖德神功文武光孝大王의 휘諱는 이방원李芳遠이요, 자字는 유덕遺德이니, 태조의 다섯째 아들이요, 공정왕恭靖王의 동모제同母弟이다. 어머니는 신의 왕후 한씨이다. 원나라 지정 27년, 고려 공민왕 16년 정미 5월 16일 신묘에 함흥부 귀주 사제에서 탄생하였다. 한씨가 점치는 사람 문성윤에게 물었더니, 대답하기를,

"이 사주는 귀하기가 말할 수 없으니, 조심하고 점장이에게 경솔히 물어보지 마소서."

남은이 매양 태종을 보면 반드시 다른 사람에게 이르기를,

"이 사람은 하늘을 덮을 영기英氣이다."

태종은 나서부터 신이神異하였고, 조금 자라매 영명英明 예지睿知하기가 출중하고, 글 읽기를 좋아하여 학문이 날로 진보되었다. 명明나라 홍무 15년 임술에 고려 진사시에 오르고, 이듬해 계해에 병과 제칠인 급제에 합격하였다. 위성312) 이 나라를 도둑질한 이래로 간신들이 나라의 명맥을 잡아서, 정사는 산만하여지고, 백성들은 유리流離하였다. 태종이 개연慨然히 세상을 구제할 뜻이 있어, 능히 몸을 굽히어 선비들에게 겸손하였다. 태조께서 대접하기를 여러 아들보다 다르게 하고, 현비 강씨도 또한 기이하게 여기고 사랑하니, 태종이 또한 효성을 다하였다. 태조가 높은 코에 용의 얼굴이었는데, 태종의 용모가 이를 닮았다. 하윤이 여흥 부원군 민제와 동지의 친구이었는데, 윤崙이 본래 사람의 상보기를 좋아하여, 제霽에게 말하기를,

"내가 사람을 상 본 것이 많지마는, 공公의 둘째 사위 같은 사람은 없었소. 내가 뵙고자 하니 공은 그 뜻을 말하여 주시오."

제霽가 태종에게 말하기를,

"하윤이 군君을 보고자 한다."

태종이 만나보니, 윤이 드디어 마음을 기울여 섬기였다. 경오년에 공양왕이 밀직사 대언 벼슬에 승진시키어 항상 근밀한 자리에 두었다. 신미년에 모후의 상사를 당하여 능 곁에서 시묘하였는데, 매양 태조를 뵙기 위하여 서울에 들어오면 길 위에서 눈물이 비오듯 하여 끊이지 않고, 태조의 저사邸舍에 이르러 느끼는 바가 있으면 문득 통곡하니, 태조의 좌우가 감창感愴하여 마지않는 이가 없었고, 태조께서 항상 그의 효성을 칭찬하였다. 임신년 가을 7월에 비밀히 장상들과 더불어 계책을 정하고 태조께 개국하기를 권하여 말씀드리는데, 조준이 기뻐하고 경사스럽게 여기어 동렬들에게 말하기를,

---

312) **위성**僞姓 : 신씨辛氏.

"오늘의 일은 공功이 한 사람에게 있다."

태종을 가리킨 것이다. 갑술년 여름에 고황제[313]가 친아들의 입조入朝를 명하므로, 태조가 곧 태종을 보내어 명령에 응하고, 작별하기에 이르러 눈물을 흘리면서 말하기를,

"황제께서 만일 물음이 있으면, 네가 아니면 대답하지 못할 것이다."

명나라에 이르매, 진술하여 아뢰는 바가 황제의 뜻에 맞았으므로, 황제가 우대하여 돌려보냈다. 기묘년 가을 9월에 태종이 송도의 추동楸洞 잠저에 있을 때, 어느 날 날은 새려 하여 별은 드문드문한데, 흰 용이 침실 동마루 위에 나타났다. 그 크기는 서까래만 하고 비늘이 있어 광채가 찬란하고, 꼬리는 굼틀굼틀하고, 머리는 바로 태종이 있는 곳을 향하였다. 시녀 김씨가 처마 밑에 앉았다가 이를 보았는데, 김씨는 경녕군 이비의 어머니이다. 달려 가 집찬인 김소근 등 여덟 사람에게 알리어, 소근 등이 또한 나와서 이를 보았다. 조금 있다가 운무가 자옥하게 끼더니 간 곳을 알 수 없었다. 공정왕이 아들이 없고, 개국 정사의 계책이 모두 정안군에게서 나왔다 하여, 도승지 이문화를 보내어 태조께 사뢰고 책봉하여 왕세자를 삼았다. 처음에 태조가 현비 강씨의 소생인 이방석을 봉하여 세자를 삼았더니, 정희계의 아내가 현비에게 말하기를,

"정안군이 세자가 되면 심히 인망人望에 합할 것입니다. 지금 이방석을 세우니 필경은 반드시 좋지 않을 것입니다."

희계의 아내는 취산군 신극례의 누이이고, 현비의 삼촌 질녀였다. 겨울 11월에 공정왕이 본래 풍질이 있었으므로, 별궁에 물러 앉고 태종에게 선위하니, 태종이 울면서 사양하여도 되지 아니하여, 드디어 수창궁에서 즉위하였다. 태조가 기뻐하여 말하기를,

"강명剛明한 임금이니 권세가 반드시 아래로 옮기지 않을 것이다."

영락 16년 무술 8월에 우리 전하에게 선위하고, 다섯 해 동안 편안히 쉬면서 이양하였다. 임인년 5월 10일에 승하였으니, 향년이 56세요, 왕위에 있은 지 19년이었다. 명나라 황제가 시호를 주기를 "공정"이라 하고, 본국에서 시호를 올리기를 "성덕 신공 문무 광효 대왕 聖德神功文武光孝大王"이라 하고, 묘호는 "태종"이라 하였다.

— 『태종실록』 1권, 총서

---

313) **고황제**高皇帝 : 명 태조明太祖.

1400년 11월 13일, 태종이 수창궁에서 즉위하고 사면령을 반포하다
지금의 대통령 취임연설문과 같다

세자가 예궐하여 조복을 갖추고 명을 받고, 연을 타고 수창궁에 이르러 즉위하였다. 백관의 조하를 받고 유지를 반포하였다. 왕은 이렇게 말하였다.

"우리 '계운 신무 태상왕'께서 조종의 쌓은 덕을 이어받고 천인의 협찬을 얻어서, 크나큰 명을 받고서 문득 동방을 차지하여, 성한 덕과 신통한 공과 큰 규모와 원대한 도략으로 우리 조선 억만년 무궁한 운조를 이룩하였고, 우리 상왕께서는 적장자로서 공경히 엄한 명을 받아서 보위에 즉위하여, 정신을 가다듬어 다스림을 이룬지 이제 3년이다. 지난번에 적사가 없었으므로 미리 저부(세자)를 세워야 한다고 하니, 이에 소자가 동모제(동복 아우)의 지친이고, 또 개국하고 정사할 때 조그마한 공효가 있다 하여 나를 책봉해 세자를 삼고 감무의 책임을 맡기었는데, 감내하지 못할까 두려워 매양 조심하고 송구한 마음을 품었다. 어찌 생각하였으랴! 이달 11일에 홀연히 교지(임금이 신하에게 주는 공식적인 임명장)를 내려 이에 즉위하도록 명하시었다. 두세 번을 사양하였으나 이루어진 명령을 돌이킬 수가 없어서, 이미 13일 계유에 수창궁에서 즉위하였다. 돌아보건대, 이 작은 몸이 대임(중대한 임무)을 응하여 받으니 무섭고 두려워서 깊은 물을 건너는 것과 같다. 종친·재보[314]·대소 신료에 의뢰하니, 각각 마음을 경건히 하여 힘써 내 덕을 도와 미치지 못하는 것을 바로잡도록 하라. 명에 응하는 처음을 당하여 마땅히 너그러운 은전(나라에서 은혜를 베풀어 내리던 특전)을 펴서 경내에 사유(죄를 용서함)하여야 하겠다. 건문 2년 11월 13일 새벽 이전의 상사[315]에서 용서하지 못하는 것을 제외하고, 이미 발각되었거나 발각되지 않았거나, 이미 결정되었거나 결정되지 않았거나, 모두 용서하여 면제한다. 감히 유지[316] 전의 일을 가지고 서로 고하여 말하는 자는 그 죄로 죄주겠다. 아! 천지의 덕은 만물을 생산하는 것보다 더 큰 것이 없고, 왕자의 덕은 백성에게 은혜롭게 하는 것보다 더 큰 것이 없다. 하늘과 사람의 두 사이에 위치하여 위로 아래로 부끄러움이 없고자 하면, 공경하고 어질게 하여, 하늘을 두려워하고 백성에게 부지런히 하는 것이다. 힘써 이 도에 따라서 부하(일을 맡김)된 임무를 수행하겠

---

314) **재보** : 임금을 도와 모든 관원을 지휘하고 감독하는 이품 이상의 벼슬이나 그런 자리에 있는 사람.

315) **상사** : 중죄 이외의 범죄자를 용서한 것.

316) **유지**有旨 : 임금이 죄인을 특사하던 명령.

다. 너희 신민들은 나의 지극한 회포를 몸 받도록 하라."

주상을 높여 상왕을 삼고, 부를 세워 '공안부'라 하고, 중궁의 부를 '인녕부'라 하였다. 민제[317]로 여흥백을, 김사형[318]으로 판문하부사를, 이거이[319]로 문하 좌정승을, 조박[320]

317) **민제**閔霽: 고려 말기와 조선 초기의 문신이자 외척으로 민변의 아들이며 태종의 비 원경왕후와 민무구·민무질·민무휼·민무회의 아버지다. 고려 공민왕 때 문과에 급제하여 국자직학에 임명되었다. 우왕에 이르러 예의판서로 승진하였고 창왕의 대에 개성윤 및 상의밀직사사에, 공양왕의 대에 한성부윤으로 부임하였다. 하륜과는 막역한 사이로 하륜은 민제를 통해 태종 이방원을 소개받아 알게 되었다. 조선 개국이후 정당문학을 거쳐 예문춘추관태학사에 임명되었다. 1400년 문하우정승으로 임명되었다가, 곧 좌정승으로 승진하였다. 사위인 태종의 즉위 이후 여흥부원군에 봉해졌다. 아들인 민무구와 민무질이 탄핵받아 유배당하자 실의에 빠져 병으로 몸져 눕게 되었으며 1408년에 병사했다.

318) **김사형**金士衡: 공민왕 때 문과에 급제하여 조준 등과 함께 대간을 지냈고, 개성부윤·교주강릉도도관찰출척사를 역임했다. 1390년(공양왕 2년) 밀직사로 대사헌을 겸하다가 지문하부사가 되었고, 윤이·이초의 옥을 둘러싸고 찬성사 정몽주와 대결하여 서로 탄핵했다. 1392년 삼사좌사 동판도평의사사로 있다가 이성계를 추대하여 개국공신 1등에 봉해지고, 상락백의 작위를 받았다. 1398년(태조 7년) 제1차 왕자의 난에는 적장자에게 왕위를 잇게 해야 한다고 주장하여, 정종이 즉위하자 정사공신 1등이 되었다. 1399년(정종 1년) 등극사로 명나라에 다녀와서 판문하부사가 되고, 1401년(태종 1년) 좌정승, 이듬해 영사평부사를 지내고 상락부원군이 된 뒤 관직에서 물러났다.

319) **이거이**李居易: 조선 개국공신은 아니었으나, 아들 애와 백강이 모두 부마로 조선왕실과 밀접한 관계였다. 태종의 집권과정에서 정치세력의 변동이 일어나 정도전 등 개국공신 가운데 핵심 인물들이 제거되고, 조준 등 잔여 개국공신과 개국에 참여하지 않은 고려 구신계열의 잔재세력이 2차례의 왕위계승분쟁에서 태종을 적극 지지하여 부상했는데, 이거이도 그 세력 가운데 하나였다. 1398년 제1차 왕자의 난 직후 정사공신으로 피봉되었으나 1400년(정종 2년) 사병을 혁파하고 삼군부에 소속시키라는 명령에 따르지 않아, 계림부윤으로 좌천되었다. 태종 즉위 후 좌명공신으로 피봉되었으며 영사평부사로 임명되고 서원부원군이 되었다. 그 뒤 대간의 탄핵을 받고 유배되었으나, 다시 등용되어 영의정까지 지냈다.

320) **조박**趙璞: 1392년 7월 17일, 조선 개국에 참여하여 개국 1등공신에 녹훈되고 예조 전서에 올랐다. 9월 11일에 양광도 안렴사에 임명되어 11개월 동안 직무를 보다가 부역인을 늦게 보낸 죄로 한양부로 압송되었고, 1395년에는 전라도 관찰사를 지내던 중 농사철이라는 점을 들어 군용 점고를 미뤘다가 공주公州에 한 달 동안 안치되었다. 1399년 3월 13일, 조선 개국 이후 최초로 집현전을 활성화시키자고 주장하여 초대 제조관 6명 중 한 사람이 되었다. 같은 해 5월 16일, 이거이·이저 부자가 한 기생을 같이 취하였다고 폭로했다가 무고죄로 이천으로 귀양 갔고, 1400년 8월 1일, 경상도 감사를 지내다가 조준을 무고한 혐의로 또 이천으로 귀양갔다. 1401년에는 제 5대 판한성부사에 올랐고, 1403년에는 명나라에 하정사로서 갔다 온 직후 참찬의정부사가 되었다. 1404년에는 예문관 대제학에 제수되었고, 1406년에는 서북면 도순문

으로 참찬문하부사를, 정구로 대사헌을, 이백강[321]으로 청평군을, 김수로 판공안부사를, 이내로 예문 학사를, 맹사성[322]으로 좌산기를, 김구덕으로 중승을 삼았다. 밤 2경에 추동[323] 본궁으로 돌아왔다.

- 『정종실록』, 1400년 11월 13일

맹사성

태종이 없었으면, 세종대왕도 없었다

태종은 고려 말에 과거 급제 후 명나라의 사신으로 이색을 수행하였으며, 이성계를 제거하려던 정몽주를 죽이고, 반대파들을 숙청하여 조선 창업의 기틀을 다졌다. 조선 개국 이후, 개국에 공을 세운 신의왕후 한씨 소생 아들들을 외면하고 계비 신덕왕후 강씨[324] 소생 아들을 세자를 정한 부왕 이성계와 정도전에 반발하여 제1차 왕자의 난을 일으키고, 제2차 왕자의 난을 진압하여 반대

사에 임명되었다. 1407년 6월 8일, 태종과 협의하지 않은 채로 이강에 대해 논의하다가 양주로 한 달가량 귀양 갔다. 1408년 4월 26일에 호조 판서에, 7월 26일에 동북면 도체찰사에 제수되었다. 이 해 12월 6일에 죽었다.

321) **이백강**李伯剛 : 1397년(태조 6년)에 음보로 별장이 되었으며, 1399년(정종 1년)에 감찰이 되었고, 이방원의 맏딸(후의 정순공주)과 결혼하여 청평위가 되었다. 1400년 제2차 왕자의 난 때 이방원을 도와 공을 세워서 아버지와 함께 공신에 들었으며, 이듬해 우장군을 거쳐 대장군에 올랐다. 1404년에 아버지 이거이가 두 마음을 품어 불궤를 도모한다 하여 서인으로 폐하여지고, 동성에서 유배생활을 하였으나 이듬해 풀려났다. 1418년(세종 즉위년)에는 대광보국숭록대부 청평부원군에 봉하여지니 부마를 부원군으로 봉하기는 이로부터 시작되었다. 1422년에 진하사로 명나라에 다녀왔으며, 1450년에 수록대부 청평위가 되고 궤장을 하사받았다.

322) **맹사성**孟思誠 : 1386년(우왕 12년) 문과에 급제했다. 태종초에 좌사간의대부·대언·이조참의를 거쳐, 1407년(태종 7년) 예문관제학으로 진표사의 시종관이 되어 명나라에 다녀왔다. 1417년 생원시의 시관, 왕이 친림한 문과 복시의 독권관이 되었다. 이조판서·예문관대제학·의정부찬성사를 거쳐 1427년 우의정, 1432년 좌의정을 지내고 1435년 관직에서 물러났다. 조선 세종 때 청백리이며 예악에 밝고 명재상으로 추앙받았다.

323) **추동**楸洞 : 가랫골.

324) **신덕왕후 강씨**神德王后 康氏 : 조선을 개국한 이성계의 두 번째 아내이자, 조선 최초의 왕비이다. 이성계의 후처로 정부인 한씨(신의왕후)가 조선 건국 이전에 사망하여 계비로서 조선의 첫 번째 왕비가 되었다. 이성계의 정치적 조언자였다. 1899년(광무 3년) 대한제국 고종에 의해 신덕고황후로 추존되었다.

파를 숙청하고 권력을 장악했다.

태종은 왕위에 오른 뒤, 공신들을 축출하고 처남과 사돈 등 외척을 숙청하여 왕권을 강화했다. 이성계 이후 왕권이 제대로 갖춰져 있지 않던 조선왕조의 기틀을 다져서 조선의 창업 군주로 평가받고 있다.

▍남다른 총명함과 재능을 가졌다

태종 이방원은 1367년(고려 공민왕 16년), 함경도 함흥에서 태어났다. 이성계와 신의왕후 한씨[325] 사이의 다섯째 아들이며, 이름은 방원, 자는 유덕이다. 방원은 어려서부터 총명하여 이성계의 사랑을 많이 받았다. 자라면서 유학 공부에도 심취해 문무를 겸비하였으며, 1383년(고려 우왕 9년) 17세로 문과에 급제했다. 이성계는 무인 집안에 학자가 한 명쯤 있었으면 좋겠다고 생각했다. 방원에게 학식이 높은 선비를 붙여주고 여러 선비 학자들과 교류할 수 있도록 자리를 마련해 주기도 했다. 방원은 글만 읽는 선비가 아니었어요. 방원은 아버지 못지않은 무인의 기질과 큰 야망이 있었다.

방원의 야망이 본격적으로 드러나기 시작한 것은 1392년(고려 공양왕 4년) 정적 정몽주를 제거한 것이다. 정몽주는 신진사대부를 대표하는 유학자로, 이성계가 이색과 더불어 가장 존경하는 학자 중 한 사람이었다. 정몽주는 이성계와 같은 친명파로서 위화도 회군을 지지하고 고려의 정치개혁에도 동참했다. 정몽주는 이성계의 역성혁명에는 반대했다.

방원은 정몽주를 제거하지 않고서는 역성혁명을 이룰 수 없다고 생각했다. 1389년(고려 창왕 1년) 10월 11일 방원은 이성계의 생일날 정몽주와 변안렬을 불러

---

325) **신의왕후 한씨**神懿王后 韓氏 : 조선을 건국한 태조 이성계의 첫번째 아내로 정종과 태종의 생모이다. 증영문하부사 한경의 딸이다. 1405년 세운 제릉의 비문에 따르면, 신의왕후는 "천자天資가 현숙하고 아름다우며 곤덕이 유순하고 발라서 일찍이 용연에 빈이 되어 왕업을 도와 이루게 했으며, 성철을 낳아서 대통을 끝없이 전하니 신이한 공과 아름다운 의범이 옛사람과 비교하여 부끄러울 것이 없다."고 하였다.

〈하여가〉를 부르며 역성혁명에 참여 여부를 타진했다. 정몽주는〈단심가〉를, 변안렬은〈불굴가〉를 불러 역성혁명에 반대를 분명히 했다. 방원은 아버지 이성계의 반대에도 불구하고 정몽주를 죽였다. 이 일로 방원은 이성계의 미움을 사게 되었지만, 조선 창업의 결정적인 계기가 되었다. 이성계의 새 왕조를 열고자 했던 꿈은 방원의 꿈이기도 했다.

정몽주의〈단심가〉만큼 알려지지는 않았지만, 변안렬이 지은〈불굴가〉는 고려에 대한 굳은 충절의 마음을 담은 노래다. 1389년(창왕1년) 10월 11일은 이성계의 생일날이었다. 당시 무장들은 사병을 두고 있었는데, 역성혁명을 꿈꾸고 있던 이성계는 사병 2만 명을 거느린 변안렬이 마음에 걸렸다. 이성계는 자신의 생일을 핑계로 변안렬과 함께 정몽주를 초대했다. 이 자리에 이방원도 함께 했다. 이방원이 정몽주와 변안렬을 떠보기 위해 시 한 수를 읊었다.

> 이런들 어떠하리 저런들 어떠하리
> 만수산 드렁칡이 얽어진들 어떠하리
> 우리도 이같이 얽어져 백 년까지 누리리라.   　― 「하여가」

이것이 그 유명한 「하여가」이다.

이방원의 시를 들은 정몽주가 「단심가」로 답을 했다.

> 이 몸이 죽고 죽어 일백 번 고쳐 죽어
> 백골이 진토 되어 넋이라도 있고 없고
> 임 향한 일편단심이야 가실 줄이 있으랴.   　― 「단심가」

그 뒤를 이어 변안렬도 조용히 시를 읊었다. 이것이 김천택의 『청구영언』에 실린 시조 「불굴가」이다.

> 가슴팍 구멍 뚫어 동아줄로 마주 꿰어,
> 앞뒤로 끌고 당겨 감기고 쓸릴망정,
> 임 향한 그 굳은 뜻을 내 뉘라고 굽히랴.   　― 「불굴가」

정몽주가 고려를 향한 변하지 않는 마음을 표현했다면, 변안열은 절대 굴하지 않는 무인의 굳은 충성심을 표현했다.

공신과 외척을 척결하다

정몽주를 죽이고 1등 공신이 된 태종의 역성혁명은 시작에 불과했다. 방원은 스스로 왕좌에 오르기까지 자신의 정적들을 무자비하게 제거해 나갔으며, 형제들과의 피비린내 나는 싸움도 마다하지 않았다. 실록에는 1차, 2차 왕자의 난 모두 이방원이 아닌 방원의 정적이 먼저 난을 일으켜 어쩔 수 없이 제압했다고 기록되어 있다. 1차 왕자의 난은 명백히 이방원의 쿠데타였다. 정몽주를 죽인 일로 이성계의 미움을 받은 방원이 왕좌에 오르기 위한 선택이었다.

2차 왕자의 난도 방간에 의해 시작되었지만, 결과적으로 모든 권력이 이방원을 중심으로 재편되었다. 방원은 정종을 정치적으로 압박하며 세제가 아닌 세자에 책봉되었는데, 이는 '적장자 무후[326]이면 적중자, 적중자 무후이면 승중 첩자[327]'이라는 종법 정신을 따른 것이다. 정종은 동생 방원을 왕세자로 책립하고 군국의 일을 맡겼다. 1400년 2월 4일 『정종실록』에는 다음과 같이 기록하고 있다.

> **實錄記事** 1400년 2월 4일, 정안공을 왕세자로 책립하여 군국의 일을 맡기다. 전국의 죄수들을 사유하다
>
> 임금의 아우 정안공을 책립하여 왕세자로 삼아 군국의 중사를 맡게 하였다. 왕은 이렇게 말하였다.
> "저이[328]를 세우는 것은 국본을 정하는 것이요, 위호를 높이는 것은 인심을 정하는 것이다. 이에 전장典章에 따라서 책례를 거행한다. 너 정안공은 자질이 문무를 겸하고,

---

326) **적장자 무후**: 대를 이어갈 자손이 없음.

327) **승중 첩자**承重妾子: 장손이 아버지와 할아버지를 대신하여 조상의 제사를 지내는 것.

328) **저이**儲貳: 세자.

덕이 영명한 것을 갖추었다. 태상께서 개국하던 처음을 당하여 능히 대의를 주장하였고, 과형이 정사하던 날에 미치어 특히 큰 공을 세웠다. 하물며, 구가의 돌아가는 것이 있으니, 마땅히 감무를 맡겨야 하겠다. 이로써 너에게 명하여 왕세자로 삼는다. 아아! 사람 알아보기가 쉽지 않고, 자식노릇하기도 또한 어렵다. 지친으로 택현으로 이미 대통을 잇는 자리에 처하였으니, 오직 충성하고 오직 효도하여 이로써 정사하는 방도를 도우라. 그러므로, 이에 교시하는 바이니, 마땅히 다 알아야 할 것이라 생각한다."
인하여 경내에 사유하였는데, 왕은 이렇게 말하였다.

"옛날부터 왕노릇하는 자가 저이를 세우는 것은 종사를 높이고 국본을 중하게 하기 위함이었다. 예문을 상고하면, 적자와 동모제를 세운다는 말이 있는데, 혹은 세대로 하든지 혹은 차제로 하든지 오직 지당하게 할 뿐이었다. 내가 덕이 적고 우매한 몸으로 큰 통서를 이어받아, 공경하고 근신하여 다스리기를 생각한 지가 이제 2년이 되었다. 돌아보건대, 적사가 없고 다만 서얼이 있는데, 혼매하고 유약하여 지혜스럽지 못하니, 밤낮으로 조심하고 두려워하여 감히 편안할 겨를이 없었다. 오직 동기의 지친을 생각하여 우우[329]의 의를 두터이 하였더니, 생각지도 않게 방간이 간교하고 사곡한 말을 곧이 믿고, 망령되게 의심하고 꺼리는 마음을 품어 군사를 내어 난을 꾸미며, 화가 불측한 데에 있었는데, 다행히 천지 종사의 도움에 힘입어서, 이내 곧 평정되어 하루도 못되어 청명하여졌다. 오히려 상우[330]의 정을 불쌍히 여기고 관벽[331]에 이르도록 차마 하지 못하여, 이미 방간을 사사 전장에 안치하고, 당여 사람들은 각각 죄의 경중에 따라 처결하였다.

대개 국본이 정해지지 못하고 인심이 흔들리기 쉬움으로 인하여, 화란이 발생하여 이처럼 지극함에 이르렀다. 말이 여기에 미치니, 깊이 슬프도다. 마땅히 어진 모제를 세워 굳건한 국본을 정해야만 하겠다. 정안공은 기운이 영명하게 빼어나고, 자질은 용맹과 지혜를 온전히 하였다. 문무의 도략은 생지로부터 가졌고, 효제의 정성은 지성에서 나왔다. 시서의 교훈을 마음에 새기고, 정교의 방법을 통달하였다. 태상왕을 보좌하여 개국의 공을 세웠고, 과인의 몸을 호위하여 정사의 공을 이루었다. 종사에서 길이 힘입은 것은 신민이 함께 아는 바이다. 공과 덕이 이미 높으니, 구가하는 것이

---

329) **우우**友于 : 형제의 우의.

330) **상우**象憂 : 상(순임금의 아우)이 근심하면 순舜임금이 근심하고, 상이 기뻐하면 순임금이 기뻐하였다는 고사에서 나온 말.

331) **관벽**管辟 : 주공周公이 관숙管叔을 대벽(사형)에 처한 고사에서 나온 말.

모두 돌아간다. 그러므로, 책명하여 왕세자를 삼아서 여망을 위로한다. 생각하건대, 저부의 임무는 반드시 감무의 권한을 겸하므로, 이에 군국의 중사를 맡도록 명한다. 아아! 너희 종친·기로·재보·신료와 중외 인민은 모두 내 뜻을 몸 받아서 각각 너희 직책에 이바지하고, 원량의 덕에 공경하고 순종하여, 내 덕을 도우라. 이에 책명을 행하니, 마땅히 너그러운 법전을 반포하여야 하겠다. 건문 2년 2월 초4일 새벽 이전에 모반하고 대역한 것, 조부모·부모를 죽인 것, 처첩이 남편을 죽인 것, 노비가 주인을 죽인 것, 고독[332]하고 염매[333]한 것, 강도를 범한 것, 고의로 살인을 꾀한 것과, 방간의 당여의 사람들을 제외하고는, 이미 발각되었거나 발각되지 않았거나, 이미 결정되었거나 결정되지 않았거나, 죄의 경중이 없이 모두 용서하여 면제하라. 감히 유지 전의 일을 가지고 서로 고하여 말하는 자는 그 죄로 죄를 주겠다. 아아! 아비와 자식이 되었으니, 더욱 자효의 마음을 두텁게 하고, 가까운 데로부터 먼 데에 미치기까지 함께 태평의 낙을 누리리라."

이때에 대신으로서 헌의하는 자가 말하기를,

"옛날부터 제왕이 동모제를 세우면 모두 황태제를 봉하였고, 세자를 삼은 일은 없었습니다. 청하건대, 왕태제를 삼으소서."

임금이 말하기를,

"지금 나는 직접 이 아우로 아들을 삼겠다."

이저로 판삼군부사 좌군 도절제사를, 이거이로 중군 절제사를, 조영무로 우군 절제사를 조온으로 지중군절제사를, 이천우로 지우군절제사를 삼고, 이숙번으로 중추원 부사 동지좌군절제사를, 이원으로 우부승지를 삼았다. 이때부터 1품 이하를 모두 대성에서 다시 서경하였다.

— 『정종실록』, 1400년 2월 4일

왕의 동생이 세제가 아닌 세자가 된 것이 종법에 어긋났으므로 이것에 대신들 사이에서 이견이 있었다.

이때 대신으로서 헌의하는 자가 말하기를 "옛날부터 제왕이 동모제를 세

---

332) **고독**蠱毒 : 뱀·지네·두꺼비 등의 독기가 든 음식을 남에게 몰래 먹여 복통·가슴앓이·토혈·하혈 등의 증세를 일으켜 죽게 하는 것.

333) **염매**魘魅 : 주문呪文이나 저술詛術로 남을 저주하여 죽게 만드는 것. 염魘은 사람의 형상을 만들어 놓고 쇠꼬챙이로 심장을 찌르고 눈을 후벼파고 손·발을 묶는 것이고, 매魅는 나무나 돌로 귀신을 만들어 놓고 저주를 비는 것임. 압승술.

우면 모두 황태제를 봉했고, 세자를 삼은 일은 없었다. 청하건대 왕태제를 삼으소서." 하니, 임금이 말하기를 "지금 나는 직접 이 아우로 아들을 삼겠다." 했다.

방원이 형 정종의 양자가 되었다. 세자가 된 것은 이성계의 적통자로 인정받고자 하는 방원의 뜻이었다. 세자가 된 방원은 사병혁파334)를 단행해 병권을 장악한다. 2차 왕자의 난 때 정종의 호위 군사 몇 명이 방간의 측에 섰던 것이 빌미를 제공했다. 궁내에서 왕을 호위하는 왕의 호위 군사 일부가 반란군에 참여했다는 것은 충분히 문제가 되었다. 방원은 정종과 공신들이 가지고 있던 개인 군사 제도를 폐지하고 군사지휘권을 의흥삼군부335)에 집중시켰어요. 방원은 반발하는 세력은 과감히 제거했다. 군사 지휘권까지 장악한 방원은 세자에 오르고 채 1년이 되지 않아 정종에게 임금의 자리를 물려받아 1400년 11월 왕위에 올랐다.

이복형제들의 피를 묻히고 왕위에 오른 태종은 즉위 후에도 왕권 강화와 정국 안정에 방해가 되는 사람은 과감히 제거했다. 태종은 신덕왕후의 묘(서울시 중구 정동 소재)를 훼손하고 정릉(서울시 성북구 소재)으로 옮겼고 묘지석을 한양 청계천 광통교336)에 깔아 백성들이 밟고 다니게 했다. 자신이 죽인 이복형제들의 어머

---

334) **사병혁파**私兵革罷 : 고려 공민왕 때 궁궐 숙위와 국방의 임무를 띠고 시위패가 편성되었다. 조선 건국 뒤 왕자와 개국공신 등이 각도 시위패의 절제사가 되어 군사권을 장악하였다. 왕권을 위협하고 사회적으로도 큰 폐단을 일으켰다. 1392년 세자로 책봉된 방석과 정도전 등을 중심으로 사병을 혁파하려는 조치가 일부 실행되기도 했으나, 왕자의 난으로 사병혁파는 다시 미루어졌다. 사병혁파는 방원이 세자로 봉해져서 새로이 권력의 방향이 잡힌 뒤에 다시 본격화되었다. 1400년 여러 절제사를 폐지하고 군사의 군적을 삼군부에 보내면서 왕실에 직속되어 있던 시위패도 삼군부로 이속되었다. 조선의 군사 제도가 새로운 단계로 들어서 정치적 안정과 중앙집권화를 촉진하는 중요한 계기가 되었다.

335) **의흥삼군부**義興三軍府 : 군사 업무를 담당하던 관청으로 중·좌·우 3군의 병력을 지휘·감독하는 최고의 군사 명령 기관.

336) **광통교**廣通橋 : 지금의 광교 자리에 있던 조선시대의 다리이다. 태조 때에 흙으로 축조되었다가 폭우로 인하여 무너지자 1410년(태종 10년) 8월 돌로 다시 축조하였다. 다시 축조했을 때 정릉의 석물로 만들었는데, 이성계가 자신의 왕위를 강씨의 소생인 이방석에게 넘겨 주려 하니 이에 화가 난 태종이 왕자의 난을 일으켜 방석을 죽여 왕위에 올라 강씨의 묘를 옮기며 일부 돌들을 모두 밟을 수 있게 옮겨 놓은 것이다. 또한 그 돌들은 모두 거꾸로 놓았으며, 석교로

니 신덕왕후의 존재를 부정하고 자신의 적통을 확립하려는 의도에서 자행된 일이었다. 아무리 계비라도 어머니는 어머니가 아닌가? 이것이 태종이 권력을 키우는 방식이었다.

태종은 왕실 족보 『선원보』를 재정리하여 이성계와 자신의 직계만 이름을 올렸다. 정종과 자신의 서자는 물론이고 이성계의 방계 이원계와 이화 역시 왕실 족보에서 제외시켰다. 자신이 죽은 후에 종친들 사이에 권력 다툼이 벌어지지 않도록 미리 조치한 것이다. 이성계의 이복동생 이화는 조선 건국에 공이 컸고, 태종이 두 번의 왕자의 난을 통해 왕좌에 오르는 데 가장 큰 공을 세운 사람 중 한 사람이다. 이화는 태종이 왕위에 오른 후에도 외척 민씨 형제를 몰아내는데 앞장설 만큼 태종에게 충성을 다했다. 민씨 형제를 왕실 족보에서 제외시킨 것을 보면 태종의 과단성을 엿볼 수 있다.

태종의 철저함은 왕실 족보 정리에서 끝나지 않았다. 태종은 서얼금고법을 만들어 적자가 아닌 사람은 문과 시험을 볼 수 없게 만들었고, 재혼한 여자의 아들과 손자까지도 출세를 제한했다. 첩으로 재혼한 여자의 자손에 서얼금고법은 조선시대 최고의 악법이다.

가정을 넘어 나라로, 나라를 다시 생각하다

왕위에 오른 태종은 명나라와 외교관계를 개선했다. 첫 신호탄은 명나라 황제로부터 왕의 고명과 인신을 받은 것이다. 고명은 중국 황제가 주변국 왕에게 주는 일종의 임명장이고, 인신은 왕의 권위를 인정하는 도장이다. 동아시아의 외교 관계에서 종주국 중국으로부터 고명과 인신을 받는 것은 매우 중요한 일이다. 조선은 개국 후 10년이 지나도록 명나라의 고명[337]과 인신[338]을 받지 못

만들어진 이 다리 중 가장 역사가 오래된 다리이다.

337) **고명**誥命 : 중국의 황제가 벼슬아치에게 주던 임명장.
338) **인신**印信 : 옥새 또는 도장.

했다. 조선 개국 초기 정도전의 요동 정벌 계획 등 외교적 마찰과 명나라의 내부 문제 때문이었다. 태종이 즉위한 후에 고명과 인신을 받게 되었다. 태종이 스스로 창업 군주로 여기는 까닭도 여기에 있었다.

대외적으로 친명 노선을 강화한 태종은 1401년(태종 1년) 명나라 혜제[339]로부터 고명과 인신을 받은 데 이어, 1402년(태종 2년)는 하륜[340]을 명나라에 보내 등극한 성조(명나라의 제3대 황제)에게 축하 인사를 전하고 고명과 인신을 새로 줄 것을 요청했다. 명나라 성조는 조카 혜제를 몰아내고 왕위에 오른 인물이다. 이미 혜제로부터 고명과 인신을 받은 조선에서 자신에게 새로 고명과 인신을 받았다. 이를 계기로 조선과 명나라의 관계는 우호적으로 바뀌었다. 태종의 외교적 수완이 그만큼 뛰어났다.

태종은 대외적 안정을 바탕으로 내부적으로 정국의 안정을 꾀하며 새 왕조의 임금다운 업적을 하나둘 이루어 나갔다. 먼저 정종이 개경으로 옮긴 수도를 다시 한양으로 옮기는 작업에 착수했다. 이성계로부터 인정받는 열망으로 태종이 아버지 때에 설계한 한양에 수도를 다시 옮겼다. 태종은 1405년(태종 5년) 창덕궁을 새로 지어 경복궁과 번갈아 가며 머물렀다. 경복궁은 태종이 죽인 정도전이 세우고 왕자의 난으로 희생된 방석과 방번 형제가 머물던 곳이다. 태종이 새 궁궐을 지어 양궐(두 개의 궁궐) 체제가 시작되어 강력한 왕권의 통치 기반이 될 한양도 위엄을 갖추었고 강력한 국가 건설에 힘썼다.

---

339) **혜제**惠帝 : 명나라의 제2대 황제.

340) **하륜**河崙 : 이방원이 왕위에 오르는 데 기여한 문신으로 정도전과 대립하며 이방원이 왕위에 오르는 데 기여한 조선 초의 문신. 1388년 최영의 요동 정벌계획을 극력히 반대하다가 양주에 유배당했다. 그해 여름 이성계의 위화도회군으로 최영이 제거되자 관직을 회복했다. 이색, 정몽주 등과 정치적 입장을 같이함으로써 초기에는 조선왕조 건국에 반대했으나 정치적 변신을 해 경기좌도도관찰출척사가 됐다. 1396년 예문춘추관학사로 임명됐을 때 명나라와의 표전시비로 정도전과 정면으로 대립했다. 이에 정도전의 미움을 사게 돼 계림부윤으로 좌천됐다. 이후 이방원과 급속히 가까워져 제1차 왕자의 난 때 이방원을 적극 지지했다. 태종 즉위 후 왕명으로 함길도 선왕의 능침을 순심하고 돌아오는 도중에 죽었다.

왕권 강화를 통해 정국의 안정을 꾀하다

　태종이 재위하는 동안 중점을 둔 부분은 왕권 강화를 통한 정국 안정이었다. 태종은 관제 개편을 단행해 의정부의 업무를 6조가 분장하게 하는 6조직계제[341]를 채택했다. 6조직계제는 6조[342]에서 각각의 담당 업무를 왕에게 직접 보고하는 것으로, 의정부를 거치지 않고 왕이 정사를 직접 관리하기 때문에 재상의 권한이 줄어들었다. 건국 초기에 정도전이 펼친 재상[343] 중심의 정치 체제와 다른 국왕 중심의 통치 체제였다.

　재상의 권한을 축소하는 것으로 만족할 태종이 아니었다. 태종의 강력한 왕권 강화 카드는 외척 세력의 견제였다. 외척은 왕이 힘이 없을 때는 든든한 바람막이가 되어 줄 수 있지만 지나치게 득세할 경우 왕권을 약화시킬 위험이 있었다. 누구도 넘볼 수 없는 막강한 절대 권력을 꿈꾸었던 태종에게 외척의 득세는 용납할 수 없었다.

　태종이 가장 경계한 외척은 처갓집 여흥 민씨 집안이다. 여흥 민씨 집안은 원경왕후의 아버지 민제를 비롯해 아들 민무구[344], 민무질[345], 민무휼[346], 민

---

341) **6조직계제**: 6조가 의정부를 거치지 않고 직접 왕에게 보고한 후 집행하는 체제를 말한다. 조선 건국 초에는 고려와 마찬가지로 재상들의 의결기구인 도평의사사가 정무를 관장했는데, 이것은 왕권강화를 추구하던 왕실의 반발을 낳았다. 왕자의 난으로 정권을 장악한 이방원은 개혁을 단행하여 1400년 도평의사사를 폐지하고 의정부를 신설했으며, 1405년 의정부의 업무를 6조로 분할하고 전례가 있는 사무는 6조에서 스스로 재결하게 했다. 1414년 6조직계제를 완성하여 6조가 각기 사무를 왕에게 직계하며, 왕의 명령을 직접 받아 시행하게 했고 논의할 일이 있으면 6조의 판서들이 서로 의논하여 보고하게 했다.

342) **6조**: 국가의 정무를 나누어 맡아보던 여섯 관부로 이조, 호조, 예조, 병조, 형조, 공조.

343) **재상宰相**: 재宰는 정3품 이상의 당상관을 가리키는 말이고, 상相은 영의정·좌의정·우의정을 가리킨다. 그러므로 재상이라 하면 정3품 이상의 당상관을 가리킨다.

344) **민무구閔無咎**: 조선 초기의 무신이자 외척으로 민변의 손자이고 민제의 아들이며 원경왕후의 동생이자 민무질·민무회·민무휼의 형이며 본관은 여흥이다. 제1차 왕자의 난에 공을 세워 정사공신 1등으로 여강군에 피봉되고, 1402년 승추부참지사로 승진하였다. 정도전의 음모 사실을 태종에게 밀고한 바 있었으나 후에 1410년 이화 등의 탄핵을 받아 연안에 유배된 뒤 동생

무회347) 형제가 있었다. 원경왕후 민씨348)는 태종이 왕자의 난을 일으켜 왕좌에 오르기까지 물심양면으로 도운 여장부였다. 민무구와 민무질도 방원이 왕이 되는 데 원경왕후 못지않게 공이 컸다. 태종은 이런 점이 마음에 걸렸다. 공신으로 세자의 외숙이라는 지위까지 가진 민씨 집안 형제들의 정치적 영향력이 점차 커지는 것을 그냥 두고 볼 수가 없었다.

1406년(태종 6년) 8월 태종은 느닷없이 세자에게 왕위를 물려주겠다고 했다. 갑작스러운 왕의 선위 발언에 놀란 백관과 종친들이 펄쩍 뛰며 명을 거두라 아뢰었다. 선위는 불가하다는 반대 상소도 빗발쳤다. 태종은 며칠 만에 못 이기는 척 선위하겠다는 명을 철회했다.

태종의 선위 파동으로 화를 입게 된 이들이 있었다. 민무구, 민무질 형제였

민무질과 함께 사약을 받아 죽었다.

345) **민무질**閔無疾 : 조선시대 초기의 무신이자 외척으로 민변의 손자이고 민제의 아들이며 원경왕후와 민무구의 동생이자 민무회·민무휼의 형이며 본관은 여흥이다. 제1차 왕자의 난에 공을 세워 좌명공신 1등으로 여성군에 피봉되고, 1403년 예문관 총제로서 왕명에 따라 〈시전〉을 자본으로 하여 구리로 활자 수십만 자를 주조하였다. 정도전의 음모 사실을 태종에게 밀고한 바 있었으나 후에 1410년 이화 등의 탄핵을 받아 장단에 유배된 뒤 형 민무구와 함께 사약을 받아 죽었다.

346) **민무휼**閔無恤 : 조선 전기의 문신으로 대광보국 민변의 손자이자 여흥부원군 민제와 부부인 송씨의 아들이다. 태종의 비 원경왕후의 동생이고, 민무구, 민무질의 동생이며, 민무회의 형이다. 세종대왕의 외삼촌이자 이중 인척이다. 또한 세종대왕의 장인 심온의 아들들이 그의 사위였다.

347) **민무회**閔武悔 : 민변의 손자이자 여흥부원군 민제와 부부인 송씨의 아들이다. 태종의 비 원경왕후와 민무구, 민무질, 민무휼의 동생이다. 세종대왕의 외삼촌이다. 1403년, 사은사로 명나라에 다녀왔으며 그해 여흥군에, 1407년 이성군에, 1410년 여산군에 봉해졌다. 1414년, 한성부윤을 거쳐 이듬해에 공안부윤을 역임했다. 1415년, 불충한 말을 하였다고 탄핵되어 청주에 유배되었다가 1416년, 형 민무휼과 함께 사약을 받아 죽었다.

348) **원경왕후 민씨**元敬王后 閔氏 : 조선 태종의 아내이자 세종대왕의 어머니이다. 원경왕후 민씨는 두 차례 왕자의 난에 친정 여흥 민씨를 동원하여 승리하게 함으로써 남편 태종을 권좌에 올린 여걸이었지만 이후 태종과 갈등이 시작되었다. 강력한 왕권국가를 추구하던 태종이 외척의 발호를 방지하기 위해 네 명의 동생을 죽이고 그로 인해 아버지까지 화병으로 죽는 등 친정이 멸문지화를 당하자 울분에 찬 말년을 보내야 했다.

다. 태종이 선위를 하겠다고 했을 때 이들은 내심으로 좋아하고 반대하지 않았다. 영의정 부사 이화는 태종에게 민씨 형제의 죄를 상소문으로 올렸다.

> "전하께서 장차 내선[349]을 행하려 할 때, 온 나라 신민(신하와 백성)이 마음 아프게 생각하지 않는 이가 없었으나, 민무구 등은 스스로 다행하게 여겨 기뻐하는 빛을 얼굴에 나타냈으며, 전하께서 여망에 굽어 좇으시어 복위한 뒤에 이르러서도, 온 나라 신민이 기쁘게 여기지 않는 이가 없었으나, 민무구 등은 도리어 슬프게 여겼습니다. 이는 대개 어린아이를 끼고 위복(임금의 권력)을 마음대로 하고자 한 것이니, 불충한 자취가 소연[350]히 나타나 여러 사람이 함께 아는 바입니다."

이화는 상소문으로 민무구, 민무질 등을 금장[351]으로 죄를 다스려야 한다고 했다. 민씨 형제는 태종에게 역심을 품은 대역 죄인이 되었고 민무구, 민무질 형제는 공신의 자격을 박탈당하고 유배를 당했다. 1410년(태종 10년) 민씨 형제는 유배지에서 스스로 목숨을 끊었다.

태종의 선위 파동은 외척 민씨 집안을 견제하기 위한 것이다. 태종의 의도대로 민무구, 민무질 형제의 죽음으로 민씨 집안의 세력은 위축되었다. 민씨 집안에 대한 태종의 견제는 계속되었다. 민씨 형제의 막내 민무회가 태종에게 불충한 말을 했다는 이유로 유배되었으며, 그의 형 민무휼도 민무회가 불충의 죄를 지은 것을 알고도 묵인했다는 이유로 유배되었다. 두 사람 역시 1416년(태종 16년) 유배지에서 스스로 목숨을 끊었다. 태종은 민씨 형제의 누나이자 자신의 부인 원경왕후마저 폐위시키려 했다. 그러나 원경왕후는 왕세자의 친모로 폐서인이 되는 것은 면했다.

태종의 외척에 대한 견제는 민씨 집안에만 한 것이 아니었다. 태종의 다음 견제는 자신의 뒤를 이어 왕위에 오른 세종의 외척 청송 심씨 집안이었다. 세종의 정비 소헌왕후의 아버지 심온은 세종이 왕위에 오르면서 영의정이 되었다.

---

349) **내선**內禪: 임금이 살아 있는 동안에 그 아들에게 임금 자리를 물려주던 일.

350) **소연**昭然: 일이나 이치 따위가 밝고 선명함.

351) **금장**: 창처럼 생긴 형구로 죄인을 치거나 찌르는 형벌.

1420년(세종 2년) 심온은 사은사³⁵²⁾로 명나라에 가게 되었다. 심온이 명나라에 가 있는 동안 동생 심정이 상왕 태종이 병권을 장악하고 있는 것에 불평하여 처형당했다. 심온은 명나라에서 돌아오는 길에 체포되었고, 사약이 내려지자 스스로 목숨을 끊었다.

태종은 외척뿐만 아니라 공신들도 견제하여 이무, 이숙번 등이 제거되었다. 태종은 강력한 왕권을 확립했으며, 조선 건국 초기의 혼란을 없애고 안정적으로 정국을 이끌어 나갔다.

양녕을 폐하고 충녕을 세자로 삼다

정적에 대한 과감한 제거를 바탕으로 왕권을 강화한 태종은 개국에서 왕조 시대를 튼튼하게 하는 정치적 과업을 달성했다. 한 가지 부족한 것이 있었다. 자신의 대를 이어 왕조 시대를 굳건히 이어갈 세자가 마음에 들지 않았다.

1404년(태종 4년) 태종과 원경왕후 사이에서 태어난 첫째 아들 양녕대군 이제³⁵³⁾를 왕세자로 책봉했다. 이때 양녕은 11세였다. 어렸을 때부터 자유분방한 기질을 타고난 양녕은 공부보다 말타기, 활쏘기 등을 즐겼다. 성인이 된 후에는 여자들을 좋아해 자주 궁궐 밖으로 나가 기생들과 어울려 놀았다. 완벽을 추구하는 태종에게 이런 양녕이 눈에 차지 않았다.

태종은 스스로 적장자 계승 원칙을 무시하고 왕위에 오른 부담으로 장자 양녕을 쉽게 내칠 수 없었다. 양녕이 정신을 차리도록 꾸짖어도 보고, 타일러도 보았지만 소용이 없었다. 태종도 더 이상 참지 못할 일을 양녕이 저지르고 말았다. 평소 기생부터 일반 백성 부인들까지 가리지 않고 놀아나던 양녕이 곽선의

---

352) **사은사**謝恩使 ; 임금이 중국의 황제에게 사은의 뜻을 전하기 위하여 보내던 사절.
353) **양녕대군 이제**讓寧大君 李禔 : 태종과 원경왕후 민씨의 맏아들인 양녕대군은 일찍이 세자로 책봉되어 정치에 참여했고, 명나라 사신 접대, 강무 참여 등 맡은 바 역할을 다했지만 자유분방한 성격 탓에 부왕 태종과 마찰을 빚다가 폐위되었다. 이후에도 갖은 기행으로 세간에 물의를 일으켰지만 동생 세종의 각별한 배려 덕분에 천수를 누릴 수 있었다.

첩 어리와 간통을 저질렀다. 양녕은 어리에게 완전히 빠져서 동궁전에 데려다 놓고 매일 정을 통했다. 사실을 알게 된 태종은 노발대발하여 어리를 궁중에서 내쫓으라고 명했다. 양녕은 조금도 반성하지 않고 어리를 장인 김한로의 집에 숨겨 두고 몰래 만났다. 이런 사실을 알게 된 태종은 크게 노해 김한로[354]를 귀양 보내고, 양녕은 폐위 절차에 들어갔다.

1418년(태종 18년) 태종은 양녕을 폐하고 셋째 아들 충녕(이도)[355]을 세자로 삼았다. 처음부터 태종이 충녕을 세자로 내세운 것은 아니었다. 태종은 신하들에게 "양녕의 두 아들 중 첫째로 하여금 세자의 자리를 잇게 할 것이니 왕세손이라 칭할지, 왕태손이라 칭할지 의논해 아뢰라."라고 했다. 양녕의 행실이 바르지 못해 폐하지만 적장자 계승의 원칙을 다시 깨고 싶지 않아 양녕의 첫째 아들로 왕조를 잇고자 했다. 이때 양녕의 첫째 아들은 다섯 살이었다.

조말생

박은[356], 유정현[357], 조말생[358] 등이 양녕의 어린 아들 대신 어진 사람을 세

---

354) **김한로**金漢老 : 1401년 판봉상시사로서 의순고별좌가 되었을 때, 태상왕이 명나라 사신을 위해 베푼 연회에 참석하기 위해 역리의 말을 빼앗아 쓴 사건으로 대간의 탄핵을 받고 파면되었다. 1404년 이조전서가 되었고, 이듬해 성절사로 명나라에 다녀왔다. 명나라 체재 중 상업 행위를 한 사건이 탄로나 대간의 탄핵을 받고 파직되었다. 1407년 세자 양녕대군을 사위로 맞이하면서 좌군동지총제에 오르고, 이듬해 판한성부사로 사은사가 되어 명나라에 다녀왔다. 1409년 예조판서가 되고 이어 대사헌·참찬의정부사 예문관대제학 겸 판의용순금사사 의정부찬성 등을 지냈다. 1418년 세자궁에 여자를 출입시킨 문제로 대간의 탄핵을 받아 의금부에 하옥된 후 직첩을 몰수당하면서 세자와의 인연이 끊겼다. 아들 김경재와 함께 나주로 이배되었고, 이후 대간의 집요한 추가 처벌 요청이 있었으나 청주·연기 등지로 안치됨에 그쳤다.

355) **충녕**忠寧(**이도**李祹) : 조선의 4대 국왕 세종으로 태종과 원경왕후의 아들이다. 형인 양녕대군이 폐세자가 되자 세자에 책봉되었으며 태종의 양위를 받아 즉위하였다.

356) **박은**朴訔 : 제1, 2차 왕자의 난이 일어났을 때 이방원을 도와 태종의 두터운 신임을 받았다. 1385년 문과에 급제해 권지전교시교감, 개성부소윤 등을 역임했다. 1398년(태조 7년) 제1차 왕자의 난 때 군사를 거느리고 와서 이방원을 도왔고, 1400년(정종 2년) 제2차 왕자의 난 때에도 이방원을 도와 공을 세웠다. 그 공으로 세자좌보덕이 되고 태종이 즉위하자 좌명공신 제3등과 반남군에 봉해졌다. 그 뒤 더욱 중용되어 한성부윤, 전라도도관찰사, 좌군동지총제 등을

자로 삼는 것이 좋겠다는 의견을 내놓았다. 이 말을 들은 태종의 머릿속에 떠오르는 사람이 한 명 있었다. 바로 셋째 아들 충녕이다. 충녕은 어렸을 때부터 책 읽기를 좋아하고 천성이 총명하고 민첩해 왕의 재목으로 손색이 없었다. 다만 장자가 아닌 것이 마음에 걸려 쉽게 결정을 내리지 못하던 터였다. 태종은 원경왕후에게 의견을 물었어요. 평소 양녕에 대한 사랑이 남달랐던 원경왕후는 "형을 폐하고 아우를 세우는 것은 재앙의 근본이 됩니다."라며 충녕을 세자로 삼는 것을 반대했다. 태종도 그 말을 옳게 여겼다. 태종은 "금일의 일은 어진 사람을 고르는 것이 마땅하다." 하며 충녕을 세자로 삼을 것을 명했어요. 양녕대군의 폐위가 유력시되자 효령대군은 더 글공부를 열심히 했다. 그러나 양녕대군이 부왕 태종과 모후 원경왕후가 충녕대군을 염두에 두고 있음을 효령대군에게 넌지시 일러주자, 실

효령대군

망한 효령대군은 불가에 관심을 갖다가 후일 불교에 귀의하게 되었다. 태종은 양녕을 폐하고 충녕을 세자로 삼을 수밖에 없었던 이유를 실록에는 이렇게 설명하고 있다.

지내고 1409년 서북면도순문찰리사 겸 병마도절제사가 되었으며 이듬해 왕명으로 평양성을 쌓았다. 1416년 좌의정에 올랐다가 1421년 병으로 물러났다.

357) **유정현**柳廷顯 : 1404년 전라도관찰사 중군동지총제, 1409년 판한성부사를 거쳐 1410년 형조판서로 승진하였다. 예조판서·서북면도순문찰리사 평양부윤·대사헌·이조판서·참찬의정부사 병조판서·찬성사 등 요직을 거친 뒤 1416년에는 좌의정이 되었으며, 얼마 지나지 않아 영의정에 임명되었다. 1419년 대마도를 정벌할 때 삼군도통사에 임명되었고, 1424년 영돈녕부사 겸 판호조사를 지낸 뒤 1426년 다시 좌의정에 임명되었으나 신병을 이유로 사퇴하고, 이로부터 4일 만에 세상을 떠났다.

358) **조말생**趙末生 : 북방 안정에 힘쓴 조선 초기의 문신. 개국 이후 네 번째 장원급제자로 명성을 얻었으며 태종의 총애를 받으며 사헌부 장령, 직제학 등을 역임하였고 세종 1년에는 이조참판을 거쳐 형조와 병조판서에 이르렀다. 태종 14년 김도련 노비소송사건에 크게 개입하여 회인을 거쳐 황해도 평산 땅으로 유배되었다. 그러나 1428 세종의 비호로 다시 조정으로 돌아왔으며 함길도 관찰사에 임명되어 북방을 안정시키는 데 공을 세웠다.

> 實錄記事 **1418년 6월 3일, 세자 이제(양녕대군)를 폐하고 충녕대군으로 왕세자를 삼다**

세자 이제[359]를 폐하여 광주廣州에 추방하고 충녕대군을 왕세자를 삼았다. 임금이,

"백관들의 소장의 사연을 내가 읽어 보니 몸이 송연(竦然: 황공하여 삼가는 모양)하였다. 이것은 천명이 이미 떠나가 버린 것이므로, 이에 이를 따르겠다."

영의정 유정현·좌의정 박은·우의정 한상경·옥천 부원군 유창·청성 부원군 정탁·찬성 최이·병조 판서 박신·한평군 조연·평성군 조견·장천군 이종무·판좌군 도총제부사 이화영·이조 판서 이원·곡산군 연사종·공조판서 심온·도총제 박자청·이징·대제학 변계량·지돈녕부사 김구덕·형조 판서 박습·참찬 김점·총제 권희달·유은지·최윤덕·최운·문계종·홍부·홍섭·이배·김귀보·문효종·윤유충·예조 참판 신상·병조 참판 이춘생·동지돈녕부사 이담·공조참판 이적·부윤 이원항·호조 참판 이발·부윤 민계생·사간 정상·집의 허규 등이 조계청에 모이니, 지신사 조말생·좌대언 이명덕 등에게 명하여 전지하기를,

"세자의 행동이 지극히 무도無道하여 종사를 이어받을 수 없다고 대소 신료가 청하였기 때문에 이미 폐하였다. 무릇 사람이 허물을 고치기는 어려우니, 옛사람으로서 능히 허물을 고친 자는 오직 태갑뿐이었다. 말세에 해외의 나라에 있어서 내 아들이 어찌 능히 태갑과 같겠는가? 나라의 근본은 정하지 아니할 수가 없으니, 만약 정하지 않는다면 인심이 흉흉할 것이다. 옛날에는 유복자를 세워 선왕의 유업을 이어받게 하였고, 또 적실의 장자를 세우는 것은 고금의 변함없는 법식이다. 제禔는 두 아들이 있는데, 장자는 나이가 다섯 살이고 차자는 나이가 세 살이니, 나는 제禔의 아들로써 대신시키고자 한다. 장자가 유고하면 그 동생을 세워 후사로 삼을 것이니, 왕세손이라 칭할는지, 왕태손이라 칭할는지 고제古制를 상고하여 의논해서 아뢰어라."

한상경 이하의 군신은 모두 제의 아들을 세우는 것이 가可하다고 하였으나, 유정현은 말하기를,

"신은 배우지 못하여 고사를 알지 못합니다. 그러나, 일에는 권도權道와 상경常經이 있으니, 어진 사람을 고르는 것이 마땅합니다."

박은은 말하기를,

"아비를 폐하고 아들을 세우는 것이 고제古制에 있다면 가可합니다만, 없다면 어진 사람

---

[359] **이제**李禔: 태종과 원경왕후 민씨의 맏아들인 양녕대군은 일찍이 세자로 책봉되어 정치에 참여했으며, 명나라 사신 접대, 강무 참여 등 맡은 바 역할을 다했지만 자유분방한 성격 탓에 부왕 태종과 마찰을 빚다가 폐위되었다. 이후에도 갖은 기행으로 세간에 물의를 일으켰지만 동생 세종의 각별한 배려 덕분에 천수를 누릴 수 있었다.

을 골라야 합니다."

조연·김구덕·심온·김점·유은지·이춘생·최운·문계종·이배·윤유충·이적·이원항·이발·정상·허규 등 15인이 말하기를,

"어진 사람을 고르소서."

이원은 말하기를,

"옛사람은 큰 일이 있을 적에 반드시 거북점[360]과 시초점[361]을 쳤으니, 청컨대 점을 쳐서 이를 정하소서."

조말생 등이 돌아와서 내전에 들어갔다. 임금이 좌우를 물리치고,

"제경諸卿들이 무엇이라고 하던가."

조말생이 여러 신하들의 의논을 바치었다. 임금이 이를 읽어 보고,

"나는 점을 쳐서 이를 정하겠다."

조말생이 나갔다. 임금이 내전으로 들어가서 여러 신하들의 어진 사람을 고르자는 청請을 왕비에게 말하니, 왕비가 불가한 것을 말하기를,

"형을 폐하고 아우를 세우는 것은 화란의 근본이 됩니다."

임금도 또한 이를 옳게 여겼으나, 한참 만에 곧 깨달아 말하기를,

"금일의 일은 어진 사람을 고르는 것이 마땅하다."

즉시 최한에게 명하여 뒤쫓아가 조말생을 도로 데려오게 하였으나, 최한이 이르기 전에 조말생이 이미 여러 신하들에게 전지하여 이르기를,

"장차 이원의 의논을 따르겠다."

조말생이 돌아오니, 임금이,

"의논 가운데 점괘를 따르도록 원한다는 말이 있었기 때문에 나도 이를 하고자 하였다. 그러나, 나라의 근본을 정하는 것은 어진 사람을 고르지 않을 수가 없다."

곧 전지하기를,

"나는, 제禔의 아들로써 대신시키고자 하였으나, 제경들이 모두 말하기를, '불가하다.' 고 하니, 마땅히 어진 사람을 골라서 아뢰어라."

유정현 이하 여러 신하들이 또 아뢰기를,

"아들을 알고 신하를 아는 것은 군부와 같은 이가 없습니다."

임금이 말하였다.

---

360) **거북점**龜占 : 거북 껍질로 치는 점.

361) **시초점**筮占 : 톱풀로 치는 점.

"옛 사람이 말하기를, '나라에 훌륭한 임금이 있으면 사직의 복이 된다.'고 하였다. 효령대군은 자질이 미약하고, 또 성질이 심히 곧아서 개좌開坐362)하는 것이 없다. 내 말을 들으면 그저 빙긋이 웃기만 할 뿐이므로, 나와 중궁은 효령이 항상 웃는 것만을 보았다. 충녕대군은 천성이 총명하고 민첩하고 자못 학문을 좋아하여, 비록 몹시 추운 때나 몹시 더운 때를 당하더라도 밤이 새도록 글을 읽으므로, 나는 그가 병이 날까봐 두려워하여 항상 밤에 글 읽는 것을 금지하였다. 그러나, 나의 큰 책은 모두 청하여 가져갔다. 또 치체를 알아서 매양 큰일에 헌의하는 것이 진실로 합당하고, 또 생각 밖에서 나왔다. 만약 중국의 사신을 접대할 적이면 신채身彩와 언어 동작이 두루 예禮에 부합하였고, 술을 마시는 것이 비록 무익無益하나, 그러나, 중국의 사신을 대하여 주인으로서 한 모금도 능히 마실 수 없다면 어찌 손님을 권하여서 그 마음을 즐겁게 할 수 있겠느냐? 충녕은 비록 술을 잘 마시지 못하나 적당히 마시고 그친다. 또 그 아들 가운데 장대壯大한 놈이 있다. 효령대군은 한 모금도 마시지 못하니, 이것도 또한 불가하다. 충녕대군이 대위大位를 맡을 만하니, 나는 충녕으로서 세자를 정하겠다."

유정현 등이,

"신 등이 이른바 어진 사람을 고르자는 것도 또한 충녕대군을 가리킨 것입니다."

의논이 이미 정하여지자, 임금이 통곡하여 흐느끼다가 목이 메이었다. 이윽고 조말생 등에게 하교하기를,

"대저 이와 같이 큰 일은 시간을 끌면 반드시 사람을 상傷하게 된다. 너는 선지宣旨363)를 내어서 속히 진하陳賀하게 함이 마땅하다."

이때에 문무백관들이 예궐하여 세자를 정한 것을 하례하였다. 임금이 즉시 장천군 이종무를 경도에 보내어 종묘에 고하기를,

"세자 제禔가 지난해 봄에 허물을 뉘우치고 스스로 꾸짖는 글을 지어서 고하였으므로 신이 오히려 보존하였는데, 일년이 되지 못하여 다시 전날의 잘못을 저질러서 자못 심함이 있었으나 신이 또 가볍게 꾸짖어 그가 뉘우치고 깨닫기를 바랐습니다. 요즈음 다시 상서하였는데 그 사연이 심히 패만悖慢하여 전혀 신자臣子의 예가 없어, 대소 신료가 합사合辭364)하여 폐하기를 청하고 충녕대군이 효성스럽고 우애스럽고 온화하고 인자하여 진실로 저부儲副에 합당하다는 여망이 있었으므로, 이것을 감히 고합니다."

---

362) **개좌**開坐 : 자세하게 조목조목 일을 처리함.

363) **선지**宣旨 : 임금의 명령.

364) **합사**合辭 : 사연을 합하여 상소함.

하고, 또 상호군 문귀文貴를 전지관으로 삼아 최한과 더불어 백관들이 폐하자고 청한 장소章疏를 가지고 경도京都로 가서 제禔에게 보이고, 또 폐하여 내친다는 뜻을 유시하게 하였다. 그때 유정현 등이 제와 가속家屬을 춘천春川에 내치도록 청하니, 임금이 그대로 따랐다. 한참 있다가 전교하기를,

"중궁이 성녕대군이 졸卒하면서부터 하루도 눈물을 흘리지 않는 날이 없는데, 제禔를 가까운 고을에 두기를 청하여 소식이라도 자주 듣기를 바라고, 또 물이 깊어서 떠나보내기가 어려우니, 그를 사제私第에 내보내어 물이 줄기를 기다려서 곧 보내라."

유정현 등이,

"경도京都에 머물러 둘 수는 없습니다."

임금이 옳게 여겨 즉시 명하여 첨총제 원윤을 배치관으로 삼아서 경도에 가서, 근수비 13명, 종奴 6명, 화자 4명으로 하여 제禔를 광주廣州에 내쳐서 안치하게 하고, 이에 하교하였다.

"저부儲副365)를 어진 사람으로 세우는 것은 곧 고금의 대의이요, 죄가 있으면 마땅히 폐하는 것은 오로지 국가의 항구한 법식이다. 일에는 하나의 대개大槪가 있는

> 양녕대군은 기생 어리를 사랑하여 여러 차례 궁에 몰래 들였고,
> 태종은 세자의 비행에 고심하던 중 신료들의 폐세자 주청 상소가 연이어 올라오자, 세자의 행동이 지극히 무도하여 종사를 이어 받을 수 없다고 판단하여 양녕을 폐위시키고 광주로 추방하였다. 충녕대군을 새로운 세자로 책봉하였다.

것이 아니므로 사리에 합당하도록 기대할 뿐이다. 나는 일찍이 적장자 제禔를 세자로 삼았는데, 나이가 성년에 이르도록 학문을 좋아하지 아니하고 성색聲色에 빠졌었다. 나는 그가 나이가 어리기 때문이라 하여 거의 장성長成하여 허물을 고치고 스스로 새 사람이 되기를 바랐으나, 나이가 20이 넘어도 도리어 군소배群小輩와 사통私通하여 불의한 짓을 자행하였다. 지난해 봄에는 일이 발각되어 죽음을 당한 자가 몇 사람이었다. 제가 이에 그 허물을 모조리 써서 종묘에 고하고, 나에게 상서上書하여 스스로 뉘우치고 꾸짖는 듯하였으나, 얼마 가지 아니하여 또 간신 김한로의 음모에 빠져 다시 전철을 밟았다. 내가 부자의 은의恩誼로써 다만 김한로만을 내쳤으나, 제는 이에 뉘우치는 마음이 있지 아니하고 도리어 원망하고 노여운 마음을 품어 분연憤然히 상서하였는데, 그 사연이 심히 패만悖慢하여 전혀 신자臣子의 뜻이 없었다. 정부·훈신·육조·대간·문무백관이 합사하고 소장疏狀에 서명하여 말하기를, '세자의 행동이 종사를 이어받아 제사를 주장하거나 막중한 부탁을 맡을 수가 없습니다. 엎드려 바라건대, 태조의 초창

---

365) **저부**儲副 : 세자.

한 어려움을 우러러 생각하고, 또 종사 만세萬世의 대계大計를 생각하여 대소 신료의 소망에 굽어 따르시어 공의公義로써 결단하여, 세자를 폐하여 외방으로 내치도록 허락하고, 종실에서 어진 자를 골라서 즉시 저이儲貳366)를 세워서 인심을 정하소서.' 하고, 또 이르기를, '충녕대군은 영명공검英明恭儉하고 효우온인孝友溫仁하며, 학문을 좋아하고 게을리 하지 않으니, 진실로 저부儲副의 여망에 부합합니다.' 하였다. 내가 부득이 제禔를 외방으로 내치고 충녕대군을 세워 왕세자로 삼는다. 아아! 옛 사람이 말하기를, '화禍와 복福은 자기가 구求하지 않는 것이 없다.' 하니, 내가 어찌 털끝만큼이라도 애증愛憎의 사심私心이 있었겠느냐? 아아! 중외의 대소 신료는 나의 지극한 생각을 본받으라."

충녕대군은 총명하고 학문을 좋아하여 덕망이 날로 높아지니 중외에서 마음이 쏠리고, 양궁兩宮367)이 총애하기를 더욱 성盛하게 하였다. 제禔가 그와 같이 광포狂暴하고 방종放縱하여 나라 사람들도 또한 그가 지워진 중임을 감당하지 못할까 염려하였으나, 임금은 일찍이 폐廢하거나 새로 세울 생각이 없었으므로, 군신이 청하자 오히려 어렵게 여겼고, 중궁도 또한 불가하다고 말하였다. 군신이 굳이 청하자, 이에 따르니, 중외에서 흡연洽然히 기뻐하고 경축하였다. 이숙번이 일찍이 임금에게 사뢰기를,

"사람들이 모두 청하기를, '충녕이 가산家産을 다스리지 않으니, 정직한 자라고 이를 만하다.'고 합니다."

상당군 이애가 여러 차례 은근한 뜻을 보였고, 성달생·이굉이 모두 수종하기를 원하여 공효를 이룰 뜻을 가졌으며, 이적도 또한 대군에게 사뢰기를,

"이적도 인친의 연고가 있으니 나아가 뵈올 수가 있습니다."

외인으로서 만나 뵙기를 원하였으나 만나지 못한 자가 많았다. 한 때에 대군의 덕을 경모하여 사람들이 모두 마음을 돌림이 이와 같았다. 대군이 평상시에 거주할 적에 부인을 경대하여, 그녀가 나아가고 물러갈 때에는 반드시 일어나서 보내고 맞이하였다. 그때 임금이 창덕궁에 임어하니, 대소인이 경복궁을 지나면서 하마하는 자가 적었으나, 대군은 지날 적마다 반드시 내렸는데, 비록 저녁이든 밤이든 비가 오든 눈이 오든 폐하지 않았으니, 그 공경과 신중함이 천성에서 나온 것이 이와 같았다고 한다. 사신 황엄이 대군을 보고 매양 똑똑하고 밝은 것을 칭찬하여 말하기를,

"영명하기가 뛰어나 부왕을 닮았다. 동국의 전위는 장차 이 사람에게 돌아갈 것이다."

---

366) **저이**儲貳 : 세자.

367) **양궁**兩宮 : 대전大殿과 중궁中宮.

이때에 이르러 원민생이 세자를 봉하도록 청하는 표문을 가지고 연경에 이르니, 황엄이 그가 오게 된 일을 물었다. 원민생이 말하기를,
"세자를 바꾸기를 청합니다."
황엄이 말하기를,
"필시 충녕을 봉하도록 청하는 것이리라."
- 『태종실록』, 태종4 18년 6월 3일

일설에는 양녕이 충녕에게 왕위 양보를 위해 일부러 미친 척 기행을 일삼았다는 이야기도 있다. 양녕이 왕세자로서 적절치 못한 행실로 부왕 태종의 심기를 불편하게 했고, 무엇보다도 태종이 단단하게 다져 놓은 강력한 왕권을 잇는 것에 부족한 점이 많았다. 새 왕조를 안정시키고 번성하게 하려는 태종의 원대한 포부는 왕세자의 교체로 조각이 맞춰지게 되었다.

세종 시대를 위한 기본 설계를 하다

세자를 교체한 태종의 마음은 급해졌다. 하루라도 빨리 충녕이 세자로서 면모를 갖추어 주기를 바랐다. 기본적인 성품과 자질을 갖추고 있다 하더라도 직접 왕이 되어 나라를 다스리는 일은 또 다른 것이다. 태종은 충녕이 세자로 책봉된 지 두 달여 만에 선위를 발표했다. 곧바로 실전에 투입하는 것이 가장 좋은 교육이라고 여긴 것이다. 자신이 살아 있는 동안 왕위를 물려주고 뒤를 봐주고자 했어요. 태종은 그만큼 뛰어난 정치력과 결단력을 가진 왕이었다.

1418년(태종 18년) 8월 태종은 세종에게 임금을 물려주고 상왕으로 물러났다. 태종이 맡은 임무가 모두 끝난 것은 아니었다. 태종의 상왕 정치가 시작되었던 것이다.

세종이 임금으로서 완전한 모습을 갖출 때까지 태종 자신이 병권을 쥐고 정사에 관여하겠다는 선언이었다. 선대왕들이 상왕으로 물러난 이후 정사에 전혀 관여하지 않았던 것과는 달랐다. 두 차례의 왕자의 난을 겪고 왕위에 오르는 순간, 태종은 모든 악명은 자신이 지고 가겠다는 결심이 서 있었다. 태종은 비

정한 왕이라는 소리를 들을 것을 알면서도 왕실 족보를 정리하고, 외척과 공신들을 과감히 제거했다. 태종은 아들 세종만큼은 어진 성군으로서 정사에만 집중하기를 바랐다. 자신이 세종을 대신해 폐세자 양녕의 지지 세력을 정리하고, 외척 제거에도 직접 나선 것이다. 병권을 쥐고 있겠다는 것은 내부의 적들뿐만 아니라 조선의 안정과 발전을 방해하는 대외 세력에 대해서도 군사력을 동원해 직접 제압하겠다는 뜻이었다. 실제로 세종 재위 초기에 행해진 대마도 정벌 등 군사작전은 상왕 태종에 의해 이루어진 것이다.

태종은 세종이 성군이 되기 위해 갖추어야 할 것에 대해 하나부터 열까지 세심하게 챙겼다. 심지어 "예로부터 제왕은 자손이 번성한 것을 귀하게 여겼다."라면서 세종에게 빈과 첩을 더 들이도록 권하기도 했다. 세종의 장인 심온이 불충의 죄를 지었으니 딸 소헌왕후를 폐해야 한다는 대신들의 주장에는 반대했다.

창업 4대 만에 임금 세종의 탄생은 태종의 철저한 계획에 따라 이루어졌다. 태종은 할 수만 있다면 세종이 완전히 정권을 장악할 때까지 계속 뒤를 봐주고 싶었다. 세종은 조선시대를 통틀어 가장 훌륭한 왕이 되었고, 세종을 만들어 낸 것이 태종의 가장 큰 업적이다.

관제 개혁과 신문고를 설치하다

태종은 조선 초기의 혼란을 종식하기 위해 관제 개혁을 통한 왕권 강화와 유교 정치에 온 힘을 쏟았다. 사병을 혁파하여 병권을 일원화하고, 중앙 제도와 지방 제도를 정비하여 고려의 잔재를 완전히 없애고, 의흥부[368]를 폐지하여 병조

---

368) **의흥부**義興部 : 1409년 병조에 치우쳐 있는 군사관계 업무를 분산시키기 위해 새로이 최고 군령기관으로 삼군진무소를 두어 군사를 지휘하게 하였다. 1412년 7월 의흥부가 다시 혁파되고 군령·군정권이 병조로 넘어갔으나 1414년을 전후로 진무소가 부설되었다. 1418년 태종이 세종에게 양위하면서, 삼군진무소를 의군부진무소로 하고 앞서 세자를 위해 설치했던 의용위를 삼군진무소라 하였다. 이는 상왕이 된 태종이 병권을 그대로 장악하기 위해 군령권을 양분하는 동시에 형식상으로나마 삼군을 관장하려는데 있었다.

의 지휘권을 확정하는 등 군사 제도를 정비하여 국방력을 강화했다. 그리고 토지 제도와 조세 제도 정비를 하여 국가의 재정을 안정시켜 나갔다. 척불숭유정책(불교를 멀리하고 유교를 소중히 여기는 정책)을 더욱 강화하여 사찰을 정리하고 사원전을 몰수하였다. 호패법369)과 서얼금고법370)을 실행했으며, 국방도 힘쓰는 등 국가 기강을 안정시켰다.

호패

사병 혁파는 정도전 일파 등이 사병을 거느린 것에 위기의식을 느꼈기 때문이다. 사병 혁파로 고려 이래 각 지역의 실권자들이 개인적으로 거느리는 사병 조직은 사라졌으며, 이들은 농부가 되거나 군역에 편입되었다.

태종은 6조 직계제로 의정부와 6조의 관료들이 왕에게 직속되어 정무를 하도록 하였다. 태종이 관료들을 잘 제어할 수 있었던 것은 고려 말기에 10년간 과거에 급제하여 관리로 지냈던 적이 있었기에, 관료들이 어떤 말을 하고 무슨 행동을 하는지 잘 알고 있었다.

태종은 1402년(태종 2년) 백성의 억울한 사정을 풀어주기 위해 신문고371)를 설치하고 수도를 한양(현재 서울)으로 다시 옮기는 등 국가 전반에 걸쳐 개혁을 단행

---

369) **호패법**號牌法 : 신분을 나타내기 위하여 16세 이상의 남자에게 주어졌던 호패. 현재의 주민등록증을 가지게 하고 다니게 했던 제도로 태종 때 처음 시행하였으며, 신분을 가리지 않고 양반과 노비 모두에게 골고루 분배되었는데, 이를 실시한 이유는 왕권 강화의 목적, 신분 사칭의 방지, 인구수 조사, 마을의 가구와 인구가 빠져나가는 것을 방지하기 위한 제도를 말한다.

370) **서얼금고법**庶孼禁錮法 : 양반의 자손이라도 첩의 소생은 관직에 나아갈 수 없게 한 제도.

371) **신문고**申聞鼓 : 억울한 백성이 나라에 호소할 수 있도록 북을 배치하여 북을 치는 제도를 말한다. 송나라에서 처음 시행했던 제도로, 이미 법제화되어 있던 상소, 고발 제도의 보완책으로써 항고, 직접고발 시설 중 하나였다. 신문고라는 북을 백성이 두드리면 임금이 직접 억울한 사연을 접수하고 처리하도록 했다. 993년 송나라 경기 지역의 농민 모휘라는 사람이 돼지 한 마리를 잃어버렸다면서 신문고를 두드리자 송나라 태종이 이를 듣고 직접 돼지값을 물어주기도 했는데 송 태종은 이때 재상과 신하들에게 '짐이 이런 사소한 일도 직접 했는데 이는 웃을 일이지만 이 마음으로 천하에 임하면 백성들이 원망하는 일은 없을 것이다.'라고 했다고 한다.

했다. 호포 세제[372]를 폐지하고, 저화[373]를 발행했다.

또한 1403년 주자소[374]를 설치하여 계미자(구리로 만든 활자)를 제작하게 했다. 1413년 『경제육전』[375]을 재편찬하였고, 『원집상절』과 『속집상절』 2권을 간행했다. 1414년 정도전이 편찬하려다가 중단한 『고려사』의 편찬 작업을 조준, 권근, 하륜 등에게 명하였고, 권근과 하륜에게 『삼국사』도 편찬하도록 명했다.

조선의 창업군주였다

조선 제3대 태종은 왕위에 오른 뒤 18년 동안, 공신들을 축출하고 자신의 처남과 사돈 등 외척을 숙청하여 왕권을 강화했다. 이성계 이후 왕권이 제대로 갖춰져 있지 않던 조선의 기틀을 다진 조선의 창업 군주였다.

방원은 민제의 딸(원경왕후 민씨)과 혼인해 4남 4녀를 두었으며, 첫째 아들이 폐세자 양녕대군이고, 셋째 아들(충녕대군)이 태종에 이어 왕위에 오른 세종이다.

---

372) **호포 세제** : 가구(집) 단위로 무명이나 모시로 세금을 거두는 제도를 말한다.

373) **저화**楮貨 : 닥나무 껍질로 만들어 쓰던 종이돈을 말한다.

374) **주자소**鑄字所 : 1403년(태종 3년)에 승정원의 직속기관으로 설치되어 1451년(문종 1년)에 잠깐 폐지된 적이 있으며 1460년(세조 6년)에 교서관에 이속시켜 전교서로 개칭되었다. 태종은 우문정책을 펴기 위해 책을 널리 보급하려 했는데, 당시에는 다양한 종류의 서적이 필요했으므로 활자를 만드는 주자소를 설치하게 된 것이다. 고려 말부터 서적포에서 주자와 인쇄를 했고 조선은 이를 계승했으나, 개국 초기에는 활자의 주조가 제대로 이루어지지 못했다. 이로인해 서책 간행에 많은 불편이 야기되어 독립된 전문기구로서 주자소를 설립하게 되었다.

375) **경제육전**經濟六典 : 1397년(태조 6년) 조준이 주관하여 『조선경국전』을 바탕으로 검상조례사에서 고려 우왕 14년(1388년) 이후 당시까지의 10년간에 걸쳐 공포되어 법령으로서 현행되고 있거나 앞으로 준행해야 할 법령을 수집 분류하여 만든 법전이다. 우리 역사상 명백한 최초의 성문 통일 법전이다. 조선시대의 다른 법전들과 달리 순한문이 아닌 이두를 섞어서 썼다는 점이 특징이다. 새로운 왕조를 개창하려는 집단의 개혁적인 성향의 법들이 『경제육전』에는 많이 실려 있음을 짐작할 수 있다. 짧은 시일 안에 완성한 것이기 때문에 법조문이 추상화, 일반화되어 있지 못한 소박한 것이긴 하였지만, 최초의 통일 법전이다.

實錄記事 1418년 8월 8일, 임금이 세자에게 국보를 주다

임금이 세자에게 국보國寶를 주고, 연화방의 옛 세자궁으로 이어[376] 하였다. 이보다 앞서 임금이 내선[377]의 거조擧措를 행하고자 하여 경회루 아래에 나와 지신사 이명덕·좌부대언 원숙·우부대언 성엄 등을 불러 말하였다.

"내가 재위한 지 지금 이미 18년이다. 비록 덕망은 없으나, 불의한 일을 행하지는 않았는데, 능히 위로 천의天意에 보답하지 못하여 여러 번 수재水災·한재旱災와 충황蟲蝗의 재앙에 이르고, 또 묵은 병이 있어 근래 더욱 심하니, 이에 세자에게 전위(傳位: 왕위를 물려줌)하려고 한다. 아비가 아들에게 전위하는 것은 천하 고금天下古今의 떳떳한 일이요, 신하들이 의논하여 간쟁할 수가 없는 것이다. 임신년·무인년의 일은 모두 경들이 아는 바이다. 무인년의 일은 죽음을 면하고 살려고 한 일이다. 이제 돌이켜 생각하면, 그 사직을 정하는 것이 어찌 사람의 힘으로 되겠는가? 하늘이 실로 정한 것이다. 나의 상像과 모양은 임금의 상이 아니다. 위의威儀와 동정動靜이 모두 임금에 적합하지 않다. 무일無逸[378]한 것을 가지고 상고한다면 재위한 것이 혹은 10년이요, 혹은 20년이었는데, 20년이면 나라를 누린 것이 장구한 임금이다. 나는 나라를 누린 지 오래이다. 그간에 태조가 매우 귀여워하던 두 아들을 잃고 상심하던 것을 생각하면 비록 내 몸이 영화로운 나라의 임금이 되었지만 어버이를 뵙지 못하고, 혹은 백관들을 거느리고 전殿에 나아갔다가 들어가 뵙지 못하고 돌아올 때에는 왕위를 헌신짝을 버리듯이 버리고 필마匹馬를 타고 관원 하나를 거느리고, 혼정신성[379]하여 나의 마음을 표表하고자 생각하였다. 이에 병술년에 세자에게 전위하려 하였으나, 백관들이 중지하기를 청하고 모후(母后: 임금의 어머니)의 영혼이 눈물을 흘리면서 꿈에 나타나고, 또 양촌[380]이 사연(辭緣: 편지나 말의 내용)을 갖추어 상서하고, 민씨의 사건이 비로소 일어나서 대간에서 굳이 간諫하였으므로 이 때문에 실행하지 못하였다. 이제 내가 생각건대, 원민생이 중국에서 돌아오고 세자가 조현(朝見: 신하가 조정에 나아가 임금을 뵙던 일)한 뒤에 전위한다면, 마땅히 두 가지가 온전할 것이다. 그러나 미편한 것이 있으니, 동전[381]의 병이 위독하고, 나의

---

376) **이어**移御: 임금이 거처하는 곳을 옮김.
377) **내선**內禪: 임금이 살아 있는 동안에 그 아들에게 임금 자리를 물려줌.
378) **무일**無逸: 임금이 평안히 놀지 않고 정사에 부지런함.
379) **혼정신성**昏定晨省: 조석朝夕으로 부모의 안부를 물어서 살핀 것으로, 저녁에는 잠자리를 보아 드리고 아침에는 문안을 드리던 일.
380) **양촌**陽村: 권근權近.

병이 다시 발작하니, 세자가 어찌 경사³⁸²⁾에 입조(入朝: 벼슬아치가 조정의 조회에 들어감)할 수 있겠는가? 더구나 회안(懷安)의 부자가 있는 경우이겠는가? 또 양녕이 비록 지극히 친(親)하여 변(變)을 일으킬 의심은 없으나, 어제까지 명분의 지위에 있다가 이제 이에 폐출(廢黜)되어 외방에 있으니, 어찌 틈을 엿보는 사람이 없겠는가? 그러므로 조현하는 것을 정지하고 내선(內禪)을 행하고자 한다. 이미 하늘에 고하고 종묘에 고하였으니, 내선의 일은 신하들이 의논할 수 있는 것이 아니다. 원민생이 중국 경사(京師)에 있을 때 비록 세자의 조현을 말하였으나 명문이 없고 말 뿐이었다.

또한 세상의 사고는 때가 없이 생기고, 또 만기(萬機: 임금이 보는 여러 가지 정무)의 몸은 가볍게 길을 갈 수가 없다. 황제가 어찌 외국의 일을 가지고 힐난하겠느냐? 내가 8월 초4일에 병이 났다고 핑계하고 자문을 보내어 주문(奏聞: 임금께 아룀)하면, 황제가 반드시 고명³⁸³⁾을 내려 줄 것이니, 지금 판비(辦備: 변통해 준비함)한 금·은·마필로써 사례하여야 할 것이다. 만일 정조(正朝: 설날 아침)의 진하사(進賀使)라면 우의정 이원으로 이를 삼고, 원민생이 돌아오거든 사은사는 마땅히 찬성 심온을 차견하여야 할 것이다. 전위한 뒤에도 내가 마땅히 노상³⁸⁴⁾들과 임금을 보익(輔翼)하고 일을 살필 것이다. 당나라 예종이 5일에 조회를 받은 것을 반드시 본받을 것은 없으니, 너희들은 간(諫)하지 말고, 각각 나의 말을 기록하여, 정부 대상³⁸⁵⁾에게 갖추어 전하여 나의 뜻을 생각하게 하라."

대언(代言) 등이 아뢰기를,

"옳지 않습니다."

"18년 동안 호랑이를 탔으니, 또한 이미 족하다."

이명덕 등이 눈물을 흘리면서 나가서 정부·육조에 선전하였다. 영의정 한상경·좌의정 박은·우의정 이원 등과 육조 판서·육조 참판이 말을 같이하여 대답하기를,

"성상께서 춘추가 노모(老耄: 늙어서 정신이 가물가물함)함에 이르지 않고, 병환도 정사를 폐지할 정도에 이르지 않았습니다. 또 원민생을 보내어 세자를 세우도록 청하고, 또 세자가 조현한다고 아뢰게 한 지 몇 달이 못되어서 전위하고 자일(自逸: 자신의 안일함)하심은 절대로 옳지 않습니다. 더구나 내선은 나라의 큰 일이니 마땅히 인심을 순하게 하여야

---

381) **동전**東殿: 중궁中宮.

382) **경사**京師: 명나라 서울.

383) **고명**誥命: 명·청 시기 국내 관원 임명 및 외국 국왕의 책봉에 사용된 문서.

384) **노상**老相: 늙은 재상.

385) **대상**大相: 큰 대신.

하며, 억지로 간쟁하지 못하게 하는 것도 옳지 않습니다. 전하가 천조386)한 이래로 백성이 평안하고 물건이 부성(阜盛 : 재산이 풍성하다)하고 해구(海寇 : 바다를 통해 침입하여 들어오는 도둑 떼)가 복종하여 오늘과 같이 태평한 적이 없었습니다. 혹은 수재와 한재가 있더라도 어찌 전하의 덕德이 천심을 누리지 못하여 그러한 것이겠습니까? 요임금·탕387)임금도 또한 면치 못한 바였습니다."

"아비가 아들에게 전하는 것이니, 신하들이 간쟁할 수가 없는 것이다. 신하의 간쟁하는 법이 어느 경전에 실려 있는가? 나의 뜻이 이미 결정된 지 오래니, 고칠 수가 없다. 다시 이를 말하지 말라."

일오(정오)에 이르러 임금이 의관을 정제하고 지팡이를 짚고 보평전으로 이어하여 승전환자 최한으로 하여금 승정원에 하교하기를,

"오늘 개인(인궤印櫃를 열고 인을 찍음)할 일이 있으니, 속히 대보(임금의 도장·옥새)를 바치라."

대언 등이 소리내어 울면서 보평전 문밖에 이르니, 임금이 문을 닫고 들이지 않았다. 내신으로 하여금 세자를 부르고, 상서사388)에 명하여 대보(大寶 : 임금의 도장)를 바치라고 재삼 독촉하니, 영돈녕 유정현 및 정부·육조·공신·삼군 총제·육대언 등이 문을 밀치고 바로 들어가 보평전 문밖에 이르러 호천통곡389)하면서, 내선의 거조를 정지하기를 청하고, 함께 대보를 붙잡고 바치지 못하게 하였다. 임금이 큰 소리로 이명덕을 윽박지르기를,

"임금의 명命이 있는데, 신하가 듣지 않는 것이 의리인가?"

이명덕이 마지 못하여 대보를 임금 앞에 바치었다. 세자가 급히 명소命召하는 것이 무슨 일인지를 알지 못하고 허둥 지둥, 급히 와서 서쪽 지게문으로 들어가니, 임금이 세자를 보고,

"얘야! 이제 대보를 주겠으니, 이를 받아라."

세자가 부복(俯伏 : 고개를 숙이고 엎드림)하여 일어나지 않으니, 임금이 세자의 소매를 잡아 일으켜서 대보를 주고 곧 안으로 들어갔다. 세자가 몸둘 바를 알지 못하다가 대보를 안案에 놓고, 안으로 따라 들어가 지성至誠으로 사양하고, 군신들도 또한 통곡하여 마지 않으며 국새國璽를 되돌려 받도록 청하고,

"중국에 세자를 봉하도록 청하여 주준390)을 받지 못하였는데, 어찌 이리 급박하게 하

---

386) **천조**踐祚 : 임금의 자리를 계승함.
387) **탕**湯 : 은나라의 건국자.
388) **상서사**尙瑞司 : 조선 초엽에 부인符印과 제배除拜의 일을 맡아보던 관아. 태종 5년(1405년)에 전주銓注를 이조와 병조에 돌림에 따라 보새寶璽·부인符印만 맡아보는 관아가 되었음.
389) **호천통곡**呼天痛哭 : 하늘을 우러러 부르짖으며 목 놓아 욺.

십니까?"

"어찌 중국에 주문할 연고가 없겠는가?"

이에 최한으로 하여금 대소신료에게 하교하기를,

"내가 이미 국왕과 서로 대對하여 앉았으니, 경 등은 다시 청하지 말라."

세자에게 명하여 대보를 받고 궁宮에 머물게 하였다. 인하여 홍양산[391]을 내려 주고, 상서관과 대언한 사람에게 명하여 대보를 지키면서 자게 하였다. 가종[392] 10여 기騎에게 명하여 서문으로 나가서 연화방의 옛 세자전에 거둥하니, 백관들이 따라서 전정에 이르러 통곡하면서 복위하기를 청하였다. 세자가 대보를 받들고 전殿에 나아가 대보를 바치며 굳이 사양하였다. 밤이 되자 임금이,

"나의 뜻을 유시諭示한 것이 이미 두세 번이나 되는데, 어찌 나에게 효도할 것을 생각하지 않고 이같이 어지럽게 구느냐? 내가 만일 신료들의 청을 들어 복위하려 한다면, 나는 장차 그 죽음을 얻지도 못할 것이다."

이에 두 손을 맞잡아 북두성을 가리키고 이를 맹세하여서 다시 복위하지 않을 뜻을 보였다. 최한으로 하여금 명命을 전하기를,

"내가 이러한 거조를 천지天地와 종묘에 맹세하여 고하였으니, 어찌 감히 변하겠느냐?"

세자가 황공하고 두려워하여 이명덕을 돌아보면서,

"어찌할까?"

이명덕이 대답하기를,

"성상의 뜻이 이미 정하여졌으니, 효도를 다하심이 마땅합니다."

세자가 이명덕으로 하여금 대보를 받들고 나가서 경복궁에 돌아가게 하고, 대언 김효손으로 하여금 대보를 지키면서 자게 하였다. 대간에서 상소하여 내선을 정지하도록 청하였다. 그 소疏의 피봉皮封에 쓰기를, '상전개탁[393]'이라 하였다. 임금이,

"나는 이미 사위辭位하였는데, '상전 개탁'이라 함은 무엇인가? 만일 '상왕전 개탁上王前開拆'이라 한다면 내가 마땅히 읽어볼 것이다."

곧 그 소疏를 물리쳤다. 이날 저녁에 정비靜妃가 연화방 옛 세자전으로 이어移御하였다.

– 『태종실록』, 1418년 8월 8일

---

390) **주준**奏准 : 주문奏聞하여 승인을 받음.

391) **홍양산**紅陽傘 : 임금만이 쓰는 붉은 빛깔의 양산.

392) **가종**駕從 : 수레를 따르는 종자.

393) **상전개탁**上典開拆 : 임금에게 상소를 올릴 때 밀봉하여 반드시 임금 앞에서 뜯어 보게 하던 것.

▎출신을 따지지 않고 인재를 발탁하다

    조선3대 왕 태종은 왕권 강화로 조선의 기틀을 다진 왕이자, 이성계의 다섯째 아들로 혼란스러운 시대에 과감한 결단으로 조선왕조를 세우는 데 큰 역할을 했다. 조선 개국 후 정적 개국 공신 정도전을 제거하고 왕자의 난에서 승리하여 정권을 잡고 왕위에 올랐다. 개국 초 고려의 제도를 혁신해 새로운 제도를 세우고, 군사 제도를 완전히 바꾸어 사병을 없애 왕조 권력을 강화했다. 문화적으로 불교를 억제하고 유교를 사회질서 유지의 근간으로 삼았다.

    태종은 조선의 창업 군주로 통찰력이 뛰어나고 예리한 인물이었다. 정사를 의논할 때 대신들이 형식적인 답변을 하거나 다른 뜻을 품은 우회적인 발언을 하면 바로 정곡을 찔러 무안을 주는 경우도 많았다. 무엇보다도 탁월한 것은 정치력과 결단력이었다. 태종은 여러 정치 세력과 신하들의 입장을 정확하게 파악하고 잘 활용했다. 문제를 판단하는 데는 명분이나 인연, 과거의 감정에 얽매이지 않고, 현실적으로 생각하며 신속하게 결단을 내리는 능력이 있었다.

황희

장영실

    태종이 가장 잘한 것은 출신을 따지지 않고 인재를 발탁했다. 세종 시대 주역 황희[394], 변계량[395], 조말생, 최윤덕[396], 장영실[397]은

---

394) **황희**黃喜 : 조선조 5백 년간을 통틀어 으뜸가는 명재상이라 일컬어지는 방촌 황희는 영의정으로 무려 30년 동안 세 임금을 연이어 섬기면서, 93세의 고령으로 죽을 때까지 나라일을 위하여 진력하던 유명한 정치가였다. 그는 태종으로부터 세종, 문종에 이르는 3대를 내리 섬겼고, 나이 아흔 줄이 되어서도 오히려 기운이 정정하여 국사를 두루 보살폈는데, 아닌게 아니라 그만큼 놀라운 천품을 타고났기에 웅대한 경륜과 치적을 남길 수 있었는지도 모른다. 그는 천성이 온후하면서 관대하고 청렴결백하여, 언제나 사람을 대하되 거만하거나 화내지 않고 너그럽고 덕기가 넘쳐 흘렀으며, 일국의 수상으로 몇십 년을 지내면서도 그의 집에서는 조석 때마다 끼니거리가 떨어지곤 하여 조반석죽으로 지냈다.

태종이 키운 사람들이다. 황희는 고려에 충성하던 두문동 세력이고, 변계량은 숭유억불의 나라 조선에서 불교 신자였다. 여진족 토벌에 공을 세운 최윤덕 장군은 무신으로 좌·우의정까지 올랐다.

주자소를 설치하여 서적 간행에 힘쓰다

1403년 태종은 주자소의 설치를 명하여 계미자 활판을 제작하게 했으며 직접 이를 감독했다. 1404년 2월에는 말에서 떨어지는 사고가 있었으나 이 사실을 사관에게 기록하지 말 것을 명령한 사실까지 실록에 기록되었다.

체재면에서 보면 『태종실록』은 매우 모범적인 실록이다. 중요한 사건은 강목체 형식으로 먼저 요지를 적고 난 후 내용을 서술했다. 처음에는 『태조실록』·『정종실록』과 함께 2부만 만들어 춘추관과 충주사고에 보관했으나 1439년 2부를 더 간행하여 전주와 성주 사고에 보관했고 이는 그 후의 관례가 되었.

집권 후반인 1417년부터 퇴위 직전까지 그는 서운관에 소장된 각종 예언 서적과 무속, 비기도참서를 혹세무민의 이유로 소각하도록 지시하였다.

395) **변계량**卞季良 : 1392년 조선 건국과 더불어 천우위중령중랑장 겸 전의감승에 임명되었으나 나아가지 않았다. 이후 의학교수관을 거쳐 1396년(태조 4년)에는 교서감승에 지제교를 겸하였다. 태종 초에는 성균관학정, 사제감소감 겸 예문관응교와 직제학을 역임하였다. 1415년 가뭄이 심해 상왕이 크게 근심하자, 하늘에 제사하는 것이 예는 아니나 상황이 절박하니 원단에 빌기를 청하였다. 이에 태종이 변계량에게 제문을 짓게 하고 영의정 유정현을 보내 제사드리게 하니 과연 큰비가 내렸다.

396) **최윤덕**崔潤德 : 조선 공조판서 직책을 지낸 조선의 무신이다. 일찍이 무과에 올라 부친을 따라 여러 전장에서 무공을 세웠고, 벼슬은 병조판서를 거쳐, 무신으로 우의정, 좌의정을 역임하였다. 세종 때 이종무와 대마도를 정벌하였고, 북방의 여진족을 정벌하고 4군을 설치하여 압록강 유역의 국경선을 확정하였다.

397) **장영실**蔣英實 : 조선 세종 때 노비 신분을 벗고 발탁되어 혼천의와 자격루를 발명한 조선의 과학기술자이다. 상의원별좌로 임명되어 1424년 중국의 체재를 참고해 물시계를 만들었다. 1433년 호군에 올랐으며, 혼천의를 완성했다. 이듬해 김빈과 함께 자동시보 물시계인 자격루를 만들어 1434년 7월 1일부터 표준시간이 자격루에 맞춰 운용됐다. 이후 앙부일구, 일성정시, 측우기 등을 완성했다. 1442년 제작한 왕의 가마가 부서지는 바람에 투옥, 파면당했다.

實錄記事 1418년 8월 10일, 왕세자가 내선을 받고 근정전에서 즉위하다

왕세자가 내선을 받고 근정전에서 즉위하였다. 임금이 최한을 보내어 승여와 의장을 보내고, 또 명하여 궐내에 시위侍衛하던 사금司禁·운검398)·비신備身·홀배399)를 보내어 왕세자를 맞이하여 오게 하였다. 세자가 이에 최한으로 하여금 사양하기를 청하게 하고 오장烏杖과 청양산으로 전殿에 나아가니, 임금이 내신을 시켜 이를 보게 하고 노하여,

"명을 따르지 않으려거든 오지 말라."

세자가 마지 못하여 주장朱杖과 홍양산紅陽傘으로 앞을 인도하게 하여 왔다. 임금이 세자를 불러들이니, 세자가 친히 소매에서 사전400)을 바쳤는데, 그 글은 이러하였다.

"신이 성품과 자질이 어리석고 노둔魯鈍하며 학문이 이루어지지 못하여 위정爲政하는 방도를 몽연히 깨닫지 못하고, 저부401)의 지위에 외람되이 거居하니, 이른 아침부터 밤 늦게까지 걱정하고 근심하여 오히려 그 자리에 합당하지 못할까 두려운데, 어찌 오늘이 있으리라 헤아렸겠습니까? 이에 왕위를 부탁하여 내려 주시는 어명이 있으시니, 일이 뜻밖에 나온 것이므로 정신이 없어 몸둘 곳이 없습니다. 삼가 생각하건대, 주상 전하께서는 춘추가 바야흐로 한창이시고, 성덕이 바야흐로 융성하신데 갑자기 만기402)를 귀찮아하시고, 종묘·사직의 중책을 어리석은 이 몸에 맡기고자 하시니, 어찌 오직 신자의 마음에 두렵고 황송함이 갑절이나 더하지 않겠습니까? 진실로 조종의 영靈이 경동할까 두렵습니다. 또 나라를 서로 전傳하는 일은 실로 오직 나라의 대사大事인데, 모두 갑자기 이와 같이 한다면 중외의 신하와 백성들이 놀라지 않음이 없을 것입니다. 거듭 생각하건대, 전하께서 신臣을 세워 후사로 삼을 때에도 오히려 감히 마음대로 하지 못하고 천자에게 아뢰었는데, 더구나 군국의 중함을 신에게 마음대로 주시니, 신이 사대의 예를 또한 잃을까 두렵습니다. 엎드려 바라건대, 전하께서 어리석은 신의 지극한 정을 살피시고 국가의 대계를 생각하여서 종사와 신민들의 소망을 위로하소서."

임금이 윤허하지 않으니, 그때 정부·육조·삼군 도총제부·문무 백관 및 전함前銜 2품 이상이 모두 전문에 나아가니, 문을 지키는 갑사가 막아서 지키고 들이지 않았다. 유정현이 문지

---

398) **운검**雲劍 : 임금의 좌우에서 검劍을 잡고 호위하던 관원.

399) **홀배**忽陪 : 임금의 좌우에서 집도執刀하여 그 신변을 지키던 관원.

400) **사전**辭箋 : 사양하는 전문箋文.

401) **저부**儲副 : 세자.

402) **만기**萬機 : 임금의 정무 또는 여러 가지 정사.

기를 꾸짖고 들어가려고 하였으나, 문지기가 굳게 막았다. 유정현이 문을 밀치고 들어가니, 군신들이 전정에 따라 들어와 복위하기를 굳이 청하면서 호곡하여 마지않았다. 임금이 좌대언 하연·도진무 이춘생에게 명하여 갑사로 하여금 중문中門을 굳게 지키게 하여 대소신료가 들어오는 것을 금지하였다. 임금이 한상경·박은·이원과 육조판서에게 명하여 새 임금이 즉위하는 모든 일을 같이 의논하게 하였다. 박은이, 말하기를

"전하께서 군신의 청을 굳이 거절하시니, 어찌할 것인가? 어찌할 것인가?"

그 형세가 마침내 청을 얻지 못하면, 육조와 더불어 즉위할 여러 일을 의논하려고 하였다. 성석린·유정현과 군신들이 또 중문을 헤치고 내정에 들어가 호곡하니, 그 소리가 어좌에까지 들렸다. 임금이 효령대군으로 하여금 명命을 전하기를,

"내가 이성異姓의 임금에게 전위한다면 경들의 청이 옳겠지만, 내가 아들에게 전위하는데, 어찌 이와 같이 하는가? 지난번에 내가 전 세자에게 전위하여 하였으나, 그러나 아들을 아는 것은 아비와 같은 이가 없으므로 내가 제褆의 불선不善한 것을 알았던 까닭으로 전위하지 않았다가 이제 전위하는 것이니, 청하지 말라."

군신들은 더욱 통곡하면서 물러가지 않았다. 김점이 말하기를,

"전하의 이러한 거론은 전하와 세자에게 있어서 다같이 실덕失德함이 있습니다. 왜냐하면 신이 중국에 봉명사신奉命使臣으로 갔을 때 황제가 전하에 대하여 권고하는 마음이 간곡하여 마지 않았습니다. 원민생이 세자를 세우는 청을 가지고 이제 아직도 반명403)하지 않았는데, 전하께서 하루 아침에 왕위를 물러나시고 세자가 하루 아침에 즉위한다면, 황제의 마음이 어떠하겠습니까? 이것이 모두 실덕失德함이 있는 까닭입니다. 청컨대, 우선 원민생이 돌아올 때까지 기다리게 하소서."

임금이 모두 윤허하지 않고, 친히 충천 각모404)를 세자에게 씌워주고, 드디어, 세자로 하여금 국왕의 의장儀仗을 갖추어 경복궁에 가서 즉위하게 하였다. 왕세자가 부득이하여 명을 받고 내문을 열라고 명하여 나와서 말하기를,

"내가 어리고 어리석어 큰 일을 감당하기가 어려우므로, 지성으로 사양하기를 청하였으나, 마침내 윤허를 받지 못하고, 부득이하여 경복궁으로 돌아간다."

군신들이 세자가 충천모를 쓴 것을 보고 곡성을 멈추고, 혹은 꿇어앉고, 혹은 땅에 엎드려 서로 돌아보면서 한 마디의 말도 없었다. 세자가 홍양산紅陽傘으로 경복궁에 가니, 박은이 말하기를,

---

403) **반명**反命 : 복명復命.

404) **충천 각모**衝天角帽 : 익선관.

"세자는 우리 임금의 아들이다. 굳이 사양하였으나 윤허하지 않았고, 이미 상위上位의 모자를 쓰셨으니, 신 등이 굳이 다시 청할 이유가 없다."

군신들이 모두,

"부득이한 일이다."

이에 즉위할 여러 가지 일을 의논하였다.

- 『태종실록』, 1418년 8월 10일

實錄記事 1418년 11월 8일, 상왕과 대비의 존호를 올리고 임금이 옥책과 금보를 바치다

상왕의 존호를 '성덕신공'이라 올리고, 대비의 존호를 '후덕厚德'이라 올렸다. 임금이 군신을 거느리고 옥책과 금보를 바치었다. 상왕의 책문은 이러하였다.

"영락 16년 세차 무술 11월 정미 초하루가 지난, 초8일 갑인에 국왕 신은 계수 재배하고 삼가 책문을 받들어 상언합니다. 오로지 성신의 신묘함은 비록 나타낼 말이 없으나 신자의 정리로는 반드시 휘호를 높여야 할 것입니다. 이에 떳떳한 법을 거행하여 효사를 폅니다. 공손히 생각건대, 상왕 전하는 고명함이 하늘과 짝할 만하고, 박후함은 땅과 가지런합니다. 성조를 도와서 나라를 여시고, 적장을 높여서 성업을 지켰습니다. 덕은 백왕에 으뜸이 되어 순舜임금과 문왕의 본바탕에 합하고, 공이 만대에 높아서 탕왕405)·무왕과 더불어 합합니다. 하늘을 공경하고 백성을 사랑하는 정성을 두터이 하고, 사대교린하는 도리를 다하였습니다. 오로지 지극한 인정이 두루 미쳐서 이 세상을 융성하고 태평하게 만들었습니다. 이 무겁고 어려운 자리를 물려받은 것을 생각하여, 깊이 삼가고 두려워합니다. 훌륭하고 아름다움을 밝히려면 마땅히 존칭을 극진하게 해야 하겠으므로, 이에 신료를 거느리고 책례의 의식을 베풉니다. 신은 대원大願을 이기지 못하여, 삼가 책보를 받들고 존호를 올려서, '성덕 신공 상왕'이라 합니다. 엎드려 생각건대, 상왕 전하께서 특히 예감에 두시어 저의 정성에 따라서 홍명을 굽어 받아 냇물이 이르듯이 순전한 복을 많이 받고, 화기를 성대히 맞이하여 장수를 숭호406)에 누리소서. 신은 진실로 기쁘고 진실로 기뻐하여 계수 재배하고 상언합니다."

대비의 책문은 이러하였다.

"영락 16년 세차 무술11월 정미 초하루가 지난, 초8일 갑인에 국왕 신은 재배 계수하고 삼가 책문을 받들어 상언합니다. 받들어 하늘과 같이 높고 땅과 같이 두터운 성덕을 비록 나타내기가 어려우나, 효자의 지극한 정리로서는 오직 어버이를 높이는 것만이

---

405) **탕왕**湯王 : 중국 은나라의 초대 왕.

406) **숭호**嵩呼 : 백성이 임금의 만세萬歲를 부름.

큰 일이 됩니다. 삼가 예문의 구전을 따라서 애경의 정성을 조금이나마 폅니다. 공손히 생각건대, 왕대비 전하께서는 유혜 안정하고 자화하고 숙신함은 주남[407]의 미화에 근본하시고, 지중[408]의 휘음을 이었습니다. 경계하여 어김이 없고 서로 이루는 도리를 극진히 하셨으니, 구로[409]함이 망극하고, 양육하신 은혜에 보답하기가 어렵습니다. 천일[410]과 짝하여 항상 올라가는 세를 타서 모의를 집안과 나라에 보이었습니다. 신의 약한 체질이 외람되게 홍도[411]를 지키게 되니, 우러러 고복[412]의 사정을 생각하여 마땅히 칭양의 예전을 거행합니다. 신은 대원을 이기지 못하여, 삼가 책보를 받들어 존호를 '후덕 왕대비'로 올립니다. 엎드려 생각건대, 왕대비 전하께서는 현호顯號를 빛나게 받아서 번창한 복을 풍성하게 받고, 수壽와 부富를 만년에 누리시어, 본손本孫과 지손支孫을 백세에 창성하게 하소서. 신은 참으로 기쁘고 참으로 기뻐서 계수稽首 재배하고 상언합니다."

— 『태종실록』, 1418년 11월 8일

實錄記事 1418년 11월 8일, 문무 백관이 존호를 더하기를 청하는 전문을 바치다

금상[413] 3년 신축년[414] 9월 초7일에 의정부에서는 참찬 변계량[415]을 시키고, 육조에서

---

407) **주남**周南: 『시경』 국풍國風의 첫째 번 편명.

408) **지중**摯仲: 주나라 문왕의 어머니 지중씨摯仲氏 태임太任.

409) **구로**劬勞: 자식을 낳아 기르는 수고.

410) **천일**天日: 임금.

411) **홍도**鴻圖: 나라의 큰 계책.

412) **고복**顧復: 부모가 자식을 양육함.

413) **금상**今上: 세종대왕.

414) **신축년**辛丑年: 1421년.

415) **변계량**卞季良: 정도전과 권근의 뒤를 이어 조선초 관인문학을 좌우했던 인물이다. 20년 동안이나 대제학을 맡고 성균관을 장악하면서 외교문서를 쓰거나 문학의 규범을 마련했다. 1385년 문과에 급제하여 전교주부, 진덕박사 등의 벼슬을 담당했다. 1407년(태종 7년) 문과중시에 을과 제1인으로 뽑혀 당상관이 되고 예조우참의가 되었다. 1420년(세종 2년) 집현전이 설치된 뒤 집현전대제학이 되었다. 당대의 문인을 대표할 만한 위치에 이르렀으나 전대의 이색과 권근에 비해 격이 낮고 내용도 허약해졌다는 평을 받았다. 그에게 있어 문학은 조선 왕조를 찬양하고 수식하는 일이었다. 「태행태상왕시책문」에서는 태조 이성계를 칭송하면서 조선 건국을 찬양했고, 경기체가인 「화산별곡」에서는 한양 도읍을 찬양했다. 『태조실록』의 편찬과 『고려사』를 고치는 작업에 참여했다.

는 예조 참판 하연416)을 시켜서 낙천정에 나아가서 문무 백관이 존호를 더하여 올리기를 청하는 전문을 바쳤는데, 전문은 이러하였다.

하연

"영의정부사 신 유정현417) 등이 삼가 목욕 재계하고 계수하여 전箋을 성덕 신공 상왕 전하에게 올립니다. 신 유정현 등은 그윽이 엎드려 생각하건대, 지난해 봄에 주상 전하께서 신 등을 거느리고 상언하여 휘호를 높이도록 청하였으나, 유윤을 받지 못하였고, 이어서 큰 상고喪故가 있어서 천연遷延하여 지금에 이르렀습니다. 욕례418)를 궐하였으므로, 신 등의 마음이 겸연하더니, 근래 주상 전하께서 상제喪制를

---

416) **하연**河演 : 정도전, 하륜, 권근 등 조선을 세운 신진사대부들은 숭유억불정책을 바탕으로 성리학을 정치이념으로 정착시키는 동시에 사회개혁과 국가운영의 기본이념으로 삼았다. 그들의 후예들이 집현전과 홍문관을 중심으로 많은 서적을 편찬하면서 성리학을 널리 펼쳤다. 하연 역시 신진사대부의 일원으로서 태조와 정종대의 암중모색 단계를 거쳐 27세 때인 1402(태종 2년)에 사헌부 감찰이 되었고, 예조좌랑, 병조좌랑, 이조정랑 등의 요직을 섭렵했다. 39세 때인 1414년(태종 14년)에 사헌부 장령, 2년 뒤에는 사헌부 집의가 되었다. 사헌부는 나라의 기강을 세우는 중요한 관아였으므로 장령과 집의는 문과 급제자 중 청렴 강직하여 시류에 영합하지 않는 인물을 뽑는 것이 원칙이었다. 42세 때인 1417년(태종 17년)에 태종은 그의 손을 잡고 "경이 사헌부에 있을 때 홀로 그 직책을 다했으므로 그때부터 내가 잘 알았다."라고 치하하며 승정원 동부대언에 제수했다. 태종이 그의 강직한 태도와 언변을 직시했음을 보여준다. 세종이 즉위한 뒤에 하연은 비서실장 격인 지신사로서 신중하게 처신하여 신임을 받았다. 1419년(세종 원년)에 그는 참찬관으로서 경연에 참여하여 『대학연의』를 강론했다. 『대학연의』는 주희의 제자인 남송의 유학자 진덕수가 지은 책으로 역대 중국 제왕의 역사적 사례를 대학의 순서인 '격물치지格物致知·성의정심誠意正心·수신修身·제가齊家' 대로 논하고 있다.

417) **유정현**柳廷顯 : 고려말에 사헌규정·전라도안렴사·사헌장령·지양근군사·사헌집의·밀직사우대언 등을 역임했다. 새로운 왕조를 개창하려는 개혁파에 반대해, 조선 건국 후 이색 등 56명과 함께 논죄되기도 했다. 조선시대에 들어와 상주목사·병조전서·전라도관찰사·병조판서·찬성사 등의 요직을 거쳐 1416년(태종 16년) 좌의정이 되었고 곧 영의정에 올랐다. 1418년 세자를 폐하려는 태종의 뜻을 헤아려 맨 먼저 이를 주장했다. 1419년(세종 1년) 쓰시마 섬[對馬島] 정벌 때 삼군도통사가 되었으며, 고려 말기부터 토지소유의 불균으로 말미암아 대토지소유화와 무전농민화가 더욱 진전되자 1421년 한전·균전의 제도를 수립하자는 안을 내놓았다. 1424년 영돈녕부사 겸 판호조사를 지내고 1426년 다시 좌의정이 되었으나 병으로 사퇴한 후 4일 만에 죽었다. 오랫동안 호조를 맡고 있으면서 출납하는 것이 지나치게 인색하여 중국 한漢나라 때 상홍양과 같다는 지적을 받기도 했다.

418) **욕례**縟禮: 성대하고 까다로운 예절.

장차 끝마치게 되었으므로 감히 지난해의 청을 아룁니다. 전하께서 겸양하고 억손[419]하시어 신 등의 정성을 이루지 못하게 하시니, 신 등은 두렵고 황송하여 몸둘 바가 없으므로 다시 비천한 소견을 진술합니다. 신 등은 간절히 생각건대, 제왕의 도는 곽연[420]히 크고 공정하여 사람들을 따르는 것으로 마음을 정할 뿐입니다. 사람을 따르는 것으로 마음을 정하는 것이 곧 하늘을 따르는 것입니다. 하늘이 보는 것은 우리 백성의 보는 것에서 비롯되고, 하늘이 듣는 것은 우리 백성의 듣는 것에서 비롯됩니다. 그러므로 백성이 하고자 하는 것을 하늘이 반드시 따른다는 것은 이것을 두고 이르는 것입니다. 이제 전하께서 겸손을 고집하고 굳이 사양하시니, 신 등의 어리석은 의혹이 어찌 할 바를 알지 못하고 청하여 이를 아뢰는 것입니다. 공손히 생각하건대, 전하께서는 개국하여 어버이를 높이시고 정사定社하여 형님에게 왕위를 사양하였으니, 공덕의 성함이 진실로 이미 지극하였으며, 사대하기를 예로 하시어 두 번이나 고명을 받았으며, 교린하기를 도道로 하시니, 해구海寇가 복종하였습니다. 조종을 높여서 제사하기를 살아 계신 것같이 하시니 지극한 공경이시며, 고려 왕씨의 후예를 남겨두어 그들로 하여금 드디어 그 생을 누리게 하시니 지극한 인仁입니다. 간사한 이를 물리쳐 쫓아내고 충직한 이를 등용하며, 검소함을 숭상하고 사치함을 물리치시며, 덕과 예를 먼저 하시고 형벌을 뒤에 하시며, 천재를 두려워하고 백성의 숨은 사정을 불쌍히 여기시며, 만기의 여가에 경사經史를 즐겨 보시어 힘써 게을리하지 않으시니, 18년 동안 사방이 한결같이 평안하고 전쟁이 일어나지 않아서 인민들은 생업을 즐기고, 하늘은 감로甘露를 내렸습니다. 전하의 공덕이 백왕에 으뜸이시고, 천고에 뛰어났다 하여도 아첨하는 말이 아닐 것입니다. 신 등이 다행히 이런 때에 나서, 전하의 하늘과 같이 덮어 주고 땅과 같이 실어 주는 홍은洪恩을 깊이 입었으니, 달리 조금만큼이라도 조금도 우러러 보답할 길이 없습니다.

또 능히 전하의 휘호를 높이지 않아서 전하의 성대하고 아름다운 공덕으로 하여금 어둠 속에서 빛나지 못하게 가리워져 드러나지 못하게 하면, 천지와 종묘·사직에 고할 수가 없고, 신료와 뭇 백성들에게 보일 수가 없고, 또 사책史冊에 실어서 만세에 전할 수 없으니, 신 등의 죄가 큰 것입니다. 이것이 간절히 바라고 마음을 졸이어 밥먹을 때를 당하여 먹기를 잊고, 잠잘 때에 잠을 이루지 못하는 까닭입니다. 또 더구나 주상 전하의 지극한 효성은 천성에서 나오는데, 성전을 거행하지 못하고서 태후의 선

---

419) **억손**抑損 : 거만을 억제하고 겸손함.

420) **곽연**廓然 : 넓고 거리낌이 없는 모양.

유[421]가 심히 절박하여, 주상 전하께서 길이 세상이 끝날 때까지 망극(罔極)한 슬픔을 품으시게 되었습니다.

아아, 슬프다! 이제 전하께서 곽연히 크고 공정하시어 예절에 통달하고 겸양을 지키지 마시고, 책례를 빛내게 받으시고 홍명을 용납하여서 태조의 성헌을 따르신다면, 어찌 주상 전하의 망극한 슬픔을 위로함이 있지 않겠습니까? 반드시 장차 감격하고 기뻐하여 마지 않을 것입니다. 또 전하께서 태조를 높이시는 마음은 곧 이제 우리 주상 전하가 전하를 높이시는 마음입니다. 전하가 태조에게 이미 그 존숭하는 호(號)를 극진히 하였으니, 주상이 전하에게 어찌 그 존호를 극진히 못할 이치가 있겠습니까? 전하가 두세 차례나 겸양하여 우리 주상 전하의 효성으로 하여금 답답하게 하여 펴지 못하게 하였는데, 이것이 더욱 대소 신료들이 시끄럽게 굴면서 그칠 줄 모르는 까닭입니다. 엎드려 생각건대, 전하께서 패연(霈然)히 생각을 돌려서 공의를 굽어 따라 천지와 종묘·사직의 마음을 순하게 하고, 주상 전하의 효성을 위로하시고, 진실로 신료와 뭇 백성들의 지극한 소망에 응답하시면, 공도(公道)에 심히 다행하겠고 만세에 심히 다행하겠으므로, 신 등은 하는 일 없이 구구하게 굴면서 간곡한 지성으로 삼가 전(箋)을 받들어 굳이 청하여 아뢰는 것입니다."

상왕이 이에 허락하였다.

— 『태종실록』, 1418년 11월 8일

實錄記事 1418년 11월 8일, 태상왕의 존호를 올리다

세종 3년(1421년) 9월 12일에 태상왕의 존호를 올리었다. 그 옥책문은 이러하였다.

"국왕 신(臣)은 계수 재배하며 삼가 책문을 받들어 상언합니다. 공손히, 성덕이 지극히 높으므로 추숭하려 한들 더할 수가 없고, 신공이 지극히 크므로 보효(報效)[422]하려 한들 무엇으로 베풀겠습니까? 오직 휘칭(徽稱)만이 성대하고 아름다운 공덕을 거의 밝게 하는 것입니다. 공손히 생각하건대, 상왕 전하는 나라를 이루는 계책을 세우시고, 사직을 안정시키는 기틀을 결행하시어, 어버이를 사랑하고 형을 공경하다가 생민을 위하여 극위에 오르셨습니다. 교린하고 사대하여 세상의 도리를 돌이켜서 평화로운 시대에 이르게 하였고, 제사를 지내는 데 신령이 살아 있는 것같이 정성을 다하시고, 정사를 베푸는 데 무고한 무리를 먼저 하시었습니다. 하늘과 땅이 덮어 주고 실어 주는 듯이 하니, 온갖 동물·식물들이 모두 요임금 같은 인정속에 자라나고, 일월이 바르고 밝

---

421) **선유**仙遊: 귀인의 죽음.

422) **보효**報效: 은혜에 보답함.

으니, 사도邪道와 정도正道가 순임금 같은 슬기 안에 저절로 나타났습니다. 종사의 부탁을 이어받은 것을 생각하여 항상 걱정하고 부지런함이 절실한데, 비록 책례를 이미 베풀었으나 오히려 신의 마음에 부끄러움이 있어 이에 존호를 더하는 호號를 올려 아름다움이 돌아가는 의례를 폅니다. 신은 대원을 이기지 못하여 삼가 책보를 만들어 존호를, '성덕 신공 태상왕'이라 올립니다. 엎드려 생각건대, 태상왕 전하는 아울러 길러 주시는 자애를 베풀고 너그럽게 용납하는 도량을 보이어서 여망을 굽어 따르소서. 일곱 자의 큰 이름을 굽어 받으시고 하늘이 주는 아름다운 복을 성하게 맞아서 길이 만년의 성수를 누리소서. 신은 진실로 기뻐하고 진실로 기뻐하면서 계수 재배하고 상언합니다."

— 『태종실록』, 1418년 11월 8일

상왕이 되어서도 세종의 왕권 안정을 위해 노력하다

태종은 1418년 8월 10일, 옥새를 충녕에게 넘긴 뒤 수강궁으로 물러났다. 양위를 거두어달라는 신하들의 청을 거절함으로써 왕위를 물려주고 상왕으로 물러났다. 전권을 넘겨주었으나 병권만은 넘겨주지 않았다. 재위한 지 17년 10개월 만의 일이었다. 그러나 상왕이 된 후에도 그는 4년간 줄곧 국정을 감독하였고, 병권과 인사권을 장악하였다. 1418년 11월 8일 '성덕신공상왕'이라는 존호를 받았다. 1419년에는 둘째형 정종이 사망했는데, 『정종실록』은 태종 생전에 간행되지 못하고 태종이 죽은 뒤에 편찬, 간행되었다.

세종의 장인 심온을 제거하다

왕권을 물려준 태종은 상왕으로 줄곧 세종의 왕권 안정을 위해 노력하였다. 태종은 며느리 소헌왕후의 아버지 심온[423] 등 외척세력을 숙청할 계획을 세웠

---

423) **심온**沈溫: 조선 태조 1년(1392년)에는 병조와 공조의 의랑, 정종 때에는 대호군, 조선 태종 7년(1407년)에는 승정원 동부대언에 올랐고, 이후, 좌부대언, 의흥삼군부 동지총제 등을 지냈으며, 조선 태종 11년(1411년)에는 풍해도 관찰사, 조선 태종 12년(1412년)에는 참지의정부사를 거쳐, 조선 태종 13년(1413년)에는 대사헌으로서, 태종에게 육조직계제를 건의하였다. 이후,

다. 병조참판 강상인이 정무를 자신에게 보고하지 않고 세종에게 보고한 것을 빌미 삼아 그를 제거할 계획을 세웠고, 심온을 영의정부사에 임명한 뒤 명나라에 사신으로 보냈다. 그는 국문을 친히 주관하며 강상인에게서 심온의 이름이 거론되게 하였고, 심온이 돌아오기 전 강상인과 심정, 박습, 이관 등을 처형하다. 대질심문할 용의자나 증인도 없는 상태에서 심온은 사사되었다. 이후 소헌왕후가 역적의 딸이라는 이유로 폐출해야 된다는 주장이 나타났으나 아들인 세종 이도의 간청과 애원으로 소헌왕후에 관한 폐출 이야기를 그만두었다.

> **實錄記事** 1418년 12월 4일, 의금부에서 심온의 아내와 딸들을 천인으로 삼고 가산을 적몰하기를 청하다

의금부에서 심온의 아내와 여러 딸들을 천인賤人에 속하게 하자고 청하니, 상왕이 여러 형들의 예에 의거하여 시행하라고 명하였다. 의금부에서 다시 청하기를,
"여러 형들의 천인됨을 면한 것을 신 등은 오히려 옳지 못하였다고 생각하오니, 아내와 딸들은 천인을 면하게 할 수 없습니다."
상왕이 그 말대로 좇고, 명하기를,
"비록 천인에 속하게 하더라도 역사役使는 말도록 하라."
의금부에서 또 심온의 가산을 적몰하기를 청하므로, 상왕이 박은에게 묻기를,
"왕비의 집을 적몰하는 것이 의리상 되겠느냐."
박은이 대답하기를,
"죄가 있는 신하는 너그럽게 용서할 수 없사오니, 이와 같은 일은 마땅히 특별한 은전恩

노비변정도감 제조, 의금부 제조 등을 거쳐, 조선 태종 14년(1414년)에는 형조판서, 호조판서, 한성부 판윤, 의정부 참찬, 의흥삼군부 좌군도총제, 이조판서 등을 차례로 역임하였다. 이후, 공조판서, 이조판서, 의정부 참찬, 의정부 찬성 등을 지냈다. 조선 세종 원년(1418년)에는 태종의 양위로 인하여, 사위(세종)가 조선의 국왕으로 즉위했으므로, 1418년 음력 9월 3일 국구(왕의 장인)가 된 심온은 청천부원군으로 봉작됨과 동시에 영의정에 올랐다. 그 해 음력 9월에 세종의 즉위를 알리기 위해 명으로 가는 사은사의 수장(사은주문사)에 임명된다. 그 때, 태종에 대한 불경죄를 이유로 심온의 아우 심정 등이 체포되었다. 이후 사태가 일단락되는 모습을 보였으나, 심온이 명나라에 가 있는 동안, 당시 좌의정 박은, 영돈녕부사 유정현 등의 무고로 인해, 심정이 처형당하고, 명나라에서 돌아온 심온도 의주부에서 체포되어, 한양 의금부에서 심문을 받은 뒤 음력 12월 23일 수원에서 사사되었다.

典을 내려 그 가산을 적몰하지 않도록 할 수는 있습니다."
의금부에서 다시 청하므로 이에 그 청함에 좇기로 하였다.
- 『세종실록』, 1418년 12월 4일

實錄記事 1418년 12월 4일, 심온이 천거한 사람인 의주 목사 임귀년을 파직시키다

총제 원민생이 상왕에게 아뢰기를,
"의주 목사 임귀년은 심온이 천거한 사람이오며, 또 심온의 집 종이 일찍이 심온을 맞이하려고 의주로 갔사오니, 마땅히 사람을 보내어 체포해야 할 것이며, 또 임귀년의 관직을 갈아서 변고를 일으키지 못하게 할 것입니다."
즉시 지인知印 강권선을 보내어 이욱에게 전지하기를,
"임귀년의 관직을 이미 파면하였으니, 속히 역말[驛馬]로써 보낼 것이며, 또 심온의 종을 단단히 가두어 누설되지 않도록 하라."
또 강권선으로 하여금 선지宣旨로써 평안도 관찰사에게 일러, 요긴한 길목을 지켜 다른 사람이 심온에게 소식을 알리지 못하도록 하고, 전 부윤 우균으로 판의주목사를 삼고 모의毛衣와 관冠 및 신靴을 주었다.
- 『세종실록』, 1418년 12월 4일

實錄記事 1418년 12월 5일, 심온을 맞이하도록 종을 보낸 아내와 혐의를 받은 처제를 모두 석방케 하다

심온의 처제 판통례문사 안수산이 종을 보내어, 심온을 길에서 맞이한 이유로써 의금부에 가두었더니, 의금부에서 계하기를,
"종을 보낸 사람은 곧 심온의 아내이고 수산은 아니오니, 이를 신문訊問하기를 청합니다."
하니, 상왕이 명하여 모두 다 석방하게 하였다.
- 『세종실록』, 1418년 12월 5일

實錄記事 1418년 12월 5일, 역관 전의와 군사 10명을 보내어 연산참에서 심온을 잡아오게 하다

역관 전의로 하여금 군사 10명을 거느리고 연산참으로 가서 심온을 기다려 칼을 씌우고 수갑을 채워 잡아오되, 연산참을 지나가지 말고, 심온이 만약 사신과 함께 오거든 어머니의 병을 핑계하고 불러내어서 잡아오게 하라고 하였다.
- 『세종실록』, 1418년 12월 5일

> **實錄記事** 1418년 12월 6일, 심온과 친밀했던 임군례·김을현·신이·장합 등을 파면시키다

상의원 별감 임군례·김을현·신이·장합 등의 직을 파면하니, 그들이 일찍이 심온에게 친밀히 붙좇던 까닭이다. 또 신이의 아우 형조 좌랑 신회와 사복 직장 신헌을 파면하였다.

— 『세종실록』, 1418년 12월 6일

> **實錄記事** 1418년 12월 18일, 심온의 일이 사신들에게 누설되지 않게 하고자 평안도로 강권선을 보내다

상왕이 임금과 더불어 수강궁 남쪽 행랑에 나아가서, 조말생과 원숙을 불러 말하기를,
 "심온이 이미 국왕비의 아버지가 되어서 반역하였으니, 사신이 어찌 국왕도 참여해 알고 있다고 여기지 않겠느냐. 이와 같이 되면, 부자의 지극한 정리情理를 무엇으로써 밝히겠느냐. 마땅히 사람을 보내어, 평안도 관찰사와 의주 목사에게 타일러, 만약 사신이 심온의 안부를 묻거든, 어머니 병으로 충청도에 돌아갔다고 대답하고, 사람들로 하여금 그 일을 누설하지 않도록 하는 것이 옳을 것이니, 경들이 의정부의 여러 경들과 의논하라."

유정현 등이 모두
 "옳습니다."

즉시 지인知印 강권선을 평안도로 보내어 이르게 하고, 강권선에게 옷과 모관을 내려 주었다.

— 『세종실록』, 1418년 12월 18일

> **實錄記事** 1418년 12월 22일, 이욱이 심온을 잡아 오다. 신문 중에 말이 안수산에 미치다

이욱이 심온을 잡아 오니, 이에 이명덕·허지·성엄·정초를 명하여, 의금부와 같이 이를 신문하게 하였다. 심온이 강상인들이 벌써 죽은 줄을 모르고, 그들과 더불어 대변하기를 요구하였다. 이에 매로 치고 압슬형을 쓰니, 심온이 말하기를,
 "반드시 면하지 못할 것이라."

드디어 복죄하기를,
 "상인 등 여러 사람이 아뢴 바와 모두 같습니다. 신은 무인인 까닭으로 병권을 홀로 잡아 보자는 것뿐이고, 함께 모의한 자는 상인 등 여러 사람 외에 다른 사람은 없습니다."

다시 신문하였다. 안수산이 옥방에서 심온을 바라다보는데, 심온이 마침 이를 돌아보고 말하기를,
 "수산도 또한 이를 알았다."

수산이 마주 대하여 논변하고 고문을 받았으나 복죄하지 않으니, 심온이 또한 무함하였다고 자복하여 수산이 그제야 죄를 면하게 되었다. 처음에 수산이 서신을 써서 심온의 반인(伴人)에게 주어, 평안도에 보내어 심온에게 부쳐, 자기가 판각(判閣)이 되어 임금이 종묘에 친히 제사지내는 예에 참여하여 상사(賞賜)를 많이 받았다는 일들을 자세히 말하며, 또 상인(尙仁)이 갇힌 일을 말하고, 끝에는 이 글을 불에 살라버리라고 하였다. 의금부에서 논청하기를,

"상인의 일을 말하고, 또 즉시 불에 살라버리라고 말하였으니, 그가 상인의 모의를 안 것이 명백하므로, 잡아서 신문하기를 청합니다."

그리고 '수산이' 또 서신 한 장을 부쳤는데, 말한 바가 모두 보통으로 숨기지 않는 바의 일인데도, 끝에 또 즉시 불에 살라버리라고 말하였다. 상왕이 웃으면서 말하기를,

"말한 바가 모두 보통의 일인데도, 불에 살라버리라고 말하였으니, 이로 미루어 본다면, 앞의 서신에 불에 살라버리라는 말을 무슨 의심할 것이 있으랴. 그를 석방하라."

의금부에서 다시 청하기를,

"자서(姊壻)에게 서신을 보내는 것은 보통의 인정인데, 반드시 불에 살라버리라고 한 것은 무슨 이유겠습니까. 신들은 뒤의 서신을 보고 더욱 그의 음흉함을 의심합니다. 끝까지 신문하여 정죄하기를 청합니다."

상왕이 윤허하지 않으니, 의금부에서는 다시 옥에 가두기를 청하였다.

― 『세종실록』, 1418년 12월 22일

實錄記事 1418년 12월 23일, 안수산을 예천에 정배하고 심온에게 사약을 내리다

의금부에서 심온과 안수산 등의 죄를 형률에 의거 결정하여 아뢰니, 상왕이 수산의 직첩을 거두고 자원에 따라 예천에 정배하라고 명하고, 또 말하기를,

"심온이 비록 중죄를 범하였으나, 공비(恭妃)가 이미 주상의 배필이 되어 아들을 많이 둔 경사가 있으니, 어찌 다른 사람에 비할 수 있으랴."

진무 이양을 명하여, 수원으로 압송하여, 스스로 목숨을 끊게 하고, 또 가산을 돌려주어 장사를 지내도록 하였다. 처음에 의금부에서 심온에게 묻기를,

"…한 것은 마땅히 상왕을 어떤 처지에 두려고 하였던 것이냐."

대답하기를,

"이와 같이 억지로 묻는 것은, 나로써 상왕에게 무례한 짓을 행하리라고 치는 것이로구나."

의금부에서 낭관으로 하여금 아뢰기를,

"심온이 상왕에게 무례한 짓을 행하고자 한다고 말하였습니다."

하니, 상왕이 한참 동안 깊이 생각하다가 주상에게 말하기를,
"내가 사약을 내리고자 하였더니, 지금 이 말을 들으니, 반드시 아니할 수는 없겠다."
또 말하기를,
"이 사람은 비록 극형에 처하더라도, 그 딸을 폐하고 세우고 하는 것은 반드시 이러할 이치가 없다."
후에 의금부 제조들이 수강궁에 나아가서 아뢰기를,
"무례한 짓을 행하고자 한다는 말은, 그의 말과 기색을 본다면, 분격한 데서 나온 것이고, 그 실정實情은 아니므로, 계본 속에 기록하지 않았습니다."
상왕이 주상에게 이르기를,
"만약 그렇다면, 마땅히 사약을 내릴 것이고 형刑은 더할 수 없다."
고 하면서 이에 스스로 목숨을 끊게 하였다.

- 『세종실록』, 1418년 12월 23일

56세 나이로 승하하다

조선 개국에 주도적인 역할과 조선왕조 시대의 국가 및 통치 기틀을 만든 태종은 세종이 즉위한 1422년 5월 10일(세종 4년) 천달방 신궁에서 56세의 나이로 승하했다.

實錄記事 1422년 5월 10일, 태상왕이 연화방 신궁에서 훙하다

태상왕이 연화방 신궁에서 훙하니, 춘추가 56세이었다. 태상왕은 총명하고 영특하며, 강직하고 너그러우며, 경전과 사기를 박람하여 고금의 일을 밝게 알고, 어려운 일을 많이 겪어 사물의 진위를 밝게 알며, 한 가지 재주와 한가지 선행이 있는 자도 등용하지 아니한 일이 없고, 선대의 제사에는 반드시 친히 참사하고, 중국과의 교제에는 반드시 정성을 다하고, 재상에게 국사를 위임하고 환관을 억제하며, 상줄 데 상주고, 벌줄 데 벌주되, 친소로 차등을 두지 아니하고, 관직을 임명하되, 연조로 계급을 올려 주지 아니하고, 문교를 숭상하고 무비를 닦으며, 검박한 덕을 행하고 사치와 화려한 것을 없애어, 20년 동안에 백성이 편하고 산물이 풍부하여, 창고가 가득 차 있고, 해적들이 와서 굴복하고, 예의가 바르고 음악이 고르며, 모든 법의 강령이 서고 조목이 제정되었다. 성품이 신선과 부처의 도를 좋아하지 아니하고, 사사寺社를 개혁하여 노비를 거두고 전답을 감하였으며, 원

경 왕태후의 초상에 유학의 예법을 준행하고 불사佛事는 하지 아니하였다. 다만, 칠재七齋만 배설하게 하였는데, 모두 검약하게 하였으며, 능 옆에는 사찰을 건축하지 못하게 하고, 근신에게 이르기를,

"이 능은 백 세 뒤에 내가 들어갈 데인데, 더러운 중들을 가까이 오게 할 수 없는 것이다. 칠재七齋도 배설하지 아니할 것이나, 다만 명나라에서 부처를 신봉하므로, 대국을 섬기는 나라로서 선뜻 달리할 수 없기 때문이다."

또 근신에게 이르기를,

"내가 건원릉과 제릉에 사찰을 건축한 것은 태조의 뜻을 이루어 드린 것이다. 그러므로 근일에 또한 종을 만들어 개경사開慶寺에 달게 하였으나, 내 마음에 드는 일은 아니다. 이제 왕후의 초상에는 내가 법을 세워서 자손에게 보이는 것인데, 만세 뒤에 자손들이 지키고 아니 지키는 것은 저희들에게 달린 것이다."

또 일찍이 좌우에 말하기를,

"세상을 혹惑하게 하고 백성을 속이는 것은 신선과 부처와 같은 것이 없다. 내가 일찍이 이궤조李軌祖의 전傳을 보고 신선과 부처의 심히 허황하고 망령됨을 알았다."

또 근신에게 이르기를,

"이제 들으니, 왕후의 재를 올릴 때, 대소 관원들로부터 노복에 이르기까지 한데 섞여서 떠들어대어 거의 천 명이나 된다 하니, 부처에게 영이 없다면 몰라도, 만일 영이 있다면, 이런 것은 공경하여 섬기는 도리가 아니라."

마침내 영을 내려 기신忌晨이나 대부大夫·사士·서인庶人의 명복을 추천하는 재는 모두 수륙재水陸齋만 배설하고, 절에 나가는 인원도 일정한 수를 제한하게 하였다.

— 『세종실록』, 1422년 5월 10일

實錄記事 1418년 11월 8일, 태상왕이 훙하니 묘호를 '태종'이라 하다. 시책문

세종 4년에 금상今上424) 4년 임인년壬寅年425) 5월 초10일에 성덕 신공 태상왕이 연화동구 이궁에서 훙하였다. 9월 초2일에 존시를 올려 '성덕 신공 문무 광효 대왕'이라 하고, 묘호를 '태종'이라 하였다. 그 시책은 이러하였다.

"고애자孤哀子426) 사왕嗣王427) 신은 삼가 재배再拜 돈수하고 상언합니다. 삼가 큰 덕과 높은 공은

---

424) **금상今上** : 세종대왕.

425) **임인년壬寅年** : 1422년.

426) **고애자孤哀子** : 상중에 자기를 일컫는 말.

전고에 뛰어나니 큰 이름을 시책에 나타내어 후세 사람들에게 보이는 것이 마땅합니다. 삼가 떳떳한 전장에 따라 휘호를 올립니다. 공손히 생각하건대, 황고皇考 성덕 신공 태상왕께서는 총명하고 신성神聖하며 용감하고 지혜로우며 너그럽고 어질어서 고려의 국운이 이미 다한 때를 당하여 천심의 돌아가는 바를 알고 태조를 도와서 만세의 터전을 비로소 개척하였습니다. 중국에 들어가 고황제428)를 뵈올 때 세 번이나 접견하는 총영을 받았습니다. 일이 기미429)가 아직 나타나지 않을 적에 환하게 알아서 종묘와 사직을 길이 평안하게 하였습니다. 천부의 사랑이 오직 어버이에게 깊어 승안430)의 효에 지극히 독실하였고, 마음에서 우러나와서 우애하여 이에 양덕431)의 빛을 내려 주었습니다. 무위武威는 바람과 우레보다 엄숙하고 문치文治는 해와 달보다

고황제 주원장

밝았습니다. 교린하는 데 도道가 있고 사대事大하는 데 정성으로 하니, 덕화가 먼 데나 가까운 데나 흡족하여 은혜가 동물이나 식물에까지 미쳤습니다. 외람되게 큰 왕통을 이어받은 것을 생각하여 나이가 오래되시도록 영화롭게 봉양하리라 기약하였더니, 어찌 갑자기 승하하여 이에 말명432)을 남기십니까? 울부짖고 통곡하는 마음을 견디기가 어려워 이에 현양顯揚의 의식을 거행합니다. 삼가 옥책을 받들어 존시를 '성덕 신공 문무 광효 대왕'이라 올리고, 묘호를 '태종'이라 합니다. 엎드려 바라건대, 밝으신 영靈이 충감神鑑을 굽어 내리어, 길이 다복을 주시어 자손을 무궁한 앞날에 보호하시고, 국가의 계책을 그윽이 도와주어 하늘과 땅과 더불어 구원하게 하소서. 삼가 말씀드립니다."

- 『세종실록』, 1422년 5월 10일

實錄記事 **1422년 9월 6일, 태종을 헌릉에 장사지내다**

세종 4년(1422년) 9월 초6일에 태종을 헌릉에 장사지냈다. 그 애책은 이러하였다.
"빈궁을 이에 열고 삼막糝幕을 장차 옮기는데, 백관들이 시종하니 온갖 의장儀仗들이 성대

---

427) **사왕**嗣王 : 왕위를 이은 임금. 사군嗣君.
428) **고황제**高皇帝 : 주 원장朱元璋.
429) **기미**幾微 : 낌새.
430) **승안**承顏 : 즐거운 얼굴로 부모를 뵈옴.
431) **양덕**讓德 : 임금 자리를 사양함.
432) **말명**末命 : 마지막 유언.

합니다. 새벽 이슬이 쓸쓸하여 산천마저 슬퍼하는데, 쓸쓸한 바람이 부니 초목마저 서러워합니다. 성상께서는 땅을 치고 하늘에 부르짖으니, 간장肝腸이 떨어지는 듯 뼈가 으스러지는 듯합니다. 신의[433]를 우러러보니, 살아 계신 듯한데, 천안天顔을 길이 뵙지 못할 것을 슬퍼합니다. 이에 사신詞臣에게 명하여 성덕을 선양하게 합니다."

그 사辭는 이러하였다.

"생각하건대, 우리 동방은 왕씨가 삼한을 통일한 지 거의 5백여 년이 되어서, 임금이 어둡고 정사가 어지러우니, 신神이 원망하고 사람이 떠나갔으나, 하늘이 아름다운 덕德이 있는 이를 돌보아 그로 하여금 왕업의 바탕을 만들도록 하였습니다. 공손히 생각건대, 우리 임금이 천명을 밝게 알아 성조를 도와서 온 백성들을 어루만져 안정시켜, 명나라 황제의 명命을 받고 왕정[434]에 빈객이 되어 간곡한 정성을 아뢰니, 접대하기를 은총스럽고 영광스럽게 하였습니다. 기미를 훤히 알아서 난을 평정하시니, 종묘와 사직이 이에 안정되었습니다. 삼가 공정 대왕[435]을 섬겨서 더욱 사랑과 공경을 두터이 하시고, 홍업을 이어받아 지극한 정치를 널리 펴니, 은혜가 온갖 날짐승과 물고기에까지 미쳐서 칭송하는 소리가 먼 곳이나 가까운 곳이나 드높습니다. 교린하기를 도道로 하고 사대事大하기를 더욱 부지런히 하니, 중국 황제의 명命이 정성스럽고, 조칙하는 글도 다정하고 정다웠으며, 중국에서 보낸 인장印章과 면복冕服이 빛났습니다. 섬오랑캐가 복종하니, 나라가 평강하여, 공은 선조를 빛내고 덕은 후인에게 남기었습니다. 오로지 성스러운 덕이여! 오로지 신묘한 공功이여! 전고前古에 뛰어나고 능히 상천上天을 짝할 만하니, 이러한 성대하고 아름다운 공덕을 거두어서 간책에 남겨서 빛나게 해야 할 것입니다. 아, 슬프다! 도리로써 화육化育하기를 더하고 밝음으로써 유미한 데 비추어, 예禮가 일어나고 악樂이 만들어지니, 문치가 빛나고 무치가 위엄스러웠습니다. 20년을 시종하여 서정에 부지런히 힘쓰다가 몸을 휴양하려는 데 뜻을 두어서 신성한 아드님에게 전위하였습니다. 하늘을 두려워하는 공경과 백성들을 걱정하는 정성을 일찍이 잠깐 동안이라도 성정에 게을리하지 않았습니다. 거의 나이가 오래도록 영광스러운 봉양을 길이 누리리라 바랐더니, 어찌 하루 아침에 대단찮은 병에 걸려서 끝내 대점하여 나으시지 못하고 망극한 슬픔을 남기십니까? 슬프다! 신민들이 박복하여 하늘의 해가 길이 감추어지게 되었구나! 아, 슬프다.! 조정을 엄하게 하여 예를

---

433) **신의**宸扆 : 어전御殿 또는 왕위王位.

434) **왕정**王庭 : 중국 천자의 조정.

435) **공정대왕**恭靖大王 : 정종定宗.

다하고, 보책을 바치어 아름다운 덕을 선양합니다. 오직 성상의 가슴에 맺힌 서러움은 궁한 사람이 들어갈 데가 없는 것과 같습니다. 궁액에는 먼지만 깃들고 신민들은 눈물을 비오듯이 합니다. 영이[436]를 붙잡고 몸부림치는데 산릉을 바라보고 푸른 하늘을 원망합니다. 아, 슬프다! 목숨이 길고 짧은 것은 운수에 달렸음을 생각하면 비록 성지라도 면하시기가 어렵겠으나, 오직 공덕이 지극히 커서 해와 달과 같이 가지런히 높습니다. 아, 슬프다!"

- 『세종실록』, 1422년 9월 6일

묘호는 태종, 시호는 태종공정성덕신공건천체극대정계우문무예철성렬광효대왕이다. 능은 헌릉으로 태종과 원경왕후 민씨의 쌍릉으로 서울 서초구 헌인릉길 36-10에 위치하고 있다.

인릉(원경왕후 능) 정자각

헌릉은 같은 언덕에 왕과 왕비의 봉분을 나란히 조성한 쌍릉의 형식으로 정자각 앞에서 바라보았을 때 왼쪽이 태종, 오른쪽이 원경왕후의 능으로 조선시대 쌍릉의 대표적인 능제이다.

---

436) **영이**靈輀 : 상여차.

헌릉과 인릉 홍살문

1420년(세종 2년)에 태종의 왕비 원경왕후가 왕대비의 신분으로 세상을 떠나, 광주 대모산에 먼저 능을 조성하였다. 원경왕후의 능(인릉)을 조성할 때 태종은 자신의 능자리를 미리 만들었다. 이후 1422년(세종 4년)에 태종이 태상왕의 신분으로 세상을 떠나 원경왕후의 능 서쪽에 태종의 능을 조성하였다.

태종 헌릉과 원경왕후 인릉

전체적으로 넓은 능역과 확트인 전경, 정자각 중심의 제향공간과 능침공간 사이의 높이 차이 등 조선 전기의 왕릉의 위엄성을 잘 드러내주는 요소를 갖추고 있다. 능침은 모두 병풍석과 난간석을 둘렀으며, 병풍석의 면석에는 십이지신상과 영저와 영탁을 새겼다. 문무석인은 각 2쌍씩, 석마, 석양, 석호는 각각 4쌍식 배치되었는데, 이는 고려 공민왕과 노국공주의 현·정릉 제도를 계승한 것으로, 조선왕릉 중에서 2배로 석물이 많아 완벽한 쌍릉의 형식을 띠고 있다. 그 밖에 혼유석을 받치는 고석은 5개로 조선 전기의 상설제도를 잘 보여주고 있다. 진입 및 제향공간에는 홍살문, 향로, 정자각, 신도비각이 배치되어 있다.

제4대 **세종 이도**

조선 최고의 성군, 훈민정음을 만든 왕

생애	1397년~1450년	재위 기간	1418년~1450년
본관	전주	휘(이름)	도
묘호	세종	능호	영릉

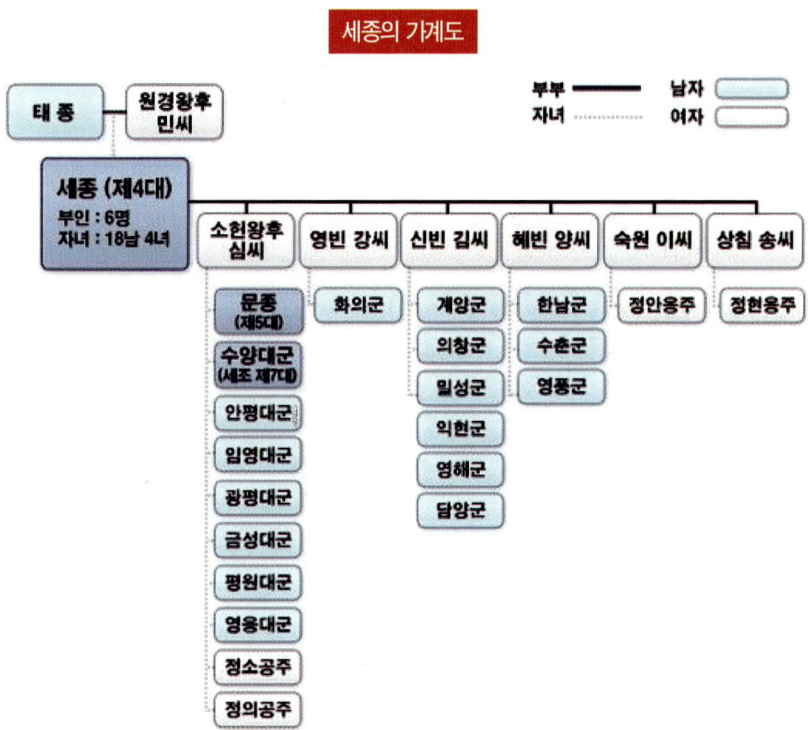

〈세종 이도 어진〉

> 實錄記事 **총서**

세종 장헌 영문 예무 인성 명효 대왕의 휘는 도_裪요, 자는 원정_{元正}이니, 태종 공정 대왕의 셋째 아들이요, 어머니는 원경왕후 민씨이다. 태조 6년 정축 4월 임진에 한양 준수방 잠저[437]에서 탄생하였으니, 명나라 태조 고황제 홍무 30년이다. 영명 강과하고, 침의 중후하며, 관유 인자 공검하고, 또 효도하고 우애함은 천성이 그러하였다. 태종 8년 무자 2월에 충녕군으로 봉하였고, 우부대언 심온의 딸과 결혼하여, 그를 경숙옹주로 봉하였다. 12년 임진 5월에 충녕대군으로 올려 봉하고, 18년 무술 6월 임오에 태종이 개성에 머무를 제, 문무 백관들이 세자 이제[438]가 잘못이 많다 하여, 글을 올려 폐하기를 청하매, 태종이 제의 맏아들로써 계승하게 하려 하였으나, 여러 신하가 모두 아뢰기를,

"전하께옵서 세자를 교양하심이 극진하셨건마는 오히려 이러하니, 이제 어린 손자를 세운다면 어찌 앞날의 무사할 것을 보장하오리까. 하물며 아버지를 폐하고 아들을 세움이 의리에 어떠하올지. 청컨대 그 중 어진이를 골라서 세우시기를 바라옵니다."

태종이 말하기를,

"그러면 경들이 마땅히 어진이를 가리어 아뢰라."

여러 신하들이 함께 아뢰기를,

"아들이나 신하를 알기는 아버지나 임금과 같은 이가 없사오니, 가리는 것이 성심_{聖心}에 달렸사옵니다."

태종이 말하기를,

"충녕대군이 천성이 총민하고 학문을 게을리 하지 않아, 비록 몹시 춥고 더운 날씨라도 밤을 새워 글을 읽고, 또 정치에 대한 대체_{大體}를 알아, 매양 국가에 큰 일이 생겼을 제는 의견을 내되, 모두 범상한 소견이 의외로 뛰어나며, 또 그 아들 중에 장차 크게 될 수 있는 자격을 지닌 자가 있으니, 내 이제 충녕으로써 세자를 삼고자 하노라."

여러 신하가 함께 아뢰기를,

"신들의 이른 바 어진이를 골라야 한다는 말씀도 역시 충녕대군을 가리킨 것이옵니다."

의론이 이미 정해지매, 곧 그를 세워 왕세자를 삼고, 백관에게 명령을 내려 들어와 하례를 올리게 하였다. 그리고 장천군 이종무를 보내어 종묘에 사유를 고하고 교서를 중외에 내

---

437) 잠저_{潛邸}: 왕위에 오르기 전에 거처하던 집.

438) 이제_{李褆}: 태종과 원경왕후 민씨의 맏아들인 양녕대군이다. 일찍이 세자로 책봉되어 정치에 참여했고, 명나라 사신 접대, 강무 참여 등 맡은 바 역할을 다했지만 자유분방한 성격 탓에 부왕 태종과 마찰을 빚다가 폐위되었다. 이후에도 갖은 기행으로 세간에 물의를 일으켰지만 동생 세종의 각별한 배려 덕분에 천수를 누릴 수 있었다.

려 죄인을 석방케 하니, 그 글에 이르기를,

"세자를 세움에 있어서 어진이를 가림이란 고금에 커다란 의리이고, 죄가 있을 제는 의당 폐하여야 함은 국가의 마련된 법이다. 일은 한 가지에 얽매이지 않고 이치에 알맞게 할 따름이니, 내 일찍이 맏아들 제禔를 세워 세자를 삼았으나, 나이가 이미 장성하였으되 불행히 학문을 사랑하지 않고 음악과 여색에 마음이 쏠리었으매, 내 처음에는 그가 젊은 만큼 나이가 장성하면 아마 잘못을 뉘우치고 새로운 길을 찾으리라 바랐더니, 이제 나이가 스물이 넘도록 오히려 군소배와 사통하여 의롭지 않은 일을 방자히 저지르다가, 지난해 봄에 일이 발각되어, 죽음을 당한 자가 두어 사람이나 되었으매, 제禔가 그제서야 그 허물을 상세히 기록하여 종묘에 고하고 나에게 글을 올려 마치 스스로 뉘우치는 듯이 하더니, 얼마 아니 되어 또 간신 김한로의 음모에 빠져서 다시 전철을 밟게 되었다. 내 부자의 은정으로써 다만 한로를 쫓아내었으나, 제는 오히려 고치는 마음이 없을 뿐더러, 도리어 원망과 노염을 품고서 분연히 글을 올렸으되, 사연이 매우 패려하고 오만하여 전연 신자의 도리가 없었으므로, 이제 정부의 훈신들과 육조·대간과 문무백관이 함께 이름을 적어 글을 올렸으되, '세자의 행실을 보아서는 대통을 이어받아 종사를 주장하여 중대한 책임을 질 수 없겠사오니, 엎드려 바라건대, 위로는 태조께옵서 초창하시기에 어려웠음을 생각하시고, 또 종사 만대의 대계를 염려하시며, 아래로는 대소 신료의 바라는 바를 살피시와, 공의公義로써 영단을 내리시어, 세자를 폐하여 밖으로 추방하시고, 종실 중에 어진이를 골라 세자로 세워서 인심을 안정시켜 주시옵소서.' 하고, 또 아뢰기를, '충녕대군이 영명 공검하고, 효우 온인하며, 학문을 즐겨하여 게을리하지 않사오니, 진실로 세자의 망望439)에 합당합니다.' 하므로, 내 부득이 제를 밖으로 추방하고 충녕대군 이도李祹를 세워 왕세자를 삼게 되었으니, 아아, 옛사람의 말씀에 이르기를, '화나 복이 모두 제 자신이 부른 바 아님이 없다.' 하였으니, 내 어찌 이에 털끝 만큼이라도 애증의 사심이 있으리오."

갑신에 세자에게 관교로 부인 경숙옹주를 경빈으로 봉하였다. 병신에 태종이 정전에 나와 세자를 책봉하니, 그 책문에 이르기를,

"세자를 세움은 인심에 관계되는 것이매, 실로 큰 전칙典則이 되는 것이다. 원량元良을 가리어 나라의 근본을 바로잡으려 할진댄, 오직 지공하여야 할 것이다. 이제 이 명名과 위位의 높음을 바르게 하여 책봉의 예식을 거행하노니, 너 충녕대군 도는 관홍寬弘·장중莊重하고 효우·겸공하여, 사랑과 공경으로써 어버이를 섬기되, 아무 때에라도 조심조심하며, 총명한 자질에 배움을 즐겨하여, 날마다 부지런히 부지런히 하여, 나라일

---

439) 망望 : 후보.

을 부탁함에 합당하고, 신하와 백성이 우러러 소망을 둘새, 이러므로 너를 책봉하여 왕세자를 삼노라. 아아, 하늘이 밝은 덕을 돌보시고 귀신이 그 정성을 흠향하니, 제사를 맡아 계통을 잇되 늘 책임이 어렵고도 큼을 생각하여, 깊은 못에 다다른 듯이, 얇은 얼음을 밟는 듯이 하여야 길이 복록을 누리리라."

경빈에게 책문을 내리기를,

"공의公義를 따라 원량元良을 세우니, 세자의 자리가 곧 정해졌고, 배필을 신중히 하여 종사를 받드니, 위호를 마땅히 높여야 할 것이다. 이에 아름다운 칭호로써 떳떳한 법전을 따르노니, 아아, 너 심씨는 곧고 아름다운 성품과 단정한 몸가짐으로 늘 공경함과 두려운 마음을 지녔고, 일찍이 근검한 덕이 현저하여 능히 부도婦道에 도타왔으니 한 집안 식구 됨에 합당한지라, 이에 좋은 날을 가리어 대례의 절차를 이에 갖출새, 이제 신하 아무를 보내어 경빈에 책봉하노니, 정숙하고 화기롭게 힘쓸지니 정성은 남편이 정치에 근면하기를 권고하고 돕기에 간절히 하여, 힘써 서로 받들 것이며, 자손이 번창하여, 상서로움이 더욱 클지어다."

또 국내에 대사大赦하는 교서를 내리기를 '세자를 세워 근본을 확정함은 종묘를 받들고 인민의 마음을 안정시켜 일만 세대의 앞날을 위해 꾀함이었노라. 옛날 주 문왕周文王이 백읍고[440]를 두고서 무왕[441]을 세웠음은 오직 그가 어질기 때문이었다. 모든 신하에게 자문하여 비로소 아들 도祹를 세워 왕세자를 삼고 이미 온 나라에 포고하였거니와, 전례[442]를 상고하건대, 마땅히 책봉을 행해야 할 것이매, 곧 영락 16년 6월 17일에 책보冊寶를 주었으니, 이러한 거룩한 행사에 부쳐 마땅히 너그러운 은전을 선포할 것이다. 아아, 이미 원량元良을 세워 귀신이나 사람의 바람을 위로하게 되니, 비로소 티와 때를 씻었는지라, 한편으로 널리 용서하는 은택을 베푸노라.'

임금[443]이 글을 올려 사례하기를,

"조회에서 책봉하는 대명大命을 내리시어 세자를 세워 나라의 근본을 바로잡으실 제 그릇 신의 몸에 이르오니, 송구한 마음 진실로 간절하오며 더욱 감격하옴이 깊사옵나이다. 엎드려 생각하옵건대, 신 도祹는 식견이 천박하옵고 성품이 우매하와, 부모를 모심에 승순承順하는 도리를 알지 못하옵고, 경전經傳을 스승에게 받았으나, 깊고 오묘한 뜻을 밝게 연구하지 못하옵더니, 뜻밖에 거룩하신 은혜가 이 누추한 몸에 깊이 젖게

---

440) **백읍고**伯邑考 : 문왕의 맏아들.

441) **무왕**武王 : 문왕의 둘째 아들.

442) **전례**典禮 : 예전禮典.

443) **임금** : 세종.

하옵시니, 대개 주상 전하께옵서는 장엄하옵시고 정대하옵시며 깊고 밝으시온데, 임금의 자리는 반드시 돌아갈 곳이 있고 민심은 미리 정한 바가 있다 생각하시와, 드디어 이 변변하지 못한 저로 하여금 높은 지위를 받게 하옵시니, 신은 삼가 마땅히 맡기신 책임이 가볍지 않음을 생각하여 길이 보전하기를 싫어하지 않으며, 지극히 간절하옵신 교훈을 받들어 영원히 잊지 않사옵기를 맹세하옵나이다."

7월 임자에 태종이 임금에게 명하여, 서울에 가서 종묘에 배알케 하였다. 태종이 일찍이 선위할 뜻이 있더니, 여섯 대언代들이 울며 아뢰기를,

"이는 저희 신하들이 바라는 바가 아니옵나이다."

태종이 말하기를,

"이 뜻을 드러내지 말라."

정축에 태종이 개성으로부터 서울에 돌아왔다. 8월 초8일 을유에 태종이 경회루 아래에 나아가, 지신사 이명덕 등을 불러 말하기를,

"내 왕위에 있은 지 이제 이미 19년이 되었는데, 밤낮으로 늘 송구스러운 마음에 감히 편안할 겨를이 없었다. 위로 하늘의 뜻을 보답하지 못하여 여러 차례 재변이 나타났으며, 또 묵은 병이 있어 요즈음 더욱 심하므로, 이제 이 자리를 세자에게 전위하고자 하노라."

명덕 등이 그것은 될 수 없는 일이라고 힘써 아뢰었으나, 태종이 듣지 아니하고 보평전에 나아가서 내신으로 하여금 임금을 부르되, 두세 번 재촉하고는 상서사에 명하여 옥새를 드리게 하였다. 이에 정부·육조·공신·삼군 총제·여섯 대언 들이 문을 밀어 젖히고 들어와서, 하늘을 불러 통곡하며, 옥새를 함께 잡아당기어 드리지 못하게 하였다. 태종이 소리를 높혀 명덕에게 신칙하기를,

"임금의 명령이 있음에, 신하가 좇지 아니함이 도리에 옳으냐."

명덕이 부득이 옥새를 바치었다. 임금이 그 부르는 뜻을 알지 못하고 급히 달려 나아가 뵈온즉, 태종이 곧 옥새를 주므로 임금이 엎드려 일어나지 아니하니, 태종이 임금의 소매를 잡아 일으키고 옥새를 주며 곧 안으로 들어갔다. 임금이 황급히 옥새를 상 위에 올려놓고 뒤를 따라 안으로 들어가서 지성껏 사양하였고, 여러 신하들도 역시 통곡함을 그치지 않았다. 태종이 환관 최한을 시켜 신하들에게 하교 하기를,

"내 이미 국왕으로 더불어 서로 대해 앉았으니, 경 등은 다시 청하지 말라."

하고 임금에게 명하여 옥새를 받아 궁에 머물게 하고, 따라서 붉은 양산을 주고 연화방 옛 세자의 전으로 옮겨가니, 백관이 뒤를 따라 전 뜰에 이르러 통곡하면서 전과 같이 하기를 청하고, 임금도 옥새를 받들고 친히 내정에 나아가 굳이 사양하여 밤중까지 이르렀다. 태종이 임금에게 이르기를,

"나의 뜻을 말한 것이 이미 두세 차례에 이르렀거늘, 어찌 나에게 효도할 것을 생각지 않고 이다지 요란하게 구느냐."

손을 맞잡아 북두를 향하여 변하지 않을 뜻을 맹세하였다. 임금이 황송하여 명덕으로 하여금 옥새를 받들고 나가 경복궁으로 돌아가라고 하였다. 초9일 병술에 문무 백관이 다시 글을 올려 굳이 청하고, 성균관 학생이 또 글을 올려 극진히 말하였으나, 태종이 모두 보지 않았다. 여러 신하가 임금 앞에 나아가 면대해서 진정하고자 청하였으나, 태종이 문을 닫고 들이지 아니하므로 여러 신하들이 통곡하니, 그 곡성이 궁정에 진동하였다. 태종이 최한을 시켜 여러 신하에게 하교하기를,

"내 이미 황천과 종묘에 서고誓告하였으니, 고칠 수 없다."

드디어 대언 등으로 하여금 경복궁으로 돌아가라고 하였다. 초10일 정해에 태종이 최한을 시켜 승여와 의장을 보내고, 또 시위 군사에게 명하여 임금을 맞이해 오도록 하였다. 임금이 오장烏杖과 청양산靑陽傘으로 나아가려 하였더니, 태종이 내신을 시켜 그 거동을 보아 오게 하고 노하여 말하기를,

"내 명을 따르지 않으려거든 오지 말라."

임금이 부득이 주장朱杖에 홍양산紅陽傘으로 나아가 전箋을 올려 굳이 사양하기를,

"신은 성품과 자질이 어리석고 둔하며 학문이 아직 이루어지지 못하와 위정의 방도에 대하여 어리둥절하여 깨달음이 없사온데, 외람되이 세자의 지위에 있으면서 아침 저녁으로 근심하고 걱정하여 오히려 그 자리에 합당치 못할까 두렵삽거늘, 어찌 오늘 맡겨 주신다는 하명이 있을 줄을 헤아렸겠습니까. 뜻밖의 일을 당하오매 정신이 아득하여 어찌할 바를 모르겠습니다. 삼가 생각하옵건대, 주상 전하께옵서는 춘추가 왕성하시옵고, 성덕이 바야흐로 융성하시온데, 갑자기 정사에 고달프다 하시고 종묘 사직의 막중한 책임을 어리석은 이 몸에 맡기려고 하시니, 어찌 오직 신자의 마음이 더욱 두렵고 황송할 뿐이겠습니까. 진실로 두렵삽건대, 조종의 신령께서도 놀라실까 하옵니다. 또한 나라를 전하는 일은 참으로 국가의 큰 일이옵거늘, 갑자기 이렇게 하옵시면 내외의 신민들이 놀라지 않을 이 없사오며, 거듭 생각하옵건대 전하께옵서 신을 세워 후사를 삼으실 적에도 오히려 감히 마음대로 하시지 못하고 천자天子에게 아뢰어 결정하옵셨거든, 하물며 군국의 막중한 것을 마음대로 신에게 주실 수 있겠습니까. 신은 두렵사옵건대, 사대의 예에 또한 어긋남이 있을까 걱정이옵니다. 엎드려 바라옵건대, 전하께서는 어리석은 신의 지극한 사정을 살피시고 국가의 대계를 염려하시와, 종묘 사직과 신민의 기대를 위로하여 주시옵소서."

태종이 그래도 윤허하지 아니하므로, 여러 신하들이 또 궁궐 안뜰로 곧장 들어가 호곡하니, 그 소리가 어좌에까지 들렸다. 태종이 효령 대군 이보로 하여금 명을 전하여 말하기를,

"내가 다른 성姓에게 위를 전한다면, 경卿들의 청이 당연하지만, 내가 아들에게 위를 전하는데, 어찌하여 이와 같이 하느뇨."

곧 익선관을 친히 임금의 머리에 씌우고 드디어 임금으로 하여금 국왕의 의장을 갖추어 경복궁에 가서 즉위하게 하였다. 임금이 부득이 명을 받고 나와서 여러 신하들에게 이르기를,

"나이 어리고 어리석은 내가 국가의 대사를 감당하기 어려워 지성껏 사양하였으나, 마침내 윤허를 받지 못하였도다."

여러 신하들이 임금이 익선관을 머리에 쓰고 있음을 보고 모두 땅에 엎드리었다. 임금이 경복궁으로 가니, 태종이 최한에게 명하여 정부 대신들에게 하교하기를,

"주상이 아직 장년이 되기 전에는 군사는 내가 친히 청단할 것이고, 또한 국가에 결단하기 어려운 일이 있을 때마다 정부·육조로 하여금 함께 그 가부를 의논하게 할 것이며, 나도 또한 함께 의논하리라."

박은 등이 대답하기를,

"임금께옵서 전위하려 하심을 신들은 편안히 쉬시려는 것으로 생각하였삽더니, 이제야 임금의 뜻을 알았나이다. 청컨대 교서를 내리시와 전위하시는 뜻을 밝히 타이르시어, 신민의 심정을 편안하게 하여 주시옵소서."

곧 예조 판서 변계량에게 명하여 전위하는 교서를 짓게 하였다. 또 여러 대언에게 명하기를,

"병조 당상은 모두 나에게 시종하고, 대언들은 주상전에 시종하라."

여러 대언들이 아뢰기를,

"신들은 반씩 나누어 시위하옵기를 청합니다."

태종이 말하기를,

"자고로 승선承宣은 임금을 따르는 것이니, 따로이 행할 이치가 없다. 어서 가거라."

여러 대언이 또 아뢰기를,

"원컨대, 머물러 있어서 병조의 일을 맡아 보고자 하나이다."

태종이 말하기를,

"비록 병조의 직무를 겸한 자라 하더라도, 승선을 어찌 나누어 소속하게 할 수 있겠느냐."

하니, 여러 대언이 모두 배사하였다. 계량이 교서를 지어 나아가 뵈었더니, 태종이 말하기를,

"오늘날 일이 매우 급하게 되었으니, 어서 속히 교서를 반포하도록 하라."

이에 여러 신하들이 조복을 입고 반열 차서대로 전정에 늘어섰다. 곧 교서를 반포하기를,

"내가 덕이 없는 몸으로 태조의 크나큰 사업을 이어받아, 아침 저녁으로 근심하고 걱정하여 힘써 정신을 가다듬어 잘 다스리고자 도모하기를 이미 이에 18년이 되었다. 그러나 은택이 백성들에게 미치지 못하고 재변이 자주 일어났으며, 또한 몸에 오래 묵은 병이 있어 근일에 와서는 심하여지니, 청정을 감당할 수 없게 되었다. 세자 도祹는 영명

하고 공손 검박하며, 너그럽고 어질어 대위에 오르기에 합당한지라, 이미 영락 16년 무술 8월 초8일에 대보를 친히 주어, 세자로 하여금 나라의 기무를 오로지 맡아 하게 하고, 오직 군국의 중대사만은 내가 친히 청단하기로 하였으니, 너희 중외 대소 신료들은 모두 나의 지극한 회포를 몸받아 한 마음으로 협력하고 도와서 유신의 경사를 맞이하도록 하라."

또 여러 신하에게 명하여, 경복궁에 나아가 신왕의 즉위를 진하하게 하였다. 경시에 종실과 문무백관이 조복으로 경복궁 뜰에서 반열과 서차대로 늘어섰다. 임금이 원유관에 강사포로 근정전에 나아오니, 여러 신하들이 전을 올려 하례를 올리고, 성균관 학생과 회회 노인444)과 승도들도 모두 참여하였다. 임금이 하례 받기를 마치고 상왕을 높이어 태상왕으로, 부왕은 상왕으로, 모후를 대비로 하고, 경빈을 봉하여 비妃로 삼았다.

처음에 상왕이 잠저에 있을 적에 원경 왕후의 꿈에 태종이 임금을 안고 햇바퀴 가운데 앉아 있어 보이더니, 얼마 안 있어 태종이 왕위에 올랐고, 이에 이르러 임금이 또 왕위를 계승하였다. 심온을 청천 부원군으로 삼고, 그 아내 안安씨를 삼한 국대부인으로 삼고, 박신을 의정부 찬성으로, 박습을 병조 판서로, 조말생을 형조 판서로 삼았다.

1418년 8월 11일, 근정전에서 교서를 반포하다

임금이 근정전에 나아가 교서를 반포하기를,

"삼가 생각하건대, 태조께서 홍업445)을 초창하시고 부왕 전하께서 큰 사업을 이어받으시어, 삼가고 조심하여 하늘을 공경하고 백성을 사랑하며, 충성이 천자446)에게 이르고, 효하고 공경함이 신명447)에 통하여 나라의 안팎이 다스려 평안하고 나라의 창고가 넉넉하고 가득하며, 해구448)가 와서 복종하고, 문치는 융성하고 무위는 떨치었다. 그물이 들리면 눈이 열리듯이 대체가 바로 서매 세절이 따라 잡히어, 예가 일어나고 악樂이 갖추어져 깊은 인애와 두터운 은택이 민심에 흡족하게 젖어들었고, 융성한 공렬(뛰어난 공적)은 사책(사기)에 넘치어, 승평449)의 극치를 이룸이 옛적에는 없었나니,

---

444) 회회 노인回回老人 : 아랍인.
445) 홍업洪業 : 나라를 세우는 큰 사업.
446) 천자天子 : 하늘을 대신하여 천하를 다스리는 사람.
447) 신명神明 : 하늘과 땅의 신령.
448) 해구海寇 : 바다를 통해 침입하여 들어오는 도둑 떼.
449) 승평昇平 : 나라가 태평함.

그러한 지 이에 20년이 되었다.

그런데 근자에 오랜 병환으로 말미암아 청정하시기에 가쁘셔서 나에게 명하여 왕위를 계승케 하시었다. 나는 학문이 얕고 거칠며 나이 어리어 일에 경력이 없으므로 재삼 사양하였으나, 마침내 윤허를 얻지 못하여, 이에 영락 16년 무술 8월 10일에 경복궁 근정전에서 위에 나아가 백관의 조하[450]를 받고, 부왕을 상왕으로 높이고 모후를 대비로 높이었다. 일체의 제도는 모두 태조와 우리 부왕께서 이루어 놓으신 법도를 따라 할 것이며, 아무런 변경이 없을 것이다. 그리고 이 거룩한 의례에 부쳐서 마땅히 너그러이 사면하는 영을 선포하노니, 영락 16년 8월 10일 새벽 이전의 사건은 모반 대역이나 조부모나 부모를 때리거나 죽이거나 한 것과 처첩이 남편을 죽인 것, 노비가 주인을 죽인 것, 독약이나 귀신에게 저주하게 하여 고의로 꾀를 내어 사람을 죽인 것을 제하고, 다만 강도 외에는 이미 발각이 된 것이나 안 된 것이거나 이미 판결된 것이거나 안 된 것이거나, 모두 용서하되, 감히 이 사면의 특지를 내리기 이전의 일로 고발하는 자가 있으면, 이 사람을 그 죄로 다스릴 것이다. 아아, 위를 바로잡고 그 처음을 삼가서, 종사의 소중함을 받들어 어즮을 베풀어 정치를 행하여야 바야흐로 땀 흘려 이루어 주신 은택을 밀어 나아가게 되리라."

처음에 임금이 지신사 이명덕을 보내어 상왕께 아뢰기를,

"원컨대 존호를 태상황으로 올리고자 하나이다."

상왕이 말하기를,

"상왕을 태상왕으로 높이고, 나는 상왕으로 함이 마땅하다. 내가 겸양하는 것이 아니다. 천륜으로 말하는 것이니, 주상이 나에게 효도하고자 할진댄, 모름지기 내 말을 좇아야 할 것이라."

상왕도 또한 사람을 보내어 말하기를,

"태상의 칭호는 내가 감당할 바가 아니다."

이에 태상왕으로 높이는 예는 거행하지 아니하였다.

- 『세종실록』, 1418년 8월 11일

> **實錄記事** 1418년 8월 11일, 세종이 예조에서 상왕전에 전을 올리는 절차를 아뢰고 임금이 본궁으로 돌아오다

예조에서 임금이 친히 상왕전에 나아가 전을 올리는 거동 절차를 아래와 같이 아뢰었다.

"그날에 이르러 북을 쳐서 엄[451]을 삼고, 통례문이 문무백관의 자리를 대궐문 밖에 설

---

450) **조하**朝賀: 경축일에 신하들이 조정에 나아가 임금에게 하례하던 일.

치해 놓되, 문관은 동으로, 무관은 서로 서로 상대하게 겹줄로 항열을 이루되, 북쪽을 위로 한다. 문무백관은 각각 조복을 갖춘다. 북을 쳐서 2엄을 삼고, 판통례가 꿇어앉아 중엄을 아뢰면, 문무 모든 관원이 궐문 밖에 모이고, 병조가 대가와 노부[452]를 궐문 밖에 진열한다. 북을 쳐서 3엄을 삼고, 모든 위의 소속원이 각각 자기 대를 감독하여 전정에 들어와 정렬하고, 봉례가 문무 백관을 인도하여 문 밖의 자리에 나아간다. 시위[453]하는 관원들은 각기 그들의 해당한 옷을 입는다. 총제 이하 좌우 시신들은 모두 근정전 서쪽 섬돌에 나아가 봉영[454]하고, 판사복이 근정문 앞에 상로를 대령하여 남향하고, 천우 장군 한 사람이 큰 칼을 잡고 상로 앞에 북향하여 서고, 지통례는 판통례 앞에 자리하고, 통찬과 사인은 지통례 앞에 자리한다. 그리고 판통례가 꿇어 엎드려 납시라고 아뢰면, 판사복이 옷자락을 걷어 올리고 올라가 바로 서서 고삐를 잡는다. 전하는 면복을 입고 여를 타고 나와서 서쪽 섬돌로부터 내려온다. 그러면 풍악이 연주되고, 천우 장군이 앞에 나아가 고삐를 잡는다. 전하는 여에서 내려 상로에 오르고, 판사복이 서서 수[455]를 준다. 총제 이하의 시신들은 상례대로 옆에서 모시고, 지통례가 상로 앞에 나아가 꿇어 엎드려 거가(임금 수레)가 앞으로 나아가기를 아뢰어 청하고 엎드렸다가 일어나 물러가 제자리로 돌아간다.

어가가 움직이면, 지통례가 통찬[456]과 함께 어가를 옆에서 인도하여 모시고 나아가고, 천우 장군은 어가 옆에서 달려간다. 어가가 궐문 밖에 이르러 시신상마소에 이르면, 지통례가 꿇어 엎드려 아뢰어 어가를 잠깐 멈추도록 청하고 문무의 시신들을 말에 오르라 하고, 판통례는 앞으로 승지는 뒤로 물러나와 이르기를, '가하다고 하옵신다.' 하면, 통찬사인이 이를 받아 창하기를, '문무 시신들은 말에 오르라 하옵신다.' 하면, 모든 시위하는 관원들이 각각 자기 소속의 부하들을 독려하여 좌우에서 어가를 호위하고, 상서관이 어보(국새)를 받들어 앞으로 인도하고, 총제 이하 좌우 시신들이 어가 앞에 갈라 서서 시위하며, 문무 시신들이 말에 오르기를 마치면 지통례가 아뢰어 어가 오른편에 오르게 하기를 청하고, 판통례는 앞으로 나가고 승지는 뒤로 물러나와 이르

---

451) **엄**嚴: 엄은 조반朝班이나 시위侍衛 인원에 정숙을 계고하는 것으로, 초엄 2엄 3엄으로 세 번 계교함.

452) **노부**鹵簿: 의장儀仗.

453) **시위**侍衛: 임금을 모셔 호위함.

454) **봉영**奉迎: 귀인이나 덕망이 높은 사람을 받들어 맞이함.

455) **수**綏: 붙잡고 오르는 줄.

456) **통찬**通贊: 나라의 제사 때 홀기에 따라 의식의 진행을 맡아보는 임시직.

기를, '가하다고 하옵신다.' 하고, 지통례는 물러나와 제자리에 돌아간다. 그리하면 천우 장군이 올라 타기를 마치고, 지통례가 아뢰어, 어가가 앞으로 나아가기를 청한다. 어가가 움직이면 취타가 울리고, 문무 여러 신하들은 현무대457) 뒤에 상례와 같이 따른다.

어가가 이르려 할 때, 문무 시신들은 말에서 내려 나누어 서서 허리를 굽히고 있고, 어가가 전문밖에 이르면, 어가를 돌려 남쪽을 향하게 하고, 천우 장군이 내려서 어가의 오른편에 선다. 지통례가 어가 앞에 나아가 어가에서 내려오시기를 아뢰어 청하고, 엎드렸다가 일어나 돌아와 시립458)한다. 전하는 어가에서 내려 악차로 들어가고, 통례문이 문무 여러 관원을 나누어 인도하여 전정에 나아가, 문관은 동쪽에 서고 무관은 서쪽에 서되, 중심이 머리가 되게 하고, 다른 품위를 겹줄로 하여 북향하여 서게 한다. 판통례가 전하를 인도하여 전문 안의 욕위에 이르러 북향하여 서고, 산선·화개가 문 밖에 있게 하며, 판통례가 아뢰어 사배를 청하면 전하가 사배하고, 통찬사인이 '여러 관원은 사배하라.' 창하면 자리에 있는 이들이 모두 사배한다. 그리하고 나서 전을 올려 읽기를 마치고, 판통례가 사배하기를 아뢰어 청한다. 전하가 사배를 하고, 통찬사인이 '여러 관원들은 사배하라'고 창하여, 자리에 있는 이들이 모두 사배한다. 그러면 판통례가 전하를 인도하여 밖으로 나와, 악차459)에 나아가 면복(임금의 정복)을 벗는다. 통례문이 문무백관을 나누어 인도하여 전문 밖으로 나와서 평상시의 복장으로 옷을 입고 차례대로 선다. 어가가 움직이면 평상 의례의 절차대로 시종한다."

이날 임금이 면복을 갖추고 연(가마)을 타고 백관을 거느려 상왕전에 나아가 사은의 전을 올리니, 그 글에

"성군의 대명이 그릇 어둡고 어리석은 이 몸에 내리시니, 신자된 심정으로 놀랍고 두려움을 어찌 견딜 수 있겠습니까. 아무리 생각하여도 저에게는 마땅치 않사오며, 중난한 짐을 어찌 감당하오리까. 엎드려 생각하옵건대, 신은 성품과 자질이 어리석고 느슨하오며 학문이 천박하와, 일찍이 동궁에 있을 때에도 종사를 받듦에는 감당하지 못할 것이요, 단지 양궁460)을 받들어 모시고 시선461)視膳이나 삼가 보살필까 하였사오

---

457) **현무대**玄武隊 : 후군後軍.
458) **시립**侍立 : 웃어른을 모시고 섬김.
459) **악차**幄次 : 임금이 거둥할 때 잠깐 쉴 수 있도록 장막을 친 곳.
460) **양궁**兩宮 : 부모.
461) **시선**視膳 : 조석 음식을 살펴보는 자식의 도리.

며, 또한 신은 정사에는 어두우니, 돌이켜 보건대 어찌 족히 백성을 다스릴 수 있겠습니까. 그런데 뜻밖에 조그마한 이 몸이 갑자기 신기를 받잡게 되오니, 이는 대개 자애하시는 마음이 두터우시고 덕이 너그럽고 어지시어, 이르시되 뒷사람을 선도하여 어진 계책을 주기에는 모름지기 위를 전하여 뒤에 복을 내리게 하리라 하시와, 드디어 잔약한 이 몸으로 외람되이 큰 자리에 임하게 하시오니, 감히 나라를 초창하실 때에 어려움과 편안히 쉬실 겨를이 없으셨던 일을 우러러 생각치 않을 수 있겠습니까. 또 부탁하옵신 책임이 중난한 줄을 생각하여도, 오직 길이 도모할 바를 마음에 품고 힘쓰겠나이다."

임금이 악차에서 물러나와 면복을 벗고 상왕에게 나아가 뵈오니, 상왕이 말하기를,
"마땅히 장의동의 본궁으로 돌아가서 창덕궁의 역사가 끝나기를 기다리라."
임금이 본궁으로 돌아왔다.
이원을 보내어 종묘에 고하기를,
"공을 쌓고 인을 쌓아 나라를 세우고, 덕을 닦아 후손에게 복을 내림을 깊이 하여 오늘에 이르렀습니다. 부왕이 그를 계승하여 20년을 내려오시다가, 근일에 병에 걸리시어 청정하시기 어려우매, 이에 덕이 적은 이 몸에 명하여 대업을 이어받게 하시었습니다. 생각하옵건대, 위로는 조종의 유업을 계승하지 못할까, 아래로는 신민의 기대에 맞지 못할까 두렵습니다. 그리하여 재삼 사양하였으나 마침내 부왕의 윤허를 받지 못하고, 이에 영락 16년 8월 10일에 공손히 대위를 받자왔사오니, 이로써 감히 고하나이다."

- 『세종실록』, 1418년 8월 11일

양녕대군과 갈등하다

실록에는 충녕대군과 양녕대군의 갈등을 암시하는 내용도 기록되어 있다. 세자인 양녕대군이 옷을 차려입고 몸단장을 한 뒤 자신의 모습이 어떠한지 아랫사람에게 묻자, 충녕은 "먼저 마음을 바로 잡은 뒤에 용모를 닦으시기 바랍니다."라고 말하였다.

상왕 정종이 베푼 연회가 끝난 후 세자가 매형인 이백강의 첩인 칠점생을 데리고 가려 하자 충녕은 이런 세자의 행동을 지적하였고, 세자는 결국 칠점생을 데려가지 못하였다. 또한 세자가 조모인 신의왕후의 기일에 흥덕사에서 향을 피운 후 아랫사람들과 어울려 바둑을 두며 놀자, 충녕대군은 이런 세자의

행동을 지적했다고 한다.

양녕대군은 기생 어리於里를 사랑하여 여러 차례 궁에 몰래 들였고, 이로 인해 태종에게 꾸지람을 들었다. 양녕대군은 충녕대군이 태종에게 어리에 대한 얘기를 했을 것이라며 원망하였다. 양녕대군은 태종에게 혼나면서 공손하지 못한 말투와 행동을 보이며 말대꾸를 했는데 이때마다 충녕이 양녕대군을 타일렀다고 한다.

양녕을 대신해 세자로 책봉되다

세종은 1397년(태조 6년) 태종과 원경왕후 사이의 셋째 아들로 태어났다 이름은 이도, 자는 원정이다. 위로는 14년간 세자의 자리에 있다가 폐위된 양녕대군과 세종의 세자 책봉 후 불가에 귀의한 효령대군[462]이 있으며, 아래로 성령대군이 있다. 세종은 1418년(태종 18년) 6월 양녕대군을 대신해 세자에 책봉되었으며, 두 달 뒤 태종의 선위로 왕위에 올랐다

태종에게는 맏아들 양녕대군과 둘째 아들 효령대군이 있어 셋째 세종에게 왕의 자리가 돌아갈 리 없었다. 양녕대군은 아버지의 관심이 셋째에게 쏠리는 것을 보고 마음을 달리 먹는다. 효령대군도 형의 마음을 읽고 왕위에 관심이 없는 척하면서 불교에 심취하며 형의 뜻을 따랐다. 충녕대군은 자연스럽게 왕세자로 임명될 수 있었다.

태종은 왜 셋째에게 왕위를 물려줄 생각을 했을까? 세종의 총명함과 근면함과 자애로움을 보았기에 조선왕조의 수성[463]을 맡기려 했다.

---

462) **효령대군**孝寧大君 : 1407년(태종 7년) 효령군에 봉해졌으며, 1412년 효령대군으로 진봉되었다. 불교를 숭상하여 회암사의 중수와 흥천사탑전의 수리, 원각법회 개최 등 많은 불사를 주관했다. 『반야바라밀다심경』, 『원각경』, 『금강경』, 『법화경』 등의 불경의 번역과 간행에 힘썼다. 조선의 숭유억불 정책으로 인해 유신들로부터 많은 비판을 받았지만 불교의 보호와 진흥에 크게 기여했으며 문장에도 능했다. 성종대까지 왕실 어른으로 극진한 대우를 받았다. 1865년(고종 2년) 양녕대군과 함께 세종묘에 추가 배향되었다.

463) **수성**守成 : 조상들이 이루어 놓은 일을 이어서 지키는 것.

가족과 종친 관리를 소홀히 하지 않았다

세종은 18남 4녀의 자녀를 두었다. 세종은 왕비 소헌왕후 심씨[464] 외에 5명의 후궁을 두었다. 세종은 조선조 27대 왕 가운데 아버지 태종 29명, 증손자 성종 28명 다음으로 세 번째로 많은 자녀를 둔 왕이다.

세종은 종친의 단속도 소홀하지 않았다. 종친들은 나라에서 주는 녹을 먹으면서 벼슬아치를 깔보며 거들먹거리기 일쑤였다. 세종은 종학[465]을 설치하고 종친들에게 학문을 익히게 했다. 기본 수양을 쌓음으로써 종친의 비리를 없애고자 하였다. 양녕대군의 아들 이혜가 아버지가 자신의 첩을 빼앗았다는 불만으로 방황하며 함부로 사람을 죽이자, 이혜와 어울려 술을 마시는 무리를 형벌로 다스리고 이혜에게 엄한 처벌을 내렸다. 세종은 관용과 제재와 배려를 통해 위엄을 잃지 않고 백성의 목숨도 아꼈던 어진 왕이었다.

훈민정음을 창제하다

1420년(세종 2년), 중앙 집권 체제를 운영하기 위해 정책 연구 기관으로 궁중 안에 집현전을 설치하여 그들을 일반 관리 이상으로 우대하였다.

1443년(세종 25년), 세종은 백성들이 당시의 문자인 한자를 쉽게 배우지 못하며, 우리 말과 한자가 서로 통하지 않아 말하고자 하는 바를 표현하지 못함을 안타깝게 여겨 친히 28개의 글자를 창제하였다. 글자의 모음은 음양의 원리를 기본으로 만들었

성삼문

---

464) **소헌왕후 심씨**昭憲王后 沈氏 : 본관은 청송. 문하시중 심덕부의 손녀이고, 영의정 심온의 딸이며, 어머니는 영돈녕부사 안천보의 딸이다. 1418년 4월 충녕대군이 왕세자에 책봉되자 경빈에 봉해졌으며, 같은 해 9월 내선을 받아 즉위하니 12월 왕후로 봉하여 공비라 일컬었다. 1446년 52세로 죽자 헌릉에 장사지냈다. 뒤에 세종의 능인 영릉으로 이장하였다.

465) **종학**宗學 : 왕족의 교육을 맡아보던 관아.

으며 자음은 오행의 원리를 기본으로 만들었다. 1443년(세종 25년) 12월에 훈민정음 28자가 창제되었다. 세종은 성삼문466), 신숙주467), 최항468), 정인지, 박팽년469) 등 집현전 학자들에게 해설서인『훈민정음 해례본』발간과『동국정운』을 편찬하도록 했으며 최항과 박팽년에게『고금운회거요』의 번역을 명했다. 1445년(세종 27년) 4월에는 훈민정음을 사용하여 악장인『용비어천가』를 편찬 사업을 진행하였다.

1444년 2월 최만리, 신석조470), 김문, 하위지471), 정

신숙주

---

466) **성삼문**成三問 : 세조 때 단종의 복귀를 꾀하다 죽은 사육신 중 한 사람으로 조선 초기의 문신. 자는 근보, 눌옹, 호는 매죽헌이며 세종 17년 생원시에 합격하고 식년시에 응시해 하위지와 함께 급제했다. 세종이 훈민정음을 만들 때 정인지, 신숙주 등과 함께 이를 도왔고, 신숙주와 함께 명나라와 왕래하며 정확한 음운을 배우고 제도를 연구하는 등 훈민정음 반포에 큰 공헌을 했다. 1455년 수양대군이 단종의 왕위를 빼앗자 단종복위운동을 결심하고 세조를 제거할 계획을 세웠다. 그러나 김질이 세조에게 이를 밀고하는 바람에 다른 모의자들과 함께 체포돼 고문을 당하고 후에 성승, 하위지 등과 함께 능지처사를 당했다.

467) **신숙주**申叔舟 : 조선 세종 때 훈민정음의 창제, 보급과 국가 중요서적의 찬수에 참여한 조선 초기의 문신. 자는 범옹, 호는 희현당, 보한재이며 세종 20년 생원시, 진사시에 합격했고 이듬해 친시문과에 급제해 전농시직장을 지냈다. 1443년 통신사의 서장관으로 일본에 갔다 돌아오는 길에 쓰시마 섬에 들러 계해조약을 체결했다. 계유정난 후 수양대군이 정권을 장악하자 중용됐다. 세조의 즉위과정에 가담하고 이후 요직을 두루 거쳤다는 점 등에서 사육신과 뚜렷이 구별되는 삶을 산 변절자라는 비판을 받기도 한다.

468) **최항**崔恒 : 1443년에는 집현전 학사로 정인지 등과 훈민정음 창제에 참여하고,『훈민정음』을 한글로 옮겨 풀었으며, 「용비어천가」에 주를 달아 풀이하였다.『세종실록』편찬에 참여하였다. 1451년 좌사간대부로 수사관을 겸하여『고려사』를 개찬하고, 집현전 부제학에 올라『통감훈의』를 편찬하여 그 공으로 가자되었다. 이어『문종실록』에 참여하였다. 1453년(단종 1년) 동부승지로 있을 때, 절재 김종서를 제거한 수양대군을 맞이하여, 단종에게 보고한 공으로 정난공신 1등에 책록되었다.

469) **박팽년**朴彭年 : 세종 때 집현전학사를 지냈으며, 단종의 복위를 꾀하다가 발각되어 죽었다. 사육신의 한 사람이다. 수양대군이 김종서·황보인·정분 등을 축출, 단종을 폐위시키고 왕위에 오르자 세조에게 올리는 문서에는 '신臣'이라는 글자대신 '거巨'라는 글자를 쓰고 녹봉에도 일체 손을 대지 않았다고 한다. 1456년(세조 2년) 형조참판으로있던 박팽년은 성삼문·이개·하위지·유성원 등 대부분 전직·현직 집현전 유신들과 함께 세조를 제거할 계획을 세웠다가 밀되어, 심한 고문을 당하고 옥사했다.

창손 등 집현전 내 훈민정음 반포에 반대하는 학자들은 6가지 이유를 들며 반대 상소를 올렸다. 이때 상소를 올린 집현전 학자들의 대표격이었던 부제학 최만리가 한글 반포에 대해 크게 반대하다가 세종의 노여움을 사 책망받고 투옥되었다. 그는 다음날 석방되었으나 사직하고 낙향했다.

박팽년

實錄記事 1444년 2월 20일, 집현전 부제학 최만리 등이 언문 제작의 부당함을 아뢰다

집현전 부제학 최만리[472] 등이 상소하기를,

"신 등이 엎디어 보옵건대, 언문을 제작하신 것이 지극히 신묘하와 만물을 창조하시고 지혜를 운전하심이 천고에 뛰어나시오나, 신 등의 구구한 좁은 소견으로는 오히려 의심되는 것이 있사와 감히 간곡한 정성을 펴서 삼가 뒤에 열거하오니 엎디어 성재聖裁하시옵기를 바랍니다.

1. 우리 조선은 조종 때부터 내려오면서 지성스럽게 대국을 섬기어 한결같이 중화의 제도를 준행하였는데, 이제 글을

최만리

470) **신석조**辛碩祖 : 1426년(세종 8년) 생원시에 일등으로 합격하고 같은 해 식년 문과에 병과로 급제하여 집현전저작랑에 제수되었으며, 곧바로 권채·남수문 등과 함께 사가독서에 선발되었다. 1452년(문종 2년) 『세종실록』을 시찬하였으며, 이듬해 이조참의가 되었다. 성품이 온순, 근엄하며 학문에 뛰어나고 문장이 능하였으며, 『의방유취』·『경국대전』 편찬에도 참여하였다. 저서로는 『연빙당집』이 있다.

471) **하위지**河緯地 : 조선 단종 때 사육신의 한 사람이다. 세종 때의 학자로 최만리, 정창손 등과 함께 훈민정음 창제에 반대하였다. 단종이 숙부 수양대군의 측근들에 의해 강압을 받아 양위하자, 성삼문·박팽년·이개·하위지·유성원·유응부를 일컫는 말이다. 김질 등과 함께 세조 3부자를 타살하고 단종 복위를 거사했다가 회유 또는 실패를 예상한 성균관사예 김질의 밀고로 발각되어 처형당했다.

472) **최만리**崔萬理 : 조선 전기의 문신, 정치인, 유학자이자 철학자, 법학자이다. 조선시대의 청백리로 꼽히는 인물이다. 오랫동안 집현전에 몸을 담고 고제 연구 및 적용에 주력했으며 집현전 부제학, 강원도관찰사 등을 역임하였다. 1444년 2월 20일 한글 창제에 대한 반대상소(합소, 연명상소)를 올렸던 여러 대신 중에 대표적 인물이며, 지나친 반발로 세종의 노여움을 사 의금부에 갇히기도 했다.

같이하고 법도를 같이하는 때를 당하여 언문을 창작하신 것은 보고 듣기에 놀라움이 있습니다. 설혹 말하기를, '언문은 모두 옛 글자를 본뜬 것이고 새로 된 글자가 아니라.' 하지만, 글자의 형상은 비록 옛날의 전문篆文을 모방하였을지라도 음을 쓰고 글자를 합하는 것은 모두 옛것에 반대되니 실로 의거할 데가 없사옵니다. 만일 중국에라도 흘러 들어가서 혹시라도 비난하여 말하는 자가 있사오면, 어찌 대국을 섬기고 중화를 사모하는 데에 부끄러움이 없사오리까.

1. 옛부터 구주473)의 안에 풍토는 비록 다르오나 지방의 말에 따라 따로 문자를 만든 것이 없사옵고, 오직 몽골·서하·여진·일본과 서번西蕃의 종류가 각기 그 글자가 있으되, 이는 모두 이적(오랑캐)의 일이므로 족히 말할 것이 없사옵니다. 옛글에 말하기를, '화하華夏를 써서 이적을 변화시킨다.' 하였고, 화하가 이적으로 변한다는 것은 듣지 못하였습니다. 역대로 중국에서 모두 우리나라는 기자箕子의 남긴 풍속이 있다 하고, 문물과 예악을 중화에 견주어 말하기도 하는데, 이제 따로 언문을 만드는 것은 중국을 버리고 스스로 이적과 같아지려는 것으로서, 이른바 소합향蘇合香을 버리고 당랑환螳螂丸을 취함이오니, 어찌 문명의 큰 흠절이 아니오리까.

1. 신라 설총474)의 이두는 비록 야비한 이언俚言이오나, 모두 중국에서 통행하는 글자를 빌어서 어조語助에 사용하였기에, 문자가 원래 서로 분리된 것이 아니므로, 비록 서리나 복예의 무리에 이르기까지라도 반드시 익히려 하면, 먼저 몇 가지 글을 읽어서 대강 문자를 알게 된 연후라야 이두를 쓰게 되옵는데, 이두를 쓰는 자는 모름지기 문자에 의거하여야 능히 의사를 통하게 되는 때문에, 이두로 인하여 문자를 알게 되는 자가 자못 많사오니, 또한 학문을 흥기시키는 데에 한 도움이 되었습니다. 만약 우리나라가 원래부터 문자를 알지 못하여 결승475)하는 세대라면 우선 언문을 빌어서 한때의 사용에 이바지하는 것은 오히려 가할 것입니다. 그래도 바른 의논을

---

473) **구주**九州: 중국 전토.

474) **설총**薛聰: 이두 문자를 정리하고 발전시킨 신라 3문장으로 불리는 대학자. 신라 10현 중 한 사람으로 자는 총지이며 원효와 요석공주 사이의 아들로 태어나 자신의 학문적 식견을 바탕으로 왕의 총애와 신임을 얻으면서 정치적으로 진출했다. 682년 국학이 교육기관으로 정신기능을 발휘하기 시작했을 때 국학의 설립과 교육에도 크게 공헌했으며 구경을 우리말로 읽어 학생들에게 강론하는 등 유학 발전에도 기여했다. 후세에 이르러 우리말로 경서를 읽는 방법을 터득하면서 이두를 정리하고 집대성했다. 뛰어난 문장가였다고 전해지나 『화왕계』 외에는 남아 있지 않다.

475) **결승**結繩: 끈을 맺는 방법으로 의견을 교환하고 사물의 기억을 하게 하는 것.

고집하는 자는 반드시 말하기를, '언문을 시행하여 임시 방편을 하는 것보다는 차라리 더디고 느릴지라도 중국에서 통용하는 문자를 습득하여 길고 오랜 계책을 삼는 것만 같지 못하다.'고 할 것입니다. 하물며 이두는 시행한 지 수천 년이나 되어 부서[476]나 기회[477] 등의 일에 방애[478]됨이 없사온데, 어찌 예로부터 시행하던 폐단 없는 글을 고쳐서 따로 야비하고 상스러운 무익한 글자를 창조하시나이까. 만약에 언문을 시행하오면 관리된 자가 오로지 언문만을 습득하고 학문하는 문자를 돌보지 않아서 이원[479]이 둘로 나뉘어질 것이옵니다. 진실로 관리 된 자가 언문을 배워 통달한다면, 후진(후배)이 모두 이러한 것을 보고 생각하기를, 27자의 언문으로도 족히 세상에 입신할 수 있다고 할 것이오니, 무엇 때문에 고심노사(마음속으로 애를 쓰며 속을 태움)하여 성리의 학문을 궁리하려 하겠습니까.

이렇게 되오면 수십 년후에는 문자를 아는 자가 반드시 적어져서, 비록 언문으로써 능히 이사(관리의 사무)를 집행한다 할지라도, 성현의 문자를 알지 못하고 배우지 않아서 담을 대하는 것처럼 사리의 옳고 그름에 어두울 것이오니, 언문에만 능숙한들 장차 무엇에 쓸 것이옵니까. 우리나라에서 오래 쌓아 내려온 우문[480]의 교화가 점차로 땅을 쓸어버린 듯이 없어질까 두렵습니다. 전에는 이두가 비록 문자 밖의 것이 아닐지라도 유식한 사람은 오히려 야비하게 여겨 이문[481]으로써 바꾸려고 생각하였는데, 하물며 언문은 문자와 조금도 관련됨이 없고 오로지 시골의 상말을 쓴 것이겠습니까. 가령 언문이 전조(바로 전조의 왕조) 때부터 있었다 하여도 오늘의 문명한 정치에 변로지도[482]하려는 뜻으로서 오히려 그대로 물려받을 수 있겠습니까. 반드시 고쳐 새롭게 하자고 의논하는 자가 있을 것으로서 이는 환하게 알 수 있는 이치이옵니다. 옛것을 싫어하고 새 것을 좋아하는 것은 고금에 통한 우환이온데, 이번의 언문은 새롭고 기이한 한 가지 기예[483]에 지나지 못한 것으로서, 학문에 방해됨이 있

---

476) **부서**簿書 : 장부와 문서.

477) **기회**期會 : 회계와 관련하여 기한을 맞추는 것.

478) **방애**防礙 : 막거나 헤살을 놓아 일이 순조롭게 진행되지 못하게 함.

479) **이원**吏員 : 지방관아에 딸렸던 하급 관리.

480) **우문**右文 : 학문을 숭상함.

481) **이문**吏文 : 중국과 주고받던 외교 문서 및 관용의 공문에 쓰이던 서체.

482) **변로지도**變魯至道 : 선왕先王의 유풍만 있고 행하여지지 않던 노魯나라를 변하여 도道에 이르게 한다는 뜻.

고 정치에 유익함이 없으므로, 아무리 되풀이하여 생각하여도 그 옳은 것을 볼 수 없사옵니다.

1. 만일에 말하기를, '형살에 대한 옥사같은 것을 이두 문자로 쓴다면, 문리를 알지 못하는 어리석은 백성이 한 글자의 착오로 혹 원통함을 당할 수도 있겠으나, 이제 언문으로써 그 말을 직접 써서 읽어 듣게 하면, 비록 지극히 어리석은 사람일지라도 모두 다 쉽게 알아들어서 억울함을 품을 자가 없을 것이라.' 하오나, 예로부터 중국은 말과 글이 같아도 옥송(형사상의 송사) 사이에 원왕⁴⁸⁴⁾한 것이 심히 많습니다. 가령 우리 나라로 말하더라도 옥에 갇혀 있는 죄수로서 이두를 해득하는 자가 친히 초사⁴⁸⁵⁾를 읽고서 허위인 줄을 알면서도 매를 견디지 못하여 그릇 항복하는 자가 많사오니, 이는 초사의 글 뜻을 알지 못하여 원통함을 당하는 것이 아님이 명백합니다. 만일 그러하오면 비록 언문을 쓴다 할지라도 무엇이 이보다 다르오리까. 이것은 형옥刑獄의 공평하고 공평하지 못함이 옥리(형벌에 관한 일을 심리하던 관리)의 어떠하냐에 있고, 말과 문자의 같고 같지 않음에 있지 않은 것을 알 수 있으니, 언문으로써 옥사를 공평하게 한다는 것은 신 등은 그 옳은 줄을 알 수 없사옵니다.

1. 무릇 사공事功을 세움에는 가깝고 빠른 것을 귀하게 여기지 않사온데, 국가가 근래에 조치하는 것이 모두 빨리 이루는 것을 힘쓰니, 두렵건대, 정치하는 체제가 아닌가 하옵니다. 만일에 언문은 할 수 없어서 만드는 것이라 한다면, 이것은 풍속을 변하여 바꾸는 큰 일이므로, 마땅히 재상으로부터 아래로는 백료에 이르기까지 함께 의논하되, 나라 사람이 모두 옳다 하여도 오히려 선갑先甲 후경後庚하여 다시 세 번을 더 생각하고, 제왕에 질정하여 어그러지지 않고 중국에 상고하여 부끄러움이 없으며, 백세百世라도 성인聖人을 기다려 의혹됨이 없은 연후라야 이에 시행할 수 있는 것이옵니다. 이제 넓게 여러 사람의 의논을 채택하지도 않고 갑자기 이배(이서의 무리) 10여 인으로 하여금 가르쳐 익히게 하며, 또 가볍게 옛사람이 이미 이룩한 운서韻書를 고치고 근거 없는 언문을 부회⁴⁸⁶⁾하여 공장⁴⁸⁷⁾ 수십 인을 모아 각본刻本하여서 급하게 널리 반포하려 하시니, 천하 후세의 공의(공평한 의론)에 어떠하겠습니까. 또

---

483) **기예**技藝: 갈고 닦은 기술이나 재주 또는 솜씨.

484) **원왕**冤枉: 억울하게 잘못됨.

485) **초사**招辭: 지난날, 죄인이 범죄 사실을 진술하던 말. 공초供招.

486) **부회**附會: 큰 모임 가운데 각 부문별로 나누어서 하는 모임.

487) **공장**工匠: 공방에서 연장으로 물품을 만들던 사람.

한 이번 청주 초수리에 거동하시는 데도 특히 연사가 흉년인 것을 염려하시어 호종하는 모든 일을 힘써 간략하게 하셨으므로, 전일에 비교하오면 10에 8, 9는 줄어들었고, 계달하는 공무公務에 이르러도 또한 의정부에 맡기시어, 언문 같은 것은 국가의 급하고 부득이하게 기한에 미쳐야 할 일도 아니온데, 어찌 이것만은 행재(임금이 멀리 거동함)에서 급급하게 하시어 성궁(임금을 높여 부름)을 조섭하시는 때에 번거롭게 하시나이까. 신 등은 더욱 그 옳음을 알지 못하겠나이다.

1. 선유(선대 유학자)가 이르기를, '여러가지 완호(노리개감)는 대개 지기志氣를 빼앗는다.' 하였고, '서찰에 이르러서는 선비의 하는 일에 가장 가까운 것이나, 외곬으로 그것만 좋아하면 또한 자연히 지기가 상실된다.' 하였습니다. 이제 동궁이 비록 덕성이 성취되셨다 할지라도 아직은 성학에 잠심(마음을 두어 깊이 생각함)하시어 더욱 그 이르지 못한 것을 궁구해야 할 것입니다. 언문이 비록 유익하다 이를지라도 특히 문사의 육예六藝의 한 가지일 뿐이옵니다. 하물며 만에 하나도 정치하는 도리에 유익됨이 없사온데, 정신을 연마하고 사려를 허비하며 날을 마치고 때를 옮기시오니, 실로 시민時敏의 학업에 손실되옵니다. 신 등이 모두 문묵(시문을 짓거나 서화를 그리는 일)의 보잘것없는 재주로 시종侍從에 대죄[488]하고 있으므로, 마음에 품은 바가 있으면 감히 함묵할 수 없어서 삼가 폐부(마음속 깊이)를 다하와 우러러 성총을 번독하나이다."

임금이 소疏를 보고, 만리萬理 등에게 이르기를,

"너희들이 이르기를, '음音을 사용하고 글자를 합한 것이 모두 옛 글에 위반된다.' 하였는데, 설총의 이두도 역시 음이 다르지 않으냐. 또 이두를 제작한 본뜻이 백성을 편리하게 하려 함이 아니하겠느냐. 만일 그것이 백성을 편리하게 한 것이라면 이제의 언문은 백성을 편리하게 하려 한 것이다. 너희들이 설총은 옳다 하면서 군상의 하는 일은 그르다 하는 것은 무엇이냐. 또 네가 운서韻書를 아느냐. 사성칠음四聲七音에 자모字母가 몇이나 있느냐. 만일 내가 그 운서를 바로잡지 아니하면 누가 이를 바로잡을 것이냐. 또 소疏에 이르기를, '새롭고 기이한 하나의 기예라.' 하였으니, 내 늘그막에 날[日]을 보내기 어려워서 서적으로 벗을 삼을 뿐인데, 어찌 옛것을 싫어하고 새 것을 좋아하여 하는 것이겠느냐. 또는 전렵(사냥)으로 매사냥을 하는 예도 아닌데 너희들의 말은 너무 지나침이 있다. 그리고 내가 나이 늙어서 국가의 서무[489]를 세자에게 오로지 맡겼으니, 비록 세미細微한 일일지라도 참예하여 결정함이 마땅하거든, 하물며 언문이겠느

---

488) **대죄**待罪 : 근무한다는 말을 낮추어 이름.

489) **서무**庶務 : 특별한 명목이 없는 여러 가지 일반적인 사무.

냐. 만약 세자로 하여금 항상 동궁에만 있게 한다면 환관에게 일을 맡길 것이냐. 너희들이 시종하는 신하로서 내 뜻을 밝게 알면서도 이러한 말을 하는 것은 옳지 않다."
만리萬理 등이 대답하기를,
"설총의 이두는 비록 음이 다르다 하나, 음에 따르고 해석에 따라 어조語助와 문자가 원래 서로 떨어지지 않사온데, 이제 언문은 여러 글자를 합하여 함께 써서 그 음과 해석을 변한 것이고 글자의 형상이 아닙니다. 또 새롭고 기이한 한 가지의 기예라 하온 것은 특히 문세(글의 기세와 힘)에 인하여 이 말을 한 것이옵고 의미가 있어서 그러한 것은 아니옵니다. 동궁은 공사(관청의 일)라면 비록 세미한 일일지라도 참결參決하시지 않을 수 없사오나, 급하지 않은 일을 무엇 때문에 시간을 허비하며 심려하시옵니까."
"전번에 김문이 아뢰기를, '언문을 제작함에 불가할 것은 없습니다.' 하였는데, 지금은 도리어 불가하다 하고, 또 정창손은 말하기를, '삼강행실을 반포한 후에 충신·효자·열녀의 무리가 나옴을 볼 수 없는 것은, 사람이 행하고 행하지 않는 것이 사람의 자질 여하에 있기 때문입니다. 어찌 꼭 언문으로 번역한 후에야 사람이 모두 본받을 것입니까.' 하였으니, 이따위 말이 어찌 선비의 이치를 아는 말이겠느냐. 아무짝에도 쓸데없는 용속490)한 선비이다."
먼젓번에 임금이 정창손에게 하교하기를,
"내가 만일 언문으로 삼강행실을 번역하여 민간에 반포하면 어리석은 남녀가 모두 쉽게 깨달아서 충신·효자·열녀가 반드시 무리로 나올 것이다."
창손이 이 말로 계달한 때문에 이제 이러한 하교가 있은 것이었다. 임금이 또 하교하기를,
"내가 너희들을 부른 것은 처음부터 죄주려 한 것이 아니고, 다만 소疏 안에 한두 가지 말을 물으려 하였던 것인데, 너희들이 사리를 돌아보지 않고 말을 변하여 대답하니, 너희들의 죄는 벗기 어렵다."
드디어 부제학 최만리·직제학 신석조·직전 김문, 응교 정창손·부교리 하위지·부수찬 송처검, 저작랑 조근을 의금부에 내렸다가 이튿날 석방하라 명하였는데, 오직 정창손만은 파직시키고, 인하여 의금부에 전지하기를,
"김문이 앞뒤에 말을 변하여 계달한 사유를 국문하여 아뢰라." -『세종실록』, 1444년 2월 20일

1446년 음력 9월 29일에 훈민정음을 반포하였다. 『훈민정음 해례본』이 함께 간행되었는데, 이 책에는 훈민정음의 창제목적과 원리, 사용법 등을 상세히 설

---

490) **용속**庸俗: 평범하고 속되어 특징이 없음..

명하고 있다. 세종은 하급 관리를 뽑을 때 훈민정음을 시험 과목에 추가하도록 하였고, '삼강행실'과 같은 국가 윤리를 훈민정음으로 풀어 백성들에게 가르치도록 하였는데 이 두가지 사항을 조선 최고의 법전인 경국대전에 명문화하였다.

사서(논어·맹자·중용·대학)를 훈민정음으로 번역하게했고 백성들이 관가에 제출하는 서류를 훈민정음으로 작성토록 했으며 형률 적용 과정에서 그 내용을 훈민정음으로 번역하여 알려 주도록 했다. 궁중의 여인들에게 모두 훈민정음을 익히도록 하고 세종 자신은 조정의 대신과 기관에 훈민정음으로 글을 내리기도 했다. 이후로 민간과 조정의 일부 문서에서 훈민정음을 사용했다. 이러한 훈민정음 보급 정책에 따라 훈민정음은 점차 퍼져 나갔다.

1443년 12월 30일 훈민정음을 창제하였다.

實錄記事 1446년 9월 29일, 『훈민정음』이 만들어지다. 어제와 예조 판서 정인지의 서문

이달에 『훈민정음』이 이루어졌다. 어제(임금이 몸소 짓거나 만듦)에, "나랏말이 중국과 달라 문자와 서로 통하지 아니하므로, 우매한 백성들이 말하고 싶은 것이 있어도 마침내 제 뜻을 잘 표현하지 못하는 사람이 많다. 내 이를 딱하게 여기어 새로 28자를 만들었으니, 사람들로 하여금 쉬 익히어 날마다 쓰는 데 편하게 할 뿐이다. ㄱ은 아음이니 군君자의 첫 발성과 같은데 가로 나란히 붙여 쓰면 뀨虯자의 첫 발성과 같고, ㅋ은

정인지

아음이니 쾌快자의 첫 발성과 같고, ㆁ은 아음이니 업業자의 첫 발성과 같고, ㄷ은 설음이니 두斗자의 첫 발성과 같은데 가로 나란히 붙여 쓰면 담覃자의 첫 발성과 같고, ㅌ은 설음이니 탄呑자의 첫 발성과 같고, ㄴ은 설음이니 나那자의 첫 발성과 같고, ㅂ은 순음이니 별彆자의 첫 발성과 같은데 가로 나란히 붙여 쓰면 보步자의 첫 발성과 같고, ㅍ은 순음이니 표漂자의 첫 발성과 같고, ㅁ은 순음이니 미彌자의 첫 발성과 같고, ㅈ은 치음이니 즉卽자의 첫 발성과 같은데 가로 나란히 붙여 쓰면 자慈자의 첫 발성과 같고, ㅊ은 치음이니 침侵자의 첫 발성과 같고, ㅅ은 치음이니 수戌자의 첫 발성과 같은데 가로 나란히 붙여 쓰면 사邪자의 첫 발성과 같고, ㆆ은 후음이니 읍挹자의 첫 발성과 같고, ㅎ은 후음喉音이니 허虛자의 첫 발성과 같은데 가로 나란히 붙여 쓰면 홍洪자의 첫 발성과 같

고, ㅇ은 후음이니 욕欲자의 첫 발성과 같고, ㄹ은 반설음이니 려閭자의 첫 발성과 같고, ㅿ는 반치음이니 양穰자의 첫 발성과 같고, ·은 탄吞자의 중성과 같고, ㅡ는 즉卽자의 중성과 같고, ㅣ는 침侵자의 중성과 같고, ㅗ는 홍洪자의 중성과 같고, ㅏ는 담覃자의 중성과 같고, ㅜ는 군君자의 중성과 같고, ㅓ는 업業자의 중성과 같고, ㅛ는 욕欲자의 중성과 같고, ㅑ는 양穰자의 중성과 같고, ㅠ는 슐戌자의 중성과 같고, ㅕ는 별彆자의 중성과 같으며, 종성은 다시 초성으로 사용하며, ㅇ을 순음脣音 밑에 연달아 쓰면 순경음이 되고, 초성을 합해 사용하려면 가로 나란히 붙여 쓰고, 종성도 같다. ·, ㅡ, ㅗ, ㅜ, ㅛ, ㅠ는 초성의 밑에 붙여 쓰고, ㅣ, ㅓ, ㅏ, ㅑ, ㅕ는 오른쪽에 붙여 쓴다. 무릇 글자는 반드시 합하여 음을 이루게 되니, 왼쪽에 1점을 가하면 거성이 되고, 2점을 가하면 상성이 되고, 점이 없으면 평성이 되고, 입성은 점을 가하는 것은 같되 촉급하게 된다."
예조 판서 정인지의 서문에,

> 천지天地 자연의 소리가 있으면 반드시 천지 자연의 글이 있게 되니, 옛날 사람이 소리로 인하여 글자를 만들어 만물의 정을 통하여서, 삼재[491]의 도리를 기재하여 뒷세상에서 변경할 수 없게 한 까닭이다.

"천지天地 자연의 소리가 있으면 반드시 천지 자연의 글이 있게 되니, 옛날 사람이 소리로 인하여 글자를 만들어 만물의 정을 통하여서, 삼재[491]의 도리를 기재하여 뒷세상에서 변경할 수 없게 한 까닭이다. 그러나, 사방의 풍토가 구별되매 성기聲氣도 또한 따라 다르게 된다. 대개 외국의 말은 그 소리는 있어도 그 글자는 없으므로, 중국의 글자를 빌려서 그 일용에 통하게 하니, 이것이 둥근 장부가 네모진 구멍에 들어가 서로 어긋남과 같은데, 어찌 능히 통하여 막힘이 없겠는가. 요는 모두 각기 처지에 따라 편안하게 해야만 되고, 억지로 같게 할 수는 없는 것이다. 우리 동방의 예악 문물이 중국에 견주되었으나 다만 방언方言과 이어俚語만이 같지 않으므로, 글을 배우는 사람은 그 지취旨趣의 이해하기 어려움을 근심하고, 옥사를 다스리는 사람은 그 곡절의 통하기 어려움을 괴로워하였다. 옛날에 신라의 설총이 처음으로 이두를 만들어 관부와 민간에서 지금까지 이를 행하고 있지마는, 그러나 모두 글자를 빌려서 쓰기 때문에 혹은 간삽하고 혹은 질색하여, 다만 비루하여 근거가 없을 뿐만 아니라 언어의 사이에서도 그 만분의 일도 통할 수가 없었다. 계해년 겨울에 우리 전하께서 정음正音 28자를 처음으로 만들어 예의)를 간략하게 들어 보이고 명칭을 『훈민정음』이라 하였다. 물건의 형상을 본떠서 글자는 고전古篆을

---

491) **삼재**三才 : 천天·지地·인人.

모방하고, 소리에 인하여 음音은 칠조492)에 합하여 삼극493)의 뜻과 이기494)의 정묘함이 구비 포괄되지 않은 것이 없어서, 28자로써 전환하여 다함이 없이 간략하면서도 요령이 있고 자세하면서도 통달하게 되었다. 그런 까닭으로 지혜로운 사람은 아침나절이 되기 전에 이를 이해하고, 어리석은 사람도 열흘 만에 배울 수 있게 된다. 이로써 글을 해석하면 그 뜻을 알 수가 있으며, 이로써 송사를 청단하면 그 실정을 알아낼 수가 있게 된다. 자운字韻은 청탁을 능히 분별할 수가 있고, 악가는 율려律呂가 능히 화합할 수가 있으므로 사용하여 구비하지 않은 적이 없으며 어디를 가더라도 통하지 않는 곳이 없어서, 비록 바람소리와 학의 울음이든지, 닭울음소리나 개짖는 소리까지도 모두 표현해 쓸 수가 있게 되었다. 마침내 상세히 해석을 가하여 여러 사람들을 깨우치게 하라고 명하시니, 이에 신臣이 집현전 응교 최항, 부교리 박팽년과 신숙주, 수찬 성삼문, 돈녕부 주부 강희안, 행 집현전 부수찬 이개·이선로 등과 더불어 삼가 모든 해석과 범례를 지어 그 경개를 서술하여, 이를 본 사람으로 하여금 스승이 없어도 스스로 깨닫게 되었다. 그러나 그 연원의 정밀한 뜻의 오묘한 것은 신臣 등이 능히 발휘할 수 있는 바가 아니다. 삼가 생각하옵건대, 우리 전하께서는 하늘에서 낳으신 성인聖人으로써 제도와 시설이 백대百代의 제왕보다 뛰어나시어, 정음正音의 제작은 전대의 것을 본받은 바도 없이 자연히 이루어졌으니, 그 지극한 이치가 있지 않은 곳이 없으므로 한 사람의 사적인 업적이 아니라고 하겠는가? 대체로 동방에 나라가 있은 지가 오래되지 않은 것이 아니나, 만물의 뜻을 깨달아 모든 일을 이루는 큰 지혜는 대개 오늘날에 기다리고 있을 것인져."

― 『세종실록』, 1446년 9월 29일

집현전의 확장과 엘리트 인재를 양성하다

세종은 믿을 만한 새 인재를 뽑는 일은 집권 초기에 가장 공을 들였다. 강력한 왕권을 유지하기 위해서는 왕의 뜻을 잘 이해하고 보필할 충성스러운 신하가 필요했다. 세종은 새로 등용된 인재들을 효과적으로 육성하고 관리하기 위해 집현전을 활용하였다. 집현전은 고려 인종 때 처음 만들어진 기관이지만, 고려 말기와

---

492) 칠조七調: 칠음七音. 곧 궁宮·상商·각角·치緻·우羽·변치變緻·변궁變宮의 일곱 음계音階.

493) 삼극三極: 천天·지地·인人.

494) 이기二氣: 음양陰陽.

조선 초기에는 거의 유명무실한 기관이 되었는데, 세종이 1420년(세종 2년) 집현전(학문 연구를 위해 궁중에 설치한 기관)의 기구를 확장해 궁중에 새롭게 설치했다.

젊은 문신들에게 휴가를 주어 학문에 전념하게 한 사가독서제495)와 같은 유급휴가 제도를 둔 것도 경전 연구에만 몰두할 수 있도록 했다. 대표적인 집현전 출신 관료는 정인지496), 신숙주, 성삼문, 최항497), 이개, 하위지 등이 있었다.

최항

집현전은 정치적 역량을 뒷받침한 최고의 인재 양성소였지만, 집현전 학사들은 성균관과 사학(중등 정도의 교육기관)의 교관을 겸임하며 후진 교육에도 앞장섰다. 세종은 집현전 학자들의 역량을 활용하여 건국 초기의 혼란 속에서 제대로 정착되지 못했던 문물과 제도를 정비하고, 국가 경영에 기반이 되는 여러 서적을 간행하였다.

---

495) **사가독서제**賜暇讀書制 : 세종 6년(1424년) 집현전 학사 가운데 젊고 재주가 있는 사람을 골라 출근하지 않고 집에서 학문 연구에 전념하게 한 데서 비롯되었다. 바로 재충전 기회를 준 것이다.

496) **정인지**鄭麟趾 : 세종이 즉위한 뒤 집현전 융성책에 맞춰 큰 활약을 했다. 판중추부사로 있으면서 수양대군에 협조해 계유정난에 적극적으로 참여했다. 경서와 예학에 통하고 문장에도 능했으며 사서 편찬에 깊이 관여해 조선 초기에 정립한 정사의 편제와 사관제도 정비에 많은 공을 세웠다. 훈민정음 창제에도 공이 컸으며, 권제, 안지 등과 함께 『용비어천가』를 지었다.

497) **최항**崔恒 : 1443년에는 집현전 학사로 정인지 등과 훈민정음 창제에 참여하고, 『훈민정음』을 한글로 옮겨 풀었으며, 「용비어천가」에 주를 달아 풀이하였다. 1444년 집현전 교리로서 오례를 찬진, 1445년 집현전 응교로 용비어천가를 창제에 참여하고, 이어 동국정운 훈민정음해례용비어천가보수 등을 찬진하였으며, 1448년 집현전 직제학에 올랐다. 1450년 선위사가 되어 명나라 사신을 맞이하여 접대하였으며 우사간대부로 동지춘추관사를 겸하여 『세종실록』 편찬에 참여하였다. 1451년 좌사간대부로 수사관을 겸하여 『고려사』를 개찬하고, 집현전 부제학에 올라 『통감훈의』를 편찬하여 그 공으로 가자되었다. 이어 『문종실록』에 참여하였다. 1453년(단종 1년) 동부승지로 있을 때, 절재 김종서를 제거한 수양대군을 맞이하여, 단종에게 보고한 공으로 정난공신 1등에 책록되었다.

4군 6진 개척과 대마도를 정벌하다

세종 대는 조선 시대를 통틀어 가장 막강한 국방력을 자랑한 시대였다. 조선 건국 초기에는 급변하는 동아시아의 정세와 왜구의 침입, 1, 2차에 걸친 왕자의 난 등으로 나라 안팎이 시끄러웠다. 하지만 태종이 왕위에 오르면서 강력한 왕권을 바탕으로 국내 정세는 점차 안정되었다. 문제는 북방의 여진족과 노략질을 일삼는 왜구였다.

4군6진

1419년(세종 1년) 조선은 대마도 정벌에 나섰다. 물론 이것은 당시 병권을 쥐고 있던 상왕 태종이 주도한 것이었다. 태종은 그 동안 조선을 계속 괴롭혀 온 왜구의 근거지인 대마도를 토벌해 세종의 부담을 덜어 주고자 했다. 사실 왜구의 침략은 조선이 건국되기 전부터 골칫거리였다. 태조 이성계가 고려에서 무장으로서 명성을 떨치기 시작한 것도 내륙까지 들어온 왜구를 크게 무찌른 황산대첩 덕분이었다. 이후 줄어들기는 했지만 조선 초기에도 왜구의 노략질은 여전히 계속되었다. 이에 태종은 대마도 정벌을 결심하게 되었다.

이종무

삼군 도제찰사 이종무[498]를 총사령관으로 한 대마도 정벌군의 규모는 전선戰

---

498) **이종무**李從茂: 1419년(세종 1년) 원정군을 이끌고 왜구의 소굴이던 쓰시마 섬을 정벌했다. 조선 건국 후 1397년(태조 6년) 옹진만호로 있을 때, 왜구를 격퇴하여 그 공으로 첨절제사에 올랐다. 1400년(정종 2년) 제2차 왕자의 난 때, 상장군으로 방간의 군사를 무찔러 좌명공신 4등에 녹훈되고 통원군에 봉해졌다. 1413년 동북면도안무사 겸 병마절도사, 1417년 좌참찬 등을 거쳐, 1419년(세종 1년) 삼군도체찰사가 되었다. 태종이 쓰시마 정벌을 계획하자 삼군도체찰사의 직위에 있던 이종무는 전함 227척, 군량 65일분, 군졸 1만 7,285명을 거느리고 쓰시마 섬 정벌에 나섰다. 이종무는 섬에 상륙해 왜구의 크고 작은 배 129척과 가호 1,940여 호를 불태웠으며, 적 114급을 베고 포로로 잡혀 있던 중국인 수백 명을 구출하는 대승을

船이 227척, 군사가 1만 7천여 명에 이르렀다. 정벌군은 왜구에게 큰 피해를 입혔으나 아군의 피해도 적지 않았다. 그래서 1419(세종 1년)년의 대마도 정벌을 완승한 전투로만 보기는 어렵다. 그래도 이를 계기로 조선은 왜구와 평화협정을 맺는 등 소기의 성과를 거두었고, 세종의 재위 기간 내내 왜구와 큰 충돌 없이 평화롭게 지낼 수 있었다.

實錄記事 1419년 5월 7일, 충청도 비인현에 왜적 500여 척이 침입하다

충청 관찰사 정진이 급히 알리기를,
"본월 초5일 새벽에 왜적의 배 50여 척이 돌연 비인현 도두음곶이에 이르러, 우리 병선을 에워싸고 불살라서, 연기가 자욱하게 끼어 서로를 분별하지 못할 지경이다."
상왕이 곧 명하기를,
"그 도道 시위 별패와 하번 갑사와 수호군을 징집하여, 당하영선군과 같이 엄하게 방비할 것이며, 총제 성달생은 경기·황해·충청 수군 도처치사에, 상호군 이각은 경기 수군 첨절제사에, 이사검은 황해도 수군 첨절제사에, 전 총제 왕인은 충청도 수군 도절제사에 명하고, 또 해주 목사 박영은 황해도병마도절제사를 겸하게 하라."
박은이 계하기를,
"국가에서 왜인을 대접하기를 극히 후하게 하였는데, 이제 우리 변방을 침략하니, 무신無信함이 이와 같다. 평도전平道全은 성은聖恩을 후히 입고 벼슬이 상호군에 이르렀으니, 마땅히 도전을 보내어서 싸움을 돕게 할 것이니, 이제 만일 그 힘을 이용하지 아니하면 장차 어디에 쓰리오. 죽이는 것도 가하다."
곧 명하여 도전을 충청도 조전 병마사로 삼고, 같은 왜인 16명을 거느리고 가게 하니, 도전은 원래 일본 사람이다.

— 『세종실록』, 1419년 5월 7일

實錄記事 1419년 5월 7일, 충청 관찰사 정진이 왜구와의 접전 상황을 보고하다

수레가 고양현 가둔원 앞에 머물렀다. 정진이 또 보고하기를,
"왜적이 도두음곶이에 들어왔을 때에 만호 김성길이 술에 취하여, 방비를 하지 아니하여, 적선 32척이 우리 병선 7척을 탈취하여 불사르고, 우리 군사가 죽은 사람이 태반이

거두었다. 이를 계기로 고려말 이래 우리나라의 해안지역을 노략질하던 왜구의 활동이 거의 사라지고, 이후 임진왜란 전까지 쓰시마 섬과의 평화적인 통상관계가 지속되었다.

라, 성길이 그 아들 김윤과 같이 항거하며 싸우다가, 성길이 창에 찔려 물에 떨어졌으나, 헤엄쳐서 겨우 살고, 윤은 적을 쏘아 세 사람을 죽이었으나, 돌아다보니, 그 사이에 아비가 이미 물에 빠져서 죽었으므로, '아비가 이미 물에 떨어져 죽었으니, 내가 어찌 혼자 싸우다가 적의 손에 죽으리오.' 하고, 드디어 물에 떨어져 죽었다. 적이 이긴 기세를 타고 육지에 오르니, 비인 현감 송호생이 군사를 거느리고 맞아 싸웠으나, 군사가 적으므로, 물러가서 현縣의 성성城을 지키는 중, 적은 성을 두어 겹이나 에워싸고 아침 진시(辰時: 오전 일곱 시부터 아홉 시까지)로부터 낮 오시(午時: 오전 11시부터 오후 1시까지)까지 싸웠더니, 성은 거의 함락하게 되었고, 적은 성 밖에 있는 민가의 닭과 개를 노략하여 거의 다 없어지게 되었다. 지서천군사 김윤과 남포진 병마사 오익생이 군사를 거느리고 잇달아 이르러서 함께 싸워, 각각 일급씩을 베어 죽이고, 호생은 또 성 밖에 나와서, 살 맞으면서 힘껏 싸워 한 사람을 사로잡았더니, 적이 포위하였던 것을 풀고 돌아갔다."

양상兩上이 이것을 듣고 크게 놀랐다. 박은이 계하기를,

"충청도 병마 도절제사 김상려는 팔이 병신이고 또 재주는 없으나, 창졸간에 장수를 바꾸는 것이 불가하니, 우선 적임자를 가려 보내어, 싸움을 돕게 하고, 일이 정돈되거든, 다른 사람으로 대신하는 것이 좋겠다."

이에 첨총제 이중지로 충청도 조전 병마 도절제사를 삼았다. 임금이 원숙에게 명하여 중지에게 말하기를,

"장차 승차(한 관아 안에서 윗자리의 벼슬로 오름)해 줄 것이니, 경은 금을 띠고 행하지 못함을 불만스럽게 생각지 말라."

또 상호군 조치를 충청도 체복사를 삼았다. 성달생·이중지·조치·이각·평도전들은 명을 받고 곧 전지로 갔다.

- 『세종실록』, 1419년 5월 7일

實錄記事 1419년 5월 14일, 상왕과 임금이 대신들을 불러 대마도 치는 문제를 의논하다

양상兩上이 유정현·박은·이원·허조를 불러,

"허술한 틈을 타서 대마도를 치는 것이 좋을까 어떨까."

모두 아뢰기를,

"허술한 틈을 타는 것은 불가하고, 마땅히 적이 돌아오는 것을 기다려서 치는 것이 좋습니다."

유독 조말생만이,

"허술한 틈을 타서 쳐야 합니다."

상왕이 말하기를,

"금일의 의논이 전일에 계책한 것과 다르니, 만일 물리치지 못하고 항상 침노만 받는다면, 한漢나라가 흉노에게 욕을 당한 것과 무엇이 다르겠는가. 그러므로 허술한 틈을 타서 쳐부수는 것만 같지 못하였다. 그래서 그들의 처자식을 잡아 오고, 우리 군사는 거제도에 물러 있다가 적이 돌아옴을 기다려서 요격하여, 그 배를 빼앗아 불사르고, 장사하러 온 자와 배에 머물러 있는 자는 모두 구류拘留하고, 만일 명을 어기는 자가 있으면, 베어버리고, 구주九州에서 온 왜인만은 구류하여 경동驚動하는 일이 없게 하라. 또 우리가 약한 것을 보이는 것은 불가하니, 후일의 환이 어찌 다함이 있으랴."

곧 장천군 이종무를 삼군 도체찰사로 명하여, 중군中軍을 거느리게 하고, 우박·이숙묘·황상을 중군 절제사로, 유습을 좌군 도절제사로, 박초·박실을 좌군 절제사로, 이지실을 우군 도절제사로, 김을화·이순몽을 우군 절제사로 삼아, 경상·전라·충청의 3도 병선 2백 척과 하번 갑사, 별패, 시위패 및 수성군 영속과 재인과 화척499)·한량 인민·향리·일수 양반 중에서 배 타는 데 능숙한 군정들을 거느려, 왜구의 돌아오는 길목을 맞이하고, 6월 초8일에 각도의 병선들을 함께 견내량에 모여서 기다리기로 약속하였다. -『세종실록』, 1419년 5월 14일

實錄記事 1419년 5월 29일, 대마도 수호에게 보내어 화친할 것을 말한 글기

도체찰사에게 명하여, 먼저 사람을 보내어 글을 대마도 수호守護에게 주었으니, 그 글에 이르기를,

"의義를 사모하고 정성을 다한 자는 자손에게까지 마땅히 후하게 하려니와, 은혜를 배반하고 들어와 도적질한 자는 처와 자식까지도 아울러 죽일 것이니, 이것은 천리天理의 당연한 바요, 왕자의 대법이다. 대마도는 우리나라와 더불어 물 하나를 서로 바라보며 우리의 품안에 있는 것이어늘, 전조500)가 쇠란하였을 때에 그 틈을 타서 경인년으로부터 우리의 변경을 침략하였고, 군민을 죽이었으며, 가옥들을 불사르고 재산을 빼앗아 탕진하였다. 연해 지방에서는 사상자가 깔려 있는 지가 여러 해이다. 우리 태조 강헌 대왕이 용비龍飛하시어서 운運을 맞아서 너희들을 도와 편하게 하여 서로 믿고 지내게 하였으나, 오히려 또한 고치지도 아니하고, 병자년에는 동래에 들어와서 도적질하고, 병선을 빼앗고, 군사를 살육하였으며, 우리의 성덕 신공하신 상왕이 즉위하신 후 병술년에는 조운선을 전라도에서 빼앗아 갔고, 무자년에는 병선을 충청도에서

---

499) **화척**禾尺 : 백정.

500) **전조**前朝 : 고려.

불사르고 그 만호까지 죽였으며, 재차 제주에 들어와서는 살상이 또한 많았다. 그러나 우리 전하께서는 거치른 것[荒]과 때묻은 것을 포용하시는 도량이시므로, 너희들과 교계較計하고자 하지도 않으시고 올 적에는 예를 두터이 하여 대접하시었으며, 갈 때에도 물건을 갖추어서 후히 하시었다. 굶주림을 보고 도와주기도 하였고, 장사할 시장을 터주기도 하여, 너희들이 하자는 대로 하여 주지 아니한 것이 없다. 우리가 너희들에게 무엇을 저버린 일이 있었던가. 지금 또 배 32척을 거느리고 와서 우리의 틈을 살피며, 비인포에 잠입하여 배를 불사르고 군사를 죽인 것이 거의 3백이 넘는다. 황해를 거쳐서 평안도에 이르러 장차 명나라 지경을 침범하려 하니, 은혜를 잊고 의를 배반하며, 천도를 어지럽게 함이 심한 것이다. 변방을 지키는 장사가 비록 잡으려고 쫓아 갔으나, 만호 중僧 소오금을 도두음곶이에서 죽였고, 만호 중 요이를 백령도에서 죽였으며, 구라 등 60여 인을 다시 궐하에 끌고 오니, 우리 전하가 혁연히 성내면서 용서함이 없이 신을 명하여, 가서 그 죄를 묻게 하시니, 수죄하는 말에 이르기를, '수호의 선부先父는 조선 왕실을 마음껏 섬겨서 정성을 모으고 순종함을 본받았으니, 내 이를 심히 아름답게 여기었더니, 이제는 다 그만이로다. 내가 그 사람501)을 생각하여도 얻지 못하니, 그 자식 사랑하기를 그 아비와 같이 여기고 있다. 그렇기에 그들을 토죄할 적에도 수호의 친족들과 전일에 이미 순순히 항복하여 온 자와 지금 우리의 풍화風化를 사모하여 투항한 자들만은 죽이지 말고, 다만 입구入寇한 자의 처자식과 여당만을 잡아 오라고 한 것이다. 아아, 우리의 성덕 신공하신 상왕 전하의 지인 대의至仁大義는 멀리 고금에 뛰어나 천지를 움직이고 귀신을 감동케 하였으니, 수호는 우리 전하의 뜻을 받들어서 적당賊黨으로서 섬에 있는 자들은 모조리 쓸어서 보내되, 한 놈도 남기지 말고, 선부의 정성을 다하여 바치던 뜻을 이어 길이 길이 화호함을 도타이 하는 것이 어찌 너의 섬의 복이 아니겠는가. 만일 그렇지 못하면 뒷날에 뉘우쳐도 미치지 못할 것이니, 오직 수호는 삼가 도중島中의 사람으로서 대의를 알 만한 자들과 잘 생각하여라.'고 하였노라."

- 『세종실록』, 1419년 5월 29일

세종의 군사적 행보 중 가장 큰 성과는 4군과 6진의 개척이다. 당시 조선의 평안도 지역인 서북면과 함경도 지역인 동북면에는 여진족이 살고 있었다. 만주의 여진족들은 뚜렷한 국경선이 없는 틈을 타 종종 조선의 영역을 침범해 백성들을 괴롭혔다. 조선 조정은 건국 초기 여진족들에게 비교적 온건한 정책을

---

501) **그 사람** : 왜인의 선부.

썼다. 귀순해 오는 자들에게 성과 이름, 벼슬을 주고 정착해 살 수 있도록 하였다. 그러나 세종대에 이르러 여진족의 침범이 잦아지면서 조선 백성들이 입는 피해가 커지자 여진족에 대한 정책은 강경책으로 바뀌었다.

김종서

1433년 5월 7일 세종의 명을 받은 최윤덕[502]은 평안도와 황해도의 군사 1만 5천여 명을 이끌고 파저강 일대의 이만주를 토벌하였다. 그리고 여연과 강계 중간 지점의 자작리에 성을 쌓아 자성군이라 칭했다. 하지만 여진족의 침입이 계속 이어지자 이 지역을 포기해야 한다는 주장이 제기되었다. 중신들의 소극적인 간언을 뿌리치고 세종은 이천에게 군사 8천을 주어 여진족의 근거지인 우라산성을 공격하여 이들을 섬멸시켰다. 세종은 이 지역에 할거하던 여진족을 북방으로 몰아낸 뒤 무창, 우예에 2군을 추가 설치하고 4군을 완성하여 압록강 이남을 차지하였다. 1435년(세종 17년) 김종서[503]를 동북면으로 보내 경원, 경흥, 온성, 종성, 회령, 부령 등 6진을 개척했다. 동북면은 태조 이성계가 조선 개국 전에 활동했던 지역으로 조선에는 매우 중요한 지역이다. 세종의 영토 수호 및 확장에 대한 신념은 확고했다. 세종의 적극적인 노력으로 여진족의 침략으로부터 조선을 방어하고 영토의 북방 경계선을 확정 지을 수 있었다.

---

502) **최윤덕**崔潤德 : 1376년 태어나 1445년(세종 27년) 죽었다. 1419년(세종 1년) 삼군도통사가 되어 이종무와 함께 대마도를 정벌했고, 1421년에는 정조사로 명나라에 다녀왔다. 1433년에는 야인의 침입을 격파하여 우의정에 특진되었는데, 무관이 재상 직에 오를 수 없다는 소를 올렸으나 허락되지 않았다. 1435년에는 좌의정으로 승진했다.

503) **김종서**金宗瑞 : 세종 때 6진을 개척했으며 지략이 뛰어나고 강직했던 조선 초기의 문신. 자는 국경, 호는 절재로 태종 5년 문과에 급제해 상서원 직장, 행대감찰 등을 거쳐 세종 1년 사간원우정언이 됐다. 북변 강화의 필요성을 강경하게 주장해 세종으로 하여금 북방 경영에 적극적으로 대처하게 했다. 세종에게 두터운 신임을 얻어 북쪽 변방에서 여진족을 무찌르고 국토확장에 큰 공을 세웠다. 『고려사』, 『고려사절요』 등의 편찬 작업을 책임지는 등 학자와 관료로서의 능력도 갖췄지만 계유정난으로 사서들에서 이름이 모두 삭제됐다. 세종의 왕자들이 세력 확장을 도모하는 가운데 수양대군의 무사들에 의해 아들 승규와 함께 살해됐다.

實錄記事 1433년 5월 7일, 평안도 절제사 최윤덕이 파저강의 토벌에 관해 치계하다

평안도 절제사 최윤덕이 박호문을 보내어 치계하기를,
"선덕 8년 3월 17일에 공경히 부교符敎를 받들고 장차 파저강의 도둑을 토벌하려고 하였으며, 좌부左符를 보냄에 이르러 병부를 맞추어 보고 군사를 발하였나이다. 이에 곧 본도의 마병·보병의 정군 1만을 발하고, 겸하여 황해도 군마 5천을 거느리고 4월 초10일에 일제히 강계부에 모여서 군사를 나누었는데, 중군 절제사 이순몽은 군사 2천 5백 15명을 거느리고 적괴(도둑의 괴수) 이만주의 채리棄里로 향하고, 좌군 절제사

최윤덕

최해산은 2천 70명을 거느리고 거여車餘 등지로 향하고, 우군 절제사 이각은 1천 7백 70명을 거느리고 마천馬遷 등지로 향하고, 조전 절제사 이징석은 군사 3천 10명을 거느리고 올라 등지로 향하고, 김효성은 군사 1천 8백 88명을 거느리고 임합라 부모의 채리로 향하고, 홍사석은 군사 1천 1백 10명을 거느리고 팔리수八里水 등지로 향하고, 신은 군사 2천 5백 99명을 거느리고 정적正賊 임합라의 채리로 향하여, 본월 19일에 여러 장수들이 몰래 군사를 거느리고 가서 토벌을 마쳤습니다. 이제 사로잡은 것과 머리를 벤 것, 마소와 군기를 탈취한 수목數目과, 아울러 우리 군사가 화살에 맞아 죽은 사람 및 화살을 맞은 인마人馬의 수목을 열거하여 아룁니다. 신이 사로잡은 남녀가 62명, 사살한 적이 98명, 각궁 21, 화살 4백 20, 환도 3, 화살통 8, 나도 3, 궁대 3, 창날 28, 소고 1, 말 25필, 소 27마리이고, 본국 군사로서 화살에 맞아 죽은 자가 4명, 화살에 맞은 자가 20명, 화살에 맞은 말이 18필, 화살에 맞아 죽은 말이 2필이며, 중군 절제사 이순몽이 사로잡은 남녀가 56명이고, 좌군 절제사 최해산은 생포한 남자 1, 머리 벤 것이 3, 각궁 6, 화살 1백 4, 화살통 6, 나도羅韜 2, 환도 1이고, 우군 절제사 이각은 생포 남녀 14명, 죽인 도적이 43명, 말 11필, 소 17마리이며, 조전 절제사 이징석은 생포한 장정 남자 18명, 장정 여자 26명, 남녀 아동 각 12, 사살하여 귀를 벤 것 5, 갑옷 2, 각궁 15, 화살통 7, 환도 1, 화살 3백 30, 창 2, 말 25필, 소 33두, 안자 3이며, 조전 절제사 김효성은 생포한 남녀 16, 죽인 도적 13, 화살 맞은 도적 7, 각궁 2, 화살 14, 말 6필, 소 12두이고, 화살 맞은 우리 군사 2명, 화살 맞은 우리 말이 6필인데, 1필은 즉사하였고, 상호군 홍사석은 생포 남녀 31명, 죽인 도적 21, 화살 맞은 도적 28, 각궁 8, 화살 1백 12, 환도 1, 소 21마리이며, 우리측은 화살 맞은 군사 3명, 말 3필입니다."
임금이 호문을 사정전에서 인견하니, 호문이 아뢰기를,

"지금 피로인들의 말에 의하면, 파저강 야인이 여연에 침입할 때에 동맹가첩목아의 관하 사람도 왔다고 합니다."
임금이 비밀히 김종서로 하여금 여러 대신에게 논의하기를,
"맹가첩목아가 이 말을 들으면 반드시 의구심을 품을 것이니, 비밀히 윤덕에게 효유하여 이 말을 떠들지 말게 하는 것이 어떨까."
모두,
"상교가 지당하옵니다."
곧 윤덕에게 내전하고 호문에게 옷 두벌을 하사하였다. 처음에 윤덕이 출병할 때 여러 장수들을 모아 놓고 교서와 사목을 펴 보이고, 인하여 취초하기를,
"주장主將의 조령을 혹 어기는 자가 있으면, 삼가 교서에 의하여 군법을 따를 것이니, 그 죄를 사양하지 말라."
군령에는,
1. 저들과 대적할 때에는 지금 내린 칙서 및 영락 년간에 선유한 성지의 사연을 말하지 말고, 일체 교서에 의하여 모든 장수들은 오로지 주장의 영을 듣는다.
1. 주장이 각角을 한 통 불면 모든 장수들이 응하고, 금고504)도 같으며, 휘(대장기)를 왼쪽으로 눕히면 왼쪽으로 가고, 오른쪽으로 눕히면 오른쪽으로 간다. 북을 치면 나아가고, 쇠를 치면 그치며, 두 번 쇠를 치면 곧 물러가되, 일체 주장의 명령에 따른다.
1. 전쟁에 임하여 휘를 눕혀도 응하지 아니하는 자와, 북을 듣고도 나아가지 아니하는 자, 장수를 구원하지 아니하는 자, 군정軍情을 누설하는 자, 요망한 말을 내어 여러 사람을 의혹하게 하는 자는 대장에게 고하여 참한다.
1. 자기 패牌를 잃고 다른 패를 따라가는 자와, 장章을 잃은 자, 떠드는 자는 벌을 주고, 한 항오行伍 중에서 세 사람을 잃은 자도 벌을 주며, 패두505)를 구제하지 아니하는 자는 참한다.
1. 북을 천천히 치면 천천히 가고, 빨리 치면 빨리 간다. 이 법을 따르지 아니하는 자는, 행진(行陣)할 적에는 벌을 주고, 싸움에 임해서는 참한다.
1. 적의 마을에 들어가서 늙고 어린 남녀는 치고 찌르지 말며, 장정이라도 항복하면 죽이지 말라.
1. 적의 마을에 들어가서 영을 내리기 전에 재물과 보화를 거두어 넣은 자는 참한다.
1. 험하고 좁은 길에 행군하다가 갑자기 적을 만나면 행군을 중지하고 공격하며, 각을

---

504) **금고**金鼓 : 군중軍中에서 지휘하는 신호로 쓰던 징과 북.
505) **패두**牌頭 : 죄인의 볼기를 치던 형조刑曹의 사령.

불어 그 군사에게 보고하고, 모든 군사는 각으로 주장에게 보고한다. 후퇴하여 패해 달아나는 자는 참한다.

1. 소·말·닭·개 등을 죽이지 말고, 집을 불태우지 말 것.
1. 공격하는 법은 정의로서 불의를 무찌르는 것이니, 그 마음을 다스려서 만전을 기하는 것이 정의다. 만약 늙은이·어린이를 잡아서 죽이고, 당인(중국 사람)을 죽여 군공軍功을 낚고자 하여 조령을 범하는 자는 모두 군법에 의하여 시행한다.
1. 강을 건널 때에는 모름지기 다섯씩 열씩 짝을 지어 차례대로 배에 오르고, 먼저 타려고 다투어 차례를 잃지 말 것이다. 어기는 자는 총소패摠小牌와 함께 논죄한다.
1. 영營에 머무르고 있는 사객506)과 제장(여러 장수)을 접대할 때에는, 서울에서 온 군관들은 칼을 차고 좌우를 떠나지 말아야 한다. 어기는 자는 5일의 요料를 정지한다. 행진行陣하면 기·징·북·둑纛 등을 영令에 따라 받들어 가지고 간다.
1. 진무鎭撫 한 사람과 서울에서 온 군관 네 사람은 날마다 윤번으로 영문을 파직한다. 길가는 사람을 제외하고 각군 절제사 및 영군차사원 등은 반인伴人 한 사람만 거느리고 들어온다.
1. 주장이 내린 영은 진무소에서 전달하고, 일체 행동에 대하여 제군諸軍은 진무소에서 영을 듣는다.
1. 각 패牌의 사후伺候 한 사람은 떠나지 아니하고 영을 듣는다.
1. 만약 사망한 사람과 말이 있으면, 말은 뼈를 거두어 묻어 두고, 사람은 싣고 온다.

영을 마치고 제장들과 함께 언약하기를,

"오는 19일에 모두 소굴에 들어가서 죄를 묻는다. 만일 비바람이 심하여 날씨가 어두우면 20일도 가하다."

아아, 이 야인은 우리의 변경을 침노하여 여러 해 동안 흉하고 악한 짓을 많이 하였으며, 연전에 홀라온을 불러들여 변경을 침범하여 사람을 죽이고 가옥을 소탕하였으므로, 내가 왕명을 받아 군사를 거느리고 죄를 묻고자 하는데, …

자리에 나아가서 서로 절하고 이별하였다. 윤덕이 소탄所難 아래 시번동구로부터 강을 건너 주둔하니, 강가에 네 마리 들노루가 스스로 영營으로 들어오므로 군사들이 잡았다. 윤덕이 말하기를,

"내가 들으니, 무왕武王이 주紂를 치려고 하수河水를 지날 적에 흰 고기가 왕의 배에 들어오니, 사람이 말하기를, '흰 것은 상商나라의 빛깔인데 이제 왕의 배에 들어오니, 이는

---

506) **사객**使客 : 연로沿路에 있는 고을의 수령이 '봉명奉命 사신'을 일컫던 말.

상나라 사람이 주周나라로 돌아올 징조라.'고 하였다는데, 지금 노루는 곧 들짐승으로서 스스로 와서 잡혔으니, 실로 야인이 죽음을 당할 조짐이다."

어허강 가에 이르러 군사 6백 명을 머물러서 목책을 설치하고, 19일 날샐 무렵에 임합라의 채리에 이르러 그대로 영營을 머물렀다. 적의 마을과 심타납노의 채리가 모두 무너져서 사람이 없고, 다만 강가에 적 세 사람이 먼저 나타나고, 혹 7, 8명씩, 혹 10여 명씩 서로 모양을 나타내어 활을 쏘므로, 윤덕이 통사 마변자·마연대 등으로 하여금 소리를 질러 말하기를,

"우리가 군사를 거느리고 온 것은 너희들 때문이 아니고 다만 홀라온 때문에 온 것이다. 그러므로 너희들 채리는 공격하지 못하게 하였으니, 너희들은 이것을 알아야 한다."

적들이 말에 내려 손을 모아 절을 하였다. 이날 싸울 때에 우리 군사의 상공에 명주 한 필 길이와 같은 흰 기운이 있었다. 20일에 홍사석의 군마가 도착하여 윤덕과 합동작전하였다. 사석의 군사가 31명을 생포하니, 적이 뒤에서 도전하여 도망해 나가게 하려고 하므로, 드디어 26명을 베고 5명만 남겼다. 타납노 채리의 동쪽 산으로부터 합라 등 채리에 이르기까지 산위에는 좌군이, 냇가에는 우군이, 중앙에는 중군이 종일토록 탐색하고 석문으로 물러나와 영營을 베풀고, 인하여 녹각성을 설치하고, 지자산군사 조복명과 지재령군사 김잉 등으로 하여금 군사 1천 4백 명을 거느리게 하되 포로들로써 먼저 와서 길을 닦게 하였다. 이때 들에 풀이 모두 불타서 말이 여위고 또 큰 비가 내리니, 윤덕이 근심하여 하늘을 우러러 손을 모아 고하기를,

"아아, 이 야인은 우리의 변경을 침노하여 여러 해 동안 흉하고 악한 짓을 많이 하였으며, 연전에 홀라온을 불러들여 변경을 침범하여 사람을 죽이고 가옥을 소탕하였으므로, 내가 왕명을 받아 군사를 거느리고 죄를 묻고자 하는데, 지금 하늘이 저 죄 있는 자를 용서하고 무고한 우리를 괴롭히니, 아아, 하늘이여, 나의 죄가 무엇인가."

고하기를 마치고 우니, 잠시 후에 비가 그쳤다. 홍사석·최숙손·마변자 등으로 하여금 군사 1천 5백 명을 거느리고 각 마을을 수색하고, 타납노의 채리에 이르러도 사람이 없으므로, 초유 방문만 걸어 두고 왔다. 김효성도 군사를 거느리고 와서 모였다. 윤덕이 이순몽의 헌괵507) 치 아니하고, 또 명령을 기다리지 아니하고 먼저 간것과, 최해산의 군사가 모이는 기한에 미치지 못한 것과, 이징석도 영을 기다리지 아니하고 먼저 간 일들을 탄핵하였다. 선위사 박신생이 이르니 술을 하사하고, 인하여 상교를 선유하기를,

"오늘의 일은 실로 천지와 조종의 덕을 힘입어 여기에 이른 것이니, 내가 감당할 공적이

---

507) 헌괵獻馘 : 생포한 자가 불복할 때에 왼귀를 베어 올리는 것.

아니다. 군사가 돌아온 후에 반드시 보복이 있을 것이니 연강 등지에 더욱 군사를 정비하여 수어하라."

이순몽·이징석·최해산 등은 참여하지 못했다.

- 『세종실록』, 1433년 5월 7일

> **實錄記事** 1433년 1월 19일, 평안도 도절제사 최윤덕·도진무 김효성·경력 최치운 등이 사조(하직)하다

평안도 도절제사 최윤덕·도진무 김효성·경력 최치운 등이 사조[508]하니, 임금이 인견하고 말하기를,

"오랑캐를 방어하는 방도가 예전에도 좋은 계책이 없었다. 삼대의 제왕들은 오면 어루만지고, 가면 쫓지 아니하여, 다만 횡포하지 못하도록 하였을 뿐이다. 그러나 확실한 문적이 없어서 자세히 알 수는 없고, 한漢나라 이후로 역사를 상고할 수 있다. 한고조는 영명준일英明俊逸한 자질로 천하를 평정하여 흉노를 칠 적에, 마땅히 마른 풀을 베는 것처럼 할 것인데, 마침내 위태로움을 당하여 겨우 몸에 화를 면하여 다시 화친하기를 논의하였고, 여태후呂太后도 또한 여주女主의 영걸英傑로서 묵특[509]의 글이 비록 매우 무례하였으나, 마침내 치지 아니하고 화친하였을 뿐이었으며, 무제武帝는 사이[510]에 군사의 일이 많아서 천하가 허모虛耗하였고, 당·송의 일은 더욱 명백하였다. 그러므로 옛사람들이 이를 마치 모기처럼 여겨 쫓아버릴 뿐이었다. 옛 사람이 이와 같이 한 까닭은 나라의 크고 작음이 없이 벌[蜂]에 독이 있는 것과 같다. 피차간에 무죄한 백성이 어찌 해를 받음이 없겠느냐. 그러나 파저강婆猪江 : 동가강의 도적은 이와 다르다. 지난 임인년 사이에 우리 여연을 침노하였고, 그 뒤에 홀라온에게 쫓긴 바가 되어 그 소굴을 잃고는, 그 가족을 이끌고 와서 강가에 살기를 애걸하기에, 나라에서 가엾이 여겨 우리나라에 붙어 살 것을 허락하였으니, 보호한 은혜가 적지 아니한데, 지금 은덕을 저버리고 무고히 쳐들어와서 평민을 죽이고 잡아갔으니, 궁흉극악[511]한 죄는 베어 용서할 수 없다. 만약 정토(정벌)하지 아니한다면 뒤에 뉘우치고 깨달음이 없어, 해마다 반드시 이와 같은 일이 있을 것이다. 더군다나 지금은 나라가 태평한 지 오래 되어서 사방에 근심이 없으니, 『맹자』에 이르기를, '적국과 외환이 없으면 나라가 항상 망한

---

508) **사조**辭朝 : 외직으로 부임하는 관원이 임금에게 하직하던 일.

509) **묵특**冒頓 : 흉노의 추장.

510) **사이**四夷 : 중국에서 주변의 다른 민족을 오랑캐라고 낮추어 부르던 말. 곧, 동이東夷·서융西戎·남만南蠻·북적北狄.

511) **궁흉극악**窮凶極惡 : 사람이나 그 마음, 언행이 몹시 흉측하고 독살스러움.

다.'고 하였으니, 오늘날의 일은 비록 야인들이 한 짓이나, 실은 하늘이 우리를 경계하기 위한 것이다. 지금 이만주·동맹가·윤 내관 등의 글에 모두 홀라온의 소위라고 하나, 자세히 생각해 보면, 어찌 이들을 끌어들인 자가 없었겠는가. 근래에 임합라가 여연에 이르러 말하기를, '나의 노비를 숨기고 내어 주지 아니하면 뒤에 반드시 근심이 있을 것이다.'라고 하였으니, 그 말이 이유가 있어 그러한 것이다. 옛날 경원 한흥부의 사건에, 하윤은 칠 수 없다고 말하고, 조영무는 쳐야 한다고 말하였는데, 태종께서 영무의 계책에 좇아 치기를 명하셨고, 후일에 대마도의 일에 혹은 쳐야 한다고 말하고, 혹은 칠 수 없다고 말하였는데, 태종께서 대의로서 결단하고 장수들에게 명하여 토벌하게 하셨다. 그 일이 비록 마음에 만족스럽지는 못하였으나, 뒤에 적들이 마침내 두려워하는 마음을 가지게 되었다."

윤덕이 대답하기를,

"대마도의 일은 백 년 동안의 준비이고, 오늘날의 일은 겨우 10년 동안의 준비이온데, 더군다나 같은 야인이라도 조금은 동서의 차별이 있사오니, 이만주는 요동과 가까와서 맹가猛哥에 비할 것이 아닙니다."

임금이 말하기를,

"경의 말이 옳으나, 다만 그 내침한 도적의 실상만 살펴 알면야, 군마를 정리해 밤낮으로 행군하여 한두 마을을 쳐부수어도 족하다."

윤덕이 대답하기를,

"예전의 훌륭한 장수들은 어찌 군력만을 썼사오리까. 또한 때와 운수運數[512]로 인하여 서로 이기고 패하였습니다. 지금은 땅이 얼고 물이 흘러 넘치니 4, 5월 봄 물이 마르기를 기다려서 행군하는 것이 가하옵니다. 만약 일의 기미가 있으면 마땅히 용사 20여 명을 청하겠나이다."

임금이 말하기를,

"경의 말한 바를 내가 어찌 듣지 않겠는가. 군사의 진퇴에 이르러서는 경의 처분대로 따르겠다."

전교하기를,

"치운致雲이 오랫동안 근시(임금을 가까이에서 모시던 신하)에 있었으니, 경이 막부에서 더불어 고사를 논함이 가하다."

윤덕이 대답하기를,

"만약 적경(적 또는 적국과의 경계)에 정탐하는 일이 있으면 치운을 함께 보내고자 하옵니다."

---

[512] 운수運數 : 사람에게 정해진 운명의 좋고 나쁨. 곧, 인간의 능력을 초월하는 천운天運과 기수氣數

임금이 또 효성에게 명하기를,
"그대는 군사의 일을 이미 알았으니 경계하고 경계하라."
윤덕에게는 안장 갖춘 말 및 활과 화살을 하사하고, 효성에게는 말 한 필을 하사하였다.

- 『세종실록』, 1433년 1월 19일

일부 온건론자들은 여진족들이 그 지역에서 활동하는 것을 그냥 내버려 두자고 주장했지만 세종의 영토 수호 및 확장에 대한 신념은 확고했다. 이러한 신념은 세종이 조정의 대신들을 불러 다음과 같이 말한 것에서도 확인할 수 있다.

> **實錄記事** 1433년 11월 19일, 영북진을 알목하에 경원부를 소다로로 옮겨 영토를 확장시킬 것을 논의하다

황희·맹사성·권진·하경복·심도원 등을 불러 이를 의논하여 말하기를,
"수성하는 임금은 대체로 사냥놀이나 성색聲色을 좋아하지 않으면, 반드시 큰 것을 좋아하고 공을 세우기를 즐겨 하는 폐단이 있다. 이것은 예로부터 지금에 이르기까지 조상의 왕위를 계승하는 임금이 마땅히 경계해야 할 일이다. 내가 조종의 왕업을 계승하여 영성한 왕운王運을 안존하는 것으로서 항상 마음먹고 있다. 전일에 파저婆猪의 전역戰役 때에는 대신과 장수와 재상들이 다 불가하다고 말하였다. 이 말들은 바로 만세에 변함이 없는 정론이었다. 그런데, 내가 드디어 정벌을 명령하여 성공하였다. 그러나, 그것은 특히 행운일 뿐이고 숭상할 만한 것은 못된다. 지금 동맹가첩목아 부자가 함께 사망하고, 범찰이 그의 무리를 거느리고 우리의 경내에 와서 살고자 한다. 여러 대신들에게 의논하였더니 모두가 경솔하게 허락할 수 없다고 말하였는데, 그 언론이 지당하다. 그러나, 매양 생각하니, 알목하는 본래 우리나라의 영토 안에 있던 땅이다. 혹시 범찰 등이 딴 곳으로 옮겨 가고, 또 강적이 있어서 알목하[513)]에 와서 살게 되면, 다만 우리나라의 변경을 잃어버릴 뿐 아니라, 도 하나의 강적이 생기게 된다. 그러므로, 나는 그곳의 허술한 기회를 타서 영북진을 알목하에 옮기고, 경원부를 소다로에 옮겨서 옛 영토를 회복하여서 조종의 뜻을 잇고자 하는데 어떤가.
또 태조께서는 경원을 공주(함경북도 새별군의 옛 이름)에 두었고, 태종께서는 경원을 소다로(경원도호부)에 두었는데, 그 뒤에 한흥부가 전사하고, 곽승우가 화살에 맞아 패하였

---

513) **알목하**斡木河 : 함경북도 회령이 여진의 영토였을 때 이들이 부르던 지명.

건만, 태종이 오히려 차마 버리지 못하여 부거참에 목책을 설치하고 군사를 주둔시켜 지키게 하셨다. 이것은 조종이 알목하로써 우리의 땅을 삼으려는 마음인 것이다. 일찍이 이것을 마음속에서 잊은 일이 없다. 내가 옮겨서 배치하려고 하는 것은 큰 일을 좋아하거나 공을 세우기를 즐겨 하기 때문은 아니다. 만약 조종이 번리를 설치하였다면 자손 된 자가 좇아서 이것을 보충하여야 한다는 것뿐이다. 비로소 두 진을 설치하여 옛 지경을 개척하는 것은 조종이 이미 이루어 놓은 법이다. 그것이 어찌 나의 공이 될 수 있겠는가. 내 생각으로는, 동맹가첩목아의 부자가 일시에 사망한 것은 마치 하늘이 멸망시킨 것 같다. 이제 그 시기가 이와 같으니 그것을 잃어버릴 수가 있겠는가. 더군다나, 두만강이 우리의 국경을 빙 둘러 싸서 흐르니, 하늘이 만든 험고로서 옛 사람이 큰 강으로 못을 삼는다고 한 뜻과 매우 합치한다. 나의 결의는 이미 섰으니, 경 등은 충분히 의논하여 계주하라."

심도원·하경복 등은 아뢰기를,

"기회를 놓칠 수는 없사오니, 조정의 신하를 그 도에 보내서 도절제사 성달생과 함께 알목하의 형세를 자세히 알아서 같이 의논하여 계달하게 한 뒤에, 신 등이 다시 의논하여 성상의 말씀대로 시행하게 하소서."

권진·황희 등은 아뢰기를,

"강한 도적이 와서 살게 되면 다시 적 하나가 생긴다고 하신 성상의 말씀은 지당합니다. 신 등도 또한 허를 타서 진을 설치하는 것은 적당한 때라고 생각합니다. 그러나, 두 진을 둔다면 하나의 진 안에 인구가 천호 이상은 되어야만 합당할 것인데, 그 인호人戶의 나올 곳이 매우 어렵습니다. 또 이 일이 어렵고도 중대하니 가볍게 의논하기는 어렵습니다. 우효강이 오기를 기다려 형세를 자세히 물어본 뒤에 다시 상세히 의논하게 하소서."

임금이 말하기를,

"들어가 살게 할 인구는 하삼도의 향리·역졸·공천公賤·사천私賤을 물론하고 만약 자진하여 응모하는 자가 있으면, 신역을 면제하여 주어서 들어가 살게 하며, 혹은 토관직土官職514)을 제수하여 군대의 수에 충당하게 하는 것이 어떻겠는가."

황희 등이 아뢰기를,

"함길도의 함흥 이북의 인민들을 먼저 뽑아 들어가 살게 하고, 부족하면 부근의 다른 도의 인민을 뽑아서 들어가 살게 하는 것이 좋겠습니다."

---

514) **토관직**土官職 : 평안도·함경도의 부府·목牧·도호부에 따로 두었던 벼슬.

맹사성은 아뢰기를,

"『시경』 소민편에 이르기를, '옛날 소공召公이 날마다 1백 리씩 땅을 넓혀 갔다.' 하는 노래가 있습니다. 이것은 곧 금세今世를 상심하고 옛날을 생각하면서 분격하여 한 말입니다. 생각하건대, 우리의 선원璿源은 대대로 공주孔州에 살았는데, 지금은 그 공주가 모두 풀이 우거진 황야가 되어 야인의 점거한 바가 되었음은 무슨 까닭이겠습니까. 옛날 경원에서 아군이 패한 것은 흥부가 적임자가 아니었기 때문입니다. 만약 장수로서의 지략이 있는 자가 있어서 거기를 지킨다면 어찌 패하는 일이 있겠습니까. 지금 시기가 이처럼 절호絶好하니 바로 국토를 넓힐 때입니다." 『세종실록』, 1433년 11월 19일

여기서 '파저의 전역'이란 최윤덕의 4군 개척을 의미하는 것으로, 당시에도 반대 여론이 있었으나 세종이 강력히 밀어붙여 성공한 것임을 알 수 있다.

세종은 4군과 6진을 개척하는 데 끝나지 않고 여진족들을 몰아낸 자리에 주민과 관리를 이주시키는 사민 정책을 펼쳤다. 평안도와 함경도 지역을 실질적인 조선의 영토로 편입시키기 위해서였다. 사민 정책을 시행하는 과정에서 강제 이주에 불만을 품은 사람들의 반발이 있기도 했다. 그러나 이러한 적극적인 노력으로 한동안 여진족의 침략으로부터 조선을 방어하고 영토의 북방 경계선을 확정 지을 수 있었다.

한편 세종 대에 이와 같은 부국강병을 이룩할 수 있었던 것은 태종의 불교 개혁 정책과 무관하지 않다. 아무리 왕이 부국강병에 대한 의지가 있더라도 재정적 뒷받침이 되지 않으면 소용이 없다. 그런데 불교 개혁 정책으로 사원들이 차지하고 있던 세수가 국고로 환수되면서 여러 가지 신무기를 개발하는 등 군사력을 증강시킬 여력이 생긴 것이다. 1406년(태종 6년)에 전국의 사찰을 243사寺로 제한했던 것을 1424년(세종 6년)에는 선종과 교종 각 18사의 36본산만 남겨놓고 나머지 사찰은 혁파해 그 재산은 국고로 편입하고, 승려들은 평민으로 돌려보냈다. 이러한 돈으로 세종은 1445년(세종 27년)에 막강한 화력을 자랑하는 화포火砲 부대인 총통위銃筒衛를 설치하였다. 2천여 명의 포병으로 구성된 총통위는 우리나라 최초의 포병부대로 4군, 6진 개척에 결정적인 역할을 했다.

명재상을 등용하여 국정을 분담하다

세종은 문치주의 정책을 펼치면서 황희[515], 맹사성[516], 김종서 등 세 명의 정승에게 조정의 대소사를 맡아 보게 하였으며, 이것은 의정부서사제 시행이었다.

의정부서사제는 조선 태조가 건국 초기부터 도입하여 추진한 국가 통치체제이다. 최고관부인 의정부가 3정승의 합의에 의해 국가의 중대사를 처리하도록 했으며 6조의 판서는 자신의 업무를 의정부에 보고하고 의정부의 지시에 따라 업무를 처리했다. 태조가 건국과 함께 도입하였지만 왕권의 약화를 우려한 태종이 〈왕-6조-속아문〉으로 연결되는 6조직계제로 바꾸었다가 세종 때 다시 시행되었으며, 세조 때 다시 6조직계제로 돌아갔다가 중종 대에 다시 〈왕-의정부-6

맹사성

---

[515] **황희**黃喜 : 조선조 5백 년간을 통틀어 으뜸가는 명재상이라 일컬어지는 방촌(厖村) 황희黃喜는 영의정으로 무려 30년 동안 세 임금을 연이어 섬기면서, 93세의 고령으로 죽을 때까지 나라 일을 위하여 진력하던 유명한 정치가였다. 그는 태종으로부터 세종, 문종에 이르는 3대를 내리 섬겼다. 나이 아흔 줄이 되어서도 오히려 기운이 정정하여 국사를 두루 보살폈는데, 아닌게 아니라 그만큼 놀라운 천품을 타고났기에 웅대한 경륜과 치적을 남길 수 있었는지도 모른다. 1376년에 음서로 관직에 나갔다가 1389년(창왕 1년) 별장으로 과거에 급제했으나, 1392년(공양왕 3년) 고려 멸망 후 은거하였다. 그러나 동료들과 이성계의 부름으로 다시 관직에 올라 성균관학관으로 출사하여 조선에서 형조판서, 사헌부대사헌, 이조판서 등을 거쳐 영의정부사에 이르렀다. 성격이 원만하여 존경받았으며, 시문에도 뛰어났고 관료 생활 중 많은 치적과 일화를 남겼다. 사후 청백리로 규정되어 일반적으로는 청백리로 널리 알려져 있으나, 아들과 사위가 저지른 뇌물수수, 부패 등 물의를 빚어 조선왕조실록에 기록되기도 했으나, 세종은 그의 여러 단점에도 불구하고 그를 신임했다.

[516] **맹사성**孟思誠 : 고려 말 조선 초의 문신, 정치인, 유학자이다. 고려국 전의시승, 조선국 판한성부사 등을 지냈다. 본관은 신창이다. 고려 수문전제학 맹희도의 아들이며 고려말의 명장인 최영의 손녀 사위이다. 황희, 윤회, 권진과 함께 세종 대에 재상을 지냈으며 세종의 측근 중의 한 사람이었다. 1386년(우왕 12년)에 문과에 을과로 급제하여 춘추관검열, 전의시승, 기거랑, 사인, 우헌납 등을 지냈다. 조선 건국 후에도 벼슬에 나가 예의좌랑에 제수되고, 정종 때 간의, 우산기상시, 태종 때 동부대언, 이조참의, 예문관제학 등을 역임했으며 명나라에 세자의 시종관으로 다녀왔다. 1417년 충청도 관찰사에 제수되고 세종 때는 공조판서를 거쳐 좌의정을 지냈다.

조-속아문)의 체제로 되돌렸다. 이 제도는 왕의 부담을 덜어주므로, 후대까지 이어져 조선 초기 국가 운영체제의 큰 틀로 자리잡았다.

황희에게는 주로 인사, 행정, 군사 권한을 맡겼고 맹사성에게는 교육과 제도 정비, 윤회517)에게는 상왕 태종과의 중개자 역할과 외교 활동을 맡겼고, 과거시험은 맹사성과 윤회에게 분담하여 맡겼다. 나중에 김종서가 재상의 반열에 오를 때쯤에는 국방 업무는 김종서에게 맡겨서 보좌하게 하였다. 맹사성과 황희는 같은 입장을 취하면서도 서로 다른 성품을 가진 인물이었다.

과학의 발전을 이루다

세종은 정인지, 정초, 이천, 장영실 등에게 명하여 천문 관기구인 간의, 혼천의, 혼상, 천문 기구 겸 시계인 일성정시의, 해시계인 앙부일구와 물시계인 자격루, 누호 등 백성들의 생활과 농업에 직접적인 도움을 주는 과학 기구를 발명하게 하였다. 궁중에 일종의 과학관이라 할 수 있는 흠경각을 세우고 과학 기구들을 설치했다. 현재 남아 있는 앙부일구는 모두 1654년 시헌력 이후에 제작된 것이다.

고금의 천문도를 참작하여 새 천문도를 만들게 했으며, 이순지518)와 김담

---

517) **윤회**尹淮 : 1420년(세종 2년)에 집현전이 설치되자 1422년에 부제학으로 발탁되어 그곳의 학사들을 총괄하였다. 그 뒤로 한때 동지우군총제에 임명된 적도 있었지만, 주로 예문관제학·대제학과 같은 문한직을 역임하였다. 벼슬은 병조판서에 올랐다. 또한, 정도전이 편찬한 『고려사』를 다시 개정하는 일에도 깊이 관여하였고, 1432년에는 『세종실록』 지리지의 편찬에 참여하였다. 이어 1434년에는 『자치통감훈의』를 찬집하기도 하였다.

518) **이순지**李純之 : 성품이 정교하여, 산학·천문·음양·풍수 등에 능하였다. 1425년에 생원시에 합격하고 1426년(세종 8년) 동궁행수로 있다가 1427년 친시문과에 을과 급제하였고, 한양의 북극 고도(즉 위도)가 무엇이냐는 세종대왕의 질문에 관료 중에서 유일하게 답한 것이 계기가 되어 세종의 신임을 받아 천문역산 전문가로 활약했다. 1442년에 이르러 조선 독자의 역법인 『칠정산내편』과 『칠정산외편』의 편찬이 완성되었다. 이로써 그간 중국의 역법에 전적으로 의존하던 것에서 벗어나 비로소 독자적으로 천체 운행을 계산할 수 있게 되었다. 승지, 중추원부사, 개성부 유수, 판중추원사에 이르렀다.

519) 등에 명해 중국의 수시력과 아라비아의 회회력등 주변국의 역법을 참고로 하여 역서인 『칠정산』 내편과 외편을 편찬하였는데, 서울을 기준으로 천체 운동을 정확하게 계산함으로써 독자적으로 역법을 계산할 수 있게 되었다. 또한 이순지는 천문, 역법 등에 관한 책인 『제가역상집』을 편찬하였다.

이순지

태종 때 제작되었던 기존의 청동 활자인 계미자가 글자의 형태가 고르지 못하고 거칠다는 단점이 발견되자, 세종은 1420년에 경자자, 1434년 갑인자, 1436년 병진자 등을 주조함으로써 활판 인쇄술을 한 단계 발전시켰으며, 이 시기에 밀랍 대신에 식자판을 조립하는 방법으로 종전보다 인쇄 능률을 향상시켜 서적 편찬에 힘썼다.

김담

1431년(세종 13년)과 1446년(세종 25년)에는 아악의 음률을 정하는 기준으로 쓰던 구리관인 황종관黃鐘管을 표준기로 지정하여, 그 길이를 자尺로 삼고 담기는 물을 무게의 단위로 삼도록 함으로써 조선의 도량형을 확립시켰다. 또한 천자총통, 지자화포와 같은 신무기를 개발하는 것은 물론 총통의 제작 및 사용법에 관한 책인 『총통등록』을 편찬했다.

---

519) **김담**金淡 : 1435년(세종 17년) 과거에 급제했다. 급제 이후 홍문관정자, 집현전 정자가 되었으며, 1433년 이순지와 함께 조선의 달력인 칠정산내편을 편찬하였다. 이후 1447년 중시에서 2등으로 급제하였다. 이순지와 함께 당대에 가장 뛰어난 천문학자로서, 세종대의 천문·역법사업에 크게 공헌하였다. 장영실, 이순지, 이위 등과 함께 간의규표, 앙부일철, 자격루 등의 천문 관측 기구의 개발에도 참여하였다. 박팽년, 하위지 등과 친분이 있었으며 이들과 담론하며 시류에 대한 불만을 토로했다가 문제시되기도 하였다. 세조 반정 이후 반정에 동조하지는 않았으나 관직에 있게 되었다. 이후 그는 외직을 자청하여 안동부사, 예조참의, 경주부윤, 충주목사 등을 거쳐 이조판서로 승진했고 중추원사에 이르렀다.

문물을 발전시키다

세종은 관습도감을 두어 박연[520]으로 하여금 제례 때 사용하는 중국의 음악이었던 아악을 정리하여 향악과 조화롭게 결합시켰다. 또한 새로운 우막에 맞춰 새로이 편경과 편종 등의 새로운 악기를 만들었으며, 정간보를 통해 이 음악을 기록하게 하였다.

박연

편경은 쇠나 흙으로 만들어져 소리가 고르지 못하고 음을 제대로 조율할 수 없는 단점이 있었으나 1430년(세종 12년) 고른 소리를 내게 하였다. 날씨나 온도가 변해도 형태가 바뀌지 않는 돌의 속성을 이용한 것이다.

세종 본인이 지은 『월인천강지곡』을 비롯하여 정인지, 권제[521]의 『용비어천가』, 정초[522]와 변효문의 『농사직설』, 정인지와 김종서의 『고려사』, 설

---

520) **박연**朴堧 : 1378년(고려 우왕 4년) 지금의 충청북도 영동군 심천면 고당리 308에서 태어났다. 1405년(태종 5년)에 생원시에 급제하고 1411년 문과에 제1위(장원)로 등과하였다. 세종이 대군 시절 세자시강원 문학으로 세종을 가르쳤다. 집현전 교리를 거쳐 지평·문학대제학을 역임하였다. 세종이 즉위한 뒤 악학별좌에 임명되어 음악에 관한 일을 맡아 보았다. 1433년 유언비어를 유포했다는 죄로 파직되었다가 용서되어 아악에 종사하였으며, 공조 참의·첨지중추원사를 지냈다. 1453년10월10일(단종 1년) 계유정난 때 집현전 한림학사이었던 셋째 아들 박계우가 교형되었으나 악학도제조인 수양대군이 악학제조인 박연이 4조에 걸친 원로임을 인정하여 3족을 멸하는 죽음을 면하였으나 자손들의 안위를 위하여[2] 1458년 2월 2일까지 고산에 자원 안치되었다가 풀려나 49일만인 1458년 3월 23일 죽었다. 가훈 17장을 지으니 도암 이재가 서문을 찬撰하였다.

521) **권제**權踶 : 1414년(태종 14년) 알성문과에 급제한 뒤, 세종초에 집현전부제학·대사헌·한성부윤 등을 지냈다. 1435년(세종 17년) 이조판서가 되고, 이듬해에는 『동국연대』를 편찬했다. 그뒤 예조판서·예문관대제학·지중추원사를 거쳐, 1442년 지춘추관사로서 신개와 함께 『고려사』를 편찬했다. 1445년 우찬성이 되어 정인지·안지 등과 『용비어천가』를 지었다.

522) **정초**鄭招 : 태종 때 문과에 급제하여 검열이 되었으며, 1407년에는 문과 중시에 급제하여 정언이 되었다. 그 후 세종 때 공조와 예조참의를 거쳐 예조참판을 지낸 뒤, 1423년에 함길도 도관찰사로 나갔다. 1430년에 공조판서로 있을 때 왕명으로 『농사직설』을 편찬하였으며, 정인지와 함께 역법을 개정하였다. 1433년에는 이천과 함께 혼천의를 제작했으며 『삼강행실도발』을 편찬하였다.

순[523]의 『삼강행실도』, 윤회와 신장의 『팔도지리지』, 이석형의 『치평요람』, 수양대군의 『석보상절』, 김순의와 최윤 등의 『의방유취』 등 각 분야의 서적이 편찬되었다.

농업과 양잠에 관한 서적의 간행하고 환곡법의 철저한 실시와 조선통보의 주조, 전제상정소를 설치하고 공정한 전세제도의 확립 등으로 경제생활 향상에 전력했다.

세종은 즉위초부터 법전 정비에 힘을 기울였다. 1422년(세종 4년), 『속육전』의 완전한 편찬을 목적으로 육전수찬색을 설치하고 법전의 수찬에 직접 참여하기도 하였다. 수찬색에서는 1426년(세종 8년) 음력 12월에 완성된 『속육전』 6책과 『등록』 1책을 세종에게 바쳤고, 1433년(세종 15년)에는 『신찬경제속육전』 6권과 『등록』 6권을 완성하였다. 이후에도 개수를 계속하여 1435년(세종 17년)에 이르러 『속육전』의 편찬 사업이 완결되었다.

그 밖에 형벌 제도를 정비하고 흠휼 정책을 시행하였다. 1439년(세종 21년), 양옥, 온옥, 남옥, 여옥에 관한 구체적인 조옥도를 각 도에 반포하였고, 1448년(세종 30년)에는 옥수들의 더위와 추위를 막아 주고, 위생을 유지하기 위한 법을 유시하기도 하였다.

세종은 형정에 신형 및 흠휼 정책을 썼으나 절도범은 어린아이와 노인을 제외한 이에게 자자, 단근형을 정하였고, 절도 3범은 교형에 처하는 등 사회 기강을 확립하기 위해 형벌을 강화하기도 하였다. 사형수는 금부삼복법을 도입하였는데, 사형수의 사형에 대하여 의금부에서 반드시 3심을 거쳐 결정하도록 한 제도이다.

이외에도 죄수의 자식을 부양하는 것과 유배 중의 죄수가 늙은 부모를 만날

---

523) 설순偰循 : 1427년 문과중시에 합격, 이듬 해 왕명으로 『효행록』을 증수하였고, 1431년 집현전부제학으로서 『삼강행실도』를 편수하기 시작, 1434년 완성하였으며, 그 해 이조 우참의가 되어 윤회 등과 함께 『통감훈의』를 저술하였고, 동지중추원사에 이르렀다. 여러 분야의 학문에 박학하였으며 특히 역사에 뛰어났고, 문장으로도 이름이 높았다.

수 있도록 지시하였다.

　종래의 세법이었던 답험손실법은 관리의 부정으로 인하여 농민에게 주는 폐해가 막심하였기 때문에 1430년(세종 12년)에 이 법을 전폐하고 1결당 10두를 징수한다는 시안을 내놓고 문무백관에서 촌민에 이르는 약 17만 2,806명을 대상으로 여론을 조사하여 57%의 찬성을 얻어냈으나 이에 대한 반대와 문제점이 제기되자 결론을 얻지 못하였다.

　1436년(세종 18년), 공법상정소[524]를 설치하여 집현전 학자들도 이 연구에 참여하게 하는 등 연구와 시험을 거듭하여 1444년(세종 26년) 공법을 확정하였다. 이 공법의 내용은 토지를 비옥도에 따라 6등급으로 나누어 세금을 내는 전분육등법[525]과, 매년 농사의 풍흉을 상중하로 구분하여 최대 20두에서 최소 4두까지 거두어 들이는 연분구등법[526]이다. 이후 공법은 조선시대 세법의 기본이 되었다.

유교를 기본으로 한 통치 체제를 구현하다

　세종은 그전의 왕들에게서 찾아볼 수 없는 독특한 스타일을 가진 국왕이었다. 그는 학문에 대한 깊은 이해를 바탕으로 창의적으로 국정을 운영했다. 돋보이는 점은 단순히 중국의 것을 따르는 것이 아니라 조선의 독자적인 제도를 마련해 유교적 법치, 예치주의의 이상을 실현했다. 유교적 정치이념은 예, 악, 형, 정으로, 이는 사회적 질서를 유지하는 기본적인 규칙이다. 예로써 절제시키고, 악으로 조화시키며, 그래도 안 될 때는 법으로 다스리고, 법에 걸리면 형벌을 시행하는 것이다.

---

524) **공법상정소**貢法詳定所 : 1436년에 세법의 하나인 공법을 심의, 연구하기 위해 설치한 관청.

525) **전분육등법**田分六等法 : 전국의 토지를 비옥도에 따라 여섯 등급으로 나누어 세금을 달리 내도록 하던 제도.

526) **연분구등법**年分九等法 : 조세를 매기기 위해서 농사가 잘되고 못되고 한 정도를 아홉 등급으로 나누던 일.

세종은 한동안 정부 조직을 육조직계제로 유지했다. 육조직계제는 태종이 왕권을 강화하기 위해 도입한 제도였으나 왕이 일일이 정무를 관장함으로 부담이 컸다. 세종처럼 할 일이 많은 왕은 더욱 부담이 큰 제도였다. 세종은 집권 중반부터 건강이 악화되어 육조직계제의 정무 부담을 이겨낼 수 없었다. 1436년(세종 18년) 세종은 육조직계제를 포기하고 의정부서사제[527]를 채택했다. 정무 의결 기능을 의정부에 일임함으로 세종 자신은 한글 창제와 같은 하고 싶은 일을 할 수 있었다.

세종은 조선의 국가 질서를 이끌어 갈 법과 제도를 만들고, 예법을 정비했다. 법과 제도는 주로 집현전 학사들에 의해 연구되고 제정되었다. 유교의 제사 제도를 담당했던 특별기구인 의례상정소[528]를 통해서 국가 의례의 오례[529]를 정하고, 거기에 어울리는 음악을 제정했다. 유교 국가 조선은 예법으로 자연의 이치를 다스리고 음악으로써 백성의 마음을 다스린다는 의미로 예악을 중시했다. 세종의 명에 의해 설순 등이 조선과 중국의 서적에서 군신·부자·부부의 삼강[530]에 모범이 될 만한 충신·효자·열녀의 행실을 모아 만든 책 『삼강행실도』[531]를 간행 및 보급하여 백성들의 윤리의식을 넓혔다.

세종은 수령이 현지에 내려갈 때는 어김없이 불러서 수령이 해야 할 일을 낱낱이 일러 주고 백성을 사랑하는 방법과 형벌을 조심스럽게 베풀라고 당부

---

527) **의정부서사제** : 조선시대 초기 국정 운영 체제 중 하나로 6조의 업무를 의정부를 거쳐 국왕에게 보고하도록 한 제도이다. 태종은 왕권과 중앙 집권 체제를 더욱 강화하기 위해 건국 공신이나 왕족의 사병을 모두 혁파하여 군사력을 왕에 집중시켰다. 또한 6조 직계제를 실시하여 의정부의 권한을 약화시키고 왕의 권한을 강화시켰다. 세종은 의정부서사제를 실시하여 의정부의 역할을 중시하였고, 신하들과 함께 유교 경전과 역사서 등을 읽으며 정사를 토론하는 경연과 왕세자 교육인 서연을 강화하기도 했다.

528) **의례상정소**儀禮詳定所 : 조선 초기 유교의 예제를 담당했던 특별기구.

529) **오례**五禮 : 나라에서 지내는 다섯 가지 의례로 길례, 흉례, 군례, 빈례, 가례.

530) **삼강**三綱 : 유교의 도덕에서 기본이 되는 세 가지 강령. 임금과 신하, 부모와 자식, 남편과 아내 사이에 마땅히 지켜야 할 도리로 군위신강, 부위자강, 부위부강을 말한다.

531) 『**삼강행실도**三綱行實圖』 : 1434년 삼강에 뛰어난 사람의 행적을 모아 간행한 책.

했다. 죄인들에게 한 대의 매를 때리더라도 법조문에 따라 시행하라고 일렀고 조문을 관아의 벽에 걸어 놓게 했다. 감옥을 만드는 도면을 그려서 춥거나 더위에 따라 위치를 달리해 죄수가 병들지 않게 배려했다.

취재제도를 실시하다

세종이 재위한 전반기는 유교를 통치 이념으로 채택한 조선왕조의 중앙집권적 지방통치체제, 즉 군현제[532]가 정비·확립되는 시기였다.

세종은 태종이 이룩해 놓은 지방통치체제의 기반을 계승하면서 향리[533]를 제거하고 수령의 권한을 강화했다. 행정력을 중앙에 집중시키기 위한 효율적인 지방통치체제의 운용으로 획기적인 치적을 남겼다. 관리의 등용·녹봉 체계를 고치고, 신하들이 임금에게 말과 글을 올릴 수 있는 것을 보장하는 등 관료제도를 정비했다. 관리 등용 제도는 과거제도 이외에 취재제도[534]를 실시하여 지방의 인재 등용에 대한 선발기준을 마련했다. 종친·공로자·연로자 등에게 관직 없이 교대로 녹봉을 받게 하는 제도를 정비하여 관직에 대한 과다 수요를 조절했다.

법제적인 면은 『속육전』을 편찬하기 시작해 여러 차례 교정을 거쳐 1435년 완성했다. 형벌 제도를 개혁하여 가혹한 고문으로 죄인이 죽는 일이 없도록 했으며, 죽을죄를 지은 죄인이라도 삼심제도를 시행했다. 1444년 노비를 주인이 마음대로 벌주지 못하도록 하고 위반한 자는 처벌하게 했다.

---

532) **군현제**郡縣制 : 전국을 군으로 가르고 이를 다시 현으로 갈라, 중앙 정부에서 지방관을 보내어 직접 다스리던 제도.

533) **향리**鄕吏 : 고을에서 대물림으로 내려오던 관아에서 일하던 사람.

534) **취재제도**取才制度 : 재주를 시험하여 사람을 선발하는 것.

농업 중심의 경제정책을 펼치다

세종은 국가의 수입을 증대하고 백성의 생활을 안정시키기 위해 농업기술을 발전시키고 조세제도를 개혁했다. 문신 정초[535]에게 명하여 농법을 다룬『농사직설』를 편찬하여 조선의 풍토에 맞는 농법을 보급했다. 또한『권농교문』을 펴내 지방 관리들에게 농사 장려의 이념과 이를 수행하는 데 필요한 유의 사항을 지시했다.

세종은 농업 재생산력의 보존과 사회안정정책의 하나로 흉년 백성을 돕는 정책을 시행했다. 토지 분급 제도의 개혁을 단행하여 1431년 새로운 급전법[536]인 4등순급법을 마련해 토지의 지급량을 축소하도록 했다. 공신전[537]의 지급을 대폭 감축하는 등 개인에게 지급하는 토지의 총량을 크게 줄이고 나머지는 국가기구로 돌려 전체적으로 국가 재정을 증대시키는 정책을 펼쳤다.

조세제도의 개혁에서 가장 큰 업적은 토지에 관한 세금 제도의 제정이었다. 세종은 1436년 공법상정소[538], 1443년 전제상정소[539]를 세우고 토지에 관한 세금의 제도를 개선 및 연구하게 했다. 1444년 토지 세금 제도를 시행하여 풍년과 흉년, 토지 비옥도의 차이에 따라 9등급과 6등급으로 나누어 세액에 차이를 두는 조세의 공평을 도모했다. 토지가 비옥한 삼남(충청도·전라도·경상도의 총칭) 지방이 대부분 높은 세율 등급으로 책정되었고 이로 인해 국고 수입은 많이 증가했

---

535) **정초**鄭招 : 1405년 문과에 급제하고, 1407년 중시에 합격하였다. 이조판서·대제학을 지냈다. 세종 초의 과학사업에 중요한 소임을 맡아 정인지·정흠지와 함께 대통통궤를 연구,『칠정산내편』을 편찬하고, 간의대를 제작, 설치하는 일을 관장하였다. 왕명에 의하여『농사직설』,『회례문무악장』,『삼강행실도』 등을 편찬하였다.

536) **급전법**給田法 : 관원에게 지급하는 토지를 국왕의 간섭과 통제가 강화된 토지 분급 규정.

537) **공신전**功臣田 : 국가에 훈공이 있는 사람에게 내리던 논밭.

538) **공법상정소**貢法詳定所 : 논밭의 농사 손실법의 폐단을 바로잡고자 새로 마련한 세법을 심의 및 연구하기 위하여 설치한 관아.

539) **전제상정소**田制詳定所 : 토지와 조세제도를 조사하고 연구하여 개선책을 마련하고자 임시로 둔 관아.

다. 농민의 경우 국가에 내는 세금이 줄어든 것은 아니지만, 토지의 주인이나 지방관리의 중간 수탈이 없어져 농작물 수익이 크게 좋아졌다.

▍세종은 사람됨이 바탕이었다

세종 시대가 우리 민족의 역사상 빛나는 시대가 될 수 있었던 것은 정치적 안정 기반 위에 세종을 보필한 훌륭한 신하와 학자가 있었기 때문이다. 이들의 보필을 받을 수 있었던 것은 무엇보다 세종의 사람됨이었다.

유교와 유교 정치에 대한 소양, 넓고 깊은 학문적 성취, 역사와 문화에 대한 깊은 통찰력과 판단력, 중국 문화에 영향을 받지 않은 주체성과 독창성을 갖고 있었다. 세종은 의지를 관철하는 신념·고집, 노비에게도 베풀었던 인정 등 사람됨이 정치적·사회적·문화적·인적 모든 여건과 조화됨으로 빛나는 민족문화를 건설할 수 있었다.

▍불교에 귀의하다

유교 이념에 의해 건국된 조선은 전왕조인 고려가 불교의 폐단으로 인해 쇠퇴하였음을 경계하며 억불정책을 실시하였으나, 천년 넘게 이어져 온 불교 신앙은 민간은 물론 왕실 내에서도 하루 아침에 사라지지 못했다. 세종은 때에 따라 억불 정책을 펼치면서도 왕실 내의 불사를 직접 주관하였다.

재위 후반에 아들 광평대군과 평원대군이 잇따라 요절하면서, 세종과 소헌왕후는 비탄에 빠졌고, 곧 불교 사찰을 찾아다니며 이들의 명복을 비는 불사를 주관하기도 했다. 이어 소헌왕후 마저 승하하자 세종은 세자와 대군들을 이끌고 불교 사원을 찾아 소헌왕후의 명복을 빌었다. 사간원과 사헌부에서 불교의 폐단을 지적하며 불사를 중단할 것을 청하였다.

이러한 숭불 정책에 유학자들의 반발이 거셌으나, 세종은 이에 개의치 않고 궁궐 내에 법당을 조성하고 불사 중창과 법회에 참석하였으며, 먼저 죽은 가족들의 넋을 위로하기도 하였다.

건강이 악화되다

어린 시절부터 몸이 약한 데다가, 학문에만 전념하는 모습을 보여 아버지 태종에게 걱정을 샀던 세종은 젊은 시절 무리하게 국정을 돌본 탓에 집권 후반에 들어서면서 건강이 몹시 악화되었다. 각종 질병에 자주 시달려서 병석에 누워 정무를 볼 수 없게 되었고, 이러한 질병으로 인해 여러 번 세자의 섭정을 하려고 하였으나 신하들의 반대에 무산되었다.

세종은 학문을 좋아하고 육식을 즐겼기 때문에 젊은 시절 비만하여 몸집이 거대하였으나 노년에는 질병을 앓아 비쩍 말랐을 것으로 추측한다. 이러한 이유로 1948년 그려진 국가표준영정이나 이당 김은호의 영정과는 다른 모습이라는 의견이 제기되고 있다. 일부에서는 세종이 사냥 외에 별다른 움직임이 적었기 때문에 종기와 소갈증(당뇨병), 풍질과 성병의 일종인 임질 등을 앓았다고 한다.

세종이 시각 장애를 앓아 괴로워하는 기록이 있다. "내가 두 눈이 흐릿하고 아파서 봄부터 어두운 곳에서는 지팡이에 의지하지 않고는 걷기가 어려웠다." 등의 내용으로 세종이 시각에 장애가 있었다는 사실을 유추할 수 있다. 세종은 당뇨병을 치료하기 위해 식이요법으로 흰수탉(백웅계)을 자주 먹었다. 이는 어의에 처방에 따른 것으로 그 자세한 내용은 훗날 세조 6년 1460년에 전순의540)가 편찬한 당대

---

540) **전순의**全循義 : 1445년(세종 27년) 365권에 달하는 동양 최대의 의학 백과사전 『의방유취』의 편찬에 참여하였다. 2년 뒤인 1447년에는 김의손과 함께 『침구택일편집』을 썼고, 1459년경 요리책이자 농업책인 『산가요록』을 쓰기도 했다. 1440년에는 금성대군의 병을 낫게 하여 옷을 받았고, 세종의 죽음으로 잠시 전의감 서원으로 강직되었으나 곧 복직되었다. 2년 뒤인 1452년에는 세종의 아들 밀성군의 병을 거쳐 포상으로 안마鞍馬를 받았다. 같은 해 5월 문종의 병을 고치지 못하여 의금부에 하옥된 뒤 전의감의 청지기로 좌천되었으나 이듬해 방면되었다. 1455년 세조가 즉위하였고 이듬해에는 첨지중추원사의 벼슬을 제수받았다. 세조는 그를 총애하여 1462년 동지중추원사로 벼슬을 높여주고 그가 쓴 책에 손수 『식료

최고의 식이요법서 『식료찬요』에 당뇨병 치료법이 소개되어 있다.

54세 나이로 승하하다

세종은 여덟째 아들 영응대군의 집 동별궁으로 거처를 옮겨 1450년 3월 30일에 당뇨, 고혈압, 요도염 등을 이기지 못하고 54세 일기로 승하했다. 묘호는 세종, 시호는 세종장헌영문예무인성명효대왕, 능호는 영릉으로 세종과 소헌왕후의 합장릉이지요. 경기도 여주시 능서면 영릉로 269-50에 있다.

實錄記事 1450년 2월 17일, 임금이 영응대군 집 동별궁에서 훙하다

임금이 영응대군 집 동별궁에서 훙하였다. 임금은 슬기롭고 도리에 밝으매, 마음이 밝고 뛰어나게 지혜롭고, 인자하고 효성이 지극하며, 지혜롭고 용감하게 결단하며, 합閤에 있을 때부터 배우기를 좋아하되 게으르지 않아, 손에서 책이 떠나지 않았다. 일찍이 여러 달 동안 편치 않았는데도 글읽기를 그치지 아니하니, 태종이 근심하여 명하여 서적을 거두어 감추게 하였는데, 사이에 한 책이 남아 있어 날마다 외우기를 마지 않으니, 대개 천성이 이와 같았다. 즉위함에 미쳐, 매일 사야四夜541) 면 옷을 입고, 날이 환하게 밝으면 조회를 받고, 다음에 정사를 보고, 다음에는 윤대를 행하고, 다음 경연에 나아가기를 한 번도 조금도 게으르지 않았다. 또 처음으로 집현전을 두고 글 잘하는 선비를 뽑아 고문으로 하고, 경서와 역사를 열람할 때는 즐거워하여 싫어할 줄을 모르고, 희귀한 문적이나 옛사람이 남기고 간 글을 한 번 보면 잊지 않으며 증빙과 원용을 살펴 조사하여서, 힘써 정신차려 다스리기를 도모하기를 처음과 나중이 한결같아, 문文과 무武의 정치가 빠짐 없이 잘 되었고, 예악의 문文을 모두 일으켰으매, 종률과 역상의 법 같은 것은 우리나라에서는 옛날에는 알지도 못하던 것인데, 모두 임금이 발명한 것이고, 구족과 도탑게 화목하였으며, 두 형에게 우애하니, 사람이 이간질하는 말을 못하였다. 신하를 부리기를 예도로써 하고, 간하는 말을 어기지 않았으며, 대국을 섬기기를 정성으로써 하였고, 이웃나라를 사귀기를 신의로써 하였다. 인륜에 밝았고 모든 사물에 자상하니, 남쪽과 북녘이 복종하여 나라

찬요』라는 제목을 지어주기도 했다. 1464년 병이 난 세조에게 시약을 올린 공로로 자헌대부에 가자되고 1467년 내의로 상호군에 이어 좌익원종공신 1등에 녹훈되었다.

541) **사야**四夜 : 사경四更.

안이 편안하여, 백성이 살아가기를 즐겨한 지 무릇 30여 년이다. 거룩한 덕이 높고 높으매, 사람들이 이름을 짓지 못하여 당시에 해동 요순이라 불렀다. 늦으막에 비록 불사佛事로써 혹 말하는 사람이 있으나, 한번도 향을 올리거나 부처에게 절한 적은 없고, 처음부터 끝까지 올바르게만 하였다.

- 『세종실록』, 1450년 2월 17일

세종 영릉 능침 정면

1446년(세종 28)에 세종의 비 소헌왕후가 승하하자 당시 광주(廣州, 현재의 서울시 서초구 내곡동) 헌릉의 서쪽에 쌍실의 능을 조영하였다. 이때 오른쪽 석실은 세종을 위해 미리 만들어 놓았다가 세종이 승하하자 합장하였다. 세조대에 영릉의 자리가 불길하다는 이유로 능을 옮기자는 주장이 있으나 실현되지 못하다가 1469년(예종 1년)에 이곳 여주로 옮겨 왔다. 여주로 천장하면서 원래의 영릉 터에 있었던 상석, 망주석, 장명등, 문석인, 무석인, 석수, 신도비 등은 그 자리에 묻혔다.

제4대 세종 이도

영릉은 조선 제4대 임금 세종과 비 소헌왕후의 합장릉이다. 조선왕릉 중 최초로 한 봉우리에 다른 방을 갖춘 합장릉이며, 무덤 배치는 국조오례의에 따라 만든 것으로 조선 전기 왕릉 배치의 기본이 되었다. 1469년 여주로 천장하면서 세조의 유명에 따라 병풍석을 두르지 않고 난간석만 설치하였으며, 봉분 안에는 석실이 아니라 회격하고, 혼유석 2좌를 마련하여 합장릉임을 표시하였다.

세종 영릉 전경

세종

세종 영릉 능침 정면

경기도 여주군 능서면 왕대리에 있다. 원래 영릉은 소헌왕후가 죽은 1446년(세종 28년) 광주 헌릉 서쪽에 조성하여 그 우실右室을 왕의 수릉壽陵으로 삼았다가 1450년 왕이 세종이 승하하자 합장했다.

세종 영릉과 석물

제5대 **문종 이향**

조선 병법의 기본을 세운 왕

생애	1414년~1452년	재위 기간	1450년~1452년
본관	전주	휘(이름)	향
묘호	문종	능호	현릉

문종의 가계도

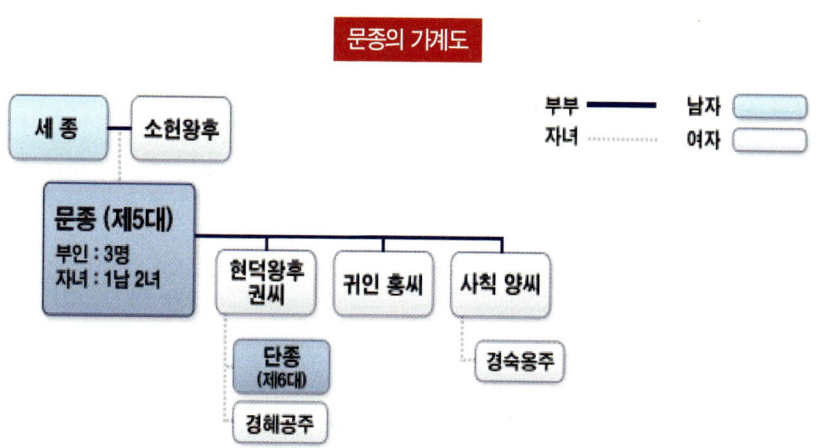

총서

문종 공순 흠명 인숙 광문 성효 대왕의 휘는 향珦이요, 자는 휘지輝之인데, 세종 장헌왕의 장자로서, 어머니는 소헌왕후 심씨이다. 영락 12년 갑오년[542] 10월 초3일 계유에 한양의 사저에서 탄생하였다. 신축년[543]에 세종이 왕세자로 삼도록 청하니, 명년 가을에 명나라 태종 문황제가 사신을 보내어 조선국 왕세자로 책봉하였다. 성품이 관인하고 명철하며, 강의하고 간묵하며, 효우하고 공검하며, 성색[544]과 희완戲玩을 좋아하지 않고 성리의 학문에만 전심하였다. 또 전대의 역사를 널리 보고 치란의 기틀을 강구하였으며, 육예[545]·천문·역상·성률·음운에 이르기까지 통달하지 않은 것이 없었다. 정통[546] 10년 을축년[547]에 세종이 병환 때문에 정사를 능히 보살필 수 없었으므로, 이에 왕세자에게 명령하여 여러 가지 정무에 참여하여 재결하도록 하였다. 경태[548] 원년 경오년[549] 2월 17일 임진에 세종이 영응대군의 사제에서 훙하니, 왕세자가 대군·제군들과 더불어 머리를 풀고 버선을 벗었으며, 빈전도감을 설치하였는데, 빈전도감에는 제조 3인, 사使 2인, 부사 2인, 판관 2인이었다.

1450년 2월 22일, 문종이 최복(상복) 차림으로 의식대로 교서를 반포하다

임금이 면복 차림으로 널 앞에서 유명[550]을 받고 빈전 문밖의 장전에 나가서 즉위의 예식을 행하였는데, 의식대로 하였다. 슬피 울면서 스스로 견디지 못하니 옷 소매가 다 젖었다. 임금이 면복을 벗고 상복을 다시 입었다.
예조 판서 허후가 교서를 반포할 때의 백관들의 복색 문제로써 의정부에 가서 의논하니, 하연과 박종우는 상복 차림으로 행사하고자 하고, 황보인, 남지, 정분은 조복[551] 차림으

---

542) **갑오년** : 1414 태종 14년.

543) **신축년** : 1421 세종 3년.

544) **성색**聲色 : 음악과 여색.

545) **육예**六藝 : 옛날 선비되는 자가 배우던 여섯 가지의 기예技藝. 곧 예禮·악樂·사射·어御·서書·수數.

546) **정통**正統 : 명나라 영종英宗의 연호.

547) **을축년** : 1445년.

548) **경태**景泰 : 명나라 대종代宗의 연호.

549) **경오년** : 1450 세종 32년.

550) **유명**遺命 : 임금이나 부모가 죽을 때에 남긴 명령이나 당부.

로 행사하고자 하여 의논이 일치하지 않았다.

임금이 말하기를,

"처음에 부왕께서 예문을 상정할 적에 즉위에서도 또한 길복552)을 사용하지 않으려고 하였는데, 하물며 교서를 반포할 때이겠는가?"

하고, 마침내 최복 차림으로써 허위553)를 설치해 놓고 교서를 반포하기를 의식대로 행하였다. 교서는 이러하였다.

"삼가 생각하건대, 태조께서 비로소 큰 왕업의 기초를 만드셨고, 태종께서 전대의 공렬을 능히 빛내셨고, 우리 선부왕께서 큰 공업을 계승하시어 정성을 다하여 다스리기에 힘을 써서 예절이 갖추어지고 음악이 조화되어 중외가 평안한 지 이제 33년이 되었다. 다만 밤낮으로 정무에 바쁘시고, 더욱이 성학에 게을리하지 않았으므로 근심과 괴로움이 너무 지나쳐서 마침내 병환을 초래하게 되시었다. 이에 우매한 나에게 명령하여 여러 가지 정무에 참여하여 결단하게 하고, 몸을 평안히 정양하여 만수무강하시기를 바랐었는데, 하늘이 돌보지 않으셔서 문득 신민을 버리고 가셨으니, 기운이 꺾이고 마음이 상함을 어찌 이길 수가 있겠는가?

종척(종친과 외척)과 신료들이 말하기를, '대위(임금의 자리)를 오래 비워 둘 수 없다.'고 하여 말을 합하여 굳이 청하므로, 마지 못하여 여정에 따라서 경태 원년 2월 22일에 즉위하게 되었다. 지워진 책임의 무거움을 생각해 보건대 마치 깊은 못에 다다르고 엷은 얼음을 밟는 것과 같다. 내가 처음 즉위함에 있어 마땅히 관대한 법조를 반포해야 할 것이므로, 이달 22일 매상(먼동이 틀 무렵) 이전으로부터 모반554)·대역555)·모반556)과, 자손으로서 조부모와 부모를 모살했거나 구매한 것과, 처첩으로서 남편을 모살한 것과, 노비로서 주인을 모살한 것과, 고의로 살인한 것과, 고독557)과 염매558)와 다만 강도를 범한 것을 제외하고는, 이미 발각되었거나 발각되지 않았거나 이미 결정(완결

---

551) **조복**朝服 : 관원이 조정에 나아가 하례할 때에 입던 예복.

552) **길복**吉服 : 삼년상을 마친 뒤에 입는 보통 옷.

553) **허위**虛位 : 죽은 임금을 위해 마련한 빈 자리.

554) **모반**謀叛 : 십악의 첫 번째 죄. 나라와 임금을 버리고 적국을 따르는 것.

555) **대역**大逆 : 십악의 두 번째 죄. 임금이나 아버지를 죽이고 종묘와 임금의 능을 파헤치는 것.

556) **모반**謀反 : 십악의 하나. 국가를 전복하려고 기도한 내란죄.

557) **고독**蠱毒 : 독이 있는 음식을 먹여 남을 해치는 것.

558) **염매**魘魅 : 주문이나 저술로 남을 죽게 만드는 것.

된 것)되었거나 결정되지 않았거나, 모두 이를 용서하여 면제한다. 감히 유지[559] 전의 일을 가지고 서로 고언하는 사람은 해당되는 그 죄로써 죄 줄 것이다.
　아아! 모든 정사가 다 성규가 있지만, 그러나 지켜 가기는 어려우니 대소 신하들은 옛 법도를 신중히 지켜서 마음을 같이하여 협조하여 도와 길이 경사에 이르기를 믿는다. 그러므로 이에 교시하니 마땅히 모두 알아야 할 것이다."
　　　　　　　　　　　　　　　　　　　　　　　－『문종실록』, 1450년 2월 22일

▎적장자로 왕위에 오른 조선 최초의 왕이었다

　세종의 뒤를 이어 왕위에 오른 이는 조선조 제5대 문종이다. 그는 성품이 몹시 인자하고 효성과 우애가 깊고 슬기로워서, 동궁으로 있을 때부터 부왕 세종의 위업을 도운 바 많았다. 그는 또 독서를 좋아하여 항상 손에서 책을 놓지 않았다. 또 용모가 단정하고 거동이 침착하고 정중하여 누구에게나 호평을 받은 반면, 지나치게 착하고 어질기만 하여 이른바 문약함을 면치 못하였다.
　문종에게는 세상에 난 지 불과 이틀 만에 어머니를 여읜 원손이 있었으니, 장차 비극의 주인공이 될 단종으로, 세종에게는 세손이 되는 것이다. 단종은 서조모인 혜빈 양씨의 젖을 먹고 자랐는데, 그 양혜빈이란 이가 또한 훌륭한 여인이어서 자기 소생의 젖먹이 둘째 아들을 품속에서 떼어 유모에게 맡기고 가여운 세손을 일심전력으로 길렀다. 이렇게 양육된 세손 단종은 그의 조부와 부모의 슬기와 덕을 함께 물려받아서 옥과 같이 귀엽게 생긴 데다, 다섯 살 때부터 글을 배우는데, 한번 들으면 잊어버리지 않을 뿐 아니라 뜻을 능히 통하여 조부 세종이 지극히 그를 사랑했다. 세종은 당시 제일의 문장인 정인지로 하여금 세손의 사부로 삼아 글을 가르치게 하고, 세종 자신이 친히 그 옆에 앉아 어린 손자가 글을 읽는 낭랑한 목소리를 들으면서, 용안에 웃음이 걷힐 사이가 없었다.
　세종은 또한 정무의 여가에도 어린 손자를 안고 귀여워하곤 하였는데, 한번은 집현전 뜰 앞에 손자를 안고 거닐다가 마침 거기 있는 성삼문, 신숙주 등의 젊은 학사들에게 말했다.

---

559) **유지**有旨 : 임금이 죄인을 특사하던 명령.

"내 경들에게 부탁할 말이 있소. 이 아이는 골격이 빼어나고 지혜가 총명하여 가히 쓸 만한 성품이므로, 특히 경들에게 당부하는 터이니 후일 나의 오늘 이 부탁을 부디 저버리지 말아주오."

그 순간 용안에는 웃음 빛이 걷히고, 엄숙하고도 추연한 기색이 역력하였다. 그런데 그가 이처럼 당당한 적손을 특별히 젊은 신하들에게 부탁하지 않을 수 없었던 고충이 있었으니, 그에게는 수양대군을 비롯한 여러 영특한 아들들이 많아서, 은근히 어린 세손의 앞길에 어두운 그림자를 던져주고 있었다.

맏아들 문종은 기질이 허약하여 오래 살 것 같지는 않았다. 손자가 비록 총명하나 너무도 어린데다가 범 같은 아들들이 도사리고 앉아 있으니 노왕의 심려가 결코 부질없는 것이 아니었다.

특히 그의 둘째 아들 수양대군(훗날의 세조) 같은 이는 뜻이 크고 웅장하며 기질이 사나웠다. 그가 일찍 10세 때, 하루는 여러 왕자 대군 등과 삼각산 백운대에 오른 적이 있었다. 산 위에 올라가 아래를 내려다보던 여러 왕자 대군들은 그 아슬아슬한 높이에 그만 기가 질리어 내려오지 못하고 급기야 명주 여러 필로 동아줄을 만들어 매달려 내려왔다. 그러나 수양대군만은 아무렇지도 않다는 듯이 혼자서 걸어 내려왔다. 이 말을 전해 들은 세종은 용안에 뚜렷이 근심하는 빛을 띠었다고 하거니와, 이것은 분명 약한 문종과 사나운 수양을 견주어 생각하며 뒤에 일어날 풍파를 예측함에서였으리라. 세종의 간곡한 부탁의 말씀을 들은 젊은 학사들은 엎드려 머리를 조아렸다.

"신 등이 어찌 잊겠사오리까? 힘과 마음을 기울여 성상의 크나큰 은덕을 만분의 일이라도 보답하오리다."

그중에서도 성삼문 같은 이는 너무도 황송하고 감격하여 눈물이 비오듯 하였다. 그 뒤부터 세종은 한층 더 학사들을 은근히 사랑하고 또 세손으로 하여금 그들을 스승의 예로써 대하게 하였다. 그가 승하하던 날, 세자 문종을 조용히 불러들여, "세손은 밝고 영민하여 능히 위를 이을 만하거니와, 그래도 너무 어리니 보필하는 신하가 필요할 것이다. 특히 김종서, 성삼문에게 잘 부탁하여라." 하고는 옆에 앉은 세손을 어루만지며 긴 한숨을 지었다.

제5대 문종은 조선의 왕 중에서 적장자(정실의 몸에서 난 장자)로 왕위에 오른 최초의 왕이지요. 문종은 어렸을 때부터 인품이 관대하고 후하여 누구에게나 좋은 소리를 들었으며 학문을 무척 좋아했을 뿐만 아니라 세계 최초의 정량적 강우량 측정기 측우기를 발명할 정도로 천문학과 산술에 뛰어난 능력을 소유한 왕이다.

1421년부터 1450년까지 29년간 왕세자로 지내는 동안 문신과 무신을 골고루 등용하였으며, 언관의 언론에 관대한 정치로 언론을 활성화하여 민심을 파악하는 데 힘쓰는 등 아버지 세종의 정치를 곁에서 보필하였다. 8년의 대리청정 기간 동안 국사를 처리하다가 1450년 음력 2월 세종이 승하하자 왕으로 즉위하였지만, 문종도 병약하여 오래 살지 못했다.

여덟 살 때 세자로 책봉되다

조선의 5대 왕 문종은 1414년(태종 14년) 세종과 소헌왕후의 첫째 아들로 한양의 사저에서 태어났다. 부왕 세종이 왕위에 오르고 3년이 지난 1421년(세종 3년) 세자에 책봉되었다. 『세종실록』에는 다음과 같이 전한다.

> **實錄記事** 세종 3년, 1421년 10월 26일, 원자 이향이 조복을 차리고 책봉받는 의식을 연습을 하다
>
> 원자 이향(李珦)이 조복을 차리고 책봉 받는 의식을 대궐 뜰에서 연습하는 데, 때마침 큰 바람이 불어서 먼지가 날릴 지경이었다. 여러 신하들이 많이 거동에 실수가 있었으나, 원자는 행동이 엄중하고 조용하여, 자연히 예에 맞아서 조금도 차질이 없었다. 여러 신하들이 기뻐하고 경사스럽게 여겨서 눈물을 흘린 자도 있었다.
> — 『세종실록』, 1421년 10월 26일

實錄記事 세종 3년, 1421년 10월 26일, 세자 책봉을 종묘와 광효전에 고하다

세자 책봉을 종묘에 고하기를,

"나라 근본의 발단은 마땅히 명분을 바르게 하는 것으로 앞서야 한다. 일찍이 저부儲副를 세움으로서 옛날 법전이 밝게 되었다. 원자가 방금 어린 연령이나, 온량하고 인자하고 효도하고 공손하여, 일찍이 나아가 선비를 스승 삼아, 훈계와 가르침을 따르게 되니, 넉넉히 종사를 이을 만하여, 여러 사람의 촉망하는 마음이 같았다. 이에 책봉의 식을 거행하여 앞으로 동궁에 나가게 될 것이므로, 감히 고하노니, 조금이라도 낮은 정성을 살피시라."

또 광효전廣孝殿에 고하기를,

"나라 근본의 발단은 마땅히 저이儲貳를 세워야 하는 것이다. 제왕의 다스림이 이 의義에 따르게 되는 것이니, 원자는 거동부터 준수하며, 덕의 풍부함이 온량하고 문화로와서, 이미 스승에게 나아가서 학문을 부지런히 힘쓰니, 종사의 주인으로 조상을 이을 것이 여러 물망에 실로 부합된다. 춘궁春宮에 처하게 하고 보장寶章도 주려 하여, 이에 길한 날을 가려서 감히 신명에게 고하노니, 길이 도와주심을 바라오며, 저의 심정 살피소서."

- 『세종실록』, 1421년 10월 26일

實錄記事 세종 3년, 1421년 10월 27일, 인정전에서 원자 이향을 왕세자로 책봉하고 책문을 내리다

임금이 면복을 하고 인정전에 나와 원자 이향을 책봉하여 왕세자로 하였다. 책문에 이르기를,

"저부儲副를 세워서 나라의 근본을 정하는 것은 국가의 공통되는 규례이고, 명분을 바르게 하여 사람의 마음을 계속繫屬하게 하는 것은 실로 공공의 의義에 인한 것이다. 옛날 일을 상고하여 이에 떳떳한 장전章典을 거행한다. 너 향珦은 의표儀表가 준수하고 숙성하며, 문학을 익혀서 날로 성취하면, 슬기롭고 명랑한 자질은 국가의 신기神器가 돌아가는 바이며, 세대로 적자의 높은 자리는 여러 국민의 심정이 귀속되는 바이다. 드디어 날을 골라 종묘를 알현하여 주창主鬯하고 승조承祧하게 하며, 너를 왕세자로 세우노라. 아아, 오직 하늘은 친한 데가 없고 오직 덕德이 있는 자를 도와주는 것이다. 어질고 우두머리가 되었으니, 곧 만백성을 보살펴서 편케 할 대권을 받았고, 검소하고 너그럽게 하여 이 나라의 경사를 길이 벋어 나게 하라."

세자가 책冊을 받을 때에, 주선하고 진퇴하는 동작이 다 예禮에 맞게 하니, 여러 신하들이 탄복하지 아니하는 자가 없었다.

- 『세종실록』, 1421년 10월 27일

문종

實錄記事 세종 3년, 1421년 10월 27일, 세자 책봉 후 중외에 유시하는 교서

세자를 책봉하고서 중외에 유시하는 교서에 이르기를,
"공손히 생각하여 보건대, 태조께서 처음으로 건국의 홍업을 열어 주시고, 우리 부왕 성덕 신공 태상왕 전하께서 크게 천명을 이어받으시어, 지극한 다스림을 높이시고, 나의 몸에 이르러 그 뒤를 이어받들어, 아침 저녁으로 부지런히 하여 감히 조금도 편하려 하지 아니하였다. 오직 세자는 마땅히 일찍 세워서 종묘도 이어받들고, 인심도 묶어서 모아야 한다. 이에 원자 향은 처지가 적장의 자리에 있고, 타고난 성품이 원량元良이니, 저위에 거하게 하여, 이미 영락 19년 10월 27일에 왕세자에게 책봉하여 책서와 새보璽寶를 주었다. 이로써 예가 이루어졌음을 중외에 포고하여 아름답게 만민들과 같이 이 큰 경사를 즐기려 하므로, 이에 교시하니, 다 알게 하라."
— 『세종실록』, 1421년 10월 27일

實錄記事 세종 3년, 1421년 10월 27일, 세자가 올린 사은전

세자가 사은전을 올렸는데, 이르기를,
"명이 하늘에서 내려와 저로 하여금 부이副貳의 자리를 이으라 하시니, 저는 몸둘 곳이 없어서 두렵고 황송하기가 더욱 간절합니다. 돌이켜 살펴보니, 따라가려 해도 감당하기가 어려우며, 감사하고 부끄러운 마음이 함께 이르나이다. 엎드려 생각건대, 나이도 유치하고 성품이 또한 용렬하고 어리석어, 깊이 덮어서 길러 주신 성은을 받았고, 외람히 고명하신 훈계를 얻어, 마음은 사랑과 공경에 돈독히 하여, 삼가 존안을 받들었으며, 뜻은 항상 덕에 나가고, 학업을 닦는 데에 있어서, 오직 배우기에 지향할 줄만 알았나이다. 어찌 뜻하였으리이까. 아직 머리를 내려 땋은 어린 나이에 문득 종사의 주장이 되는 대권을 받을 줄이야. 이 자리가 관계되는 것이 가볍지 아니하니, 영광스러움을 오히려 두려워하나이다. 이에 대개 지극하신 어지심이 뒤를 열어 주시고, 큰 지혜는 미세한 데까지 비친다 하더이다. 그래서 남은 복을 주시고, 좋은 법을 끼쳐 주시려면, 마땅히 장자를 세워서 근본을 단정히 하려 하심인가 합니다. 그러므로 잔열한 자질이나 그로 하여금 특수한 은덕을 입게 함이시니, 삼가 양궁兩宮에 공경으로 섬겨서, 항상 유순한 즐거움을 바치려 하며, 세 가지 착한것560)을 완전히 하여 더욱 보필하는 정성을 실어 바치려고 합니다."
— 『세종실록』, 1421년 10월 27일

문종은 1427년(세종 9년) 4월 9일 김오문의 딸 휘빈 김씨561)와 결혼했다. 어린

---

560) **세 가지 착한것**: 신하로서 임금을, 자식으로서 어버이를, 어린이로서 어른을 잘 섬기는 것.

나이에 혼인하였으나 첫 번째 부인이었던 휘빈 김씨는 문종의 사랑을 얻으려 온갖 잡술을 이용하다가 발각되어 폐위되었다. 두 번째 아내였던 순빈 봉씨는 폭력적이고 동성애적인 기질로 나인 소쌍과 동침하여 자질에 문제가 있다는 지적으로 인해 폐위되었다. 이미 후궁으로 들어와 있던 권씨와 혼인하였다. 권씨(현덕왕후562))는 왕세자빈 시절이었던 1441년 단종을 낳은 지 3일 만에 산고로 죽었다. 문종은 더 이상 세자빈을 두지 않은 채 정비가 없는 상태로 왕위에 올랐다. 문종은 세 명의 소실 중 양씨에게서 딸 하나를 더 낳았다. 문종은 3명의 부인에게서 1남 2녀 자식을 두었다.

實錄記事 세종 23년, 1441년 7월 23일, 왕세자빈 권씨가 원손을 낳아 대사면령을 내리다

왕세자빈 권씨가 동궁 자선당에서 원손을 낳아 도승지 조서강 등이 진하하매, 임금이 말하기를,

"세자의 연령이 이미 장년이 되었는데도, 후사가 없어서 내가 매우 염려하였다. 이제 적손이 생겼으니 나의 마음이 기쁘기가 진실로 이와 같을 수 없다."

영의정 황희가 집현전 부제학 이상을 영솔하고 진하하였으니, 사례私禮이었다. 임금이 의정부에 이르기를,

---

561) **휘빈 김씨**徽嬪 金氏 : 상호군 김오문과 그 아내 정씨의 딸이다. 1427년 세자빈으로 간택되었으나, 세자는 세자빈에게 별 관심을 보이지 않았다. 세자빈은 세자의 사랑을 받기 위해 시녀 호초에게 민간에서 쓰는 갖가지 비법을 묻자 호초는 "남자가 좋아하는 여인의 신을 불에 태워 가루를 만들어 남자에게 마시게 하면 사랑을 받는다."라고 대답했다. 세자빈이 각종 비방을 쓴다는 사실을 알게 된 세종과 소헌왕후의 추궁에 세자빈이 모든 것을 자백하였다. 세종은 1429년 7월 18일 세자빈을 폐위하여 폐빈으로 강등시켰다. 또한 폐빈 김씨의 아버지 김오문과 호초의 아버지의 직첩을 거두고 김씨의 오빠 김중엄도 파면시켰다. 세자빈에게 압승술을 가르쳤다는 죄로 호초는 참형에 처해졌다.

562) **현덕왕후**顯德王后 : 화산부원군 권전의 딸이다. 1431년(세종 13년) 세자궁 궁녀로 입궐하여 승휘·양원에 진봉되었다. 1437년 순빈 봉씨가 부덕하여 폐빈된 후 세자빈이 되었다. 1441년 원손(단종)을 낳았으나 3일 뒤에 죽었다. 그해 현덕의 시호를 받고, 경기도 안산군 치지고읍산에 묻혔다. 1450년 왕후에 추봉되었으며, 능호는 소릉으로 명명되었다. 1457년(세조 3년) 단종복위운동과 관련하여 아버지 권전이 추폐되어 서민이 되고, 단종이 노산군으로 강봉되자 왕후에서 폐위되고 종묘에서 신주가 철거되었다. 1513년(중종 8년) 신주가 다시 종묘 문종실에 봉안되었고, 1699년(숙종 25년) 신원되었다.

"이제 원손이 생겼으니, 중국으로 본다면 즉시 대사를 행하는 것이 진실로 마땅하다. 그러나 사赦라는 것은 군자에게 불행이요, 소인小人에게는 다행이 되는 고로, 내가 오랫동안 행하지 아니하였다. 내 마음에는, 오늘의 일은 비록 경사라고는 하지만 원자의 예가 아니므로, 우선 근년에 수인囚人을 방사放赦한 예例에 의하여, 유류流 이하의 이미 결정하였거나 결정하지 못한 죄를 석방할까 하는데, 도승지 조서강은 말하기를, '당나라 고종 때에 황손이 탄생하여, 대사大赦하고 연호를 고쳤으니, 한 나라의 기쁜 경사가 이보다 더한 것이 없으므로, 대사하는 것이 가可합니다.' 하였다. 경 등의 의향은 어떠한가."

모두 아뢰기를,

"우리나라 경사에 이보다 더한 것이 없사오니 대사大赦하는 것이 가합니다."

임금이 그대로 따라, 근정전에 나아가 교서를 반포해 내렸는데, 경순왕후의 기신忌晨이므로 군신이 모두 시복時服을 입었고, 풍악은 진설하기만 하고 연주하지 아니하였다. 그 사赦하는 글에 이르기를,

"예전부터 제왕이 계사를 중하게 여기지 아니한 이가 없었다. 종사563)에서 여러 아들을 노래하였고 봉인이 다남多男을 축복하였으니, 대개 종사의 대본大本이요 국가의 경복景福이 됨으로서이다. 내가 부덕한 몸으로 외람되게 대통을 계승하여, 부탁付托의 지중함을 생각하고 계술564)을 감히 잊을 수 있으랴. 생각하건대, 세자의 연령이 이미 30이 거의 되었는데, 아직도 적사嫡嗣를 얻지 못하여 내 마음에 근심되더니, 이제 세자빈이 7월 23일에 적손을 낳았다. 이것은 조종께 덕을 쌓고 인을 쌓으심이 깊으셨고, 또 상천의 보우하심이 두터우심이다. 신神과 사람이 다 같이 기뻐할 바이요, 신하와 백성들이 모두 기뻐할 바이요, 신하와 백성들이 모두 기뻐할 것이다. 정통 6년 7월 23일 새벽 이전에 대역을 모반謀反한 것, 모반謀叛한 것, 자손이 조부모·부모를 모살謀殺하였거나 때리고 욕한 것, 처첩이 남편을 모살한 것, 노비가 상전을 모살한 것, 독약이나 저주로 살인한 것, 강도를 범한 것 외에는, 이미 발각되었거나 아니되었거나, 이미 결정되었거나 아니되었거나 다 용서하여 제除해 버리니, 감히 유지 전의 일을 가지고 서로 고하고 말하는 자는 그 죄로써 죄줄 것이다. 아아, 이미 많은 복을 받았으니 진실로 웅몽熊夢의 상서에 합하게 할 것이라, 의당 관대한 은전을 베풀어서 홍도鴻圖의 경사를 크게 넓힐 것이다."

---

563) **종사**螽斯:『시경』주남周南의 편명篇名.

564) **계술**繼述: 조상의 뜻과 사업을 이음.

교지를 읽기를 끝마치기 전에 전상殿上의 대촉大燭이 갑자기 땅에 떨어졌으므로, 빨리 철거하도록 명하였다.

- 『세종실록』, 1441년 7월 23일

實錄記事 세종 23년, 1441년 7월 24일, 왕세자빈 권씨가 졸하여 조례를 행하다

왕세자빈 권씨가 졸하였다. 빈은 아름다운 덕이 있어 동정과 위의威儀에 모두 예법이 있으므로, 양궁兩宮의 총애가 두터웠다. 병이 위독하게 되매, 임금이 친히 가서 문병하기를 잠시 동안에 두세 번에 이르렀더니, 죽게 되매 양궁이 매우 슬퍼하여 수라를 폐하였고, 궁중의 시어565)들이 눈물을 흘리며 울지 않는 이 없었다. 여섯 승지와 예조 판서 민의생·참판 윤형·참의 권극화·지중추원사 정인지와 선공 제조 호조 판서 남지·동지중추원사 이사검 등이 정소공주와 원경왕후의 상장喪葬의 예를 참작하여 아뢰이니, 임금이 말하기를,

"원경 왕후보다 내리고 정소 공주보다 1등을 더하게 하라."

염빈도감을 설치하였다. 예조에서 아뢰기를,

"거애는 외조모의 예에 의하게 하소서."

임금이 말하기를,

"빈은 나와 한집에 살던 며느리인데, 어찌 차마 밖에 나가 거애하겠는가. 하물며, 빈이 죽어서 거애하는 것은 예전에 정례가 없는 것임에랴."

백관이 시복으로 근정전 뜰에 나아가서 조례를 행하였다. 예조에서 아뢰기를,

"동궁은 소대를 30일 동안 띠다가 제除하고, 임금과 중궁은 소대를 5일 동안 띠다가 제하며, 조회를 5일 동안 정지하게 하소서."

그대로 따랐다.

- 『세종실록』, 1441년 7월 24일

實錄記事 문종 즉위년 7월 20일, 왕세손을 왕세자로 삼는 책문을 내리다

왕세손을 책봉하여 왕세자로 삼았다. 그 책문에 이르기를,

"의義는 체통을 잇는 데 있고 이미 큰 실마리를 전해 받았으며, 조묘祧廟를 잇는 일이 중하니, 마땅히 원량566)의 호號를 바로잡아야 하겠다. 이에 고전을 상고하여 이장彛章을 거행하노라. 너 원자元子 : 이홍위)는 덕이 온화하고 천자天姿가 총명하며 어버이를 사랑하고 어른을 공경하니, 인仁과 효孝는 천성으로 타고났고, 부傅를 중히 여기고 사師를 높이어, 학문이 날로 진취하였다. 이에 소고昭考의 권애眷愛를 입어 세손의 이름을 정하니, 종통

---

565) **시어**侍御 : 옆에서 모시는 사람.

566) **원량**元良 : 세자世子.

이 돌아오는 바요, 여정이 속하는 바이다. 그러므로 너를 책립하여 왕세자로 삼는다. 이에 총명에 복종하여 더욱 길이 도모할 것을 생각하라. 오직 성한 덕을 공경하고, 오직 바른 사람을 가까이 하고, 조종의 아름다운 공렬을 생각하여, 방가邦家의 영구한 계획을 도우라. 삼가지 않을 수 있으랴! 그러므로 교시하는 것이니 자세히 알아서 하라."

반교頒敎하여 안팎에 사유하였는데, 그 교서에 이르기를,

"일은 저사儲嗣를 세우는 것보다 더 큰 것이 없고, 예禮는 마땅히 이름을 바루는 것을 먼저 하여야 한다. 내가 얇은 덕으로 대업을 이어받아 계서繼序의 중함을 생각하여 항상 마음에 품고 있는데, 원자 이홍위는 영명하고 인효하여, 우리 황고 세종께서 이미 봉하여 세손으로 삼아, 국본이 정하여지고 안팎이 마음을 걸고 있으니, 지금 마땅히 동궁에 정위하여야 하므로, 공경하게 사직과 종묘에 고하여 왕세자로 삼고, 책보(옥책과 금보)를 주었다. 이 성사를 당하여 마땅히 관대한 법조를 반포하여야 하므로, 이달 7월 20일 새벽 이전으로부터 유죄流罪 이하 간도奸盜를 제외하고, 이미 발각되었거나 아직 발각되지 않았거나, 이미 결정되었거나 아직 결정되지 않았거나 모두 사유(죄를 용서함)한다. 감히 유지567) 이전의 일을 가지고 서고 고하여 말하는 자는 그 죄로 죄 주겠다. 왕위를 지키고 조종을 잇는 것은 진실로 원량元良의 바람에 부합하고, 허물을 사赦하고 죄를 용서하는 것은 일시一視의 인仁을 넓히는 것이다. 그러므로 교시하는 것이니, 자세히 알아라."

백관이 조복을 입고 전箋을 받들어 올려 진하陳賀하고, 각도 감사監司는 관원을 보내어 전을 받들어 진하하고, 경기 감사·개성부 유수는 친히 전을 받들고 또 동궁에도 모두 하장568)(賀狀: 경사를 축하하는 편지)을 올렸다.

― 『문종실록』, 1450년 7월 20일

학문과 효성이 깊은 왕이었다

문종은 성품이 인자하고 명철했으며, 학문을 좋아하고 음악과 여자와 술은 즐기지 않았다. 문장에 뛰어났다. 세자 시절 문종이 집현전 학사들에게 귤을 담아 보낸 소반569)에 귤 시를 지어 적은 일이 있었다. 이를 본 집현전 학사들이 그 뛰어난 문장과 글씨에 반해 서로 베껴 적으려고 소반을 놓지 않았다고 한다.

---

567) **유지**有旨: 임금이 죄인을 특사하던 명령.

568) **하장**賀狀: 경사를 축하하는 편지.

569) **소반**小盤: 밥·반찬과 그 밖의 음식들을 벌여 놓고 먹는 작은 밥상.

문종은 효성이 지극하기로도 유명했다. 문종은 부왕이 앵두를 좋아하는 것을 알고 궁에 앵두나무를 심고, 앵두가 익으면 부왕에게 가지고 갔다. 이를 맛본 세종은 어디에서 가져온 앵두보다도 세자가 손수 심어 가져온 앵두의 맛이 가장 좋다며 기뻐했다고 한다. 실록에는 문종의 효성에 대해 다음과 같은 기록이 있다.

> "임금의 성품이 지극히 효성이 있어 양궁(세자와 세자빈)에 조금이라도 편안치 못한 점이 있으면 몸소 약 시중을 들어서 잘 때도 띠를 풀지 않으시고 근심하는 빛이 얼굴에 나타났다. 소헌왕후가 병환이 났을 적에 사탕을 맛보려고 했는데, 후일에 어떤 사람이 이를 올리는 이가 있으니, 임금이 이를 보시고는 눈물을 흘리면서 휘덕전에 바치었다. 세종이 병환이 나자 근심하고 애를 써서 그것이 병이 되었으며, 죽음에 대해서는 너무 슬퍼해 몸이 바싹 여위셨다. 삭망절제570)에는 술잔과 폐백을 드리고는 매우 슬퍼서 눈물이 줄줄 흐르니, 측근의 신하들은 능히 쳐다볼 수가 없었다."
> – 『문종실록』, 문종 2년 5월 14일

왕세자로 5년 섭정과 2년을 재위하다

문종은 세자 시절 하연571)을 스승으로 삼아 학문을 닦았으며 어렸을 때부터 인품이 관대하고 후하여 누구에게나 좋은 소리를 들었다. 학문을 좋아하여 세계 최초의 정량적 강우량 측정기 측우기를 발명할 정도로 천문학과 산술에 뛰어난 능력을 보였고 예·초·해서 등 서도에도 능통했다.

하연

문종은 29년 동안이나 세자의 자리에 있었다. 1445년(세종 27년)부터 문종은 건강이 좋지 않은 세종을 대신하여 섭정을 했다. 세종은 여러 차례 "나의 계획한

---

570) **삭망절제**(朔望節祭) : 매달 초하룻날과 보름날 아침에 지내는 제사.
571) **하연**(河演) : 성리학 전파에 앞장서 조선의 기반을 다지는 데 지대한 역할을 한 조선 초기 유학자. 문종 대에 이르러 정승의 반열에 올랐고 평생 조정에 복무하면서 세종을 보필했으며 안평대군이나 집현전 학사들과 교유하면서 수많은 시문을 남겼다.

일이 젊을 때와 다른 것이 많고, 또 풍질이 있어 스스로 힘쓰기 어려우니 세자로 하여금 모든 정무를 대신 다스리게 하겠다."라는 뜻을 비쳤다. 대신들은 법도에 어긋난다는 이유로 반대했으나, 세종은 1443년(세종 25년) 왕세자가 섭정하는 제도를 만들고, 1445년(세종 27년)부터 본격적으로 모든 정무를 세자가 맡아보게 되었다.

1450년(세종 32년) 2월 세종이 죽자 문종은 왕위에 올랐다. 세자 시절부터 노쇠한 세종을 대신하여 섭정하여 왕위에 올랐다고 갑자기 달라지는 것은 없었다. 문종 시대도 세종 시대 말기의 분위기가 이어지고 있었다. 당시는 대간의 역할과 권력이 점차 커지던 시기였다. 문종은 자주 신하들에게 의견을 물었고, 신하들이 임금에게 말을 올릴 수 있는 길을 넓히기 위해 문무 4품 이상의 관원들에게만 허락되던 윤대(임금을 만나 직무에 대해 아뢰던 일)를 6품까지 참여할 수 있도록 했다.

1451년(문종 1년) 새롭게 고친 『고려사』[572]를, 1452년(문종 2년) 『고려사절요』[573]를 편찬했다. 문종은 역사를 통해 문치주의를 실천하기 위해 노력했다.

實錄記事 1452년 7월 20일, 김종서 등이 새로 찬술한 『고려사절요』를 바치다

감춘추관사 김종서 등이 새로 찬술한 『고려사절요』를 바쳤으니, 전문[574]에 이르기를, "신臣 김종서 등은 진실로 황공惶恐하면서 머리를 조아립니다. 가만히 생각하건대 편년체[575]는 좌씨[576]에서 근본하였고, 기전체[577]는 사마천의 『사기』에서 시작되었는데,

---

572) 『고려사高麗史』: 김종서·정인지·이선제 등이 왕명으로 고려시대 전반에 관한 내용을 정리하여 편찬한 역사서이다. 고려시대의 정치·경제·사회·문화·인물 등의 내용을 기전체로 정리한 책으로 고려시대 역사 연구의 기본 자료이다.

573) 『고려사절요高麗史節要』: 문종 1년(1451년) 8월 25일에 완성하고 단종 1년(1453년) 4월 초주갑인자로 간행되었다. 조선시대 초기의 동활자본이자, 우리나라 최초의 편년체 고려사이다.

574) 전문箋文: 길흉사가 있을 때에 임금이나 왕후·태자에게 아뢰던 사륙체四六體의 글.

575) 편년체編年體: 시대순에 따라 사실史實을 서술하는 역사 편찬의 한 체재. 이 편년체는 중국의 『춘추』에서 비롯되었음.

576) 좌씨左氏: 좌구명左丘明.

577) 기전체紀傳體: 역사 현상의 총체를 본기(本紀: 임금의 사적)·열전(列傳: 중요 인물의 전기)·지(志: 제도 관

반고[578] 이후에 역사를 쓰는 사람이 모두 사마천[579]의 『사기』를 조술[580]하여 어김이 없는 것은 그 규모가 굉박하고 저술이 해비하기 때문입니다. 그러나, 내용이 쓸데없이 길어서 구명하기 어려운 걱정을 면할 수가 없으니, 이는 역사가의 서로가 장·단점이 있어 한쪽만 버릴 수가 없는 것입니다. 고려는 당나라 말기에 일어나서, 웅무[581]로써 많은 악인을 제거하고 관대함으로써 뭇사람의 마음을 얻어서 마침내 대업을 세워 후손들에게 전하였습니다. 교사[582]를 세우고, 장정을 정하고, 학교를 일으키고, 과거를 설치하고, 중서성을 두어 기무를 총령함으로써 체통이 매인 바가 있고, 안렴사를 보내어 주군을 살핌으로써 탐관오리가 감히 방사하지 못하였으며, 부위[583]의 제도로써 군대를 농민에게 소속시키는 법을 얻게 되고, 전시의 등급은 벼슬하는 사람에게 대대로 국록을 주는 뜻이 있게 되어, 형벌과 정사가 시행되고 법식이 갖추어져서 중앙과 지방이 편안해지고 백성과 물질이 풍부해졌으니, 태평의 정치가 성대하다고 할 수가 있었습니다. 중대 이후에는 조선祖先의 유업을 능히 계승하지 못하여 안으로는 폐행[584]에게 미혹되고, 밖으로는 권간[585]게 제어되었으며, 강적이 번갈아 침범하여 전쟁이 많이 일어났으니, 점점 쇠퇴하여 가성[586]이 왕위를 절취하는 지경에 이르러 왕씨의 제사를 이미 혈식[587]되지 못하였으며, 공양왕이 반정했지마는 마침내 우매하고

계)·표(表 : 연표와 인명표) 등으로 분류하여 기술한 역사 편찬의 한 체재. 중국의 『사기』에서 유래되었음.

578) **반고**班固 : 기전체 역사서의 모범이 된 『한서』의 저자로 유명하다. 기전체는 역사 사실을 본기, 열전, 표, 지 등의 체제를 갖추어 서술하는 방식을 말한다. 사마천의 『사기』를 계승할 역사서를 쓰기 위해 자료들을 수집했던 아버지 반표가 죽자 역사편찬 작업의 뒤를 이었다. 16년에 걸쳐 편찬된 『한서』는 철저한 고증과 완벽한 객관성이 돋보이는 정사류의 전형이 되었다.

579) **사마천**司馬遷 : 한 무제 시대의 역사가이다. 흉노족과의 전투에서 투항한 이릉 장군의 처분 논의에서 그를 옹호하다 무제의 노여움을 사 궁형을 당했다. 중국 2천여 년의 역사를 담고 있는 최고의 기전체 통사 『사기』를 완성했다.

580) **조술**祖述 : 본받아 서술함.

581) **웅무**雄武 : 뛰어난 무력.

582) **교사**郊社 : 천지天地의 제사.

583) **부위**府衛 : 부병府兵.

584) **폐행**嬖幸 : 총애를 받는 총희寵姬.

585) **권간**權姦 : 권세 있는 간신奸臣.

586) **가성**假姓 : 우왕과 창왕은 왕씨가 아니고 신씨辛氏라 이름.

나약하여 스스로 멸망에 이르게 된 것입니다. 대개 하늘이 진주[588]를 낳아서 우리 백성들을 평안하게 한 것은 진실로 인력으로써는 될 수 없는 것입니다.

　태조 강헌 대왕께서는 맨 먼저 보신輔臣에게 명하여 『고려사』를 찬수하도록 하셨고, 태종 공정 대왕께서 또 틀린 점을 교정하도록 명하셨으나 마침내 성공을 보지 못하였습니다. 세종 장헌 대왕께서는 신성한 자질로써 문명의 교화를 밝혀서 신臣 등에게 명하여 요속을 선발하여 사국史局을 열고 편찬하되 전사全史를 먼저 편수하고 그 다음에 편년[589]에 미치도록 하였으니, 신 등이 공경하고 두려워하면서 명령을 받들어 감히 조금도 게으르지 못하였는데, 불행히도 글을 바치기도 전에 갑자기 군신群臣을 버리고 세상을 떠났습니다. 주상 전하께서 선왕의 뜻을 공손히 계승하여 신 등으로 하여금 일을 마치도록 하시니, 생각해 보건대 일찍이 선왕에게서 명령을 받았기 때문에 감히 거칠고 고루한 이유로써 굳이 사양할 수가 없습니다. 신미년[590] 가을에 글이 완성되었는데, 이에 또 사적事迹이 세상의 풍교風敎에 관계되는 것과 제도가 본보기가 될 만한 것을 모아서 번잡한 것은 제거하고 간략한 것만 취하고 연월을 표준하여 사실을 그대로 서술하여 고열考閱에 편리하도록 하였으니, 그런 후에 4백 75년의 32왕의 사실이 포괄되어 빠진 것이 없고 상세함과 간략함이 다거론됨으로써 역사가의 체재體裁가 비로소 대략 구비된 듯합니다. 비록 문사文辭가 비리[591]하고 기차[592]가 정밀하지 못하지마는 권선 징악하는 데에 있어서는 정치하는 방법에 조금은 도움이 있을 것입니다. 조촐한 연회의 여가에 때때로 살피고 관람하여서 옛것을 상고하는 성덕에 힘쓰고, 세상을 다스리는 대유(大猷)를 넓혀서, 이 백성들로 하여금 모두 그 은혜를 받도록 한다면 매우 다행하겠습니다. 찬술한 『고려사절요』 35권을 삼가 전문箋文에 따라 아룁니다."

　김종서가 아뢰기를,

　"다른 나라의 역사도 오히려 구해 보고 있는데, 하물며 우리나라의 역사이겠습니까? 대신들이 자못 구해 보려고 하는 사람이 있으니, 마땅히 빨리 인쇄하여 중앙과 지방에 반포하여야 할 것입니다. 또 본사本史가 비록 사적事迹은 상세하지 못하지마는, 이를 버리면 다른 데는 상고할 글이 없습니다. 혹시 빨리 인쇄하지 않는다면 벌레가 먹어 파

---

587) **혈식**血食: 희생을 올려 제사를 지냄.

588) **진주**眞主: 진명지주眞命之主.

589) **편년**編年: 편년체.

590) **신미년**: 1451년(문종 1년).

591) **비리**鄙俚: 상스러움.

592) **기차**紀次: 기술한 순서.

손될까 두려우니, 또한 마땅히 빨리 인쇄하여 여러 사고史庫에 간수해야 할 것입니다."
임금이 말하기를,

"역사란 것은 후세에 보여서 권선 징악하려고 하는 것이므로 숨겨서는 안 되니, 마땅히 인쇄하여 이를 반포해야 할 것이다."

처음에 태조가 개국하니 정도전에게 명하여 『고려사』를 찬술하도록 했는데, 정도전이 관장하는 사무가 많아서 이 일은 요속僚屬에게 맡겼으나, 이로 말미암아 빠져나간 부분이 매우 많았다. 태종은 하윤에게 명하여 대조 교정하도록 했으며, 세종은 윤회에게 명하여 고쳐 찬술하도록 했으니, 정도전의 초고草藁에 비하면 조금 상세한 편이었다. 동지춘추관사 김효정이 말하기를,

"윤회가 찬술한 것에 또한 빠지고 간략히 한 실수가 있으니 후세에 전해 보일 수 없습니다."

하니, 이에 권제에게 명하여 이를 찬술하도록 하였다. 권제가 안지·남수문과 더불어 찬록·부집裒集한 것은 이가593)보다는 상세한 편이었지만, 그 좋아하고 미워함을 마음대로 처리하여 필삭594)이 공정하지 못하였다. 일이 발각나게 되니, 김종서에게 명하여 정인지 등과 더불어 이를 찬술하도록 하였다. 김종서 등은 편년체는 상세히 구비할 수 없다고 생각하여, 이에 기전체의 법에 의거하여 과科를 나누어 완성을 책임지워, 최항·박팽년·신숙주·유성원·이극감 등으로 하여금 열전을 찬술하도록 하고, 노숙동·이석형·김예몽·이예·윤기견·윤자운 등으로 하여금 기紀·지志·연표年表를 나누어 찬술하도록 하고는, 김종서가 정인지·허후·김조·이선제·정창손·신석조 등과 더불어 이를 산삭刪削윤색潤色하였다. 이때 권제·안지·남수문이 새로 중죄를 얻게 되니, 사관들이 모두 몸을 움츠려서 산삭하지 못했으므로, 자못 번란煩亂하고 용장595)한 곳에 있게 되었다. 그러나, 역사가의 체례가 비로소 구비되었으므로, 이때에 와서 그 간절하고 요긴한 것만 모아서 사략596)을 찬술하여 바치었다.

> 역사란 것은 후세에 보여서 권선징악하려고 하는 것이므로 숨겨서는 안 되니, 마땅히 인쇄하여 이를 반포해야 할 것이다.

- 『문종실록』, 1452년 2월 20일

---

593) **이가**二家 : 정도전과 윤회.

594) **필삭**筆削 : 더 쓸 것은 쓰고 지울 것은 지워버림.

595) **용장**冗長 : 글이나 말이 쓸데없이 긴 것.

596) **사략**史略 : 『고려사절요』.

문종은 세종처럼 학식과 인품을 갖춘 성군으로 성장할 자질을 갖추고 있었지요. 세종이 말년 세자 섭정을 시킨 것이 오히려 왕권을 약화시키는 결과를 가져왔어요. 문종의 두 동생 수양대군과 안평대군 등 종친 세력이 커진 것이 화근이 되었다.

實錄記事 1452년 2월 12일, 황희에게 사제하는 교서

이보다 먼저 황희·허조·최윤덕·신개·이수를 세종의 배향하는 사람으로 삼았었는데, 이때에 이르러 모두 사당에 사제[597]하여 배향한다는 뜻을 유고하였다. 황희에게 내리는 교서는 이러하였다.

황희

"상喪은 3년의 슬픔을 다 마쳐야만 그제야 태묘에 승부升祔하게 되고 신하는 한 마음으로써 보좌했으니 어찌 영왕[598]에 추배하지 않겠는가? 사사로운 은혜에서 나온 것이 아니라 실로 옛날의 전장을 상고하였다. 경은 풍채가 고상하고 기우가 굉심하였다. 조수操守의 견고함은 튼튼하여 흔들리지 아니하고, 학문의 바름은 탁월하게 매우 높았다. 진퇴가 모두 의리에 합하고, 희로喜怒는 기색氣色에 나타나지 않았다. 휴휴[599]한 포용성이 있는 도량으로써 건건[600]하여 자신을 돌보지 않는 충성심을 품었다. 때마침 창성한 때에 즈음하여 일찍이 황조[601]를 만나게 되어, 이목耳目의 관직[602]이 됨으로써 나라의 기강이 저절로 숙정肅正되고, 후설[603]의 임무에 있음으로써 임금을 인도함이 매우 많았다. 임금을 보좌하여 흉모를 저지함으로써 왕실의 화환禍患을 조용히 제거하고, 충직하여 참 재상으로서 명주明主의 지우知遇를 깊이 입었었다. 2도의 절제사가 됨으로써 이속吏屬은 두려워하게 하고 백성은 사랑했으며, 육부의 판서가 됨으로써 정

---

597) **사제**賜祭 : 임금이 죽은 신하에게 제사를 내려 주는 것.

598) **영왕**寧王 : 세종.

599) **휴휴**休休 : 마음이 너그러움.

600) **건건**蹇蹇 : 아부하지 않고 충직한 모양.

601) **황조**皇祖 : 태종을 이름.

602) **이목**耳目**의 관직** : 감찰을 맡은 벼슬.

603) **후설**喉舌 : 승지.

치는 다스려지고 폐단이 없어졌다. 중국의 사명辭命에 전대604)하고, 묘당605)의 논사에 참찬606)하였다. 소고607)께서 의지하여 심복으로 삼으셨고, 사림이 우러러보아 태산 북두처럼 여겼다. 반열이 1품에 올랐으니, 높다랗게 군부軍府의 가운데 거처하였고, 지위가 삼태608)까지 거쳤으니 엄연히 서관609)의 표준이 되었었다.

큰 일과 큰 의논을 결정할 적엔 의심나는 것을 고찰함이 실로 시귀610)와 같았으며, 좋은 꾀와 좋은 계획이 있을 적엔 임금에게 고告함이 항상 약석611)보다 먼저하였다. 임금을 과실이 없는 처지에 있기를 기필期必하고, 백성을 다스리는 데는 요란하게 하지 않는 것으로 목적을 삼았었다. 법도는 분경612)하려고 하지 않았으며, 논의는 충후에 따르기를 힘썼다. 정권을 잡은 지 16년에 인재人才가 조감613)의 명식明識으로 들어오고, 수상이 된 지 24년에 국가의 편안함이 반석같이 견고하게 되었다. 아홉 번이나 고시를 관장하였는데도 모두 선비를 얻었다고 일컫게 되고, 열 번이나 사직하기를 청하였는데도, 오히려 임금이 '나를 보필하라.'고 말하였다. 병이 있으면 약과 음식을 반드시 나누어 주고, 노인을 우대하여 궤장을 내리었다. 몸은 사세614)를 섬겨서 충의가 더욱 독실하였고, 수명은 90세가 되어 덕망과 지위가 모두 높았었다. 오래도록 군주의 고굉615)이요, 참으로 방가邦家의 주석柱石이었다. 바야흐로 내가 상중喪中에 있던 처음이 마침 경이 치사하는 초기였다. 그러나, 큰 정사는 반드시 나아가서 계획을 묻고, 어진 정승을 힘입어 길이 의비616)하려고 하였는데, 어찌 갑자기 세종을 따라가는 뜻

---

604) **전대**專對 : 외국에 사신으로 나간 사람이 오로지 단독으로 사건을 처리하거나 또는 응대應對함.
605) **묘당**廟堂 : 조정.
606) **참찬**參贊 : 참여하여 보좌함.
607) **소고**昭考 : 세종.
608) **삼태**三台 : 삼정승의 자리.
609) **서관**庶官 : 백관.
610) **시귀**蓍龜 : 점치는 데 쓰이는 톱풀과 거북.
611) **약석**藥石 : 약과 침.
612) **분경**紛更 : 어수선하게 고침.
613) **조감**藻鑑 : 사람을 잘 알아보는 식견.
614) **사세**四世 : 태조·정종·태종·세종.
615) **고굉**股肱 : 다리와 팔. 가장 중요한 신하.
616) **의비**倚毗 : 의지하고 믿음.

을 이루어, 나로 하여금 거울을 잊어버린 탄식을 일으키게 하는가? 대신이 나라를 돕는 마음은, 응당 생존과 사망에 간격이 없을 것이고, 군주가 덕망을 존숭하는 은전은, 마땅히 처음에서 끝까지 완전해야 할 것이다. 특별히 시호를 내리는 영예를 논하여, 그대로 하여금 종사⁶¹⁷⁾의 반열에 오르도록 한다.

아아, 공종⁶¹⁸⁾을 기록하여 차례대로 제사하니, 주고⁶¹⁹⁾의 함께 바로잡음을 바랄 수 있고, 고후⁶²⁰⁾에게 고告하여 상서祥瑞를 내리게 하니 은반⁶²¹⁾으로 하여금 좋은 점을 독차지하지 말게 할 것이다. 오히려 정백貞魄이 이 총장寵章을 받기를 기대한다."

허조에게 내리는 교서는 이러하였다.

"충성을 다하여 세상을 유익하게 하니 비상한 공적을 능히 나타내었으며, 공로를 기록하여 제사를 지내니 마땅히 막대한 은전을 베풀어야 하겠다. 이것이 곧 나라를 보유하는 큰 규모이고, 또한 조정에 있는 공론일 것이다. 경은 마음가짐이 공경스럽고 근신하며, 행동하는 것이 방정하고 엄격하였다. 학문은 연원을 연구하였으니, 이미 본체에 밝고 실용에 적응하였으며, 충양은 광대한 지경에 이르렀으니, 능히 세

허조

상을 돕고 백성을 교도하였었다. 때마침 좋은 시절을 만나서, 일찍이 양력⁶²²⁾을 전장하였었다. 간탁은 진실로 여러 사람의 기대에 부합하고, 은우는 더욱 소고⁶²³⁾의 시대에 융성하였다. 춘관⁶²⁴⁾의 예의를 순서대로 하고, 이부吏部의 전주⁶²⁵⁾를 공정하게 하였다. 낭묘⁶²⁶⁾에 진정鎭定하여 만세의 함께 첨시하는 바가 되었고, 고금을 짐작하여 한 시대의 전미⁶²⁷⁾를 얻었다. 고굉의 직책을 맡고 간폐肝肺의 성심을 털어 놓았었다.

---

617) **종사**從祀 : 묘정廟庭에 배향配享함.
618) **공종**功宗 : 원공元功.
619) **주고**周誥 : 『서경』의 대고大誥·강고康誥·주고酒誥·낙고洛誥 등에 나오는 주왕周王의 고명을 말함.
620) **고후**高后 : 태조를 이름.
621) **은반**殷盤 : 중국 은나라의 임금 반경盤庚.
622) **양력**揚歷 : 사람을 시험하여 등용시킴.
623) **소고**昭考 : 세종.
624) **춘관**春官 : 예조.
625) **전주**銓注 : 인물을 전형하여 적소에 배정함.
626) **낭묘**廊廟 : 조정의 대정을 보살피는 전사殿舍.

부지런히 근실하여 관직에 처하고, 조심스럽게 두려워해서 사무에 임하였다. 계획이 있으면 반드시 고告해서 그 군주를 요堯·순舜으로 만들기를 기필하였으며, 인의가 아니면 상시 진술하지 아니하여 이 세상을 한당漢唐으로 만드는 것을 부끄럽게 여겼었다. 4조四朝에 그 노췌[628]를 다 바치고, 일절[629]은 시종始終토록 변하지 않았다. 진실로 건건蹇蹇하여 자신을 돌보지 않은 왕신이고, 또한 휴휴休休하여 포용성이 있는 군자이었다. 공로와 덕망을 비교한다면 경卿과 같은 이가 몇 사람이나 되겠는가? 그러므로 원사[630]의 반열에 오르게 되고, 비궁[631]의 제사에 배향되었다. 아아, 명령을 받아 정성을 다하여 보필하였으니 마땅히 유명에 간격이 없어야 할 것이며, 고후高后에게 고하여 상서를 내리게 하였으니, 모두 영구히 기쁨이 있을 것이다."

최윤덕에게 내리는 교서는 이러하였다.

"적이 들어옴을 막아 내고 외모를 방비하였으니 신하의 큰 훈공을 능히 나타내었는데, 덕망을 존숭하고 공로에 보답할 것은 선왕의 이전[632]을 상고하였다. 이것은 공공의 의리이고, 사사로운 은혜에서 나온 것은 아니다. 경은 장문[633]에서 나고, 무과에서 발탁되었다. 용맹은 만인의 적을 호령하고, 식견은 『육도』[634]의 기략을 통달하였다. 우리 세종을 섬겨 임금의 권애를 받아서 조정에 들어와서는 병병[635]을 맡아

최윤덕

서 군사를 통솔하되, 은혜와 위엄으로써 하고, 외직에 나아가서는 번유[636]를 맡아서 적군을 담소 가운데에서 물리쳤다. 몸가짐에는 청검의 덕이 있고, 행군하는 데는 기

---

627) **전미**專美 : 독차지한 칭찬.
628) **노췌**勞瘁 : 몹시 고달파서 파리함.
629) **일절**一節 : 변함 없는 절개.
630) **원사**元祀 : 원훈元勳의 제사.
631) **비궁**閟宮 : 종묘.
632) **이전**彝典 : 상도常道·상규常規.
633) **장문**將門 : 장수의 가문.
634) 『**육도**六韜』 : 중국 주나라의 태공망이 지었다고 하는 병서. 문도文韜·무도武韜·용도龍韜·호도虎韜·표도豹韜·견도犬韜의 6권으로 되어 있음.
635) **병병**兵柄 : 병조 판서.
636) **번유**藩維 : 절도사.

율의 엄격함이 있었다. 옛날에 동쪽을 정벌할 때에는, 경이 부수가 되었었다. 진군을 하지 않고 앉아서 경상을 진압하고, 작전 계획에 참여하여 제군들을 지휘하였었다. 북쪽 오랑캐가 침범하게 되니, 변방의 백성들이 편안하지 못했었다. 경에게 전제[637]의 임무를 맡겨서, 우리 문죄問罪의 군대를 정돈시켰더니, 천의에 의한 주벌을 봉행하여, 진군함이 마치 범이 성낸 것처럼 돌진하였다. 여러 더러운 오랑캐를 다 죽이고 적의 소굴을 죄다 소탕하여 뒤집어버렸다. 나라의 위력을 먼 지방에 드날리고, 백성의 거처를 강토疆土에 안정시켰었다. 정승 자리에 지위를 승진시키니, 원수[638]의 고굉股肱과 같았으며, 변방에 머물러 지키니 북문의 방비가 튼튼하여졌다. 나가서는 장수가 되고 들어와서는 재상이 되어 국가의 무겁고 가벼운 모든 일에 관여하였다. 전쟁에서 세운 공로를 생각한다면 마땅히 특수한 예우를 받아야 할 것이다. 그러므로 부묘附廟하는 날에, 사당에 시위侍衛하는 반열에 참여하도록 한다. 아아, 처음부터 끝까지 변하지 아니하고 이미 정성을 다하여 선후[639]를 보필하였으며, 유명幽明이 간격間隔이 없어 후인에게 복을 베풀 수 있을 것이다."

신개申槩[640]에게 내리는 교서는 이러하였다.

"충정에 독실하여 힘든 일에 종사하였으니, 실로 시대에 응한 양좌가 되었으며, 공종을 기록하여 제전을 만들었으니 마땅히 함께 향사하는 총장寵章을 보여야 할 것이다. 실로 성규에 따른 것이고, 사의私意에서 나옴은 아니다. 경은 단정하여 지조가 있고, 청개[641]하여 허식이 없었다. 학문은 경사의 글을 궁구하였으며, 식견은 고금의 변고에 관통하였다. 장章을 봉하고 소疏를 올리니 늠름한 간신의 기풍이요, 의견을 올리고 계

---

637) **전제**專制 : 군무軍務를 마음대로 처리함.

638) **원수**元首 : 임금.

639) **선후**先后 : 선왕.

640) **신개**申槩 : 세종 즉위 후 전라도·경상도·황해도의 관찰사를 거쳐 형조 참판·진주 목사·우군총제·좌군총제·예문관대제학, 전라도 관찰사, 중군도총제, 대사헌 등을 역임하고, 세종 15년(1433년) 야인이 자주 변경을 침입하여 큰 피해를 입히자 대신들의 반대에도 불구하고 정벌을 강력히 주장하여 야인들을 토벌하도록 하였다. 세종 18년(1438년) 찬성으로 승진되어 세자 이사世子貳師·집현전 대제학을 겸임하였고, 임금이 의논할 일이 있으면 매번 내전으로 불러 의논하였다. 세종 19년 염법을 시행할 것을 청하였으며, 세종 19년(1439년) 의정부우의정으로 승진하고, 세종 24년(1422년)에는 감춘추관사로 권제와 더불어 『고려사』를 편찬하였다. 신개는 신상의 증조부이며, 임진왜란 때 충주 탄금대에서 전사한 신립의 5대조이다.

641) **청개**清介 : 청렴하여 고립된 모양.

획을 진술하니, 모두가 당세의 사무에 절실하였다. 하루에 세 번 접견하는 은총을 가까이 받고, 여러 사람이 첨앙하는 반열에 발탁되어 있었다. 말하는 것을 따르지 않는 것이 없으므로 시행施行은 태평의 치구를 장식하고, 쓰이는 것은 학문이므로 전포642)는 궁양643)의 자질을 다 발휘하였다. 훌륭한 공적은 한 시대에 뛰어났으며, 좋은 명성은 후세에 떨쳐졌다. 특별히 종묘에 종사하는 반열에 승진시켜, 공로에 보답하는 의절을 내려 준다. 좋은 은전을 베푸노니, 정리와 예문이 이에 알맞았다. 아아, 살아서는 방국邦國에 보필이 되어 이미 함께 바로잡은 기쁨이 있었고, 죽어서는 묘정에 배식되어 오래 보존하는 명예를 이루게 되었다. 영령이 없어지지 않거든 특별한 대우를 흠향할지어다.”

신개

이수644)에게 내리는 교서는 이러하였다.

“왕자는 반드시 스승 같은 선비가 있어야 하고, 원신元臣은 반드시 공재645)의 일어남을 받아야 한다. 그 때문에 석덕碩德을 존숭고 구인舊人을 우대하게 되니, 이것이 고금의 공통된 규정이요, 실로 국가의 성대한 예전이다. 경은 천자가 단정하고 묵중하며, 성행이 온화스럽고 순후하였다. 학문은 정미한 지경에 나아가고, 어묵646)은 사법師法이 될 만하였다. 세종을 잠저에서 섬겼으니, 감반647)의 구은舊恩이 있었다. 강론을 조용

---

642) 전포展布 : 진술.
643) 궁양躬養 : 학문을 연구하여 인격을 수양함.
644) 이수李隨 : 1396년(태조 5년) 생원시에 제1위로 합격하였으며, 1410년(태종 10년) 왕이 경명행수한 사람을 구할 때, 대사성 유백순의 천거로 뽑혔으나 사퇴하였다. 이듬해 지신사 김여지가 소명을 전하자 상경하여 여러 왕자의 교육을 맡아보았다. 1412년 종묘서주부를 지내고, 1414년 왕이 성균관에 행차하여 취사할 때, 제4위로 급제, 전사주부·공조정랑·예조정랑을 역임하고, 1417년 전사소윤을 지냈다. 이듬해 세종이 즉위하자 사재감정·좌군동지총제, 1422년(세종 4년) 황해도관찰사를 거쳐, 고부부사가 되어 명나라에 다녀왔다. 1423년 예문관제학·이조참판, 1425년 중군도총제·참찬의정부사를 역임하였다. 1427년 어머니의 상으로 사직하였고, 1429년 예문관대제학·이조판서에 재등용되고, 이듬해 병조판서가 되었으나 취중에 말에서 떨어져 죽었다. 세종의 묘정에 배향되었다.
645) 공재功栽 : 공업功業.
646) 어묵語默 : 말할 때와 침묵할 때.
647) 감반甘盤 : 은나라 무정武丁의 현신賢臣.

히 한 것은 대개 배움의 이익이 있었고, 덕업이 성취된 것은 가르친 이의 공로가 아님이 없었다. 그런 까닭으로 임금께서 후대하여 하관[648]의 장관長官으로 승진시켰다. 대우가 날로 후하고, 총악[649]이 더욱 융성하여졌다. 불행히 사망하였다 하니, 추념이 매양 간절하게 된다. 부묘祔廟하는 날을 당하니, 어찌 배향하는 의절을 거행하지 않겠는가? 아아, 군주와 신하 사이는 저승과 이승도 곧 같은 편이다. 공로로써 사전祀典을 만들게 되니 이미 선왕을 밝게 도왔으며, 나라와 더불어 함께 기쁘게 되니 만세에 길이 향사를 받겠다."

- 『문종실록』, 1452년 2월 12일

국방과 군사 제도에 해박하였다

문종은 즉위 후 병색이 짙은데도 의욕적으로 국방 정책을 펼쳤다. 문종은 세자 시절부터 병법과 병기 제작에 관심이 많았다. 세종 시대에 탄탄한 국가 재정을 바탕으로 여러 종류의 화포와 신기전[650] 등 신무기를 제작했는데, 세자 때 문종은 무기 제작에 직접 참여했다.

1450년 삼국시대부터 고려에 이르기까지 크고 작은 전쟁 기록을 담은 『동국병감』[651]을 편찬케 했다. 이 책은 외적이 와서 침범한 일과 조선에서 미리 준비하고 방어한 모든 계책과 득실을 자세히 참고하기 위해 집필된 것이다. 이 책은 과거의 일을 통해 현재의 국방을 튼튼히 하고, 조선시대 무장들이 반드시 읽어야 할 교양서가 되었다.

1451년(문종 1년) 6월 군제를 개편했다. 기존의 12사였던 중앙 군제를 5사로 개

---

648) **하관**夏官 : 병조兵曹.

649) **총악**寵渥 : 특별한 은택恩澤.

650) **신기전**神機箭 : 고려 말엽에 최무선에 의하여 제조된 '달리는 불'이라는 뜻의 주화가 1448년(세종 30년) 개량되어 신기전으로 바뀌었다. 종류에는 대신기전·산화신기전·중신기전·소신기전 등이 있다.

651) 『**동국병감**東國兵鑑』: 2권 2책. 목판본. 1450년 3월 삼국시대부터 고려까지 외적이 침범한 사실과 그에 대한 우리의 방어대책, 전쟁 경과와 득실을 기록하여 국방에 도움이 되게 하자는 건의가 있자, 문종이 이를 받아들여 편찬을 명했다.

편하고 각 사마다 5영을 두었다.

　5사 중에서 2사는 관아에서 근무하고, 3사는 외근으로 날짜를 정하여 순찰하도록 했다. **별시위**(장교 부대), **총통위**(총통을 다루는 포병부대), **방패**(방패 부대) 등 군사들을 5사에 나누어 소속시켰다. 문종은 군사 개편 내용을 직접 작성해 의정부에서 의논하도록 했다. 군사와 병법에 해박한 문종은 새로운 군 체제에 맞춰 실전에서 활용이 가능한 전투법과 전장에서 지켜야 할 규칙 등을 직접 쓰고, 동생 수양대군이 서문을 썼으며, 김종서, 정인지 등이 교정에 참여하여 『신진법』을 편찬했다. 문종의 『신진법』 즉 '오위진법'은 조선 군사라면 모두가 알고 있어야 할 기본 병법으로, 임진왜란 이후 오위 체제가 오군영 체제로 개편될 때까지 조선 국방의 기본을 이루었다.

건강의 악화로 과소 평가된 왕이었다

　세종 시대 말기에 세종의 건강이 악화되어 세자로서 약 7년 반 동안 대리청정[652]했다. 세종 치세 말기는 사실상 문종의 치세였어요. 문종이 세자 시절부터 짧은 재위 기간 동안 가장 관심을 가지고 발달시킨 것이 군사 부문이다. 농업과 과학 등에도 해박한 지식으로 장영실의 작품으로 알고 있는 측우기의 제작 아이디어도 세자 시절에 문종이 제공했다. 가뭄이 들자 땅을 파 젖은 깊이를 재는 것이 부정확하여 구리통을 만들어 비 온 양을 쟀다.

　문종은 짧은 생애로 많은 치적을 남겨 조선왕조에서 명군에 속하지만, 고정관념으로 후세에게 오해를 많이 받아, 조선 역대 국왕 중 가장 과소평가되었다.

---

652) **대리청정**(代理聽政) : 임금의 재가를 받아 임금의 정치 등 여러 일을 대신 수행하는 것을 말한다(섭정이라고도 한다). 보통 대리청정은 왕세자 및 왕세손이 하였으며, 가끔 왕세제가 할 때도 있었다. 과중한 업무량을 줄이고 훈민정음 창제에 몰두하고자 마음먹었던 부왕 세종이 1436년 6조직계제를 의정부서사제로 바꾸고, 6년 후 1442년 당시 왕세자였던 장자 이향(문종)에게 세종 자신이 붕어한 1450년까지 대리청정을 8년간 위임하였다.

> **實錄記事** 1452년 5월 12일, 허후가 임금에게 문안하고 찬 음식을 피할 것을 아뢰다

허후許詡[653]가 아뢰기를,

"큰 종기를 앓고 난 후에는 3년에 이르러서야 비로소 완전 회복이 되니, 조심하지 않을 수가 없습니다. 지금 이 종기 난 곳은 날로 차도가 있으니 신臣 등은 모두 기뻐함이 한이 없습니다. 다시 날로 조심을 더하시고 움직이거나 노고하지 마시어서 임금의 몸을 보전하소서. 또 듣건대, 전하께서 조금 갈증이 나면 냉수를 좋아하신다 하니, 무릇 종기가 갈증을 당기는 것은 이것이 그 보통의 증상입니다. 갈증을 그치게 하는 방법은 약을 먹어서 속을 덥게 하는 것과 같은 것이 없습니다. 중국 사람이 일찍이 말하기를, '조선 사람은 음식의 날 것과 찬 것을 먹기 좋아하는 까닭으로 창종瘡腫이 많다.'고 하니, 이 말이 깊이 이치가 있습니다. 무릇 혈기가 운행運行할 적에, 몸이 더우면 운행하고 몸이 차[冷]면 중지되어 종기가 발생하게 되니, 평상시에도 음식의 날 것과 찬 것은 마땅히 기忌해야 하는 것인데, 하물며 종기를 앓고 있는 때에는 더욱 마땅히 아주 기忌해야 하는 것입니다. 또 듣건대, 십선산[654]을 조제하여 올렸다고 하는데, 이 약은 모름지기 술로써 타서 먹어야 하고 많이 먹어서는 안 됩니다."

임금이 말하기를,

"이미 알고 있다."

– 『문종실록』, 1452년 5월 12일

짧은 생애에 큰 업적을 남기다

몸이 허약한 문종은 왕위에 오른 후 2년 3개월 후 1452년(문종 2년) 5월 39세 나이

---

653) **허후許詡** : 1451년 우참찬에 임명되어 김종서·정인지 등과 함께 『고려사』의 산삭刪削과 윤색潤色에 참여하였다. 그리고 이듬해에는 예조판서를 겸무하였다. 문종이 승하하자 영의정 황보인, 좌의정 김종서와 함께 선왕의 고명을 받들어 어린 임금 단종을 보좌하였다. 1452년 9월 수양대군이 고명사은사로 명나라에 가려고 하자, 임금의 나이가 어리고 대군의 역할이 막중하다는 이유를 들어 만류하였다. 1453년(단종 1년) 수양대군이 이른바 계유정난을 일으켜 황보인·김종서 등 대신들을 역모죄로 몰아 죽였지만, 그는 전일 수양대군에게 진언했던 일로 죽음을 면하였다. 그러나 수양대군의 처사에 불만을 품었던 그는 황보인·김종서 등의 무죄를 적극 주장하였다. 그리고 훗날 좌찬성에 제수되었으나 이를 끝까지 고사하다 결국 거제도에 안치된 뒤 교살되었다.

654) **십선산**十宣散 : 모든 종창을 치료하는 산약散藥.

로 승하했다. 문종이 죽자 적장자 단종이 12세에 왕위에 올랐다. 문종은 죽기 전 김종서[655], 황보인[656] 등의 원로대신에게 단종의 보필을 부탁했다. 세종 말년 이후 왕권이 약화되어 문종의 동생이자 단종의 숙부 수양대군과 안평대군[657]이 호시탐탐 정권을 노리고 있었다. 태어나자마자 어머니 왕후를 잃고 성년이 되기도 전에 아버지 문종을 잃은 어린 단종의 운명은 풍전등화였다.

1452년 5월 14일, 39세 나이로 강녕전에서 승하하다

묘호는 문종, 시호는 공순흠명인숙광문성효대왕, 능호는 현릉이다. 현릉은 문종과 현덕왕후 권씨의 능으로 동원이강릉의 형태이다. 정자각 앞에서 바라보았을 때 왼쪽 언덕(서쪽)이 문종, 오른쪽 언덕(동쪽)이 현덕왕후의 능이다. 현릉은 경기도 구리시 동구릉로 197에 위치하고 있다.

---

655) **김종서**金宗瑞 : 세종 때 6진을 개척했으며 지략이 뛰어나고 강직했던 조선 초기의 문신. 자는 국경, 호는 절재로 태종 5년에 문과에 급제해 상서원 직장, 행대감찰 등을 거쳐 세종 1년에 사간원우정언이 됐다. 북변 강화의 필요성을 강경하게 주장해 세종으로 하여금 북방 경영에 적극적으로 대처하게 했다. 이로 인해 세종에게 두터운 신임을 얻어 북쪽 변방에서 여진족을 무찌르고 국토확장에 큰 공을 세웠다. 『고려사』, 『고려사절요』 등의 편찬작업을 책임지는 등 학자와 관료로서의 능력도 갖췄지만 계유정난으로 사서들에서 이름이 모두 삭제됐다. 세종의 왕자들이 세력 확장을 도모하는 가운데 수양대군의 무사들에 의해 아들 승규와 함께 살해됐다.

656) **황보인**皇甫仁 : 1432년 사은부사로 명나라에 다녀왔다. 병조참판·병조판서·평안함길도도체찰사 의정부좌참찬 등을 역임하면서 세종의 신임과 총애를 받았다. 1452년 단종이 12세의 나이로 즉위하자 왕을 보필하면서 의정부에 권력을 집중시켰다. 수양대군이 계유정난을 일으켜 의정부 대신들을 제거할 때 김종서·정분·조극관 등과 함께 살해되었다.

657) **안평대군**安平大君 : 단종 즉위 후 둘째 형인 수양대군과 권력다툼을 벌였으나 계유정난으로 희생당했다. 세종의 셋째 아들이며, 어머니는 소헌왕후이다. 큰형은 문종이고 둘째 형이 세조이다. 1428년 안평대군에 봉해졌으며, 1450년 문종이 즉위한 뒤 조정의 배후 실력자로 등장했다. 1452년 단종 즉위 이후 막강한 권력을 행사했으나, 수양대군이 계유정난을 일으켜 황보인·김종서 등을 제거할 때, 안평대군도 반역을 도모했다 하여 강화도로 유배되었고, 귀양지에서 죽었다.

> **實錄記事** 1452년 5월 14일, 유시에 임금이 강녕전에서 훙하다

유시酉時에 임금이 강녕전에서 훙하시니, 춘추가 39세이셨다. 이때 대궐의 안팎이 통하지 않았는데, 오직 의관인 전순의·변한산·최읍만이 날마다 나아와서 안부를 보살폈지마는, 모두가 범용한 의원이므로 병증을 진찰할 줄은 알지 못하여, 해로움이 없을 것이라고 여기면서 임금에게 활쏘는 것을 구경하고 사신에게 연회를 베풀도록까지 하였다. 종기의 화종이 터지므로 전순의 등이 은침으로써 종기를 따서 농즙을 두서너 홉쯤 짜내니, 통증이 조금 그쳤으므로, 그들은 밖에서 공공연히 말하기를,
"3, 4일만 기다리면 곧 병환이 완전히 나을 것입니다."
의정부와 육조에서는 날마다 임금의 기거[658]를 물으니, 다만 대답하기를,
"임금의 옥체가 오늘은 어제보다 나으니 날마다 건강이 회복되는 처지입니다."
이날 아침에 전순의 등이 나아가서 안부를 보살피고, 비로소 임금의 옥체가 위태로와 고생하는 줄을 알게 되었다. 세자는 말하기를,
"나는 나이 어려서 어찌할 줄을 알지 못하겠습니다."
의정부의 대신들이 빨리 내정에 나아가서 임금의 안부를 묻고, 의정부에서는 모두 근정전의 뜰에 나아가서 진무로 하여금 성문을 나누어 지키게 하고, 죄수를 석방하려고 하여 세자를 통하여 아뢰니, 임금이 벌써 말을 하지 못하면서 다만 대답하기를,
"불가하다."
수양대군이 외정에서 통곡하면서 말하기를,
"어째서 청심원을 올리지 않는가?"
전순의가 비로소 청심원을 올리려고 했으나 시기가 미치지 못하였다. 조금 후에 임금이 훙서하였다. 이때 의정부의 대신들이 임금의 병환이 위급한 때를 당하여, 본부[659]에 앞서서 사인舍人을 시켜 안부만 물었을 뿐이고, 한 사람이라도 임금을 뵈옵고 병을 진찰하기를 청하지는 않고서 범용한 의관에게만 맡겨놓고 있었으니, 그때 사람들의 의논이 분개하고 한탄하였다. 의정부에서 병조 판서 민신과 도진무 정효전·조혜로 하여금 내금위를 거느리고 함원전 후문을 지키고 또 여러 문을 나누어 지키게 하고, 또 윤암·이완·이령·최숙손으로써 궁성 사면 절제사[660]로 삼아서 각기 군사를 거느리고서 주위에 빙 둘러서 경

---

658) **기거**起居: 안부安否.

659) **본부**本府: 의정부.

660) **궁성 사면 절제사**宮城四面節制使: 대고大故를 당하여 불우의 변에 대비하기 위하여 군사를 거느리고 궁성의 4방 둘레와 4문을 지키는 일을 맡아 보던 임시 절제사.

비하고 지키게 하였다. 의정부에서 세종의 빈 양씨로 하여금 세자를 받들어 함원전에 옮겨 거처하도록 했으니, 빈은 세자에게 보호하여 기른 은혜가 있는 때문이었다. 영천위 윤사로를 수릉관으로 삼고, 공조 판서 정인지·의정부 참찬 허후·예조 참판 정척을 빈전도감 제조로 삼아서 상사를 주관하게 하였다. 종친과 문무백관들은 백의와 오대 차림으로써 모여서 통곡하고 이내 습전661)을 설치하였다. 여러 신하들이 모두 통곡하여 목이 쉬니, 소리가 궁정에 진동하여 스스로 그치지 못하였으며, 거리의 소민들도 슬퍼서 울부짖지 않는 사람이 없었다. 이때 사왕662)이 나이 어려서 사람들이 믿을 곳이 없었으니, 신민의 슬퍼함이 세종의 상사喪事보다도 더하였다.

임금은 천성이 너그럽고 무거워서 장난하는 것을 좋아하지 않으셨다. 나이가 겨우 10여 세가 되자, 황제의 사신이 왔으므로 세종이 채붕을 설치하여 맞이하니, 서연관이 임금에게 채붕 앞의 수레를 멈추도록 하고, 영인伶人이 다투어 기예를 바쳤으나 임금은 조금도 보시지 아니하였다. 이미 돌아와서는 궁료에게 이르기를,

"어찌 나에게 채붕彩棚 앞에 수레를 멈추도록 했는가?"

모두 대답할 말이 없었다. 동궁에 있을 때 날마다 서연을 열어서 강론하기를 게을리 하지 않았으며, 모두 동작을 한결같이 법도에 따라 하였다. 희노喜怒를 얼굴에 나타내지 않고 성색663)을 몸에 가까이 하지 않으며, 항상 마음을 바르게 하여 몸을 수양하며, 신심身心과 성명性命의 이치를 환하게 살펴서, 평상시에는 다른 사람과 논변하지 않지마는, 논난論難한 데 이르러서는 비록 노사숙유老師宿儒일지라도 대답하지 못하였다. 시선664)하고 문안하기를 날로 더욱 신중히 하여, 세종께서 일찍이 몸이 편안하지 못하므로 임금이 친히 복어를 베어서 올리니 세종이 맛보게 되었으므로 임금이 기뻐하여 눈물을 흘리기까지 하였다. 또 후원後苑에 손수 앵두를 심어 매우 무성하였는데 익은 철을 기다려 올리니, 세종께서 반드시 이를 맛보고서 기뻐하시기를,

"외간에서 올린 것이 어찌 세자의 손수 심은 것과 같을 수 있겠는가?"

임금이 날마다 세종의 옆에 모시면서 정사를 보살피는 여가에 경사를 강론하면서 부지런히 힘쓰면서 그치지 않았으니, 『역경』과 『예기』는 모두 세종께서 가르친 것이었다. 이미 성리의 글을 통달하고 나서 표현하여 문장을 만들게 되니, 모든 교명은 모두 붓을 들고

---

661) **습전**襲奠 : 염습殮襲할 때에 차려 둔 전奠.

662) **사왕**嗣王 : 후사가 될 임금.

663) **성색**聲色 : 음악과 여색.

664) **시선**侍膳 : 시식侍食.

곧 그 자리에서 써서 조금도 막힘이 없었다. 일찍이 목척木尺에 우연히 쓰기를,

"이 자尺처럼 범용한 물건도 사용하여 굽은 것을 바르게 할 수가 있으니, 이로써 천하의 정사가 사정私情만 없으면 누군들 복종하지 않겠음을 알 수가 있겠다."

그의 도량이 이와 같았다. 또 조자앙665)의 글씨를 좋아하여 왕우군666)의 서법으로써 혼용하여 써서 혹은 등불 아래에서 종이에 임하더라도 정묘하여 영묘한 지경에 들어갔으니, 그의 촌간과 척지를 얻은 사람은 천금처럼 소중하게 여기었다. 과녁을 쏠 적에도 또한 지극히 신묘하여 겨냥한 것은 반드시 바로 쏘아 맞혔다. 또 천문을 잘 보아서 천둥이 모시에 모방에서 일어날 것을 미리 말했는데, 뒤에 반드시 맞게 되었다. 세종께서 매양 거동할 적에는 반드시 천변을 물었는데, 말하면 반드시 맞는 것이 있었다. 문사·초예667)·역산·성운과 백가의 중기668)에도 또한 그 신묘한 경지에 도달하지 않는 것이 없었다. 세자의 자리에 있은 지 30년에 부왕을 섬김이 지성에서 나왔으니, 매양 진선할 때마다 반드시 친히 어주에 서서 매양 음식을 먹을 적엔 먼저 맛을 보고 나서야 올렸으며, 날마다 이를 보통의 일로 삼았다. 그가 즉위해서는 행동은 대체를 따라 하였다. 임금의 자상은 존엄하고 성용669)은 원화圓和하여, 처음에 세자가 되었을 적에 칙사 해수海壽와 낭중 진경을 객관에서 보았는데, 이때 나이 겨우 10세 였는데도 자상이 백옥처럼 부드럽고, 읍양揖讓과 보추步趨가 예절에 맞지 않는 것이 없었으니, 해수와 진경이 서로 더불어 칭찬하기를 그치지 아니했다. 해수가 임금을 사랑하여 손을 잡고 더불어 이야기하며 친히 안고 문 밖에 나가서 말 타는 것을 보려고 하는데, 임금께서 예절로써 굳이 사양했으나, 억지로 시키므로 그제야 말을 탔다. 해수가 재상 이원과 탁신에게 이르기를,

"세자로 하여금 학문을 좋아하도록 해야 합니다."

후에 내관670) 제현과 행인671) 유호도 또한 임금을 보고는 탄상하기를,

"이 나라의 산수가 기절하기 때문에 이런 아름다운 재질을 출생시킬 수 있었다."

이내 글 읽기를 권장하고 술을 적게 마시도록 하였다. 시강 예겸과 급사중 사마순이 우리

---

665) **조자앙**趙子昻 : 조맹부.

666) **왕우군**王右軍 : 왕희지.

667) **초예**草隷 : 초서草書와 예서隷書.

668) **중기**衆技 : 여러 가지의 기예技藝.

669) **성용**聲容 : 목소리와 용모.

670) **내관**內官 : 환관.

671) **행인**行人 : 조근朝覲·빙문聘問의 일을 맡은 벼슬.

나라에 왔을 적에 임금께서 바야흐로 등창이 막 났기 때문에 안색이 그전보다 못했는데도, 예겸과 사마순은 한 번 보고서 경의를 다하고, 물러가 사관使館에 돌아가서는 탄미[672]하기를 그치지 아니했다. 그가 동궁에 있을 적에는 일을 크고 작은 것을 논할 것 없이 모두 임금[세종]에게 상주하여 시행하였다. 서연書筵에 납시어 글을 강독하는 이외에는 다른 일에 미치지 아니했으며, 여러 가지 정무를 참여하여 결정할 적에는 윤번으로 참석하여 정사를 보살폈다. 무릇 여러 신하들이 일을 아뢸 때는 모두 말하기를,

"마땅히 지존[673]께 아뢰야 할 것이다."

자기가 가부를 결정하지 아니했다. 처음부터 끝까지 30년 동안에 근신하기를 하루같이 하였다. 저녁때가 되도록 세종을 모시면서 곁을 떠나지 아니했으며, 세종께서 노경老境에 피로하시게 되자, 나라의 일은 모두 임금에게 결정되었으니 여러 가지 정무가 대단히 번거롭고 바쁜데도 시약[674]하고 정사를 보살핌을 일찍이 잠시도 폐하지 아니했으며, 물러나오면 빈우賓友와 더불어 경사를 강론하면서 하루 동안에 조금도 편안하고 한적한 때가 없었으니, 측근의 사람이 일찍이 게으른 용모를 가짐을 볼 수가 없었다. 일찍이 근신에게 이르기를,

"근일에 『근사록』[675]과 사서를 보므로 소득이 자못 많게 되니 어릴 때의 독서와 같지 않다."

또 말하기를,

"무릇 학문은 더욱 강론할수록 더욱 밝아지는 법인데 지금의 배우는 사람들은 책에 있어서 자못 다른 것이 있으니, 경 등은 나를 위하여 두 가지를 말하여 보라."

일찍이 말하기를,

"남녀와 음식[676]의 욕심은 가장 사람에게 간절한 것인데, 고량[677]의 자제들은 이것 때문에 몸을 망치는 이가 많게 된다. 내가 매양 여러 아우들을 보고는 순순[678]히 경계하

---

672) 탄미歎美 : 감탄하여 칭찬함.
673) 지존至尊 : 임금을 일컫는 말.
674) 시약侍藥 : 부모의 병환에 약시중을 드는 일.
675) 『근사록近思錄』 : 송나라 주희와 여조겸이 편찬한 책. 주무숙·정명도·정이천·장횡거의 학설에서 일상생활의 수양에 필요한 일까지 6백 22조를 14문門으로 분류하였음.
676) 음식飮食 : 음식을 배불리 먹고자 함.
677) 고량膏粱 : 부귀한 집안.
678) 순순諄諄 : 곡진曲盡하게 타이르는 모양.

고 타일렀으나 과연 능히 내 말을 따르는 지는 알 수가 없다."
즉위한 이후에는 한결같이 세종의 고사에 의거하여 허심탄회하게 간언을 받아들이고 자기 마음을 기울여 현인을 생각하여, 직언을 구하는 교서를 내려서 언로를 열고 승출陟黜[679]하는 법을 제정하여 현우賢愚를 분별하며, 문교를 숭상하고 무비武備를 중시하며, 왕씨王氏[680]의 후손을 찾아서 봉했으며, 농사에 힘쓰고 형벌을 근신했으며, 변방을 지키는 군사를 줄이고 급하지 않은 일을 정지시키며, 쓸데없는 비용을 줄이었다. 항상 스스로 탄식하기를, "어떻게 정사가 까다롭지 않고 형벌이 지나치지 않아서 우리 백성들로 하여금 일이 없도록 할 수 있겠는가?"

이치를 봄이 매우 밝아서 고금의 일을 환하게 관찰하시어 훙서할 때 임해서도 오히려 사유를 아끼셨으니, 그가 사생死生의 이치를 통달했음이 지극한 편이었다. 임금의 성품이 지극히 효성이 있어 양궁兩宮[681]에 조금이라도 편안치 못한 점이 있으면 몸소 약 시중을 들어서 잘 때도 띠를 풀지 않으시고 근심하는 빛이 얼굴에 나타났다. 소헌왕후가 병환이 났을 적에 사탕沙糖을 맛보려고 하였는데, 후일에 어떤 사람이 이를 올리는 이가 있으니, 임금이 이를 보시고는 눈물을 흘리면서 휘덕전輝德殿[682]에 바치었다. 세종이 병환이 나자 근심하고 애를 써서 그것이 병이 되었으며, 상사喪事를 당해서는 너무 슬퍼하여 몸이 바싹 여위셨다. 매양 삭망절제朔望節祭에는 술잔과 폐백을 드리고는 매우 슬퍼서 눈물이 줄줄 흐르니, 측근의 신하들은 능히 쳐다볼 수가 없었다. 3년을 마치도록 외전外殿에 거처했으니, 대개 또한 우리 조정의 법이었다.

– 『문종실록』, 1452년 5월 14일

문종과 현덕왕후가 묻힌 현릉 정자각

---

679) **승출**陟黜 : 유능한 사람을 등용하고 무능한 사람을 물리침.

680) **왕씨**王氏 : 고려의 왕족.

681) **양궁**兩宮 : 세종과 소헌왕후.

682) **휘덕전**輝德殿 : 소헌왕후를 모신 혼전.

신의 정원, 문종 이향의 후릉으로 사진여행

문종 현릉 전경

현릉은 조선 5대 문종과 현덕왕후 권씨의 능이다. 현릉은 같은 능역에 하나의 정자각을 두고 서로 다른 언덕에 능침을 조성한 동원이강릉의 형태이다. 정자각 앞에서 바라보았을 때 왼쪽 언덕(서쪽)이 문종, 오른쪽 언덕(동쪽)이 현덕왕후의 능이다. 1452년(문종 2)에 문종이 세상을 떠나자 수양대군(세조), 황보인, 김종서, 정인지 등의 대신을 비롯하여 풍수지관이 현지를 답사하고 건원릉 남동쪽에 현릉을 조성하였다. 처음 문종은 세종의 구 영릉(서울 내곡동 헌릉 서쪽) 근처에 묻히기를 원하였으나 자리가 좋지 않아 현재의 자리로 정하였다. 현덕왕후 권씨는 문종이 세상을 떠나기 11년 전에 왕세자빈 신분으로 1441년(세종 23년)에 먼저 세상을 떠나, 안산의 소릉昭陵에 모셔졌었다. 이후 세조 즉위 후 단종 복위 사건에 친정 어머니와 남동생이 연루되는 바람에 폐위되었다가, 1512년(중종 7년)에 복위되어 다음 해인 1513년(중종 8년)에 문종의 현릉 동쪽 언덕으로 사후 72년 만에 왕의 곁으로 능을 천장(이장)하였다.

단종

〈단종 이홍위 표준 어진〉

제6대 단종 이홍위

권력 투쟁의 희생양이 된 어린 왕

생애	1441년~1457년	재위 기간	1452년~1455년
본관	전주	휘(이름)	홍위
묘호	단종	능호	장릉

단종의 가계도

- 문종 — 현덕왕후 권씨
  - 단종 (제6대) — 정순왕후 송씨
    - 부인 : 1명
    - 자녀 : 없음

부부 ——— 남자
자녀 ······ 여자

총서

노산군의 휘는 이홍위이고, 문종 공순왕의 외아들인데 어머니는 권씨이다. 정통 6년 신유년[683] 7월 23일 정사丁巳에 나서 무진년[684] 4월 초3일 무오戊午에 세종이 왕세손으로 봉하고, 경태 원년 경오년[685] 8월에 문종이 영의정 황보인을 보내어 국저로 삼도록 청하였는데, 신미년[686] 정월에 황제가 칙서[勅]로 봉하여 왕세자를 삼았다. 3년 임신년[687] 5월 14일 병오에 문종이 경복궁 천추전에서 훙하니, 의정부에서 노산군을 받들어 함원전에 들어가 거처하게 하였다.

1452년 5월 18일, 근정문에서 즉위하고 교서를 반포하다
지금의 대통령 취임연설문과 같다

노산군이 근정문에서 즉위하고, 교서를 반포하기를,
"공손히 생각건대 우리 태조께서 하늘의 밝은 명령을 받아 대동[688] (우리나라)을 웅거하여 차지하고, 태종·세종께서 선업을 빛내고 넓히어 문치로 태평에 이르고, 우리 선부왕께서 성한 덕과 지극한 효도로 큰 기업[689]을 이어받아서 정신을 가다듬어 정치를 하여 원대한 것을 도모하였는데, 불행하게도 임어[690]한 지 얼마 되지 않아서 갑자기 여러 신하를 버리었으니 땅을 치고 울부짖어도 미칠 수 없어 애통이 망극하다. 돌아보건대 큰 위는 오래 비워 둘 수 없어 1452년 5월 18일에 즉위하노라. 생각건대 소자가, 때는 바야흐로 어린 나이에 외로이 상중에 있으면서 서정 만기[691]를 조처할 바를 알

---

(683) **신유년** : 1441년(세종 23년).
(684) **무진년** : 1448년(세종 30년).
(685) **경오년** : 1450년(문종 즉위년).
(686) **신미년** : 1451년(문종 원년).
(687) **임신년** : 1452년(문종 2년).
(688) **대동**大東 : 우리나라를 말함.
(689) **기업**基業 : 기초가 되는 사업.
(690) **임어**臨御 : 임금이 그 자리에 왕림함.
(691) **만기**萬機 : 임금이 보살피는 여러 가지 정무.

지 못하니, 조종의 업을 능히 담당하지 못할까 두려워하여 못과 얼음을 건너는 것과도 같이 율률(벌벌 떪)하게 염려하고 두려워한다. 모든 사무를 매양 대신에게 물어 한결같이 열성의 헌장에 따라서 간난을 크게 구제하기를 바라니, 너 중외의 대소 신료는 각각 너의 직책을 삼가하여, 힘써 나의 정치를 보좌해서 끝이 있도록 도모하기를 생각하라. 추은[692]의 법전과 연방[693]하는 조목과 합당히 행할 일들을 뒤에 조목조목 열거한다.

1. 경태 3년[694] 5월 18일 새벽녘 이전부터 모반[695]·대역[696]·모반[697]과, 자손으로서 조부모·부모를 모살·구매[698]한 것과, 처첩(아내와 첩)으로서 남편을 모살한 것과, 노비로서 주인을 모살한 것과, 고의로 살인한 것과, 고독[699]·염매[700]한 것과, 다만 강도를 범한 것을 제외하고, 이미 발각되었거나 아직 발각되지 않았거나, 이미 결정되었거나 아직 결정되지 않았거나, 모두 용서하여 면제한다. 감히 유지[701] 이전의 일을 가지고 서로 고하여 말하는 자는 그 죄로써 죄 주겠다.
1. 제도[702] 여러 고을의 인민들이 받은 의창의 곡식은 각각 원수(근본이 되는 수)에서 3분의 1을 감하여 민생을 소생시킬 것.
1. 공처의 모실[703]·포흠[704]·일체의 추징하는 물건은 모두 다 감면할 것.
1. 옥 속의 괴로움이란 하루를 한 해같이 지낸다. 원통하고 지체됨이 있어 혹 화기를 상할까 염려되니, 모름지기 급히 신리하고 분변하여 오래 체류하게 하지 말고, 그 중에 마땅히 가두어 두어야 할 자도 또한 좋게 보호하여 큰 추위와 더위·장마에 병이

---

692) **추은**推恩 : 은혜를 미치게 함.
693) **연방**延訪 : 두루 방문하여 조사함.
694) **경태**景泰 3년 : 1452 단종 즉위년.
695) **모반**謀叛 : 군주를 배반하여 군사를 일으킴.
696) **대역**大逆 : 왕권을 침해하거나 임금이나 부모를 죽이는 따위의, 국가나 사회를 어지럽히는 큰 죄.
697) **모반**謀叛 : 자기 나라를 배반하고 남의 나라를 좇기를 꾀함.
698) **구매**毆罵 : 때리고 욕함.
699) **고독**蠱毒 : 뱀·지네·두꺼비 등의 독을 먹여서 배앓이·가슴앓이·토혈·하혈·부종 등의 증세를 일으키게 하여 사람을 해치던 일.
700) **염매**魘魅 : 방술을 써서 사람을 고의로 해치던 일.
701) **유지**有旨 : 임금이 죄인을 특사하던 명령.
702) **제도**諸道 : 행정 구획의 모든 도.
703) **모실**耗失 : 줄고 잃음.
704) **포흠**逋欠 : 관청의 물건을 사사로이 써버림.

나서 옥중에서 죽는 일이 없게 할 것.
1. 환과고독[705]과 독폐篤廢잔질[706]은 어진 정사의 우선되는 것이니, 중외의 유사는 곡진히 존휼을 가하여 살 곳을 잃지 말게 할 것.
1. 효자·절부[707]는 중외의 유사가 실적을 명백하게 갖추어 계달[708]하여 정표[709]에 빙거할 것.
1. 변방을 수비하고 농사에 힘쓰는 것을 제외하고 중외의 긴요하지 않은 공역과 일체의 부비[710]를 모두 다 정지하여 파할 것.
1. 부역을 평균하게 하는 것은 민정의 중요한 일인데, 모든 차역[711]하는 관리들이 과정하기를 한결같게 하지 못하여, 호부하고 세력 있는 자는 구차히 면하고 고과가 오로지 그 괴로움을 받으니 내가 심히 불쌍하게 생각한다. 이제로부터 감히 전과 같이 불공평하게 하는 자가 있으면 감사가 규찰하여 다스릴 것.
1. 농상과 학교는 왕정의 근본이니, 소재의 수령들은 허문을 일삼지 말고, 독려하고 권과하여 힘써서 실효를 보게 할 것.
1. 각도의 절제사·처치사 및 연변의 진수관은 힘써 병마를 조련하고 군사를 무휼하며, 항상 조심스럽게 지키도록 노력하여 일체의 방어 사무를 감히 조금이라도 게을리하지 말 것.
1. 감사는 법으로는 한 방면을 영솔하고 직책은 출척을 오로지 하니, 그 수령들이 위로하고 사랑하는 것이 방법에 어긋나고, 탐하고 방종하여 법대로 하지 않으며, 백성을 병들게 하고 다스림을 해치는 자는 거듭 규리를 가할 것.
1. 내가 이제 어리고 학문이 성취되지 못하여 예전의 거상(상중에 있음)하던 대로 예의 글을 읽음에 있어서, 비록 빈소 옆에 있더라도 학업을 폐하지 않고 항상 경연관과 더불어 함께 있으면서 상례를 읽고, 날마다 경연 대신과 같이 강론에 힘쓰겠다.
1. 고사의 정사가 모두 중국 서적에서 나왔는데, 하물며 내가 어리고 시위에 어두우니

---

705) **환과고독**鰥寡孤獨 : 외롭고 의지할 데 없는 처지.
706) **잔질**殘疾 : 몸에 병이나 탈이 남아 있는 일.
707) **절부**節婦 : 절개가 굳은 부인.
708) **계달**啓達 : 임금에게 의견을 아룀.
709) **정표**旌表 : 선행을 칭찬하고 세상에 드러내어 널리 알림.
710) **부비**浮費 : 어떤 일에 드는 비용.
711) **차역**差役 : 노역을 시킴.

무릇 조치하는 것을 모두 정부·육조와 더불어 의논하여 행하겠다.
1. 전에 육조에서 항상 직접 아뢰던 공사를 지금으로부터 모두 정부에 보고하여 계문해서 시행할 것.
1. 당상 이상 관원과 대성 정조와 방어에 긴하게 관계되는 연변 장수와 수령의 제수는 모두 정부 정조와 더불어 함께 의논하여 시행하고 그 나머지 3품 이하의 제수도 또한 모두 살펴어 박의하라. 무릇 제수에 관하여서는 내가 사사로이 가까운 자들은 쓰지 않고, 모두 공론대로 하겠다. 만일 특지로 제수할 자가 있으면 반드시 모든 정부 대신에게 의논하여 모두 가하다고 말한 연후에 제수하겠다.
1. 대소 과죄[712]는 모두 정부에 내리어 의논한 연후에 내가 마땅히 친히 결단하겠고 감히 좌우의 사사로운 청으로 가볍게 하고 중하게 하지는 않겠다.
1. 이미 이루어진 격례[713]나, 가하다 부하다 할 것이 없는 일체의 항상 행할 수 있는 잡사를 제외하고 그 나머지 공사는 모두 승지로 하여금 면대하여 아뢰게 할 것이며, 그 중에서도 다시 상량하고 가부할 일이 있으면 반드시 정부 대신과 더불어 친히 의논하여 결정하겠다.
1. 승정원은 직책으로서 출납을 맡게 되는데 관계되는 일이 가볍지 않으니, 대소 인원들은 일체 사사로운 일은 아뢰지 말 것.
1. 언로[714]가 열리고 막히는 것은 이란[715]에 관계되는 것이니, 대간이 일을 말하는 것과 여러 사람이 진언하는 것을 아울러 받아들이고 말이 비록 맞지는 않더라도 또한 마땅히 너그러이 용납하겠다.
1. 대소 신료들이 사사로이 서로 붕비[716]하여 공사를 폐하고 사사를 영위하거나 혹 망령되이 사설[717]을 일으켜서 시비를 어지럽게 하는 것은 공가[718]에 이익될 것이 없고 자기에게도 손(해)이 있으니, 이것은 예나 지금이나 크게 경계하는 것이다. 만일 범하는 자가 있으면 반드시 죄 주고 용서하지 않겠다.

---

712) **과죄**科罪 : 죄를 처단함.
713) **격례**格例 : 격식이 되어 있는 관례.
714) **언로**言路 : 신하가 임금에게 진언할 수 있는 길.
715) **이란**理亂 : 다스리는 일과 어지럽게 하는 일.
716) **붕비**朋比 : 붕당을 이루어 자기편을 두둔함.
717) **사설**邪說 : 그릇되고 간사한 말.
718) **공가**公家 : 승려가 절을 일컫는 말.

1. 군사를 맡은 대신의 집 군사는 진퇴시키지 못하고 한결같이 『육전』에 의할 것이며, 어기는 자는 헌사가 규리할 것.
1. 이조·병조의 집정가에 분경하는 것을 금하는 것은 이미 나타난 법령이 있지마는, 다만 서무[719]를 헤아려 의논하는 정부의 대신 및 귀근[720] 각처에서는 분경[721]을 금하는 일이 없기 때문에, 무뢰·한잡의 무리들이 사사로이 서로 가서 뵈옵는 폐단이 진실로 다단[722]하니, 이제부터 이후로는 한결같이 집정가들의 분경하는 예에 의하여 시행하고 공사로 인하여 진퇴하는 것과 출사하는 자는 이 한계에 두지 않을 것.
1. 상례를 제외하고 무릇 특사할 일이 있으면 비록 작은 것이라도 반드시 정부에 의논한 뒤에 행할 것.
1. 대저 기교·완호에 관계되는 물건은 진상하지 말고, 대소 신료가 식에 의해 사은·하직·복명·문안하는 등의 일 외에 사사로운 일로 대궐에 나와 인연으로 계달하는 자는 반드시 유사에 붙이고 혹시라도 용서하지 말 것.
　아아! 새로 천명을 받아 특별히 비상한 은혜에 젖었으니, 길이 기쁨을 누릴 것이며 무강한 복을 넓히기 바라노라."

처음에 제수하는 조목을 의논할 때에 겸판이조 허후는 3품 이하를 모두 정부로 하여금 의논하여 정하려고 하였으나 이조 참판 이계전과 예문 제학 정창손이 반박하였다. 이날에 위사와 백관들은 모두 소리 없이 울었고 세조가 가장 비통해하였다. 이용은 승하한 뒤로부터 매양 대궐 뜰에 들어오면 기뻐하는 것이 얼굴빛에 나타났다. 상제에 곡림할 때 세조께서 애통함이 지성에서 나오니 조신들로 바라보는 자는 눈물을 흘리지 않는 사람이 없었는데, 이용만은 한 번도 참여하지 않고 술을 마시고 고기를 먹는 것이 평일과 다름이 없었다. 세조가 사저로 물러나와 자성 왕비와 더불어 서로 대하고 울어서 비통함이 지나쳐 기운이 막히니 약을 먹고 풀기까지 하였다. 세조가 말하기를,
　"대행의 은덕을 어떻게 다 말할 수 있으랴. 내 마음을 다하기를 원할 뿐이다. 대행이 천성이 어질고 효도하여 사람들에게 대하여 신의가 두터워서 가볍게 절물[723]을 하지 않았다. 세종의 상사 때 졸곡 후에 내가 본래 일을 다스리는 데 있어서 반드시 집에 있는

---

719) **서무**庶務 : 특별한 명목이 없는 여러 가지 일반적인 사무.
720) **귀근**貴近 : 귀하고 가까운.
721) **분경**奔競 : 조선 때 관리들이 엽관 운동을 하기 위하여 권문세가를 찾아 다니는 것을 말함.
722) **다단**多端 : 갈래나 가닥이 많으니.
723) **절물**絶物 : 철 따라 나오는 물건.

것을 좋아하지 않을 것이라 하여 항상 와서 시선할 것을 명하였고, 또 나더러 정대하고 충성하고 지식이 다른 사람보다 다르다 하여 항상 더불어 일을 논하였다. 일찍이 진법을 만들었는데 말씀하기를, '이정·제갈량인들 어찌 수양보다 나을까?' 하였다. 또 일찍이 내궁에서 칭찬하기를, '수양은 비상한 사람이야.' 하였다. 대저 형제간에 우애하는 마음이 천성에서 나왔으니, 우리 형제가 이로써 감격하여 울기를 끝없이 하였다."

하였다. 대행왕께서 병환이 위독하자 좌우에 말하기를,

"수양이 보고 싶다."

좌우에서 그릇 숙의로 알아듣고 마침내 부르지 않았는데, 대개 후사를 부탁하고자 함이었다.

- 『단종실록』, 1452년 5월 18일

8세 때 왕세손으로 책봉되다

조선왕조 중 가장 완벽한 정통성을 갖춘 국왕 단종은 세종의 장손으로 부왕 문종이 즉위 2년 만에 승하하여 12세 나이에 왕위에 올랐다. 태어나자마자 어머니 현덕왕후를 잃었고, 할아버지 세종과 할머니 소헌왕후도 단종이 어렸을 때 죽었고, 마지막 남은 부왕 문종마저 사망하여 아무에게도 보호받지 못하는 혈혈단신 어린 나이로 보위에 올라 김종서와 황보인 등이 섭정을 했다. 숙부 수양대군이 계유정난을 일으켜 대권을 잡고 반강제로 상왕이 되었으며, 상왕으로 재위할 때 일어난 단종 복위 운동의 여파로 자신의 권력에 위협을 느낀 세조에 의해 폐위되어 영월로 유배당하여 살해된 비운의 소년 왕이다.

實錄記事 1448년 4월 3일, 원손 이홍위를 왕세손으로 삼고 사유를 반포하다

원손 이홍위를 봉하여 왕세손을 삼았는데, 그 교명에 말하기를,

"왕은 말하노라. 슬프다, 내가 큰 사업을 이어받아 조종의 부탁의 중함을 생각하여 밤낮으로 공경하고 두려워한다. 상고하건대 옛날의 제왕은 나라 근본이 이미 바르게 되면 또 그 윤자(胤子)로 대를 이으니, 종통을 중하게 하고 인심을 집중시키자는 것이다. 생각하건대 원손 이홍위는 천자가 숙성하고 품성이 영특하고 밝은데, 올해에는 스승에게 나아가도 되겠으니 너를 명하여 왕세손을 삼는다. 너는 바른 사람을 친하고 가까

이 하고 학문을 밝고 넓게 하여 그 덕을 새롭게 하여 영세永世의 아름다움을 믿음직하게 하라. 공경할지어다."

또 사유赦宥하는 왕지王旨를 중외에 반포하기를,

"왕은 말하노라. 옛날부터 제왕이 저부儲副를 세워서 나라 근본을 바르게 하고 적손嫡孫을 택하여 명분을 정하지 않은 이가 없었다. 내가 얇은 덕으로 조종의 사업을 이어받아 차례를 이을 도리를 생각하매, 길이 그 어려움을 생각하여 밤낮으로 공경하고 두려워한다. 지금 원손 이홍위가 나이 이미 8세가 되어 준수하고 숙성하므로 이에 명하여 왕세손을 삼았다. 이미 이장彝章을 거행하였으니 마땅히 큰 은택을 내려야 하겠다. 4월 초3일 매상昧爽 이전에 유流이하의 죄를 범한 자는 간도奸盜를 제외하고, 이미 발각되었거나 아직 발각되지 않았거나 이미 결정되었거나 아직 결정되지 않았거나 모두 용서하여 면제한다. 감히 유지宥旨의 전의 일을 가지고 서로 고하여 말하는 자는 거기에 해당한 죄로 죄주겠다. 슬프다, 경사가 방가邦家에 뻗쳤으니 이미 세적世嫡으로 명분을 바르게 하였고, 은혜가 광대하게 미치었으니 거의 고루 백성에게 복이 될 것이다. 그러므로 교시하는 것이니 마땅히 잘 알라."

－『세종실록』, 1448년 4월 3일

12세에 왕위에 오르다

단종은 1441년(세종 23년) 문종과 현덕왕후 권씨 사이에서 외아들로 태어났으며, 이름은 홍위이다. 어머니 현덕왕후 권씨는 문종이 세자 시절 소실로 들어왔다가 두 명의 세자빈이 쫓겨난 후 왕비가 되었다. 단종을 낳고 사흘 만에 죽었고, 후에 왕비로 호칭을 받았다. 문종이 더 이상 세자빈을 들이지 않은 탓에 단종은 어머니 없이 세종의 후궁 혜빈 양씨의 손에서 자랐다. 형제로는 누나 경혜공주[724]와 배다른 동생 경숙옹주[725]가 있다.

---

[724] **경혜공주**敬惠公主 : 조선 문종과 현덕왕후 권씨의 맏딸이자, 단종의 누이. 계유정난과 단종 복위 운동의 돌풍 속에서 남편 정종과 함께 전라도 광주로 유배되었다가, 1461년 순천부의 관노가 되었고 1473년(성종 4년) 세상을 떠났다.

[725] **경숙옹주**敬淑翁主 : 1454년(단종 2년) 음력 4월 16일 반성위 강자순에게 하가하였으며, 후사 없이 죽었다. 그녀가 언제 어떤 이유로 죽었는지 알 수 없으나, 1482년(성종 13년) 강자순이 경숙옹주가 죽은 뒤 전 현감 이길상의 딸을 첩으로 맞이하였는데, 이를 벌주라고 신하들이 간하였

제6대 단종 이홍위　365

　단종은 1448년(세종 30년) 8세 나이로 왕세손이 되었고, 1450년(문종 즉위년) 문종의 즉위와 함께 12세로 왕세자가 되었으며, 1452년(문종 2년) 5월 문종이 죽으면서 왕위에 올랐다. 어린 나이에 왕위에 오른 단종은 즉위 1년 만에 숙부 수양대군이 일으킨 계유정난[726]으로 유명무실한 왕이 되었다.

어머니는 현덕왕후 권씨이고, 비는 정순왕후 송씨이다

　모든 권력이 수양대군에게 넘어간 상태에서 단종은 1454년(단종 2년) 1월 송현수의 딸을 왕비로 맞아들였다. 단종은 아직 삼년상이 끝나지 않았기 때문에 혼사를 치를 수 없다며 여러 차례 거절했으나 수양대군은 끝내 관철시켰다. 이름뿐인 왕비가 된 정순왕후 송씨[727]는 당시 15세였어요. 단종과 정순왕후 사이에는 후사가 없었다.

> **實錄記事** 1454년 1월 22일, 근정문에 나아가서 효령대군 이보 등을 보내어 송씨를 책봉하여 왕비로 삼다

그 옥책문은 이러하였다.
"하늘과 땅이 덕을 합하여 만물을 생성하니, 왕자는 하늘을 법 받아 반드시 원비를 세우는 것은 종통을 받들어 풍화를 굳건히 하려는 까닭이다. 내가 어린 몸으로서 큰 왕업을 이어받아 공경하고 경계하여 덕을 서로 이루려면 마땅히 내조에 힘입어야 하겠으므

　으나 성종이 이를 듣지 않았다는 기록으로 보아 그 전에 사망한 것으로 보인다.
726) **계유정난**癸酉靖難 : 1453년 계유년 11월 10일 수양대군이 김종서와 세종의 여러 대군, 대신들을 귀양보내거나 제거하며 마지막으로 단종을 제거하고 정권을 장악한 정변을 말한다.
727) **정순왕후 송씨**定順王后 宋氏 : 지중추원사 송복원의 손녀이며, 판돈녕부사 송현수의 딸이다. 성품이 공손하고 검소하며 효우가 있어 가히 종묘를 영구히 보존할 수 있는 인물이라 하여 1453년(단종 1년) 간택되어 이듬해에 왕비에 책봉되었다. 1455년(세조 1년) 세조가 즉위함에 따라 의덕왕대비에 봉하여졌으나, 이듬해 성삼문·박팽년·하위지 등 사육신의 단종복위운동으로 1457년(세조 3년) 단종이 노산군으로 강봉되어 영월 유배되자 부인으로 강등되었다. 1698년(숙종 24년) 노산군이 단종으로 추복되자 다시 정순왕후로 추복, 신위가 창경궁에 옮겨졌다. 시호는 의덕단량제경정순왕후이고, 능호는 사릉으로 경기도 남양주시 진건읍 사릉리에 있다.

로, 이 때문에 널리 훌륭한 가문을 찾아 널리 아름다운 덕을 구하였다. 아아, 그대 송씨는 성품이 온유하고 덕이 유한한 데에 나타나, 진실로 중궁의 자리를 차지하여 한나라의 국모로 임하여야 마땅하겠으므로, 이제 사(使) 효령대군 이보, 부사 정헌대부 호조판서 조혜를 보내어 옥책과 보장을 주어서 왕비로 삼노라. 아아! 몸을 합하여 같이 즐거워하면서 종묘를 받들고 관저의 교화와 종사의 경사가 모두 오늘부터 시작될 것이니, 삼가지 않을 수 있으리오, 그러므로 이에 교시하니, 의당 그리 알리라 생각한다."
그 교명은 이러하였다.

"왕은 말하노라. 옛날부터 제왕이 천하 국가를 다스릴 적에 반드시 먼저 배필을 세우는 것은 만복의 근원을 굳건히 하려는 까닭이었다. 아아, 그대 송씨는 훌륭한 집안에서 자라서 훌륭한 덕과 아름다운 자태가 있어서 마땅히 궁위를 주장하여 공경히 종묘를 받들어야 하겠으므로 이제 아무 관을 보내어 예물과 옥책을 갖추어 왕비로 삼으니, 삼가 은혜로운 명령에 복종하여 내치에 공경하여서 무궁한 기틀을 크게 넓히도록 하라. 그러므로 이에 교시하니, 의당 그리 알리라 생각한다."
잉씨가 작명을 받는 의식은 이러하였다.

"기일 전 1일에 충호위에서 사자의 막차와 관교를 들여놓을 포막을 잉씨의 집 대문 밖의 길 동쪽에 남향하여 설치한다. 그날 이조에서 관교 누자를 근정문 밖에 설치하고 관교함을 근정전 뜰에 설치한다. 본집에서 명을 받는 자리를 당의 뜰 가운데 북향하여 설치한다. 사자와 함을 든자는 공복을 갖추어 입고 들어가서 전정에 나아가면, 근시가 관교함을 취하여 서서 사자에게 주는데, 사자는 꿇어앉아 받아서 함을 든 사람에게 주어 근정문을 나가서 누자에 놓는다. 광화문을 나가면 근장 2인이 앞에서 인도하고 다음에 누자이고, 다음에 사자 이하의 관원이 말을 타고 잉씨 집 대문 밖에 이른다. 막차를 맡은 자가 막차로 맞아들이고, 함을 든 자가 관교함을 포막에 들여놓는다. 내시가 임시로 안을 중문 밖에 문지방 가까이 설치한다. 시녀가 잉씨를 인도하여 명을 받는 자리로 나아가고, 알자가 사자를 인도하여 중문 밖에 서고, 관교를 든 자가 사자의 서남쪽에 서는데 모두 서향한다. 내시가 사자의 앞에 나아가서 동향하여 관교함을 받아서 꿇어앉아 안에 두고 물러간다. 시녀가 꿇어앉아 관교함을 취하여 일어나 앞으로 나가서 명을 받는 자리의 동쪽에 서고, 또 시녀 1인이 남쪽에 있는데, 모두 서향하여 서서 칭하기를, '교지가 있습니다.'고 하면, 잉씨가 네 번 절하기를 마치고 꿇어앉는다. 시녀가 관교를 취하여 선포하기를 마치면 잉씨가 또 네 번 절하기를 마치고서 안으로 돌아간다. 처음에 관교함이 들어오면 조금 있다가 사자 이하의 관원이 막차에 나아가서 옷을 바꾸어 입고 물러간다."

잉씨가 비씨 집에 나아가는 의식은 이러하였다.

"왕비를 봉영하기 전 1일에 충호위에서 잉씨의 막차를 비씨 중문 밖의 동쪽에 서향하여 설치한다. 그날 잉씨가 본집으로부터 나와서 교를 타고 비씨의 집에 나아가서 막차에 들어간다. 시녀와 내시가 시종하기를 평상시와 같이 하고, 왕비가 연을 타기를 기다리는데, 반열의 차례에 의하여 시위하기를 의식과 같이 한다."

- 『단종실록』, 1454년 1월 22일

의정부 대신들이 수렴청정하다

부왕 문종은 죽기 전에 김종서[728], 황보인[729] 등 원로대신에게 어린 세자를 부탁하는 유언을 내렸다. 단종은 어머니가 일찍 죽고 부왕 문종이 부인을 두지 않은 채 왕위에 있어서 대비가 없었다. 왕실의 어른으로 단종의 계조모 혜빈 양씨가 있었지만, 세종의 후궁으로 뒤늦게 궁에 들어와 정치적 영향력은 거의 없었다. 문종의 유언을 받은 대신들이 의정부를 중심으로 수렴청정을 했다.

김종서

문종의 유언을 받은 대신들은 의정부[730]의 의결을 거쳐 대부분 정사를 처

---

728) **김종서**金宗瑞 : 세종 때 6진을 개척했으며 지략이 뛰어나고 강직했던 조선 초기의 문신이다. 자는 국경, 호는 절재로 태종 5년에 문과에 급제해 상서원 직장, 행대감찰 등을 거쳐 세종 1년에 사간원우정언이 됐다. 세종에게 두터운 신임을 얻어 북쪽 변방에서 여진족을 무찌르고 국토 확장에 큰 공을 세웠다. 『고려사』, 『고려사절요』 등의 편찬작업을 책임지는 등 학자와 관료로서의 능력도 갖췄지만 계유정난으로 사서들에서 이름이 모두 삭제됐다. 세종의 왕자들이 세력 확장을 도모하는 가운데 수양대군의 무사들에 의해 아들 승규와 함께 살해됐다.

729) **황보인**皇甫仁 : 1440년부터 10년간 함길도 국경지역에 보를 설치하고 요충지에 만호를 배치하는 등 김종서와 함께 북방의 개척 및 방어에 힘을 기울였다. 1452년 단종이 12세의 나이로 즉위하자 왕을 보필하면서 의정부에 권력을 집중시켰다. 그러나 이러한 강력한 재상권의 행사는 왕실세력뿐 아니라 지나친 권력 집중을 우려했던 집현전 출신 관료들의 불만을 불러일으켰다. 그해 10월 수양대군이 계유정난을 일으켜 의정부 대신들을 제거할 때 김종서·정분·조극관 등과 함께 살해되었다.

730) **의정부**議政府 : 백관의 통솔과 서정을 총괄하던 최고의 행정기관.

리했다. 어린 왕 단종은 형식적으로 재가만 했다. 왕권은 점점 더 약해지고 대신들은 정사와 인사를 전횡하며 막강한 권한을 갖고 있었다. 이런 상황에서 대신들을 견제하는 종친 세력이 등장하였다. 대표적인 종친 세력은 세종의 둘째 아들이자 단종의 숙부 수양대군[731]이다. 수양대군은 힘없는 단종에게는 왕권을 위협하는 두려운 존재였다.

황보인

다른 종친 세력은 세종의 셋째 아들이자 수양대군의 동생인 안평대군[732]이용이다. 안평대군은 문종의 유언을 받은 대신들과 결탁해 새로운 실력자로 급부상했다. 주요 관직으로 진출하지 못하고 불만이 큰 신하들과 집현전 학사들은 수양대군의 편에 서게 되었다. 왕권을 둘러싸고 서로를 견제하던 종친 세력은 안평대군과 수양대군의 세력 구도가 되었다. 단종은 두 세력 간 권력다툼의 틈바구니에서 이러지도 저러지도 못하는 처량한 신세가 되고 말았다.

계유정난 평정으로 수양대군이 왕위를 찬탈하다

1453년(단종 1년) 계유년 수양대군은 김종서, 황보인 등이 안평대군과 결탁해 반역하고자 한 계유정난을 평정했다. 계유정난은 수양대군이 왕위를 찬탈한 쿠데타였다.

---

731) **수양대군**首陽大君 : 수양대군 : 왕권은 미약해지고 신권이 조정을 장악해 나가자, 세종의 둘째 아들인 수양대군과 셋째 아들 안평대군이 서로 세력 경쟁을 벌였다. 그 과정에서 수양대군은 계유년인 1453년 10월 피로 얼룩진 정변을 일으킨다. 이것이 계유정난이다. 그 결과 수양대군은 조카인 단종에게서 왕위를 찬탈해 7대 세조로 즉위하였다.

732) **안평대군 이용**安平大君 李瑢 : 단종 즉위 후 둘째 형인 수양대군과 권력다툼을 벌였으나 계유정난으로 희생당했다. 세종의 셋째 아들이며, 어머니는 소헌왕후이다. 큰형은 문종이고 둘째 형이 세조이다. 1450년 문종이 즉위한 뒤 조정의 배후 실력자로 등장했다. 1452년 단종 즉위 이후 막강한 권력을 행사했던 황보인, 김종서 등 문신·학자 세력과 제휴하여 수양대군과 권력을 다투었으나, 수양대군이 계유정난을 일으켜 황보인·김종서 등을 제거할 때, 안평대군도 반역을 도모했다 하여 강화도로 유배되었고, 귀양지에서 죽었다.

수양대군은 어린 왕을 앞세워 권력을 독점하는 문종의 유언을 받은 대신들에게 반감이 있었다. 수양대군은 양정733), 홍달손734), 한명회735)와 함께 난을 일으켰다. 수양대군은 김종서 등이 권세를 갖고 올바른 정치를 하지 않아 군사와 백성의 원망이 하늘에 닿았으며, 왕을 무시하고 간사함으로 안평대군과 합세하여 불충을 하여 왕실을 편안히 하고자 난을 일으켰다고 했다.

한명회

수양대군은 어린 왕을 앞세워 권력을 독점하다시피 하는 고명대신들에게 반감이 있었다. 수양대군은 김종서 등을 처단하기에 앞서 자신의 뜻을 다음과 같이 밝혔다.

---

733) **양정**楊汀: 계유정난 김종서 부자를 죽이는 등 수양대군의 정권 장악에 기여했다. 1466년 중앙에 돌아와 세조가 베푼 위로연에 참석했는데 이 자리에서 세조에게 선위를 건의했다. 세조는 크게 노하여 어보를 들여오게 하여 동궁에게 전하려 했다. 한명회, 신숙주 등의 반대로 선위는 취소되었으나, 그는 이 일로 처형되고 그의 아들들은 성주의 관노가 되었다.

734) **홍달손**洪達孫: 계유정난 때는 순장으로서 휘하의 군사를 거느리고 수양대군을 도와 황보 인·김종서를 제거하고 그 공로로 수충위사협책정난공신 1등에 책록되고 병조참의에 제수되었다. 1464년 사옹원도제조 재직 중 어선(임금에게 올리는 음식)이 정결치 못하다고 문책되었으나 용서되었다.

735) **한명회**韓明澮: 수양대군과 함께 계유정난을 주도하고 사육신의 단종 복위를 막은 조선의 문신. 자는 자준, 호는 압구정, 사우당으로 문종 2년 문음으로 경덕궁직이 되었으며, 수양대군과 의기투합해 무사 홍달손 등 30여 명을 추천했다. 단종 1년 수양대군이 김종서 등을 죽이고 정권을 장악할 때 심복 참모로서 큰 공을 세웠다. 세조 2년 단종복위운동을 좌절시켰으며, 사육신의 주살에 적극 협조했다. 1488년(성종 19년) 충청남도 천안시 수신면 속창리산에 신도비가 세워졌다. 그 뒤 폐비 윤씨 폐출 사건을 막지 않은 책임이 있다고 하여 연산군 대에 와서 1504년(연산군 10년) 갑자사화 때 정창손 등과 함께 12간의 한 사람으로 지목되어, 관작을 추탈당하고 그 시체가 무덤에서 꺼내져 부관참시되어 시체는 토막내어졌으며 목을 잘라 한양 네거리에 걸렸다. 한명회를 부관참시를 하던 날, 갑자기 날이 흐려지고 비가 왔는데, 갑자기 날씨가 흐려지자 병사들이 그의 부관참시 집행을 주저했다 한다.

> **實錄記事** 1453년 10월 10일, 수양대군이 이용과 결탁하여 반역하고자 했던 김종서·황보인·이양·조극관 등을 효수하다

수양이 새벽에 권남·한명회·홍달손을 불러 말하기를,
"오늘은 요망한 도적을 소탕하여 종사를 편안히 하겠으니, 그대들은 마땅히 약속과 같이 하라. 내가 깊이 생각하여 보니 간당 중에서 가장 간사하고 교활한 자로는 김종서 같은 자가 없다. 저 자가 만일 먼저 알면 일은 성사되지 못할 것이다. 내가 한두 역사를 거느리고 곧장 그 집에 가서 선 자리에서 베고 달려 아뢰면, 나머지 도적은 평정할 것도 없다. 그대들은 어떻게 생각하는가?"
모두 말하기를,
"좋습니다."
수양이 말하기를,
"내가 오늘 여러 무사를 불러 후원에서 과녁을 쏘고 조용히 이르겠으니, 그대들은 느지막에 다시 오라."
드디어 무사를 불러 후원에서 과녁을 쏘고 술자리를 베풀었다. 한낮쯤 되어 권남이 다시 왔다. 수양이 나와 보고 말하기를,
"강곤·홍윤성·임자번·최윤·안경손·홍순로·홍귀동·민발 등 수십 인이 와서 더불어 과녁을 쏘는데 감히 입을 열지 못하였다. 곽연성은 이미 왔으나 어미의 상중(喪中)으로 사양하기에, 여러 번 되풀이하여 타이르니, 비록 허락은 하였으나 어렵게 여기는 빛이 있다. 그대가 다시 말하라."
수양은 도로 후원으로 들어갔다. 권남이 곽연성을 보고 말하기를,
"수양대군께서 지금 종사의 큰 계책으로 간사한 도적을 베고자 하는데, 함께 일할 만한 사람이 없기 때문에 자네를 부른 것이니, 자네는 장차 어찌하려는가?"
곽연성이 말하기를,
"내가 이미 들었습니다. 장부가 어찌 장한 마음이 없을까마는 최복(衰服)이 몸에 있으니 명령을 따르기가 어렵습니다."
권남이 말하기를,
"선비는 자기를 알아주는 사람을 위하여 죽는 것이다. 지금 수양대군께서 만번 죽을 계책을 내어 국가를 위하여 의(義)를 일으키는 것인데, 자네가 어찌 구구하게 작은 절의를 지키겠는가? 또 충과 효에는 두 가지 이치가 없으니, 자네는 구차히 사양하지 말고 큰 효를 이루라."

곽연성이 말하기를,

"수양대군께서 이미 명령이 있으니 마땅히 힘써 따르겠으나, 이것이 작은 일이 아니니, 그대는 자세히 방략方略을 말하여 보라."

권남이 하나하나 말하니, 곽연성이 말하기를,

"나머지는 의논할 것이 없고, 다만 수양 대군께서 김종서의 집을 왕래하는 데 이르고 늦는 것을 알 수 없으니, 성문이 만일 닫히면 어찌할 것인가?"

권남이 말하기를,

"이것은 미처 생각지 못하였다. 마땅히 선처하겠다."

해가 저무니 홍달손이 감순으로 먼저 나갔다. 세조가 활 쏘는 것을 핑계하고 멀찌감치 무사 등을 이끌고 후원 송정에 이르러 말하기를,

"지금 간신 김종서 등이 권세를 희롱하고 정사를 오로지하여 군사와 백성을 돌보지 않아서 원망이 하늘에 닿았으며, 군상君上을 무시하고 간사함이 날로 자라서 비밀히 이용에게 붙어서 장차 불궤不軌한 짓을 도모하려 한다. 당원黨援이 이미 성하고 화기禍機가 정히 임박하였으니, 이때야말로 충신 열사가 대의를 분발하여 죽기를 다할 날이다. 내가 이것들을 베어 없애서 종사를 편안히 하고자 하는데, 어떠한가?"

모두 말하기를,

"참으로 말씀한 바와 같습니다."

송석손·유형·민발 등은 말하기를,

"마땅히 먼저 아뢰어야 합니다."

의논이 분운紛紜하여 혹은 북문을 따라 도망하여 나가는 자도 있었다. 수양대군이 한명회에게 이르기를,

"불가하게 여기는 사람이 많으니, 계교가 장차 어디에서 나오겠는가?"

한명회가 말하기를,

"길 옆에 집을 지으면 3년이 되어도 이루지 못하는 것입니다. 작은 일도 오히려 그러한데, 하물며 큰 일이겠습니까? 일에는 역逆과 순順이 있는데, 순으로 움직이면 어디를 간들 이루지 못하겠습니까? 모의가 이미 먼저 정하여졌으니, 지금 의논이 비록 통일되지 않더라도 그만둘 수 있습니까? 청컨대 공公이 먼저 일어나면 따르지 않을 자가 없을 것입니다."

홍윤성이 말하기를,

"군사를 쓰는 데에 있어 해害가 되는 것은 이럴까 저럴까 결단 못하는 것이 가장 큽니다. 지금 사기事機가 심히 급박하니, 만일 여러 사람의 의논을 따른다면 일은 다 틀릴 것입

니다."

송석손 등이 옷을 끌어당기면서 두세 번 만류하니, 수양이 노하여 말하기를,
"너희들은 다 가서 먼저 고하라. 나는 너희들을 의지하지 않겠다."

드디어 활을 끌고 일어서서, 말리는 자를 발로 차고 하늘을 가리켜 맹세하기를,
"지금 내 한 몸에 종사의 이해가 매었으니, 운명을 하늘에 맡긴다. 장부가 죽으면 사직에 죽을 뿐이다. 따를 자는 따르고, 갈 자는 가라. 나는 너희들에게 강요하지 않겠다. 만일 고집하여 사기事機를 그르치는 자가 있으면 먼저 베고 나가겠다. 빠른 우레에는 미처 귀도 가리지 못하는 것이다. 군사는 신속한 것이 귀하다. 내가 곧 간흉을 베어 없앨 것이니, 누가 감히 어기겠는가?"

중문에 나오니 자성왕비가 갑옷을 끌어 입히었다. 드디어 갑옷을 입고 가동家僮 임어을운을 데리고 단기單騎로 김종서의 집으로 갔다. 수양이 떠나기 전에 권남과 한명회가 의논하기를,
"지금 대군이 몸을 일으켜 홀로 가니 후원後援이 없을 수 없다."

권언·권경·한서구·한명진 등으로 하여금 돈의문 안 내성 위에 잠복하게 하고, 또 양정·홍순손·유서에게 경계하여 미복 차림으로 따라가게 하였다. 세조가 처음에 권남에게 명하여 김종서를 그 집에 가서 엿보게 하였다. 권남이 투자736)하니, 김종서가 〈불러들여〉 별실에서 한참 동안 같이 이야기를 나누었다. 권남이 돌아와 보고하니, 수양이 이미 말에 올라탔다. 수양이 김종서의 집 동구에 이르니, 김승규의 집 앞에 무사 세 사람이 병기를 가지고 귀엣말을 하고 있고 무기武騎 30여 인이 길 좌우를 끼고 있어 서로 자랑하기를,
"이 말을 타고 적을 쏘면 어찌 한 화살에 죽이지 못하겠는가?"

수양이 이미 방비가 있는 것을 알고 웃으며 말하기를,
"누구냐?"

그 사람들이 흩어졌다. 양정은 칼을 차고 유서는 궁전弓箭을 차고 왔다. 수양이 양정으로 하여금 칼을 품에 감추게 하고 유서를 정지시키면서 김종서의 집에 이르니, 김승규가 문 앞에 앉아 신사면·윤광은과 얘기하고 있었다. 김승규가 수양대군을 보고 맞이하였다. 수양이 그 아비를 보기를 청하니, 김승규가 들어가서 고하였다. 김종서가 한참 만에 나와 수양이 멀찍이 서서 앞으로 나오지 않는 것을 보고 들어오기를 청하니, 수양이 말하기를,
"해가 저물었으니 문에는 들어가지 못하겠고, 다만 한 가지 일을 청하려고 왔습니다."

김종서가 두세 번 들어오기를 청하였으나 수양이 굳이 거절하니, 김종서가 부득이하여 앞으로 나왔다. 김종서가 나오기 전에 수양은 사모 뿔이 떨어져 잃어버린 것을 깨달았다.

---

736) **투자**投刺: 처음으로 윗사람을 뵈올 때에 미리 명함名銜을 전하여 드리던 일.

수양이 웃으며 말하기를,

"정승의 사모 뿔을 빌립시다."

김종서가 창황히 사모 뿔을 빼어 주었다. 수양이 말하기를,

"종부시에서 영응대군의 부인의 일을 탄핵하고자 하는데, 정승이 지휘하십니까? 정승은 누대累代 조정의 훈로勳老이시니, 정승이 편을 들지 않으면 어느 곳에 부탁하겠습니까?"

이때에 임어을운이 나오니, 수양이 꾸짖어 물리쳤다. 김종서가 하늘을 우러러보며 한참 말이 없었다. 윤광은·신사면이 굳게 앉아 물러가지 않으니, 수양이 말하기를,

"비밀한 청이 있으니, 너희들은 물러가라."

오히려 멀리 피하지 않았다. 수양이 김종서에게 이르기를,

"또 청을 드리는 편지가 있습니다."

하고, 종자從者를 불러 가져오게 하였다. 양정이 미처 나오기 전에 수양이 임어을운을 꾸짖어 말하기를,

"그 편지 한 통이 어디 갔느냐?"

지부知部의 것을 바치니 김종서가 편지를 받아 물러서서 달에 비춰 보는데, 수양이 재촉하니 임어을운이 철퇴로 김종서를 쳐서 땅에 쓰러뜨렸다. 김승규가 놀라서 그 위에 엎드리니, 양정이 칼을 뽑아 쳤다. 수양이 천천히 양정 등으로 하여금 말고삐를 흔들게 하여 돌아와서 돈의문에 들어가, 권언 등을 시켜 지키게 하였다. 이날 김종서가 역사力士를 모아 음식을 먹이고 병기를 정돈하다가 수양이 이르니, 사람을 시켜 담 위에서 엿보게 하며 말하기를,

"사람이 적으면 나아가 접하고, 많으면 쏘라."

엿보는 자가 말하기를,

"적습니다."

김종서가 오히려 두어 자루 칼을 뽑아 벽 사이에 걸어 놓고 나왔다. 처음에 수양이 김종서의 집에 갈 때에 무사들을 저사에 가두게 하고 나왔다. 여러 사람이 오히려 떠들어대며 다투어 튀어나오려고 하자, 권남이 문에 서서 막으니, 혹은 말하기를,

"먼저 아뢰지 않고 임의로 대신을 베는 것이 가합니까? 장차 우리들을 어느 땅에 두려고 합니까?"

권남이 말하기를,

"우리들은 용렬하지마는 대군은 고명하니, 익히 계획하였을 것이다. 그대들은 의심하지 말라. 일을 만일 이루지 못하면 내가 어떻게 혼자 살겠는가? 장부는 다만 마땅히 순順을 취하고 역逆을 버리고, 종사를 위하여 공을 세워 공명을 취할 것이다."

모두 말하기를,

"그렇습니다."

혹자는 말하기를,

"어째서 우리들에게 미리 일러 활과 칼을 준비하지 않았습니까? 지금 다만 빈 주먹이니 어찌합니까?"

권남이 말하기를,

"만일 격투할 일이 있으면 비록 그대들 수십 인이 병기를 갖추었더라도 어찌 족히 쓰겠는가? 그대들은 근심하지 말라."

한명회가 수양대군을 따라 성문에 이르렀다가 돌아와서, 또 수양의 명령을 반복하여 고해 이르고, 수양이 돌아오는 것을 머물러 기다리게 하였다. 권남이 달려 순청[737)에 이르러 홍달손을 보고 수양이 이미 김종서의 집에 간 것을 비밀히 알리고, 순졸을 발하지 말고 기다리라고 약속하고는, 또 두 사람을 나누어 보내어 숭례문·서소문 두 문을 닫게 하였다. 권남은 스스로 갑사 두 사람, 총통위 열 사람을 거느리고 돈의문에 이르러 지키게 하고 명령하기를,

"수양대군께서 일로 인하여 문 밖에 갔으니, 비록 종소리가 다하더라도 문을 닫지 말고 기다리라."

권언을 시켜 문을 감독하게 하였다. 장차 대군의 저사로 돌아가려 하여 미처 돌다리를 건너기 전에 성 안으로부터 달려오는 사람이 있었다. 돌아보니 수양대군이 이르렀다. 웃으며 권남에게 이르기를,

"김종서·김승규를 이미 죽였다."

권남이 말하기를,

"여러 무사가 아직도 공의 저사에 있으니, 수종하게 할까요?"

수양이 조금 멈추었다가 부르니 한명회가 거느리고 달려왔다. 수양이 순청巡廳에 이르러 홍달손을 시켜 순졸을 거느려 뒤에 따르게 하고, 시좌소[738)로 달려가서 권남을 시켜 입직 승지 최항을 불러내었다. 수양이 손을 잡고 최항에게 이르기를,

"황보인·김종서·이양·민신·조극관·윤처공·이명민·원구·조번 등이 안평대군에게 당부하고, 함길도 도절제사 이징옥·경성 부사 이경유·평안도 도관찰사 조수량·충청도 도관찰사 안완경 등과 연결하여 불궤한 짓을 공모하여 거사할 날짜까지 정하여 형세

---

737) **순청**巡廳: 순라巡邏를 맡아 보던 관청. 조선조 때 야간 통행을 관장하였음.

738) **시좌소**時坐所: 임금이 출궁出宮하여 임시로 거처하던 곳. 시어소時御所.

가 심히 위급하여 조금도 시간 여유가 없다. 김연·한숭이 또 주상의 곁에 있으므로 와서 아뢸 겨를이 없어서 이미 적괴 김종서 부자를 베어 없애고 그 나머지 지당을 지금 아뢰어 토벌하고자 한다."

연하여 환관 전균을 불러 말하기를,

"황보인·김종서 등이 안평대군의 중한 뇌물을 받고 전하께서 어린 것을 경멸히 여기어 널리 당원을 심어 놓고, 변진과 교통하여 종사를 위태롭게 하기를 꾀하여 화가 조석에 있어 형세가 궁하고 일이 급박한데 또 적당이 곁에 있으므로, 지금 부득이하여 예전 사람의 선발후문의 일을 본받아 이미 김종서 부자를 잡아 죽였으나, 황보인 등이 아직도 있으므로 지금 처단하기를 청하는 것이다. 너는 속히 들어가 아뢰어라."

또 말하기를,

"너는 마땅히 기운을 돌리고 소리를 부드럽게 하여 천천히 아뢰고 경동할 것이 아니다." 도진무 판중추원사 김효성이 입직하였는데, 수양이 그 아들 김처의를 시켜 부르고, 또 입직한 병조 참판 이계전 등을 불러 들이어 세조가 최항·김효성·이계전 등과 더불어 의논하여 아뢰고, 황보인·이양·조극관·좌찬성 한확·좌참찬 허후·우참찬 이사철·판중추원사 정인지·도승지 박중손 등을 불렀다. 수양은 처음에 궐문에 이르러 입직하는 내금위 봉석주 등으로 하여금 갑주를 갖추고 궁시弓矢를 띠고 남문 내정에 늘어서서 간적을 방비하여 엿보게 하고, 또 입직하는 여러 곳의 별시위 갑사·총통위 등으로 하여금 둘러서서 홍달손의 부서를 시위하게 하고, 여러 순군은 시좌소의 앞뒤 골목을 파수하여 차단하게 하고, 친히 순졸 수백 인을 거느려 남문 밖의 가회방 동구 돌다리 가에 주둔하고, 서쪽으로는 영응대군 집서쪽 동구에 이르고 동쪽으로 서운관 고개에 이르기까지 좌우익을 나누어 사람의 출입을 절제하고, 또 돌다리로부터 남문까지 마병·보병으로 문을 네 겹으로 만들고, 역사力士 함귀·박막동·수산·막동 등으로 제3문을 지키게 하고, 영을 내리기를,

"이 안이 심히 좁으니, 여러 재상으로서 들어오는 사람은 겸종[739]을 제거하고 혼자 들어오도록 하라."

조극관·황보인·이양이 제3문에 들어오니, 함귀 등이 철퇴로 때려 죽이고, 사람을 보내어 윤처공·이명민·조번·원구 등을 죽이고, 삼군 진무 최사기를 보내어 김연을 그 집에서 죽이고, 삼군 진무 서조를 보내어 민신을 비석소에서 베고 [이때에 민신은 현릉의 비석을 감독하고 있었다.] 또 최사기와 의금부 도사 신선경을 보내어 군사 1백을 거느리고 용瑢을 성녕대군의 집에서 잡아서 압송하여 강화에 두고, 세조가 손수 편지를 써서 그 뜻을 이르

---

739) **겸종**傔從: 사대부집 수청방에서 집안의 잡일을 하거나 시중을 들던 하례下隷. 청지기, 겸인.

고, 또 시켜서 말하기를,

"네 죄가 커서 참으로 주살을 용서할 수 없으나, 다만 세종·문종께서 너를 사랑하시던 마음으로 너를 용서하고 다스리지 않는다."

용瑢이 사자를 대하여 눈물을 흘리며 말하기를,

"나도 또한 스스로 죄가 있는 것을 안다. 이렇게 된 것이 마땅하다."

삼군 진무 나치정이 군사를 거느리고 용瑢의 아들인 이우직을 잡아 압령하여 강화에 두었다. 용瑢이 양화도에 이르러 급히 그 종 영기를 불러 옷을 벗어 입히고 비밀히 부탁하기를,

"네가 급히 가서 김 정승에게 때가 늦어진 실수를 말하여 주라."

대개 김종서가 이미 주살된 것을 알지 못하고 다시 이루기를 바란 것이다. 또 말하기를,

"일이 만일 이루어지지 않으면 하석이 반드시 먼저 베임을 당할 것이니, 네가 꼭 뼈를 거두어 오라. 내가 다시 보고야 말겠다."

이우직이 강화에 이르러 용에게 말하기를,

"제가 여쭙지 않았습니까?"

용瑢이 말하기를,

"부끄럽다. 할 말이 없다."

용瑢의 당黨에 대정이란 자가 있어 성녕대군의 집에 숨어 있었는데, 성씨가 여복을 입히어 침병 뒤에 엎드려 있게 하였다. 잡기를 급박하게 하니, 성씨가 부득이하여 내보냈는데, 곧 베었다. 운성위 박종우가 문에 이르러 들어가지 못하고 말하기를,

"비록 부르시는 명령은 없으나 변고가 있음을 듣고 여기 와서 명을 기다립니다."

하니, 세조가 불러 들였다. 우승지 권준·동부승지 함우치가 또한 오니, 수양이 권준만 불러 들이었다. 정인지가 권남을 시켜 붓을 잡고 이계전·최항과 더불어 함께 교서를 짓는데, 밤이 심히 추웠다. 단종(노산군)이 환관 엄자치에게 명하여 내온[740]·내수[741]로 수양대군 이하 여러 재상을 먹이었다. 수양이 군사에게 술을 먹이도록 아뢰어 청하고, 또 아뢰어 용瑢의 당黨인 환관 한숭·사알 황귀존을 궐내에서 잡아 의금부에 넘기었다. 김종서가 다시 깨어나서 원구를 시켜 돈의문을 지키는 자에게 달려가 고하기를,

"내가 밤에 어떤 사람에게 상처를 입어 죽게 되었으니, 빨리 의정부에 고하여 의원으로 하여금 약을 싸 가지고 와서 구제하게 하고, 또 속히 안평대군에게 고하고, 아뢰어 내금위를 보내라. 내가 나를 상하게 한 자를 잡으려 한다."

---

740) 내온內醞: 궁중 술.

741) 내수內羞: 궁중의 음식.

문 지키는 자가 듣지 않았다. 김종서가 상처를 싸매고 여복女服을 입고서, 가마를 타고 돈의문·서소문·숭례문 세 문을 거쳐 이르렀으나 모두 들어가지 못하고, 돌아와 그 아들 김승벽의 처가에 숨었다. 이튿날 아침에 이명민도 또한 다시 깨어나서 들것에 실려 도망하였는데, 어떤 사람이 홍달손에게 고하니 호군 박제함을 보내어 베었다. 수양이 인하여 여러 적이 다시 깨어날 것을 염려하여, 양정과 의금부 진무 이흥상을 보내어 가서 보게 하고, 김종서를 찾아 김승벽의 처가에 이르러 군사가 들어가 잡으니, 김종서가 갇히는 것이라 생각하여 말하기를,

"내가 어떻게 걸어가겠느냐? 초헌742)을 가져오라."

끌어내다가 베었다. 김종서의 부자·황보인·이양·조극관·민신·윤처공·조번·이명민·원구 등을 모두 저자에 효수하니, 길 가는 사람들이 통쾌하게 여기지 않음이 없어 그 죄를 헤아려서 기왓돌로 때리는 자까지 있었고, 여러 사司의 비복婢僕들이 또한 김종서의 머리를 향해 욕하고, 환시宦寺들은 김연을 발로 차고 그 머리를 짓이겼다. 뒤에 저자 아이들이 난신의 머리를 만들어서 나희743)를 하며 부르기를,

"김종서 세력에 조극관 몰관沒官하네."

이날 밤에 달이 떨어지고, 하늘이 컴컴하여 지자 유시流矢가 떨어졌다. 위사衛士가 놀라 고하니, 이계전이 두려워하여 나팔을 불기를 청하였다. 수양이 웃으며 말하기를,

"무엇을 괴이하게 여길 것이 있는가? 조용히 하여 진압하라." - 『단종실록』, 1453년 10월 10일

> 김종서의 부자, 황보인, 이양, 조극관, 민신, 윤처공… 등을 모두 저자에 효수하니, 길 가는 사람들이 통쾌하게 여기지 않음이 없어 그 죄를 헤아려서 기왓돌로 때리는 자까지 있었고,

물론 어디까지나 핑계에 불과했다. 수양대군은 왕이 되고자 하는 야망이 있었다. 맏아들이 왕위 계승의 원칙에 따라 왕이 될 기회는 없었다. 수양대군이 왕이 될 수 있는 길은 무력으로 어린 조카 단종을 끌어내리고 그 자리를 차지하는 방법밖에 없었다. 아무리 비정한 권력의 세계라도 숙부가 어린 조카 단종에게서 무력으로 왕의 자리를 빼앗는 것은 용서할 수 없는 패륜이다. 수양대군은 자신이 일으킨 난을 정당화하기 위해서는 왕권을 위협하는 역적 도당이 필요

---

742) **초헌**軺軒 : 종이품 이상의 벼슬아치가 타던 외바퀴 수레. 명거命車, 목마木馬, 초거軺車, 헌초軒軺.

743) **나희**儺戲 : 귀신 쫓는 놀이.

했다. 김종서를 비롯한 문종의 유언을 받은 대신들과 안평대군을 역적 도당으로 몰았다.

수양대군과 수하들은 먼저 김종서를 찾아가 살해하고 황보인을 비롯한 나머지 의정부 대신들도 차례로 처단했다. 동생 안평대군도 유배시켰다가 처형했다. 계유정난을 계기로 수양대군은 영의정에 올라 이조판서와 병조판서를 겸임하는 등 조정의 모든 권력을 갖게 된다.

어린 단종은 숙부 수양대군이 무력으로 권력을 빼앗는 동안 아무것도 할 수 없었다. 단종은 이름뿐인 왕의 자리를 지키며 수양대군의 처분만 기다리는 신세가 될 수밖에 없었다. 1455년(단종 3년) 윤달 6월 11일 단종은 "내가 나이가 어리고 나라 안팎의 일을 알지 못하는 탓으로 간사한 무리들이 은밀히 난을 일으키려는 싹이 종식되지 않으니, 이제 모든 왕의 권한을 영의정에게 전해 주려고 한다."라는 말과 함께 수양대군에게 왕을 물려주고 상왕으로 물러났다. 단종 본인의 뜻이 아닌 수양대군과 측근들의 강압에 의한 것이었다.

영월 청령포로 유배가다

상왕으로 물러난 단종은 세종의 여섯째 아들이자 수양대군의 동생 금성대군의 집에 연금 상태로 있게 되었다. 상왕 단종은 1457년(세조 3년) 6월 성삼문, 박팽년 등의 집현전 학사들이 단종 복위 운동을 펼친 이유로 노산군으로 신분이 박탈되었다. 단종의 나이 17세였어요. 노산군으로 신분이 박탈됨과 동시에 영월로 유배된 단종은 금성대군의 단종 복위 계획이 사전에 발각됨에 따라 사약을 받았다. 실록에는 조정 대신들이 노산군을 처형하라고 주장해 세조가 이를 허락했는데, 사약이 내려지자 노산군이 스스로 목숨을 끊었다고 기록(『세조실록』, 세조 3년 10월 21일)되어 있다.

그러나 야사에는 노산군의 억울한 죽음이 『연려실기술』에는 다음과 같이 묘사되어 있다.

"금부도사 왕방연이 사약을 받들고 영월 이르러 감히 들어가지 못하고 머뭇거리고 있으니, 나장이 시각이 늦어진다고 발을 굴렀다. 도사가 하는 수 없이 들어가 뜰 가운데 엎드려 있으니, 단종이 익선관과 곤룡포를 갖추고 나와서 온 까닭을 물었으나, 도사가 대답을 못했다. 통인[744] 하나가 항상 노산을 모시고 있었는데, 스스로 할 것을 자청하고 활줄에 긴 노끈을 이어서 앉은 좌석 뒤의 창문으로 그 끈을 잡아당겼다. 그때 단종의 나이 17세였다. 통인이 미처 문 밖으로 나오지 못하고 아홉 구멍에서 피가 흘러 즉사했다. 시녀와 시종 들이 다투어 고을 동강[745]에 몸을 던져 죽어서 둥둥 뜬 시체가 강에 가득했고, 이날에 뇌우(천둥소리와 함께 내리는 비)가 크게 일어나 지척에서도 사람과 물건을 분별할 수 없고 맹렬한 바람이 나무를 쓰러뜨리고 검은 안개가 공중에 가득 깔려 밤이 지나도록 걷히지 않았다."

- 『연려실기술』 권 4, 단종 조 고사본말

1457년 여름에 홍수로 서강이 범람하여 청령포가 잠겼다. 단종은 두어 달 만에 영월부사의 객사인 관풍헌으로 처소를 옮겼는데 10월 이곳에서 사약을 받고 죽음을 맞았다. 청령포 강 건너 나루 옆에는 단종의 유배길과 사형길에 금부도사로 왔던 왕방연의 시비가 서 있습니다. 그는 왕명을 수행하는 관리였기 때문에 단종에게 내려진 형을 집행할 수밖에 없었지만 마음은 한없는 슬픔으로 가득했지요. 왕방연의 심정을 담은 그의 시 「회단종이작시조懷端宗而作詩調」는 비석에 이렇게 남아 있으며, 『청구영언』에 시조가 실려 있다.

천만리 머나먼 길에
고운님 여의옵고
내 마음 둘 데 없어
냇가에 앉았으니
저 물도 내 안과 같아서
울면서 밤길을 흘러가는구나.

---

744) **통인**通引 : 관아의 관장 밑에 딸려 잔심부름을 하던 무리.
745) **동강**東江 : 강원도 정선군 정선읍의 남쪽 가수리에서 영월군에 이르는 강.

비참한 삶을 살다

조선이 왕조 국가라고는 하지만 힘이 없는 왕의 즉위는 정국의 혼란만 일으켰다. 단종의 사례는 보호받지 못한 왕권은 비참할 수밖에 없다는 사실을 알려주고 있다. 세조의 왕위 찬탈을 정당화하기 위해 수양대군에 관한 사실을 과장하고 미화한 반면, 세조에게 희생된 사람들을 비방하고 논죄한 것이 많다. 단종의 양위, 유배, 강요된 죽음, 시신의 방치 등은 세조의 권력 찬탈을 생생히 후세에 남기고 있다.

단종의 유배지는 영월읍에서도 삼십 리를 더 들어가는 깊은 산중으로, 조그만 초막집이었다. 시위 한 사람에 내시와 궁녀가 두서넛에 불과하였고, 의복과 음식도 때를 맞출 수 없는 비참한 생활이었다. 들리는 것이라고는 이름 모를 산새의 울음과 물소리뿐이었다.

> 아름드리 나무는 하늘에 닿았고
> 시냇물 돌을 벗겨 흐르는고야.
> 산 깊어 범과 표범 많기도 하여
> 저물지 않아도 사립문 닫네.

단종은 이런 시를 읊조리면서 무미한 생활을 하였다. 그야말로 천만 길 구렁텅이 속에서 가물가물한 세상 밖을 그려보지 않을 수 없는 우물 안 개구리 같은 삶이었다. 한 번은 큰 장마가 져서 산골짜기로 쏟아져 내리는 물이 단종이 거처하는 집을 휩쓸어 갈 뻔하였을 때. 그런 사실을 영월부사가 조정에 보고하여, 조정에서는 읍으로 옮기라는 명령이 내려 그나마 사람 구경을 할 수 있는 영월읍으로 나오게 되었다.

그러나 여전히 지루하고 무료한 생활이 계속되었지요. 그는 이따금 관사 앞 죽루에 올라가서 먼 산을 바라보며 향수에 젖기도 하였고, 밤이면 두견새 울음소리를 들으면서, 가물거리는 등잔불 밑에 베개를 적시곤 했다.

> 원통한 새 한 마리가 궁중을 나오니
> 외로운 몸 그림자마저 짝 잃고 푸른 산을 헤매누나
> 밤은 오는데 잠은 이룰 수 없고
> 해가 바뀌어도 한은 끝없어라
> 새벽 산에 울음소리 끊어지고 여명의 달이 흰 빛을 잃어가며
> 피 흐르는 봄 골짜기에 떨어진 꽃만 붉겠구나
> 하늘은 귀먹어 하소연을 듣지 못하는데
> 서러운 이 몸의 귀만 어찌 이리 밝아지는가.
>
> – 단종, 「자규시子規詩」

어린 단종의 한과 슬픔이 가득 묻어나는 피맺힌 절규이다. 영월에 있는 자규루는 단종이 낮과 밤을 보내던 곳이었다. 이 가엾은 임금이 서성거렸던 그 누 앞에 꿇어 엎드려 눈물을 짓는 촌민들이 많았다. 더러는 별미를 해다 바치는 농부도 있었다. 그중에 차성복이란 농부는 날마다 음식을 만들어 가지고 와서 드리곤 하였는데, 단종은 그의 정성에 감동한 적도 있었다.

"내 이 다음에 죽어서 혼이라도 있으면 너의 집에 가겠노라."

단종의 비참한 삶과 죽음을 아파하는 사람들은 단종이 완전히 죽었다고 믿지 않았다. 단종의 육신은 죽었지만, 영혼은 신령으로 승화되어 종교적으로 밀접한 관계를 맺게 되었다. 단종의 비극적인 죽음은 단종을 신격화하는 중요한 계기가 되었다.

17세로 승하하다. 엄흥도가 시신을 거두어 매장하다

어린 왕 단종은 권력다툼의 희생양이 되어 1457년(세조 3년) 10월 17세로 승하했다. 영월호장 엄흥도[746]가 시신을 거두어 현재의 자리에 매장했다. 1516년(중

---

746) **엄흥도**嚴興道 : 영월의 호장으로, 단종이 세조에 의하여 상왕에서 노산군으로 강봉되어 영월 안치되었다가 시해되자, 후환을 두려워하지 않고 시신을 수습하였다. 단종이 승하한 이튿날 옥가를 오가며 통곡하고, 관을 마련하여 아전과 백성들을 모아 영월의 북쪽 5리쯤 되는 동을지에 장사지냈다. 1585년(선조 18년) 종손인 정병 엄한례에게 호역을 면제하고 노산군의 묘역을 수호하게 하였고, 현종 때 송시열의 주청으로 자손을 등용하게 하였다. 사육신과 함께 영월

종 11년) 묘를 찾아 봉분을 만들었고, 1580년(선조 13년) 상석, 표석 등 석물을 세웠다. 단종은 1681년(숙종 7년) 노산대군으로 복위되었고, 1698년(숙종 24년) 왕의 시호 공의온문순정안장경순돈효대왕으로, 묘호를 단종, 능호를 장릉으로 추존되었다. 단종이 죽은 지 200년이 지난 후였다. 장릉은 강원도 영월군 영월읍 단종로 190에 있으며 지금도 영월은 단종과 관련된 전설과 유적이 많이 남아 있다.

엄흥도

의 창절사에 배향되었다.

『세조실록』에 수록된 단종에 관한 기사

實錄記事 1455년 윤6월 11일(세조 1년), 혜빈 양씨·상궁 박씨 등을 귀양보내다. 단종이 수양대군에게 선위하다

세조가 우의정 한확·좌찬성 이사철·우찬성 이계린·좌참찬 강맹경 등과 더불어 의정부로부터 대궐로 나아가서 병조판서 이계전·이조판서 정창손·호조판서 이인손·형조판서 이변·병조 참판 홍달손·참의 양정·승지 등과 같이 빈청에 모여 의논하기를,

"혜빈양씨·상궁박씨·금성대군 이유·한남군 이어·영풍군 이전·동지중추원사 조유례·호군 성문치 등이 난역을 도모하여 이에 참여한 일당이 이미 많았으니 가볍게 할 수 없다."

이에 합사[747]해 계청하기를,

"금성대군이 전의 일을 스스로 징계하지 아니하고 오히려 무사들과 은밀히 결탁하고 그 일당에게 후히 정을 베풀면서 다시 혜빈·상궁 등과 서로 결탁하여 그의 양모 의빈으로 하여금 혜빈궁에 들어가 거처하게 하고 그 유모 총명 등을 시켜 은밀히 상시 왕래하여 왔고, 유瑜도 또한 왕래하였으며, 또 상궁에게 계집종을 주고는 서로 통하며 안부를 전하여 왔습니다. 또 이 밖에도 한남군·영풍군 및 정종 등과 더불어 혜빈·상궁과 결탁하여 문종조 때부터 궁내에서 마구 권세를 부려와 그 불법한 일은 이루 열거할 수가 없습니다. 또 대신과 종실들의 의논을 기다리지 않고 독단하여 의빈의 친척인 박문규의 딸과 또 유의 처족인 최도일의 딸을 왕비로 세우려다가 뜻을 얻지 못하고 드디어는 중궁이 자기가 세운 바가 아니라 하여 온갖 계교로 이하여 왔습니다. 또 정종이 은밀히 혜빈과 금성대군 유를 섬겨온 것은 온 세상이 다 아는 사실이며, 조유례도 역시 그들의 일당입니다. 신 등이 계달하려고 한 것이 이미 오래인데, 그 기세가 날로 심한즉 종사의 대계를 생각하여 어찌 사사로운 정으로써 공공의 일을 폐하도록 하겠습니까? 청컨대 조속히 그 죄를 밝히고 바로 잡으소서."

임금이 그대로 따라서 의금부에 명하여 혜빈양씨를 청풍으로, 상궁박씨를 청양으로, 금성대군 유를 삭녕으로, 한남군 이어를 금산으로, 영풍군 이천을 예안으로, 정종을 영월로 각각 귀양보내고, 조유례는 고신을 거두고 가두었다. 또 성문치와 이예숭·신맹지·신중지·신근지·신경지의 고신을 거두고는 먼 변지로 떠나보내어 충군[748]하게 하였다. 환관

---

747) **합사**合司: 나라의 큰일을 할 때 관계가 있는 두 개 이상의 관청이 합동으로 일을 행하던 것.

전균으로 하여금 한확 등에게 전지하기를,

"내가 나이가 어리고 중외의 일을 알지 못하는 탓으로 간사한 무리들이 은밀히 발동하고 난을 도모하는 싹이 종식하지 않으니, 이제 대임을 영의정에게 전하여 주려고 한다."

한확 등이 놀랍고 황공하여 아뢰기를,

"이제 영의정이 중외의 모든 일을 다 총괄하고 있는데, 다시 어떤 대임을 전한다는 것입니까?"

전균이 이를 아뢰니, 노산군이 말하기를,

"내가 전일부터 이미 이런 뜻이 있었거니와 이제 계책을 정하였으니 다시 고칠 수 없다. 속히 모든 일을 처판하도록 하라."

한확 등 군신들이 합사749)하여 그 명을 거둘 것을 굳게 청하고 수양대군 또한 눈물을 흘리며 완강히 사양하였다. 전균이 다시 들어가 이러한 사실을 아뢰었다. 조금 있다가 전균이 다시 나와 전교를 선포하기를, '상서사 관원으로 하여금 대보를 들여오라는 분부가 있다.'고 모든 대신들이 서로 돌아보며 얼굴빛을 변또 명하여 재촉하니 동부승지 성삼문이 상서사로 나아가서 대보를 내다가 전균으로 하여금 경회루 아래로 받들고 가서 바치게 노산군이 경회루 아래로 나와서 수양대군을 부르니, 수양대군이 달려 들어가고 승지와 사관이 그 뒤를 따랐다. 노산군이 일어나 서니, 수양대군이 엎드려 울면서 굳게 사양노산군이 손으로 대보를 잡아 수양대군에게 전해 주니, 수양대군이 더 사양하지 못하고 이를 받고는 오히려 엎드려 있으니, 노산군이 명하여 부액해 나가게 수양대군이 이에서 나와 대군청에 이르니, 사복관이 시립하고 군사들이 시위의정부에서 집현전 부제학 김예몽 등으로 하여금 선위·즉위의 교서를 짓도록 하고 유사가 의위를 갖추어 헌가를 근정전 뜰에 설치하였다. 수양대군이 익선관과 곤룡포를 갖추고는 백관을 거느리고 근정전 뜰로 나아가 선위를 받으니, 그 선위 교서에 이르기를,

"나 소자가 방가의 부조750) 하지 못할 때를 당하여 어린 나이에 선왕의 대업을 이어받고 궁중 안에 깊이 처처하고 있으므로 내외의 모든 사무를 알 도리가 없으니, 흉한 무리들이 소란을 일으켜 국가의 많은 사고를 유발하였다. 숙부 수양대군이 충의를 분발하여 나의 몸을 도우시면서 수많은 흉도를 능히 숙청하고 어려움을 크게 건지시었다. 그러나 아직도 흉한 무리들이 다 진멸되지 않아서 변고가 이내 계속되고 있으니, 이

---

748) 충군充軍: 죄인을 군사에 보충시켜 군역軍役의 임무를 지게 하던 형벌의 하나.

749) 합사合辭: 임금에게 주청할 때 신하들이 글을 합하여 연명聯名하여 상소하던 일. 교장交章.

750) 부조不造: 성취成就.

큰 어려움을 당하여 내 과덕한 몸으로는 이를 능히 진정할 바가 아닌지라, 종묘와 사직을 수호할 책임이 실상 우리 숙부에게 있는 것이다. 숙부는 선왕의 아우님으로서 일찍부터 덕망이 높았으며 국가에 큰 훈로가 있어 천명과 인심의 귀의하는 바가 되었다. 이에 이 무거운 부하負荷를 풀어 우리 숙부에게 부탁하여 넘기는 바이다. 아! 종친과 문무의 백관, 그리고 대소의 신료들은 우리 숙부를 도와 조종의 아름다운 유명에 보답하여 뭇사람에게 이를 선양할지어다."

단종이 다시 좌승지 박원형에게 명하여 태평관으로 가서 명나라 사신에게 말하기를,

"내가 어린 나이로 즉위하니, 계유년[751]에 안평대군 이용이 반란을 꾀하여 숙부 수양대군이 이 사실을 나에게 고하고 평정하였다. 그러나 그 남은 일당들이 아직도 존재하여 다시 궤도에 벗어나는 일을 꾀하고 있으니, 이 어찌 유치한 내가 능히 진정할 바이겠는가? 수양대군은 종실의 장으로서 사직에 공로가 있으니 중임을 부탁할 만하다. 이에 그로 하여금 국사를 임시 서리토록 하고 장차 이를 주문奏聞하겠다."

명나라 사신이 말하기를,

"이는 곧 국가의 대사인데, 이제 그 유서를 받으니 기쁩니다."

수양대군이 사정전으로 들어가 단종을 알현하고 면복을 갖추고, 근정전에서 즉위하였다. 한확이 백관을 인솔하고 전문을 올려 하례하니, 그 전문에 이르기를,

"아래 백성이 도와 군왕이 되시니, 우러러 천명을 받으셨고, 큰 덕이 있어 그 보위를 얻으시니, 굽어 인심에 순응하셨습니다. 무릇 이를 보고 듣는 자라면 그 누가 기뻐 도무하지 않으리오. 공경히 생각하건대 총명 예지하시고 강건 수정하신 자품으로, 그 신성하신 문무의 재덕은 곧 큰 기업의 귀속하는 바가 되고, 그 위대하신 공렬의 수립은 진정 중한 책임을 사양하기 어렵게 되었습니다. 사직이 안정을 얻으니 조야가 모두 기뻐하고 있습니다. 신 등은 다같이 용렬한 자질로 다행하게도 경사로운 때를 맞아, 저 서기瑞氣 어린 해와 구름 속에 천명도 새로운 거룩한 성대를 얻어 보고 태산과 반석 같은 바탕에서 다시 무강하신 큰 계책을 기대하는 바입니다."

이에 임금이 하교하기를,

"공경히 생각하건대 우리 태조께서 하늘의 밝은 명을 받으시고, 이 대동의 나라를 가지셨고, 열성께서 서로 계승하시며 밝고 평화로운 세월이 거듭되어 왔다. 그런데 주상 전하께서 선업을 이어받으신 이래, 불행하게도 국가에 어지러운 일이 많았다. 이에 덕 없는 내가 선왕과는 한 어머니의 아우이고 또 자그마한 공로가 있었기에 장군長君인

---

751) **계유년** : 1453년(단종 원년).

내가 아니면 이 어렵고 위태로운 상황을 진정시킬 길이 없다고 하여 드디어 대위를 나에게 주시는 것을 굳게 사양하였으나 이를 얻지 못하였고, 또 종친과 대신들도 모두 이르기를 종사의 대계로 보아 의리상 사양할 수 없다고 하는지라, 필경 억지로 여정을 좇아 경태 6년[752] 윤6월 11일에 근정전에서 즉위하고, 주상을 높여 상왕으로 받들게 되었다.

이렇게 임어하는 초기를 당하여 의당 관대한 혜택을 베풀어야 할 것이므로 경태 6년 윤6월 11일 새벽 이전에 있었던 일로서 모반과 대역 모반, 또 자손으로서 조부모 또는 부모를 모살하였거나 또는 구매[753]한 자, 처첩으로서 지아비를 살해한 자, 노비로서 주인을 모살한 자와 고의로 살인을 꾀한 자, 고독[754]·염매[755]한 자와 다만 강도를 범한 자를 제외하고는, 이미 발각되었거나 아직 발각되지 않았거나 또는 이미 결정하였거나 아직 않았거나 모두 용서하여 면제하며, 앞으로 감히 유지[756] 전의 일을 가지고 서로 고하여 말하는 자가 있으면 그 죄로써 죄줄 것이다. 아! 외람되게도 중대한 부탁을 이어받으니 실상 두려운 걱정이 마음에 넘치는 바, 실로 두렵고 삼가는 마음으로 이에 큰 은혜를 널리 베풀어 경신의 치화를 넓히고자 하는 바이다."

예를 마치고 법가[757]를 갖추어 잠저로 돌아갔다. 종친과 문무백관·기로·족친들이 중궁에 하례를 드리니, 이를 받지 아니하였다. 이날 밤 이고二鼓 무렵에 임금이 서청西廳에 임어하니 병조판서 이계전·이조판서 정창손·도승지 신숙주·좌부승지 구치관 등이 입시하였는데, 하동 부원군 정인지를 영의정으로 삼았다.

---

752) **경태**景泰 **6년** : 1455년(세조 원년).

753) **구매**毆罵 : 때리고 욕보임.

754) **고독**蠱毒 : 뱀·지네·두꺼비 등의 독毒이 든 음식을 남에게 먹여 배앓이·가슴앓이·토혈吐血·하혈下血·부종浮腫의 증세를 일으켜 점차 미치거나 실신失身하여 죽게 함.

755) **염매**魘魅 : 주문呪文이나 저술詛術로 남을 저주하여 죽게 만드는 것. '염魘'은 사람의 형상을 만들어 놓고 쇠꼬챙이로 심장을 찌르고 눈을 후벼파고 손발을 묶는 것이고, '매魅'는 나무나 돌로 귀신을 만들어 놓고 저주를 비는 것임. 압승술.

756) **유지**有旨 : 용서한다는 전지.

757) **법가**法駕 : 노부·임금 행차 거둥 때의 의장 규모 의식의 하나. 임금이 선농단에 제향祭享 국학에 행차하여 석전례를 행 사단射壇에서 활쏘거나 무과 전시의 사단에서 활을 쏘는 것을 구경할 때 등에 사용하는 의장임. 전정의 반의장과 같음.

實錄記事 1457년 6월 21일(세조 3년), 판돈녕부사 송현수 등의 반역으로 상왕758)을 강봉하고 영월에 거주시키다

백성 김정수가 전 예문 제학 윤사윤에게 말하기를,
 "판돈녕부사 송현수와 행 돈녕부 판관 권완이 반역을 도모합니다."
하니, 윤사윤이 이를 아뢰었다. 임금이 사정전에 나아가서 영의정 정인지·우의정 정창손·우찬성 신숙주·우참찬 박중손·병조 판서 홍달손·예조 판서 홍윤성·영중추원사 윤사로·판중추원사 이인손·공조 판서 양정·이조 판서 권남·병조 참판 구치관·형조 참판 황효원·도승지 한명회·좌승지 조석문·우부 승지 권지·동부 승지 김질을 불러 보고 송현수와 권완을 의금부에 하옥시켰다. 이어서 교지를 내리기를,
 "전날 성삼문 등이 말하기를, 상왕도 그 모의에 참여하였다.' 하였으므로, 종친과 백관들이 합사759)하여 말하기를, '상왕도 종사에 죄를 지었으니, 편안히 서울에 거주하는 것은 마땅하지 않습니다.' 하고, 여러 달 동안 청하여 마지 않았으나, 내가 진실로 윤허하지 아니하고 처음에 먹은 마음을 지키려고 하였다. 지금에 이르기까지 인심이 안정되지 아니하고 계속 잇달아 난을 선동하는 무리가 그치지 않으니, 내가 어찌 사사로운 은의恩誼로써 나라의 큰 법을 굽혀 하늘의 명과 종사의 중함을 돌아보지 않을 수 있겠는가? 이에 특별히 여러 사람의 의논을 따라 상왕을 노산군으로 강봉하고 궁에서 내보내 영월에 거주시키니, 의식을 후하게 봉공하여 종시 목숨을 보존하여서 나라의 민심을 안정시키도록 하라. 오로지 너희 의정부에서 중외에 효유하라."
첨지중추원사 어득해에게 명하여 군사 50명을 거느리고 호송하게 하였다. 군자감 정 김자행·판내시부사 홍득경이 따라갔다.

實錄記事 1457년 6월 22일(세조 3년), 영월로 떠나는 노산군을 화양정에서 전송하게 하다

노산군이 영월로 떠나 가니, 임금이 환관 안노에게 명하여 화양정에서 전송하게 하였다. 노산군이 안노에게 이르기를,
 "성삼문의 역모를 나도 알고 있었으나 아뢰지 못하였다. 이것이 나의 죄이다."

---

758) **상왕**上王 : 단종端宗.

759) **합사**合辭 : 사연辭緣을 합하는 것.

> **實錄記事** 1457년 6월 22일(세조 3년), **경차관 조계팽에게 노산군에게 보내는 물품을 전하고, 얼음을 바치게 하다**

승정원에서 교지를 받들어 경차관 조계팽에게 치서하기를,
 "지금 노산군에게 유롱 1, 사의 1, 전삼 2와 시비(侍婢)에게 유롱 10벌을 보내니, 일일이 전하여 주는 것이 좋겠고, 또 여러 고을로 하여금 잇달아 계속하여 얼음을 바치도록 하라."

> **實錄記事** 1457년 6월 26일(세조 3년), **명모반으로 권전과 노산군의 어미를 서인으로 개장할 것을 청하다**

의정부에서 아뢰기를,
 "현덕왕후 권씨의 어미 아지와 그 동생 권자신이 모반하다가 주살을 당하였는데, 그 아비 권전이 이미 추후하여 폐하여서 서인으로 만들었으며, 또 노산군이 종사에 죄를 지어 이미 군(君)으로 강봉하였으나, 그 어미는 아직도 명위를 보존하고 있으므로 마땅하지 않으니, 청컨대 추후하여 폐하여서 서인으로 만들어 개장하소서."
그대로 따랐다.

> **實錄記事** 1457년 7월 5일(세조 3년), **노산군이 일용하는 비용을 곡진하게 마련해 줄 것 등을 명하다**

강원도 관찰사에게 유시하기를,
 "노산군의 일상 용도에 쓰는 비용은 그의 하고자 하는 대로 따라서 곡진하게 지급하고, 만약 아뢰고자 하는 일이 있거든 본 고을에 고하도록 허락하고, 막아서 지체시키지 말도록 하라. 또 듣건대 거주하는 곳에 우물이 없다고 하니 급히 우물을 파도록 하라."

> **實錄記事** 1457년 7월 15일(세조 3년), **강원도 관찰사에게 노산군에게 술을 공진하도록 하다**

승정원에서 교지를 받들어 강원도 관찰사에게 치서하기를,
 "지금 가뭄으로 인하여 일체 여러 곳에서 술 쓰는 것을 금지시켰다. 그러나 노산군이 있는 곳에는 전에 의하여 술을 공진하라."

> **實錄記事** 1457년 9월 10일(세조 3년), 신숙주·정인지 등이 금성대군과 노산군을 사사토록 청했으나 허락치 않다

사정전에 나아가서 일본국 총관부 원승원의 사자 등 20여 인을 인견하였는데, 모든 재추가 입시사자가 서계를 올렸으니, 다름이 아니라 그가 오게 된 사연이었다. 임금이 중도에서 위조한 것이 아닌가 의심하였지만 끝내 말을 드러내지는 않았다. 왜인 및 모든 재추가 다 나가고 좌찬성 신숙주가 임금의 앞에 나아가 홀로 아뢰기를,

"이유[760]는 현저하게 대역을 범하였으니, 결단코 용서할 수가 없습니다. 또 지난해 이개 등이 노산군을 명분으로 내세우고 거사하려 하였는데, 이제 유瑜도 또한 노산군을 끼고 난역을 일으키려 하였으니, 노산군도 역시 편히 살게 할 수 없습니다."

임금이 말하기를,

"의정부에서 반드시 다시 와서 청할 것이니, 장차 다시 의논하여 시행하겠다."

무릇 신숙주가 말하는 것은 임금이 윤허하지 않는 것이 없었는데, 잠깐 있다가 또 영의정 정인지·좌의정 정창손·이조판서 한명회가 와서 신숙주와 더불어 아뢰기를,

"유瑜의 모역은 일조일석一朝一夕의 일이 아니고, 그 유래한 바가 오래 됩니다. 지난번 서울에 있으면서 군사를 모아 모역한 것으로도 그 죄가 마땅히 죽여야 하는데, 더구나 이제 거듭 대역을 범하여 그 일이 종사에 관계되니, 전하께서 사사로이 용서하실 바가 아닙니다. 이제 그 일당만을 죽이는데 그치고 원흉이 법망에서 빠져나가는 것은 몹시 불가합니다. 청컨대 아울러 법대로 처치하소서."

임금이 전지하기를,

"요나라 태조의 고사[761]도 있으니, 경들의 말을 따를 수 없다."

정인지가 아뢰기를,

"요나라는 이적夷狄이니, 족히 본받을 것이 못 됩니다. 오늘의 이 일은 마땅히 주공周公을 본받으셔야 합니다. 만약 사사[762]하여 머리를 얻어 보전하면 족합니다. 또 노산군은 반역을 주도한 바이니 편안히 살게 할 수 없습니다."

임금이 전지하기를,

---

760) **이유**李瑜 : 금성대군.

761) **요遼나라 태조의 고사**故事 : 요나라 태조 야율아보기가 막내 동생 야율 안단이 모반하였을 때 이를 잡아서 용서하여 준 고사. 뒤에 야율안단은 태조에게 충성하여 서남 제부西南諸部와 발해渤海를 치는 데 큰 공을 세웠음.

762) **사사**賜死 : 극형에 처할 죄인을 대우하는 뜻으로 임금이 독약을 내려 자결自決하게 하는 일.

"노산군은 이미 강봉하였으니, 비록 폐하여 서인으로 만들어도 가하지만, 유瑜의 일은 감히 따를 수가 없다. 소원한 친족인 이보흠 같은 사람도 오히려 은유를 입었는데, 하물며 골육지친骨肉之親을 용서할 수 없다는 말인가? 또 유瑜의 모역은 실상 궁박한 탓으로 말미암아 그러한 것이니, 어찌 크게 죄주겠는가?"

정인지 등이 아뢰기를,

"유瑜는 속적[763]이 이미 끊어졌으니, 골육으로 볼 수 없습니다. 그는 순흥부에 있으면서 술·음식·의복·금은의 보화를 많이 축적해 놓고는 진흙이나 모래처럼 마구 썼으니 궁박했다고 이를 수 없습니다."

되풀이하여 간청하였으나 끝내 윤허하지 않고 말하기를,

"내가 마땅히 상량(商量: 헤아려 생각함)하겠다."

대사헌 김연지·좌사간 김종순 등이 또한 아뢰기를,

"이와 같은 대역은 상량하실 것도 못됩니다."

임금이 그대로 윤허하지 않았다.

> **實錄記事** 1457년 10월 16일(세조 3년), 종친 등이 노산군과 금성대군의 처벌을 건의하였으나 헤아리는 중이라고 하다

종친 및 의정부·충훈부·육조에서 아뢰기를,

"노산군이 종사에 죄를 지었는데, 근일에 난언亂言하는 자들이 모두 노산군을 빙자하여 말합니다. 옛날에 태자 부소[764]를 사칭한 자가 있었고, 또한 위태자[765]의 사건도 있었습니다. 이제 만약 법에 두지 않는다면 부귀를 도모하려고 하는 자들이 이것을 빙자해 난리를 일으킬 것이니, 용서할 수 없습니다. 이유는 천하의 대역이니 사사로운 은혜로써 법을 굽혀 이를 용서하는 것은 불가합니다."

임영대군 이구가 정창손에게 나아가서 더불어 말하기를,

"이어[766]·이전[767]·송현수도 유[768]와 죄가 같은데, 홀로 살게 하는 것은 불가하니, 모름

---

763) **속적**屬籍: 호적에 올려 있는 것. 여기서는 종친이 종적에 올려져 그 권한을 행세하는 것을 말함.

764) **부소**扶蘇: 진나라 시황의 맏아들.

765) **위태자**衛太子: 한나라 무제의 태자. 난을 일으켰다가 처형당했음.

766) **이어**李琻: 한남군.

767) **이전**李瑔: 영풍군.

지기 아울러 계청하기를 청합니다."

정창손이 좌우를 돌아보고 말하기를,

"어·전의 일은 우리들이 처음에 비록 의의하지 못하였지만, 아울러 계청하는 것이 옳다."

드디어 즉시 죄를 청함임금이 어찰로 대답하기를,

"삼가 군신들의 뜻을 알았으나, 듣지 않는 것은 내 스스로의 성덕을 위하여서가 아니다. 지극히 박덕하고 무덕한데 어찌 감히 골육을 죽이는 일을 다시 하겠는가? 죄가 있는 자도 오히려 이를 보전하는데, 어찌 어·전과 같이 죄 없는 무리에게까지 이른단 말인가? 이는 군신들의 계책이 잘못된 것이다. 속히 물러가서 내가 끝까지 헤아리기를 기다리도록 하라."

정창손 등이 다시 아뢰기를,

"신 등은 이미 성상의 차마 하지 못하는 마음을 알았습니다. 그러나 소위 골육을 상해한다는 것은, 이런 것을 이르는 것이 아닙니다. 옛말에 있기를, '사사로운 은혜로써 공의를 폐하지 않는다.'고 하였습니다. 청컨대 대의로써 결단하소서."

임금이 전교하기를,

"전번 글에 이미 다 말하였으니, 다시 고쳐서 말할 것이 없다. 경 등은 속히 물러가라."

정창손 등이 다시 아뢰기를,

"천하의 국가를 위하여 상벌이 큰 것인데, 이러한 것을 여러 사람에게 보이는 것은 불가합니다. 대역부도는 의혹스런 죄가 아닌데, 다시 어찌 헤아려서 생각하겠습니까? 청컨대 속히 결단하소서."

임금이 전교하기를,

"바야흐로 헤아려 생각하는 중이니, 가볍게 논의할 수 없다."

實錄記事 1457년 10월 19일(세조 3년), 양녕대군 등이 두 번 노산군과 금성대군의 처벌을 청하였으나 허락하지 않다

양녕대군 이제 등이 아뢰기를,

"전일에 노산군 및 이유 등의 죄를 청하였으나, 지금에 이르러서도 유윤을 입지 못하였습니다. 청컨대 속히 법대로 처치하소서."

임금이 윤허하지 않았다. 제禔가 재차 아뢰기를,

"대역과 같이 일이 종사에 관계되는 것은, 상량할 바가 아닙니다. 청컨대 대의로써 결

---

768) 유瑜 : 금성대군.

단하소서."

윤허하지 않았다. 대간에서 아뢰기를,

"전일에 유瑜 등의 죄를 청하였으나, 아직도 성상의 재가를 알지 못하고 있습니다."

임금이 전교하기를,

"지금 외방으로 나가려고 돌아와서 다시 생각해 보겠다."

거가로 봉현에 거둥하여 다시 전일에 정한 산을 상지하니, 곧 간산艮山이었다. 참판 이순지가 아뢰기를, '이 산은 간축艮丑에서 나왔을 뿐 간산은 아닙니다.'고 하여, 이 거둥이 있었던 것이다.

實錄記事 1457년 10월 20일(세조 3년), 양녕대군이 세 번 노산군 등의 처벌을 청하자 대신들과 의논하겠다고 하다

양녕대군 이제 등이 아뢰기를,

"전에 청한 이유와 노산군·이영[769]·이어·이전[770]·정종·송현수 등의 일을, 청컨대 속히 결단하소서."

임금이 전교하기를,

"근일에 사무가 번다하여 상량할 겨를이 없었다."

다시 아뢰기를,

"이와 같은 큰일은 상량할 바가 아닙니다."

임금이 전교하기를,

"이보흠도 죽지 않았으니, 죄는 같은데 벌이 다른 것이 옳겠는가?"

또 아뢰기를,

"이보흠도 또한 용서할 수 없습니다."

임금이 전교하기를,

"말하는 바가 옳다. 마땅히 대신과 더불어 상세히 의논하겠다."

정창손·신숙주·황수신·박중손이 아뢰기를,

"전일에 아뢴 바의 유瑜와 노산군의 일을 지금에 이르기까지 성상의 재가를 입지 못하여, 신 등은 밤새도록 잠을 자지 못감히 신총宸聽을 어지럽혔습니다."

임금이 전교하기를,

---

769) **이영**李瓔 : 화의군和義君.

770) **이전**李瑔 : 영풍군永豊君.

"이보흠도 죽지 않았으니, 어찌 죄는 같은 데 벌이 다른 것이 옳겠는가?"

다시 아뢰기를,

"이보흠의 죄도 또한 법과 같이 하는 것이 마땅하나, 그러나 유瑜와는 조금 다릅니다. 청컨대 먼저 괴수를 처단하소서."

임금이 전교하기를,

"이같이 큰일을 대신이 제회齊會하지 않고서 결단함이 옳겠는가? 마땅히 영의정과 더불어 같이 의논하겠다."

實錄記事 1457년 10월 21일(세조 3년), 대간 등이 노산군과 금성대군의 처벌을 청하였으나 허락하지 않다

근정문에 나아가서 조참771)을 받았다. 고취는 진설하고 연주하지는 않았다. 대간에서 이유와 노산군·이영·이어·이전·송현수 등의 죄를 계청임금이 전교하기를,

"죄는 분간하지 않을 수 없다."

종친 및 의정부·충훈부·육조에서도 또한 이를 가지고 계청임금이 전교하기를,

"누가 괴수魁首인가?"

다시 아뢰기를,

"전년의 변란으로써 본다면, 노산군이 괴수가 되고, 금일에 있어서는 유瑜가 괴수가 됩니다. 그러나 대역이란 수종을 분간하지 않고 나라 사람이면 누구나 죽일 수 있는 것입니다. 청컨대 속히 법대로 처치하소서."

임금이 경회루 아래에 나아가서 영의정 정인지·좌의정 정창손·우의정 강맹경·좌찬성 신숙주·우찬성 황수신·우참찬 박중손·예조판서 이승손·병조판서 홍달손·공조판서 심회·형조판서 박원형·도승지 조석문을 인견관사사복·내금위 등이 3대로 나누어서 솔[矢]을 쏘았다. 지중추원사 홍윤성이 쏜 것은 명중하지 않은 것이 없으니, 임금이 내구마772)를 내려주었다.

---

771) **조참**朝參 : 대개 5, 6일마다 한 번씩 열던 대규모 조회. 문무백관이 모두 참여하였으며, 이날을 아일衙日이라 하는데, 한 달에 4아일, 또는 6아일이 있었음.

772) **내구마**內廐馬 : 임금의 거둥에 쓰기 위하여 내사복시內에서 기르던 말.

實錄記事 **1457년 10월 21일**(세조 3년), 송현수는 교형에 처하고 화의군 등을 금방에 처하다. 노산군이 자살하자 예로써 장사지내다

양녕대군 이제 등이 상소하기를,

"신 등은 듣건대, 유예부단하면 반드시 후환이 있고, 사은으로 대의를 멸절하면 대계를 해친다고 합니다. 전일에 간흉들의 변란에는, 노산군이 참여하여 종사에 죄를 지었고, 이유李瑜는 그를 성원하는 일당과 교결하고 불궤할 것을 도모하여 신민이 함께 분노는데, 전하께서 오히려 사사로운 은혜를 돌아보시고 차마 법에 두지 못하시어, 외방으로 옮겨 놓으시고 곡진히 성명을 보전케 하셨는데도, 오히려 그 재조의 덕을 알지 못하고, 군사를 일으켜 반역을 꾀하여 장차 노산군을 끼고 종사를 위태롭게 하려고 하였으니, 죄악이 이르지 않는 곳이 없어서 천지가 용납하지 않는데, 어찌 다시 용서하여 국법을 문란케 하겠습니까? 신 등이 누차 법을 바루시기를 청하였으나, 윤허를 얻지 못하여 분울憤鬱함을 이기지 못하겠습니다. 이영·이어·이전·정종·송현수 등의 흉악한 모역죄는, 왕법에 반드시 주살하여 용서하지 못할 자입니다. 엎드려 바라건대, 대의로써 결단하시어 전형을 바르게 밝히어서 화근을 끊고 인심을 정하게 하소서."

영의정 정인지 등이 상소하기를,

"그윽이 생각하건대, 은혜는 가볍고 의리는 무거운 것이어서, 대의가 있는 곳에는 친속도 주멸하는 법입니다. 노산군의 전일의 변은 그 죄가 종사에 관계되어 입으로 말할 수 없으며, 유는 화심을 품고 불궤를 꾀하였으니 죽어도 남는 죄가 있는데, 전하께서 차마 하지 못하는 마음으로 외방에 안치해 두었습니다. 은사가 많이 무거웠는데도, 오히려 성은을 생각하지 못하고, 군사를 일으켜서 반란을 시도하며 노산군을 끼려고 도모하였으니, 그 죄는 천지 사이에 용납되지 않는 것인데, 전하께서 사사로운 은혜로써 뜻을 굽혀 그 죽음을 용서하시려고 하여 신 등이 여러 날 정청庭請을 계속하였으나, 유윤俞允을 입지 못하여, 대소 신료가 분통함과 억울함을 펴지 못하고 있습니다. 또 이영·이어·전琠·정종鄭悰·송현수 등의 일당이 반역한 죄도 용서할 수 없습니다. 엎드려 바라건대, 전하께서 대의로써 결단하시어 전형을 바르게 밝히시어 신민의 여망에 부응하게 하소서."

임금이 명하여 이유는 사사賜死하고, 영·이어·전·송현수는 논하지 말도록 하였다. 정인지 등이 다시 아뢰기를,

"영·이어·전·정종·송현수도 죄가 같으니, 또한 법대로 처치하는 것이 마땅합니다."

하니, 임금이 이르기를,

"불가하다. 옛사람의 말에 '저들 괴수들은 섬멸할 것이로되, 협박에 못이겨 따른 자는 다스리지 않는다.' 하였고, 또 성인은 너무 심한 것은 하지 않았으니, 이제 만약 아울러서 법대로 처치한다면 이는 너무 심하다."

명하여 송현수는 교형에 처하고, 나머지는 아울러 논하지 말도록 하였다. 다시 영 등의 금방773)을 청하니, 이를 윤허하였다. 노산군이 이를 듣고 또한 스스로 목매어서 졸하니, 예禮로써 장사지냈다.

實錄記事 1457년 10월 22일(세조 3년), 수박·호도를 가지고 노산군을 알현하려 한 종 독동·윤생 등에게 장 1백 대를 때리다

형조에서 아뢰기를,

"본궁의 종 독동과 전농시의 종 윤생 등이 수박과 호도를 가지고, 노산군을 알현하기를 요구하였으니, 그 죄가 능지처사하고, 적몰하는 데 해당하니, 연좌를 율과 같이 하소서." 임금이 다만 장 1백 대를 때리도록 명하였다.

實錄記事 1457년 11월 18일(세조 3년), 노산군·금성대군 등의 자손들을 종친록과 유부록에서 삭제토록 하다

종부시에서 아뢰기를,

"노산군 및 이유·이영·이어·이전·정종 등은 그 죄가 종사와 관계되므로 속적774)을 마땅히 끊어야 합니다. 청컨대 아울러 자손까지도 종친록과 유부록附錄錄에서 삭제하소서." 그대로 따랐다.

實錄記事 숙종 24년 남구만·윤지완·최석정·이세백 등이 노산의 위호를 추복하는 의논을 아뢰다

영중추부사 남구만이 의논하기를,

"광묘775)께서 정난한 거사는 비록 선위를 받았다 하오나 실은 혁제革除이었고, 비록 처음에는 높여서 상왕으로 삼았더라도 뒤에는 유종하지 못하였으니, 오늘에 있어서 우

---

773) **금방**禁防 : 금지하고 막는 것.

774) **속적**屬籍 : 문무백관이나 종친이 속해 있는 관청의 명부.

775) **광묘**光廟 : 광릉光陵. 즉 세조.

리 후사왕들은 오직 마땅히 어버이를 위하여 휘諱하고 임금을 위하여 휘諱하여야 할 뿐이며, 모든 우리 후세의 백성들도 또한 마땅히 나라를 위하여 휘諱하여야 할 뿐입니다. 이제 한갓 노산께서 억울함을 펴심만 알고 어버이에 대하여, 임금에 대하여, 나라에 대하여 마땅히 휘할 것을 알지 못하니, 그것이 춘추의 의리義理에 비겨 볼 때 또한 멀지 않겠습니까?

조종조의 일로 중종 때의 기묘사화, 명종 때의 을사사화 같은 것은 남곤·심정·이기·윤원형의 기무欺誣에서 나온 것이요, 또 그러므로 임금이 신하를 죄 준 것입니다. 후왕에 미쳐서는 그 억울함을 씻고 다시 그 관직을 회복하였으니, 진실로 조종의 덕에 빛이 있으며, 계술의 도리에 해로움이 없었습니다. 노산과 같은 일에 이르러서는 실로 그때의 사세가 핍박한 데에 인연함이니, 죄를 6신이 격동하여 이룬 것으로 돌림이 불가합니다. 권남과 정인지의 밀찬密贊도 또한 기묘년·을사년의 신하가 원통하게 죽은 것에 비할 것이 아닙니다. 그 일의 말하기 어려운 것이 이와 같으니, 기왕의 일을 비록 가릴 수는 없다 하더라도, 단지 의논이 감히 이를 것은 못되니 삼갈 뿐입니다. 이제 곧 그 일을 표거하여 시비를 밝혀 말한다면, 변통함이 있고자 하는 것이요, 그리고 이와 같다면 탕 임금에게 빛이 있어 반드시 참덕의 혐의가 없을 것이니, 진실로 그 무슨 말인지를 알지 못하겠습니다. 또 이미 왕호를 회복하였다면, 별묘에다 봉안하는 것은 더욱 근거할 바가 없습니다.

오늘날까지 대수代數는 비록 이미 조祧에 미쳤으나, 대개 그 위차를 말하면 마땅히 노인魯人의 순사를 따라 광묘의 위에 올려야 할 것이니, 광묘의 양양한 신령이 만약 옛날의 일을 생각한다면, 생각하건대, 반드시 놀라서 돌아보며 슬퍼하여 스스로 뜰가에 오르내림을 편안히 여기지 못할 것이요, 생각하건대, 노산도 또한 반드시 추연하고 달연하여 분필의 서향序享에 즐겨하지 않을 것이니, 신리神理와 인정이 어찌 서로 멀겠습니까? 또 이미 대례를 거행하였으면, 특별히 태묘에 고하고 중외에 교서를 반포하여야 할 것입니다. 당시의 화변의 연고를 그 사실에 따를 것 같으면 감히 말하지 못하는 것이 있습니다만, 만약에 숨기는 바가 있다면 이것은 허문虛文이오니, 또한 어찌 신인神人에게 진실함이 이르겠습니까?

이 일을 당·송 이전에서 상고할 때 증거할 만한 것이 없으나 오직 명조에 있어서 경태제 때 복호한 일이 있습니다. 그러나 그 시종의 즈음에 있어서 노산과 현격하게 다름이 있으니, 비길 바가 아닙니다. 그 말년에 이르러 홍광이 건문의 시호를 추상한 일이 바로 이 일과 유사하지만, 그때의 조정 정사를 생각하건대, 모두 마사영의 손에서 나온 것이라. 방란이 극도에 달하였었습니다. 그러므로 건문제의 복호뿐만 아니라,

또 그 사친을 추존하여 황제로 삼았고, 또 열조에 이른 이후로 지위가 있는 모든 신하들에게 현사를 묻지 않고 모두 아름다운 시호를 주시니, 천하에서 그 기소를 이기지 못하였습니다. 일년이 못되어 몸은 사로잡히고 나라가 멸망하였으니, 이것이 어찌 본받아야 할 전례가 되겠습니까? 그전의 현인들이 노산의 일에 대하여 참으로 슬퍼하여 임금에게 아뢴 이가 많았습니다. 어떤 이는 그 묘를 닦기를 청어떤 이는 그 치체를 청하며, 어떤 이는 그 입후할 것을 청하였으나, 일찍이 복위하자고까지 한 이는 없었습니다. 오직 저번에 윤지가 이 일을 위하여 청하였다가 거절을 당하매, 이제 어찌 다시 윤휴를 뒤따라 말할 수 있겠습니까?"

영돈녕부사 윤지완이 의논하기를,

"이제 이것을 하문下詢한 일은 곧 백세에 바꿀 수 없는 정론으로서 오직 이것은 지극히 중하고 지극히 큽니다. 또 이것은 열성께서 행하지 못한 바이므로 사람들이 감히 입으로 발설하지 못하였는데, 다행히 이제 강개한 말이 소적疎逖한 신하에게서 나왔으되, 성명께서 사람이 미천하다 하여 소홀히 여기지 아니하시고 척연히 감동하시어 이같이 넓게 묻는 거사가 있으니, 아, 우리 열성께서 아직 행하지 못하였던 궐전을 오늘에 기다리게 함이 있었던 것입니다. 실로 하늘의 뜻이지 그것이 어찌 사람의 꾀라 하겠습니까? 명하여 절문節文을 강구하고 욕의縟儀를 완성하게 함은 오직 성명의 결단에 있습니다."

영의정 유상운이 의논하기를,

"신이 전날 전석前席에서 하문하셨을 때, 감히 전해 들은 것을 가지고 대략 상달한 바 있으나, 노산군을 강봉하였다는 1절에 대하여서는 어느 때 있었는지 알지 못하므로 아울러 진달하지 못하였습니다. 엎드려 실록에서 등사하여 온 문서를 보면, 호號를 내린 것은 송현수 등의 변고가 있은 뒤에 있었습니다. 그때의 처분이 이와 같았고, 그 뒤 중종조 때 노산에게 입후하는 의논을 상신 정광필은, '세조에서 처음으로 즉위한 때의 일이라 후세에서 경솔히 고칠 수 없다.'고 하였습니다. 입후함도 오히려 이와 같은데 위호位號를 추복함이 어떠한 전례典禮이며 지금에 와서 어찌 경솔히 의논하겠습니까? 예를 말하면 곧 명문과 정확한 증거가 있어 근거될 만한 것이 없고, 일로 말하면 실로 조종조의 처분에 관계되는 것입니다. 조주를 직접 영녕전으로 올리는 1관은 그것이 미안하고 난처한 단서가 되오니, 참으로 오늘날 의논한 사람의 의논과 같이 더욱 십분 신중을 기하여 지당한 뒤에 돌리지 않을 수 없습니다."

행 판중추부사 최석정이 의논하기를,

"노산이 화를 만난 것은 여러 재상의 밀찬密贊에서 이루어졌으므로 나라 사람들이 지금도 불쌍히 여기오나, 그러나 위호를 추복하자는 의논은 듣지 못하였으니, 어찌 『춘추』의 '존자(尊者)를 위하여 휘(諱)한다.' 함이나, 『예기』의 '그 폐위한 것은 거행하지 못한다.' 한 뜻의 지극히 중하고 또 엄함이 아니겠습니까? 신의 이리석은 뜻에 위호를 추복함은 비록 감히 경솔하게 논의할 수는 없다 하더라도, 다만 생각하건대, 노산께서 일찍이 대위를 밟으셨다가 폄강이 되신 것은 혼덕776)으로 말미암은 것이 아닌데도 오늘까지 그 신주가 오랫동안 여염집에 있어 낮음이 필부와 서인의 천함과 같으니, 끝내 편하지 못한 바가 있었습니다. 만일 관(官)에서 사당을 세우고 4시에 관원을 보내어 제사를 지내게 하신다면, 거의 신민의 한되고 울분함을 조금이라도 위로할 수 있을 것이요, 또한 『예기』와 『춘추』의 대의에도 해로움이 없을 것입니다."

우의정 이세백이 의논하기를,

"노산께서 선대하신 일에 대하여 대개 당시의 사람으로 촌의 아낙네와 마을의 아이 같은 이들이 어찌 일찍이 군신의 의리를 알았겠습니까만, 대체로 그 입에서 나와 소리를 발하는 것은 애상하며 참달하는 뜻이 아님이 없으며, 오히려 오늘에 이르러서도 그치지 아니하고 있습니다. 온나라 사람으로 그 누가 광묘의 신서가 아니겠습니까마는, 오히려 또 그와 같으므로 끝까지 성조의 본심을 우러러 헤아릴 수 있겠으며, 그리고 천리와 인심도 또한 스스로 그러할 것을 기약하지 않아도 그러한 것이 있습니다. 전대(前代)의 제왕으로 비록 이성(異姓) 선대(禪代)의 임금이라 하더라도 오히려 그 위호를 추폄하지 아니하였고, 그리고 중조의 일에서도 또한 비례할 만한 일이 있으니, 이제 숭봉하는 의논에 대하여 마땅히 이동(異同)이 없어야 하겠으나, 이 일이 지극히 중한 데 관계되므로 신자(臣子)로서 용이하게 입을 열 곳이 아님이 있습니다. 종전에는 궐했던 전례(典禮)를 모두 거행하지 않으심이 없으면서도 묘를 수축하고 제사나 드리며 그치는 데 불과하고, 끝까지 의논이 감히 이 일에 미치지 못함은 어찌 그 까닭이 없다 하겠습니까? 오직 성명(聖明)으로 깊이 연구하여 잠잠하게 운행하시며, 애써 의리로 하여금 지당한 데로 돌아가게 함에 달려 있다 하겠습니다."

좌참찬 윤증이 의논하기를,

"위호를 추복하는 의논은 실로 국가의 막중 막대한 일로서 2백 년 동안의 원울(冤鬱)한 기운을 오늘에 펴게 되었습니다. 아아, 밝으신 여러 성인의 척강이 위에 계시고, 그리고 성상의 일념이 위로 천지에 통하였으니, 성하신 덕으로 비상한 거사를 하심은 오로지 성단에 있을 뿐입니다."

---

776) **혼덕**昏德 : 혼미한 덕.

호조참의 권상하는 의논하기를,

"정난할 때 노산께서 덕 있는 이에게 사양하여 왕위를 전하여 주어 일찍이 높여서 상왕을 삼았으니, 처음부터 내치고 폐위한 임금과는 같지 아니하였으며, 말후의 처치도 실로 세조대왕의 본뜻은 아니었습니다. 그 뒤 중종조에 한산 군수 이약빙이 상소하여 노산을 위하여 입후하기를 청중묘에서 하교하기를, '그 같은 말은 지극히 귀하다.'고 하셨습니다. 이것으로 미루어 본다면, 열성의 미의微意를 볼 수 있습니다. 비록 중국 조종의 사실을 가지고 말한다 하더라도 신종조神宗朝에 있어서 국자 사업 왕조적이 건문의 연호 복구를 청하였습니다. 건문제는 성조에게 처음부터 전선한 군주가 아닌데도 왕조적의 말은 오히려 또 그와 같았으니, 그것이 오늘날 의논하는 바 의리에 있어서 방조의 한 증거가 되지 못하겠습니까? 이제 말일 세조[世廟]께서 숭봉하시던 전례를 따라 위호를 추복함으로써 당일에 수선한 본 뜻을 밝히신다면 신인神人에게 유감이 없을 것입니다. 그리고 또 엎드려 듣건대, 중종에서 갑신뒤에 홍광 황제가 남경에서 사위하였는데, 각로 사가법이 당국하여 건문의 묘호를 추존하여 혜종惠宗이라 하였습니다. 이 사실은 명나라 말기의 유문에서 나왔으나, 야사는 국승國乘과 다릅니다. 신은 또 그 글을 보지도 못하였으니, 감히 끌어당겨서 증거를 대지도 못하지만 이미 들은 바가 있었으므로 아울러 여기에 붙여 아룁니다."

단종 영월 장릉 능침 정면

단종 영월 장릉

영월 장릉 홍살문과 정자각

단종은 수양대군에게 왕위를 빼앗긴 뒤, 충신들이 그를 다시 왕으로 복위시키려는 계획이 밝혀져 영월로 유배되어 그곳에서 세상을 떠났다. 단종이 죽자 후환이 두려워 시신을 거두는 사람이 없었는데 영월호장 엄흥도가 장사를 지냈다. 중종 이후 조정에서 단종에 대한 제사와 무덤에 대한 의견이 나오게 되어, 선조 때에 이르러 상석·표석·장명등·망주석을 세우게 되었다. 숙종 7년(1681년)에 노산군을 노산대군으로 하였고, 숙종 24년(1698년)에 복위시켜 이름을 장릉이라 하였다.

제7대 세조 이유

조카의 왕위를 찬탈한 왕

생애	1417년~1468년	재위 기간	1455년~1468년
본관	전주	휘(이름)	유
묘호	세조	능호	광릉

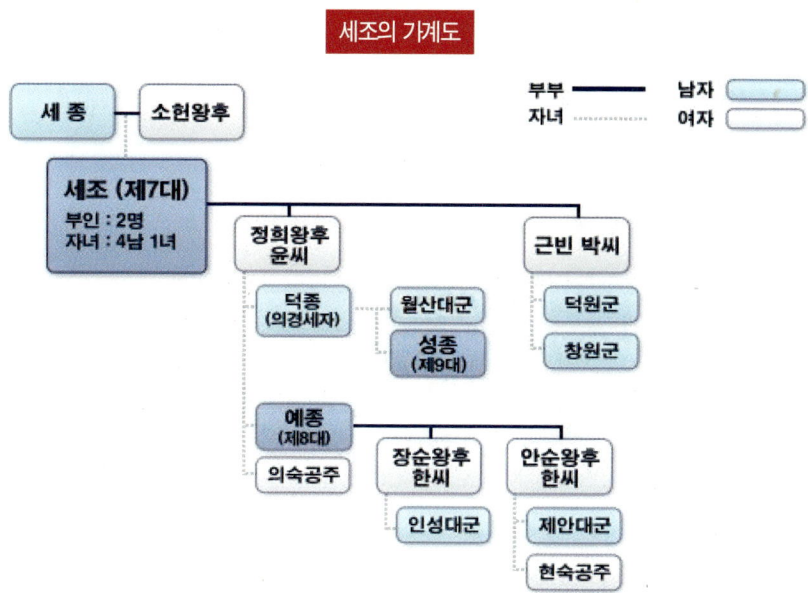

세조의 가계도

세조

<세조 이유 어진>

實錄記事 세조의 성품과 재능에 대해 평하다

세조 혜장 승천 체도 열문 영무 지덕 융공 성신 명예 흠숙 인효 대왕世祖惠莊承天體道烈文英武至德隆功聖神睿明欽肅仁孝大王의 휘는 유珛이요, 자는 수지粹之이다. 세종 장헌 대왕의 둘째 아들인데, 어머니는 소헌왕후 심씨이고, 명나라 영락 정유년777)에 본궁에서 탄생하였다. 선덕 무신년778) 6월 정유에 처음으로 진평대군에 봉해졌다가 뒤에 고쳐서 함평대군으로 봉해졌고, 다시 진양대군으로 고쳤다가 또 수양대군으로 고쳤다. 증 영의정부사 윤번의 딸에게 장가들었는데, 곧 자성 흠인 경덕 선열 명순 원숙 휘신 혜의 대왕대비이다.

세조는 어릴 때 민간에서 자랐으므로 모든 어려움과 사실과 거짓을 자세히 일찍부터 겪어 알고 있었으며, 기도779)가 숙성하여 다섯 살에 『효경』을 외우기도 하였다. 사람들이 궁마弓馬에 대한 일을 이야기하는 것을 들으면 마음속으로 이를 좋아하였으며, 항상 활과 화살을 몸에 지니고 다녔다. 성질이 또 매 날리는 것을 좋아하여 한 마리의 매만 얻어도 손에서 놓지 아니하였다. 타고난 자질이 공검恭儉하고 예절이 있었으며, 또 충성스럽고 효도하고 우애가 돈독하였다. 인仁을 좋아하고 의義에 힘썼으며 소인을 멀리 하면서도 미워하지 아니하였으며 군자를 가까이 하면서도 편사偏私하지 않았다. 문학과 활쏘기와 말타기가 고금에 뛰어났으며, 역학曆學·산학算學·음률780)·의술·점[卜]·기예의 일에 이르기까지 모두 그 묘妙를 다하였다. 그러나 항상 스스로 이를 숨기고 남의 위에 오르려고 하지 않으니, 세종이 이를 기특히 여기고 사랑하여 그 대우를 여러 아들과는 달리하였으며, 무릇 군국 대사에는 반드시 참결하도록 하였다.

實錄記事 총서 30번째 기사 - 세조 잠저의 가마솥이 스스로 울다

8월에 세조 잠저781)의 가마솥이 스스로 소리내어 울었다. 잠저의 사람들이 모두 이를 의혹하였다. 세조가 말하기를,

"옛 글에도 있으니 이는 잔치를 베풀 징조이다."

하였다. 무당에 비파라고 부르는 자가 있었는데, 급히 달려와서 청하여 대왕대비782)를

---

777) **정유년** : 1417년(태종 17년).

778) **무신년** : 1428년(세종 10년).

779) **기도**器度 : 도량.

780) **음률**音律 : 음악.

781) **잠저**潛邸 : 임금이 되기 전에 살던 집.

알현하고 말하기를,

"이는 대군[783]께서 39세에 등극하실 징조입니다."

하였다. 대비가 놀라서 물으려고 할 때 무당은 더 고하지 않고 가버렸다. 세조는 혹은 스스로 반성한 것이나, 혹은 남을 경계하는 것이나, 혹은 남으로 인해 문난[784]한 것 등, 무릇 논설한 바가 있으면 모두 그날그날 손수 이를 기록하였는데, 이제 그것을 간추려 기록하여 본다. 세조가 일찍이 말하기를,

"문학에 조예가 깊은 자는 의기가 쇠하고, 악樂에 흘러 버린 자는 마음이 연약하고, 재예才藝가 많은 자는 실상이 없으며, 극히 총명한 자는 낙이 없다."

또 말하기를,

"진실로 선善한 일이 있다면 비록 작더라도 반드시 힘써야 할 것이며, 진실로 효도하려면 자신의 무엇을 돌아보겠는가? 군자가 착한 일을 하는 데 힘쓰는 것은 명예를 구하는 것이 아니며, 살신성인하는 것은 사세의 핍박에서 오는 것이 아니고, 충忠과 의義는 감격에서 오는 것이다."

또 말하기를,

"사람이 이 세상에 나서 그 재질이 출중하지 못한 것을 부끄러워하고, 그 덕이 어진 이와 비견하지 못하는 것을 부끄러워하며, 그 재능은 있고도 공훈이 없는 것을 부끄러워한다. 그러므로 부끄러워하지도 아니하고 착하지도 않으면 사람이라 한들 어찌 사람이라 하겠는가? 만약 부끄러움이 있다면 인仁을 행함만 같지 못할 것이니, 인仁한 자는 한 터럭만큼의 인욕의 사심도 없어야 한다."

또 이르기를,

"마음은 항상 정靜하려고 하나 기氣는 펴려고 해야 한다. 그렇기 때문에 군자가 처신處身함에 있어 충성을 그 바탕으로 하고 신의를 이행하여 그 덕을 쌓아 나가고, 문사를 닦고 성誠을 이루어서 그 업을 지킨다."

또 말하기를,

"그 뜻志을 세우는 것은 오로지 한결같아야 하고, 그 학문은 오로지 정精하여야 한다. 대저 이와 같이 하여 그 근원이 맑으면 흐름 또한 맑을 것이니, 어진 자는 본시 그 근본에 힘쓰는 법이다."

---

782) **대왕대비**大王大妃: 자성왕후慈聖王后 윤씨尹氏.

783) **대군**大君: 수양 대군首陽大君.

784) **문난**問難: 논난받음.

또 말하기를,

"자기 몸을 바로하고 남들끼리 바로잡아 주는 자는 상등이요, 자기 몸은 바로하나 남을 바로잡지 못하는 자는 중등이요, 자기 몸도 바로 하지 못하면서 남을 바로잡아 주려는 자와 자기 몸도 바로 하지 못하고 남도 바로잡아 주지 못하면 이는 곧 하등이다. 상등은 임금을 충성으로 섬기는 자이고, 중등은 스스로 그 선善을 지키는 자이며, 하등은 천화를 재촉하는 자이다."

또 말하기를,

"나는 사람을 가르칠 때, 반드시 겸손해야 한다고 말한다. 대저 물이 가득 차면 넘치게 되고, 불이 치성하면 꺼지며, 해가 중천에 이르면 옮기는 법이고, 달이 둥글게 차면 기울기 마련이다. 또 추위가 가면 더위가 오고, 해가 가면 달이 오며, 누累가 오면 위태롭고, 물건이 오래되면 파손하는 법이며, 숨을 내쉬면 들이마시고, 누워서 자면 일어나야 하며, 웃음도 극도에 이르면 그 웃음이 끊어지게 되고, 즐거움도 극도에 이르면 그 즐거움이 쇠퇴하게 마련인데, 이는 천지의 정한 이치인 것이다. 또한 극도에 도달하면 뒤집히지 않는 것이 없다. 그러기에 사람이란 언제나 검약하여 궁한 속에 처하면 복福이 따르고, 마냥 쾌락만을 추구하게 되면 화가 이르게 마련이며, 내가 남을 이기려고 하면 남도 역시 나를 이기려든다. 그렇기 때문에 스스로 몸을 낮추어 그 덕을 기른다고 한 것은 성인의 뜻깊은 교훈이다."

또 말하기를,

"사람이 악을 내게 가하여 오거든 이를 달게 받는 것이 스스로 겸손하여 내 몸을 보전하는 길이나, 진실로 충효에 관계되는 일이면 사생간에 단독이라도 나서야 하는 것이니, 본시 도道에 순응하는 길이다."

혹자가 기를 다스리는 방법을 물으니, 말하기를,

"먼저 그 마음을 다스리면 기氣는 스스로 다스려진다. 마음을 다스리는 방법을 바르게 한다는 것뿐이니, 바르게 하면 망령되게 움직이지 않으며, 사람의 요사와 장수도 또한 그 가운데 있는 것이다."

또 말하기를,

"관직에 처하여서는 임금을 속이지 않는 것으로써 그 으뜸을 삼는데, 엄중하면서도 온화를 유지하고, 근면히 해나가면서 공평·정직·확고하여야 하고, 아무리 미세한 사물도 빠뜨리지 않으며, 아무리 강대한 적의 방어도 두려워하지 않아야 하고, 겸양 공경하여 자기의 몸을 잊고 날마다 그 자리에서 충성과 효도를 돈독히 하여야 한다."

또 말하기를,

"남들은 사람을 이긴다는 것을 이미 다투고 난 뒤에 그 결과에서 구하지만, 내가 남을 이기는 방법은 다투기 전에 먼저 정定하며, 많은 사물이 착잡錯雜하게 엉켜 있을 때는 오직 그 마음을 지키는 것이 곧 수습과 해결의 첩경이 되는 것이다."

또 말하기를,

"강과 바다는 한 잔의 물로써 그 손실을 가져오지 않고, 태산은 한덩이의 돌과 흙으로써 그 감손을 위우하지 않는다. 그 근원이 견고한 자는 끝이 동요되지 않고, 그 의지가 정하여진 자에게는 다른 사물이 능히 이간離間하지 못하는 법이다. 그러기에 단단하면 풀리지 않는다고 하지 않는가?"

또 말하기를,

"생각이 일에 앞서지 않으면 이를 일러 후회를 남긴다 하고, 급하지 않은 데 힘을 기울이면 이를 일러 자삭[785]한다고 한다."

또 말하기를,

"인仁을 좋아하는 데도 폐단이 있으니 그 폐단이 임금을 속이게 되고, 의義를 좋아하는 데도 역시 폐단이 있으니 그 폐단이 갑자기 반역을 일으키기도 한다. 폐단이 되지 않는 일이란 오직 극히 높은 덕을 갖춘 사람만이 능히 할 것이다."

또 말하기를,

"그 업을 가졌기 때문에 능히 컸고, 그 마음을 가졌던 까닭에 능히 오랫동안 지탱한다."

또 말하기를,

"공을 높이 세우는 것은 오직 그 의지에 달려 있고, 업을 넓히는 것은 오직 그 부지런함에 있다는 것은 학문상의 절실한 말이어서 내가 항상 생각하고 잊지 않는다. 그러나 그 행하는 길이란 곤궁困窮한 속에 처해 보아야 한다. 사람이 능히 지극히 곤궁했을 때의 일들을 꺼리지 않는다면, 위대偉大한 공功인들 어찌 어렵다 하겠는가? 그런 까닭에 곤궁한 속에 처하지 않으면 공을 이룰 수 없다고 한 것이다."

또 말하기를,

"내가 남보다 지나치게 나은 것은 없다. 다만 책임 받은 일에 있어서는 혹시 조그마한

---

785) **자삭**自削 : 스스로 감쇄하는 것.

실수라도 있으면 마음 속에 이를 숨길 수가 없고, 또 어떤 크게 욕심나는 일을 당하였을 때는 반드시 의리義理에 합당한가를 살펴보고, 만일에 비리非理임을 알면 결연히 이를 끊어 버린다. 몸이 수고로우면 마음이 편하고 몸이 편안하면 마음이 병든다."

또 말하기를,

"모든 일은 되돌아 오지 않는 법이 없으므로, 내가 남들에게 착하게 하면 남도 역시 나에게 착하게 한다."

또 말하기를,

"나는 다른 사람보다 지나치게 나은 것이 없다. 다만 어릴 때의 그 뜻이 변하지 않았고, 금옥金玉 등의 재산을 멸시하여 왔으며, 술과 여색을 좋아하지 않았고, 사람과 더불어 충신으로 사귀어 왔다."

또 말하기를,

"길흉 간에 어떤 일이 오려면 반드시 먼저 보이는 것이 있는데, 덕이 높은 사람은 비록 이를 보더라도 더욱 힘써서 덕을 닦는다. 이는 곧 전화위복의 길인 것이다."

또 말하기를,

"사람이 나를 기리거든 반드시 그의 아첨 여부를 살피고, 사람이 나를 헐뜯으면 반드시 그의 충직 여부를 살펴야 한다. 좋아하는 자에게 편사偏私하지 않으며, 미워하는 자를 굴복시키는 것은, 만맥의 나라에서도 가히 행할 수 있는 길이다."

또 말하기를,

"일이라는 것은 모두 세의 흐름이 있는데, 세란 것도 역시 하늘의 뜻으로 볼 수 있다. 그러나 사람의 일이 더욱 중하다. 그런데 어리석은 자는 하늘에 미루고 지혜로운 자는 사람에게서 모든 것을 살핀다."

또 말하기를,

"군자君子가 뜻을 얻으면 모든 사람에게 좋은 일을 베풀고, 소인이 뜻을 얻으면 그 몸을 망친다."

또 말하기를,

"그 마음이 바르지 못하면 몽조786)에서도 편사偏邪한 일들이 많은 법이다."

또 말하기를,

"마음에 아는 바를 굳게 행하는 것은 성인聖人이 되는 첩경이다. 군자君子의 도道는 평탄하고 쉬우며 험하지 않다는 것은 가장 비근卑近한 일들을 용이하게 행할 뿐이요, 달리

---

786) **몽조**夢兆 : 꿈자리.

어떤 이상한 공효를 구할 것이 아니라는 것을 말한 것이다."

또 말하기를,

"사람은 다만 자기 공만을 쌓을 따름이고, 남보다 많이 하려고 해서는 안된다. 남보다 많이 하려고 하는 자는 몸에 재앙이 따른다. 진실로 대절大節에 관계되는 일이 아니면 욕을 받아도 좋다. 덕을 입었다면 잊지 말아야 하며, 원한은 없었던 것처럼 쾌의快意하지 말아야 한다. 마음을 바르게 하고 덕을 닦으면 하늘도 반드시 돕는데, 하물며 사람에 있어서이겠느냐? 마음을 바르게 한다는 것이 어렵지 않으니, 항상 군부君父를 생각하면 되고, 덕을 닦는 것이 어렵지 않으니, 언제나 곤궁할 때를 생각하면 되는 것이다."

또 말하기를,

"내가 남보다 지나치게 나은 것이 없다. 무릇 어떤 사물이 왔을 때, 반드시 그 옳은 것을 본 연후에 행하고, 옳지 않은 것이 보이면 결단코 하지 않으며, 오직 의로운 것만을 좇고, 이해에는 전혀 동요되지 않는다."

또 말하기를,

"사람의 착한 행실을 발굴함보다 큰 덕이 없고, 남의 악한 행동을 제어함보다 성대한 재능이 없는 것이다."

또 말하기를,

"부드럽고 겸손한 덕은 많은 사람들의 꺼리는 데에서도 누릴 수 있으며, 많은 사람들의 기리는 데에서도 처할 수 있으니, 자기 몸을 보전하는 것을 충효라고 이른다."

> 實錄記事 1455년 윤6월 11일, 혜빈 양씨와 상궁 박씨의 가산을 적몰하고, 금성대군 이유는 논하지 않다

의금부에 전지하기를,

"혜빈양씨와 상궁박씨는 그 가산을 적몰하라."

당초에 양씨가 낳은 여러 아들이 교만하고 방종하여 불법한 행동이 많았고, 양씨는 노산군을 보호한다는 핑계로 궁중을 드나들면서 요구가 많았는데, 세조가 이에 약간의 절제를 가한 바 있어 양씨가 이를 원망하였고, 그의 아들 수춘군 이현이 교만 광망하여 불만을 품은 무리들을 모아서 날마다 술을 마시며 노름을 하는 것을 좋아하였고, 또 은밀하게 이용에게 붙어서 일찍이 계양군 이증을 달래어 말하기를, '주상이 어리고 약한데다가 질병에 싸여 있고, 안평대군이 이미 대신들과 더불어 극비리에 모의하고는 우리 어머니 혜빈으로 하여금 궁중에 들어가 일을 총괄해 다스리기로 의논이 이미 정해 있다. 또 안평대군이 인정 베푸는 것을 좋아하여 널리 인심을 얻은 데다가 이제 또 안으로는 궁중과

결탁하고 밖으로는 대신들과 연결을 맺었으니, 무엇을 구하지 못하여 무슨 일인들 이루지 못하겠는가? 자주 나아가 만나지 않겠는가? 수양대군이 비록 엄중하고 명철하고 공정하긴 하지만, 문에 빈객이 없고 고립하여 돕는 자가 없으니 이는 한낱 필부에 지나지 않는다.'고 한 바 있었다.

금성대군 이유는 그 집의 재산이 누거만에 이르고 성질이 호탕 방종하여 근신할 줄을 모르고 사치하고 참람하였으며, 안평대군 용과 정이 가까웠는데, 안평 대군이 실패한 뒤로부터 항상 불만을 품어 오다가 드디어 화의군 이영과 더불어 협력하기고 모의하고, 은밀히 혜빈에게 뇌물을 주고는 안으로는 궁인과 결탁하고 밖으로는 환관과 연결하는 등, 널리 그 일당의 성원을 수립하고, 비밀히 무사를 불러다가 혹은 활쏘기도 하고 혹은 사냥도 하면서 가산을 기울여 은혜를 베풀었는데, 혹시나 미치지 않을까 두려워하는 급급한 모습으로 인해 사람들이 모두 그 계략을 알게 되었고, 한명회는 이를 일찍 제거하여 양호유환[787])이 없도록 하기를 청한 바가 있었는데, 임금이 말하기를,

"용瑢이 복죄되어 골육 간의 슬픔을 차마 말하지 못할 바인데, 어찌 다시 금성대군을 논의하겠는가? 삼가고 다시 말하지 말라."

한명회가 아뢰기를,

"죄에는 큰 것과 작은 것이 있사온데, 은혜로써 대의를 엄폐할 수는 없습니다. 원컨대 깊이 유의하소서."

임금이,

"화근을 이미 제거하였는데, 다시 또 지엽까지 의논하겠는가?"

한명회가 다시 반복하여 진달하니, 임금이,

"만약 그렇다면 서서히 그 행동을 관찰하면서 그의 일당을 제거하여 다시는 죄를 짓지 말게 하도록 하는 것이 가하다. 골육 사이에 어찌 다시 그 과오를 범하게 하겠느냐?"

그리고 얼마 안되어 유瑜의 음모가 더욱 드러나므로 뭇사람들이 모두 그의 제거를 청하였던 것이다. 유가 일찍이 임금을 좇아 『주역』을 배운 바가 있는데, 임금이 그를 사랑하였고 또 골육의 온정을 생각하여 혹은 체읍까지도 하였기 때문에, 유瑜에게는 특히 곡진하게 깨우쳐 타이르고 그의 평생은 보전하게 하려고 사람들의 말을 모두 거절하고 받아들이지 않았으며, 혹시 유가 의심하고 두려워할까 염려하여 매양 손수 글을 써서 통문하며 물품의 증여가 끊이지 않았다. 그러나 유는 오히려 번민과 원한을 품고 있었다.

- 세조실록, 1455년 윤6월 11일 -

787) **양호 유환**養虎遺患 : 화근을 길러 그로 인해 화를 입게 됨.

계유정난 평정으로 조카 단종의 왕 자리를 빼앗다

조선 제7대 왕 세조는 형 문종이 죽고 조카 단종이 보위에 오르자 1453년 10월 10일 계유정난[788](본서 『단종실록』편에 자세히 수록되어 있음)을 일으켜 섭정을 하던 김종서와 황보인을 비롯하여 자신에게 협력하지 않는 인물들을 죽이고 대권을 잡았다. 세조는 친동생 안평대군과 금성대군[789]을 유배 보내 사사하였고, 단종으로부터 선위를 받아 즉위했다. 단종 복위 운동이 일어나 왕위가 위태롭게 되어 조카 단종을 상왕에서 폐위시켜 영월로 유배 보내 사사하고 왕이 되었다.

세조는 재위 기간 동안 왕권과 중앙집권체제 강화, 군현제의 정비, 직전법의 실시, 군액(군인의 숫자와 군량미의 양)의 증강, 사회와 경제정책 시행, 부민고소금지법[790]의 폐지, 민족의식의 고양을 위해 불교를 진흥시키고 우리 역사를 체계적으로 정리하는 편찬 사업을 진행했다.

세조는 나름대로 안정을 꾀하여 성종 대 태평성대의 기초를 세웠다는 평도 있지만, 냉혹하고 패륜적인 모습에 좋은 평가를 받지 못한다. 공신들 대부분을 숙청하여 후대에도 강한 왕권을 물려준 할아버지 태종과 달리 공신들을 너무

---

788) **계유정난**癸酉靖難 : 수양대군이 단종의 왕위를 찬탈하려 일으킨 사건을 말한다. 문종이 일찍 죽고 어린 나이의 단종이 즉위하자 수양대군이 단종 1년(1453년) 11월 10일에 단종을 보좌하던 김종서와 황보인 등을 죽이고 안평대군을 축출한 뒤 정권을 장악한 사건이다. 이후 사육신이 단종 복위를추진했으나 실패로 돌아갔다.

789) **금성대군**錦城大君 : 세종의 여섯째 아들이며, 어머니는 소헌왕후 심씨이다. 단종의 숙부이다. 1433년(세종 15년) 금성대군에 봉해지고, 1452년 어린 조카인 단종이 즉위하자 형인 수양대군과 함께 좌우에서 보필할 것을 약속했으나 수양대군이 정권 탈취의 야심을 가지고 김종서 등을 제거하자, 형 수양대군의 행동에 반대했다. 1456년(세조 2년) 성삼문·박팽년 등 사육신의 단종 복위 운동이 실패하자, 이에 연루되어 경상도 순흥으로 유배지가 옮겨졌다. 이 곳에서 부사 이보흠과 함께 고을 군사와 향리를 모으고 도내의 사족들에게 격문을 돌려서 의병을 일으켜 단종 복위를 계획했으나, 거사 전에 관노의 고발로 실패하여 반역죄로 처형당했다. 1738년(영조 14년) 신원되었다.

790) **부민고소금지법**部民告訴禁止法 : 지방의 향직자나 일반 백성들이 관찰사나 수령을 고소하는 것을 금지하는 제도.

비대하게 키워 공신들을 권신 집단으로 만들어 후대의 왕권 약화의 적폐를 초래했다는 비판을 받았다.

수양대군은 1452년(문종 2년) 명나라에 사은사로 다녀온 것을 계기로 자신의 정치적 영향력을 높이기 시작했다. 권람, 한명회 등 야심가들이 수양대군의 주변에서 구체적인 역모 계획을 실행해 나갔고, 의정부 대신들의 인사권 장악으로 요직에 진출이 좌절된 집현전 학사출신 정인지[791], 신숙주[792] 등도 수양대군을 지지했다.

정인지

수양대군은 1453년(단종 1년) 10월 계유정난을 일으켰어요. 수양대군은 김종서 등 대신들이 안평대군과 결탁해 왕정을 문란하게 만들어 역모죄로 다스려야 한다고 주장했다. 왕의 재가도 없이 김종서 등을 격살(무기 따위로 쳐서 죽임)한 후 단종에게 보고했다. 살생부(죽이고 살릴 사람의 이름을 적어 둔 명부)를 만들어 반대 세력을 무자비하게 제거했다.

신숙주

동생 안평대군도 유배시킨 후 처형했다. 태종이 왕자의 난을 일으켰을 때 이복동생들은 죽였어도 친형제들은 극형을 면하게 했던 것과 달리 수양대군은 친동생이라고 봐주지 않았다.

---

791) **정인지**鄭麟趾 : 조선 세종 때 한글 창제 및 역사, 천문 등 각종 제도 정비에 기여한 조선 초기의 문신. 자는 백저, 호는 학역재로 태종 14년 식년문과에 장원급제해 예빈시주부, 감찰 등을 지냈으며, 세종이 즉위한 뒤 집현전 육성책에 맞춰 큰 활약을 했다. 판중추부사로 있으면서 수양대군에 협조해 계유정난에 적극적으로 참여했다. 훈민정음 창제에도 공이 컸으며, 권제, 안지 등과 함께 『용비어천가』를 지었다. 1478년 성종에 의해 왕사로 선발됐지만 그해 사망해 왕사로 봉해지지는 못했다.

792) **신숙주**申叔舟 : 조선 초기 핵심 정치 지도자로서 삼정승의 요직을 모두 역임했고, 네 차례 공신의 반열에 올랐다. 서장관으로 일본은 물론 명나라를 수차례 다녀왔고, 일본의 풍물과 정치 등을 기록한 『해동제국기』를 편찬하여 조선 초기 외교 관계에 큰 업적을 남겼다. 계유정난 당시 집현전 학사들 중 세조의 편에 선 인물로, 사육신으로 대변되는 정치 논리하에서 종종 변절자로 불리곤 한다.

계유정난으로 정적을 제거한 수양대군은 스스로 영의정, 이조·병조판서의 자리에 올랐어요. 내정과 병권을 장악했다. 단종을 왕위에서 쫓아내지는 않았지만 모든 권력이 손아귀에 들어갔다. 힘없는 어린 왕 단종은 숙부 수양대군의 처분만 기다렸다.

윤번의 딸과 혼인하다

세조는 1428년(세종 10년) 윤번의 딸과 혼인했으며, 윤씨 부인은 세조가 등극한 후 정희왕후가 되었다. 세조와 정희왕후[793]는 2남 1녀의 자녀를 두었다. 첫째 아들 의경세자는 1455년(세조 즉위년) 왕세자로 책봉되었지만, 2년 만인 1457년(세조 3년) 죽었으며, 둘째 아들이 세조의 뒤를 이어 예종이 되었다. 세조는 한 명을 후궁으로 삼고 두 명의 아들을 낳았다.

성삼문은 세조를 '왕'이라 부르지 않고 '나으리'라고 불렀다

단종 복위에 실패한 성삼문은 세조의 국문에서 조금도 두려워하는 빛이 없이 대답했다. 성삼문의 태도에 세조는 대노하여 곧 금부도사를 시켜 성삼문을 하옥케 합니다. 그리고 나머지 다섯 사람인 박팽년, 유응부, 유성원, 하위지, 이개를 모두 잡아들이라 했다.

세조가 친히 국문을 시작하였다. 먼저 성삼문을 끌어내게 하였다.

성삼문

---

[793] **정희왕후**貞熹王后 : 판중추부사 윤번의 딸로 1418년 충청남도 홍주군에서 태어났으며, 1428년 세종의 적차남 진평대군(세조)과 혼인한 뒤 삼한국대부인에 봉해졌다. 소생으로는 훗날 덕종에 추존된 의경세자, 예종, 의숙공주가 있다. 1453년 계유정난 당시 정보 누설로 수양대군이 거사를 망설이자 손수 갑옷을 입혀 그에게 용병을 결행하게 하였다고 한다. 세조가 즉위하면서 왕비에 책봉되었다.

성삼문의 태연함에 세조는 격노하여 소리를 질렀다.

"네가 지금 나를 왕이라 부르지 않고 나으리라고 부르고 있으니, 나의 녹을 먹고 있으면서 배반하는 것이 반역이 아니고 무엇이란 말이냐?"

성삼문이 답합니다.

"내가 섬길 왕은 오직 상왕이시오. 내 상왕을 멀리 떠나서는 일을 도모할 수 없겠기로 벼슬을 붙들고 있었거니와, 그러나 나으리가 준 녹은 한 톨도 먹지 않았으니, 미덥지 않다면 내 집을 뒤져 보시오. 나으리의 말씀은 사리에 맞지 않소이다."

또,

"나으리는 무슨 일이 있을 때마다 옛적 주공이 되겠노라고 하였고 또 책문까지 짓게 하였거늘 그래, 어떤 주공이 나으리 같은 행위를 했단 말이오. 하늘에 두 개의 태양이 있을 수 없듯이, 이 나라에도 두 왕이 있어서는 아니되겠기에 이 일을 도모한 것이오. 그러니 어서 나를 죽여 주오."

라고 말하였다.

성삼문 등 반대 세력을 제거하다

계유정난으로 정권을 잡은 직후 세조는 김종서, 황보인, 안평대군 등의 반대 세력을 제거하는 데 공을 세운 측근을 공신으로 포상했다. 정인지, 한확, 한명회, 권람, 홍달손 등이 1등 공신, 신숙주, 홍윤성 등은 2등 공신이 되었다. 세조는 왕위를 빼앗을 때 공을 세운 사람들도 공신으로 포상했다. 이후 공신들은 나라가 어지러울 때마다 위기를 극복하며 공신 자격을 얻었다.

국가 권력을 장악한 세조의 신임을 얻은 측근 공신들은 중앙 권력을 장악하며 공을 세운 신하들의 세력으로 성장했다. 세조 때부터 성종 왕까지 8번 공신으로 포상을 받았는데, 포상받은 신하들과 이들을 지지하는 사람들을 훈구파라고 한다. 이들은 공신의 지위를 이용해 막강한 정치권력을 행사했다.

세조와 측근 공신 세력에 의한 중앙집권적 정치는 권력의 중심에서 상대적으로 소외된 양반 관료들의 반발이 일어났다. 단종 즉위 후 왕의 유언을 받은 신하들의 권력에 반발하여 일어난 계유정난 때 세조의 편에 섰던 집현전 학사 출신 관료들은 자신들을 소외시키는 세조와 공신 세력들의 정치에 불만이 커졌다. 성삼문, 박팽년 등이 대표적인 인물이다. 성삼문은 공신 3등에 포상되는 등 계유정난에 적극적으로 협조했으나, 자신들의 뜻을 무시하고 독재정치를 펼치는 세조에게 큰 반감을 갖기 시작했다.

성삼문을 비롯한 일부 집현전 학사들은 상왕 단종을 복위시키기 위한 정치적 쿠데타를 일으키기로 했다. 1456년(세조2년) 세조가 명나라 사신들을 맞아 크게 연회 때. 성삼문의 아버지 성승과 유응부794)가 경호 신하로 뽑혔다. 이들은 이때를 세조를 제거할 기회로 삼았어요. 암살 계획은 뜻하지 않은 일로 취소되었고 세조가 연회 장소가 협소하다는 이유로 경호 신하를 연회장에 못 들어오게 하였다.

성삼문 등이 쿠데타를 모의했던 사실은 오래지 않아 만천하에 드러났다. 의정부 우찬성 정창손의 사위 김질의 고자질로 성삼문, 이개795), 하위지796), 유응부, 박팽

하위지

---

794) **유응부**兪應孚 : 단종 복위를 추진한 사육신의 한 사람이다. 일찍이 무과에 급제하여 세종과 문종의 총애를 받았다. 첨지중추원사·경원절제사를 지내고 1452년(단종 즉위) 의주목사, 1453년 평안좌도절제사 등을 역임했으며, 1455년 동지중추원사에 임명되었다. 세조 즉위 후 전직·현직 집현전 출신인 성삼문·박팽년·이개·하위지·유성원 등과 함께 단종 복위를 모의했다. 이 모의가 실패하고 밀고가 들어가면서 주모자 6명이 형을 받거나 자살했다. 유응부는 세조의 국문에 답하다가 더 극심한 고문을 받고 죽었다.

795) **이개**李塏 : 조선 세조 때 사육신의 한 사람으로 훈민정음 창제에 관여했으며 『운회』·『동국정운』의 번역·편찬 작업에도 참여했다.

796) **하위지**河緯地 : 단종 복위에 힘쓰다가 목숨을 잃은 사육신의 한 사람으로 성품이 강직하였다. 남효온은 『추강집』에서 하위지의 인품에 대해 "사람됨이 침착하고 조용했으며, 말이 적어 하는 말은 버릴 것이 없었다. 공손하고 예절이 밝아 대궐을 지날 때는 반드시 말에서 내렸고, 길바닥에 물이 고였더라도 그것을 피하기 위해 금지된 길로 가지 않았다"라고 평했다. 1450년 사헌부장령이 되어 대신들의 비리를 적극적으로 공격하였고, 1454년 춘추관편수관으로 『세

년, 유성원 등이 죽임을 당했다. 이들은 훗날 사림들에 의해 사육신[797]이라 하였다. 역사에서 사육신에 대한 평가는 분명하게 달랐다. 세조를 비롯해 혈통을 이어 왕위에 오른 왕들에게는 사육신은 명백한 역적이었고 사육신을 옹호하거나 나아가 단종 복위를 꾀하는 것은 반역 행위였다.

實錄記事 1456년 6월 7일, 이미 죽은 박팽년·유성원·허조와 연좌된 자들의 처벌 규정을 정하다

박팽년이 이미 공초에 자복하여 옥중에서 죽으니, 의금부에서 아뢰기를,
 "박팽년·유성원·허조 등이 지난해 겨울부터 성삼문·이개·하위지·성승·유응부·권자신과 함께 당파를 맺어 반역을 도모하였으니, 그 죄가 능지처사에 해당합니다. 청컨대 허조·박팽년·유성원의 시체를 거열[798]하고, 목을 베어 효수하고, 시체를 팔도에 전하여 보일 것이며, 그 재산을 몰수하고, 연좌된 자들도 아울러 율문에 의하여 시행하소서."
명하기를,
 "친자식들은 모조리 교형에 처하고, 어미와 딸·처첩·조손·형제·자매와 아들의 처첩 등은 극변의 잔읍殘邑의 노비로 영구히 소속시키고, 백·숙부와 형제의 자식들은 먼 지방의 잔읍의 노비로 영원히 소속시키고, 그 나머지는 아뢴 대로 하라."

— 『세조실록』, 1456년 6월 7일

사림파[799]가 득세하기 시작한 중종 이후 점차 단종 복위 운동을 펼치다 목숨을 잃은 사육신을 칭송하는 분위기가 형성되었다. 유교적 통치이념을 강조하는 사림들에게 무력으로 친조카를 몰아내고 왕위에 오른 세조는 비난의 대

종실록』 편찬에 참여했다. 1456년 성삼문·박팽년·이개·유성원·유응부 등과 함께 비밀리에 단종 복위를 추진하여 명의 사신을 위해 베푸는 연회에서 세조를 제거하기로 했으나 발각되어 주모자로 체포, 죽임을 당했다.

797) **사육신**死六臣 : 성삼문·하위지·이개·유성원·박팽년·유응부 등을 말한다.
798) **거열**車裂 : 형벌의 하나. 죄인의 다리를 두 개의 수레에 각각 묶어 수레를 움직이게 하여 몸을 찢어 죽이던 형벌.
799) **사림파**士林派 : 유학 연구에 힘쓰던 문인들로 김종직, 김굉필, 조광조 등이 중심이 되었다.

상이었다. 세조를 옹립하고 세조로부터 부여받은 권력으로 중앙 정계를 주름 잡던 공신들 역시 사림에게 비난의 대상이 되었다. 사육신의 단종 복위 운동은 엄연한 권력 투쟁이었다. 실패한 권력 투쟁의 결과로 그들은 역적이 되어 목숨을 잃었으며, 단종 역시 노산군으로 강등되는 수모를 겪게 되었다.

1457년(세조 3년) 한 차례의 단종 복위 운동이 있었다. 세조의 친동생 금성대군의 주도로 이루어졌다. 금성대군은 계유정난에 반대하다가 유배되었는데, 유배지 순흥에서 단종이 노산군으로 강등되어 영월로 귀양길에 올랐다는 소식을 듣고 순흥부사 이보흠800)과 함께 단종 복위를 모의했다. 금성대군의 계획은 실행에 옮기기도 전에 발각되어 무산되었다. 일을 도모했던 금성대군과 이보흠은 물론 지역의 관리들까지 모두 죽임당했다. 영월 유배 중이던 단종도 목숨을 잃었다. 집현전 출신으로 세조의 의심을 받고 있던 이보흠이 있는 고을로 금성대군을 귀양 보낸 것은 모의를 유도한 것이었다.

세조와 공신 세력은 반대 세력과의 권력 투쟁에서 지지 않고, 반대 세력을 확실히 제거하여 왕권을 강력히 다져나갔다.

實錄記事 1468년 9월 3일, 세자가 난신과 연좌된 자들을 석방하고자 하다

세자(훗날 예종)가 임금이 불예한 때문에 난신에 연좌된 자로서 도형徒刑·유형流刑이나 부처付處되었거나 종편從便된 자와 원경왕후의 족친으로서 범죄한 자를 방면하고자 의정부와 승정원으로 하여금 이를 의논하게 하였는데, 정인지·정창손·신숙주·한명회·홍윤성·심회·조석문·김질·권감·한계순 등이 의논하여 아뢰기를,

"병자년801)의 난신의 일은 세월이 오래되지 아니하였는데 급히 논하는 것은 마땅하지 않고, 계유년802) 난신의 숙질과 자매와 기타 도형·유형과 부처된 자와 민씨의 족친으

---

800) **이보흠**李甫欽 : 1452년(문종 2년) 장령에 초배되었고, 1454년(단종 2년) 직예문관으로서 『세종실록』 편수의 기주관이 되었다. 수양대군이 단종을 몰아낸 이후에는 지순흥군사로 보외되었다가, 1457년(세조 3년) 순흥에 유배 중인 금성대군 이유와 함께 재향품관·군사·향리 등 이른바 영남 사인들을 규합해, 단종 복위를 모의했다는 혐의를 받고 박천에 유배된 뒤 같은 해 10월 교살(목을 졸라 죽임)되었다.

801) **병자년**丙子年 : 1456년(세조 2년).

로서 당대의 이성異姓 5촌과 동성同姓 8촌을 아울러 이를 용서해 주는 것이 마땅하겠습니다."

세자가 이르기를,

"만약 난신에 연좌된 자를 모두 방면한다고 하면 어찌 세월의 오래되고 가까운 것을 논하겠는가? 그 처첩들도 또한 방면하고자 하는데 그 공천公賤에 속한 자는 방면하는 것이 무난하겠으나 다만 공신에게 급부[803]한 자도 또한 모두 방면한다면 대신들이 싫어할 듯하다."

망설이며 결단하지 못하니, 정창손이 대답하기를,

"누가 싫어하겠습니까? 방면하는 것이 편하겠습니다."

세자가 이르기를,

"난신의 처첩도 죄의 경중을 논하여 모두 이를 석방하고자 하니, 의정부에서는 그를 다시 의논하라."

- 『세조실록』, 1468년 9월 3일

강력한 중앙집권화 정책을 펴다

반대 세력 제거에 성공한 세조는 왕권 강화를 위해 더욱 노력했다. 정부 조직을 의정부서사제에서 육조직계제로 환원했다. 육조직계제는 태종이 왕권 강화를 위해 시행했던 제도였는데, 세종은 업무 부담감 때문에 포기했다. 세조가 이 제도를 부활시킨 것은 왕권 강화에 대한 의지가 컸다는 것을 의미한다. 세조는 사육신의 단종 복위 운동을 계기로 집현전을 없애고, 여러 신하의 의견을 듣는 자리인 경연도 폐지했어요. 대신 승정원의 기능을 강화해 국왕 중심으로 국정을 운영해 나갔다.

세조는 국왕 중심 통치를 위해 강력한 중앙집권화 정책을 펼쳤다. 호패법과 직전법 등을 시행한 것도 이러한 목적에서 이루어진 것이다.

호패의 종류

---

802) **계유년**癸酉年 : 1453년 (단종 원년).

803) **급부**給付 : 대역 죄인의 재산이나 가족을 공신에게 내려 주는 것.

호패법은 태종 때 실시된 제도인데 세조가 1459년(세조 5년) 부활시켰다. 호패란 16세 이상 되는 남자가 차는 길쭉한 패로, 앞면에는 성과 이름, 나이와 생년월을 새기고 뒷면에는 해당 관아의 낙인이 찍혀 있었다. 호패를 휴대하도록 법제화한 것이 호패법으로 호적을 밝혀 인구와 가구의 수를 파악하고자 했다. 직전법은 1466년(세조 12년) 시행된 제도로, 기존의 토지 분급 제도 과전법을 고쳐 토지의 수조권[804]을 현직 관료에게 주도록 한 것이다. 과전의 세습화와 관료 수의 증가로 과전이 부족해지자 신진 관료들에게 지급할 토지가 부족하여 이루어진 조치였다.

중앙 관료들을 지방에 파견해 중앙의 통제력을 높이는 한편 지방의 토호 세력을 억제했다. 부민고소금지법을 폐지했다. 5위[805]와 5위도총부[806]를 병조의 지휘를 받게 함으로써 조선 시대의 군사 지휘 계통이 문신에게 돌아가는 결과를 초래했다. 이것은 문치주의의 폐단 중 하나였다.

세조는 국가 기강을 바로잡기 위한 편찬 사업도 활발히 추진했다. 신라초부터 고려말까지의 역사를 담은 『동국통감』[807], 조선시대 역대 왕들의 치적을 담은 『국조보감』[808] 등을 비롯해 국가 경영의 근간이 되는 『경국대전』을 편찬했다.

---

804) **수조권**收租權 : 벼슬아치가 나라에서 부여받은, 조세를 받을 권리.
805) **5위** : 문종 원년 개편을 시작하여 세조 3년 완성한 중앙 군사 조직.
806) **5위도총부** : 오위의 군무를 맡아보던 중앙의 최고 군사 기관으로, 세조 3년 오위진무소를 세조 12년 고쳤다.
807) **『동국통감』**東國通鑑 : 1458년(세조 4년)에 편찬 사업이 시작되어 고대사 부분이 1476년(성종 7년)에 『삼국사절요』로 간행되었으며, 1484년 『동국통감』이 완성되었다. 그 이듬해에는 전년 완성된 책에 찬자들의 사론을 붙여 『동국통감』 56권을 신편하였다.
808) **『국조보감』**國朝寶鑑 : 『국조보감』의 편찬을 최초로 구상한 것은 세종 때이다. 이 때 정치에 모범이 될 만한 일들을 모아 후세의 귀감으로 삼기 위해 권제와 정인지 등에게 명해 태조·태종보감을 편찬하도록 했으나 완성하지 못하였다. 그 뒤 세조가 이를 계승해 1457년(세조 3년)에 수찬청을 두고 신숙주와 권람 등에게 명해 태조·태종·세종·문종 4조의 보감을 처음으로 완성하였다. 여기에는 신숙주의 전·서와 수찬자 8인의 명단이 수록되었다.

이시애가 난을 일으키다

이시애는 함길도 길주를 기반으로 한 토호층으로, 회령 부사를 지내다 해임된 적이 있었다. 그는 1467년 5월 모친 장례식에서 동생 이시합, 매부 이명효와 거사를 모의한 뒤, 토호들이 자주 모이는 유향소(지방 수령의 자문 관청)를 중심으로 '조정에서 군사를 보내 함길도 사람들을 다 죽이려 한다'라는 내용의 유언비어를 퍼뜨리며 동조 세력을 널리 모았다. 이시애는 또 "조정에서 함길도 사람들을 호패법으로 묶어두는 바람에, 이제 마음대로 옮기면서 살 수 없게 됐다."라며 민심을 선동하기도 했다.

거사를 결심한 이시애는 5월 16일에 길주를 습격해 중앙에서 파견된 함길도 절도사 강효문과 길주 목사 설정신, 부령 부사 김익수를 살해하고 난을 일으켰다. 이때 이시애는 한양 조정으로 사람을 보내 '절도사 강효문이 조정의 한명회, 신숙주 등과 내통해 역모를 꾸민 것을 알고, 강효문을 처단했다'라는 내용의 거짓 보고서를 올렸다.

實錄記事 1467년 5월 16일, 전 회령 절제사 이시애가 반역을 모의하고 수령들을 살해하다

함길도 길주 사람인 전 회령 절제사 이시애가 그 아우 이시합과 더불어 반역을 모의하고, 먼저 절도사 강효문을 제거하려고 하였다. 마침 강효문이 진영을 순찰하여 본주에 이르니, 이시애가 반적이라 성언聲言하고, 밤중에 몰래 강효문이 사통하는 기생 산비로 하여금 내응하게 하여, 강효문이 깊이 잠이 든 것을 엿보아 문을 열게 하고, 정병 최자지로 하여금 돌입하여 찔러 죽이게 하였는데, 강효문이 몸을 빠져 뛰쳐나오므로 곧 추격하여 때려 죽이고, 그 머리를 뜰의 나무에 매달았더니, 얼마 아니 되어 그 나무가 말라 죽었다. 그리고 적이 또 평사 권징과 목사 설정신·판관 박순달·부령 부사 김익수, 군관 성이건·강석효·이제·최식·김수동·한희·김계남·강흥손 등을 모두 죽이고, 지인知印 이극지를 보내어 치계하기를,

"올량합 등이 여러 번 적선이 후라토도에 정박하였다고 고하였는데도 강효문이 묻지 아니하고, 적이 경원과 종성의 공사公私 여사廬舍를 불살랐는데도 강효문은 경원 절제사 이종현의 가노를 시켜 이를 아뢰지 않았으며, 충청도 연산에 사는 전 현감 원맹손의

가노 고읍동이 수영 진무 하수장 등 40인과 함께 배에다 미곡과 말안장·쟁고 등의 물건을 많이 싣고 길주에 와서 정박하였다가 잡히어 이르기를, '올적합에게 군사를 청하여 이 도道의 인물들을 모두 죽이겠다.'고 하였는데도, 강효문은 목사牧使와 판관과 함께 고읍동만 잡아다가 문초하여, 혹은 달래고 혹은 위협해서 육로로 경유하여 온 자처럼 하고, 또 지금 한창 농사철인데도 제진의 정병을 많이 거느리고 길주에 이르렀으며, 정병을 뽑아 이르기를, '너희들이 이때를 당하여 협력하면 경중京中의 대신과 내응하여 대사大事를 이룰 수 있다' 하고, 설정신·박순달·김익수와 사하북 만호 김정안 등을 시켜 각각 진병鎭兵을 거느리고 서울로 향하게 하였습니다. 그리고 군관 현득리의 공초에 이르기를, '내가 일찍이 세 차례나 상경한 것은, 절도사 강효문이 후라토도의 적과 도내道內의 군사들을 거느리고 상경하고자 하여, 한명회와 신숙주·김국광·노사신·한계희 등에게 통서하여 약속을 정하려고 함이었는데, 글을 이들에게 다 주어서 모두 응낙하여, 이내 돌아와서 강효문과 우후 정육을에게 밀보하였다.' 하고, 또 공사共辭하여 이르기를, '강효문이 이달 초7일에 정육을을 5진에 보내어 제장에게 군사를 더 뽑아 오도록 약속하고, 강효문은 바로 부절도사 황기곤과 상응하여 경성부를 출발해서 이달 초10일에 길주에 도착하였기 때문에, 신이 군중軍中에서 회의하여 이미 강효문 등을 잡아 죽이고, 사직司直 이시합으로 하여금 길주 군사 20인을 거느리고 그의 무리 정육을과 경성 이북의 여러 진장을 포살하게 하고, 현득리와 고읍동 등을 가두어 놓고, 친문하시기를 기다리고 있습니다."
임금이 보고, 곧 이극지를 불러서 이시애의 반역한 상황을 묻고, 능성군 구치관과 좌찬성 조석문·도승지 윤필상을 불러 다시 국문하게 하니, 이극지가 이시애를 몰래 돕고도 사실대로 대답하지 않으므로, 의금부의 옥에 가두었다. 개성군 최유가 이시애한테서 부쳐온 글을 아뢰었는데, 그 글에 이르기를,

"이제 정계呈啓한 서초書草와 대조하시면 아실 것이기에, 이에 속히 상달합니다."

이시애는 최유의 표제809)인 까닭에, 전후前後의 치계를 반드시 최유에게 통하여 주달하였다. 임금이 구치관 등과 이들을 정토할 계책을 밀의하고, 밤중이 되어서야 파하였다.

- 『세조실록』, 1467년 5월 16일

---

809) 표제表弟 : 외사촌 동생.

實錄記事 1467년 5월 17일, 함길도 지방관에게 사변에 관해 유시하고 귀성군 이준을 발행하게 하다

함길도 체찰사 윤자운에게 유시하기를,

"지금 별도로 체찰사를 보내어 강효문을 추핵하게 하였으니, 경은 북도에 가지 말고 속히 올라오도록 하라."

또 신면에게 유시하기를,

"이시애가, '강효문이 경의 아비 신숙주 등과 더불어 상응하여 반란을 꾀하였다.'고 고하였으니, 경이 들어가면 해를 당할까 두려워서, 경의 관찰사의 직책을 체대遞代하여, 별도로 체찰사를 보내니, 경은 속히 올라오는 것이 가하다."

이어서 제장들을 불러 주연을 베풀고, 귀성군 이준과 조석문에게 군장 등의 물품을 하사하고, 친히 방략을 주고, 또 교서를 주어서 이튿날 이른 아침에 발행하게 하였다. 그 교서에 이르기를,

"지금 경을 함길도·평안도·강원도·황해도 4도 병마 도총사로 삼고, 의정부 좌찬성 조석문을 부사로 삼아, 4도의 일을 경의 지휘에 맡기니, 경은 마땅히 자세히 알아서 하라."

준은 나이가 젊고 배우지 못하였으며, 조석문은 서생으로서 군려를 익히지 못하였는데, 일조에 갑자기 중대한 기탁을 위임하니, 사람들이 모두 깜짝 놀랐다. - 『세조실록』, 1467년 5월 17일

實錄記事 1467년 5월 17일, 이시애를 토벌할 방략을 의논하고 귀성군 이준을 4도 병마도총사로 삼다

임금이 대조전에 나아가 능성군 구치관·좌찬성 조석문·도승지 윤필상 등을 불러 이시애를 토벌할 방략을 의논하고, 밀성군 이침으로 군사를 거느려 보내려고 하였는데, 침이 병을 칭탁하여 사양하므로, 마침내 귀성군 이준을 함길도·강원도·평안도·황해도 4도의 병마도총사로 삼고, 조석문을 부사로 삼았다. 또 고령군 신숙주·좌의정 심회·병조 판서 김국광·호조 판서 노사신·이조 판서 한계희와 승지 등을 불러 모의하고, 임금이 신숙주에게 이르기를,

"이시애가 이미 경을 구실로 삼았고, 경의 아들 신면이 지금 마침 관찰사가 되었으니, 이시애가 반드시 죽일 것이다. 속히 체대하여 오게 함이 가하겠다."

좌승지 어세공을 돌아보며 이르기를,

"내가 경으로써 오래도록 승지의 임무를 맡기려고 하였는데, 지금 북방에 사변이 일어났으니, 경은 마땅히 속히 가서 이를 진정하라." - 『세조실록』, 1467년 5월 17일

> **實錄記事** 1467년 5월 19일, 이시애의 모반에 연루되었다는 의혹을 받으므로 신숙주·한명회를 가두게 하다

함길도 사람 최부상이 관찰사 신면의 글 2통을 가지고 왔는데, 그 하나에 이르기를,
"만약 군사를 함흥에 모으면 민간이 소요할까 두려우니, 제읍으로 하여금 군사를 정돈하여 명령을 기다리게 하소서."
그 하나에 이르기를,
"홍원 사람 이중호가 절간810)을 함흥부의 토관811)에게 보내어서 박효달을 모살하였습니다."
임금이 양의전의 문門에 나아가 밀성군 이침과 능성군 구치관·상정소 당상·승지 등을 불러 이르기를,
"근자에 신숙주와 한명회 등이 백관의 장으로 있으면서 뭇사람의 입에 구실감이 되었으니, 비록 반역한 것은 아닐지라도, 반종伴從을 신칙申飭하지 못하고 인군을 배반하였다는 악명을 받아서, 원근의 의혹을 일으킨 것은 진실로 모두 스스로 취한 것이다. 나도 또한 어리석고 나약하여 위엄이 없는데, 백성들의 말을 따르지 않고 방편을 생각하지 않음은 옳지 못하니, 우선 이들을 가두어 두는 것이 옳겠다."
곧 겸사복·내금위·선전관 등에게 명하여 군사를 거느리고 가서 신숙주와 그 아들 신찬·신정·신준·신부 등을 잡아다가 의금부에 가두게 하고, 한명회는 단종丹腫이 발병하여 집에 있으므로, 영천군 이찬으로 하여금 보병 30명을 거느리고 가서 지키게 하고, 그 아들 한보와 사위 윤반을 가두게 하였으며, 의금부 진무 김기를 보내어 신면을 잡아 오게 하였다. 이날 구치관이 밀계하여 신숙주와 한명회 등을 가두도록 청한 까닭에, 임금의 이 명령이 있은 것이었다.

　　　　　　　　　　　　　　　　　- 『세조실록』, 1467년 5월 19일

　이시애가 함길도 전역의 유향소에도 이 같은 내용을 퍼뜨리자 토호와 농민들이 잇달아 반란군에 합세했다. 이시애의 거짓 보고를 받은 세조는 현지의 진상을 파악할 길이 없었지만, 한명회와 신숙주가 왕권을 위협할 수 있다는 의심이 들어 일단 이들을 하옥시켰다. 이시애의 기만전술이 제대로 먹힌 셈이다.

---

810) **절간**折簡: 접은 편지.

811) **토관**土官: 고려·조선조 때 함길도·평안도의 변방 백성들을 위로하기 위하여 부府·목牧·도호부에 따라 설치하였던 지방 관아의 벼슬. 5품으로 한정하였으며, 그 지방 사람만으로 임명하였음.

조정이 혼란을 겪으며 반란군에 제대로 대응하지 못하고 있는 사이에, 홍원 이북에서 모여든 토호와 군민 등 반란군 2만여 명은 함길도 전역의 고을 수령들을 대부분 죽이며 단천과 북청, 홍원을 공략하고, 뒤이어 함흥을 점령했다. 심각한 보고가 잇따르자 세조는 5월 17일이 되어서야 뒤늦게 정부 토벌군을 편성했다.

實錄記事 1467년 6월 14일, 이시애의 난 평정에 관한 갑사 유자광의 상서

갑사 유자광이 상서하기를,

"신이 한번하여 남원에 있으면서 이시애의 일을 늦게 듣고서는 바야흐로 식사하다가 비저[812]를 버리고 계속 군현을 독려하여, 신臣이 징병하는 문권文卷 속에 이름이 기록된 것도 깨닫지 못하였습니다. 신은 본디 궁검으로써 자허自許하였으니, 용약하라는 것을 듣고 말[馬]을 의지하여 행군을 기다려 여러 날 차례를 기다렸는데, 군현에서 행군을 독촉하여 날짜를 정하였다는 지령이 있지 않았습니다. 신은 이에 밤새도록 자지 못하고 분연히 그윽이 이르기를, '국가가 비록 사방을 계엄하여서 병졸을 정제하더라도 어찌 사방의 병사를 다 징발한 연후에야 일개 이시애를 토평할 수 있겠는가?' 하였습니다. 신은 이미 갑사에 적명되어 항상 변야에서 공을 세우고 나라를 위하여 한 번 죽으려고 하였는데, 하물며 국가에 심복하는 적賊을 당하여 신이 어찌 마음으로 축대 수행하여 징병의 수에 열차列次하고 원방에서 안처하여 자고 먹는 데 좋게 여기겠습니까? 그러므로 신은 이달 초6일에 남원으로부터 발정發程하여 하루에 갑절의 길을 걸어서 도로道路를 갔는데, 사람에게 전문傳聞하니, 모두 이르기를, '역적 이시애는 아직도 굴혈을 지키고, 적은 죄 없는 이를 죽이어 함길도 한 도가 소요하게 되었다.' 고 하니, 어찌 일개의 적賊을 즉시 나아가 죽이지 못하고 전하의 치평에 누를 끼치며, 묘당의 도의圖議를 수고롭게 하십니까? 살피지 못하거니와 전하께서는 벌써 장사로 하여금 1운運·2운運, 심지어는 3운·4운에 이르도록 병사를 나누어 들여보냈다 하는데, 그렇다면 어찌 이제까지는 한 장사도 이시애의 머리를 참하여 서울에 바치는 이가 없습니까? 만약 즉시 토평하지 못하면 이시애로 하여금 극진한 흉악을 방자하게 하고, 날을 허비하여 주륙을 머물면, 함길도 수십 주州의 죄 없는 백성이 진실로 가련하게 되며, 또 만약 이시애가 악독함을 극진히 하여 죄가 다하면 이르는 곳의 주·부州府를 불사르고, 이르는 곳의 병기를 싣고, 이르는 곳의 사졸을 겁탈하여, 하루아침에 북적에 도망

---

812) **비저**匕箸 : 숟가락과 젓가락.

하여 들어간다면, 다른 날에 변경의 근심을 당할 수 없는 자가 있을 것이니, 전하는 어찌 근심하지 않으십니까? 신이 망령되이 이르거니와, 이제 장수가 된 자는 바로 부귀를 극진하지 않음이 없는데, 죽고 사는 것을 두려워하여 두류[813]하고 진격하지 않으며, 하는 것 없이 지구하고, 서로 이르기를, '이제 하월을 당하여 궁력이 해이하기 쉽고, 빗물이 바야흐로 막히고, 산천이 험조하며, 초목이 무성하니, 경솔하게 진격할 수 없으며, 또 경솔하게 싸울 수도 없다.'고 합니다. 달리는 알지 못합니다마는, 우리만 홀로 여름을 당하고 저는 홀로 당하지 않으며, 우리만 홀로 궁력이 해이하여지고 저는 홀로 해이하지 않으며, 우리만 홀로 빗물에 막히고 저는 홀로 막히지 않으며, 우리만 홀로 산천이 험하고 저는 홀로 험하지 않겠습니까? 비유하건대 두 쥐가 굴속에서 함께 다투면 힘이 있는 자가 이기는 것입니다. 전하께서는 어찌 급하게 장사로 하여금 날을 정하여 전쟁하여서 재화가 깊지 않은 때를 막지 않으십니까? 손무는 말하기를, '병법은 졸속함은 들었어도 공교하게 오해하는 것은 보지 못하였다.'고 하였으니, 대저 옛 사람의 용병하는 것은 모두 인의로서 몸을 삼고, 권술로써 용用을 삼으며, 더욱 귀중하게 여기는 자는 신속神速하게 하는 것뿐입니다. 이제 장사가 두류逗遛하고 진격하지 않는 것은, 신은 그것이 옳은지 알지 못하겠습니다. 공자가 말하기를, '사람으로써 말을 폐기하지 말라.'고 하였습니다. 엎드려 생각하건대, 전하께서는 신을 미천하다 하여 폐하지 마소서. 신은 비록 미천하더라도 또한 한 모퉁이에 서서 스스로 싸움을 하여 쾌하게 이시애의 머리를 참하여 바칠 수 있기를 원합니다."

임금이 글을 보고 경탄하며, 윤필상을 불러 그 글을 읽게 하고, 이어서 전교하기를,

"이 글은 내 뜻에 매우 합당한 진실로 기특한 재목이다. 내 장차 임용하여서, 그 옳은 것을 시행하리라."

명하여 먹이게 하였다. 유자광은 전 부윤 유규의 얼자孽子이니, 효용하고 민첩하여 기사騎射를 잘하고, 서사書史를 알며, 문장을 잘 하였고, 일찍이 큰소리를 하여 기개를 숭상하였다.

- 『세조실록』, 1467년 6월 14일

공신전을 남발하다

세조의 패륜 행위는 천하의 연산군도 패륜에는 증조할아버지 세조 앞에선 한 수 접을 정도였다. 세조는 친동생 안평대군, 금성대군을 죽였고, 금성대군

---

813) **두류**逗遛 : 머물러서 떠나지 아니함.

의 단종 복위 모의와 관련하여 같은 지역이라는 이유만으로 아무 관련 없는 일반 백성까지 포함해 엄청난 수를 죽였다.

세조 때 가장 심각한 것이 자신의 정통성을 위해 공신전(공신으로 책봉된 자에게 지급한 토지)을 남발하여 공신 집단에 권력을 집중시키고 돈독한 관계를 유지하면서 자신의 권력을 유지한 것이다. 세종 시대에 육성된 인재들을 세조가 대거 처형하여 인재가 부족했다. 군사적인 면에서 업적보다 실책으로 형 문종이 화차를 개발하는 등 조선의 무기 체계 발전을 약화시켰다.

세조는 전형적인 폭군이며, 자신에 대한 자존심이 너무 강해서 귀에 거슬리는 쓴 소리를 싫어하여 선대 왕이 남겨놓은 업적을 없애 훗날 조선에 큰 어려움을 주었다. 세조는 조카의 왕위를 찬탈한 자라는 오명과 함께 실책을 많이 한 군주로 평가를 받았다.

불교 귀의와 회한의 말년을 보내다

세조는 1461년(세조 7년) 불경을 간행하기 위한 임시관청 간경도감[814]을 설치했고, 1464년(세조 10년) 흥복사가 있던 자리(서울 탑골공원 자리)에 원각사[815]를 창건했다. 세조 이전의 왕들이 개인적으로는 불교에 의지하더라도 표면적으로는 불교 억압 정책을 펼쳤던 것과는 달랐다. 세조는 유교 윤리에 어긋나는 방법으로 왕위에 올랐다. 세조는 자신을 공격하는 명분과 수단이 된 유교 대신 불교를 사상적 기반으로 삼고자 했다. 세조는 무엇보다 조카와 형제들을 죽이고 왕위에 오른 자신의 악행에 대한 죄책감을 떨쳐 버리고 위안을 받고자 하는 마음이 컸다.

---

814) **간경도감**刊經都監 : 조선 초기 세조 때 불경의 국역과 간행을 맡았던 기관을 말한다. 1461년 6월 왕명으로 설치했고 1471년(성종 2년) 12월 폐지했다.

815) **원각사**圓覺寺 : 고려시대부터 흥복사라고 불리던 절터에 1464년 세조가 원각사의 창건을 결정하고, 1467년 사월초파일에 10층 석탑의 완공과 함께 낙성되었다. 원각사는 국가의 안녕과 국왕의 평강을 비는 국왕의 원찰·국찰로서의 기능을 했다. 1488년 화재로 소실되자 성종이 중수하도록 명했지만 1504년 연산군이 이 절을 연방원이라는 기방으로 만들고, 1512년 원각사를 헐어 재목을 나누어줌으로써 절이 없어지게 되었다.

말년 피부병으로 고생했던 세조는 전국의 이름난 사찰들을 찾아다니며 불공을 드렸다. 강원도 오대산에 있는 상원사에는 세조에 관한 전설이 있다. 문수보살이 동자의 모습으로 나타나 세조의 몸을 씻어 주자 피부병이 나았는데, 세조는 고마움의 표시로 상원사를 확장하고 평창 상원사 목조문수동자좌상816)과 소리가 좋은 상원사동종817)을 주조하도록 했다.

문수동자상

병이 깊어진 세조는 1468년(세조 14) 9월 7일 환관을 시켜 경복궁에서 왕의 곤룡포를 가져오게 하고는 세자에게 주며 "내가 병에 걸리어 오래도록 정사를 보지 못했는데, 국가 통치의 중함을 생각하니 마음에 더욱 근심되어 너에게 왕을 물려주고 병을 치료하겠다."라고 했어요. 곧바로 세자(8대 예종)의 즉위식을 수강궁에서 했다.

상원사동종

> 實錄記事 1468년 9월 7일, 세자(예종)가 수강궁 중문에서 즉위하다

임금의 병이 크게 더하니, 예조 판서 임원준을 불러 안에 들게 하고 전지하기를, "내가 장차 세자에게 전위하겠으니, 그에 대한 모든 일을 판비(辦備)하라." 임원준이 나와서 하동군 정인지·고령군 신숙주·능성군 구치관·상당군 한명회·연성군 박원형·인산군 홍윤성·산양군 강순·창녕군 조석문·상락군 김질·좌찬성 김국광에게 고

---

816) **평창 상원사 목조문수동자좌상**平昌上院寺木彫文殊童子坐像 : 강원도 평창군 진부면 동산리 오대산 상원사에 있는 조선 초기의 불상이다. 이 동자상에서 발견된 복장유물(보물)에 의하면 세조의 딸인 의숙공주와 그의 남편인 정현조가 득남을 빌기 위하여 오대산 문수사에 문수보살상 등 8구의 보살상과 나한상 등을 조성하여 봉안했다고 되어 있어 어느 때인가 상원사로 옮겨진 것으로 보인다. 국보로 지정되었다.

817) **상원사동종**上院寺銅鍾 : 725년 만들어진 우리나라에 전하는 동종 가운데 가장 오래된 것으로 뛰어난 주조 기술과 조각 수법을 보여주는 우수한 종이다. 조선 초기 안동 누문에 걸려 있던 것을 1469년 상원사로 옮겼다고 한다. 정상의 용의 입 부분과 발끝이 종과 연결되어 있다. 용의 몸통의 표면에 연화무늬와 당초무늬를 조각했다. 국보로 지정되었다.

하니, 정인지 등이 아뢰기를,

"성상의 병이 점점 평전平痊되어 가는데, 어찌 갑자기 석위釋位하고자 하십니까? 신臣 등은 불가하다고 생각합니다."

임원준이 아뢰니, 임금이 성을 내며 이르기를,

"운運이 간 영웅은 자유롭지 못한 것인데, 너희들이 나의 뜻을 어기고자 하느냐? 이는 나의 죽음을 재촉하고자 하는 것이다."

정인지 등이 어찌 할 바를 알지 못하였다. 임금이 환관으로 하여금 경복궁에서 면복을 가지고 오게 하여, 친히 세자에게 내려 주고 즉위하게 하였다. 임원준이 임금의 뜻을 돌이키지 못할 것을 알고 나와서 여러 재추들에게 고하고 의위儀衛를 갖추었다. 세자가 드디어 수강궁 중문에서 즉위하고서 백관의 하례를 받고 반사頒赦하였다. 그 교서에 이르기를,

"나는 양덕818)으로써 일찍이 저위819)를 욕되게 하며 오직 잘 공손히 계승하지 못할 것을 두려워하였더니, 성화4년820) 9월 7일에 부왕 전하께서 명하여 이르기를, '내가 병에 걸리어 오래도록 정사를 보지 못하였는데, 만기의 중함을 생각하니, 마음에 더욱 근심되어 너에게 중기821)를 부탁하고, 한가히 거처하며 병을 치료하겠다.'고 하시었으므로 나는 두번 세번 굳이 사양하였으나 유윤을 얻지 못하고, 이날 마지못하여 수강궁에서 대위에 올랐다. 부왕을 높이어 태상왕이라 이르고, 모비를 왕태비라 이를 것이며, 오직 군국의 중요한 일은 명을 받들어 행할 것이다. 나의 미말微末함을 돌아보건대 외람되게 비기丕基를 이어받았으나, 두려워하고 근심하며 오직 힘쓰고 오히려 군신이 마음을 함께하여 협보夾輔하는 데에 힘입으면 어렵고 큰 명을 저버리는 일은 없을 것이다. 이에 초복822)에 관인寬仁함을 선포하니, 이달 9일 새벽 이전부터 모반謀反·대역大逆·모반謀叛, 자손으로서 조부모나 부모를 구매毆罵한 것, 처첩으로서 지아비를 모살한 것, 노비로서 주인을 모살한 것, 고독蠱毒·염매魘魅한 것, 고의로 살인을 한 것과 다만 강도를 범한 자를 제외하고, 이미 발각되었거나, 아직 발각되지 아니하였거나 이미 결정했거나, 아직 결정하지 아니하였거나 모두 이를 용서하여 면제한다. 아아! 이미 무강한 역사를 이어받았으니, 모든 유중823)과 더불어 유신惟新할 것이다."

- 『세조실록』, 1468년 9월 7일

---

818) **양덕**涼德 : 엷은 덕.

819) **저위**儲位 : 세자의 지위.

820) **성화**成化 **4년** : 1468년(세조 14년).

821) **중기**重器 : 임금의 자리.

822) **초복**初服 : 처음으로 정치를 잡고 교화를 베풂.

823) **유중**有衆 : 백성.

52세 나이로 승하하다

세조는 예종에게 선위한 다음 날 1468년 9월 8일 수강궁의 정전에서 52세의 나이로 승하했다. 세조는 재위 기간 동안 단종의 모후 현덕왕후 권씨[824]의 원혼에 시달리는 꿈을 꾸었다고 했다. 의경세자가 요절한 것도 원혼의 저주 때문이라고 해요. 조카를 죽이고 왕위에 오른 세조 자신의 인간적 갈등이 전설을 만들어 낸 것이다.

태상왕의 존시를 올리고 묘호를 세조로 정하다

임금(예종)이 태상왕의 존시를 올리어 이르기를, '승천 체도 열문 영무 지덕 융공 성신 명예 흠숙 인효 대왕'이라 하고 묘호를 세조라 하였다. 시책에 이르기를,

"유 성화 4년(1456년 세조 14년) 세차 무자 11월 정사삭 21일 정축에 고자 사왕 신 휘는 삼가 재배하고 계수하며 상언합니다. 그윽이 생각하건대 유덕 때문에 그 위를 얻어 이에 비기를 이어받았는데, 은혜를 새기어 그 이름을 바꾸어 삼가 휘호를 올리면서 오로지 애모함을 펴고 감히 형용을 비깁니다. 공손히 생각하건대 황고(죽은 아버지) 대왕의 지혜로운 결단은 우뢰가 달리듯하고, 신령스러운 꾀는 하늘이 주셨습니다. 밝게 장의를 기약하시고, 한결같이 군흉을 막았으며, 하늘에 순종하시고 사람들에 응하시어 한 나라를 두루 다스리었습니다. 바야흐로 형둔의 시초를 만나서 잘 위정하는 법을 넓히었습니다. 농사에 힘쓰시고, 형벌을 밝게 하시며, 군사를 장려하시고 군졸을 훈련하셨습니다. 토포로써 뭇 어진이를 받아들이고, 운수를 획책하여 권세를 제어하시었으

---

824) **현덕왕후 권씨**顯德王后 權氏: 화산부원군 권전의 딸이다. 1431년(세종 13년) 세자궁 궁녀로 입궐하여 승휘·양원에 진봉되었다. 1437년 순빈 봉씨가 부덕하여 폐빈된 후 세자빈이 되었다. 1441년 원손 단종을 낳았으나 3일 뒤에 죽었다. 그해 현덕의 시호를 받고, 경기도 안산군 치지고 읍산에 묻혔다. 1450년(문종 즉위년) 왕후에 추봉되었으며, 능호는 소릉이다. 1452년(단종 즉위년) 문종과 함께 양주에 합장되어 현릉으로 개호되었고, 1454년 인효순혜의 존호가 추상되었다. 1457년(세조 3년) 단종복위운동과 관련하여 아버지 권전이 추폐되어 서민이 되고, 단종이 노산군으로 강봉되자 왕후에서 폐위되고 종묘에서 신주가 철거되었다. 1513년(중종 8년) 신주가 다시 종묘 문종실에 봉안되었고, 1699년(숙종 25년) 신원되었다.

며, 전석을 망라하여 여러 선비를 이끌어 들이고, 얼굴에 웃음을 띠고 교회하셨습니다. 교린을 하는 데에도 도가 있었고, 사대를 하는 데에는 정성으로써 하셨습니다. 구족을 서임함에는 인은으로써 하시고, 사문에 접대하는 데는 예양으로써 하셨습니다. 천지를 경위하시매, 대조(큰 공덕)는 합벽의 기틀을 한가지로 하시었고, 일월이 광화하매 미화(아름다운 조화)는 문명의 성함을 빛내었습니다. 일기(12년) 동안의 태평한 다스림을 생각하니, 천년 만나기 어려운 아름다움인 줄을 알겠습니다. 이에 근로에 지쳤는데, 어렵고 큰 것을 주시니, 애일(부모에 대한 효양)의 정성이 어찌 미치겠습니까? 종천토록 슬픔이 심히 깊어 이에 순성을 다하여 경삭(매우 아름다운 일)을 재양하고, 삼가 옥책을 받들어 존시를 올리어 이르기를, '승천 체도 열문 영무 지덕 융공 성신 명예 흠숙 인효 대왕'이라 하고, 묘호를 세조라 합니다. 우러러 충감하시기를 바라니 굽어 명흠을 드리우시어 해가 뜨고 달이 밝듯이 불후토록 홍명을 이어받게 하여 주시고, 천장 지구와 같이 무궁하도록 경복을 내려 주소서."

- 『세조실록』, 1468년 11월 21일

묘호는 세조, 시호는 혜장승천체도열문영무지덕융공성신명예흠숙인효대왕, 능은 광릉이다. 광릉은 세조와 정희왕후 윤씨의 능으로 정자각의 왼쪽 언덕이 세조, 오른쪽 언덕이 정희왕후의 능으로 경기도 남양주시 진접읍 광릉수목원로 354에 위치하고 있다.

남양주 광릉 정희왕후릉 능침

세조

광릉은 조선 7대 세조와 정희왕후 윤씨의 능이다. 광릉은 같은 산줄기에 좌우 언덕을 달리하여 왕과 왕비를 각각 따로 모시고, 능 중간 지점에 하나의 정자각을 세우는 형식인 동원이강릉의 형태로서, 이러한 형태의 능으로 최초로 조성되었다. 정자각 앞에서 바라보았을 때 **왼쪽 언덕이 세조**, **오른쪽 언덕이 정희왕후**의 능이다. 세조는 "내가 죽으면 속히 썩어야 하니 석실과 석곽을 사용하지 말 것이며, 병풍석을 세우지 말라."는 유명을 남겼다. 이러한 세조의 유언에 따라 이전까지 석실로 되어 있던 능을 회격으로 바꾸어 부역 인원을 반으로 줄이고 비용을 절감하였다. 봉분 주위에 둘렀던 병풍석을 생략하면서 병풍석에 새겼던 십이지신상은 난간석의 동자석주에 옮겨 새기는 등의 상설 제도를 개혁하였다. 능침아래에는 정자각, 비각, 홍살문 등이 배치되어 있으며, 향로와 어로는 유실되어있는 상태이다. 본래 정자각은 세조의 능역 앞에 있었으나, 정희왕후의 능을 조성하면서 두 능의 사이로 옮겨 지은 것이다.

제8대 **예종 이황**

정치적 뜻을 못 이룬 짧은 생의 왕

생애	1450년~1469년	재위 기간	1468년~1469년
본관	전주	휘(이름)	황
묘호	예종	능호	창릉

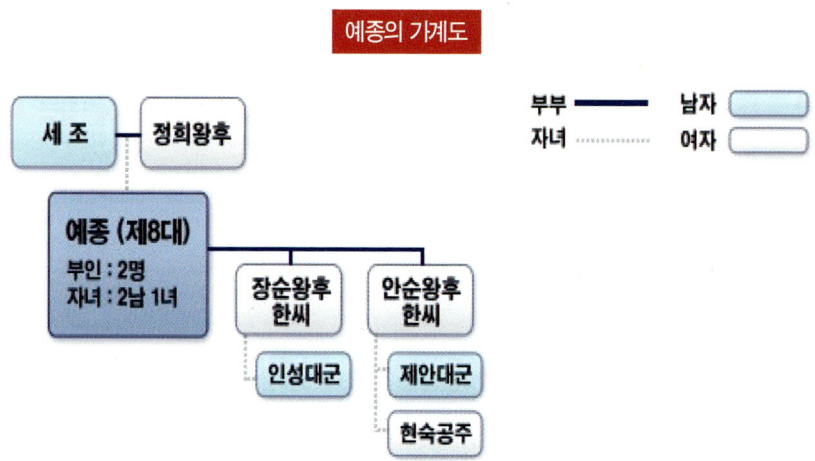

예종의 가계도

총서 - 예종이 왕위를 잇고 한씨를 왕비로 삼다

예종 양도 흠문 성무 의인 소효 대왕睿宗襄悼欽文聖武懿仁昭孝大王의 휘는 이황李晄이고 자는 평보平甫인데, 세조 혜장 대왕의 둘째 아들이며, 모비는 자성 흠인 경덕 선열 명순 원숙 휘신 혜의 태왕 태비 윤씨이다. 경태 원년[825] 경오 정월 정축일에 사저에서 탄생하였는데, 기의하고 영이하였다. 처음에 해양 대군으로 봉해져서 상당 부원군 한명회의 딸에게 장가들었으니, 바로 장순왕후인데 일찍 승하하였다. 천순 원년[826] 9월에 왕세자가 졸하자 세조가 세자로 세우기를 청하니, 황제가 사신을 보내어 조선국 왕세자로 봉하였다. 성품이 영명 과단하고 공검 연묵하며, 서책에 뜻을 두어 시학자侍學者로 하여금 날마다 세 번씩 진강하게 하고, 비록 몹시 춥거나 더울 때라고 하더라도 정지하지 아니하였다. 그러므로 덕업이 일찍 이루어지고 여망이 날마다 높아져서, 세조가 일찍이 말하기를,

"세자가 육예[827]에 이미 통하지 아니하는 바가 없다."

성화 3년[828] 정해 봄에 세조가 몸이 불편하여 모든 정무를 참결하도록 명하니, 청단하는 것이 밝고 적당하므로, 기뻐하면서 말하기를,

"일을 부탁할 사람을 얻었으니, 내가 근심이 없다."

이듬해 9월에 세조의 병이 점점 위중해지자 왕위를 잇도록 명하고, 소훈 청천 부원군 한백륜의 딸 한씨를 왕비로 삼으니, 바로 인혜왕태비이다.

實錄記事 세조가 세자에게 한의 멸망 원인을 후손들의 안일 때문이라고 설명하다

세조가 일찍이 세자에게 묻기를,

"『통감』은 어느 시대의 것을 읽느냐?"

하니, 세자가 한漢나라 헌제獻帝 때라고 대답하였다. 세조가 묻기를,

"어째서 망하였느냐?"

하니, 대답하기를,

"참소와 아첨이 행하여 위엄과 권세가 점점 신하에게로 옮겨졌고, 오늘의 편한 것만

---

825) **경태**景泰 **원년**: 1450년(세종 32년).

826) **천순**天順 **원년**元年: 1457년(세조 3년).

827) **육예**六藝: 고대 중국 교육의 여섯 가지 과목. 즉 예禮·악樂·사射·어御·서書·수數.

828) **성화**成化 **3년**: 1467년(세조 13년).

알고 후일의 위태할 것을 생각하지 아니하여 기강이 무너진 때문입니다."
세조가 말하기를,

"옳다. 시조始祖가 여러 신하와 더불어 한 마음으로 협력하여 대업을 창설하였는데, 자손이 점점 안일과 오락에 빠지고 여러 신하들도 각각 스스로 편한 것만 취하였기 때문에 망한 것이다."

1468년 9월 7일, 세자가 수강궁 중문에서 즉위하고 교서를 내리다

세조가 수강궁으로 이어하였다. 병이 점점 위중하니, 예조 판서 임원준을 불러서 전교하기를,

"내가 세자에게 전위하려 하니, 모든 일을 준비하라."

임원준이 나가서 알리자 하동군 정인지 등이 아뢰기를,

"성상의 병환이 점점 나아가시는데 어찌하여 갑자기 자리를 내어놓으려고 하십니까? 신 등은 옳지 못하다고 생각합니다."

임원준이 이를 아뢰니, 세조가 노하여 말하기를,

"운이 다하면 영웅도 마음대로 못 하는데 너희들이 나의 하고자 하는 뜻을 어기니, 이는 나의 죽음을 재촉하는 것이다."

내시로 하여금 면복[829]을 가져오게 하여 친히 세자에게 내려 주니, 세자가 굳이 사양하였으나 할 수 없었다. 임원준이 임금의 뜻을 돌이키지 못할 것을 알고 나가서 여러 재추에게 고하고, 백관을 모아서 의위를 갖추었으며, 날이 저물자 세자가 수강궁 중문에서 즉위하였다. 백관들이 하례하고 경내를 사유하였는데, 그 교서는 이러하였다.

"내가 덕이 부족한 몸으로서 일찍이 세자의 자리에 있어 오직 뜻을 공경히 이어 받들지 못함을 두려워하였는데, 성화 4년[830] 9월 초7일에 부왕 전하께서 명을 내리시기를, '내가 병이 들어 오랫동안 정사를 보지 못하여 만기의 중함을 생각하니, 더욱 마음에 병이 된다. 너에게 중기[831]를 부탁하고 한가롭게 있으면서 병을 잘 조리하겠다.' 하시기에, 내가 두세 번 굳이 사양하였으나 할 수 없어서 승락하고, 이날에 마지못해 대위에 올랐다. 부왕을 높여서 태상왕으로 하고 모비를 왕태비로 하며, 오직 군국의 중한

---

829) **면복**冕服 : 제왕의 정복. 곧 면류관과 곤복袞服.

830) **성화**成化 **4년** : 1468년(세조 14년).

831) **중기**重器 : 임금의 자리.

일은 승품[832]하여 행하겠다. 돌아보건대 나의 작은 몸으로 큰 자리를 이어받아 근심하고 두려워하여 오직 조심하였을 뿐인데, 여러 신하들의 한마음으로 도움에 힘입어 어렵고 큰 명을 저버림이 없기를 바란다. 이 처음 일을 당하여 너그럽고 어짐을 펴는 것이 마땅하므로, 이달 초7일 매상 이전으로부터 십악[833]과 강도를 제외하고는 모두 용서하여 면제한다. 아아! 이미 무궁한 역수를 이었으니, 여러 신민과 함께 새로워질 것이다."

— 『예종실록』 1468년 9월 7일

재위 기간 14개월, 19세의 나이로 요절하다

예종은 형 의경세자의 죽음으로 바로 즉위하였다. 세조 말년 대리청정을 수행하다가 세조가 죽은 후 즉위했으나 재위 1년 만에 사망하여 조선의 역대 왕 가운데 가장 단명한 왕이다. 예종은 세자 시절에 얌전하고 현명하여 여론을 존중하는 국왕이 될 것으로 기대를 받았지만, 부왕 세조의 치세를 따른 통치로 기대를 접었다. 재위 기간도 14개월 불과하여, 세조 시대에서 성종 시대로 넘어가는 과도기적 시대의 왕이었다.

예종은 1450년(세종 32년) 세조와 정희왕후 윤씨의 2남 1녀 중 둘째 아들로 태어났어요. 이름은 황, 자는 명조이며 세조가 즉위하자 해명대군에 봉해졌다. 예종은 형 의경세자(훗날 덕종으로 추존)가 세자로 책봉된 지 2년 후 1457년(세조 3년) 죽어 둘째 아들 예종이 세자의 자리를 물려받아 왕위에 올랐다.

예종은 실록에 따르면 성품이 총명하고 일에 과단성이 있고, 공손하고 겸손하며 속이 깊고 말이 없으며, 책에 뜻을 두어 시학자(왕과 세자와 학문을 논하는 일을 맡은 학자)들에게 날마다 세 번씩 강의를 하게 하고, 날씨가 몹시 춥거나 더울 때도 그만두지 않았다. 그렇게 어질고 착한 업적을 일찍 쌓아 신망이 날마다 높아지자

---

832) **승품**承稟: 물어서 명령에 따름.
833) **십악**十惡: 『대명률』에 정한 열 가지의 큰 죄. 『당률소의』에 의하면, 모반謀反·모대역謀大逆·모반謀叛·악역惡逆·부도不道·대불경大不敬·불효不孝·불목不睦·불의不義·내란內亂을 말하는데, 사유赦宥에서 제외되었음.

세조는 "세자가 육례(예도, 음악, 활쏘기, 통치, 글, 산법)에 이미 통하지 아니하는 바가 없다."라며 칭찬했다. 예종은 효성이 지극해 세조의 병환이 깊어지자 수라상과 약을 직접 챙기며 극진히 간호했는데, 이 때문에 본인의 건강이 나빠졌다.

세조는 병세가 깊어 자신의 죽음을 예감하여 죽기 하루 전날 1468년(세조 14년) 9월 7일 예종에게 왕위를 물려주었다. 세조에게 직접 곤룡포를 건네받은 예종은 수강궁에서 19세 나이로 왕이 되었다.

세자 시절 한명회의 큰딸과 혼인하다

예종은 세자 시절 1460년(세조 6년) 한명회의 큰딸과 혼인했다. 한씨는 세자빈에 책봉된 이듬해에 큰아들 인성대군을 낳고 건강이 악화되어 죽었다. 한씨는 후일 장순왕후[834]에 추존되었다. 예종은 우의정이던 한백륜의 딸을 두 번째 부인으로 맞아들였다. 1462년(세조 8년) 세자빈으로 책봉된 한씨는 예종 즉위 후 안순왕후에 봉해졌다. 안순왕후[835]는 제안대군[836]과 현숙공주[837]를 낳았다.

---

834) **장순왕후**章順王后 : 내외가가 당대의 문벌인 가문에서 태어난 한씨는 아름답고 정숙하여 1460년(세조 6년) 세자빈으로 책봉되어 가례를 행하였다. 세조의 총애를 받았으나, 1461년 원손(인성대군)을 낳은 뒤 병으로 인하여 녹사 안기의 집에서 요절하였다.

835) **안순왕후**安順王后 : 1460년(세조 6년) 한명회의 딸이 세자빈에 책봉되어 가례를 행하였으나, 이듬해에 병사하였으므로 1462년 세자빈에 간택되었다. 1468년 예종이 즉위하자 왕비에 책봉되었고 이듬해 예종이 병사하여 1471년(성종 2년) 인혜대비에 봉해졌다. 1497년(연산군 3년) 명의대비에 책봉되었다. 소생으로는 제안대군과 현숙공주가 있었다.

836) **제안대군**齊安大君 : 예종의 둘째 아들이며, 어머니는 안순왕후 한씨이다. 4세 때 부왕인 예종이 죽자, 왕위계승의 제1후보자였으나 세조비인 정희왕후가 아직 어리고 총명하지 못하다고 반대하여 대신 성종이 예종을 이어 왕위에 즉위하였다.

837) **현숙공주**顯肅公主 : 1464년 2월 12일 당시 왕세자였던 예종과 세자의 후궁인 종5품 소훈 한씨(안순왕후)의 딸로 태어났다. 예종이 즉위하면서 소훈 한씨를 왕비로 책봉하여 공주가 되었다. 성종 대에 정숙공주에 봉작되었다. 이후 현숙공주로 작호가 개칭되었다. 1475년 임사홍의 아들인 임광재와 혼인하였다. 현숙공주는 시아버지인 임사홍을 아버지처럼 따르고 의지하였다. 1478년 임사홍이 붕당을 만들어 조정을 문란하게 한 죄로 탄핵되어 처벌될 위기에 놓이자 현숙공주는 성종에게 상언하여 임사홍의 형장을 속해주기를 청하기도 했다.

공신과 종친 세력에 눌렸다

젊은 나이로 왕위에 오른 예종의 정치적 영향력은 크지 않았다. 어머니 정희왕후의 수렴청정과 한명회, 신숙주, 구치관 등은 수시로 승정원에 드나들며 정무를 참견했다. 신하들에게 막강한 권력이 부여되었고 왕권은 약화 되었다.

당시 공신 세력의 권력이 얼마나 막강했는지를 알 수 있는 사건이 있었다. 바로 '민수의 사옥'이다. 민수[838]는 세조 조에 춘추관에서 사관을 지낸 사람이었다. 세조가 죽고 사초를 제출하라는 명이 떨어지자, 민수는 자신이 당대 가장 막강한 권력을 지닌 공신 한명회에 대해서 부정적으로 기록한 사초가 마음에 걸렸다. 한명회가 이를 보고 노여워하여 자신에게 불이익을 줄까 두려웠던 것이다. 민수는 자신이 제출했던 사초를 몰래 빼내 고쳐 썼는데 이것이 발각되고 말았다. 예종은 민수를 비롯해 이 일에 관련된 강치성[839], 원숙강[840], 이인석[841] 등을 처벌하는 것으로 일을 마무리했다. 예종은 사관들이 공신은 두려워

---

[838] **민수**閔粹 : 1469년(예종 1년) 춘추관이 『세조실록』의 편찬을 시작하자 그간에 작성한 사초를 수납하였다. 이때 작성한 사초에는 실록 편찬을 주관한 대신 등의 득실도 기재되어 있었다. 그런데 사초에 이를 기록한 사관의 이름을 명기해야 한다는 말을 듣고, 춘추관기사관 강치성 등과 몰래 해당 사초를 꺼내어 지춘추관사 양성지에 관계된 내용 등에 6사를 고쳐서 납입하였다. 이 사초 개정이 탄로 나면서 의금부에 수감되어 사형으로 논죄되었다. 그러나 예종이 동궁으로 있을 때 서연관이었다는 인연과 독자라는 입장이 고려되어 특별히 죽음을 면하고 제주도에 관노로 예속되었다. 1477년(성종 8년) 죄에서 풀려서 예문관봉교에 제수되었다. 그 뒤 예문관응교·사간원사간 등을 역임하였다.

[839] **강치성**康致誠 : 『세조실록』 편찬에 참여하였다. 이때 춘추관에 재직한 자들에게 모두 사초를 바치게 하였는데, 민수는 자신이 소신껏 쓴 사초가 문제를 일으킬까 두려워하여 강치성을 시켜 몰래 사초를 꺼내오게 하여 고쳤다. 이 사실이 발각되어 참형을 당하였다.

[840] **원숙강**元叔康 : 1469년 『세조실록』의 편찬에 참여하였다. 그러나 사초를 거두어들일 때 작성자의 성명을 첨부하게 되자, 사초에 작성자의 이름을 쓰게 되면 사초 작성의 공정함을 기할 수 없다고 반대하였다. 자신의 사초에 과오 사실이 기록된 대신들로부터의 보복이 두려워, 대신의 비위관계 기록을 몰래 수정하였다가 이 사실이 발각되면서 처형되었다.

[841] **이인석**李仁錫 : 1469년(예종 1년) 『세조실록』 편찬 시 봉교로 있으면서 민수가 자신이 썼던 사초를 보여달라고 하였을 때 보여주지 않았다. 그러나 민수는 끝내 강치성에게 청하여 자신이

하고 왕은 두려워하지 않는다며 분통을 터뜨렸다.

예종을 불안하게 하는 세력은 공신 세력과 종친 세력이 공신 세력에 대적할 만큼 성장했다. 세조는 이시애의 난을 겪으면서 공신 세력을 견제할 필요성을 느꼈고, 대항마로 종친 세력을 키웠다. 종친 세력의 중심은 이시애의 난으로 부상한 구성군[842]과 남이였다. 구성군은 세종의 넷째 아들 임영대군의 아들로 세종의 손자였다. 그는 이시애의 난을 진압한 공으로 적개공신[843] 1등이 되어 병조판서와 영의정까지 지내는 등 세조의 두터운 신임을 바탕으로 조정의 실력자가 되었다.

유자광의 고의적인 상소로 남이가 죽다

남이는 태종의 외증손자로, 태종의 넷째 딸 정선공주와 의산군 남휘의 손자였다. 그는 공신 권남의 사위이기도 했으며, 27세의 나이로 병조판서의 자리에 올라 주위의 부러움과 시샘을 한 몸에 받았다.

남이의 이른 약진은 뛰어난 재주 외에도 태종의 외증손이라는 점과 당대 권력자 중에 한 사람인 권남의 사위라는 점이 조기 출세의 발판이 되었을 것이다.

예종은 세자 시절 부왕 세조가 자신의 정적이 될 수 있는 종친 세력을 키우는 것을 불안해했어요. 세조에게 "성상께서 구성을 지나치게 사랑하시니 신은 이를

썼던 사초에 첨삭을 가하였고, 이로 인하여 사옥이 일어났다. 이를 알고도 고하지 않았다는 죄목으로 연루되어 곤장 100대를 맞고 본관지인 전의의 군역에 편입당하였다. 뒤에 홍문관·사헌부의 벼슬을 거쳐 장령에 이르렀다.

842) **구성군**龜城君 : 아버지는 세종의 4남 임영대군이다. 어릴 때부터 문무를 겸비하여 세조의 총애를 받았다. 1466년(세조 12년) 무과에 장원으로 급제했다. 이듬해 5월 이시애가 반란을 일으키자 함경·강원·평안·황해의 사도병마도총사로 출정하여 난을 진압했다. 종실이면서도 병조판서를 거쳐 영의정에 발탁되었다. 1468년(세조 14년) 남이의 옥사를 다스리는 데 공을 세워 익대공신 2등에 올랐다. 1470년(성종 1년) 어린 성종을 몰아내고 왕이 되려 한다는 정인지 등의 탄핵으로 삭탈관직을 당하고 경상도 영해에 귀양갔으며, 1479년 귀양지에서 죽었다.

843) **적개공신**敵愾功臣 : 세조 13년 이시애의 난을 평정한 공신에게 준 훈호를 말한다. 귀성군, 조석문 등 45명을 세 등급으로 나누어 포상하였다.

그르게 여깁니다."라고 발언했던 것에서도 예종의 심정을 알 수 있어요. 예종은 남이[844]를 경계하는 마음이 컸다.

유자광[845]이 남이의 역모를 예종에게 고했다. 예종은 남이를 잡아다가 문초를 했다. 남이는 "유자광의 집에 가서 이야기하다가 곁에 있는 책상에서 『강목』을 가져다가 혜성이 나타난 한 구절만 보았을 뿐이고 다른 의논한 것은 없습니다."라며 항변했다. 때를 기다렸다는 듯 여기저기서 남이에게 불리한 증언들이 나오기 시작했다. 남이는 가혹한 고문에 못 이겨 자신의 혐의를 인정하고, 공모자로 지목된 강순 등과 함께 처형되었다. 이시애의 난 이후 성장한 종친 세력과 무인 세력은 큰 타격을 입었다.

남이

1468년 10월 27일, 반역을 꾀한 강순·남이·조경치·변영수 등을 환열시키고 7일동안 효수하였다.

당시 남이가 자신의 역모 혐의에 강순을 저승사자처럼 물고 늘어진 것은

---

844) **남이**南怡 : 1441년 태어나 17세의 나이에 무과에 급제하여 주위를 놀라게 했다. 세조 말년 남이는 임금의 총애를 받아 구성군 이준의 뒤를 이어 28세의 젊은 나이에 병조 판서가 되었다. 1467년에는 이어난 이시애의 난을 진압하였다. 하지만 신진세력의 약진을 고까워하던 한명회와 신숙주 등 훈구대신들의 견제를 받았다. 세조가 승하하고 예종이 등극하자마자 남이는 병조 판서에서 겸사복장으로 좌천되는 수난을 당한다. 그로부터 불과 한 달이 채 지나기도 전에 남이는 역모를 꾀했다는 유자광의 고변으로 체포되어 능지처참 당하고 가문은 멸문지화를 당했다.

845) **유자광**柳子光 : 1468년 세조의 온양 행차 때 치른 온양별시 문과에서 세조가 직접 장원으로 뽑아 급제했고, 이어 병조참지(정3품)에 임명되었다. 29세에 불과한 서얼 출신의 일개 갑사가 단 8개월만에 정3품 당상관에 오르자 대간 등의 반발이 있었지만, 유자광의 능력을 높이 산 세조의 비호로 임명이 관철되었다. 예종 즉위 후, 평소 시기하던 남이를 역모죄로 무고하여 사형에 이르게 했고, 이 일로 익대공신 1등에 책록되고 무령군에 봉해졌다. 성종에게도 총애를 받아 사신으로 두 차례 명에 다녀오기도 했다. 연산군 대에도 자신을 무시하던 김종직에게 앙심을 품고 있다가, 1498년(연산군 4년) 성종실록 편찬 과정에서 김종직의 〈조의제문〉이 세조를 비난한 것이라는 상소를 올려 무오사화를 촉발했다. 1506년 박원종의 권유로 중종반정에 가담하여, 연산군을 폐위하고 중종을 추대했으며, 이 일로 정국공신 1등에 무령부원군에 봉해졌다. 대간과 사헌부, 홍문관의 지속적인 탄핵을 받다가 1507년(중종 2년) 훈작 삭탈과 함께 유배되었고, 1512년 6월 경상도 유배지에서 74세 나이에 병으로 죽었다.

다분히 고의적으로 보인다. 그는 왜 최악의 상황에서 그와 같은 자백을 했을까? 진정으로 모의를 함께 한 사이라면 서로 구원하고 감춰주는 것이 마땅하지 않은가. 당시의 실록은 이렇게 기록하고 있다.

> **實錄記事** 1468년 10월 24일, 유자광이 남이의 역모 사실을 고하니 남이를 붙잡아 실상을 묻다

어두울 때에 병조 참지 유자광이 승정원에 나아가서 입직하는 승지 이극증·한계순에게 고하기를,

"신이 급히 계달할 일이 있습니다."

이극증 등이 유자광과 더불어 합문 밖에 나아가서 승전 환관 안중경으로 하여금 아뢰게 하였다. 임금이 유자광을 불러서 보니, 유자광이 아뢰기를,

"지난번에 신이 내병조846)에 입직하였더니 남이도 겸 사복장으로 입직하였는데, 남이가 어두움을 타서 신에게 와서 말하기를, '세조께서 우리들을 대접하는 것이 아들과 다름이 없었는데 이제 나라에 큰 상사喪事가 있어 인심이 위태롭고 의심스러우니, 아마도 간신이 작란하면 우리들은 개죽음할 것이다. 마땅히 너와 더불어 충성을 다해 세조의 은혜를 갚아야 할 것이다.' 하기에 신이 대답하기를, '어떤 간사한 사람이 있어 난을 일으키겠는가?' 하니, 남이가 말하기를, '김국광이 정사를 오로지하여 재물을 탐하니 이같은 무리는 죽이는 것이 옳다. 또 노사신은 매우 불초한 자인데, 너도 아느냐?' 하므로, 신이 대답하기를, '어찌하여 이런 말을 하는가?' 하였습니다. 오늘 저녁에 남이가 신의 집에 달려와서 말하기를, '혜성이 이제까지 없어지지 아니하는데, 너도 보았느냐?' 하기에 신이 보지 못하였다고 하니, 남이가 말하기를, '이제 천하847) 가운데에 있는데 광망이 모두 희기 때문에 쉽게 볼 수 없다.' 하기에 신이 『강목』을 가져와서 혜성이 나타난 곳을 헤쳐 보이니, 그 주註에 이르기를, '광망이 희면 장군이 반역하고 두 해에 큰 병란兵亂이 있다.'고 하였는데, 남이가 탄식하기를, '이것 역시 반드시 응함이 있을 것이다.' 하고, 조금 오랜 뒤에 또 말하기를, '내가 거사하고자 하는데, 이제 주상이 선전관으로 하여금 재상의 집에 분경하는 자를 매우 엄하게 살피니, 재상들이 반드시 싫어할 것이다. 그러나 수강궁은 허술하여 거사할 수 없고 반드시 경복궁이라야 가하다.' 하였습니다. 신이 말하기를, '이같은 큰 일을 우리들이 어찌 능히 홀로 하

---

846) **내병조**內兵曹 : 조선조 때 궁중에서 시위侍衛·의장에 관한 사무를 맡아 보던 병조에 딸린 관아.
847) **천하**天河 : 은하수.

겠는가? 네가 또 어떤 사람과 더불어 모의하였느냐? 또한 주상이 반드시 창덕궁에 오래 머물 것이다.' 하니, 남이가 말하기를, '내가 장차 경복궁으로 옮기게 할 것이다.' 하기에 신이 말하기를, '어떻게 하겠는가?' 하니, 남이가, '이는 어렵지 않다.' 하고, 인하여 말하기를, '이런 말을 내가 홀로 너와 더불어 말하였으니, 네가 비록 고할지라도 내가 숨기면 네가 반드시 죽을 것이고, 내가 비록 고할지라도 네가 숨기면 내가 죽을 것이므로, 이같은 말은 세 사람이 모여도 말할 수 없다. 또 세조가 민정民丁을 다 뽑아서 군사를 삼았으므로 백성의 원망이 지극히 깊으니 기회를 잃을 수 없다. 나는 호걸이다.' 하였는데, 신이 술을 대접하려고 하자 이미 취했다고 말하며 마시지 아니하고 갔습니다."

임금이 말하기를,

"그렇다면 어떻게 처리할 것인가?"

유자광이 대답하기를,

"밤을 타서 가서 잡으면 혹시 도망해 숨을까 두려우니, 날이 밝기를 기다려서 한 사람을 시켜 명패[848]를 가지고 부르면 나치拿致[849]할 수 있습니다."

임금이 말하기를,

"옳다."

곧 명하기를,

"어찌 반드시 날이 밝기를 기다릴 것인가?"

곧 명하여 이극증과 한계순을 불러, 한계순에게 명하여 입직한 사복장 거평군 이복과 더불어 군사를 거느리고 가서 잡게 하고, 또 환관 신운에게 명하여 같이 가게 하였다. 이어서 입직한 도총관 노사신·강곤, 병조 참판 신승선 등을 불러 입시하게 하고, 도총부에 명하여 군사로 하여금 갑옷을 두르고 궐문을 지키게 하였으며, 선전 표신을 선전관에게 주어 입직한 위장으로 하여금 병기를 정돈하여 각소를 나누어 지키게 하였고, 또 병조로 하여금 군사를 나누어 도성문과 성을 지키게 하였다. 명하여 밀성군 이침·하동군 정인지 등 여러 종친과 재추를 부르고, 또 안중경으로 하여금 덕원군 이서·영순군 이부·우찬찬 윤필상을 불러서 입시하게 하였다. 부溥가 아뢰기를,

---

848) **명패**命牌 : 위쪽에 '명命'자를 쓰고 붉은 칠을 한 나무패. 임금의 명으로 3품 이상의 벼슬아치를 부를 때, 이 패에 성명을 써서 돌렸음. 이 패를 받고 올 뜻이 있으면 '진進', 안 올 때는 '부진不進'이라고 써서 도로 바치었음.

849) **나치**拿致 : 죄인을 강제로 잡아 옴.

"7, 8일간을 격하여 남이가 신의 입직한 곳에 이르러 신에게 묻기를, '종친이 입직하는 것은 예전 예_例대로 하는가?' 하기에 신이 대답하기를, '주상께서 나와 귀성군·하성군이 졸곡 전까지 날을 번갈아 직숙하도록 명하였다.'고 하였습니다. 남이가, '낮에는 어떻게 하는가?' 하기에 대답하기를, '낮에는 상직하되 연고가 있으면 나간다.'고 하였더니, 남이가 말할 것이 있는 듯 머뭇머뭇하다가 나갔습니다."

임금이 말하기를,

"이것은 반드시 형편을 엿본 것이다."

한계순·이복·신운이 겸사복 박지번·유정·조한신과 위사를 1백여 명을 거느리고 남이의 집에 가서 에워싸고 사람을 시켜 명패를 가지고 부르기를 심히 급하게 하였다. 남이가 일이 발각되었는지 의심하여 없다고 속였는데, 잠시 후에 남이가 칼을 차고 활과 화살을 가지고 담을 넘어서 나갔다. 군사들이 그 머리털을 꺼두르므로 남이가 칼을 뽑으려고 하자 군사들이 함께 잡아 묶고 첩기 탁문아를 잡아 왔다. 삼경에 임금이 수강궁의 후원 별전에 나아가 밀성군 이침·영순군 부_溥·영의정 준_浚·하성군 정현조·하동군 정인지·봉원군 정창·고령군 신숙주·상당군 한명회·중추부 영사 심회·좌의정 박원형·창녕군 조석문·좌참찬 김국광·병조 판서 박중선·우참찬 윤필상·파산군 조득림과 노사신·강곤·신승선·복_復과 승지·주서·겸사복·선전관 등이 입시하였다. 임금이 남이에게 묻기를,

한계순, 이복, 신운이 겸사복 박지번, 유정, 조한신과 위사를 1백여 명을 거느리고 남이의 집에 가서 에워싸고 사람을 시켜 명패를 가지고 부르기를 심히 급하게 하였다.

"네가 요사이 어떤 사람을 보고 어떤 일을 말하였느냐?"

남이가 대답하기를,

"신이 신정보를 보고 북방의 일을 의논하였고, 다른 말한 것은 없습니다."

또 묻기를,

"네가 문치빈을 며칟날 보았느냐?"

대답하기를,

"문치빈을 본 것이 며칠 되었습니다. 신이 시폐[850]를 진달하고자 하여 상소를 초하는 데 문치빈으로 하여금 교정하게 하였을 뿐이고 다른 말한 것은 없습니다."

또 묻기를,

"어제 오늘 중에 네가 어떤 사람을 보았느냐?"

---

850) **시폐**_{時弊} : 그 당시의 못된 폐단. 그 시대의 폐습.

남이가 기억하지 못하는 것처럼 망연히 오래 있다가 말하기를,
"오늘 이지정의 집에 가서 서로 바둑을 두다가 인하여 말하기를, '북방에 일이 있으면 나라에서 반드시 나를 장수로 삼을 것인데 누가 부장을 맡을 만한가?' 하니, 이지정이 말하기를, '민서·김견수·장효손이 모두 겸인지용[851]이 있으나, 장효손은 외방에 있고 김견수는 이미 현용되었고 또 외방에 있으니, 오직 민서가 좋다.'고 하였습니다. 신이 드디어 민서의 집에 가서 지난해 거산의 싸움을 서로 말하고 또 북방의 성식을 말하니, 민서도 방수할 요지를 말하고 인하여 성변[852]을 말하기에 신이 대답하기를, '성변이 이와 같으면 사람이 유리流離되는데 근심이 없겠는가?' 하고 인하여 술을 마시고 나왔습니다. 또 유자광의 집에 가서 이야기하다가 곁에 있는 책상에서 『강목』을 가져다가 혜성이 나타난 한 구절만 보았을 뿐이고 다른 의논한 것은 없습니다."

여러 재상에게 명하여 국문하게 하였으나 실정을 다 말하지 아니하였다. 임금이 유자광과 남이를 면질하도록 명하니, 유자광이 남이를 불러서 남이가 말한 것을 갖추 말하였다. 남이가 비로소 유자광이 와서 계달한 것을 알고 놀라, 머리로 땅을 치며 말하기를,

"유자광이 본래 신에게 불평을 가졌기 때문에 신을 무고한 것입니다. 신은 충의한 선비로 평생에 악비[853]로 자처하였는데, 어찌 이러한 일이 있겠습니까?"

민서가 마침 순장巡將으로서 부름을 받고 왔는데, 임금이 민서에게 물으니, 대답하기를,

"남이가 신의 집에 이르러 지난해 거산의 싸움을 말하고 또 북방의 성식을 말하였는데, 신도 북방 장성의 이로움을 논하기를, '황보인이 성을 쌓을 당시에는 잘못이라고 하였으나, 지금에 이르러서는 혜택을 입는다. 옛사람 가운데에는 느릅나무와 버드나무를 서산에 심어서 오랑캐를 방어한 이가 있으니, 지금도 느릅나무와 버드나무를 성을 쌓지 아니한 곳에 심어서 야인의 충돌을 막는 것이 좋겠다.'고 하였고 남이도 그 이해利害를 진술하였는데, 인하여 말하기를, '천변이 이와 같으니 간신이 반드시 일어날 것인데, 나는 반드시 먼저 주륙을 받을까 염려스럽다.'고 하였습니다. 신이 듣고 놀라며 말하기를, '간신이 누구인가?' 하니, 남이가, '상당군 한명회다.'라고 하였습니다. 신이, '어찌하여 일찍 계달하지 아니하는가?' 하니, 남이가, '하는 것을 자세히 들은 뒤에 계달하겠다.' 하고, 인하여 말하기를, '이 말은 세 사람이 모여도 발설할 수 없다.' 하고서 인하여 술을 마시고 갔는데, 신이 즉시 치계하고자 하였으나 자세히 듣지 못하였

---

851) **겸인지용**兼人之勇 : 많은 사람을 당해낼 만한 용기.

852) **성변**星變 : 혜성이 나타난 일.

853) **악비**岳飛 : 남송南宋 때의 무장으로 충의가 뛰어났음.

고, 또 순장으로서 행순 때가 급박하고 꾀함이 익숙하지 못해서 미처 계달하지 못하였습니다."

임금이 남이에게 물으니, 대답하기를,

"신이 과연 민서와 더불어 말하였습니다. 한명회가 일찍이 신의 집에 이르러 적자를 세우는 일을 말하기에 신은 그 난을 꾀하는 것을 알았습니다."

한명회가 자리를 피하며 아뢰기를,

"신이 일찍이 남이의 집에 가서 남이와 더불어 말하지 아니하였으니, 청컨대 대변하게 하소서."

임금이 말하기를,

"이는 모두 남이가 꾸민 말이니 족히 분변할 것이 못된다. 경은 자리에 나아가라."

문치빈에게 물으니, 대답하기를,

"지난번에 남이가 상소의 초안을 신에게 주어 교정하게 하였는데, 초안은 지금 신의 집에 있고 다른 말을 들은 바는 없습니다."

이지정에게 물었으나 이지정의 대답이 바르지 아니하므로, 곤장 30여 대를 때리자 다만 말하기를,

"남이가 말하기를, '만약 올량합을 치는데 나를 장수로 삼으면, 누구에게 위장衛將을 맡길 만하냐?'고 하기에 신이 민서·장효손을 들어 말하자 민서가 좋다고 하였습니다."

탁문아에게 물으니, 대답하기를,

"남이가 요즈음 북방에 성식이 있다고 말하고 사람을 시켜 갑옷을 수리하게 하고, 또 박자하·박자전 형제가 와서 활과 화살을 만들며, 남이는 항상 야행의 금지를 범하고 출입하는데 물으면 꾸짖고 말하지 아니합니다. 일찍이 강 정승이 집에 왔는데 남이가 외청에서 마주 대해 술을 마시었고, 또 선전관 이계명이 교위 5, 6인을 데리고 집에 왔다가 갔는데, 남이가 그 어미에게 고하기를, '첨지 정숭로가 이계명을 보고 놀라고 두려워하여 달아났습니다.'라고 하였습니다."

또 이지정에게 묻기를,

"네가 어려서부터 남이와 사귀어왔으니, 남이의 하는 것을 네가 모르지는 아니할 것이다."

대답하기를,

"남이가 겸 사복장으로서 입번하였는데, 신이 가서 보니 남이가 『고려사』를 읽다가 인하여 말하기를, '내가 상소하여 불법佛法과 병위兵衛 등의 일을 진달하고자 한다.' 하였습니다. 이 말을 들었을 뿐입니다. 또 남이가 일찍이 신에게서 『병요』를 배웠으나, 남

이의 꾀하는 바는 신이 진실로 알지 못합니다."

또 곤장 30여 대를 때렸으나 불복하였다. 남이의 서삼촌[庶叔] 남유에게 물으니, 대답하기를,

"지난번 신이 남이의 집에 가니 김창손金昌孫·이중순李仲淳이란 자가 먼저 이르렀는데, 서로 바둑도 두고 작은 과녁에 활을 쏘았으며, 다른 것은 들은 것이 없습니다."

곤장 20대를 때려도 불복하였다. 또 남이에게 묻기를,

"남유가 말하기를 네가 활쏘고 바둑을 두었다고 하는데, 네가 어찌하여 졸곡 전에 활을 쏘고 바둑을 두었느냐?"

대답하기를,

"신은 무인이므로 활 힘이 장차 줄어질까 두려워하여 김창손·박자하·이중순의 무리들과 더불어 활을 쏘았고, 또 조영달·강이경과 더불어 활을 쏘았습니다."

임금이 말하기를,

"세조의 영靈이 소소하게 빈전에 계시니, 너는 사실대로 말하라."

드디어 경복궁으로 옮기겠다는 등의 말은 무엇을 이르는 것이냐고 물으니, 대답하기를,

"소신이 어찌 능히 주상을 경복궁으로 옮기게 하겠습니까?"

곤장을 치도록 명하였으나 그래도 불복하자 한명회가 아뢰기를,

"먼저 남이의 집 노복奴僕을 국문하여 상시로 왕래하는 사람을 묻게 하소서."

명하여 곧 노비 5, 6명을 나치하여 일일이 물으니, 계집종 막가가 대답하기를,

"요사이 정승이라 일컫는 이가 왔었습니다."

한명회가 묻기를,

"지금 정승이 많은데 네가 본 이는 누구냐?"

막가가 말하기를,

"성명은 알지 못하고 검은 수염이 많은 사람입니다."

강순이 앉아 있다가 자리를 피하며 말하기를,

"신이 강 태감姜太監의 집을 사고자 하여 남이의 집을 지나면서 들어갔었습니다."

— 『예종실록』, 1468년 10월 24일

> **實錄記事** 1468년 10월 25일, 편전에 나아가 조영달·박자하·장계지 등에게 남이의 역모 사실을 묻다

임금이 편전에 나아가서 조영달에게 물으니, 대답하기를,

"신이 남이와 더불어 같은 마을에서 날마다 놀고 희롱하였을 뿐이며, 모역하는 말은 듣지 못하였습니다."

박자하에게 물으니, 대답하기를,

"신이 남이의 집에 이르니 남이가 사람을 시켜 갑옷을 수리하는데, 신에게 경계하기를, '이제 국상이 있는데 아무 연고 없이 갑옷을 수리하면 남이 듣고 반드시 이상하다고 할 것이니 너는 누설하지 말라.'고 하였고, 모역하는 말은 듣지 못하였습니다."

장계지에게 물으니, 대답하기를,

"남이가 일찍이 신에게 묻기를, '용력이 있는 이가 누구냐?'고 하기에 신이 모른다고 대답하였고, 남이가 또 말하기를, '이제 성변이 있어 야인이 반드시 일어날 것인데, 내가 마땅히 쳐서 평정시키겠다.'고 하였습니다. 오직 이 말뿐이었습니다."

강이경에게 물으니, 대답하기를,

"신은 남이와 계를 만들었을 뿐입니다."

임금이 묻기를,

"네가 남이와 서로 만난 것이 며칠이 되었느냐?"

대답하기를,

"이제 겨우 5, 6일 되었습니다."

무슨 말을 하였느냐고 물으니, 대답하기를,

"남이가 말하기를, '네가 임소에 어느 날 가느냐?'고 하기에, 신이 근일에 간다고 대답하였더니, 남이가, '그때에 서로 보지 못하는 것이 애석하다.'고 하였습니다."

이때 강이경이 군위 현감에 제수되었으나 부임하지 아니하였다. 변영수에게 물으니, 대답하기를,

"신은 의술로서 남이를 보았을 뿐입니다."

아울러 그 아들 변자의를 매질하였으나 불복하였다. 이중순에게 물으니, 대답하기를,

"남이가 말하기를, '내가 병조 판서에 제수되었는데, 김국광·노사신·한계희가 주상께 아뢰어 옮겼다. 저 사람들은 재물을 탐하여 본디 나와 더불어 좋지 아니한 자이다.' 하였습니다. 신은 단지 이 말만 들었습니다."

또 문치빈에게 물으니, 대답하기를,

"신이 겸사복으로 입번하니 남이도 사복장으로 입직하였는데, 신이 남이의 숙직하는 곳에 나아가자 남이가 바야흐로 이지정과 더불어 바둑을 두고 있었습니다. 남이가 상소의 초안을 가지고 신에게 교정하기를 청하였습니다. 그 글에 있기를, '정병은 모두 절을 짓는 역사役事에 나가서 병위兵衛가 허술하다.'고 하였고, 또 '석씨854)의 일은 그

---

854) **석씨**釋氏 : 부처.

영묘함을 알지 못하겠다.'고 하여 불공한 말이 많아서 신이 옳지 못하다고 생각하고 장차 고치고자 하였는데, 미처 이루지 못하였습니다."

정숭로에게 물으니, 대답하기를,

"남이가 일찍이 활을 만들 힘줄을 구하였는데, 신이 가지고 남이의 집에 이르자 마침 선전관 이계명이 표신을 가지고 와서 말하기를, '내가 분경[855]을 금하라는 명을 받고 왔다.'고 하기에, 신이 드디어 작별하였습니다."

이때에 이계명이 입시하였으므로 곧 쇄항鎖項하도록 명하였다. 이계명이 남이의 집에 갔을 때에 남이가 말하기를,

"네가 이제 전지를 받들고 왔는데, 내가 만약 네 머리를 쳐부수면 주상이 나를 어떻다고 하겠느냐?"

이계명이 듣고도 꺼리지 아니하였다. 또 탁문아에게 물으니, 남이가 국상國喪의 성복成服 전에 육식한 일을 다 말하였다. 남이가 처음 붙잡힐 때에 쇠고기 수십 근이 부엌에 있었는데, 남이에게 묻기를,

"네가 비로소 고기를 먹은 것이 어느 날이냐?"

대답하기를,

"신이 병이 있어 국상 7일 뒤에 어미의 명으로 먹었습니다."

이침·이부·신숙주·한명회·조석문·박원형·이극증 및 형조 판서 강희맹이 의금부·대간과 같이 잡치[856]하였으나, 남이 등이 그래도 승복承服하지 아니하였다. 겸사복 향화인 동청주가 계달하기를,

"신정보가 홍원곶이에 가는데 남이가 말하기를, '산릉山陵에 나아갈 때에 미쳐서 돌아오겠느냐?'라고 하니, 신정보가 대답하기를, '미쳐서 올 수 있습니다.'고 하자 남이가, '속히 돌아오라.'고 하였습니다."

향화인 이거을가개李巨乙加介가 또 아뢰기를,

"김계종이 홍주에 가는데 남이가 말하기를, '산릉에 나아갈 때에 미쳐서 돌아오겠느냐?'라고 하니, 김계종이, '미쳐서 올 수 있습니다.'고 하자 남이가, '속히 돌아오라.'고 말하였습니다."

곧 의정부에 명하여 신정보·김계종을 나치하도록 하였다.

- 『예종실록』, 1648년 10월 25일

---

855) **분경**奔競: 벼슬을 얻기 위하여 엽관 운동을 하던 일.

856) **잡치**雜治: 나라에서 중죄인重罪人을 심문할 때 대간臺諫의 관원과 육조六曹의 관원이 합동으로 심문하던 일.

> **實錄記事** 1468년 10월 27일, 반역을 꾀한 강순·남이·조경치·변영수 등을 환열시키고 7일동안 효수하다

임금이 창덕궁 숭문당에 나아갔다. 밀성군 이침·영순군 이부·영의정 이준·하성군 정현조·고령군 신숙주·상당군 한명회·중추부 영사 심회·좌의정 박원형·창녕군 조석문 등과 도총관·승지·대간·사관 등이 입시하였다. 교위로 하여금 남이를 뜰에 나치하게 하고, 도총관 홍응·도승지 권감에게 명하여 묻게 하니, 남이가 대답하기를,

"신이 어려서부터 궁마를 업으로 삼아, 만일 변경에 일이 있으면 먼저 공을 세워 국가를 돕는 것이 신의 뜻입니다. 신은 본래 충의지사입니다."

임금이 말하기를,

"네가 '충의지사'라고 일컬으면서 어찌하여 성복[857] 전에 고기를 먹었느냐?"

대답하기를,

"병이 들었기 때문에 먹었습니다."

임금이 반역한 이유를 묻게 하니, 남이가 사실대로 대답하지 아니하므로, 이에 곤장을 때렸더니 남이가 큰 소리로 말하기를,

"원컨대 우선 천천히 하소서. 신의 꾀한 일을 말하자면 깁니다. 원컨대 한 잔 술을 주시고 또 묶은 끈을 늦추어 주면 하나하나 진달하겠습니다."

명하여 술을 내려 주고 묶은 끈을 늦추게 하니, 남이가 말하기를,

"신이 과연 반역을 꾀하고자 하였습니다. 유자광과 더불어 이야기한 말이 모두 옳습니다."

강순을 돌아보며 말하기를,

"저 이는 바로 신의 당류입니다. 지난해 9월에 세조께서 승하한 뒤에 마침 성변이 있었고 강순이 밀성군과 더불어 도총부에 입직하였는데, 신이 가서 보았더니 곧 밀성군은 안으로 들어가고 강순이 신의 손을 잡고 말하기를, '바야흐로 이제 어린 임금이 왕위를 이었는데 성변이 이와 같으니 간신이 반드시 때를 타서 난을 일으킬 것이다. 만약 그렇게 되면 우리들은 세조의 은혜를 받아 장군이라 이름하였으므로 반드시 먼저 화를 입을 것이니, 장차 어떻게 할 것인가?' 하기에, 신이 응답하기를, '약한 자가 선수先手함이 가하겠는가?' 하니, 강순이 옳게 여겼습니다. 다른 날에 강순과 더불어 같은 날 입직入直하였는데, 강순이 신의 숙직하는 곳에 이르러 서로 더불어 『고려사』를 열람하

---

857) **성복**成服 : 초상이 났을 때 처음으로 상복을 입는 일(보통 초상난 지 나흘 되는 날에 입음).

다가 인하여 강조[858]가 그 임금 송[859]을 시해하고 순[860]을 세운 것을 논하기를, '그때는 잘못이라고 하였으나 후세에서는 잘했다고 하니, 지금으로 보면 형세는 달라도 일은 같다.'고 하였습니다. 신이 말하기를, '계책이 이제 이미 정하여졌다. 장차 우리가 임금으로 삼을 이는 누구일까?' 하고, 인하여 영순군을 들자, 강순이 말하기를, '영순군과 귀성군은 한 몸뿐이고 그 후사가 미소하다. 내가 일찍이 보성군과 더불어 국가의 일을 말하였는데 보성군이 탄식하지 아니함이 없었고, 그 아들 춘양군春陽君이 세 번 우리 집에 왔다가 갔으므로 이도 또한 마음에 없는 것이 아니니, 우리들의 계책으로는 이만한 것이 없다. 그 뒤에 우리들이 공을 이루고 물러가 쉬면 사람들 가운데 누가 옳지 못하다고 하겠는가?' 하였습니다. 다른 날에 강순이 다시 말하기를, '성상께서 일찍이 여러 재상을 인견하고 산릉의 길흉을 물었는데, 내가 천어[861]의 정녕丁寧함을 들으니 참으로 명철한 임금이다. 어떤 간신이 있어 그 사이에 틈을 내겠는가? 우리 무리는 마땅히 마음을 달리하지 말고 힘써 도울 뿐이다.' 하였습니다. 또 먼젓날 성상께서 풍양에 거둥하여 산릉 터를 보고 종친·재추들과 더불어 길흉을 논할 때에 강순이 신에게 눈짓하여 말하기를, '내가 일찍이 말하지 아니하던가? 너도 천어를 들었느냐?'라고 하였습니다."

장차 또 말을 하려는 듯하더니 유자광이 뒤에 있는 것을 보고 마침내 다시 말을 하지 아니하였다. 강순에게 물으니, 강순이 숨기므로, 곤장을 때렸더니 강순이 말하기를,

"신이 어려서부터 곤장을 맞지 아니하였는데, 어찌 참을 수 있겠습니까? 남이의 말과 같습니다."

취초하도록 명하니, 강순이 붓을 당겨 즉시 이름을 쓰지 아니하고 남이를 돌아보며 꾸짖기를,

"내가 어찌 너와 더불어 모의하였느냐?"

남이가 말하기를,

"영공이 말하지 아니하였다고 하는가? 나와 같이 죽는 것이 옳다. 또 영공은 이미 정승이 되었고 나이도 늙었으니 죽어도 후회가 없을 것이나, 나 같은 것은 나이가 겨우 스물 여섯인데 진실로 애석하다."

---

858) **강조**康兆 : 고려 현종 때의 무신.

859) **송**誦 : 목종穆宗.

860) **순**詢 : 현종顯宗.

861) **천어**天語 : 임금의 말.

한탄하기를,

"영웅의 재주를 잘못 썼구나!"

강순이 곧 복초服招하였고, 또 당여黨與를 물으니 강순이 없다고 말하였다. 장신杖訊하기를 명하자 강순이 말하기를,

"신이 어찌 매질을 참을 수 있겠습니까? 만약 좌우의 신하를 다 들어서 당여라고 하여도 믿겠습니까?"

남이에게 강순의 당여를 물으니, 대답하기를,

"신도 알지 못합니다. 다만 강순이 일찍이 말하기를, '홍윤성은 기개가 활달하여 더불어 일을 의논할 만한 자라.' 하고는 말을 하려고 하다가 말하지 아니하였습니다. 강순이 또 말하기를, '본향 보령의 군사 가운데 당번으로 서울에 있는 자가 1백여 인人인데, 만약 때에 임하여 말하면 반드시 따를 것이다.'라고 하였습니다."

> 강순, 남이, 조경치, 변영수, 변자의, 문효량, 고복로, 오치권, 박자하를 저자에서 환열하고 7일 동안 효수하게 하였다. 이날 보성군 이합과 아들 춘양군 이내를 잡아 와서 …

또 남이에게 난을 일으킬 계획을 물으니, 대답하기를,

"창덕궁·수강궁 두 궁은 얕아서 겉으로 드러나 거사할 때에 바깥 사람이 알기가 쉽기 때문에 산릉에 나아갈 때에 사람을 시켜 두 궁을 불지르게 하고 성상이 경복궁으로 돌아오기를 기다려서, 12월 사이에 신이 강순과 더불어 일시에 입직하기를 약속하여, 신은 입직하는 겸사복을 거느리고, 강순은 입직하는 군사를 거느리고 거사하려고 하였습니다."

또 당여를 물으니, 남이가 민서·변영수·변자의·문효량·고복로·오치권·박자하·조경치 등을 하나하나 들어서 헤아리고, 모의에 참여시키려고 하다가 미처 말하지 못한 자가 20여 인이라고 하였다. 조경치를 나치하도록 명하여 곤장 30여 대를 내려 고신하여도 불복 다시 남이에게 물으니, 남이가 말하기를,

"신이 만약 말을 하고 조경치가 다만 '저 말이 옳다.'고 하면 믿을 것이 못되고, 조경치가 스스로 말하여 신의 말과 같은 뒤에야 믿을 수가 있습니다."

하므로, 다시 조경치를 매질하니, 그 말하는 바가 과연 남이의 말과 같았다. 남이가 말하기를,

"주상께서 성명하신데 신이 복이 적어서 이 지경에 이르렀습니다. 또 신과 강순은 모두 일등 공신이니, 원컨대 원방에 유배하든지 아니면 죽음을 내리소서."

임금이 말하기를,

"네가 이와 같을 것을 알지 못하고 모반하였느냐?"

곧 백관을 모으도록 명하여, 강순·남이·조경치·변영수·변자의·문효량·고복로·오치권·박자하를 저자에서 환열[862]하고 7일 동안 효수[863]하게 하였다. 이날 보성군 이합과 아들 춘양군 이내를 잡아 와서 임금이 합과 내에게 물으니, 합이 대답하기를,

"지난번 강순이 노비 문서의 일로 신의 집에 이르렀는데, 신이 술을 대접하였더니, 강순이 마시던 자배[864]를 소매에 넣고 가기에 신은 그가 술 그릇을 좋아해서라고 생각하였고, 또 백자 대종을 그 집에 보냈으며, 모의한 바는 없습니다. 신은 일찍이 그 집에 가지 아니하였습니다."

내俫는 말하기를,

"신은 상왕께서 승하하기 전에 한 번 찾아갔을 뿐입니다."

명하여 술을 먹이고 석방하였다. 임금이 교서를 내리기를,

"내가 덕이 박함으로써 국가의 어려움을 만나 경경[865]하게 상중喪中에 있어 오직 임무를 다하지 못할까 두려워하였는데, 뜻밖에 간신이 나의 처음 임금이 된 때를 틈타서 갑자기 흉한 꾀를 꾸며, 몰래 불령한 무리를 모아 사직을 위태롭게 하기를 도모하여 화기禍機가 거의 일어나게 되었는데, 오히려 천지와 조종의 도우심을 힘입어 역모가 저절로 실패하여 모두 천주天誅를 받았으니, 이에 난을 평정한 시초를 당하여 마땅히 죄를 용서하는 어짊을 베풀어야 할 것이다. 이달 27일 매상昧爽 이전으로부터 모반 대역·모반과 자손으로서 조부모·부모를 때리거나 욕한 것과 처첩으로서 지아비를 죽이기를 꾀하거나 노비가 주인을 죽이기를 꾀한 것과 고독[866]·염매[867], 고의로 살인을 꾀한 것과 단지 강도·절도 및 강상에 관계되는 일을 범한 것을 제외하고는, 이미 발각된 것이나 발각되지 아니한 것이나, 이미 결정된 것이나 결정되지 아니한 것이나 모두 용서하여 면제한다. 아아! 화란을 진압하여 종사를 튼튼히 하였으니 이미 비상한 경사가 있고, 관대한 은전을 펴서 허물을 씻으니 막대한 은혜를 내림이 마땅하다."

— 『예종실록』, 1468년 10월 27일

---

862) **환열**轘裂 : 두 수레가 양쪽에서 끌어 당겨서 인체人體를 찢어 죽이던 형벌. 거열車裂.

863) **효수**梟首 : 죄인의 목을 베어 높은 곳에 매달던 일.

864) **자배**磁杯 : 자기로 된 술잔.

865) **경경**煢煢 : 외롭고 걱정스러움.

866) **고독**蠱毒 : 독약을 먹이는 것.

867) **염매**魘魅 : 남을 저주하는 것.

제8대 예종 이황

> **實錄記事** 1468년 10월 28일, 남이의 역모에 관련된 자들을 죄의 경중에 따라 형벌을 정하다

임금이 승정원과 신숙주·한명회·박원형에게 묻기를,

"조영달·이지정은 남이의 심복인데 남이가 비록 말하지 아니하였을지라도 때에 임하여 말하려고 하였으니, 이들도 당류이다. 처참함이 어떻겠는가? 무릇 일에 관련된 사람의 죄상을 그 경중을 가려 계달하라."

신숙주 등이 분간하여 계달하니, 의금부에 전지를 내리기를,

"박자전·김창손·노경손·최완·이지정·남유·조윤신·문치빈·장계지·김실·장익지·장순지·조순종·조영달·강이경·이하李夏·이철주·홍형생·유계량·이중순·장서·신정보·노수동·김원현은 모두 처참하고 가산을 적몰하며, 김계종·윤말손·경유공·김효조·정숭로는 모두 종으로 삼고 가산을 적몰하며, 김연근은 종으로 삼고, 이계명은 고신告身을 거두고 본향에 충군하며, 윤말손·정숭로는 모두 공신 녹권을 거두고, 능지한 자의 연좌는 모두 율문에 의하여 사위를 안치하고, 처참한 자의 부자·처첩·손자·형제·숙질 등은 모두 다 안치하라."

— 『예종실록』, 1468년 10월 28일

29일, 남이의 활·화살·대도·갑옷을 군기시에 거두도록 명하였다.

> **實錄記事** 1468년 10월 30일, 남이를 편든 조숙을 참형에 처하다

조숙은 본래 남이와 더불어 좋아하여 남이가 건주를 칠 때에 추천하여 종사관으로 삼았는데, 조숙이 이로부터 항상 남이의 집에 왕래하였으므로 명하여 나치해 물으니, 조숙이 불복하였다. 임금이 편전에 나아가니, 밀성군 이침·영순군 이부·귀성군 이준·인산군 홍윤성·청천군 한백륜·서원군 한계미와 승지承旨·선전관·겸사복 등이 입시하였다. 임금이 조숙에게 남이를 편든 정상을 물으니 조숙이 불복하였다. 형벌을 더하였으나 조숙이 다만 부르짖기를, '한 충신이 죽는다.'라고만 할 뿐이었다. 임금이 홍윤성에게 이르기를,

"남이의 당류는 씨도 남길 수 없다."

홍윤성이 대답하기를,

"조숙은 유자儒者이면서 활을 잘 쏘는 자인데, 남이가 반란을 일으키면 이 무리가 반드시 도울 것이므로, 결단코 남길 수 없습니다."

임금이 말하기를,

"남이가 반역하자 공사에 연루되어 죽는 자가 많으니, 내가 매우 차마 할 수 없다."

홍윤성이 대답하기를,

"종사의 대계를 위하여 아니할 수 없습니다."

이에 명하여 조숙을 의금부에 내려서 처참하게 하였다. 임금이 또 말하기를,
"사람을 형벌하는 것이 불쌍하기는 하나 종사의 계책을 위하여서는 엄하게 아니할 수 없으니, 참형된 사람의 부자는 모두 사형에 연좌하라."
- 『예종실록』, 1468년 10월 30일

> **實錄記事** 1468년 10월 30일, 남이와 모의한 맹불생을 참형에 처하고 관련자들을 모두 선정문 뜰에 가두다

장용대의 오마수가 같은 장용대 사람 진소근지·맹불생·이산 등이 남이와 더불어 당류가 되어 통모하였다고 고하므로 곧 맹불생을 잡아서 묻게 하였으나 말이 자못 바르지 아니하였다. 형벌을 가하자 이에 자복하므로 처참處斬868)하도록 명하고, 또 진소근지에게 물으니 사련자辭連者가 수십 인인데 모두 잡아오도록 명하였다. 날이 저물어서 임금이 수강궁 후원의 편전으로 이어移御하였다. 명하여 신숙주·한명회·구치관을 불러 입시하게 하고, 진소근지·이산 등을 국문하니 모두 자복하였다. 임금이 말하기를,
"내가 이제 최질衰絰 중에 있으므로 사람을 형벌하기를 즐기지 아니하나, 사직을 위하는 계책으로써 역당을 엄하게 다스리지 아니할 수 없으니, 모름지기 끝까지 물어서 형벌대로 처치하여, 죽임으로써 죽임을 그치게 함이 가하다."

진소근지 등이 같은 대隊의 사람을 다 끌어대어 말한 것이 거의 수백 사람에 이르렀는데, 말하기를,
"신이 이산·복중과 더불어 남이의 말을 듣고, 장용대에 무재가 있는 자를 모두 모아서 이달 9월 29일에 3운運으로 나누어 남이의 집에 가니, 남이가 술을 먹이고 말하기를, '마땅히 함길도에 가서 방수할 것이다.'라고 하였습니다."

밤이 이미 3고鼓인데, 명하여 사련인辭連人을 모두 잡아서 선정문 바깥 뜰에 가두고, 도총관 윤사흔과 도승지 권감으로 하여금 위사를 거느리고 지키게 하였다.
- 『예종실록』, 1468년 10월 30일

직전수조법을 제정하다

1468년(예종 즉위년) 둔전을 일반 농민이 경작하는 것을 허락한 짓전수조법869)을 제정했다. 1469년 3월 삼포870)에서 왜인과 사무역을 금지하였다. 6월은 각

---

868) **처참**處斬 : 목 베어 죽이는 형벌.
869) **직전수조법**職田收租法 : 둔전을 일반 농민이 경작하는 것을 허락하는 법.

도, 읍에 있는 둔전(관아의 밭)을 일반 농민이 경작하는 것을 허락하였다. 6월 『천하도』가 완성되었고, 7월 『무정보감』[871]을 완성했으며, 9월 최항 등이 『경국대전』을 써서 예종에게 올렸으나 반포하지 못하고 승하하였다.

예종은 세자로 있을 때 1466년부터 세조의 명으로 정치 경험을 했고, 세조의 정치 방법에 영향을 받았다. 따라서 세조처럼 언관[872]에게 강경한 태도를 보였고, 언관에 대한 좌천·파직 등을 했다.

장인 한명회와 사사건건 대립하다

예종은 부왕 세조가 공신들을 우대하였지만, 왕의 권위에 도전하는 것만은 용납하지 않고 강한 왕권을 휘두른 것에 감명받아 왕권을 강화했다. 왕권 강화를 위해 장인이자 권신 한명회와 사사건건 대립하였다.

예종은 강력한 왕권을 기본으로 백성들을 위한 정치를 하려고 했고 그런 정책들을 추진할 수 있는 능력이나 배짱은 충분했다. 예종이 오래 살아 10년 넘게 왕위에 있었다면 아버지 세조보다 훨씬 나은 왕이라는 평가를 받았을 것이다.

조선의 최고 법전 『경국대전』이 예종 때 완성되었으나, 반포하기 전 예종이 급사해 업적은 조카 성종에게 돌아갔다. 예종은 여러모로 안타까운 군주였다.

20세 나이에 갑자기 승하하다

1469년(예종 1년) 11월 28일 예종은 20세 나이로 갑자기 승하했다. 승정원에 모여 있던 원상들은 예종이 죽었다는 소식을 전해 듣고 곧바로 정희대비에게 알

---

870) **삼포**三浦 : 조선 전기 일본인들의 왕래와 거주를 허가하였던 동남 해안의 세 포구로 웅천의 제포와 동래의 부산포 및 울산의 염포를 말한다. 1510년(중종 5년) 삼포에서 일어난 일본거류민들의 폭동 사건인 삼포왜란을 일으켰다.

871) **『무정보감**武定寶鑑』 : 조선 건국 초부터 예종 때까지 발생한 국내의 정변과 전쟁, 외침 사건의 전말을 기록한 책으로 성종 즉위년(1469년) 완성하였으나 현재는 전하지 않는다.

872) **언관**言官 : 사간원과 사헌부에 속하여 임금의 잘못을 논하고 신하의 비행을 규탄하던 벼슬아치.

렸다. 예종의 죽음은 그야말로 갑작스러운 것이었다. 예종은 평소 건강이 좋지 않았고 죽기 전날까지 정희대비에게 문안을 드리고 일상적인 업무를 했다.

> **實錄記事** 1460년 11월 28일, 진시에 임금이 자미당에서 훙하다

원상 고령군 신숙주·상당군 한명회·능성군 구치관·영성군 최항·영의정 홍윤성·창녕군 조석문·좌의정 윤자운·우의정 김국광 등이 승정원에 모이니, 사알司謁이 고하기를,

"승지 등은 사정전으로 나아가시오."

승지와 원상 등이 모두 사정전의 문내로 나아갔다.

진시에 임금이 자미당에서 훙하였다. 승전 환관 안중경이 대궐 안으로부터 곡읍하며 나와서 모든 재상에게 훙하였음을 고하니, 모든 재상들도 실성(하며 통곡하였다. 안중경이 태비의 명을 선포하여 이르기를,

"예조 판서가 와서 봉시하라."

겸 판서 신숙주가 도승지 권감과 함께 자미당에 들어갔다가 나오고, 입직한 도총관 노사신이 또한 대궐문 안으로 들어오니, 모든 재상들이 노사신과 함께 의논하여, 위사衛士로 하여금 궁성의 모든 문을 굳게 지키게 하였다. 신숙주가 권감에게 이르기를,

"국가의 큰 일이 이에 이르렀으니, 주상主喪은 불가불 일찍 결정하여야 한다."

권감이 하성군 정현조를 인하여 태비에게 아뢰기를,

"청컨대, 주상자主喪者를 정하여서 나라의 근본을 굳게 하소서. 이것은 큰일이므로 중사中使를 시켜 전달할 수 없으니, 청컨대 친히 아뢰게 하소서."

정현조가 들어가 친히 계달하고, 왕복하면서 출납하기를 서너 번 하자, 이윽고 태비가 강녕전 동북쪽 편방에 나와서 원상과 도승지를 불러 들어오게 하였다. 신숙주·한명회·구치관·최항·홍윤성·조석문·윤자운·김국광·권감 등이 들어오고, 한계희·임원준 등이 또한 자미당으로부터 들어오니, 태비가 슬피 울었다. 조금 지나서 신숙주가 아뢰기를,

"신 등은 밖에서 다만 성상의 옥체가 미령하다고 들었을 뿐이고, 이에 이를 줄은 생각도 못하였습니다."

태비가 이르기를,

"주상이 앓을 때에도 매일 내게 조근朝覲하였으므로, 나도 생각하기를, '병이 중하면 어찌 이와 같이 하겠느냐?' 하고, 심히 염려하지 않았는데, 이제 이에 이르렀으니, 장차 어떻게 하겠느냐?"

정현조와 권감을 시켜 여러 재상에게 두루 묻기를,

"누가 주상자主喪者로서 좋겠느냐?"

모두 말하기를,

"신 등이 감히 의의할 바가 아니니, 원컨대 전교를 듣고자 합니다."

정현조에게 명하여 전교하기를,

"이제 원자873)가 바야흐로 어리고, 또 월산군874)은 어려서부터 병에 걸렸으며, 홀로 자을산군875)이 비록 어리기는 하나 세조께서 일찍이 그 도량을 칭찬하여 태조에 비하는 데에 이르렀으니, 그로 하여금 주상을 삼는 것이 어떠하냐?"

모두 말하기를,

"진실로 마땅합니다."

그대로 따랐다. 인하여 슬피 울며 목이 메어 슬픔을 스스로 이기지 못하였다. 신숙주가 아뢰기를,

"국가의 액운이 이에 이르렀으니, 어찌하겠습니까? 엎드려 원하건대, 종묘와 사직을 염려하여 슬픔을 조금 누르시고 사군嗣君을 잘 조호調護하여 비기876)를 보존하게 하소서."

인하여 아뢰기를,

"외간은 시청視聽이 번거로우니, 사정전 뒷뜰로 나가서 일을 의논하고자 합니다."

드디어 태비에게 하직하고 사정전 뒤 서쪽 뜰로 나갔다.

신숙주가 최항과 더불어 의논하여 교서를 초草하였다. 신숙주 등이 의논하여 장차 한명회와 권감 등을 시켜 위사衛士 20여 인을 거느리고 자을산군 본저에 가서 맞아오려고 하였는데, 미처 계달하기 전에 자을산군이 이미 예궐하였다가 부름을 받고 안으로 들어갔다. 여러 신하들이 의논하여 아뢰기를,

"병방 승지 한계순을 보내어서 환관 3인, 겸사복 10인, 오장 차비를 거느리고 자을산군의 부인을 본저에서 맞아들이게 하소서."

신숙주 등이 태비의 청정을 계청하였다. 태비가 전교하기를,

"나는 이미 박복하여 일이 이와 같으니, 심신을 화평하게 하기 위하여 스스로 수양하려고 한다. 또 나는 문자를 알지 못하지만 수빈877)은 문자도 알고 사리에도 통달하니,

---

873) **원자**元子 : 제안대군齊安大君.

874) **월산군**月山君 : 덕종德宗의 장남. 성종成宗의 친형.

875) **자을산군**者乙山君 : 성종成宗.

876) **비기**丕基 : 제왕의 기업基業.

877) **수빈**粹嬪 : 성종의 생모. 소혜왕후昭惠王后 한씨韓氏.

가히 국사를 다스릴 것이다."
신숙주 등이 아뢰기를,
"옛날부터 고사가 있고, 또 온 나라 신민의 여망이 이와 같습니다."
태비가 두번 세번 사양하므로, 원상과 승지 등이 굳이 청하고 인하여 글을 올려서 이르기를,
"신 등이 그윽이 생각하건대, 국가가 성상의 슬픔을 만나 재앙과 근심이 연달아 일어났습니다. 세조대왕께서 향년이 길지 못하였는데, 또 이제 대행 대왕도 갑자기 만기를 버리시었고, 계사가 유충하여 온나라의 신민들이 당황하여 어찌할 바를 알지 못하니, 자성 왕대비 전하께서는 슬픔을 조금 누르시고, 종묘와 사직의 중함을 생각하시어, 위로는 옛 전례를 생각하고, 아래로는 여정에 따라 무릇 군국의 기무를 함께 듣고 재단하다가, 사군이 능히 스스로 총람할 때를 기다려서 정사를 돌려주시면 이보다 더 다행한 일이 없겠습니다."
그대로 따랐다.

- 『예종실록』, 1469년 11월 28일

묘호는 예종, 시호는 양도흠문성무의인소효대왕, 능호는 창릉이다. 창릉은 예종과 계비 안순왕후 한씨의 동원이강릉으로 정자각에서 왼쪽이 예종, 오른쪽이 안순황후 한씨의 능이다. 창릉은 경기도 고양시 덕양구 서오릉로 334-32에 있는 서오릉 내에 위치하고 있다.

서오릉 창릉 인순왕후 능침

제8대 예종 이황

서오릉 창릉 예종 능침

정자각

창릉은 조선 8대 예종과 두 번째 왕비 안순왕후 한씨의 능이다. 창릉은 서오릉에서 왕릉으로 조성된 최초의 능으로, 같은 능역에 하나의 정자각을 두고 서로 다른 언덕에 능침을 조성한 동원이강릉의 형태이다. 정자각 앞에서 바라보았을 때 왼쪽 언덕(서쪽)이 예종, 오른쪽 언덕(동쪽)이 안순왕후의 능이다. 1469년(예종 1년)에 예종이 세상을 떠나자 이듬해인 1470년(성종 1년)에 의경세자의 의묘(懿墓, 경릉) 북쪽에 능을 조성하였다. 그 후 1498년(연산군 4년)에 안순왕후 한씨가 세상을 떠나자 이듬해인 1499년(연산군 5년)에 창릉 동쪽 언덕에 능을 조성하였다. 진입 및 제향공간에는 홍살문, 판위, 향로와 어로, 정자각, 수복방, 수라간, 비각이 배치되어 있다. 창릉의 두 능침은 병풍석을 생략하고 난간석만 둘렀으며, 석물의 상설은 왕과 왕비가 비슷하다. 석물의 상설은 왕과 왕비가 비슷하다. 예종의 능침의 장명등은 지붕돌이 없어진 상태이고, 혼유석을 받치는 고석의 무늬가 도깨비가 아닌 북고리로 조각되어 있는 것이 유일하다.

고양 서오릉_창릉 정자각(왼쪽 예종 능침, 오른쪽 안순왕후 능침)

예종은 세조와 정희왕후 윤씨의 둘째 아들로 1450년(세종 32년)에 수양대군 사저에서 태어났다. 세조가 왕위에 오른 후 해양대군(海陽大君)에 봉해졌고, 형인 의경세자(추존 덕종)가 20세의 나이로 일찍 세상을 떠나자 1457년(세조 3년)에 왕세자로 책봉되었다. 1468년(세조 14)에 세조의 선위를 받아 왕위에 올랐다. 즉위 초에 남이의 옥사를 진압하였으며, 1469년(예종 1년)에는 세종의 영릉을 여주로 천장하였다. 그러나 재위 1년 2개월 만에 경복궁 자미당에서 20세로 세상을 떠났다. 예종은 효성이 지극했던 아들이었다. 조선 후기의 학자 이긍익이 지은 야사모음집 『연려실기술(燃藜室記述)』에는 예종이 부왕 세조가 세상을 떠난 것에 충격을 받아 건강을 해쳤다며 다음과 같이 기록하고 있다. 예종이 세자일 때 세조가 병환이 생기니 수라상을 보살피고 약을 먼저 맛보며 밤낮으로 곁을 지키며 한잠도 못 잔 지가 여러 달이 되었다. 세조가 돌아가매 슬픔이 지나쳐 한 모금의 물도 마시지 않았으므로 마침내 건강을 해치게 되어 이 해 겨울에 세상을 떠나게 되었다. 예종의 두 번째 왕비 안순왕후 한씨는 본관이 청주인 청천부원군 한백륜과 서하부부인 임씨의 딸로 태어났다. 1463년(세조 9)에 왕세자의 후궁인 소훈(昭訓, 내명부 세자궁 종5품)에 간택되었고, 예종이 즉위하자 왕비로 책봉되었다. 예종이 세상을 떠난 후 원자인 제안대군이 왕위를 이어받는 것이 원칙이었으나, 나이가 어렸기 때문에 왕위에 오르지 못하고 의경세자의 둘째 아들인 자산군(성종)이 예종의 양자로 입적되어 왕위에 올랐다. 성종이 즉위한 후 인혜왕대비가 되었고, 연산군 즉위 후 대왕대비가 되었다. 그 후 1498년(연산군 4년)에 창경궁에서 세상을 떠났다.

제9대 **성종 이혈**

조선왕조의 통치 체제를 완성한 왕

생애	1457년~1494년	재위 기간	1469년~1494년
본관	전주	휘(이름)	혈
묘호	성종	능호	선릉

〈성종 상상 어진〉

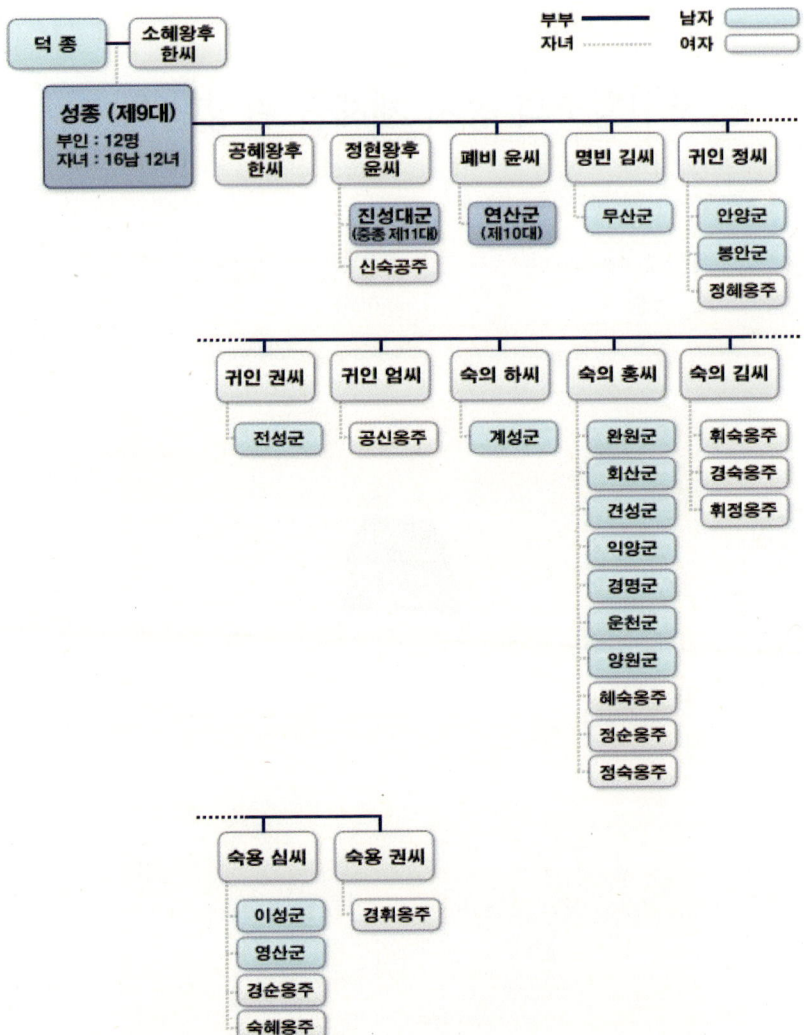

제9대 성종 이혈

▌ 총서

성종 강정 인문 헌무 흠성 공효 대왕의 휘는 이혈이니, 덕종[878]의 둘째 아들이다. 어머니는 인수대왕대비 한씨로서, 좌의정 서원 부원군 한확의 딸이다. 천순天順 원년 정축년[879] 7월 30일 신묘에 왕은 동저에서 탄생하였는데, 이해 9월에 덕종이 훙서하니, 세조가 왕을 궁중에서 양육하였다. 왕은 타고난 자질이 특별히 준수하고, 기상과 도량이 보통 사람보다 뛰어나므로, 세조가 대단히 사랑하여 신사년[880] 정월에 자산군으로 봉하였다. 왕이 일찍이 동모형 월산군 이정과 더불어 궁중의 무하에서 글을 읽고 있을 때 마침 요란한 천둥 소리가 나고, 소환[881]이 곁에 있다가 벼락을 맞아 죽으니, 모시고 있던 사람들은 놀라서 넘어지며 기운이 쭉 빠지지 않은 이가 없었는데도, 왕은 조금도 두려워하는 기색이 없이 언어와 행동이 침착하여 평상시와 다름이 없으므로, 사람들이 모두 이를 기이하게 여겼다.

▌ 1469년 11월 28일, 대비의 명에 의해 경복궁에서 즉위하다

대비가 교서를 내리기를,

"아아, 하늘이 돌보아 주지 않고 우리 왕가에 재앙을 내리어 세조 대왕께서 향년이 장구하지 못하니, 사왕이 부왕의 승하를 슬퍼하다가 병을 얻어 갑자기 일어나지 못하게 되었다. 화환이 서로 잇닿게 되니, 몹시 슬픈 형상을 이루 말하겠는가? 내가 생각하건대, 대위는 잠시동안이라도 비워 둘 수는 없는데, 사왕의 아들은 바야흐로 포대기 속

---

878) **덕종**德宗 : 초명은 이숭李崇, 이름은 이장李暲, 자는 원명原明. 아버지가 세조이며, 어머니는 참판 윤번의 딸 정희왕후이다. 성종의 아버지이다. 1445년(세종 27년) 도원군에 봉해지고, 1455년(세조 1년) 세자로 책봉되었으며, 서원부원군 한확의 딸 소혜왕후 한씨를 비로 맞아 월산대군과 성종을 낳았다. 어려서부터 예절이 바르고 글 읽기를 즐겼으며 해서楷書에도 능하였으나, 병약하였다고 한다. 1457년 병이 크게 들어 21명의 승려가 경회루에 공작재를 베풀고 병의 치유를 빌었으며, 의정부 당상관, 육조판서와 좌찬성 신숙주, 도승지 한명회 등도 함께 참여하여 속한 쾌유를 기원하였다. 그러나 병세가 더욱 악화되어 20세의 나이로 죽었다. 능은 경릉敬陵으로 경기도 고양시 신도읍 용두리에 있다. 1471년(성종 2년) 덕종으로 추존되었다. 시호는 의경懿敬이다.

879) **천순**天順 **원년 정축년** : 1457년(세조 3년).

880) **신사년** : 1461년(세조 7년).

881) **소환**小宦 : 나이 젊고 지위가 낮은 환관.

에 있고 또 본디부터 병에 걸려 있으며, 세조의 적손으로는 다만 의경 세자의 아들 두 사람이 있으나, 월산군 이정은 어릴 때부터 병이 많고, 그 동모제 자산군 이혈은 재질이 준수하여 숙성하였으므로, 세조께서 매양 자질과 도량이 보통 사람보다 특별히 뛰어났음을 칭찬하면서 우리 태조에게 견주기까지 하였다. 지금 나이가 점차 장성하여 학문이 날로 진보되어서 큰일을 맡길 만하다. 이에 대신들과 의논하니 대신들도 말을 같이하여, '진실로 여러 사람의 희망에 부합합니다.' 하므로, 이에 이혈을 명하여 왕위를 계승하도록 한다. 국가의 존망을 감념하건대, 마음이 놓이지 않는다. 그대들 대소 신료는 내 뜻을 잘 본받아서 힘을 다하여 좌우에서 보좌하라. 아아, 슬프다."

하였다. 백관들이 나가니, 여러 원상[882]들이 의논하여 아뢰기를,

"사군이 성복한 후에 즉위하는 것이 전례이지마는, 지금은 이와 같이 할 수가 없으니, 마땅히 먼저 즉위하여 민심을 안정시켜야 할 것입니다."

대비가 전교하기를,

"좋다."

신시에 임금이 면복을 갖추고 근정문에 나가서 즉위하니, 문무백관들이 조복을 갖추고 하례를 올렸다. 이에 교서를 내리기를,

"생각건대, 우리 국가가 큰 명령을 받아서 열성이 서로 계승하였는데, 하늘이 돌보아 주지 않아 세조 대왕께서 갑자기 제왕의 자리를 떠나시니, 대행대왕(예종을 말함)께서도 슬퍼하다가 병이 되어 마침내 세상을 떠나시게 되었다. 태비 자성 흠인 경덕 선열 명순 원숙 휘신 혜의 전하께서 나에게 명하여 왕위를 계승하도록 하셨으므로, 굳이 사양타 못하여 마침내 대위에 나아가게 되었다. 자성 왕대비를 높여서 대왕대비로 삼고, 대행 왕비를 높여서 왕대비로 삼는다. 지금 사위한 처음에 당했으니, 마땅히 관대한 은전을 펴야만 할 것이다. 이제부터 11월 28일 이른 새벽 이전의 모반과 대역 모반, 자손이 조부모와 부모를 모살 또는 구매한 것, 처첩이 남편을 모살한 것, 노비가 주인을 모살한 것, 고독·염매·모고 살인을 꾀한 것이나, 다만 강도를 범한 것을 제외하고는, 이미 발각되었거나 발각되지 않았거나, 이미 결정되었거나 결정되지 않았거나, 이를 모두 사면할 것이니, 감히 유지 전의 일을 가지고 서로 고언하는 사람은 그 죄로써 죄줄 것이다. 관직에 있는 사람은 각기 1계급을 올려 주고, 직첩을 회수당한 사람은 돌려주며, 도형·유형·부처·정속된 사람은 죄의 경중을 분변하여 석방할 것이다. 내가 어린 몸으로 외롭게 상중에 있으니 어찌할 바를 모르겠다. 그대들 대소 신료는 마음과

---

882) 원상(院相): 임금이 죽은 뒤 어린 임금을 보좌하여 정무를 맡아 다스리던 직책.

힘을 합하여 나의 미치지 못한 점을 보좌하여, 나로 하여금 우리 조종을 욕되게 하는 일이 없도록 하고, 우리 사직을 영구히 보전하도록 하라." - 『예종실록』 1469년 11월 28일

13세에 왕이 되다

조선 제9대 왕 성종은 13세 어린 나이로 왕위에 올라 7년간 정희대비[883)의 수렴청정을 받았는데 친정을 시작하면서 공신 세력을 견제하고자 신진 사림 세력을 등용하고 왕권 강화를 위해 노력했어요. 『경국대전』의 편찬 사업을 이어받아 1485년 반포했으며, 1492년에는 『대전속록』[884) 을 편찬했어요. 재위 기간 동안 불교를 통제하고 유학을 장려하는 숭유억불정책을 시행했어요. 국방 대책에도 힘을 기울여 압록강 이북의 야인 본거지를 정벌하고, 두만강 이북의 우디거 종족 마을을 소탕했습니다.

정희대비의 수렴청정을 받다

성종은 1457년(세조 3년) 세조의 큰아들 덕종(의경세자)과 한확의 딸 소혜왕후 사이에서 둘째 아들로 태어났다. 이름은 혈이며, 1461년(세조 7년) 자산군에 봉해졌다. 세자였던 아버지 덕종은 그가 태어나던 해 20세 나이로 요절했고, 세조의 둘째 아들 예종이 왕위에 올랐다. 왕위 계승 서열 밖에 있었으나 1469년(예종 1년) 11월 28일 예종이 급서하면서 예종의 다섯 살 난 원자 제안대군과 형 월산대

---

883) **정희대비**貞熹大妃 : 세조가 승하하고 예종이 즉위한 뒤 왕대비가 되었고, 예종이 즉위 1년 만에 갑작스레 병으로 승하하자 당일 바로 한명회와 결탁하여 둘째 손자 자을산군을 왕위에 올린 뒤 자신은 왕실 최고 어른인 대왕대비로서 조선 최초의 수렴청정을 하였다. 예종이 갑자기 죽었을 때 그의 아들 원자가(제안대군) 있었으나 나이가 너무 어리다는 이유로 그녀는 왕위를 넘겨주지 않았으며, 의경세자에게도 큰아들인 월산대군이 있었으나 자을산군을 즉위시킨 것은 정희대비 개인의 결단에 의한 것이었다. 폐비 윤씨가 불순한 행실로 정희왕후의 눈 밖에 도 나 이후 성종, 인수대비와 폐출, 사사를 적극 주도했다.

884) 『**대전속록**大典續錄』: 1491년 10월 감교청을 설치하여 새로 발표한 수교 중에서 법령으로 삼을 만한 것을 편찬하게 했다. 다음해 7월 28일 완성하여 1493년 5월부터 시행했다.

군[885]을 제치고 왕위에 올랐다.

정희대비는 원자 제안대군이 너무 어리고 월산대군은 어릴 때부터 병이 많다고 하며 자산군을 왕위 계승자로 지목했다. 세조는 자산군을 "매양 자질과 도량이 보통 사람보다 특별히 뛰어나다."고 했다. 정희대비의 지목을 받은 자산군은 공신들의 지지를 받고 예종이 승하한 날 즉위식을 했다.

성종의 나이가 13세에 불과해 성년이 될 때까지 할머니 정희대비의 수렴청정을 받았다. 성종이 왕이 되는 데 공을 세운 원로대신들, 장인 한명회를 비롯한 공신 세력들이 정치적으로 절대적인 영향력을 발휘했다. 그들은 예종이 금지했던 분경, 대납, 겸판서 등을 부활시키고 자신들을 견제하던 종친 세력의 핵심 인물 구성군을 유배 보내 공신 세력의 권력을 공고히 했다.

한명회의 막내딸과 결혼하다

성종은 1467년(세조 13년) 한명회의 막내딸과 결혼했다. 성종의 어머니 소혜왕후 한씨와 한명회가 정치적으로 야합했다. 한명회는 셋째 딸을 예종의 첫 번째 부인으로 시집보냈고, 막내딸도 성종과 결혼시킴으로써 두 명의 딸을 왕비로 만들었다. 예종의 첫 번째 부인 장순왕후는 예종이 왕위에 오르기도 전에 죽었고, 성종의 정비 공혜왕후는 성종이 즉위한 지 5년 후 1474년(성종 5년) 죽었다. 성종과 공혜왕후[886]의

한명회

---

885) **월산대군**月山大君 : 아버지 의경세자가 1470년 의경왕에 추존되고 1475년 회간대왕에 추존되고 덕종의 묘호를 받았지만, 그는 세자에 추존되지 못했다. 그는 자신의 고향인 북촌에다 별장을 지어놓고 그 곳에서 시를 짓고 책을 읽으며 자연 속에 묻혀 일생을 보냈다. 친조카인 중종의 계비 장경왕후 윤씨의 친정아버지 윤여필은 그의 처제의 남편으로 동서간이 되는데, 다시 윤여필의 딸 중 1명이 그의 서자 덕풍군 이이와 결혼하여 이중 겹사돈이 되었다.

886) **공혜왕후**恭惠王后 : 아버지는 영의정 한명회이다. 1467년(세조 13년) 세조의 손자인 자산군 혈과 가례를 올렸다. 1469년 자산군이 예종의 뒤를 이어 왕위에 오르자, 왕비에 책봉되었다. 1474

사이에는 자식이 없었다.

성종은 윤기무의 딸 숙의 윤씨를 새 왕비로 맞아들였다. 후궁 윤씨는 연산군을 낳았고 윤씨는 성종과의 불화로 1479년(성종 10년) 6월 2일 폐위가 되고, 1482년(성종 13년) 8월 16일 사약을 받고 죽었다. 폐비 윤씨[887]는 호색한 성종 때문에 고심하다가 다소 과격한 언행으로 폐출되어 사가로 내쫓겼고, 끝내 사약을 받아 숨졌는데 실록에 기록된 윤 씨의 언행은 다음과 같이 전해지고 있다.

"내가 살아 있을 때에야 어찌 변을 만들겠는가마는, 내가 죽으면 반드시 난을 만들어 낼 것이니, 경 등은 반드시 오래 살아서 목격할 자가 있을 것이다."
— 성종이 윤씨를 폐출하면서 대신들에게 한 말

"평소에 시비에게 죄과가 있으면, 반드시 이르기를, '지금은 비록 너에게 죄줄 수가 없더라도, 장차는 너를 족멸시킬 것이다.'라고 하였으니, 이와 같은 마음으로써 원자를 가르친다고 하면 옳겠는가?"
— 인수대비가 윤씨의 성품에 관하여 한 말

"주상에게 말하기를, '그 눈을 빼고, 발자취까지도 없애버리며, 그 팔을 끊어버리고 싶다.'하였으니, 이와 같은 말들을 어찌 이루다 말하겠습니까? 또 비상 가루를 옷 속에 차고 다니며, 주상께서 편치 못할 때에는 더욱 이를 기뻐하였고, 어선(임금에게 올리는 음식)이 있는 곳을 아무 때나 출입하였습니다. 우리들이 이러한 일을 막고 막았는데, 주상이 어찌 다 알겠습니까?"
— 자성대왕대비가 윤씨의 성품에 관해 언급한 언문 내용

성종의 세 번째 부인은 윤호의 딸 정현왕후 윤씨[888]이다. 정현왕후는 성종의 후궁으로 폐비 윤씨가 폐출된 후 왕비가 되었다. 정현왕후는 1남 2녀를 낳았

년 19세의 나이로 소생이 없이 죽었다.

887) **폐비 윤씨**廢妃 尹氏 : 조선의 제9대 국왕 성종의 계비로서 공혜왕후 한씨에 이어 왕비가 되었지만 연산군을 낳고 나서 호색한 남편 때문에 고심하다 투기를 빌미로 폐출된 뒤 사사되었다. 아들 연산군이 즉위한 뒤 제헌왕후라는 시호를 받았지만 중종반정 이후 삭탈되었다.

888) **정현왕후**貞顯王后 **윤씨** : 1473년(성종 4년) 대궐에 들어가 숙의에 봉해졌고, 1479년 연산군의 생모인 왕비 윤씨가 폐위되자 1480년 11월 왕비로 책봉되었다. 진성대군과 신숙공주를 낳았는데, 공주는 일찍 죽었다. 1497년(연산군 3년) 자순, 1504년 화혜로 존호되었다.

는데, 아들 진성대군이 훗날의 중종이다. 성종은 3명 왕후와 9명 후궁에게서 16남 12녀 자식을 두었다.

『경국대전』을 반포하다

성종이 이룩한 큰 업적은 조선왕조 통치 체제의 기본이 되는 『경국대전』을 반포한 일이다. 『경국대전』[889]은 조선 시대의 기본 법전으로, 조선의 행정 조직인 이전, 호전, 예전, 병전, 형전, 공전의 6전[890]으로 구성되어 있어요. 이 법전은 왕조별로 태조부터 성종까지의 왕명과 교지, 판지[891] 등을 집대성한 것이지요. 6조는 『경국대전』의 법 조항에 근거해 업무를 처리했다.

조선은 건국 초기부터 법치국가임을 천명해 왔다. 『경국대전』 이전 1397년 (태조 6년) 우리 역사상 최초의 성문통일법전인 『경제육전』(태조 6년) 조준이 주관하여 조선경국전을 바탕으로 검상조례사[892]에서 고려 우왕 14년(1388년) 이후 당시까지의 10년간에 걸쳐 공포되어 법령으로서 현행되고 있거나 앞으로 준행해야 할 법령을 수집 분류하여 만든 법전이다. 우리 역사상 명백한 최초의 성문통일법전이다. 이것은 이·호·예·병·형·공의 육전으로 구성된 조선시대 최초의 성문법전이었다. 또한 조선시대의 다른 법전들과 달리 순한문이 아닌 이두를 섞어서 썼다는 점이 특징이다. 우왕 14년 이후의 법령을 싣고 있는데, 이는 이성계파가 정권을 잡은 이후이며 새로운 왕조를 개창하려는 집단의 개혁적인 성향의 법들이 이 경제육전에는 많이 실려 있음을 짐작할 수 있다. 짧은 시일 안에

---

889) 『경국대전經國大典』: 6권 4책으로 이루어진 인쇄본이다. 조선 건국 전후부터 1484년(성종 15년)까지의 왕명·교지·조례 중 영구히 준수할 것을 모아 엮은 법전.

890) 6전: 이전 - 이조의 조직과 소관 사무를 규정한 법전, 호전 - 호조의 소관 사항을 규정한 법전, 예전 - 예조의 예악, 제사, 연향, 조빙, 학교, 과거 따위의 여섯 가지 사무를 규정한 법전, 병전 - 군사에 관한 법전, 형전 - 형조의 소관 사항을 규정한 법전, 공전 - 공조가 맡아 하던 여러 가지 사무에 관한 사항을 규정한 법전을 말한다.

891) 판지: 각 부서에서 필요한 법 조항을 올리고 이를 왕이 재가한 것.

892) 검상조례사檢詳條例同: 조선 초기 법령정리와 편찬을 담당한 기관.

완성한 것이기 때문에 법조문이 추상화·일반화되어 있지 못한 소박한 것이긴 하였지만, 최초의 통일법전이고, 창업주의 법치주의의 의지가 담겨져 있다는 점에서 그 역사적 의의가 매우 크다. 태조 이후에도 기존 법전을 개정하거나 증보한 속전들이 편찬되었다.

세조 대에 속전을 편찬하는 방식에서 벗어나 보다 체계적인 통일 법전을 편찬할 필요를 느꼈다. 각 조의 법제가 서로 어긋나는 것을 막기 위해서였다. 세조는 1457년(세조 3년) 육전상정소를 설치하고 일반 백성들의 삶과 관련이 깊은 호전과 형전을 먼저 완성했다. 나머지 4전에 대한 편찬 작업도 진행되었으나 완성을 보지 못하고 죽었다. 예종도 『경국대전』이 완성되기 전에 죽었고, 성종이 최종적으로 보완해 1485년(성종 16년) 『경국대전』을 반포하였다. 『경국대전』으로 조선은 통일된 법전에 기초한 법치가 가능해졌으며, 조선왕조의 통치 기반도 안정되었다. 성종은 『경국대전』의 조항 중 시대에 맞지 않는 것을 새롭게 고쳐 『대전속록』을 편찬하여 '경국대전체제'라고 불리는 조선왕조의 통치이념과 국가체제가 완성되었다.

불교에 의지했던 세조와 달리 숭유억불정책을 펼쳤으며, 수조권[893]을 국가에서 관리하는 관수관급제[894]를 실시했다. 관리가 농민에게 세금을 과도하게 거두는 것을 방지하고, 급할 때는 재원을 국가에서 조달할 수 있도록 했다. 이것은 1550년(명종 5년)의 과전 혁파의 시작이었다. 국방에도 힘을 기울여 재위 기간 동안 안정적으로 정국을 운영했다.

---

893) **수조권**收租權 : 벼슬아치가 나라에서 부여받은 조세를 받을 권리.

894) **관수관급제**官收官給制 : 국가가 농민들로부터 세금을 거두어들인 후 관리들에게 현물로 지급하는 제도.

성종의 친정으로 공신파가 몰락하다

성종의 즉위는 공신 세력의 지지를 바탕으로 이루어졌다. 13세 어린 나이에 왕이 된 성종의 재위 초반은 공신 세력이 강성했다. 수렴청정하던 정희대비도 공신 세력들과 결탁하여 자신들의 특권을 보호했다. 성종이 성년이 된 후에는 사정이 달라졌다. 1476년(성종 7년) 1월 13일 정희대비는 7년간의 수렴청정을 끝냈다.

정희대비는 수렴청정을 하는 동안 세조와 성종의 뜻을 욕되게 하지 않으려고 부단히 노력했다. 정희대비가 물러나겠다고 하자 공신 세력들은 극구 만류했다. 자신들을 보호하던 정희대비가 물러나고 성종이 친정을 하면 입지가 줄어들 가능성이 있기 때문이었다. 성종은 정희대비가 수렴청정을 거두겠다고 하자 몇 번 만류하다가 곧 뜻을 받아들였다.

실록에는 이렇게 전한다.

> **實錄記事** 1476년 1월 13일, 정무를 전담케 된 일에 대해 전지하다

의정부에 전지하기를,
"내가 어린 나이로써 들어와 대통을 계승했으니 깊은 못가에 간 듯 얇은 얼음을 밟는 듯 조심하고 두려워서 성취할 바를 알지 못하였다. 우러러 생각하건대, 자성 대왕 대비께서 타고난 자질이 깊고 아름다웠으니, 다만 모후의 의범儀範이 일찍부터 나타날 뿐 아니라 조종의 전고[895]도 갖추어 체험했으므로, 이에 국정을 들어 우러러 지획을 받은 지가 이제 8년이나 되었다. 아아! 대왕대비의 보도保導하는 힘이 있지 않았다면 어찌 지금의 편안함에 이르렀겠는가? 내가 바야흐로 우러러 힘입어 그 성취하는 법을 영원히 받으려고 하였다. 그러나 바로 금년 정월 13일에 삼가 의지를 받았는데, '내가 나이 장성하고 학문이 성취되었다 하여 군국[896]의 모든 정무를 나의 혼자 결단에 맡긴다.'고 하셨다. 명령을 듣고는 매우 두려워 하고 있는데, 어찌 능히 감내하겠는가? 고개를 숙이고 엎드려 이를 청하기를 두세 번에 이르고, 승지와 원상들도 또한 이를 청했으나 되지 않았다. 내가 생각하건대, 온 나라의 번거로운 사무로 성체[897]를 수고

---

895) **전고**典故 : 전례典禮와 고사故事.
896) **군국**軍國 : 군무軍務와 국정國政.

롭게 하는 것도 또한 편안히 봉양하는 도리가 아니므로, 이에 마지못해서 지금부터는 무릇 국가의 모든 정사는 내 뜻으로써 결단하고 다시는 대왕 대비에게 아뢰어 처결하지는 않을 예정이다. 생각해보건대 다만 덕이 적은 몸이 또 받드는 데가 없게 되면, 하룻동안에 온갖 중요한 정사를 능히 미치지 못한 점이 없겠는가? 이에 나는 더욱 조심하고 더욱 힘써서 잠자고 밥먹는 일까지 잊고서 조종의 어렵고 중대한 부탁과 신민들이 우러러 바라는 마음을 저버리지 않기를 바라고 있으니, 중앙과 지방의 신료들도 또한 나의 지극한 회포를 본받아서 그 직무에 조심하고 근실하여 함께 다스림에 이르게 하라. 그대 의정부에서는 중앙과 지방에 알아듣도록 타이르라."

- 『성종실록』, 1476년 1월 13일

친정을 시작한 성종은 원상제를 폐지하는 등 공신 세력의 영향에서 벗어나고자 했다. 세조, 예종, 성종 시대를 거치면서 강력한 정치세력으로 부상한 공신파들은 노쇠로 쇠퇴하고 있었다. 성종 즉위 초부터 친정이 시작된 시점에 이르기까지 구치관[898], 한백륜[899], 신숙주, 홍윤성, 정인지 등 대표적 공신들이 차례로 죽었다. 영향력 있는 훈신은 한명회와 정창손만 남았지만, 이들의 세력도 오래가지 않았다.

성종은 첫 번째 부인 공혜왕후의 아버지로 자신이 왕 즉위에 결정적인 공을 세운 한명회[900]의 관계 청산에 들어갔다. 빌미를 먼저 제공한 쪽은 한명회였

---

897) **성체**聖體 : 대왕 대비를 지칭함.

898) **구치관**具致寬 : 1455년 세조가 즉위하자 우승지에 제수되었고, 이어서 좌익공신 3등에 책록되고 좌승지에 제수되었다. 이후 이조참판으로 승진되고 능성군에 봉해졌다. 1462년 우찬성, 뒤에 능성부원군에 봉하여지고 우의정을 거쳐서 영의정이 되었다. 이때 건주위의 여진족이 변경을 침범하자 진서대장군이 되어 이를 토평하였다. 특히, 세조는 "나의 만리장성이다."라고 표현할 정도로 매우 신임하였다. 1468년 예종이 즉위하자 원상으로서 호조판서를 겸직하였으며, 1469년 성종이 즉위하자 다시 원상으로서 이조판서를 겸직하였다. 뒤에 청백리에 녹선되었다.

899) **한백륜**韓伯倫 : 1446년 음서로 관직에 나아간 후 장사랑, 소격전직장, 경복궁사연 등의 관직을 거쳤다. 1462년 그의 딸이 동궁에 들어가면서 의빈우부사, 의빈부도사를 거쳐 공조정랑에 제수되었고 1468년 예종이 즉위하자 딸이 왕후(안순왕후)가 되자 국구(왕비의 아버지)로서 보국숭록대부 청천군 겸 오위도총부도총관에 봉해졌으며 남이의 역모를 평정하는데 공을 세워 추충익대공신이 되었다.

다. 1481년(성종 12년) 6월 한명회는 성종에게 중국 사신과 함께 자신의 개인 정자 압구정에서 연회를 열고자 하는데 장소가 좁으니 장막을 칠 수 있게 허락해 달라고 청했다. 성종은 장소가 좁으면 왕실 소유의 정자 제천정에서 잔치를 열고 압구정에는 장막을 치지 말라고 했다. 한명회는 심기가 불편해 부인의 병을 핑계로 제천정에는 나가지 않겠다고 했다. 대간들은 한명회를 불경죄[901]로 다스려야 한다고 상소했다. 성종이 국문을 명하자 뒤늦게 사태의 심각성을 깨달은 한명회는 압구정 관련 일을 해명했으나 소용이 없었다. 한명회는 파직되었고 계유정난 때 공신으로 책록되어 세 명의 왕에 걸쳐 최고의 권력을 누리던 한명회 시대도 끝이 났다. 이것은 공신파의 몰락을 알리는 신호탄이 되었다.

사림파가 등장하다

성종은 공신 세력을 견제하기 위해 사림(유학을 신봉하는 무리)들을 등용했다. 사림은 향촌에서 성장한 지방 사족[902] 출신들을 말한다. 사림의 거두 김종직은 길재의 제자 김숙자의 아들이었다. 세조 때 중앙으로 진출한 김종직은 영남과 기호지방[903]의 사림들과 새로운 정치 세력을 형성했는데, 이들이 사림파라 한

---

900) **한명회**韓明澮 : 『조선왕조실록』에 무려 2,300여 건이나 등장하는 인물이다. 세조 대부터 성종 대까지 3대에 걸쳐 세상을 쥐락펴락했던 인물로 수양대군의 장자방으로서 계유정난을 주도했다. 그는 야심만만한 수양대군이 동생 안평대군의 기세에 눌리고 세종의 고명대신 김종서와 황보인의 견제로 옴짝달싹 못하고 있을 무렵 홀연히 등장하여 일대 돌풍을 일으킨다. 계유정난을 배경으로 하는 현대의 사극 속에서 그는 유들유들한 표정으로 굳게 쥔 주먹을 쑥 내밀며 이렇게 소리친다. "세상이 바로 이 손 안에 있소이다."

901) **불경죄**不敬罪 : 경의를 표해야 할 자리에서 무례함을 불경이라 하며, 국왕이나 황제 등 군주와 왕족이나 황족 등 군주의 일족에게 그 명예와 존엄을 해치는 등 불경으로 한 행위를 실행함으로써 성립하는 범죄를 말한다.

902) **사족**士族 : 좁은 의미로는 관제상의 문반과 무반을 지칭하며, 넓은 의미로는 고려와 조선시대의 지배 신분층을 말한다. 조선 초기에 명실상부한 문·무 양반체제가 갖추어졌다. 본래 양반은 문·무반직을 가진 사람만을 의미했으나 양반관료체제가 정비되어감에 따라 양반관료의 가족과 친족도 양반으로 불리게 되었다.

다. 김종직 문하의 김굉필[904], 정여창[905], 김일손[906] 등이 초기 사림파를 형성했다. 성종 시대에 사림파가 등장한 것은 역사적으로 큰 의미가 있었다.

김굉필

성종은 공신 세력을 견제할 젊은 인재들을 필요로 했고, 이는 김종직과 제자들이 중앙 정계에 진출하는 기회가 되었다. 사림들은 대간으로 기용되어 언론권을 장악해 공신파의 부정부패를 공격했다. 사림들은 1478년(성종 9년) 예문관에서 분리된 홍문관을 비롯해 사간원, 사헌부 등 언론 삼사[907]에 포진하여 세력을 구축했다. 홍문관은 세조가 폐지한 집현전이 예문관으로 개편되었다가 1478년 예문관에서 분리되어 신설된 문한(문필에 관한 일) 기관이다. 처음에는 대간을 감독하는 역할을 하다가 언론

정여창

---

903) **기호지방**畿湖地方 : 경기도 및 황해도 남부와 충청남도 북부 지방을 말한다.

904) **김굉필**金宏弼 : 『소학』에 제시된 생활 규범을 실천하기에 진력했으며, 그의 도학 실천 의지는 지치주의에 입각해 개혁정치를 주도한 기호사림파의 주축을 형성하게 했다. 1486년 당시 이조참판으로 있던 스승 김종직에게 시를 지어 올려 그가 국사에 대해 별다른 건의를 하지 않는 것을 비판, 사제지 간에 사이가 벌어졌다. 1504년 갑자사화가 일어나자 무오당인이라는 죄목으로 죽음을 당했다.

905) **정여창**鄭汝昌 : 유학적인 이상사회, 즉 인정이 보편화된 사회를 건설하기 위해서는 먼저 치자의 도덕적 의지가 확립되어야 한다고 보았다. 그는 이를 바탕으로 당시의 집권 세력이었던 훈구파에 대하여, 스스로 성인을 공언하여 이러한 사명의 담지자로 자처했고 결국은 사화에 연루되어 죽었다.

906) **김일손**金馹孫 : 연산군이 즉위하고 사림파의 중앙진출이 활발했을 때 언론 활동의 중심 역할을 했으나 훈구파가 일으킨 무오사화 때 죽임을 당했다. 세조 찬위의 부당성을 풍자하여 스승 김종직이 지은 〈조의제문〉을 사초에 실었다.

907) **언론 삼사** : 사헌부는 백관에 대한 감찰·탄핵 및 정치에 대한 언론을, 사간원은 국왕에 대한 간쟁과 정치 일반에 대한 언론을 담당하는 언관으로서, 일찍이 이 두 기관의 관원을 대간이라 불렀고, 양사 또는 언론양사라고 하였다. 홍문관은 궁중의 서적과 문한을 관장하였고, 경연관으로서 왕의 학문적·정치적 고문에 응하는 학술적인 직무를 담당하였으며, 세조대에 집현전이 없어진 뒤 그 기능을 계승한 기관이었다.

기관이 되어 삼사의 하나로 군림하게 되었다.

사림파[908]들은 공신파가 장악하고 있던 향촌 지배권을 차지하기 위해 1488년(성종 9년) 폐지된 유향소를 다시 설치했다. 유향소란 경재소[909]의 예하 기관으로 수령의 지방 통치를 돕거나 견제하면서 지방민을 지배하는 향촌 자치 기관이다. 지방 양반과 지방 통치권을 다투는 향리의 세력을 억제하는 역할을 했으나, 세조 때 이시애의 난을 계기로 토호(지방에서 세력을 떨치던 호족)의 근거지로 폐지되었다.

사림들은 여러 차례 유향소의 재설치를 주장했으나 공신파의 반대로 뜻을 이루지 못했다. 성종 시대에 사림의 영향력이 커지자 사림 중심의 유향소가 다시 설치되었다. 유향소에 대한 공신파의 간섭은 계속되었다. 사림들은 이에 대항하여 사마소[910]를 만들거나 향약을 실시해 향촌 자치권을 강화해 나갔다.

성종 시대 때 새로운 정치세력으로 자리를 잡은 사림파는 사상적으로 고려의 충신 정몽주[911]와 길재[912]를 받드는 재야 학파를 만

정몽주

---

908) **사림파**士林派 : 조선 전기 집권 세력인 훈구파에 대응하는 세력을 말한다. 훈구파는 사장을 중시하고 사림파는 경술을 중시한다. 사림파는 주자학의 이기심성론·수양론·도학론 등을 연구하여 훈구파를 비판하면서 향촌에서 세력 근거지를 마련하려고 노력했다. 관직에 진출한 사림들은 훈구파를 억제하고 왕권을 강화하려 했다. 사림파는 무오사화로 타격을 받았지만 훈구파 역시 갑자사화로 희생되었다. 사림파의 본격적인 정계 진출은 1515년 이후에 가능했다. 중종대의 사림파는 삼대 이상사회를 지향하는 도학 정치를 내세웠다. 그러나 사림파는 중종반정 이후 책봉된 정국공신에 대한 위훈삭제를 주장하다가 기묘사화가 일어나면서 제거당했다. 명종 연간에 잇달아 일어난 사화로 사림파의 세력은 크게 약화되었다.

909) **경재소**京在所 : 중앙 관청과의 연락 사무를 맡던 지방의 출장소로 한양에 둔 관아를 말한다.

910) **사마소**司馬所 : 각 지방의 고을마다 생원과 진사들이 모여 유학을 가르치고 정치를 논하던 곳.

911) **정몽주**鄭夢周 : 고려 충숙왕 때 뛰어난 외교가이자 우리나라 성리학의 시조로 평가받은 고려 말의 충신이다. 왜구가 자주 내침해 피해가 심해지고 화친을 도모하기 위해 보내진 나흥유가 투옥됐다 돌아오자, 보빙사로 일본에 보내져 국교의 이해관계를 잘 설명해 일을 무사히 마치고 고려인 포로 수백 명을 구해 돌아왔다. 그러나 고려왕조를 부정하고 새로운 왕조를 개척하는 데에 반대해 뜻을 같이하던 이성계를 찾아가 정세를 엿보고 돌아오던 중 이방원의 문객 조영규 등의 습격을 받아 죽었다.

들었다. 자연스럽게 조카 단종을 죽이고 왕위에 오른 세
조와 세조의 비호 아래 성장한 공신파를 비판하게 되었
어요. 사림을 처음 등용한 왕이 세조였다. 세조는 집현
전 학사들이 자기를 반대하자 새로운 세력으로 사림을
등용했다. 공신파는 연산군 시대부터 네 차례 일어난 사
화로 사림을 제재했다. 사림파의 등용 대세를 막을 수는
없었다. 선조 시대에 이르러 사림의 시대가 열리게 되었다.

길재

간경도감을 폐지하다

성종은 불교를 통제하기 위해 1469년 선비의 집안에서 부녀가 승려가 되는
것을 금지했다. 1471년 간경도감[913]을 폐지하고, 도성 안에 있는 사찰을 도성
밖으로 철거했다. 1492년에는 도첩[914]법을 중지시켰다. 억불정책으로 불교 및
사원 세력은 세조 때보다 위축되었고 유학을 장려하기 위해 1475년 존경각[915]
을 세워 왕실 소장의 경서를 보관하여 열람하게 했으며, 수차례에 걸쳐 성균관
과 각도의 향교에 학전[916]과 서적을 지급하고 유생들 군역을 면제해 주었다.

성종은 1466년도에 겸예문관제도[917]를 확충하여 감독과 제찬[918]하는 임
무에 경연관[919]·편찬사업 등 옛 집현전의 기능까지 겸하게 했다. 1478년에는 단

---

912) **길재**吉再 : 고려 후기의 문신이자 고려 말 조선 초의 성리학자이다. 호는 야은 또는 금오산인이
다. 목은 이색과 포은 정몽주와 함께 고려 말의 삼은으로 불린다. 고려가 망하자 관직을 버리
고 선산에 낙향하여 학문 연구와 후학 양성에 전념하였다.

913) **간경도감**刊經都監 : 세조 때 불경을 한글로 간행하기 위해 설치한 기관.

914) **도첩**度牒 : 승려가 되었을 때 나라에서 내주던 신분증.

915) **존경각**尊經閣 : 성균관 안에 건립된 도서관 건물.

916) **학전**學田 : 교육 기관의 경비에 충당하도록 지급한 토지.

917) **겸예문관제도**兼藝文館制度 : 젊고 유능한 문신들로 예문관의 직을 겸하게 해 학문에 힘쓰도록 하기
위한 제도.

918) **제찬**制撰 : 임금의 말씀이나 명령의 내용을 신하가 대신 짓던 일.

순한 책을 보관하는 기관에 불과하던 홍문관을 명실상부한 학문연구기관으로 개편했다. 유학의 진흥과 깊은 관련이 있는 편찬사업으로 『동국여지승람』[920], 『동국통감』[921], 『악학궤범』[922], 『국조오례의』[923] 등을 간행했으며, 1484년에는 갑진자[924] 30만 자를 주조하여 인쇄술을 발전시켰다.

관수관급제 실시와 국방을 강화하다

조선의 수조권(벼슬아치가 나라에서 부여받은 조세를 받을 권리) 분급 제도인 과전법은 1466년 현직 관리에게 과전을 지급하는 직전법으로 바뀌었다. 관료들이 퇴직 후 생활 보장을 위해 현직에 있을 때 농민을 수탈하고 토지를 겸병하는 폐단이 발생하게 되었다. 폐단을 시정하기 위해 1470년 관수관급제를 실시했다. 관수관급제의 실시로 토지제도의 한 축이 되었던 수조권 토지지배가 소멸하게 되었어

---

919) **경연관**經筵官 : 왕도에 대하여 강론하고 중요한 정치 문제를 토의에 참여하던 벼슬.
920) 『**동국여지승람**東國輿地勝覽』: 각 도의 지리, 풍속, 인물 등을 자세하게 기록한 지리서이다. 조선 성종 12년(1481년) 50권을 완성하였고, 성종 16년과 연산군 5년 수정작업을 했다. 이후 중종 25년(1530년)에는 이행, 윤은보 등이 내용을 보완하여 『신증동국여지승람』을 편찬하였다.
921) 『**동국통감**東國通鑑』: 1458년(세조 4년)에 편찬 사업이 시작되어 고대사 부분이 1476년(성종 7년)에 『삼국사절요』로 간행되었으며, 1484년 완성되었다.
922) 『**악학궤범**樂學軌範』: 1493년(성종 24년) 예조판서 성현, 장악원제조 유자광, 장악원주부 신말평, 전악 박곤·김복근 등은 왕명을 받아 당시 장악원에 있던 의궤와 악보가 오래되어 헐었고 요행히 남은 것들도 모두 엉성하고 틀려서, 그것을 수교(교정함)하기 위하여 새로운 악규책을 편찬하게 되었다.
923) 『**국조오례의**國朝五禮儀』: 성종 때 신숙주 등이 왕명에 따라 국가와 왕실의 여러 행사에 대한 의식 절차를 정리하여 편찬한 책이다. 국조오례의에는 종묘, 사직에 올리는 제사에 관한 의식, 선농제, 기우제 등 국가에서 특별한 일이 있을 때 지내는 제사 의식과 사대부, 일반 백성들의 제사 등에 관한 내용을 주로 담고 있다.
924) **갑진자**甲辰字 : 당시 주로 사용하던 갑인자와 을해자는 활자가 너무 커서 종이와 자재가 많이 들어 불편하였고, 또한 주조한 지 오래되어 마멸되거나 부족한 글자가 생겼기 때문에 인쇄 상태가 처음과 같이 깨끗하지 못하였다. 1484년(성종 15년) 8월 24일에 시작되어 1485년 3월 마쳤다. 글자 수는 대소 30여 만자로, 다른 활자보다 작고 아름답다. 이 활자로 처음 찍어낸 『왕형공집』은 마치 구슬을 꿴듯하다고 하였다.

요. 국방 대책으로 윤필상에게 1479년 압록강 이북의 건주야인(만주에 거주하던 여진족)의 본거지를 정벌하게 하고, 1491년에는 허종925)을 도원수로 삼아 두만강 이북의 우디거(두만강 건너편에 살던 여진족 종족) 마을을 소탕했다.

허종

왕비 윤씨의 폐비를 결정하다

성종은 학문이 깊고 매우 안정적으로 정국을 이끌어 간 성군이었어요. 하지만 술자리와 여색을 즐겨 비난을 사기도 했다.

종친들을 대하면 반드시 작은 술잔치를 베풀어 기생과 음악이 따르게 했으니 이것은 태평 시대의 좋은 일이지만 논하는 이는 혹 말하기를, "연산군이 연락에 즐겨 빠진 것은 성종 때부터 귀와 눈에 배었으므로 그렇게 된 것이라." 하였다.

성종의 재위 기간 중 가장 큰 오점은 사사로운 감정 때문에 두 번째 부인이자 원자를 낳은 왕비를 폐위한 일이었다. 성종은 첫 번째 부인 공혜왕후가 죽자 숙의 윤씨를 왕비로 맞아들였다. 숙의 윤씨는 원자를 잉태하고 있었고, 성종의 총애도 깊었다.

왕비가 된 후 윤씨의 투기로 성종과 사이가 나빠지기 시작했다. 성종은 10명이 넘는 후궁을 맞고, 그들의 처소에 드나들며 왕비 윤씨에게 소홀했다. 윤씨의 집안이 크게 내세울 만한 명문가가 아니므로 집안이 좋은 후궁들이 왕비를 무시하며 그 자리를 위협했다. 원래 괄괄한 성격이었던 윤씨는 성종과 후궁들의 태도를 참지 못하고 성종과 자주 다투었다. 윤씨는 성종이 머물고 있던 후궁의 처소에 갑자기 쳐들어가 성종의 노여움을 사고, 실랑이하는 과정에서 성종의

---

925) **허종**許琮 : 성종의 신임을 받으며 신진세력과 사림파, 훈구파의 존경을 모두 받으며 학문을 짐작시키려고 했다. 이후 평안도순찰사로 가서 여진족을 무찔렀고, 전라도병마절도사로 다시 부임했다. 그 뒤 병조판서를 거쳐 이후 성종에게 총애를 받아 예조판서, 우참찬, 좌참찬으로 벼슬이 승진하고 호조판서를 거쳐 우찬성, 좌찬성까지 임명되었다. 이후 판의금부사를 지내고 이조판서까지 임명되었다. 이후 다시 병조판서로 재임명되고 곧 우의정까지 승진했다.

얼굴에 손톱자국을 내기도 했다.

이런 사실이 알려지면서 성종의 모후 인수대비는 노발대발했고, 며느리 윤씨를 몹시 미워하게 되었다.

왕비의 처소에서 독약과 후궁들을 저주하는 방법을 적은 글이 발견되었다. 성종과 인수대비는 윤씨의 폐비를 결정한다. 여러 대신들은 윤씨가 원자의 어머니인 관계로 폐출을 반대했으나, 윤씨는 1479년(성종 10년) 폐출되었다. 이때 원자의 나이 4세였다. 왕비를 폐출시킨 것은 조선 역사상 처음 있는 일이었다. 3년 후에 폐비 윤씨는 사약을 받고 죽었다. 성종은 왜 윤씨를 폐출하고 죽이기까지 했을까? 『성종실록』에서 이렇게 기록하고 있다.

> **實錄記事** 1479년 6월 2일, 중궁 폐출의 교서를 내리다

교서를 반포하기를,

"바르게 시작하는 길은 반드시 내치를 먼저 해야 하는 것이니, 하夏나라는 도산[926]으로써 일어났고, 주周나라는 포사[927]로써 패망했다. 후비의 어질고 어질지 못함은 국가의 성쇠가 매인 것이니, 돌아보건대 중하지 아니한가? 왕비 윤씨는 후궁으로부터 드디어 곤극[928]의 정위가 되었으나, 음조의 공은 없고, 도리어 투기하는 마음만 가지어, 지난 정유년[929]에는 몰래 독약을 품고서 궁인을 해치고자 하다가 음모가 분명히 드러났으므로, 내가 이를 폐하고자 하였다. 그러나 조정의 대신들이 합사해서 청하여 개과천선하기를 바랐으며, 나도 폐치는 큰일이고 허물은 또한 고칠 수 있으리라고 여겨, 감히 결단하지 못하고 오늘에 이르렀는데, 뉘우쳐 고칠 마음은 가지지 아니하고, 실덕失德함이 더욱 심하여 일일이 열거하기가 어렵다. 그러니 결단코 위로는 종묘를 이어받들고, 아래로는 국가에 모범이 될 수가 없으므로, 이에 성화 15년 6월 2일에 윤씨를 폐하여 서인으로 삼는다. 아아! 법에 칠거지악[930]이 있는데, 어찌 감히 조금이라

---

926) **도산**塗山 : 우禹임금의 아내를 가리킨 말로서, 우임금이 도산塗山으로 장가를 갔으므로, 이렇게 일컬어진 것임.

927) **포사**褒姒 : 주나라 유왕幽王의 비妃.

928) **곤극**坤極 : 왕비를 가리킴.

929) **정유년** : 1477년(성종 8년).

도 사사로움이 있겠는가? 일은 반드시 여러 번 생각하는 것이니, 만세를 위해 염려해야 되기 때문이다."

― 『성종실록』, 1479년 6월 2일

實錄記事 1479년 6월 3일, 대사헌 박숙진 등이 폐출된 중궁을 별궁에 두도록 건의하다

사헌부 대사헌 박숙진 등과 사간원 대사간 성현 등이 차자를 올리기를,

"윤씨의 실덕함이 매우 심하니, 폐하는 것이 마땅합니다. 신臣 등의 생각으로는 윤씨는 오래도록 배필이 되어 지위가 곤극으로 높였았는데, 이번에 외부의 사제에 나가서 살게 되면, 문항931)이 얕고 드러나서 모든 동작을 사람들이 반드시 알게 될 것이고, 만일 화재나 도적이 있다고 하면, 창황하고 군색한 사이에 의범을 잃는 일이 없지 않을 것입니다. 또 듣건대 가세가 청빈하여 평소에 저축한 것이 없다고 하는데, 훗날 기한이 몸에 침입하게 되면 예의를 돌아볼 틈이 없을 것이요, 사람들이 반드시 이를 가리켜 이르기를, '이는 옛 왕비다.'라고 할 것입니다. 그러면 어찌 성조의 누가 되지 않겠습니까? 하물며 두 아들을 탄생함이 있는 것이겠습니까?

옛적에 한나라 무제가 진 황후를 폐하여 장문에 나가서 살 때에 공봉하기를 법대로 하였고, 선제는 곽 황후를 폐하여 소대에 거처하게 하였으며, 송나라 인종이 황후 곽씨를 폐하고, 휘종이 원우 황후 맹씨를 폐하여 모두 다 요화궁에 살게 하였으니, 이는 전대에서 형편에 따라 적당하게 조처하여 차마 야박하게 대우하지 못한 것입니다. 삼가 바라건대 한나라와 송나라의 고사에 의거하여, 즉시 별처에 근신하며 살게 하여, 의복과 음식을 잃지 않게 하고, 또 엄하게 금방禁防하여 외인이 출입하는 조짐을 끊게 하소서."

임금이 그 말미에 쓰기를,

"죄인을 구하는 자는 죄가 없다고 여기는가? 사람의 절의節義는 본심本心에 있는 것이지 사람에게 있는 것이 아니다. 만약 근신하는 궁宮을 견고한 것이라고 한다면 조 황후趙皇后같이 음란淫亂한 일이 있었겠는가? 지금 그대들의 소청을 윤허하지 않는데, 뒤에 만약 말하는 자가 있으면 그대들에게 죄를 주겠다."

박숙진 등이 아뢰기를,

---

930) **칠거지악**七去之惡 : 아내를 내쫓을 수 있는 이유가 되었던 일곱 가지 허물. 곧, 시부모에게 불순한 것, 아이를 낳지 못하는 것, 음탕한 것, 질투하는 것, 나쁜 병이 있는 것, 말이 많은 것, 도둑질하는 것

931) **문항**門巷 : 문호門戶와 문으로 들어가는 좁은 길.

"신臣 등이 구하기를 도모하는 것이 아닙니다. 대저 무릇 임금의 복어⁹³²⁾도 오히려 감히 함부로 하지 못하고 반드시 경공敬恭을 하는 것인데, 하물며 윤씨는 오래도록 곤위坤位에 있었고 두 아들을 탄생한 것이겠습니까? 관숙과 곽숙은 죄가 종사에 관계되었기 때문에 주공이 관숙을 형벌하고 곽숙을 서인에 강봉하였습니다. 그런데도 칠승의 수레로써 따르게 하였으니, 원컨대 전하께서는 별궁에 안치하고 겸하여 의식을 주게 하소서."

전교하기를,

"이는 내가 깊이 생각하고 살펴서 조처한 일이니, 다시 말을 반복하지 말라."

- 『성종실록』, 1479년 6월 3일

實錄記事 1479년 6월 4일, 사헌부와 사간원이 합세하여 폐출된 중궁을 별궁에 두도록 건의하다

사헌부 대사헌 박숙진 등과 사간원 대사간 성현 등이 상소하였는데, 그 대략에 이르기를, "예에 칠거의 의의가 있는데, 투기가 그 가운데 있습니다. 임금이 종묘와 사직을 받드는 데에는 더욱 정가의 도리에서 엄격하게 해야 하는데, 옛부터 모후가 강한强狠하여 순종하지 아니함이 있을 때에 일찍이 이를 도모하지 아니하면 반드시 후일後日의 근심이 있는 것입니다. 신臣 등이 전일에 승지의 말을 직접 듣고 또 교서를 보아, 전하께서 사정을 끊고 법을 바로잡는 뜻을 알 수가 있었으므로 감히 논박할 수가 없습니다. 이제는 이미 위로 종묘에 고하고, 중외에 반포하였으니, 다시 의논할 여지가 없습니다. 어찌 감히 일호一毫라도 구하기를 도모하는 사사로움이 있겠습니까? 생각하면 진황후는 옳지 않은 도를 품고 곽황후를 저주하다가 일문이 화禍에 걸렸으며, 곽후는 황제의 뺨을 때렸는데, 모두 다 대악과 대변이었습니다. 그런데도 별궁에 폐치하였으니, 이는 다른 것이 아니라, 외인으로 하여금 궁인의 언동에 접할 수 없게 하고자 한 것입니다.

대저 인정人情은 집에 있어서 친한 이를 따르면 편안하고 구폐拘閉되어 통하지 못하면 괴로와합니다. 이제 사제에 퇴처시켰으니, 편안하다고 하면 편안할 것입니다. 그러나 이미 아비의 엄한 교계가 없고, 한갓 과부로 있는 어질지 못한 어미를 따를 뿐이니, 인리와 친척들이 분운紛紜하게 출입하게 되어, 만분의 일도 스스로 반성하지 아니하고 오히려 원망만을 품어 혹시 불손한 말이 나올는지도 알 수 없으니, 이것은 미리 막지 아니할 수 없습니다. 무릇 지존께서 사용한 것이면 비록 복완⁹³³⁾같이 미미한 것이라

---

932) **복어**服御: 의복·거마車馬 따위.

도 오히려 마땅히 잘 보관해야지 감히 밖에 드러내어 더럽히지 못하는 것입니다. 또 종친으로서 큰 죄가 있는 자는 진실로 사죄死罪에 해당하는 것이 아니면, 모두 다 거처하는 처소를 마련하여 의식을 지급하는데, 하물며 왕후이겠습니까? 지금 비록 죄로 인해 폐하였다 하더라도 옛날 지존의 배필이었던 분이겠습니까? 신 등이 별궁에 받들어서 영양榮養하고자 하는 것이 아니고, 다만 별처에 두어서 기한飢寒에 이르지 않게 하고자 하는 것입니다. 신 등의 구구한 소원은 이에 그칩니다."

임금이 그 말미에 쓰기를,

"알지 못하겠구나. 경 등의 고집이 어찌하여 여기에 이르렀는가? 경 등이 나의 뜻을 알지 못하고 한갓 죄인을 구하려고 하는 것을 깊이 한탄한다." - 『성종실록』, 1479년 6월 4일

實錄記事 1479년 6월 5일, 중궁을 폐출한 연유를 대신들에게 알리다

일찍이 정승을 지낸 이와 의정부·육조·대간 등이 와서 아뢰기를,

"윤씨가 폐해져서 사제로 돌아간 것은 옳지 못합니다."

전교하기를,

"경 등은 내가 폐비한 연유를 알지 못하고 모두 다 이를 의심하니, 내가 일일이 면대하여 말하겠다."

곧 선정전에 나아가 승지·주서·사관을 입시하게 하였다. 임금이 이르기를,

"경들은 모두 다 나에게 대사를 가볍게 조처했다고 한다. 그러나 폐비를 내가 어찌 쉽게 했겠는가? 옛날 제왕이 혹 참소하는 말을 듣고서 후를 폐한 자가 있었으나, 내가 어찌 이와 같이 했겠는가? 대비께서도 말씀하시기를, '내가 일찍이 화禍가 주상에게 미칠까 두려워하여 하루도 안심을 하지 못했으므로, 드디어는 가슴앓이가 생겼는데, 이제는 점점 나아진다.'라고 하였으니, 이는 대비께서 폐비한 것으로 인하여 안심이 되었다는 것이다.

지난 정유년934)에 윤씨가 몰래 독약을 품고 사람을 해치고자 하여, 건시乾柿와 비상砒礵을 주머니에 같이 넣어 두었으니, 이것이 나에게 먹이고자 한 것인지도 알 수 없지 않은가? 혹 무자하게 하는 일이나, 혹 반신불수가 되게 하는 일, 그리고 무릇 사람을 해하는 방법을 작은 책에 써서 상자 속에 감추어 두었다가, 일이 발각된 후 대비께서 이를 취하여 지금까지도 있다. 또 엄씨 집과 정씨 집이 서로 통하여 윤씨를 해치려고 모의한 내용

---

933) **복완**服玩 : 의복과 완상품.

934) **정유년** : 1477년(성종 8년).

의 언문을 거짓으로 만들어서 고의로 권씨의 집에 투입시켰는데, 이는 대개 일이 발각되면 엄씨와 정씨에게 해가 미치게 하고자 한 것이다. 항상 나를 볼 때, 일찍이 낯빛을 온화하게 하지 않았으며, 혹은 나의 발자취를 찾아서 없애버리겠다고 말하였다. 비록 초부[935]의 아내라 하더라도 감히 그 지아비에게 저항하지 못하는데, 하물며 왕비가 임금에게 있어서이겠는가? 또 위서[936]를 만들어서 본가에 통하여 이르기를, '주상이 나의 뺨을 때리니, 장차 두 아들을 데리고 집에 나가서 내 여생을 편안하게 살겠다.'고 하였는데, 내가 우연히 그 글을 얻어보고 일러 말하기를, '허물을 고치기를 기다려 서로 보도록 하겠다.'라고 하였더니, 윤씨가 허물을 뉘우치고 말하기를, '나를 거제나 요동이나 강계에 처하게 하더라도 달게 받겠으며, 남방기南方記에서 발원한 대로 사람의 허물을 무량수불[937] 앞에서 연비[938]하여 이를 맹세하겠습니다.'라고 하므로, 내가 이를 믿었더니, 이제 도리어 이와 같으므로, 전일前日의 말은 거짓 속이는 말이었다.

또 상참으로 조회를 받는 날에는 비가 나보다 먼저 일찍 일어나야 마땅할 것인데도, 조회를 받고 안으로 돌아온 뒤에 일어나니, 그것이 부도[939]에 있어서 있을 수 있는 일인가? 항상 궁중에 있을 때에 대신들의 가사에 대해서 말하기를 좋아하였으나, 내가 어찌 믿고 듣겠는가? 내가 살아 있을 때에야 어찌 변을 만들겠는가마는, 내가 죽으면 반드시 난을 만들어낼 것이니, 경 등은 반드시 오래 살아서 목격할 자가 있을 것이다."

정창손·박숙진이 아뢰기를,

"신 등이 별궁에 안치하고자 하는 것은, 윤씨를 위함이 아니고 곧 원자와 대군을 위하는 것입니다."

임금이 이르기를,

"비록 백 가지로 그대들이 말하더라도 나는 듣지 않을 것이니 물러가라. 내가 장차 언문을 내어 보이겠다."

정승·대간·육조의 당상관들이 물러나서 빈청에 있었는데, 대비가 내관 안중경으로 하여금 의지 및 윤씨가 만든 바 글을 가지고 와서 보이게 하였는데, 모두 다 언문이었다. 정승·대간 등이 아뢰기를,

---

935) **초부**樵夫 : 나무꾼.

936) **위서**僞書 : 가짜 편지. 비슷하게 만든 가짜 책. 남의 필적을 흉내 내어 씀.

937) **무량수불**無量壽佛 : 수명이 한없는 부처. 곧, 아미타불.

938) **연비**燃臂 : 불로써 팔을 태워 맹세를 보여 주는 의식.

939) **부도**婦道 : 여자가 마땅히 지켜야 할 도리.

"이와 같이 양진[940]하는 방술을 윤씨가 어찌 능히 알았겠습니까? 반드시 지도한 자가 있을 것이니, 청컨대 추국하여 죄를 정하게 하소서."

전교하기를,

"이제 만약 이를 추국하려고 하면, 그 말이 만연蔓延하여 장杖 아래에서 그릇되게 죽는 자가 있을 것이니, 그렇게 하지 말라."

채수가 아뢰기를,

"청컨대 한자로 번역해서 사책에 쓰게 하소서."

채수 및 이창신·정성근에게 명하여, 그 글을 번역하게 하였다. 의지[941]에 이르기를,

"왕비를 폐하는 교서에는 대체만을 말하고 그 연유를 다하지 아니하였으므로, 대간들이 다투는 것인데, 주상의 본뜻이 어찌 우연함이겠는가? 부득이한 것이다. 만약 우연한 일이었다면 우리들이 그를 구하지 않았겠는가? 중궁은 전날에 거의 주상을 준봉하지 아니하였고, 덕이 적은 내가 청정하는 것을 보고는 또한 어린 임금을 끼고 조정에 임할 뜻으로 무릇 옛날 조정에 임한 후비들의 일을 달갑게 여기며 말하였다. 주상이 혹 때로 편치 않을 때가 있어도 마음에 개의치 않고 꽃 핀 뜰에서 놀고 새를 잡아 희롱하다가도, 만약 제 몸이 편치 않으면 갑자기 기도하여 이르기를, '내가 죽지 않기를 바라니 보여 주기를 원하는 일이 있다.'고 하였다. 평소의 말이 늘 이와 같으니 우리들은 항상 두려워하였다. 만약 주상이 편치않을 때를 만나면 독을 어선에 넣을까 두려워하여 여러가지 방법으로 방비하면서 중궁이 지나가는 곳에는 어선을 두지 않도록 금하였다. 우리들이 비록 이름을 국모라고 하나 본래는 평인인 것이요, 한 나라에서 높임을 받는 분은 주상이 아니고 누구이겠는가? 그런데도 매양 경멸하여 주상으로 하여금 안심하고 음식을 들 때가 없게 하였고, 제 스스로 그전에 대죄가 있다고 여기는데도 오히려 요동시킬 수 없으니, 지금에 와서 난들 어떻게 하겠는가? 비록 자식이 없다고 하더라도 오히려 보전하고자 할 것인데, 하물며 원자가 있었음에랴? 그 악이 날로 커져서 꺼리는 바가 없었으나, 주상은 도량이 너그럽고 인자하므로 매양 비호하면서 허물을 고치게 하려고 한 것이 한 가지 일만이 아니었다. 우리들이 비록 부덕하더라도 옛 현비의 일을 인용하여 가르치기를 곡진하게 하였어도 일찍이 들으려고 생각지 아니하였다. 지금에 와서 이와 같이 결단한 것은 다시 허물을 고칠 가망이 없었기 때문이다. 평소에 시비[942]에게 죄과가 있으면, 반드시 이르기를, '지금은 비록 너에게 죄

---

940) **양진**禳鎭: 방술을 써서 재앙을 막음.

941) **의지**懿旨: 왕비나 왕세자의 명령을 이르던 말.

줄 수가 없더라도, 장차는 너를 족멸시킬 것이다.'라고 하였으니, 이와 같은 마음으로써 원자를 가르친다고 하면 옳겠는가? 부왕이 위에 있으면서 모름지기 이와 같은 사람을 단절시켜야만 원자를 보양할 수 있을 것이다.

지난 해에는 중궁이 주상을 용렬한 무리라고까지 하였고, 또 그 자취도 아울러 깎고자 하므로 주상이 부득이 정승들에게 알렸던 것이다. 이제 원자에게는 가련한 일이나, 주상의 근심과 괴로움은 곧 제거될 것이고, 우리들의 마음도 놓여질 것이다. 우리들은 항상 시물[943]을 만나면 비록 이미 천신[944]하였더라도 오히려 차마 홀로 맛보지 못하고 반드시 다시 원묘에 올리게 하고 난 다음에 이를 맛보는데, 중궁은 우리들이 비록 간곡하게 타일러도 아예 천신할 마음을 두지 않고 모두 다 사사로이 써버렸다. 무릇 불의한 일을 행했을 때에 우리들이 보고 물으면 대답하기를, '주상이 가르친 것입니다.' 하고, 주상이 이를 보고 꾸짖으면, '대비가 가르친 것입니다.'라고 하여, 그 거짓된 짓을 행하는 것이 이와 같았다.

지난 정유년[945] 3월 20일에 엄 숙의가 정 숙용과 더불어 중궁 및 원자를 모해한다는 글 두 통과 비상 약간과 압승책 한 권을 작은 상자에 담아 가지고 백저포 보자기로 싸서, 권 감찰의 집 사람이라 일컫고 권 숙의의 [권 숙의는 덕종의 후궁으로, 여러 숙의를 총괄하여 다스렸다.] 집에 던졌는데, 권 숙의의 집 사람이 그 상자를 가지고 대궐에 나아와서 숙의에게 바쳤다. 봉보 부인이 일찍이 어침에 나아갔더니, 중궁이 신다울루목[946]을 가지고 말뚝을 박는 소리가 있었는데, 사람의 발소리를 듣고 그친 일이 있으며, 임금의 침방寢房 옆에 쥐구멍이 있어 쥐가 항상 드나들었는데, 중궁이 책冊을 가위질하고 남은 종이로 그 쥐구멍을 막았으며, 작은 상자를 끄집어 내는 데에 미쳐서는 상자 가운데의 서책이 모두 다 숙배하는 단자 종이였다. 어느 날 봉보 부인이 또 중궁의 침실에 나아갔다가 쥐구멍에서 먼저의 종이를 끄집어내어 취하여 보고는 마음에 의심스러워서 대비전에 바쳤는데 그것도 숙배 단자의 종이였고, 그전에 드러난 압승서와 빛깔이 같았으며 그 가위질하여 들쭉날쭉한 곳도 같았다. 이에 삼전은 전일에 말뚝박는 소리를 내었던 것이 반드시 책을 만들 때였을 것이라고 의심하였다. 중궁은 한가지

---

942) **시비**侍婢: 곁에서 시중드는 여자 종.

943) **시물**時物: 철따라 생산되는 물건.

944) **천신**薦新: 철따라 새로 나는 물건을 사당에 먼저 차례를 지내는 일.

945) **정유년**: 1477년(성종 8년).

946) **신다울루목**神茶鬱壘木: 문을 맡아 악귀를 쫓는 두 귀신을 나무로 만든 것.

감추는 것이 있어서 항상 친히 자신만 열고 닫았으며 다른 사람이 엿보는 것을 허락하지 아니하였고, 또 작은 상자가 있는데 그것을 감추듯이 숨기므로 주상이 자못 이를 의심하여 중궁이 세수하는 틈을 타서 취하여 보니, 가운데 한 개의 작은 주머니가 있고 주머니 안에는 비상가루가 있었으며, 상자 안에 비상을 바른 건시 두 개가 있었으므로, 그리고 나서 중궁의 소위[947]인 것을 알았던 것이다."

이에 이르러 채수가 아뢰기를,

"그 때에 중궁의 시비 삼월이의 공초로는 그 자세한 것을 알지 못했습니다."

전교하기를,

"그 때에 지금 우의정 윤필상과 평안도 관찰사 현석규가 명을 받들어 한결같이 추국하였으니, 윤필상을 불러서 물어보라."

윤필상이 이르러 곧 말하기를,

"지난 정유년 3월 29일에 신과 도승지 현석규에게 명하여 중궁의 시비 삼월이를 구현전에서 함께 추국하라고 하였는데, 삼월이의 공초에 이르기를, '그 글 두 통 중에 큰 통의 것은 저의 말로 윤구의 아내가 쓴 것인데, 중궁의 어머니 대부인이 예궐할 때에 저도 따라 들어와서 그 다음날 글 가운데 말의 대개를 중궁에게 아뢰었습니다. 작은 통 안의 말은 제가 일찍이 이웃에 사는 전 곡성 현감의 비첩의 집에 이르렀더니, 그 첩인 젊은 여자가 언문 두 장을 가지고 보이므로, 제가 묻기를, '이 책은 어떤 일에 쓰는 것이냐?' 하니, 대답하기를, '방양[948]하는 글이다.' 하였습니다. 그래서 마음속에 가만히 이를 기억했다가, 그 뒤 7, 8일 만에 다시 그 집에 이르러 그 첩과 함께 방안에 앉아 서로 이야기하면서 그 방양하는 책이 북쪽 창밑에 있는 것을 보고, 첩이 규방에 들어간 틈을 타서 몰래 소매속에 감추어 가지고 집에 돌아와, 드디어 윤구의 아내에게 보이면서 이르기를, '이는 악서이다.' 하니, 받아서 이를 감추었습니다. 다음날 저와 반중의 계집종 사비四非가 대부인을 모시고 함께 방안에 앉아서 윤구의 아내 및 사비가 저의 지휘를 따라 언문으로 서로 서로 등사하고 제가 연유를 갖추어 고하니, 대부인이 대답하기를, '이와 같은 음모가 만에 하나라도 폭로될까 크게 두렵다.'라고 하였습니다. 그 본문은 제가 즉시 찢어서 불에 태웠습니다. 그리고 그 작은 통은 저의 지휘대로 사비가 쓴 것이며, 비상은 제가 직접 대부인에게서 받아 그 글 두 통과 작은 책자 하나와 비상 한 봉을 작은 상자 속에 함께 담아 저포 보자기로 싸서 항상 차고 다니는 소서小

---

947) **소위**所爲 : 하는 일. 하는 짓.
948) **방양**防禳 : 재앙을 막으려고 기도함.

로 착함着銜하였습니다. 이에 그달 20일 새벽을 틈타서 석동에게 주고, 거짓으로 권 감찰이 보내는 바라고 일컬어 권 숙의의 집에 투입시켜, 인하여 대궐로 들어가게 한 것이니, 이것은 모두 다 대부인의 지휘입니다.'라고 하였습니다.

또 계집종 사비四非의 초사에 이르기를, '글 가운데 언문 글자는 곧 윤구의 아내의 필적이며, 그 작은 통 및 작은 책의 언자는 제가 한 바가 아닙니다.'라고 하므로, 윤구의 아내에게 물었더니, 대답하기를, '본래 언문을 해득하지 못하므로, 그 글과 작은 책은 제가 쓴 것이 아닙니다.' 하였습니다. 그래서 다시 삼월이에게 물었으나, 모두 다 분명하게 말하지 않고 다만 이르기를, '제가 마땅히 실정을 다 말해야 하나, 다만 말이 대내를 침노할까 두렵습니다.'라고 하였습니다. 윤필상과 현석규 등이 이것을 가지고 아뢰었더니, 삼월이는 교형에, 사비는 강계부에 장을 때려 유배시키도록 명하였던 것입니다."

- 『성종실록』, 1479년 6월 5일

> **實錄記事** 1479년 6월 7일, 폐출된 중궁의 거취에 대한 절목을 마련하여 시행케 하다

승정원에 전교하기를,

"윤씨를 금폐禁閉하여 그 형제를 만나지 못하게 하고, 다만 그 어머니와 동거하게 하는 절목을 마련磨鍊하여 아뢰라."

승정원에서 아뢰기를,

"1. 다만 어머니를 따라 사는 것은 허락하되, 동생同生 및 원근遠近이 족친과는 교통하지 못하게 한다.
1. 혹 어떤 사람이 출입하게 되면 가장 가까운 이웃 사람으로 하여금 이를 고하게 하고, 만약 알면서 고하지 아니하면 제서 유위율949)로써 죄를 준다.
1. 그 부部의 관원으로 하여금 상시로 고찰하게 하되, 그렇게 하지 아니하는 자는 아울러 이를 죄준다."

승지 등이 이어서 아뢰기를,

"윤씨는 죄가 있으니 그 형제와 더불어 서로 만나지 못하게 하는 것이 마땅합니다마는, 그 형제가 어머니를 만나지 못하게 하면 어떻게 합니까?"

전교하기를,

"귀성군 이준도 어머니와 만나지 못하였다."

이조에 전교하기를,

"윤씨 부모의 봉작을 박탈하라."

- 『성종실록』, 1479년 6월 7일

---

949) **제서 유위율**制書有違律 : 임금의 교지와 세자의 영지令旨를 위반하는 자를 다스리는 율.

제9대 성종 이혈 485

> **實錄記事** 1482년 8월 16일, 윤씨의 사사를 서울과 지방에 포고하라고 의정부에 전지하다

의정부에 전지하기를,

"폐비 윤씨는 성품이 본래 흉악하고 위험하여서 행실에 패역함이 많았다. 지난날 궁중에 있을 적에 포악함이 날로 심해져서 이미 삼전三殿에 공순하지 못하였고, 또한 과인에게 흉악한 짓을 함부로 하였다. 그래서 과인을 경멸하여 노예와 같이 대우하여, 심지어는 발자취까지도 없애버리겠다고 말하였으나, 이러한 것은 다만 자질구레한 일들이므로 더 말할 것도 없다. 심지어는 일찍이 역대의 모후들이 어린 임금을 끼고 정사를 마음대로 하였던 일을 보면 스스로 기뻐하고, 항상 독약을 스스로 가지고 다니면서 혹은 가슴 속에 품거나 혹은 상자 속에 간수하기도 했으니, 비단 그가 시기하는 사람을 제거하려는 것뿐만 아니라 장차 과인에게도 해로운 것이다. 항상 스스로 말하기를, '내가 오래 살게 되면 장차 할 일이 있다.'고 하였다. 이것은 부도한 죄로서 종묘와 사직에까지 관계되는 것이지만, 오히려 대의로써 차마 단죄하지 아니하고, 다만 그를 폐비하여 서인으로 삼아 사제에 있게 하였다. 그런데 이제 외부의 사람들이 원자가 점차 성장하는 것을 보고는 앞뒤에서 시끄럽게 떠들어대면서 이 사건을 말하는 이가 많다. 이는 비록 지금은 그리 깊이 염려하지 않아도 되겠지마는, 후일 있을 화를 어찌 이루 다 말하겠느냐? 그가 만일 흉악하고 위험한 성격으로 임금의 권세를 잡게 되면, 원자元子가 현명하더라도 그 사이에서 어떻게 하지를 못하여서, 발호하는 뜻이 날로 더욱 방자하여질 것이다. 그리하여 한 여후漢呂后와 당 무후唐武后의 화를 열망하여 기다리게 될 것이니, 나의 생각이 여기에 미치면 참으로 한심하다. 이제 만일 우유 부단하여 큰 계책을 일찍이 정하지 아니하면, 나라의 일이 구제할 수 없는 데까지 이르러 후회하여도 미치지 못할 것이니, 내가 참으로 종묘와 사직의 죄인이 될 것이다. 옛날 구익 부인은 죄가 없었지만 한 무제가 오히려 만세의 계책을 위하여 〈그를 죽였는데〉, 하물며 이 흉악하고 위험한 사람 또한 용서하기 어려운 죄가 있음에랴? 이에 금년 8월 16일에 그 집에서 사사한다. 이는 종묘와 사직을 위하는 큰 계책으로서 그렇게 하지 않을 수 없었다. 이를 서울과 지방에 포고하라."

— 『성종실록』, 1482년 8월 16일

> **實錄記事** 1482년 8월 16일, 성준이 윤씨의 사사에 대한 삼전의 서간을 가지고 오다

전교하기를,

"오늘 종묘 사직의 큰 계책을 이미 결정하였으니, 내 마음이 편안하여졌다. 재상들도 어찌 그렇지 않겠느냐?"

정창손 등이 머리를 조아리며 말하기를,

"진실로 성상의 밝으신 결단이 아니었으면 어찌 이에 이르렀겠습니까?"

성준이 삼전三殿의 언문 서간을 받들어 가지고 돌아와서 아뢰니, 내관 안중경에게 명하여 빈청에서 펴 가지고 읽게 하여, 재상들로 하여금 듣게 하였다. 그 내용에 이르기를,

"기괴한 일을 듣고서 지극히 놀랐습니다만, 그러나 대의로써 결단하였으니 국가의 복입니다. 그에게 죄줌은 오늘날 이 사람들의 말에 기인한 것이 아니라 일이 커지기 전에 미리 막는 것입니다. 그리고 비단 독약을 가지고 첩을 죽이려고 하였을 뿐만 아니라 어린 임금을 내세워 뜻을 이루어서 권력을 마음대로 하고자 기하였으니, 항상 스스로 말하기를, '내가 오래 살면 장차 할일이 있다.'고 하고, 또한 스스로 상복을 입는다고도 하였으며, 장막을 가리키며 말하기를, '소장950)이라.' 하고, 주상에게 말하기를, '그 눈을 빼고, 발자취까지도 없애버리며, 그 팔을 끊어버리고 싶다.' 하였으니, 이와 같은 말들을 어찌 이루다 말하겠습니까? 또 비상 가루를 옷 속에 차고 다니며, 주상께서 편치 못할 때에는 더욱 이를 기뻐하였고, 어선御膳이 있는 곳을 아무 때나 출입하였습니다. 우리들이 이러한 일을 막고 막았는데, 주상이 어찌 다 알겠습니까? 우리들은 주상이 계신 곳이 좁기 때문에 수강궁으로 옮겨갔는데, 그 때 우리들은, '우리들이 비록 있어도 어떻게 구하겠는가? 그런데도 그가 하는 짓을 알지 못하는구나.' 하고 생각하면서 매우 상심하며 눈물을 흘리고 떠났습니다. 종묘사직에 복이 있어서 주상이 그의 독해를 당하지 아니하였으니, 다행입니다. 또한 그는 주상에게만 죄를 지은 것이 아니라 실은 종묘 사직에 죄를 지은 것입니다. 그런데도 그 죄를 드러나게 하지 못한 것은, 전적으로 원자 때문에 그의 보전을 바란 것인데도 그는 허물을 고칠 줄을 알지 못하였습니다. 이제 나라 사람들의 마음에 그의 죄악은 알지 못하고 한갓 부부 사이에서 죄를 지은 줄로만 알 따름이어서, 몰래 돕는 이가 다투어 일어났으니, 장래에 아부하는 무리들이 반드시 옳고 그른 것을 전도顚倒하여서 죄없는 사람을 모함하여 해칠 것입니다. 이제 일이 커지기 전에 미리 막아서 대의로 단죄함은 참으로 마땅합니다. 그리고 천지의 신명이 있는데, 만일 그가 미혹한 부녀자로서 일이 애매한 데에 관계되고 역적을 도모하는 마음이 없었다면, 우리들이 애당초 어미와 자식 사이이니 어찌 차마 못하는 마음이 없었겠습니까? 원자를 보전하기 위하여는 이와 같이 한 뒤에야 사람의 마음이 한결같이 안정될 것입니다."

- 『성종실록』, 1482년 8월 16일

---

950) **소장**素帳 : 장사 지내기 전에 궤연几筵 앞에 드리우는 흰 포장.

> **實錄記事** 1479년 8월 16일, 이세좌에게 명하여 윤씨를 그 집에서 사사하게 하다

임금이 모화관에 거둥하여 열무하고, 드디어 경복궁에 나아가서 삼전三殿에 문안하고 궁으로 돌아왔다. 영돈녕 이상 의정부·육조·대전들을 명소하여 선정전에 나아가서 인견하고 말하기를,

"윤씨가 흉험하고 악역한 것을 이루 다 말할 수 없다. 당초에 마땅히 죄를 주어야 하겠지만, 우선 참으면서 개과 천선하기를 기다렸다. 기해년[951]에 이르러 그의 죄악이 매우 커진 뒤에야 폐비하여 서인으로 삼았지마는, 그래도 차마 법대로 처리하지는 아니하였다. 이제 원자가 점차 장성하는데 사람들의 마음이 이처럼 안정되지 아니하니, 오늘날에 있어서는 비록 염려할 것이 없다고 하지만, 후일의 근심을 이루 다 말할 수 있겠는가? 경들이 각기 사직을 위하는 계책을 진술하라."

정창손이 말하기를,

"후일에 반드시 발호[952]할 근심이 있으니, 미리 예방하여 도모하지 않을 수 없습니다."

한명회는 말하기를,

"신이 항상 정창손과 함께 앉았을 때에는 일찍이 이 일을 말하지 아니한 적이 없습니다."

정창손이 아뢰기를,

"다만 원자가 있기에 어렵습니다."

임금이 말하기를,

"내가 만일 큰 계책을 정하지 아니하면, 원자가 어떻게 하겠는가? 후일 종묘와 사직이 혹 기울어지고 위태한 데에 이르면, 그 죄는 나에게 있다."

심회와 윤필상이 말하기를,

"마땅히 대의로써 결단을 내리어 일찍이 큰 계책을 정하셔야 합니다."

이파는 말하기를,

"신이 기해년에는 의논하는 데 참여하지 못하였습니다만, 대저 신첩臣妾으로서 독약을 가지고 시기하는 자를 제거하고 어린 임금을 세워 자기 마음대로 전횡하려고 한 죄는 하늘과 땅 사이에 용납할 수 없습니다. 옛날 구익 부인[953]은 죄가 없는데도 한 무제漢武

남이, 조경치, 변영수, 변자의, 문효량, 고복로, 오치권, 박자하를 저자에서 환열하고 7일 동안 목을 베어 높은 곳에 매달게 하였다.

---

951) **기해년**: 1479년(성종 10년).

952) **발호**跋扈: 세력이 강해져 제어하기 힘듦.

953) **구익 부인**鉤弋夫人: 한漢나라 무제武帝의 궁녀 조첩여趙婕妤로서 소제昭帝의 생모임. 무제가 자신은 늙고 소제는 어리므로 후일 자신이 죽은 뒤에 어린 임금을 끼고 폐단이 있을까 염려하여, 아

㮒가 그를 죽인 것은 만세를 위하는 큰 계책에서였습니다. 그러니 이제 마땅히 큰 계책을 빨리 정하여야 합니다. 신은 이러한 마음이 있는 지 오래 됩니다만, 단지 연유가 없어서 아뢰지 못하였습니다."

임금이 말하기를,

"후일에 그가 발호하게 되면 그 후환이 어찌 크지 않겠느냐? 측천 무후가 조정의 신하들을 많이 죽였던 것은, 자기 죄가 커서 천하가 복종하지 않을 것을 알았기 때문에 자기의 위엄을 보이려고 한 것이다."

이어서 좌우에게 묻기를,

"어떻게 하여야 하겠느냐?"

재상과 대간들이 같은 말로 아뢰기를,

"여러 의견들이 모두 옳게 여깁니다."

이에 곧 좌승지 이세좌에게 명하여 윤씨를 그 집에서 사사하게 하고, 우승지 성준에게 명하여 이 뜻을 삼대비전에 아뢰게 하였다. 이세좌가 아뢰기를,

"신은 얼굴을 알지 못하니, 청컨대 내관과 함께 가고자 합니다."

조진에게 명하여 따라가게 하였다. 이세좌가 나가서 내의 송흠을 불러서 묻기를,

"어떤 약이 사람을 죽일 수 있는가?"

송흠이 말하기를,

"비상만한 것이 없습니다."

주서 권주로 하여금 전의감에 달려가서 비상을 가지고 가게 하였다. 저녁이 되자 전교하기를,

"이세좌는 오지 말고 그 집에 유숙하라."

사신이 논평하기를,

"한명회의 말에, '항상 정창손과 함께 앉으면 일찍이 이 일을 말하지 않은 적이 없다.' 하였으니, 이는 아마 후일을 염려해서 한 것일 듯하다. 그런데 전날 임금이 권경우의 아룀으로 인하여 돌아보며 물었을 적에는, 한명회가 이에 말하기를, '임금이 사용하던 것이면 비록 미천한 것이라도 외처에 둘 수 없는데, 하물며 국모이겠습니까?' 하였다. 이는 무람없게 거처하는 것을 혐의함이고 후일을 염려한 것은 아닌 듯하다. 그러니 앞뒤가 어찌 이렇게 서로 어긋나는가? 대신으로서 국가를 위하는 염려가 이와 같아서는 안 된다."

— 『성종실록』, 1482년 8월 16일

㮒 무런 죄가 없는데도 죽였음.

1482년(성종 13년) 8월 16일 성종은 명을 내려 폐비 윤씨를 사사하였다. 윤씨를 사사한 전교를 보면 윤씨가 폐출되어 쫓겨난 후에도 여전히 죄를 뉘우치지 않고, 점차 원자가 장성하면서 윤씨의 폐출 문제가 다시 공론화되는 것을 막고자 하였다.

성종은 원자가 왕이 되었을 때 폐비 윤씨가 왕의 모후로서 영향력을 발휘해 정국을 혼란하게 만들 것을 우려했다. 성종은 폐비 윤씨를 죽이고 원자에게 사실을 숨겨 후환을 남기지 않으려고 했다. 세상에 완전한 비밀은 없다. 훗날 연산군이 왕위에 올랐을 때 생모 윤씨가 폐출과 사사되었다는 사실이 밝혀지면서 관련자 모두에게 피바람이 몰아닥쳤다. 연산군에 일어난 불행의 씨앗은 성종이 뿌린 것이다.

법치국가를 완성하다

성종은 왕위 계승을 꿈에서도 생각지 못했지만 타고난 자질이 훌륭했다. 성종은 조선 시대 손꼽히는 현명한 군왕이다. 성종은 태종, 세종, 숙종, 영조, 정조와 함께 조선 역대 군왕 중 성군으로 존경받고 있다.

성종 시대는 세종, 세조가 물려준 문화, 경제, 정치적 자산으로 풍족하고 안정된 시기였지만, 왕권과 신권의 치열한 권력 투쟁이 계속되고 있었다. 공신파 대신들의 막강한 힘에 맞서기 위해 사림파를 등용해 권력의 균형을 유지했고, 『경국대전』을 완성해 법치국가로써 조선을 완성했다. 성종은 신하들의 직언에 귀를 기울이고 지나쳐도 수용했다. 성종은 자신에게는 엄격하고 신하들에게 관대한 왕이었다. 실록에 성종은 월평균 25일 정도 경연을 열었다고 기록되어 있을 정도로 학습에 열정을 다했다.

성종은 사림파를 중앙 정계에 진출시켜 훗날 피비린내 나는 사화[954]의 불

---

954) **사화**士禍 : 훈구파와 사림파의 정치적 차이와 경제적 이해관계를 둘러싼 세력 간 다툼을 말합니다. 원래 '사림의 화'라는 말로 사림파의 입장에서 쓴 말입니다. 1498년의 무오사화, 1504년의

씨를 마련했고, 다음 국왕이 될 세자의 생모를 폐위하고 사약을 내려 연산 시대의 혼돈을 겪게 했다.

1494년 38세의 나이로 승하하다

많은 정치적 업적을 남기며 조선왕조의 통치 체제를 확립한 성종은 연산군, 희대의 폭군에게 왕위를 넘기고 1494년(성종 25년) 12월 24일 대조전에서 38세의 나이로 승하했다.

> **實錄記事** 1494년 12월 23일, 의관 송흠이 임금의 병세를 말하다

의정부와 육조에서 빈청에 나아가서 문안하니, 전교하기를,
 "내 증세는 송흠[955]이 알 것이다."
하였다. 윤필상과 윤호가 합문[956] 안에 나아가서 문안하고, 인하여 송흠 등으로 하여금 들어가서 진후하도록 할 것을 청하였다. 진시[957]에 송흠이 안에 들어가서 진후하고 나와서 말하기를,
 "성상의 몸이 몹시 여위셨고, 맥도가 부삭(浮數)하여 어제는 육지(六指)였는데, 오늘은 칠지였습니다. 그리고 얼굴빛이 위황하고 허리 밑에 적취가 있고, 내쉬는 숨은 많고 들이

갑자사화, 1519년의 기묘사화, 1545년의 을사사화를 4대 사화라 한다. 무오사화는 훈구파와 대립하던 사림파가 훈구파의 비리를 비판한 것이 직접적인 원인이었다. 갑자사화는 무오사화로 사림파가 제거된 상태에서 연산군과 궁금 세력이 훈구파까지 제거한 사건이다. 중종반정 이후 조광조를 비롯한 사림파가 다시 진출하면서 반정공신의 위훈삭제 주장하면서 발생한 것이 기묘사화이고 을사사화는 인종의 외삼촌인 윤임을 명종의 외삼촌인 윤원형이 몰아낸 사건이다.

955) **송흠**宋欽 : 1480년(성종 11년) 사마시에 합격하고 1492년 식년 문과에 병과로 급제, 승문원에 있다가 연산군의 포학한 정치로 물러난 뒤 후진 교육에 전심하였다. 1516년(중종 11년) 홍문관정자로 복직, 저작·박사·수찬·정언·헌납·병조정랑·전라도도사·지평 등을 지냈다. 1504년(연산군 10년)에 연산군의 어머니 폐비 윤씨의 복위문제로 일어난 갑자사화 때 이파와 송흠이 부관참시에 처해졌다.

956) **합문**閤門 : 편전(便殿)의 앞문.

957) **진시**辰時 : 오전 7시부터 9시 사이.

쉬는 숨은 적으며, 입술이 또 건조하십니다. 성상께서 큰 소리로 약을 물으시므로, 아뢰기를, '청심연자음·오미자탕·청심원 등의 약은 청량한 재료가 들어 있어서 갈증을 그치게 할 수 있으니, 청컨대 이를 진어하게 하소서.'라고 하였습니다. 또 성상의 몸을 보건대 억지로 참으시면서 앉으신 듯하기 때문에 마침내 물러나왔습니다."

- 『성종실록』, 1494년 12월 23일

實錄記事 1494년 12월 24일, 종기를 많이 다스려본 의원 전명춘이 임금을 진찰하다

파평부원군 윤필상[958]·좌의정 노사신[959]·우의정 신승선·승지 한사문이 소동문 안에 나아가서 아뢰기를,

"여의女醫가 비록 입시한다 하더라도 연로하여 눈이 어두운데, 어떻게 자세히 알 수 있겠습니까? 청컨대 송흠으로 하여금 자주 안에 들어가서 진후하게 하여 증세에 따라 약을 올리게 하소서."

전교하기를,

"내가 지금 피곤하니, 마땅히 해가 돋기를 기다려서 다시 전교하겠다."

승지들이 아뢰기를,

---

958) **윤필상**尹弼商 : 윤필상은 세조, 성종, 연산군에 이르는 왕들의 신임을 받아 연산군 때에는 궤장을 받기도 했으나, 갑자사화가 일어났을 때 윤씨 폐비에 동조했던 과거 행적으로 인해 숙청당했다. 1457년 문과중시에 급제한 뒤 도승지 등을 지내면서 왕명을 잘 처리하여 세조의 신임을 받았다. 1467년 이시애의 난을 진압하는 데 공을 세웠고, 1471년(성종 2년) 경상도에 가뭄이 들었을 때 진휼사 겸 경상도관찰사로 굶주린 백성을 구제했다. 1479년 명나라의 협공요청을 맞아 서정도원수로서 출진하여 크게 이기고 돌아왔다. 이듬해 성종이 윤비를 폐할 때 이에 동조했다. 1496년(연산군 2년) 왕으로부터 궤장을 받는 등 두터운 신임을 받았다. 1498년에는 무오사화를 주도하여 김일손, 정여창 등 신진사림파를 숙청했다. 1504년 갑자사화 때 연산군의 생모 윤씨의 폐위에 간여한 일로 진도에 유배, 사약을 받게 되자 자결했다.

959) **노사신**盧思愼 : 세종에서 성종 때까지 사서편찬과 번역사업에 공헌했으며, 유자광 등과 함께 무오사화를 주도했다. 어려서부터 학문에 조예가 깊어 문과 급제 직후 집현전학사가 되었다. 글을 잘하여 명성이 높았고, 경서와 사서를 강론할 때 사리분별이 뚜렷하고 대답하는 데 막힘이 없어 세조가 친히 그와 토론하기를 즐겼다. 1465년 호조판서가 되어 최항과 함께 『경국대전』의 편찬을 주관하고 『동국여지승람』·『동국통감』·『삼국사절요』 등의 편찬과 『향약집성방』의 국역에 참가했다. 1495년 영의정에 올랐으나 과거시험에 처족을 합격시켰다는 이유로 탄핵을 받아 영의정을 사직하였다. 1498년 무오사화를 주도했을 때는 유자광 등이 옥사를 확대하려는 것을 적극 견제하여 사림파의 피해를 줄이는 데 힘을 기울였다. 사옥이 진행되던 그해 9월에 병사하였다.

"전한 양희지가 말하기를, '의원 전명춘이 의술에 정통하여 자못 맥도를 알고, 또 종기를 다스리는 데 많은 경험이 있다.'고 하니, 송흠을 접견하실 때에 청컨대 따라 들어가서 진맥하여 살피게 하소서."

전교하기를,

"가하다."

송흠 등이 들어가 진찰하고 나와서 전명춘이 말하기를,

"배꼽 밑에 적취는 참으로 종기인데, 마땅히 종기를 다스리는 약을 써야 할 것입니다."

- 『성종실록』, 1494년 12월 24일

實錄記事 1494년 12월 24일, 대조전에서 세상을 떠나다

오시午時960)에 임금이 대조전에서 훙하였는데, 춘추는 38세이다. 임금은 총명 영단하시고, 관인 공검寬仁恭儉하셨으며, 천성이 효우하시었다. 학문을 좋아해서 게을리하지 아니하여 경사에 널리 통하였고, 사예射藝와 서화에도 지극히 정묘하시었다. 대신을 존경하고 대간을 예우하셨으며, 명기名器를 중하게 여겨 아끼셨으며, 형벌을 명확하고 신중하게 하시었다. 유술儒術을 숭상하여 이단을 물리치셨고, 백성을 사랑하여 절의를 포장하셨고, 대국을 정성으로 섬기셨으며, 신의로써 교린하시었다. 그리고 힘써 다스리기를 도모하여 처음부터 끝까지 삼가기를 한결같이 하였다. 문무를 아울러 쓰고 내외를 함께 다스리니, 남북이 빈복賓服하고, 사경四境이 안도하여 백성들이 생업을 편안히 여긴 지 26년이 되었다. 성덕과 지치는 비록 삼대961)의 성왕이라도 더할 수 없었다. - 『성종실록』, 1494년 12월 24일

묘호는 성종, 시호는 강정인문헌무흠성공효대왕, 능호는 선릉이다. 선릉은 성종과 왕비 정현왕후 윤씨의 능으로 정자각 앞에서 보면 왼쪽 언덕(서쪽)이 성종, 오른쪽 언덕(동쪽)이 정현왕후의 묘가 있다. 선릉은 서울시 강남구 선릉로 100길 1에 위치하고 있다.

폐비윤씨묘의 이름은 회묘이며, 경기도 장단에 매장되었다가, 뒤에 양주군 망우리면 망우리로 이장되었으며, 1498년(연산군 4년) 경기도 양주군 천장산, 오늘 날의 서울 동대문구 회기동 경희의료원 자리로 이장되었는데, 회릉으로 격

---

960) **오시**午時: 오전 11시부터 오후 1시 사이.

961) **삼대**三代: 하夏·은殷·주周.

상되었다. 『연산군일기』 52권, 연산 10년 3월 24일 윤필상 등이 윤필상 등이, 폐후廢后의 시호를 '제헌齊獻'이라 의논하여 올리고, 회묘를 고쳐 '회릉'이라 하였으며, 이어 아뢰기를,

"효사묘는 고치지 않는 것이 어떠하리까?"

하니, 그대로 좇았다.

연산군 폐위 후 회릉도 다시 회묘로 격하되고, 회묘가 있는 마을은 회터마을이라는 별명이 붙어 회기동의 지명의 유래가 되었다. 1969년 10월 25일 경기 고양군으로 이장하였으며, 현재의 위치는 고양시 덕양구이다.

성종 선릉 능침

선릉은 조선 9대 성종과 왕비 정현왕후 윤씨의 능이다. 같은 능역에 하나의 정자각을 두고 서로 다른 언덕에 능침을 조성한 동원이강릉의 형태이다. 1494년(성종 25년)에 성종이 세상을 떠나자 이듬해인 1495년에 광주 학당리(현 선릉)에 능을 먼저 조성하였다. 원래 이 자리는 세종의 아들인 광평대군묘역이 있던 자리였으나, 선릉이 조성되면서 광평대군묘역은 현재 강남구 수서동으로 이장되었다. 그 후 1530년(중종 25년)에 성종의 왕비 정현왕후 윤씨가 세상을 떠나자 선릉 동쪽 언덕에 능을 조성하였다.

선릉 전경

제9대 성종 이혈 495

신의 정원, 폐비 윤씨 회릉으로 사진여행

폐비 윤씨 묘(회릉)

성종의 계비이자 연산군의 생모로, 1482년(성종 13년) 음력 8월 16일 사사된 폐비 윤씨의 무덤이다. 경기도 고양시 덕양구 원신동의 서삼릉 경내에 있다. 원래는 경기도 장단군에 묻힌 것을 연산군이 서울특별시 동대문구 회기동으로 천장하였으며, 이후 1969년 10월 25일 지금의 자리로 이장하였다. 조선 전기의 양식으로 이루어져 있으며, 석물들은 여타 왕릉처럼 문인석, 무인석을 모두 갖추고 있다. 조선 성종 재위 당시 중전이었던 윤씨가 폐서인이 되면서 묘호도 회묘로 지어졌으나 세자였던 조선 연산군이 즉위하면서 폐비 윤씨를 제헌왕후로 시호를 하사하면서 이 당시 회릉으로 격상되었으나 중종반정이 일어나고 조선 중종이 즉위하면서 폐주인 연산군이 시행했던 행적들을 청산하는 일원으로 제헌왕후 시호가 삭탈되고 다시 회묘로 격하되었다.

Index

5위도총부 / 418
6전 / 466
6조 / 228
6조직계제 / 228

ㄱ

가구소街衢所 / 132
가성假姓 / 105, 107, 337
가종駕從 / 246
각사등록 / 21
간경도감刊經都監 / 425, 473
간관諫官 / 127
갑반甘盤 / 345
감선減膳 / 206
갑사甲士 / 141, 192
갑인년의 변고 / 98
갑진자甲辰字 / 474
강조康兆 / 448
강치성康致誠 / 436
강후絳侯 / 99
강후絳後 / 101
개국원종공신 / 157
개원로開元路 / 34
개좌開坐 / 236
거북점[龜占] / 235
거열[車裂] / 415
건건蹇蹇 / 340
건목득자建木得子 / 123
검상조례사檢詳條例司 / 466
격례格例 / 361
결승結繩 / 285
겸예문관제도兼藝文館制度 / 473

겸인지용兼人之勇 / 442
겸종傔從 / 143, 375
경경縈縈 / 450
경복흥慶復興 / 122
경사京師 / 243
경산부京山府 / 66
경성제국대학京城帝國大學 / 24
경숙옹주敬淑翁主 / 364
경순공주慶順公主 / 175
경신공주慶愼公主 / 90
경연관經筵官 / 474
경연일기經筵日記 / 21
경재소京在所 / 472
경태景泰 / 324
경혜공주敬惠公主 / 364
계달啓達 / 360
계명鷄鳴 / 194
계술繼述 / 32
계유정난癸酉靖難 / 365, 410
고굉股宏 / 341
고굉股肱 / 106
고독蠱毒 / 188, 224, 325, 359, 386, 450
고량膏粱 / 353
고명誥命 / 85, 226, 244
고복顧復 / 252
고애자孤哀子 / 262
고황제高皇帝 / 216, 262
고후高后 / 342
곤극坤極 / 476
공가公家 / 361
공법상정소貢法詳定所 / 313
공사供辭 / 94

공신전功臣田 / 316
공양왕恭讓王 / 124
공장工匠 / 287
공재功載 / 345
공전公田 / 156
공정대왕恭靖大王 / 264
공종功宗 / 342
공혜왕후恭惠王后 / 464
과전법科田法 / 156
과죄科罪 / 361
곽광전霍光傳 / 89
곽연廓然 / 253
관교官敎 / 76
관벽管辟 / 188, 223
관수관급제官收官給制 / 467
관적關賊 / 91
관중管仲 / 109
광묘光廟 / 395
광통교廣通橋 / 225
교방敎坊 / 58
교사郊社 / 337
교서敎書 / 196
구규九達 / 47
구로劬勞 / 252
구매歐罵 / 386
구사丘史 / 97
구성군龜城君 / 437
구순寇恂 / 107
구익 부인鉤弋夫人 / 488
구주九州 / 284
구중궁궐九重宮闕 / 165
구치관具致寬 / 469
국정최고의결기관 / 175

Index **497**

군국軍國 / 468
군현제郡縣制 / 315
궁성사면절제사宮城四面節制使 / 350
궁양窮養 / 345
궁흉극악窮凶極惡 / 303
권간權姦 / 337
권근權近 / 71, 200
권문세족權門世族/ 156
권제權踶 / 311
권지국사權知國事 / 162
귀근貴近 / 362
규전圭田 / 100
금고金鼓 / 300
금방禁防 / 395
금상今上 / 183, 252
금성대군錦城大君 / 410
금재金尺 / 122
금장 / 230
급부給付 / 417
급전법給田法 / 316
기거起居 / 350
기도器度 / 403
기미幾微 / 262
기업基業 / 358
기예技藝 / 286
기인其人 / 131
기전체紀傳體 / 336
기차紀次 / 338
기호지방畿湖地方 / 471
기회期會 / 285
길복吉服 / 325
길재吉再 / 158, 473
김구용金九容 / 71
김굉필金宏弼 471
김담金淡 / 310
김사형金士衡 / 218
김약채金若采 / 201

김일손金馹孫 / 471
김종서金宗瑞 / 298, 367
김한로金漢老 / 232

ㄴ

나치拿致 / 440
나하추納哈出 / 49
나희儺戱 / 377
남은南誾 / 112
남이南怡 / 438
납씨納氏 / 101, 106
낭묘廊廟 / 342
내관內官 / 352
내구마內廐馬 / 393
내노內奴 / 141
내병조內兵曹 / 439
내선內禪 / 154, 230, 243
내수內羞 / 376
내시집주內侍執奏 / 33
내온內醞 / 376
노부鹵簿 / 277
노비변정도감奴婢辨定都監 / 176
노사신盧思愼 / 491
노상老相 / 244
노췌勞瘁 / 343
녹권錄券 / 97

ㄷ

다단多端 / 362
대동大東 / 358
대리청정代理聽政 / 172, 347
대사大事 / 117
대상大相 / 91, 244
대순大順 / 102
대신大信 / 102

대실大室 / 98
대역大逆 / 325, 359
대전속록大典續錄 / 463
대죄待罪 / 287
덕음德音 / 160
덕종德宗 / 461
덕흥군德興君 / 91
도道 / 74
도당都堂 / 115
도산塗山 / 476
도승지都承旨 / 196
도첩度牒 / 473
도평의사사都評議使司 / 95
동강東江 / 379
동경계同庚契 / 114
동녕부東寧府 / 54
동이東 / 161
동자童子 / 100
동전東殿 / 243
두류逗遛 / 424
둑소纛所 / 144
둑제纛祭 / 178
등우鄧禹 / 107

ㅁ

만기萬機 / 249, 358
만형蠻荊 / 185
말명末命 / 263
망望 / 270
맹사성孟思誠 / 219, 308
면복冕服 / 172, 433
명패命牌 / 440
모반謀反 / 325
모반謀叛 / 325, 359
모실耗失 / 359
목자木子 / 86

몽조夢兆 / 407
묘당廟堂 / 341
무량수불無量壽佛 / 480
무왕武王 / 271
무일無逸 / 243
무학無學대사 / 136
무후武侯 / 99
묵특冒頓 / 303
문난問難 / 404
문인文引 / 208
문항門巷 / 477
민무구閔無咎 / 140, 228
민무질閔無疾 / 140, 229
민무회閔無悔 / 229
민무휼閔無恤 / 229
민수閔粹 / 436
민제閔霽 / 218

ㅂ

박석명朴錫命 / 196
박연朴堧 / 311
박은朴訔 / 232
박팽년朴彭年 / 282
반고班固 / 337
반명反命 / 250
발호跋扈 / 487
방석芳碩(의안대군) / 138
방양防禳 / 483
방애防礙 / 285
배 태사裵太師 / 102
배신陪臣 / 162
배현경裵玄慶 / 97
백안첩목아왕伯顔帖木兒王 / 52
백읍고伯邑考 / 271
번병藩屛 / 165
번유藩維 / 343

번진藩鎭 / 100
법가法駕 / 386
법가法駕 / 386
변계량卞季良 / 248
변로지도變魯至道 / 285
변안열邊安烈 / 66
병병兵柄 / 343
보상輔相 / 206
보효報效 / 255
복어服御 / 478
복완服玩 / 479
본국本國 / 103
본부本府 / 350
봉영奉迎 / 277
부과附過 / 133
부도婦道 / 480
부민고소금지법部民訴禁止法 / 410
부비浮費 / 360
부상扶桑 / 101
부서簿書 / 285
부소扶蘇 / 390
부위府衛 / 337
부조不造 / 384
부회附會 / 286
북계北界 / 74
분경奔競 / 100, 362, 446
불경죄不敬罪 / 470
불곡不穀 / 163
불공佛供 / 166
붕비朋比 / 361
비고鞞鼓 / 51
비궁閟宮 / 343
비기丕基 / 455
비리鄙俚 / 338
비저匕箸 / 423

ㅅ

사가독서제賜暇讀書制 / 292
사객使客 / 301
사대교린事大交隣 / 135
사략史略 / 339
사림파士林派 / 415
사마소司馬所 / 472
사마천司馬遷 / 337
사병혁파私兵革罷 / 225
사사賜死 / 157, 389
사설邪說 / 361
사세四世 / 341
사야四夜 / 319
사왕嗣王 / 262, 351
사육신死六臣 / 415
사은사謝恩使 / 231
사이四夷 / 303
사인舍人 / 46
사전辭箋 / 249
사제賜祭 / 340
사조辭朝 / 303
사족士族 / 470
사첩謝貼 / 132
사화士禍 / 490
삭망朔望 절제 / 335
삭방도만호朔方道萬戶 / 42
산길대왕散吉大王 / 34
삼가三家 / 201
삼강三綱 / 314
삼강행실도三綱行實圖 / 314
삼공三公 / 91
삼광三光 / 106
삼극三極 / 291
삼대三代 / 492
삼사三司 / 132
삼성三省 / 41

Index 499

삼재三才 / 290
삼태三台 / 341
삼포三浦 / 452
상서사尙瑞司 / 245
상왕上王 / 62, 86, 387
상우象偶 / 188, 223
상원사 동종 / 426
상전개탁上典開拆 / 246
서관庶官 / 341
서무庶務 / 362
서얼금고법庶孼禁錮法 / 241
석씨釋氏 / 445
선군選軍 / 132
선신先臣 / 36
선유仙遊 / 254
선유宣諭 / 161
선지宣旨 / 236
선참후계先斬後啓 / 175
선후先后 / 344
설순偰循 / 312
설총薛聰 / 284
성균정록소成均正錄所 / 131
성변星變 / 442
성복成服 / 447
성삼문成三問 / 282
성색聲色 / 324, 351
성용聲容 / 352
성인聖人 / 164
성체聖體 / 469
소격서昭格署 / 176
소고昭考 / 341, 342
소근小斤 / 182
소목昭穆 / 130
소반小盤 / 334
소연昭然 / 230
소위所爲 / 483
소장素帳 / 486

소합향원蘇合香元 / 167
소합환蘇合丸 / 142
소헌왕후 심씨昭憲王后 沈氏 / 281
소환小宦 / 461
속적屬籍 / 390, 395
송誦 / 448
송헌松軒 / 73
송흠宋欽 / 490
수綏 / 277
수빈粹嬪 / 455
수성守成 / 280
수양대군首陽大君 / 368
수조권收租權 / 418, 467
수조지收租地 / 156
순詢 / 448
순군옥巡軍獄 / 94
순순諄諄 / 353
순청巡廳 / 374
숭유억불崇儒抑佛 / 135
숭호嵩呼 / 251
습전襲奠 / 351
승안承顔 / 263
승여乘輿 / 86
승천부昇天府 / 64
승출陞黜 / 354
승평昇平 / 275
승품承稟 / 434
시귀蓍龜 / 341
시물時物 / 482
시비侍婢 / 482
시선侍膳 / 351
시선視膳 / 278
시약侍藥 / 353
시양厮養 / 54
시어侍御 / 333
시위侍衛 / 277
시좌소時坐所 / 374

시초점[筮占] / 235
시폐時弊 / 441
식실봉食實封 / 97
식읍食邑 / 97
신개申槩 / 344
신기전神機箭 / 346
신다울루목神茶鬱壘木 / 482
신덕왕후 강씨神德王后 康氏 / 219
신명神明 / 275
신문고申聞鼓 / 241
신석조辛碩祖 / 283
신숙주申叔舟 / 282, 411
신왕神王 / 95
신우辛禑 / 52
신의宸扆 / 263
신의왕후 한씨神懿王后 韓氏 / 220
심덕부沈德符 / 103
심시중沈侍中 / 104
심온沈溫 / 256
심장尋丈 / 75
심효생沈孝生 / 174
십선산十宣散 / 348
십악十惡 / 434

아기발도阿其拔都 / 69
아방兒房 / 149
아형阿衡 / 102
악비岳飛 / 442
안렴사按廉使 / 33
안순왕후安順王后 / 435
안평대군 이용安平大君 李瑢 / 368
알목하斡木河 / 305
야굴대왕也窟大王 / 33
약석藥石 / 341
양경兩京 / 101

양공梁公 / 99
양광도楊廣道 / 173
양궁兩宮 / 238
양녕대군(이제) / 231
양덕陽德 / 427
양덕讓德 / 263
양력揚歷 / 342
양부兩府 / 99
양위교서讓位敎書 / 191
양정楊汀 / 369
양진禳鎭 / 481
양촌陽村 / 243
양호 유환養虎遺患 / 409
어묵語默 / 345
억손抑損 / 253
언관言官 / 453
언로言路 / 361
엄嚴 / 277
엄자릉嚴子陵 / 107
역성혁명易姓革命 / 156
연방延訪 / 359
연분구등법年分九等法 / 313
연비燃臂 / 480
염매魘魅 / 188, 224, 325, 359
염불삼매念佛三昧 / 155
영업전永業田 / 37
영왕寧王 / 340
영이靈輀 / 264
오례五禮 / 314
오묘五廟 / 130
오시午時 / 492
오악五嶽 / 106
오왕五王 / 101
왕관王官 / 92
왕씨王氏 / 354
왕우군王右軍 / 352
왕정王庭 / 264

요堯 / 160
요양遼陽 / 96
욕례縟禮 / 253
용속庸俗 / 288
용장冗長 / 339
우禑 / 160
우다치亐多赤 / 41
우문右文 / 285
우우友于 / 188, 223
운검雲劍 / 249
운수運數 / 304
운종가雲從街 / 148
웅무雄武 / 337
원각사圓覺寺 / 425
원경왕후 민씨 / 229
원량元良 / 333
원사元祀 / 343
원상院相 / 462
원수元首 / 106, 344
원숙강元叔康 / 436
원왕冤枉 / 286
원윤元尹 / 40
월산대군月山大君 / 464
위복 / 230
위서僞書 / 480
위성僞姓 / 108, 215
위태자衛太子 / 390
위평장僞平章 / 48
유瑜 / 391
유명遺命 / 324
유응부兪應孚 / 414
유자광柳子光 / 438
유정현柳廷顯 / 233
유중有衆 / 427
유지宥旨 / 163, 217, 326, 359
유후留侯 / 99, 109
육경六卿 / 201

육예六藝 / 324, 432
윤사덕尹師德 / 173
윤필상尹弼商 / 491
윤회尹淮 / 309
은반殷盤 / 342
음률音律 / 403
음식飮食 / 353
의례상정소儀禮詳定所 / 314
의릉懿陵 / 98
의비倚毗 / 341
의장儀仗 / 125
의정부議政府 / 367
의정부서사제議政府署事制 / 314
의지懿旨 / 481
의흥부義興部 / 240
의흥삼군부義興三軍府 / 202, 225
이 장군李將軍 / 52
이 판삼사李判三司 / 88
이가二家 / 339
이개李塏 / 414
이거이李居易 / 199
이기二氣 / 291
이란理亂 / 361
이무李茂 / 195
이문吏文 / 285
이방번李芳蕃 / 138
이방원李芳遠 / 138
이백강李伯剛 / 219
이보국李輔國 / 193
이보흠李甫欽 / 416
이색李穡 / 70
이수李隨 / 345
이숙번李叔蕃 / 139, 174
이순지李純之 / 309
이숭인李崇仁 / 92
이어移御 / 242
이영李瓔 / 392

Index **501**

이원吏員 / 285
이원李原 / 197
이유李瑜 / 389
이인석李仁錫 / 436
이인임李仁任 / 80
이전彝典 / 343
이전李㙉 / 390, 392
이제李禔 / 234, 269
이종무李從茂 / 293
이직李稷 / 199
이천우李天祐 / 139
인신印信 / 226
인지麟趾 / 194
일민逸民 / 100
일절一節 / 343
임어臨御 / 358

ㅈ

자금어대紫金魚袋 / 42
자배磁杯 / 450
자삭自削 / 406
자을산군者乙山君 / 455
잔질殘疾 / 360
잠저潛邸 / 88, 269, 403
잡치雜治 / 446
장문將門 / 343
장순왕후章順王后 / 435
장영실蔣英實 / 248
장자방張子房 / 113
재상宰相 / 228
재신宰臣 / 43
저부儲副 / 237, 249
저위儲位 / 427
저이儲貳 / 187, 222, 238
저화楮貨 / 242
적개공신敵愾功臣 / 437

전고典故 / 468
전대專對 / 341
전두纏頭 / 58
전례典禮 / 271
전문箋文 / 336
전미專美 / 343
전분육등법田分六等法 / 313
전순의全循義 / 318
전장牋章 / 106
전제專制 / 344
전제상정소田制詳定所 / 316
전조前朝 / 296
전주銓注 / 342
전포展布 / 345
전하殿下 / 76, 90
절간折簡 / 422
절물絶物 / 362
절부節婦 / 360
정도전鄭道傳 / 112, 160
정동성征東省 / 41
정몽주鄭夢周 / 115, 472
정순왕후定順王后 송씨 / 365
정안政案 / 97
정안왕후 김씨 / 191
정여창鄭汝昌 / 471
정윤正尹 / 40
정인지鄭麟趾 / 292, 411
정지鄭地 / 89
정초鄭招 / 311, 316
정통正統 / 324
정표旌表 / 360
정현왕후 윤씨貞顯王后 尹氏 / 465
정희대비貞熹大妃 / 463
정희왕후貞熹王后 / 412
제1차 왕자의 난 / 173
제군사諸軍事 / 114
제도諸道 / 359

제릉齊陵 / 209
제서 유위율制書有違律 / 484
제안대군齊安大君 / 435
제찬制撰 / 473
조감藻鑑 / 341
조말생趙末生 / 233
조묘祧廟 / 98
조민수曹敏修 / 84
조박趙璞 / 218
조복朝服 / 325
조사의趙思義 167
조선朝鮮 / 135
조술祖述 / 337
조시朝市 / 168
조영무趙英茂 / 139, 199
조인옥趙仁沃 / 112
조자앙趙子昂 / 352
조참朝參 / 393
조하朝賀 / 276
조호助戶 / 132
존경각尊經閣 / 473
종사從祀 / 342
종사螽斯 / 332
종학宗學 / 281
좌승지左承旨 / 197
좌씨左氏 / 336
좌주座主 / 130
주고周誥 / 342
주남周南 / 252
주려周廬 / 192
주삼원수교서誅三元帥敎書 / 149
주자소鑄字所 / 242
주재主宰者 / 125
주준奏准 / 245
중僧 / 101
중궤中饋 / 194
중기衆技 / 352

중기重器 / 427
중사中使 / 97
중옹仲雍 / 185
증서曾西 / 109
증제烝祭 / 98
지록地祿 / 75
지존至尊 / 353
지중摯仲 / 252
직전수조법職田收租法 / 452
진덕수眞德秀 / 81
진성眞姓 / 108
진시辰時 / 490
진주眞主 / 338

ㅊ

차거硨磲 / 79
차역差役 / 360
찬배贊拜 / 94
참위僭僞 / 105
참찬參贊 / 341
채전采田 / 100
채택蔡澤 / 104
책문策問 / 131
처참處斬 / 452
천신薦新 / 482
천어天語 / 448
천일天日 / 252
천자天子 / 275
천조踐祚 / 244
천하天河 / 439
철악徹樂 / 206
첩자 승중 / 222
청개淸介 / 344
청구靑丘 / 70
초복初服 / 427
초부樵夫 / 480

초사招辭 / 286
초예草隷 / 352
초헌軺軒 / 377
총악寵渥 / 346
총재冢宰 / 99
최만리崔萬理 / 283
최영崔瑩 / 64, 123
최윤덕崔潤德 / 248
최항崔恒 / 282, 292
추동楸洞 / 219
추봉 / 157
추상樞相 / 149
추신樞臣 / 43
추은推恩 / 359
춘관春官 / 342
출목연出牧筵 / 70
충군充軍 / 384
충녕대군(이도) / 232
충천 각모衝天角帽 / 250
취재제도取才制度 / 315
칠거지악七去之惡 / 477
칠묘七廟 / 130
칠조七調 / 291
침원寢園 / 98

ㅌ

탄미歎美 / 353
탕湯 / 245
탕목읍湯沐邑 / 57
탕왕湯王 / 251
태백太伯 / 185
태사太師 / 98
태상왕太上王 / 166
태아太阿 / 201
태종왕太宗王 / 33
토관土官 / 422

토관직土官職 / 306
통인通引 / 379
통찬通贊 / 277
투자投刺 / 372

ㅍ

파루罷漏 / 167
패기牌記 / 203
패두牌頭 / 300
편년編年 / 338
편년체編年體 / 336
평창 상원사 목조문수동자좌상
平昌 上院寺 木造文殊童子坐象 / 426
폐비 윤씨廢妃 尹氏 / 465
폐순陛楯 / 192
폐행嬖幸 / 337
포사褒姒 / 476
포흠逋欠 / 359
표리表裏 / 172
표제表弟 / 420
품관 향리品官鄕吏 / 209
필삭筆削 / 339

ㅎ

하관夏官 / 346
하륜河崙 / 135, 139, 227
하삼도下三道 / 65
하연河演 / 252, 335
하위지河緯地 / 283, 414
하장賀狀 / 334
학전學田 / 473
한명회韓明澮 / 470
한백륜韓伯倫 / 469
한산군韓山君 / 134, 149
합문閤門 / 490

Index

합사合司 / 383
합사合辭 / 236, 384
합좌合坐 / 146
해구海寇 / 275
행인行人 / 352
향리鄕吏 / 315
허위虛位 / 325
허종許琮 / 475
허통許通 / 194
허후許詡 / 348
헌괵獻馘 / 302
현덕왕후顯德王后 권씨 / 428
현릉玄陵 / 85, 98
현무대玄武隊 278
현숙공주顯肅公主 / 435
혈식血食 / 338
혜제惠帝 / 227
호천통곡呼天痛哭 / 245
호패법號牌法 / 241
호포 세제 / 241
혼덕昏德 / 398
혼정신성昏定晨省 / 243
홀배勿陪 / 249
홍달손洪達孫 / 369
홍도鴻圖 / 252
홍양산紅陽傘 / 246
홍업洪業 / 275
화령和寧 / 59
화척禾尺 / 296
환과고독鰥寡孤獨 / 131, 360
환열轘裂 / 450
환한渙汗 / 207
황보인皇甫仁 / 349, 367
황조皇祖 / 340
황천皇天 / 122
황희黃喜 / 247, 308
회보回報 / 161

회회 노인回回老人 / 275
효령대군孝寧大君 / 280
효복孝服 / 167
효사관孝思觀 / 97
효수梟首 / 450
후설喉舌 / 340
후토后土 / 122
휘덕전輝德殿 / 354
휘빈 김씨徽嬪 金氏 / 331
휴휴休休 / 340

도서

『강목綱目』 / 99
『경국대전』 / 453, 463
『경제육전』 / 242, 466
『고금운회거요』 / 282
『고려사高麗史』 / 242, 298, 336, 344, 349
『고려사절요高麗史節要』 / 69, 298, 336, 349
『공정왕실록』 / 27
『국조보감國朝寶鑑』 / 418
『국조오례의』 / 474
『권농교문』 / 316
『근사록近思錄』 / 353
『금강경』 / 280
『농사직설』 / 311
『단종실록』 / 28
『당률소의』 / 434
『대명률大明律』 / 132
『대명률』 / 434
『대전속록』 / 463
『대학연의大學衍義』 / 81, 253
『동국병감東國兵鑑』 / 346
『동국여지승람』 / 474
『동국연대』 / 311

『동국정운』 / 282
『동국통감東國通鑑』 / 418, 474
『등록』 / 312
『목은문고』 / 70
『목은시고』 / 70
『무경칠서武經七書』 / 130
『무정보감』 / 453
『문종공순대왕실록』 / 28
『반야바라밀다심경』 / 280
『법화경』 / 280
『불씨잡변佛氏雜辨』 / 158
『사기』 / 337
『사마법』 / 130
『산가요록』 / 318
『삼강행실도三綱行實圖』 / 314
『삼강행실도발』 / 311
『삼국사절요』 / 474
『삼국사』 / 242
『삼국유사』 / 134
『서경』 / 127, 342
『서산문집西山文集』 / 81
『석보상절』 / 312
『선원보』 / 226
『성종실록』 / 29
『세조실록』 / 29
『세종실록』 / 28
『속육전』 / 312
『속집상절』 / 242
『손자』 / 130
『시경』 / 194, 332
『식료찬요』 / 319
『신증동국여지승람』 / 474
『신진법』 / 347
『신찬경제속육전』 / 312
『심기리편心氣理篇』 / 158
『악학궤범』 / 474
『연려실기술燃藜室記述』 / 135

『연산군일기』 / 493
『연의衍義』 / 99
『예기』 / 201
『예종실록』 / 29
『오자』 / 130
『용비어천가』 / 138, 282, 311
『용헌집』 / 198
『원각경』 / 280
『원집상절』 / 242
『위료자』 / 130
『육도六韜』 / 343
『의방유취』 / 283, 312, 318
『이위공문대』 / 131
『입학도설』 / 71

『자치통감훈의』 / 309
『정안政案』 / 97
『정종실록』 / 27
『천하도』 / 453
『철성연방집』 / 198
『청구영언』 / 221
『춘추』 / 336
『치평요람』 / 312
『칠정산내편』 / 309
『칠정산외편』 / 309
『태조강헌대왕실록』 / 27
『태종공정대왕실록』 / 27
『통감』 / 432
『팔도지리지』 / 312

『한서』 / 337
『화왕계』 / 284
『황석공삼략』 / 130
『회례문무악장』 / 316
『훈민정음 해례본』 / 282
『훈민정음』 / 289

「단심가」 / 221
「불굴가」 / 221
「자규시」 / 381
「하여가」 / 221
「회단종이작시조」 / 379

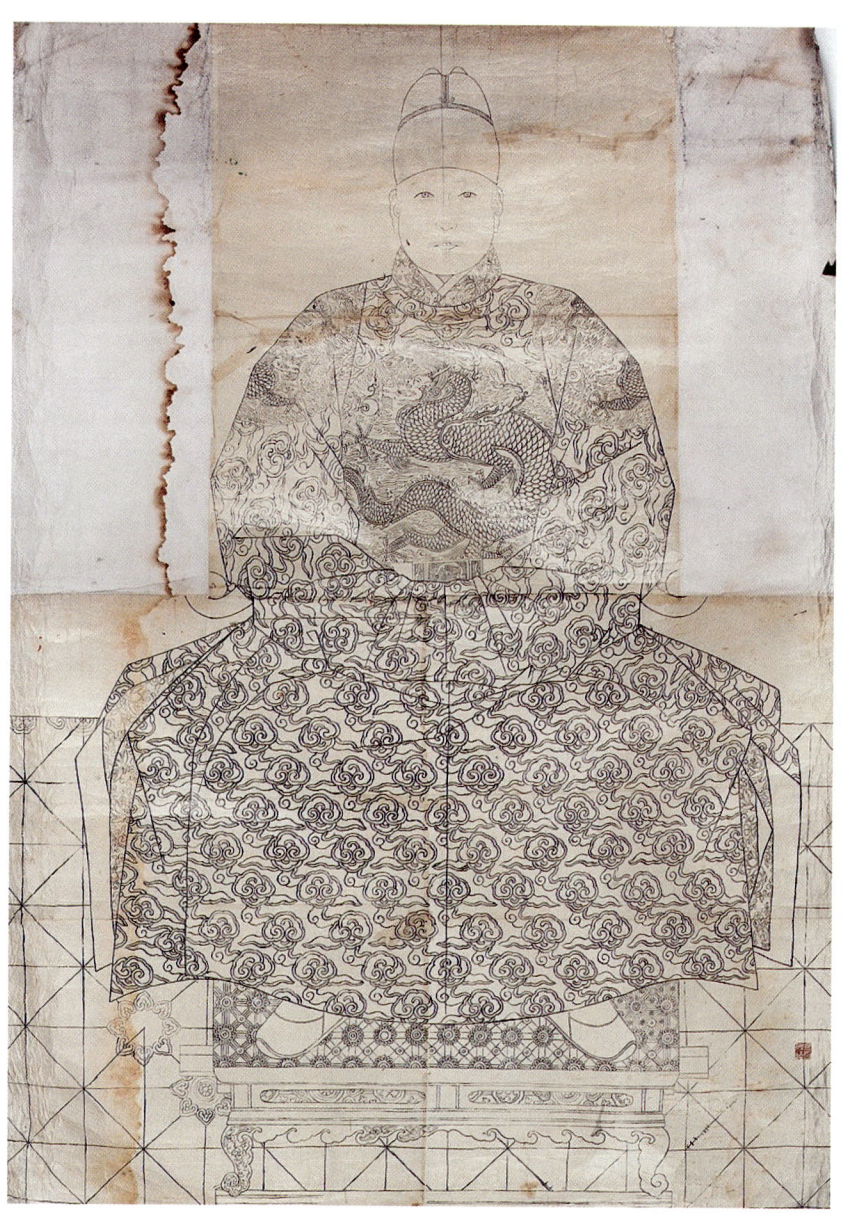

〈조선 7대 국왕 세조 어진 초본, 1927년 이당 김은호 모사본〉

〈합천 해인사 세조존상도(합천 해인사 소장)〉

왕이 "사관이 모르게 하라"고 하자 그 말까지 기록했다
임금도 볼 수 없었던 역사 기록이다

"이제 태종실록 편찬을 마쳤으니 내가 옛 임금들처럼 이를 한번 보려고 하는데 어떻겠는가?"

1431년 3월 20일, 조선 4대 왕 세종은 신하들 앞에서 이런 말을 합니다. '군주이자 태종의 아들인 내가 한 번쯤 실록을 열람할 수도 있지 않느냐'는 의미로 슬쩍 말을 꺼낸다. 그러자 신하들은 펄쩍 뜁니다. 우의정 맹사성 등은 이렇게 말했다. "전하께서 만일 이를 보신다면 후세의 임금이 반드시 이를 본받아서 고칠 것이며, 사관史官 또한 군왕이 볼 것을 의심해 그 사실을 반드시 기록하지 않을 것이니 어찌 후세에 그 진실함을 전할 수 있겠습니까." 머쓱해진 임금은 "그럴 것이다."라고 딱 한 마디 말한 뒤 결국 실록을 보지 않았다.

역사책인 실록을 쓰는 원자료인 사초는 물론, 사초를 바탕으로 쓴 각 임금의 실록 역시 임금이라 해도 볼 수 없게 했던 것이다. 폭군으로 알려진 10대 왕 연산군이 사초 일부를 열람한 것을 제외하면 이 원칙은 조선 왕조 500년 내내 이어졌다. 역사를 눈치 보지 않고 있는 그대로 기록할 수 있게 하려고 노력한 것이다.

조선의 사관들은 대단히 강직했다. 3대 왕 태종이 1404년(태종 4년) 2월 8일 사냥 중 노루를 쏘다가 말에서 떨어진 일이 있었다. "사관이 모르게 하라." 땅바닥에서 일어난 임금의 첫마디였다. 창피하니 기록을 남기지 말라는 의미였다. 그런데 사관은 말에서 떨어진 사실은 물론 이런 말을 한 것까지 실록에 적었다. 당시 사관은 왕의 발언을 들으려고 병풍 뒤에 숨거나 초대받지 않은 연회장에 불쑥 나타나기도 했다.

이렇게 기록한 조선왕조실록은 세계에 자랑할 만한 우리의 문화유산이 됐습니다. 태조부터 철종까지 25대 472년 동안의 역사를 날짜별로 기록한 역사서로, 분량이 1893권 4965만 자에 이른다. 중국 명나라 실록의 3배가 넘는 방대한 분량이다.

이토록 치밀하고 정확하게 기록된 역사서가 세계적으로 흔치 않습니다. 유네스코도 인정한 사실이다. 정치·경제·사회·문화·천재지변과 인물 정보를 비롯한 다방면의 자료를 수록한 종합 사료인 데다, 권력으로부터 자유로웠고 왜곡과 고의적인 탈락이 없어 신뢰성이 높다. 중국·일본·베트남과 달리 당시 만들어진 원본이 그대로 전해진다는 점도 가치를 인정받는 이유 중 하나다.

1423년(세종 5년) 7월 21일에는 시골 강아지가 주인과 함께 벼락을 맞은 사건까지 기록했다. 1604년(선조 37년) 9월부터 1년 간 객성(客星·손님별)을 관측해 기록했는데, 이것은 독일 천문학자 요하네스 케플러가 관측해 '케플러 초신성(진화 마지막 단계에서 폭발하며 매우 밝아지는 별)'이라고 불리는 별 SN1604였습니다. 첫 기록은 케플러보다 4일 앞섰다고 한다.

이런 방대한 기록이 지금까지 잘 보존될 수 있었던 데는 기록의 '백업'(여분으로 복사하는 것)이 중요한 역할을 했다. 실록을 4부 인쇄해 서울 춘추관에 1부를 두고 전주·충주·성주 세 곳에 실록 보관소인 사고史庫를 만들어 1부씩 보관했다. 전란·사고가 일어나 화재로 타버리는 것을 막으려던 것이다.

그러다 1592년(선조 25년) 임진왜란이 발발합니다. 춘추관과 충주·성주 사고에 있던 실록이 모두 불타고 전주사고만 남았다. 손홍록과 안의라는 두 선비가 전주사고 실록을 내장산으로 옮겨 지켜냈다. 이후 춘추관 외의 사고는 오대산·태백산·정족산·적상산 등 네 곳 산으로 옮겨 보관하게 됐다.

그런데 현재 조선왕조실록에는 안타깝게도 약간 빠진 부분이 있어요. 전주사고에 있던 12권 분량의 문종실록 중 9권 내용의 책에 누군가 11권 표지를 잘못 붙인 것이다. 11권인 줄 알았던 책은 9권의 내용이었다. 그래서 9권만 두 권이 된 것이다. 11권이 담고 있던, 1451년(문종 1년) 12월과 1452년 1월에 해당하는 두 달간의 기록은 영영 사라져버리게 된 거죠.

조선왕조실록은 훌륭한 기록이지만, 단점이 없는 건 아닙니다. 임금 중심으로 기록돼 지방에서 일어난 일을 제대로 알기 힘들고, 사관이 '사신왈史臣曰'로 운을 떼고 논평한 부분은 때로 지나치게 주관적이기도 합니다. 그래서 전문가들은 앞뒤 흐름을 보지 않고 실록 일부를 인용하는 것이 위험할 수 있다고 보고 있다. ***

<참고문헌 및 사진 출처>

『태조실록』, 『정종실록』, 『태종실록』, 『세종실록』, 『문종실록』, 『단종실록』, 『세조실록』, 『예종실록』, 『성종실록』, 나무위키, 위키백과, 국가유산청, 국가유산청궁능유적본부, 한국민족문화대백과사전, 국가유산포털,

> 국보로 지정된 『조선왕조실록』은 1997년 10월에 **유네스코 세계기록유산**으로 등록되었다.

> 완성된 실록은 **4곳의 사고**에 각각 1부씩 보관하였다.
> 전쟁을 치르면서 많은 실록이 소실되기도 했지만, 그때마다 다시 만들어 보존하였다.

조선왕조실록 조선왕조실록 조성왕조실록 조선왕조실록 조선왕조실록 조선왕조실록
朝鮮王朝實錄 朝鮮王朝實錄 朝鮮王朝實錄 朝鮮王朝實錄 朝鮮王朝實錄 朝鮮王朝實錄
Jo Seonwangjosillok Jo Seonwangjosillok Jo Seonwangjosillok Jo Seonwangjosillok